Ex Libris Bibliothecæ quam
Illustrissimus Ecclesiæ Princeps
D. PETRUS DANIEL HUETIUS
Episcopus Abrincensis Domui Professæ
Paris. PP. Soc. Jesu integram vivens donavit
Anno 1692

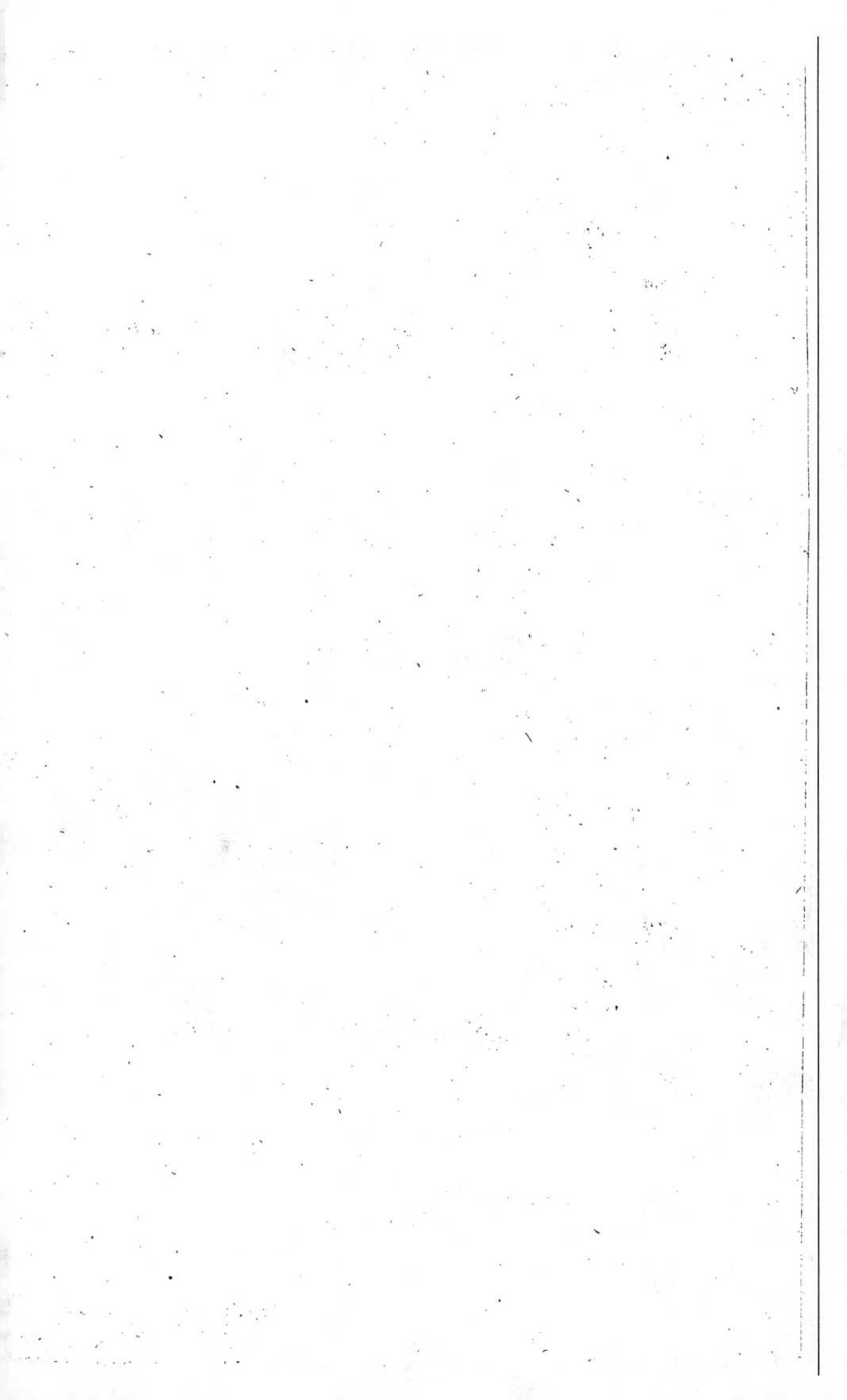

DISCOVRS POLITIQVES ET Militaires du Seigneur de la Noue.

NOVVELLEMENT RE-cueillis & mis en lumiere.

A BASLE,

De l'Imprimerie de François Forest.

M. D. LXXXVII.

AV ROY DE NAVARRE.

SIRE,

Il auient souuent que ce que nous pensions nous deuoir estre fort dommageable, nous tourne à grande commodité : ce qu'ayant experimenté Chion (seigneur de qualité entre les Grecs de son temps) par vne siene lettre, qui se trouue encore auiourd'hui, il remercie les vẽts cõtraires qui l'auoyent retenu contre son gré à Cõstantinople d'où il vouloit partir pour s'en aller en Athenes, dautãt que ce retardemẽt lui auoit apporté ce bien que Xenophon estãt arriué là auec ses troupes à son retour de Perse, il auoit cõtracté amitié auec lui: cõfessant auoir plus profité en la compagnie de ce braue Chef d'armee, qu'il n'eust fait aux escholes des plus fameux Philosophes de toute la Grece. A l'exemple donc de ce grand personnage, ie remercieray les miseres de ce temps de ce que m'ayant contraint de venir philosopher en pays estrange elles m'ont apporté cest heur d'auoir passé huit ou neuf mois en la compagnie de M. de la Nouë. Car outre ce qu'il a toutes les belles parties que Chion admiroit en Xenophon, tant pour la conoissance des bonnes lettres que pour le maniement & experience des armes : l'exemple de ses vertus & la douceur de sa conuersation m'a tant aidé à deuorer l'amertume des calamitez publiques & de mes incõmoditez particulieres, qu'il ne sera iour de ma vie que ie ne rende graces à Dieu d'vn si grand bien. Mais ce qui m'a rendu plus desireux de son amitié, c'est qu'autant que ses afflictiõs l'ont esloigné de la France & de vostre Maiesté, d'autant semble il auoir augmenté l'affection qu'il a tousiours euë à vostre seruice & au bien de tout le Royaume. Car veillant & dormant il n'a autre chose en la pẽsee que les moyẽs de remedier aux maux qui vont destruisant nostre miserable patrie, & ses deuis ordinaires n'ont autre suiect que la recerche de ce qui peut aider à restablir l'Estat en sa premiere dignité. Chose auiourd'hui tant deploree qu'elle semble estre plustost à souhaitter qu'à esperer. Iouissant donc de la douce priuauté dont il lui a pleu m'honnorer, & me trouuant vn iour en son cabinet, il m'auint de mettre la main sur vn mõceau de papiers iettez pesle-mesle en vn coin, comme chose qui n'estoit gardee que pour estre perdue: & ayant trouué qu'ils meritoyent d'estre recueillis plus soigneusemẽt, ie me mis à les lire auec vn extreme plaisir. Mais il ne me le voulut permettre, disant que ce n'estoyent que brouilleries ausquelles il auoit employé les plus ennuyeuses heures de son loisir, durãt sa lõgue & estroite prison: & qu'il n'y auoit riẽ qui meritast d'estre veu, dautant que le cõtinuel exercice des armes, auquel il s'estoit employé, ne lui auoit iamais donné le moyen de s'amuser à bien coucher par escrit, & que ces discours-là principalement, n'ayant eu autre intention que de trõper le tẽps, il n'auoit pris nulle peine à les polir ni limer, & n'auoit mesme deliberé d'y remettre plus la main, de sorte que pour ce coup ie n'en peus obtenir autre chose. Mais l'essay que i'en auois fait, m'en auoit tellemẽt affriandé, que tout ce refus & ce mespris me confirmoit dauantage en mon desir, & n'ay cessé, iusques à ce que par diuers moyens i'en ay tiré vne piece puis vne autre, si bien que i'en ay assemblé tout ce liure. Depuis ayant consideré de plus pres la valeur de mon butin, l'estimant trop precieux & de trop grand vsage pour estre ietté au fond d'vn coffre, i'ay fait ce que i'ay peu pour persuader l'autheur de le donner au public. En fin voyãt qu'il en faisoit si peu de compte qu'il n'y auoit ordre d'auoir son consentement, ie me suis hazardé de l'entreprendre sans son sçeu, tant pour la louãge que i'espere lui en deuoir reuenir, que pour l'vtilité que la France en pourra receuoir. Car ce liure est plein de tresbeaux aduertissemẽs aux grands &

aux petis, à ce que tous s'affectiõnent & employent toute leur force & industrie à redresser & asseurer cest Estat, lequel on ne peut dissimuler estre fort proche de sa ruine. Il fait ouuerture des moyens de paruenir à vn bon & perdurable restablissement. Il traite de la Concorde, qui est le seul ciment qui peut reioindre les membres de ce caduque & ancien edifice tout entr'ouuert. Il discourt amplement de la discipline Militaire, & enseigne comme on doit vser des armes & les bien employer. Il exhorte vn chacun selon sa qualité à suyure la pieté & hõnorer la Iustice. Il mõstre aux Princes & Seigneurs & generalemẽt à toute la Noblesse, le vray chemin pour monter à la vertu & recouurer l'antique honneur François, euitãt ce qui la peut faire choir en honte & pauureté. Bref, tout ce que les plus renõmez Philosophes & historiẽs ont de plus rare & de plus beau pour la cõduite & manutention d'vn grand Estat, & pour l'instruction de ceux qui font profession d'hõneur, se trouuera ici couché en si beau lãgage, auec vne si plaisante diuersité de matiere, & tellemẽt accommodé à l'humeur de nostre nation, que i'espere auoir part aux bonnes graces de tous ceux qui liront ces Discours, pour auoir esté cause qu'ils n'ayẽt esté priuez du fruict & du plaisir qu'ils en receuront: lequel ils estimeront encores dauantage s'ils se mettent deuãt les yeux l'horreur du lieu où vne chose si agreable a esté conceuë & mise au monde. Car qui sera celui qui se representant la miserable captiuité où estoit M. de la Nouë lors qu'il escriuoit ces memoires, sans esperance, ou au moins sans apparence d'en pouuoir iamais sortir, accablé de maladies en son corps & d'angoisses en son ame, & auec tout cela tres-estroittement gardé, qui sera celui dis-ie, qui le considerãt en ce piteux estat, n'admire en lui vne constance & grandeur de courage, laquelle eust esté rare mesmes aux siecles les plus vertueux, d'auoir peu au milieu de tãt de souffrances & apprehẽsions des choses les plus terribles, voire quasi au profond de l'abysme de mort, se souuenir de profiter à sa patrie: &, en vne si dure seruitude, maintenir son ame en telle liberté, qu'à l'ouïr en ses Discours il semble que sa prison n'ait eu puissãce que sur ses passiõs, & sur tout ce *qui pouuoit troubler la tranquillité de son esprit: ou, comme Platon dit que ceux qui sont es langueurs & agonie de la mort, commençans à despouiller le corps ont les functions de l'ame plus excellentes qu'en pleine santé, aussi les incommoditez de ceste prison ayans matté & abatu son corps, lui ayent aidé à purifier son entendement, le despouillant de toutes les sollicitudes de ceste vie, pour le nourrir de belles & hautes meditations trop plus commodément qu'il n'eust fait en pleine liberté. Et ceci verifiera ce que i'ay dit au commencement, que ce que nous apprehendons & estimons estre vn grand malheur, nous tourne quelquesfois à plus de bien qu'vne plus grande prosperité. Car autant que les afflictions nous ostent de l'aise de corps, autant elles adioustent de force & de resolution à nostre ame, là où au contraire il n'y a courage si magnanime & vigoureux que la prosperité n'amollisse & ne rabaisse. Tesmoin Mecenas, lequel, à ce que dit Seneque, eut esté vn des premiers hommes du monde, si le trop-aise ne l'eust chastré. car il vse de ce mot, pour monstrer combien la vertu est affoiblie par vne trop grande felicité. Et de fait si l'apparence ou l'opinion vulgaire ne nous esblouissoit, nous verrions que ceux lesquels Dieu chastie en ce monde auec plus de rigueur sont bien souuent ceux qu'il instruit auec plus de douceur: & que les maux qu'il leur enuoye à parler proprement ne sont point maux. Mais comme il y a plaisir à voir deux bons escrimeurs s'essayer l'vn contre l'autre & employer tout leur art & adresse à se bien assaillir & mieux defendre: ainsi Dieu prend plaisir à faire combatre ceux qu'il a ornez de plus de graces contre les plus rudes aduersitez, & à exercer leur vertu par diuerses espreuues, lesquelles plus elles sont violentes & plus elles font paroistre combien la force & l'effort de tout ce qu'on appelle mauuaise fortune est de peu d'effect contre vn cœur genereux, armé de la crainte de Dieu. Et qui a plus pratiqué ceci que vous,* SIRE, *ou qui en pourroit donner de meilleures enseignes? Mais pour ne m'estendre hors mes limites, ie ne parle que de nostre autheur, l'exemple duquel sert de preuue suffisante de ce que dit Seneque, Que l'homme de bien*

bien ne peut fuir les aduersitez, mais il les peut bien vaincre & surmonter. Et combien que quelquesfois il semble mal-heureux aux yeux du vulgaire ignorant, si est-ce qu'au milieu de tous ses mal-heurs il iouït tousiours d'vne parfaite felicité, laquelle lui a iuré vne amitié si loyale, que quoy qui lui aduiēne, elle est tousiours aupres de lui, elle est tousiours auec lui, elle est tousiours dedans lui, & maintiēt son ame en vne si belle assiette qu'en quelque cōdition qu'elle se trouue elle est tousiours semblable à soy-mesme, estant si haut esleuee par dessus tous les accidens des choses humaines qu'elle n'en peut receuoir aucune attainte. Mais pour reuenir à ce q̄ i'auois cōmencé de dire de l'vtilité de ce liure, ceux principalement qui entreprendront d'escrire les histoires de nostre temps en tireront vn singulier profit, & apprendrōt comme il faut pratiquer le precepte de Tacite, lequel veut que ni la haine ni l'amitié n'ayent aucune puissance sur la plume de l'historien. Car ils verront que nostre autheur, nonobstāt sa lōgue prison, en plusieurs endroits fait hōnorable mention des Espagnols, & en ce qu'il touche de nos guerres ciuiles, il apporte tant de sincerité à representer naifuemēt la verité, qu'il remarque plustost les fautes du parti qu'il a suyui que des autres: & prise ce qu'il trouue de louable en ceux contre lesquels il a porté les armes, de pareille affectiō que les merites de ceux auec lesquels il a combatu: de sorte que nostre siecle se doit reputer heureux, qu'au milieu de ses plus furieuses passions & partiaritez il ait peu recouurer ce modele d'obseruations sur l'histoire, du tout exemptes de ceste vniuerselle contagion de haine & de faueur. Et faut esperer que cest exemple en resueillera plusieurs autres, lesquels voyans combien vne voix moderee par raison est agreable au pris des crieries & inuectiues pleines d'aigreur (lesquelles, comme clochettes de Corybantes, ne seruent qu'à troubler le sens des plus rassis) ils s'efforceront d'engrauer plustost en leurs escrits ce que Dieu leur aura donné pour l'instruction de la posterité, que la vehemence des desordonnees affections dont nostre aage ne reçoit que trop de blasme & de dōmage. Ie ne m'estēdray dauantage à particulariser les fruicts qu'on pourra recueillir de ce liure & en public & en priué, car ils se font assez voir d'eux-mesmes. Mais dautāt qu'il se pourra faire que l'autheur, selon le peu d'estime qu'il fait de ses escrits, au lieu de se resiouïr de la louange qu'il en receura, se plaindra de moy de les auoir publiez de mō authorité, & mesmes d'y auoir mis son nom lequel il se contente d'auoir rendu si celebre par les armes, n'estimant peut-estre à hōneur (suyuant l'ancien erreur de la Noblesse Françoise) qu'on sçache combien il aime & honnore les lettres, ou haissant particulierement ce liure pour la souuenance de sa captiuité: ie prens la hardiesse, SIRE, de supplier tres-humblement vostre Maiesté, de m'aduouër & m'estre garent de ce que i'ay preferé l'vtilité publique au desir particulier de M. de la Nouë, lequel encores qu'il soit tres-mauuais priseur de ses œuures, est neantmoins tant vostre seruiteur qu'il ne pourra trouuer mauuais ce qu'il sçaura vous estre agreable: à fin aussi que la France receuant ce liure comme de vostre main, & ioignant vostre authorité au merite de l'autheur, l'aime & le croye d'autant plus: s'asseurant que rien ne lui peut estre presenté de si bonne part qui ne soit du tout pour son bien, honneur & reputation. Vray est que les esprits trop violens ne trouueront peut estre ces Discours à leur appetit. Car tant s'en faut qu'ils fauorisent leurs passions, qu'ils ne tendent à autre but qu'à les en despouiller. Mais tous ceux qui on pitié de voir ce pauure Estat decheu de son ancienne felicité, tous ceux qui gemissent de ce que la France, qui souloit estre la terreur de tout le monde, est auiourd'hui la fable de tout le monde, tous ceux qui sont las de tremper leurs espees au sang de leurs freres, parens & amis, bref tous vrais François, bons seruiteurs du Roy & de sa couronne, prendront vn singulier plaisir de voir leurs bonnes intentions aidees des saincts & prudens auis qu'ils trouueront en ce liure. Car l'autheur ne s'est point amusé à forger vne Idee de perfection Vtopienne, comme quelques Philosophes anciens & modernes: mais il s'est estudié à s'accommoder tellement à nostre goust & disposition, & propose ses conseils auec vne facilité & vtilité si euidente, que si nous n'y profitōs, soit pour le public ou pour nostre particulier, nous n'en deuons accuser

que

que nostre endurcissement & nonchalance. Car celui seroit à mon iugement trop dégousté de toute bonne lecture qui ne reconoistra en ces Discours vn esprit libre de toute passion & partialité, entierement dédié à l'honneur de Dieu, au seruice de son Roy, & au repos de sa patrie. C'est ce qui m'a donné la hardiesse de vous les presenter, SIRE, *estimant que tant pour la dignité de leur suiet, que pour les grandes obligations que vous auez sur l'autheur, ils vous apartienent à bon & iuste titre. Et n'osant outrepasser la tres-estroite defense que me fait mon insuffisance de vous offrir rien du mien, ie supplie tres-humblement V. M. de les receuoir pour reconoissance du seruice que ie vous ay voué. Et prie Dieu,* SIRE, *apres vous auoir garanti de tant de maux & de morts qui vous ont aßiegé de toutes parts des vostre premiere ieunesse, vous donner tres-longue & tres-heureuse vie, en bonne paix & tranquillité asseuree, à la gloire de son S. Nom, à l'honneur de V. M. & au contentement de tous bons François vos fideles & affectionnez seruiteurs. De Lausanne ce premier iour d'Auril* 1587.

Vostre tres-humble, tres-obeissant & tres-affectionné seruiteur,

DE FRESNES.

**

INDICE DES ARGVMENS CONTENVS SVR CHASQVE Discours.

10 *De*

QVATRE PARADOXES MILITAIRES.

Premier Paradoxe.

Second Paradoxe.

OBSER-

OBSERVATIONS SVR PLVSIEVRS CHOSES ADVENVES AVX trois premiers Troubles, auecques la vraye declaration de la plusspart d'icelles.

Premiers Troubles.

Seconds Troubles.

Troisiémes Troubles

A Monsieur de la Noue.

Quand ie te voy au front d'vne troupe guerriere
De conduite & de main signalant ta valeur,
Ie croy que tout ton soin, & que tout ton labeur,
Est voué aux esbats de Bellone la fiere.

Quand ie lis tes Discours, enseignans la maniere
De restablir la France en son antique honneur,
Ie croy que tu n'as rien si auant dans le cœur
Que des plus sainctes Loix l'estude droituriere.

Qui eust creu qu'vn Guerrier peust estre si sauant,
Ou qu'vn tel Escriuain peust estre si vaillant,
Accordant le Clairon auec la douce Lyre?

Ie le voy, ie le croy, dont plein d'estonnement
Suis cōtraint m'escrier, Heureux es-tu vrayemēt.
Heureux, qui peus autāt bien faire que bien dire!

DE FRESNES.

DIS-

DISCOVRS POLITIQVES ET MILITAIRES DV SEIGNEVR DE LA NOVE.

PREMIER DISCOVRS.

Que le Royaume de France s'en va peu à peu verſant, & eſt prochain de faire vne lourde cheute, ſi Dieu par ſa ſouueraine bonté ne le ſouſtient : & qu'il y a encores quelques remedes pour le redreſſer, moyennant qu'on les vueille promptement embraſſer.

CECI doit eſtre ferme & arreſté en l'eſprit de chacun, que Dieu eſt auteur des gouuernemens politiques, les ayant eſtablis, à fin que par vn bon ordre la ſocieté humaine ſoit cõſeruee & entretenuë en pieté & juſtice : & que c'eſt lui qui les maintient en ſplendeur, force & dignité, iuſqu'à tant que les hõmes ayãs meſpriſé les loix, & corrõpu leurs mœurs, il vient à deſployer ſon ire ſur eux, dont s'enſuyuent les chãgemens & ruïnes des Monarchies & Republiques. Ceux-là donc ſe trompent grandement, qui cuident, ſous l'ombre de quelque grandeur & puiſſance, qui aura acompagné vn Eſtat, ou pour la conſidera-

Pour quelles raiſons ce Diſcours eſt neceſſaire.

1. C'eſt pour remedier à l'erreur de pluſieurs qui ne conſiderent pas l'estat de Frãce d'vn tel œil qu'il appartient.

tion de sa lõgue duree, que cela le doyue rendre comme perpetuel. Car cela ne suffit point, ni ne peut engendrer prescription contre la justice du Tout-puissant, qui plante les bornes aux Estats publics, lesquelles ils ne peuuent outrepasser, quand le temps de chastiment est venu: comme les histoires (qui sont la lumiere des temps, & les registres des choses passees) en portent vn assez suffisant tesmoignage. Mesmes plusieurs dignes personnages qui viuent encores, & qui ont veu ceste derniere splendeur de la France, sous les Rois François premier & Henri secõd, se fascheront d'estre amenez à ce poinct de faire mauuais jugement d'icelle à cause de tãt de desordres suruenus, & de confesser que les fondemens sont esbranlez. Mais ils doyuent plustost gemir que disputer & repliquer contre tant d'apparences de ruïnes, visibles & sensibles. Car la pluspart des racines de ce grand arbre se voyẽt descouuertes & demi seches, beaucoup de branches sont mortes, les fueilles en petite quantité, les fruits deuenus quasi sauuages. A laquelle indisposition tant la vieillesse que les mauuais accidens l'ont amené. Parquoy le meilleur seroit qu'ils auoüassent ce qui est, & trauaillassent à ce qui se doit faire, pour conseruer en vigueur ce qui reste de bon. Ie sçay bien que c'est vn mal-plaisant discours à celui qui aime & honnore son pays & sa nation, d'en vouloir preannoncer les cheutes, ce qui ne se peut faire, sans aussi en descouurir les turpitudes. Mais puis que tels perils estonnent desia tant de cœurs, & que les causes qui nous y iettent s'aperçoyuent des yeux de tous, ne seroit-ce pas foiblesse d'esprit de se taire en ce grand besoin? Il est certain qu'il y a grand nombre d'hommes, lesquels, par faute de bon-

2. Pour respõdre à ceux qui estiment que l'on doit discourir auec plus de respect sur l'Estat du Royaume.

3. La necessité du tẽps & la douceur pernicieuse de la pluspart requierẽt ce discours.

de bonne conoissance, demeurent demi esperdus au milieu de tant de miseres. Et tout ainsi que les eaux vont coulant insensibles contre bas d'vne riuiere iusques à ce qu'elles soyent paruenuës dans l'Ocean, où elles s'enseuelissent: aussi eux roulans peu à peu dans les confusions presentes qui les emportent, estans destituez de droites aprehensions, vont suyuans les vns les autres, se precipiter en des abysmes de ruïnes. C'est vne œuure profitable de monstrer le feu estre en la maison à ceux qui ne l'apperçoyuēt: & aux autres, qui le voyent & le craignent, de les picquer pour l'aller esteindre, & à quelques vns qui l'entretienēt parauenture sans beaucoup y penser, de les admōnester qu'ils ne font pas bien: bref, preparer tous, à fin d'aider au Maistre pour la saluation d'icelle, & pour la conseruation de sa famille.

La philosophie humaine traite des causes du changement des Estats publics: mais non pas solidement & au vray comme la philosophie celeste.

Il y a eu des Philosophes, qui ont escrit des causes, qui alterent & changent les Estats, & nommément Aristote en ses Politiques, qui a aussi fait mention des moyens de les conseruer: & ont esté tellement diligēs & curieux en ceste matiere, qu'ils en ont traité iusques aux plus petites causes, desquelles qui voudroit particulierement discourir, il faudroit abondance de langage. Mais pource que nous auons plus besoin de verité que de paroles, mon auis est de l'aller puiser en la vraye philosophie, où nous la trouuerons mieux depeinte qu'en toutes les autres doctrines. Les saincts escrits font mētion de trois pechez remarquables entre tous autres, qui le plus souuent se rencontrent & ioignent ensemble: à cause dequoy Dieu dissipe les Estats par punitions & ruïnes publiques: à sauoir l'impieté, l'injustice & la dissolution. Ce qu'vn tres-docte

Trois causes de la ruïne des Estats publics.

personnage de ce tẽps à bien noté, l'opinion duquel si bien fondee i'aprouue & veux suyure. L'Impieté (dit-il) ruïne les consciences. L'Injustice, publique & particuliere, renuerse la police, & la commune societé du genre humain. La Dissolution trouble & gaste les familles en diuerses sortes : de maniere que par le meslange de tous ces maux s'ensuyuẽt des confusiõs horribles. Il faut que nous confessions (mais auec larmes & regrets) qu'elles regnent en ce poure Royaume en tant de sortes, que si nous ne sommes secourus par la bonté Diuine, nous sommes en danger de faire vn grand naufrage bien tost.

1. L'Impieté.
1. L'Iniustice.
3. La Dissolution.

1. De l'Impieté qui regne en France.

Ce ne seroit pas chose maintenant hors de propos de dire quelque mot des Religions : mais mon intention n'est pas de le faire: ains seulement aduertir les François de considerer que pour les diuersitez d'icelles, ils ne doyuent pas s'estimer comme Turcs les vns les autres. Car puis que chacun confesse qu'il adore vn mesme Dieu, aduouë pour Sauueur vn mesme Iesus Christ, & que les Escritures & fondemẽs sont semblables, il doit y auoir telle fraternité & charité entr'eux, que cessans toutes haines, cruautez & guerres, on viene à quelque reconciliation. Ne se doit-on pas contenter de plus de deux cens mille hommes de guerre qui sont peris par la fureur de ces diuisions ? Y eut-il onq de plus effroyables sacrifices, que ceux-là ? Ie pẽse que ceux qui ont quelque impression de Religion en l'ame doyuẽt estre induits à s'adoucir, & ceux qui y ont la vengeance logee doyuent estre assouuis de tant de sang qui a esté respandu.

De l'Atheïsme, premiere brãche de l'impieté.

Ie parleray seulement à ceste heure de trois vices execrables, qui sont comme dependances de l'Impieté, &

té,& qui ont infecté la France. Le premier est l'Atheïsme : le second, les Iuremens & blasphemes : & le dernier, vn pernicieux vsage de la Magie & de plusieurs autres especes de deuinations & sorcelleries. Toutes lesquelles choses deshonnorẽt & vilipendent le tressainct Nom de Dieu, & l'irritent merueilleusement. Quant à l'Atheïsme, ce n'est pas vn vice nouueau, ains il a son origine de lõgue antiquité, & au regne de Dauid il auoit cours, comme il le tesmoigne, disant, Pseau. 14.& 53.

Le fol malin en son cœur dit & croit
Que Dieu n'est point, & corrompt & renuerse
Ses mœurs, sa vie : horribles faits exerce.

Celà donne effroy à y penser seulement, dequoy il se trouue des creatures humaines, qui osent desauouër leur Createur, & mesmement auiourd'hui que les belles clartez de l'Escriture reluisent. Mais il ne s'en faut pas trop esbahir, car elle nous enseigne qu'aux derniers temps il y aura foison de telles gens, lesquels encores qu'ils se facent assez conoistre, si sera-il bon de les voir depeints comme ils sont en la Sapiẽce de Salomon, qui en parle ainsi. Les meschãs ont dit en eux-mesmes, le temps de nostre vie est bref, & auec ennuy, & n'est aucun qui soit conu estre retourné des morts. Sap. chap. 2. car nous sommes nais de rien, & apres ce, nous serons comme si nous n'eussions point esté. car nostre corps sera cendre esteinte, & l'esprit sera espars comme le mol air, & nostre nom sera oublié auec le temps. Venez donc, & prenons iouïssance des biens qui y sont, & vsons de la creature legerement, comme en jeunesse. Emplissons-nous de vin precieux, & de parfums, & que la fleur du tẽps ne nous passe point. Couronnons-nous de roses auant qu'elles soyent flestries, qu'il n'y ait aucune prairie, où nostre intemperance ne passe, & delaissons par tout les signes de liesse : car c'est nostre sort. Certainement entre toutes nos corruptions rien n'apparoit de plus prodigieux, que ceux qui parlent & viuent en ceste maniere : car celui qui a son ame contaminee de quelque heresie ou superstitiõ, voire ceux qui suyuent les loix Payennes, encor cerchent-ils vn salut, & fleschissent les genoux deuant quelque Deïté qu'ils se sont forgee : au contraire ceux-ci la fuyent & mesprisent, tãt leurs sens sont deuenus brutaux. Ils ont besoin qu'on ait pitié d'eux: pource qu'entre ceux qui se perdent, ils sont les plus perdus.

Origine de l'Atheisme en France.

Si on demande qui a produit vne telle generation, on ne respondra pas mal, que ce sont nos guerres pour la Religion, qui nous ont fait oublier la Religion. Et ne faut point que les vns ni les autres disent, C'est le parti contraire qui engendre les Atheïstes: car de toutes parts ils se rencontrent. L'office des Rois est de les reprimer, & chasque societé s'en doit aussi purger, pource que peu de benediction s'espand es lieux, où herbes si venimeuses multiplient.

Des iuremens & blasphemes, seconde brãche de l'Impieté.

Quant au second vice, l'irreuerence de Dieu l'engendre, & l'accoustumance le forme : & auient que la pluspart de ceux qui s'en rendent coulpables, deuienent si stupides, qu'ils cuident que ce n'est qu'vne faute tres-legere. Nos bons Rois du passé, comme sainct Louys & d'autres, ont fait des ordonnãces pour le supprimer, combien que ie cuide qu'alors il n'y eust que quelques gẽs desbauchez qui iurassent beaucoup. Depuis, ceste peste s'est introduite parmi la Noblesse, & specialement en tre les gens de guerre, qui aux voyages passez d'Italie en rapporterẽt, ce dit-on, les grands

blasphe-

blaſphemes: mais depuis quarante ans, le desbordemẽt eſt venu, qui va touſiours en augmentãt, de ſorte que les petis enfans de ſept ou huit ans ſçauent deſia abuſer du Nom de Dieu. Les païſans auſſi, qui ſont les plus eſloignez des Cours & des citez, où les corruptions ſeiournent, ſuyuans la route commune, deſpitent le ciel auſſi biẽ que les ſoldats, leſquels entre tous emportent le prix de ceſte iniquité. Somme de quelque coſté qu'on ſe tourne, on n'oit retentir que reniemens de Dieu. Voila comment le mauuais exemple, & l'incorrection ont donné perſeuerãce à ce deteſtable vice. Les hiſtoires anciennes ne recitẽt point, qu'il y ait iamais eu ſiecle, où il fuſt ſi commun à beaucoup pres, que nous le voyõs auiourd'hui. Et qui cõſiderera le peuple Iudaïque, il ſe trouuera peu ſouïllé d'icelui: car qui lors blaſphemoit eſtoit lapidé. Les Payens iuroyent rarement & auoyẽt les ſermens en grande reuerence. Les Sarraſins, qui embraſſerẽt la Loy de Mahommet, n'oſoyent faillir en ce poinct, craignans la punition diuine: & encores maintenant les Turcs, qui leur ont ſuccedé, s'abſtienent de blaſpheme. Certes tous ces peuples ſe leueront quelque iour contre les Chreſtiens, & nommément contre les François: qui ayãs eu plus de conoiſſance que ces pauures aueugles, ont fait dix fois pis qu'eux. Si quelqu'vn auoit eſté conuaincu de crime de leſe Majeſté, chacun crieroit qu'il eſt digne de punition: & celui qui aura renoncé & deſchiré le nom de Dieu (qui eſt vn crime de leſe Majeſté diuine) on ne lui dira mot en terre: toutesfois il eſt eſcrit, qu'vn tel ne ſera point tenu pour innocẽt. Exod. ch. 20.

Vn ſage mondain pourra venir en auant, & dire, qu'encor que ceſt erreur ſoit chaſtiable, ſi eſt-ce qu'il *Reſponſe à ceux qui eſtiment que lon ne doit pas insister tant sur la punitiõ des iuremens & blasphemes.*

n'est de ceux qui font perdre les Estats, & que si lon pouuoit trouuer moyen de remedier aux necessitez de la France, qu'on donneroit puis apres bon reglement à ceste imperfection. A mon auis tels sages ressemblent à ceux qui ont beaucoup de liures, & pour en auoir veu les couuertures, & leu les titres, pensent estre doctes. Aussi eux ne s'estans iamais arrestez qu'à la superficie des choses, ne cõsiderent pas que les principales causes, qui amenẽt en vn païs les miseres & les desordres, sont telles offenses, directement faites contre l'honneur de Dieu : comme au contraire, quãd les Magistrats tienent la main à ce que la grandeur de son Nom soit à tous venerable, on void alors florir les Estats, & auoir abondance de biens. S'ils se monstrent negligés en cela, le fleau ne se despartira point de leur maison: & ne leur seruira de rien de dire, Quant à moy ie contiendray bien ma langue : car ils sont ordonnez non pour eux seulement, mais aussi pour l'institution & correction des autres. N'ont-ils iamais leu ce qui est escrit au troisieme liure de Moyse? Quiconque aura maudit son Dieu portera la peine de son peché, & le blasphemateur du Nom du Seigneur mourra de mort, toute la cõgregation du peuple le lapidera, soit qu'il soit citoyen, ou estranger. Ces paroles-ci sont de celui qui fait branler les fondemens de la terre, enfuïr la mer, & qui lance les espouuantables foudres sur les plus superbes citez. Qu'ils facent donc ce qui est en eux, & ce qu'ils peuuẽt, pour chasser ce mal, duquel ils se rendront coulpables en le supportant.

Leuitiq. cha. 24.

De la Magie & diuination de plusieurs sortes : troisieme branche de l'Impieté.

Le troisieme vice, dependãt de l'Impieté, n'est pas si vniuersel, ne si descouuert que le precedẽt : mais il est enuers Dieu aussi abominable : car les illicites voyes de deuide deuination, & les arts Magiques, apres auoir aliené les hommes de lui, les iettent en vne ineuitable perdition. Il y a de deux sortes de pieges, dõt le Diable se sert en ceci. Par les sorceleries, qui sont grossieres, il attire ordinairement les rudes & simples malicieux, qui pour satisfaire à leurs cupiditez de vengeance, ou pour paruenir à autres fins, se laissent tellement seduire, qu'ils vienent à ce poinct de le reconoistre, & s'allier à lui. Il se represente souuẽt à plusieurs sous diuerses figures, comme les experiences, confessions, proces, & jugemens qu'on en a faits en seruent de preuue, & ceux qui en voudront douter lisent le liure que Bodin a cõposé contr'eux, & ils verrõt les horribles meschancetez & vilenies, que commettent tant contre Dieu, que contre les hommes, ces miserables creatures, qui, apres auoir renoncé leur Createur, se vont assuiettir à celui qui, en se mocquant d'eux, les traine en ruïne eternelle. Le mesme auteur recite, que du temps du Roy Charles neufieme, leur chef fut pris, qui confessa que le nombre des sorciers en la seule Frãce passoit trẽte mille personnes. Cela est effroyable de voir vne prostitution si volontaire à l'ennemi irreconciliable de Dieu & des hommes: mais quand la malice abõde il n'y a chose si pernicieuse, à quoy elle ne s'attache. Ceux qui sont plus spirituels & habiles, & qui ont encor en eux quelques semences de pieté, ont besoin d'autres artifices qui ayent belle apparence, pour les faire entrer peu à peu dãs ces sentiers de perdition: car qui monstreroit du commencement le deshonneur qu'ils font à Dieu, parauanture que plusieurs s'en destourneroyent. Mais comme les subtilitez du Diable sont merueilleuses, il les attire par beaux semblãs,

Des sorciers.

Des Magiciẽs maistres & disciples: & pourquoy tant d'hommes s'abandonnent à ceste curiosité damnable.

iusques à ce qu'ils se trouuent si fort enlacez qu'ils ne se peuuent deslier. La cause de leur malheur gist en leurs affectiõs deprauees, qui les poussẽt à cercher par voyes illegitimes & damnables l'accomplissemẽt d'icelles. L'vn voudroit sçauoir ce qui lui doit succeder en vne siene grãde entreprise: autres comme ils pourront euiter certains dangers. L'auare & l'ambitieux s'enquerront par quels moyens ils obtiendront leurs souhaits. Celui qui hait, & qui veut nuire, tout de mesme. L'vn voudroit alõger sa vie, l'autre euiter la mort: cestui-ci sauoir l'issuë d'vne guerre: cestui-là, si vn Estat se conseruera, & autres choses infinies qui tombent en l'esprit humain. Somme, que la vanité de l'homme a fait de la vanité mesme des oracles pour satisfaire à sa curieuse peruersité. En ceste maniere sont venues en auant tant d'especes de Magies, enchantemens & sorcelleries, qu'on peut dire qu'il n'y a rien au ciel, ni en la terre, voire dessous la terre, dequoy l'homme plongé en cest erreur ne se serue, pensant y trouuer quelque instruction ou soulagement: mais il est ordinairement frustré de son attente, parce qu'il n'y rencontre que mensonge & tromperie. Et que peut-il sortir autre chose des enseignemens du diable, veu qu'il est menteur & trompeur? Or pour mieux conoistre comme ces abus doyuẽt estre reiettez, il faut ouïr ce que Moyse en declare. Quand tu seras (dit-il) entré en la terre que le Seigneur ton Dieu te donnera, garde-toy d'ensuyure les abominations de ces gens-là, & en toy ne sera troué qui face passer son fils ni sa fille par le feu, ou qui interrogue les deuins, & qui obserue les songes, & les chants des oiseaux, & qu'il n'y ait aucun sorcier, n'enchãteur, ni homme demandant

Infinies especes de Magie.

Arrest de Dieu contre icelles. Deut. 18. chap.

mandant conseil aux esprits familiers, ni demandant la verité aux morts: car toutes ces choses sont abominatiõ au Seigneur, & à cause de telles abominations le Seigneur les deschassera de deuant ta face. Ce n'est pas ici vne Loy de quelque Iurisconsulte, ains vne defense expresse du Dieu tout-puissant: en laquelle on peut remarquer trois choses. La premiere, que ces impietez sont inuentions de ceux qui ont delaissé Dieu: la seconde, que sur tous crimes, il deteste ceux-là: & la tierce, qu'il les chastie grieuement par punitions terribles. Qui voudra à ceste heure recercher où ces maudites vanitez se pratiquent, qu'il aille es Courts, où il en verra de toutes qualitez & sexes, qui ne sõt pas seulement affectionnez, ains enragez apres les deuins, comme on a esté enuers vn Nostradamus, & autres, desquels on receuoit les mẽteries pour veritez. Qu'il se promene apres par la Frãce, & il conoistra que parmi la Noblesse, parmi les gens d'Eglise & de Iustice, il y a des disciples couuerts de ceste profession: dõt vne partie (à mon opinion) ne pẽsent pas faire le mal qu'ils font, & toutesfois les moindres fautes en tels cas sont reputees vn tresgrand peché, tesmoin ce que l'Escriture saincte, pour agrauer l'enormité de quelque forfaict, dit, que c'est comme vn peché de deuins. Il est certain qu'vn des plus aparens signes de la ruïne d'vn Estat, est quand telles ordures y pullulent, & qu'on les souffre. Et ceux qui sont souïllez de celle-ci, & des autres sus-mentionnees s'en doyuent nettoyer. Car il est bien malaisé destre bõ citoyen de la France, quand pour cause si inique on se bannit volontairement de la saincte Cité de Dieu.

Trois choses à obseruer en cest arrest de Dieu.

Où loge la Magie auec sa suite.

Maintenant il faut parler de l'Iniustice, qui est vne

II. De l'Iniustice.

opression publique & particuliere des plus authorisez & puissans sur les pauures & foibles, lesquels par orgueil, auarice, & inhumanité exercent sur eux toute violence, tromperie & cruauté. Ces excez se continuent il y a ia long temps sur le pauure peuple, qui dit tout haut, qu'il n'est pas seulement tondu, mais qu'il est escorché par mille sucharges & nouueautez au parauant inconuës, de maniere que les deniers qu'on lui arrache sont trempez dans ses larmes, & acompagnez de douloureuses plaintes. Neantmoins quelque conoissance qu'ayent les hõmes que Dieu est secourable en fin aux opressez, & qu'il chastie ceux qui les opriment, pour tout cela ils ne desistẽt, ains continuans leur mesme train vont chacun iour augmentant la misere d'autrui, iusques à ce qu'elle vient à tel degré, qu'eux-mesmes en ont horreur. Ainsi sommes-nous venus d'annee en annee en vn si calamiteux estat, que s'il n'y est soudainement remedié, la France s'en ira demi deserte. Si nous regardons puis apres les gens de iustice, qui sont ordonnez pour la rendre à chacun, on en verra plusieurs s'aider de ceste saincte vertu, pour attirer la richesse de ceux qui, par folie ou necessité, se vont enueloper dans des retz tres-subtils de plaiderie, & ne sauroit-on exprimer la rapine qui se fait sous telle couuerture. Il est grand bruit aussi qu'il y a des Gouuerneurs de villes, & de Chasteaux, & parauanture de quelques Prouinces, qui pour entretenir leurs pompes, & remplir leurs cofres, vsent de droits nouueaux au detrimẽt du Roy & du peuple: comme si le but des charges estoit de se faire paroistre en exterieur, ou se gorger de richesse, & non pour faire reluire en telles administrations les vertus qui sont en eux,

Consideration d'icelle en general.

En particulier, pour le regard de ceux qu'on appelle gens de Iustice.

De quelques Capitaines & Gouuerneurs.

eux, au soulagement de plusieurs & à l'honneur du maistre. Mais s'il y a aucun comportement qui se puisse appeler fureur, c'est celui de quelques gens de guerre qui sont si desbordez, que toute humanité estant perie en eux, ils ne font pas moins de rauage dãs leur propre pays, que si c'estoit en celui des ennemis, où toutes choses sont en proye: de sorte que les guerres estrangeres que la France a euës depuis quatre vingts ans ne l'ont tant ruïnee que les pilleries des soldats depuis que les ciuiles sont commencees. On trouuera aussi des gentils-hommes qui imaginent, ie croy, que les marques de Noblesse soyent de se faire redouter, de battre, & prẽdre d'audace sur leurs suiets tout ce qui leur est commode, comme s'ils estoyent esclaues. Les grosses citez, que font-elles sinon tirer tous les profits qu'elles peuuent, faire bruire leurs priuileges, & ietter sur le pauure peuple champestre toutes les charges & les miseres, lequel estant encor pincé par la subtile main des financiers, c'est merueille dequoy il subsiste. Bref, si on regarde en general les actions des particuliers les vns enuers les autres, on y trouuera abondance de fraudes & violences: comme si l'homme n'estoit en ce monde que pour nuire à son semblable. Ce que dessus suffira pour faire conoistre que l'Iniustice aproche de son comble: car on a aussi peu de souci de fouler le pauure, la vefue, & l'orphelin, comme on a peu d'aprehension des menaces qui sont escrites contre ceux qui les font. Toutesfois, il faut estimer que quand l'oppression est vniuerselle & continuë, qu'alors Dieu haste ses iugemens qui destruisent, puis qu'on ne s'est voulu amender par ceux qui instruisent. Le Prophete le monstre bien quand il

Des gens de guerre.

De quelques vns de la Noblesse.

Des communautez des villes, & des financiers.

et par les usures des bourgeois vers les pauvres paisans

Isaie, 9 ch. 3.

dit, le Seigneur entrera en jugement auec les anciens de ſon peuple, & auec ſes Princes, car vous auez conſumé la vigne, & la rapine du pauure eſt en vos maiſons. Pourquoy foulez-vous mon peuple, & froiſſez la face des pauures? dit le Seigneur des batailles. Ceſt arreſt ici deuroit eſtre ſuffiſant pour ſeruir de reſueille-matin aux oppreſſeurs, s'ils eſtoyent auſſi dociles que parauanture ils ſont incorrigibles.

III. De la diſſolution.

Le troiſieme vice mentionné ci deſſus eſt la diſſolution, ſous laquelle ie compren les paillardiſes, les pompes, l'orgueil, les gourmādiſes & yurongneries, qui ſont imperfections merueilleuſement plaiſantes à ceux qui ſur tout priſent la proſperité mōdaine. Et cōbien qu'au ſiecle où nous ſommes, le naturel de beaucoup encline fort à volupté & à vanité, ſi peut-on dire que les mauuais exemples qui ont aparu es lieux eminens, & les impunitez, ont grandement aidé à acroiſtre le mal, lequel prend plus fortes racines, quand il eſt commis & ſupporté par les grands. Or entre les vices ſus alleguez, les paillardiſes tienēt le premier lieu: car outre ce qu'elles abrutiſſent le corps, & ſouillent l'ame, elles ſont ſuyuies ordinairement de maladies, prodigalitez, meurtres, & autres incommoditez, qui s'attirent les vnes les autres. On s'y eſt quaſi par tout tellement abandonné, qu'on ne s'efforce plus de les cacher, cōme on faiſoit par le paſſé, à cauſe que l'honneſteté retenoit les perſonnes en quelque hōte: maintenant on taſche ſeulement de couurir la turpitude d'icelles de beaux noms, ou de ioyeuſes reſpōſes, meſmes on paſſe encores outre en aucūs lieux remarquables: car on'y eſtime ce vice vn aiguillon neceſſaire, duquel quand quelqu'vn eſt picqué, & qu'il ſçait dextrement

Ses ſources & eſpeces.

Les paillardiſes.

trement ſe guider, & ateindre à quelque digne prix qu'il a deſiré, on l'exalte, on lui porte enuie, & dit-on qu'il a l'ame gentile & actiue à la vertu. En ceſte maniere met-on le noir au lieu du blãc, attribuant pureté à ce qui eſt ord & ſale. La jeuneſſe, qui aiſémẽt mord en ces apaſts, eſtant aidee par la couſtume, & point reprimee par les loix, va de plus en plus irritant ſon appetit: & puis quand le mauuais ply eſt pris, l'aage de virilité & de vieilleſſe le conſeruent, pluſtoſt que l'abolir. Ce vice eſt de la nature des chancres, qui peu à peu vont rongeant la chair: auſſi quand il a commencé à ſaiſir quelqu'vn, il augmente tellement la ſaleté de ſe affectiõs, qu'il eſt treſ-dificile apres de les repurger. Dieu pour ſemblables iniquitez a anciennement exterminé des peuples entiers de deuant ſa face, tant pour monſtrer qu'il les a en abomination, que pour enſeigner les Magiſtrats de ne les laiſſer impunies. Quant aux pompes & ſuperfluitez, l'origine en vient des Cours, où la vanité eſt telle, qu'il faut ſe transfigurer en pluſiurs façons & diuerſes couleurs, ſi l'on veut eſtre priſé. Car les choſes exterieures ſont là ſi recommandables, que ſouuent on juge la perſonne par l'habit, & ſemble qu'on vueille dire qu'il y a de grandes perfections cachees ſous riches paremens. Les Rois & les Princes n'ont pas ſi toſt changé leur anciẽne ſimplicité ordinaire, pour ſe reueſtir des dorures Italiẽnes, que leurs ſuiets ne les ayent incõtinent imitez, & meſmes aucuns les ont voulu ſurmonter: & eſt deſcendu le mal ſi bas, que iuſques aux ſimples citoyẽs des villes les pompes s'aperçoyuẽt. La Nobleſſe principalement s'y eſt apauurie ſi fort, qu'elle ne peut plus s'entretenir pour le ſeruice de ſon Roy, comme elle a

Les pompes & ſuperfluitez de grands & petis.

fait par le passé. Les femmes de leur costé, ne se sont pas espargnees en toutes ces superfluitez: car ayans estimé se rendre plus belles, plus loüees & honnorees, par les ornemens exterieurs, elles n'ont plus depuis esté si soigneuses de se rendre luisantes en ceux de vertu, qui surpassent de beaucoup les autres.

L'orgueil.

A la queuë de ces vanitez-ci, marche l'orgueil, lequel combiẽ qu'il soit né auec l'homme, ne laisse pourtãt de s'aiguiser & s'acroistre de la fumee d'icelles, ou bien selon l'opinion d'aucuns il les engendre. Quoy qu'il en soit, l'vn s'accorde bien auecques l'autre: & de ceste desmesuree presomption de soy-mesmes, s'est ensuyui le mespris d'autrui, puis les iniures, querelles, & meurtres en abõdance.

Les excez de table, & le grand equipage.

Vne autre branche de la Dissolution, sont les excez de table, & tenir grand equipage: à quoy plusieurs se laissent tres-volontairemẽt aller, pensans que pour viure plaisammẽt, & en renom, il faut suyure ceste voye pleine d'intẽperance: toutes lesquelles mauuaises coustumes vienent à gaster & corrompre les familles en particulier, & cela estant meslé auec les erreurs publiques a rendu la maladie du corps vniuersel plus incurable. Pensons-nous que Dieu vueille long temps supporter ces deprauations, qui tãt lui desplaisent? Il n'est pas vray-semblable, plustost doit-on craindre que le iugement venãt tard, il sera plus grief. Combien de Royaumes ont esté fourragez, & donnez en proye aux nations estrangeres, quand ils sont venus au comble de vice? Les histoires le demonstrẽt, & tant d'exemples deuroyent espouuanter ceux, qui ayans pouuoir de reprimer le mal (au moins en partie) le laissent multiplier par tout. Il a esté obmis le Jeu qui n'est pas un p… mal.

Conclusion tiree des propos precedens.

VOILA sommairemẽt quelques vns des maux plus aparens,

aparens, qui ont infecté, & vont infectant la France, representez suyuant l'ordre proposé, & qui sont assez suffisans pour faire juger à toutes personnes (sinon à celles qui sont corrompuës, ou stupides) qu'elle est en peril euident, veu que les fondemens de pieté & justice, qui la doyuent soustenir, sont ainsi pourris & esbranslez. Les pechez sus-mentionnez sont donc les vrayes causes, qui la preparẽt à prendre vn grand saut. Mais nous ne manquons encores de signes & autres predictions, qui en nous menaçant, nous aduertissent d'essayer de destourner le courroux de Dieu. Desia sont aparuës des Cometes horribles, & autres figures estranges en l'air, les tremblemens de terre, naissance des monstres, & voix efroyables se sont faits sentir, voir, & ouïr, lesquels prodiges nous doyuent espouuanter. Et si les curieux desirent des curieuses & vaines obseruations pour les contenter, ie leur en allegueray deux, que i'ay remarquees dãs les escrits de quelqu'vn. La premiere, c'est que nous sommes dans le regne climacterique des Rois de France, qui est le soixante & troisieme: ce qui denote quelque mutation se deuoir faire. La seconde, que toutes les places qui sont au Palais de Paris, pour y poser l'efigie de nos Rois, qu'aucuns pensent auoir esté comme fatalement ainsi construites, sont maintenant toutes remplies.

Deux obseruations propres aux curieux.

Ie les laisseray philosopher sur ces vanitez, pour parler d'vn autre presage plus considerable, dont le prophete Daniel fait mention, c'est de la commune periode qu'aucuns estiment qu'il assigne à tous Estats, qui leur est comme vne borne, que peu outrepassent, pour le moins void-on arriuer au dedãs de ce temps-là de merueilleux changemens, & se comprend en

De la periode des Estats publics.

l'eſpace de cinq cens ans, ce que l'experience a bien verifié en pluſieurs, & ſpecialement en celui du peuple ancien des Iuifs,cõme Gaſpar Peucer l'a diligemmẽt remarqué. Bodin auſſi en ſa Republique,a obſerué que le nombre de CCCCXCIIII, qu'il apelle parfait,& qu'il entend d'annees,eſt vn terme que peu d'eſtats franchiſſent ſans ſouffrir de dangereuſes alterations,ſuyuant en cela l'opinion de Platon. Maintenãt ſi nous voulons apliquer ceci à nous, & conter depuis que ce Royaume commença à eſtre affermi & aſſeuré en la famille de Hue Capet, auteur de la ſeconde mutation(ce qui auint ſous Henri premier, ſon petit fils,qui mourut l'an mil ſoixante) iuſques à la mort de Henri ſecond, pendant le regne duquel pluſieurs grãdes corruptions en mœurs & en la police ſe conçeurent,& apres s'enfanterent auec vne fertilité incroyable,on trouuera qu'il y a cinq cens ans acomplis. Or les mutations qui ſe font des vertus excellentes aux vices les plus infames,ſont dangereuſes: pource que d'autres s'en enſuyuent qui aportent des ruïnes ſans remede. Ce n'eſt pas à dire pourtant que ce terme ne ſoit quelquesfois de beaucoup outrepaſſé (ce qui auient par la bonté de Dieu)ainſi qu'on le void en noſtre dit Royaume, qui a perſeueré en la forme Royale plus d'onze cẽs ans.Il l'abrege auſſi bien ſouuent en ſon ire,à cauſe des enormes pechez des hommes. Et combien que la conoiſſance des temps leur ſoit vn article ſecret, lequel Dieu s'eſt reſerué ſoymeſmes:neantmoins quand nous venons à conſiderer tant de choſes graues & legeres, concurrentes à meſme fin,cela nous doit faire penſer à ſes jugemẽs. Mais beaucoup plus y deuons-nous eſtre induits en ce que nous

Au 1. liure des Deuinat. ch.7.
liu.4.c.2.

nous voyons la prophetie de Moyse aller de iour en iour s'acomplissant sur nous: & nonobstant toutes nos experiences & souffrances, si ne pouuons-nous encor deuenir sages. Voici ce qu'il dit: Si tu n'obeis à la voix du Seigneur ton Dieu, en gardant & faisant ses commandemens, toutes ces maledictions-ci viendront sur toy. tu seras maudit en la cité, & maudit au champ: le Seigneur t'enuoyera famine & disette, & la peste s'attachera en toy, iusques à ce qu'elle t'aura consumé de dessus la terre. Le ciel, qui est sur ta teste, sera d'airain, & la terre, qui est dessous toy, de fer: la vermine & la rouilleure gastera tous les arbres & les fruits de ta terre. L'estranger, qui est au milieu de toy, montera au dessus de toy, & sera le plus haut, & tu descẽdras & seras le plus bas: il te prestera à vsure, & tu ne lui pourras prester. Le Seigneur te rẽdra abatu deuãt tes ennemis, & tu sortiras par vne voye contr'eux, & tu t'enfuiras par sept. Vne gent de loin s'esleuera sur toy, de laquelle tu n'entendras point la langue: vne gent impudente de face, laquelle n'honnorera point l'ancien, & n'aura point merci de l'enfant: elle deuorera le fruit de ton bestail, & les fruits de ta terre, & ne te laissera rien de residu du grain, du vin, de l'huile, ne des troupeaux de tes brebis, iusques à ce qu'elle t'aura destruit. Bref, tu seruiras à ton ennemi, que le Seigneur t'enuoyera, en faim, en soif, en nudité & indigence, lequel mettra vn ioug de fer sur ton col, iusques à ce qu'il t'ait extermi-né. Ce sont ici partie des menaces faites contre ceux qui s'obstinent à mal faire: dequoy nous sentons desia tellement les effets, qu'il ne reste plus que les dernieres playes pour nous acheuer d'acabler. Et puis que la parole Diuine s'est monstree si veritable en ceste

Sentence de Dieu touchant les periodes & reuolutions des Estats publics & particuliers.

Deuteron. chap. 28.

dure flagellation, ayons crainte qu'elle ne le soit aussi en la destruction.

Obiection cõtre la maxime recueillie de Moyse.

Ie cuide qu'il y aura des courtisans, qui seront peu satisfaits de mes propos: mesmes se moqueront de ce que ie veux demesler les affaires d'Estat par des maximes de Theologie: & auroyent plus agreable que celles de Polybe, de Plutarque, & de Xenophon, fussent mises en auant, à fin qu'on jugeast par elles des accidẽs des Royaumes. *Responſe.* I'eusse volontiers appuyé mon dire sur leurs opinions, qui sont tres-belles : mais pour n'estre point abusé, il m'a semblé que la voye que ie prenois estoit meilleure: car encor que la sagesse de l'hõme (qui lui est toutesfois donnee d'enhaut) reluise aux liures prophanes, si est-ce qu'elle est fort vaine, en comparaison de la Diuine, qui apparoit és sainctes Escritures. *Maximes des Philosophes touchant les changemens des Estats publics.* Mais à fin que chacun demeure auecques plus de satisfaction, ie diray succinctement quelque chose du jugement qu'ont fait ces grands personnages, sur la matiere de quoy nous discourons. Ils ont dit (nommément Aristote) que ce qui apporte alteration, changement, ou ruïne sur tout aux Monarchies, est, quand diuision suruient entre les freres, ou entre les grands du Royaume, estãs les Princes en bas aage, ou mesprisez : quand les Magistrats desrobent le public: quand les meschans & indignes sont esleuez aux charges, & les vertueux reiettez : quand les superieurs outragent les inferieurs par griefues iniures: & que les tributs qu'ils mettent sur le peuple sont insupportables: quand les Princes par actions deshonnestes, s'exposent en mespris à leurs suiets: quand la iustice est si lasche, & si deprauee, que l'impunité des vices regne: quand on void en vn membre de l'Estat vn acroissement

ment disproportionné: quand les dignitez & offices sont exposees en vente: quand la pauureté est si vniuerselle, que non seulement les particuliers sont pauures, mais que le public l'est encor' dauantage: quand la discipline militaire est abastardie: quand la concorde des citoyẽs manque, & que les mœurs sont du tout corrompuës: quand les loix ont peu de vigueur, & que les mauuais Conseillers, ou ignorans, conseillent le Prince: & quand les estrangers ont plus de faueur & autorité que les naturels. Ce sont là partie des causes par eux notees, qui apportent diuerses alterations aux Estats, & les font perir.

Application de ces maximes à la consideration de l'Estat de France.

A ceste heure sera-il aisé de remarquer quelles des susdites causes se rencontrent au nostre, & par la juger de son indisposition. Et comme il ne faut pas mespriser les jugemens des Philosophes, touchant ces changemens, encor doit-on plus adherer à ceux des Escritures, qui en vont cercher l'origine dans les pechez des hommes: car Dieu les ayant en detestation, retire sa faueur & protectiõ des Royaumes, & alors naissent les confusions. Soit donc qu'on regarde aux premieres causes, ou à celles qui sont consequentes, tousiours y verra-on matiere & signes de ruïne. Et commẽt ne craindrions-nous la nostre, veu que les sentences diuines & humaines la predisent? Mais pource qu'il n'y a si grande maladie en laquelle il ne reste à vn malade quelque espoir de salut, aussi ne deuõs-nous pas desesperer, ains diligemmẽt cercher dans les remedes ordinaires & extraordinaires, diuins & humains, ceux qui sont plus profitables pour nostre restauration. Et c'est dequoy nous parlerons à la fin, apres auoir premierement monstré quelles sont les dissipations, qui le plus ſouuent arriuent aux puiſſantes Monarchies.

Autre Obiection de ceux qui eſtiment qu'il faut toucher fort doucemẽt ou meſmes point du tout, aux playes d'vn Eſtat, nommément de la patrie.

IL y en a aucuns, qui encor qu'ils conoiſſent qu'elles ſont grandes, ſi les font-ils touſiours treſ-petites, quand ils vienent à les apliquer à leur patrie, tant pour la charité qu'ils ont enuers elle, que pour ne vouloir eſtre annonciateurs de tant de maux. En tels affaires, comme ceſtui-ci, il ne faut point flater ſoy-meſmes, ni autrui, ains dire franchement ce que les experiences paſſees demonſtrent. Entre pluſieurs deſolations, qui ſuruiennent à vn Eſtat preparé à cheoir, les deux plus mauuaiſes ſont, quand vne puiſſante Nation, ou pluſieurs, de diuerſes mœurs & langues, vient à l'vſurper & reduire en ſeruitude: alors ne faut-il point demander combien de miſeres ſouffrent les ſubiuguez. L'autre deſolation eſt, quãd vn Royaume ſe met ſoy-meſmes en beaucoup de pieces, les plus habiles & les plus forts en empoignãt chacun leur part, qu'ils gouuernent en diuerſes formes, & pour ſe conſeruer s'appuyent des eſtrangers: alors ſe fait auſſi vn grand renuerſement de toutes choſes, & les calamitez y ſont de longue duree.

Diſcours ſur la premiere cauſe ou ſource de la deſolatiõ d'vn Eſtat.

DE ces deux diſcourray-ie ſeulement, par ce que ce ſont celles qui nous menacent, & qui ſont les pires: & ne ſeruira de rien de repliquer que la France ne peut tomber en ces inconueniẽs: car puis que tant de corruptions ſi deteſtables, & tant de grãdes & petites partialitez ſi partiales, y ſont entrees, il faut eſtimer (ſi ſoudainement on n'y donne ordre) que c'eſt l'ouuerture de la porte à nouueaux maiſtres. Si on obſerue bien les accidẽs qui ſont ſuruenus aux Eſtats, on en verra pluſieurs s'eſtre perdus quand les diſſenſions ciuiles les ont tellement abatus qu'ils n'ont peu ſe garentir

rentir des estrangers. Le Royaume de Iudee, grand & florissant sous Dauid & Salomon, s'estant diuisé sous Roboam, il s'en ensuyuit apres que les Rois de Iuda & d'Israël s'entrefirent guerres quasi continuelles, & s'afoiblirent si bien (mesmement de bonnes mœurs) que les Assyriens les trainerent en captiuité. Quelque tẽps apres que l'Empire Romain se fust peu à peu diuisé en soy-mesmes, ayant le siege esté transporté en Constantinople, & que les vices augmenterent, & la vertu des Princes defaillit, lors s'esleuerent les nations septentrionnales, qui le deschirerent en plusieurs morceaux, & n'est possible de croire les maux que soufrirent ceux qui viuoyent lors. Le Royaume de Hongrie, qui a esté si beau & puissant autrefois, comme les Princes qui y deuoyent succeder s'entrebatoyent à qui l'emporteroit, le Turc vint à la trauerse, qui s'en fit seigneur de la plus grande partie. Et combien que les conquestes du Turc soyent des destructions extraordinaires, toutefois si deuons-nous considerer en ces exemples les punitions de Dieu, & les causes qui les attirent, pour estre par là aduertis que si nous ne les preuenons, il n'aura pas faute d'executeurs, qui nous viendront rauir la liberté, la vie, & la terre. Et qui doute que plusieurs nations, nos voisines, n'espient vne telle occasion? La nation Espagnolle, qui veut qu'on ploye sous son sceptre, & qui mesprise les François, n'est-elle pas assez puissante pour nous y assuiettir? Les Allemans, qui nous desdaignent, seroyent-ils restifs de venir à vne telle proye? Les Italiens, qui nous contemplent, de quelle promptitude empoigneroyẽt-ils ce qui leur est commode? Les Anglois, se ressouuenans de leurs anciennes pertes, s'en pourroyent alors

Confirmation prinse de la consideration des ruïnes de plusieurs puissantes monarchies.

Deuxieme confirmation prinse de l'affection des peuples voisins.

reuancher : mesmes les Escossois & Suysses, qui nous deplorent, parauenture nous arracheroyent chacun quelque petite plume. Finalement les Flamens, qui nous aimoyent, & lesquels on a contrains de nous haïr, de quelle allegresse nous sauteroyent-ils à dos. Ie cuide que cestui-là est bien stupide, qui n'en a crainte.

Response à vne obiection contre ce que dessus.

MAIS quelcun dira qu'il est bien facile de faire remuër plusieurs nations en discours, & en papier : ce qu'on ne void pourtant aduenir en effect que tres-rarement. Ie respon que quād Dieu a determiné de foudroyer sur les pechez des hommes, qu'il fait encor remuër plus facilement ceux, dont il lui plaist se seruir, pour estre ministres de ses vengeances. Et si les histoires disent vray, de quelle vistesse les Gots, Huns, Alās, Francons, Bourguignons, & Vvandales, se vindrent-ils ietter sur l'Italie, les Gaules, l'Espagne, & l'Afrique? Leur fureur & promptitude fut telle, qu'en peu de tēps ils desolerent & subiuguerent toutes ces grandes prouinces. Et le mesme firent les Sarrasins, deux cens ans apres, en la conqueste de l'Espagne. N'auons-nous pas aussi experimenté en France, du temps des guerres des Anglois, que ceste seule nation (qui toutefois en possedoit lors par droit d'heredité bien vn tiers) la reduit à si miserables termes, qu'elle en cuida estre la maistresse. Craignons donc que ce qui est ia auenu à d'autres, ne nous auienne, puis que nos iniquitez sont si prestes à moissonner.

Discours sur la Seconde cause de la desolation d'vn Estat.

QVANT au desmembrement d'Estat, qui se fait par la propre nation (où souuent aucuns estrangers sont aussi meslez) c'est vne espece de ruïne non moins miserable que l'autre. L'Empire de Constantinople l'esl'esprouua quelque temps apres que Bauldouïn, Comte de Flãdres, s'en fut fait Empereur: car Alexis Comnene (ainsi que recite Carion) dressa lors l'Empire de Trebisonde. La Thessalie ayãt secoüé le joug des successeurs de Michel l'Ange, se rendit aux Paleologues. L'Achaïe, l'Attique, le Pelopõnese, l'Ætolie, la Carmanie, & l'Epire, eurent leurs gouuerneurs à part, & les changerent souuent, selon les diuers euenemens des guerres, & des seditions: specialement l'Attique, l'Achaïe, & le Peloponnese, furent par fois gouuernees par les Grecs, puis par les Siciliens, & Florentins: & d'autres fois par les Geneuois & Venetiens, selon que le hazard de la guerre les fauorisoit: mais la plus part d'entr'eux n'y firent pas long seiour. Les Bulgaires, Rasciens, & Seruiens, eurent leurs Despotes, qui par fois estoyent amis & confederez, puis incontinent ennemis des Empereurs de Constantinople, & par continuelles courses gasterent la Thrace & la Macedoine. Ces confusions meritent d'estre plustost appellees brigandages, que guerres: car le fondement estoit iniuste, & les pratiques, dont les vns s'aidoyent contre les autres, estoyent meschantes: d'autant que lon cerchoit tous moyẽs de mettre en pieces & desmembrer l'Empire: ce qui donna apres moyen à l'Empereur des Turcs de s'emparer de Constantinople, & de toutes les autres Prouinces. Le mesme auteur dit ailleurs, Ie raconteray aussi les calamitez qui accablerẽt quasi l'Italie, pour punition des pechez qui y regnoyent: qui fut durant les diuisions mortelles des Papes & des Empereurs, & que les noms de Guelphe & Gibelin estoyent marques de l'vne & de l'autre faction. Car tãt de maux auindrent lors, & y eut tant de ſang eſpandu, villes deſtruites, & païs ruïnez, que quiconque lira les hiſtoires qui en parlent, s'en eſmerueillera. Pluſieurs petis Tyrans s'eſleuerent lors dans la pluſpart des villes, ne reconoiſſans perſonne, ſinon que les vns eſtoyent appuyez du Pape, les autres de l'Empereur, & exerçoyent toutes ſortes de cruauté, & ſur ennemis, & ſur amis, iuſques à ce que l'Italie, pluſtoſt laſſee que ſaoulee de tant de miſeres, reprit apres vn long tẽps vne autre forme. Ie veux auſſi alleguer vn exemple domeſtique, à ſauoir de la diuiſiõ de la maiſon de Bourgongne, contre celle d'Orleans, qui fut ſi aſpre, qu'elle attira la guerre des Anglois : ce qui reduiſit la France à vn ſi pauure eſtat, que peu s'en falut qu'elle n'allaſt en ruïne: & ſans la faueur extraordinaire de Dieu, elle euſt eſté deſmembree en pluſieurs lopins. Cependant, l'eſpace de quarante ou cinquante ans, elle fut comme en proye : chacun regardant à ſe conſeruer ſoy-meſmes, ou s'accroiſtre, ou à ruïner ſon ennemi, n'y ayant plus ni force publique, ni grandeur, ni iuſtice, à qui les hommes peuſſent auoir recours. En ſomme, c'eſtoit vn païs abandonné à qui en pouuoit prendre quelque portion. Toutes ces miſeres nous aduertiſſent que nous pourrions bien les experimenter. Car les eſtrangers pourroyent voir ſi beau jeu, qu'ils ſe ietteroyent ſur nous.

Autre hiſtoire, attouchant la France de plus pres, amplement deſcrite en nos Annales.

MAIS il eſt beaucoup plus vray-ſemblable que noſtre Eſtat tomberoit en l'autre deſmembrement, dont ie vien de parler. Et la raiſon eſt d'autant que le François, eſtant fier de ſa nature, & haïſſant la ſeruitude eſtrangere, voudroit pluſtoſt s'aſſuiettir à ſoy-meſmes, & ainſi ſe feroit de ce grand corps pluſieurs pieces, pour la ſeureté deſquelles les vſurpateurs prendroyent

Miſere extreme de France, ſi elle vient vne fois à ſe deſmembrer ſoy-meſme.

droyent des protecteurs voisins, qui plus commodément les pourroyent maintenir, & qui seroyent plus conformes aux opinions qu'ils auroyent embrassees. Quand ie pense de pres à ceci, ie trouue que nulle cõdition ne pourroit estre plus miserable, desordonnee, & confuse, que seroit ceste-là: car elle enseueliroit du tout la iustice, les authoritez legitimes, le respect, la crainte, les bonnes mœurs, & la concorde. Au contraire, acroistroit l'audace, l'ambition, la desloyauté, les violences, l'impieté, les fraudes, & les seditions: & qui est-ce qui prendroit plaisir de viure parmi telles tempestes, sinon quelque esprit barbare? Or en ces alterations, i'imagine qu'vn Prince se saisiroit d'vne prouince, vn seigneur s'empareroit de quelques villes. Aucunes citez capitales formeroyent des Aristocraties de leurs Parlemens, de quelques Nobles & principaux citoyens: & autres, se mettroyent en Republiques. Entre la Noblesse se feroit aussi d'autres sortes de gouuernemens Oligarchiques & Monarchiques. L'vn se feroit Prince en ses chasteaux, l'autre tyran en ceux d'autrui. Vn quartier de païs se cantõneroit, l'autre se mettroit sous quelques chefs militaires, & ceux qui alors se trouueroyent en main les forts chasteaux des grosses villes, pensez s'ils voudroyent auoir part au gasteau. Toutes lesquelles diuersitez de polices, d'humeurs, & de qualitez de personnes, aporteroyent des guerres & dissensions mortelles, dont la fin ne se verroit que nous & nos enfans ne fussions consumez.

A sauoir si la Royauté pourroit subsister, si les partialitez desmembroyent la France.

De ces propos ici, quelqu'vn pourroit conceuoir, que ie presuppose que la Royauté seroit lors comme aneantie: pource que, demourãt en authorité, les confusions susdites ne pourroyent nullement arriuer.

Certes ie desirerois aussi peu qu'homme du monde, qu'elle fust seulement mesprisee : car puis que nous auōs vescu plus d'onze cens ans sous telle forme, nous la deuons reuerer, comme vne puissance legitime ordonnee de Dieu, à laquelle quiconque ne porte volontaire obeïssance est coulpable deuant lui. Et si nous deuons encor croire qu'il n'y a aucune police plus propre pour gouuerner le François que celle-la. Mais pource que la matiere, dont ie traite, me conduit des mauuaises causes aux mauuais effets qui s'en ensuyuēt: cela m'a fait representer les choses qui peuuent auenir, à fin que nous imprimans crainte, nous-nous efforcions de faire en sorte qu'elles n'auienent pas. Cependant si nous perseuerons encores quelque temps en nos imperfections & desordres, ne doutons nullement que Dieu ne retire son bon Ange de la France, & que lon ne voye la dignité Royale desobeïe, & peu aimee des suiets, & icelle despouillee d'amour & d'humanité enuers eux, qui seroit l'acomplissement des desolations prealleguees. Et pour ne cheoir en ces inconueniens, nous deuons ardamment le prier de nous continuer long temps nostre Roy, & acroistre en lui la vraye Pieté, la iustice, la prudence & la douceur, en nous donnant aussi autant d'affection en son endroit, que les Romains en portoyent aux bons Empereurs Trajan & Titus : car si le Royaume tomboit sous enfans, à present que les loix sont sans force, les Magistrats mesprisez, les mœurs corrompuës, & les haines & ambitions excessiues, il seroit en grand danger.

Derniere partie de ce discours, traitāt des remedes.

Venons à ceste heure aux remedes, & voyōs s'il y en a de suffisans, pour nous garentir de ruïne. I'estime qu'ouy, moyennant que les sachions prendre à temps: car

car en la tourmẽte où nous sommes, il ne faut pas hausser les espaules, & dire, tout est perdu: ains vigoureusement s'entr'aider. Mais à quels remedes aurons-nous recours? sera-ce aux preceptes des philosophes, ou aux experiences faites au passé, des moyens qui ont serui à redresser ce Royaume esbranlé, ou au conseil politic des sages, qui à present y sont, qui conoissent nos maladies? car c'est ce que la prudẽce peut enseigner. Ie diray sur ceste questiõ, qu'on peut tirer profit de tout cela, mais qu'il est necessaire de commẽcer par plus haut. *Le premier & principal.* Et puis que nous voyõs qu'à l'occasion de nos fautes, Dieu a rappelé sa faueur de nous, il conuiẽt le rappaiser, à fin qu'il nous la renuoye, autremẽt tous les remedes humains ne nous sauroyẽt profiter: car où seroit le conseil, la force & la sagesse, qui pourroit changer ce qu'il auroit decreté cõtre no⁹? Il y a es Escritures sainctes vn remarquable exemple de ses misericordes *Exemple.* enuers les Niniuites, qui estoyẽt Payens: car s'estãt son ire embrasee contr'eux, & à fin de les effrayer, ayant fait prononcer par le prophete Ionas leur sentẽce de ruïne, *Ion. ch. 3.* ils furent si viuement touchez, que leur Roy & tout le peuple, ayans ieusné, ploré, & prié, & s'estãs conuertis d'iniquité à justice, il retira ses punitiõs, qui desia brãloyent sur leurs testes, & les reçeut à merci. Combien *Autre exemple.* de fois le peuple Iudaïque a-il senti ses admirables cõpassions, quand pour ses impietez & dissolutions ses fleaux frappoyent desia sur eux: lors eux & leurs Rois se retournans à lui, par vne vraye repentance, il auoit pitié d'eux, & changeoit leur estat lamentable en prosperité. Dont il s'ensuit, que le souuerain & vnique moyen d'euiter les maux, qui nous assaillent & menacent, est d'imiter ceux que i'ay nõmez. Et c'est encores vne grande consolation, quand on sçait que son mal n'est incurable,& qu'il y a remede pour le guerir, laquelle se doit redoubler, quand on l'apperçoit facile. Icelui est en nous, & gist en conoissance, volonté,& execution, dont vn chacun peut estre rendu capable par sainctes persuasions, & par l'exemple des grands. Et quand on verra le Roy le premier, les Princes, & ceux qui sont esleuez, tant es charges ciuiles qu'Ecclesiastiques, faire paroistre à bõ escient, & sans hypocrisie, en general, & en particulier, que c'est à Dieu, auquel il faut auoir tout son recours, & auec cela monstrer par les effects vne haine du vice, & vne amour de vertu, embrasser l'vnion politique, & fuïr la discorde, indubitablement les inferieurs s'estudieront à faire de mesme.

Obiection sur le remede precedent.

MAIS quoy, diront les Catholiques, ne faisons-nous pas tout ce que nous pouuons pour adoucir le courroux de Dieu, par solennelles processions, pelerinages, ieusnes, oraisons, & offrãdes? De mesme pourront dire ceux de la Religion, que par prieres, meditations, abstinẽces, chants de Pseaumes & Cantiques, ils taschent de l'appaiser. Certainement il faut apporter deuant Dieu autre chose que l'exterieur: car estant scrutateur des cœurs, il void la pureté ou l'impureté qui y est. Mais escoutons le prophete Esaïe, & il nous enseignera comme nous-nous deuons gouuerner, en nous faisant la mesme admonition qu'il a autresfois faite au peuple d'Israel. Voici comme Dieu parle par sa bouche: Mon ame, dit-il, hait vos solennitez, vos festes, & sacrifices. Et quand vous estẽdrez vos mains, ie destourneray mes yeux arriere de vous: & quand vous multiplierez l'oraison, ie ne vous exauceray point:

Response.

Esaie ch.1.

point:car vos mains ſont pleines de ſang. Lauez-vous, ſoyez nets,oſtez le mal de vos penſees,de deuant mes yeux. Ceſſez de faire mal, aprenez à bien faire,cerchez jugement,aidez celui qui eſt opreſſé,faites jugement pour l'orphelin,defendez la vefue, puis venez, dit le Seigneur. Quand vos pechez ſeroyent rouges comme l'eſcarlatte,ſi ſeront-ils blancs comme la neige. Par ceci il apert qu'il faut proceder ſincerement enuers Dieu,& ſe corriger de fait,pour obtenir ſes benedictions:car de le vouloir payer de mines, c'eſt lui deſplaire & l'irriter.

Deuxieme cõſideration du premier remede ſus mentiõné,& reſponſe à ceux qui l'appellent paradoxe.

IE repeteray encor qu'il y en pourra auoir, qui diront que c'eſt mettre des paradoxes en auãt, que propoſer reigles de Theologie pour la reſtauration des Eſtats. Ceux-la à mon auis, s'abuſent: car cõme juſtice,prudence,force,& temperance, ſont les fortes colomnes,qui ſouſtienent les Eſtats: auſſi faut-il croire que Pieté eſt la baſe & le fondement d'icelles:de ſorte que ſi elles ne ſont affermies par ceſte treſ-digne vertu, elles branlent: eſtant neceſſaire de commencer l'œuure par vn tel principe. Ie pourrois à meilleure raiſon que ceux-la dire que ce n'eſt pas vn Paradoxe, ains pluſtoſt vn prodige, de ce que maintenant en la France il y a tant de perſonnes, qui meſpriſent les choſes qui excitent les hommes à integrité de vie, & à reuerence enuers Dieu.Pour le moins ie ſuis aſſeuré qu'il y a vn grand nombre de gens de bien, tant d'vn coſté que d'autre, leſquels deſirent le reſtabliſſement de l'ordre,& la conſeruation de l'Eſtat, qui ne reietteront mon opinion: laiſſant à ceux qui ont beaucoup plus de doctrine,d'art, & d'experience que ie n'ay, de propoſer choſes plus excellentes, pour ſeruir à vn ſi bon effect. Ie contribuë seulement à cest ouurage ce que ie puis, selon ma petite capacité: & pour la grand' crainte que i'ay, que nous ne tombions es dangers qui nous menacent, ie m'efforce de les monstrer de bonne heure: pource qu'il est plus aisé de donner ordre aux maux qu'on a preueus, qu'à ceux qui auienent inopinément.

Discours sur les autres remedes necessaires.

OR ayant discouru du premier & plus salutaire remede, ie poursuiuray de parler des autres, qui aussi sont necessaires: dont les Philosophes ont fait mention. Aristote, qui a aussi bié jugé des polices qu'autre qui ait esté, dit en general, que si lon conoit par quels moyens les Estats sont corrompus & perdus, qu'on conoistra aussi ceux, par lesquels ils sont conseruez: attendu que de causes contraires vienent effects contraires, & que la corruption est contraire à la conseruation. Les plus simples par ceci conoistront facilement en quelle maniere on peut mettre ceste reigle en vsage. comme pour exemple: Si la vendition des offices de Iudicature a esté occasion que la justice a esté venduë & peruertie, il faut s'abstenir de les plus vendre, & en pouruoir gratuitement des gẽs de bien. Si les pompes, despenses superfluës, & dons immenses ont incité les Princes, pour y satisfaire, de mettre sur leurs suiets des tributs excessifs & insuportables, il conuient moderer ces affections, à fin que les concussions cessent. Et si l'impunité des vices les a fait multiplier & acroistre, on les doit chastier pour les faire diminuer. Il en va de mesme de plusieurs autres choses: neantmoins Aristote, pour mieux esclarcir ceste matiere, propose encor autres moyens. comme, Que rien ne se face contre les loix & coustumes, specialement

Reformation de diuers abus, proposez comme en passant.

qu'on

qu'on pouruoye au mal commençant, quelque petit qu'il soit. Que ceux qui sont establis en charge publique se conduisent modestement, tant enuers ceux qui n'ont aucun maniement d'afaires, qu'enuers ceux qui en ont, en ne faisant point d'iniure aux vns, & viuant doucemẽt auec les autres. Que ceux qui ont soin du salut de l'Estat veillent tousiours & soyent sur leurs gardes en proposant souuent craintes, pour rendre les citoyens plus prompts & ententifs à faire ce qui conuiẽt pour la seureté publique. Qu'on prene garde qu'il n'auiene contentions & debats entre les grands, & soyent preuenus les autres, qui ne sont encor de la meslee, auant qu'ils y entrent. Qu'il soit pourueu pour les loix, que personne ne s'agrandisse outre mesure. Que les priuez acommodent leur maniere de viure à la forme de l'Estat, dont ils sont suiets. Il y a encor plusieurs autres regles qui aidẽt à cest effect, qu'on pourra voir au cinquieme des Politiques de ce Philosophe, ès liures de Plutarque, & en d'autres bõs autheurs. I'ay seulement entassé ici les premieres venuës.

Les remedes pour restaurer la France sont aisez.

MAIS quand nous n'aurions que nos loix, & nos vieilles obseruations, elles sont assez suffisantes sans emprunter d'ailleurs, moyennant que les voulussions pratiquer, ce que ne faisant point tous remedes deuienent inutiles. Ainsi donc le plus singulier precepte pour la restauration de cest Estat, est de le vouloir restaurer. Ie dis ceci, pource que depuis vingt & cinq ans, on a veu tãt d'artifices en ce fait, qu'on pẽse qu'on se iouë, quand mesmes on en parle à bon esciẽt. Il faut changer telles procedures: car la necessité estant venuë (qui donne loy aux grands) elle fera faire par force, ce qu'on n'aura voulu faire de gré. Nul n'y a si grãd intereſt que ſa Majeſté: car eſtant les affaires de ſon Royaume bien redreſſees, elle ſera touſiours mieux aimee de ſes ſuiets, & mieux obeïe, plus puiſſante, plus riche, & plus cõtente: auſſi eſt-ce elle qui peut dauantage que les loix, que la force, & les autres hommes. Apres qu'elle aura fait election de ce qu'il faut dire & faire (ce que lui peut adminiſtrer la grace de Dieu, la ſinguliere prudence dont elle eſt ornee, & l'auis des plus ſages) ce ſera vn tresbon precepte, qu'à la Cour & à Paris (qui ſont les deux lumieres qui doyuẽt eſclairer toute la France) l'ordre y ſoit premierement bien eſtabli, à fin que tous ſe reglent ſur ces deux treſ-riches patrons. Quand la ville de Rome s'eſt maintenuë entiere, ſes inferieurs ont flori en vertu: & quand elle s'eſt corrompuë, l'infection s'eſt eſpanduë par tout. Ie ne veux pas dire pour cela, que les deſordres prenent leur ſource de ceux qui commandent, car il en naiſt en treſgrand nombre de ceux qui obeïſſent: mais on preſume que partie des principaux tirent leur origine des principales perſonnes & demeures.

La Cour, & la ville de Paris doyuent commencer.

Troiſieme remede, tres neceſſaire.

Il y auſſi vn autre ſouuerain precepte ſans lequel tous les autres ſeruent de peu: c'eſt de trouuer vn expedient pour pouruoir aux diferens de la Religion, ſans venir aux armes: car ſi la guerre ciuile n'eſt chaſſee, c'eſt folie de parler de reſtauratiõ, d'autant qu'elle fait plus de breſche en ſix mois, aux païs, aux mœurs, aux loix, & aux hommes, qu'on n'en ſauroit reparer en ſix ans. Entre ſes autres fruits, elle a aporté ceſtui-ci, d'auoir engendré vn million d'Epicuriens & Libertins. Secondement, elle a rendu la plus-part des François ſi ſauuages, ſi cruels, & ſi farouches, que de brebis qu'ils eſtoyent ils ſe ſont conuertis en Tygres. Ces deux

deux argumens deuroyent plus que ſufire, pour perſuader toute perſonne, qui a ſeulement quelque eſtincelle de bonne conſcience & de charité, à deſirer que, par voyes douces & paiſibles, la concorde ſoit ramenee entre nous. Car pendant que la diſcorde tient nos eſpees deſgainees, nous ne faiſons autre choſe que eſtablir vn nouueau regne d'impieté, d'injuſtice, de cruauté & de brigandage, auquel pluſieurs voleurs & meſchans s'agrandiſſent, & ſe font riches des deſpouïlles des innocens, & ſe ſaoullent de leur ſang. On pourroit dire auecques verité, que ſi les François eſtoyēt mis en ſix parties, qu'on verroit les cinq, pour le moins, gemir & demander iournellement à Dieu, qu'il lui plaiſe donner à la France vn bon repos, & vn bon reſtabliſſement politique attendant l'eccleſiaſtique, laquelle diſpoſition, comme vniuerſelle, rend la dificulté de paruenir à ce poinct beaucoup moindre. L'obiection qu'on fait ordinairement ſur ce poinct, c'eſt, qu'il eſt impoſſible que deux Religions puiſſent conſiſter en vn meſme Eſtat, & ſi on demande à ceux-là pour quelle raiſon, ils diront que c'eſt pour la contrarieté qui eſt entre icelles: ce qui engendre des contentions perpetuelles. Mais ie leur demāderay, ſi le vice & la vertu, les bons, & les mauuais, ne ſont pas auſſi entr'eux contraires? & toutesfois il ne faut pas pour y remedier mettre vn Royaume en armes. Du temps des bons Empereurs Conſtantin & Theodoſe, & que ces grands Eueſques ſainct Auguſtin & ſainct Ambroiſe reluiſoyent au monde, voyoit-on pas en l'Empire Romain les Payens, les Iuifs & les Arrians, que les vrais Chreſtiens eſtoyent contrains de laiſſer viure ſelon leurs diſciplines & conſciēces, ſans que les guer-

Reſponſe à l'obiection cōmune touchāt l'impoſſibilité de ſouſtenir deux Religiōs en vn Eſtat.

res fussent enflammees, & les persecutions violentes dressees pour telles diuersitez. Sommes-nous plus sages & puissans que ces Empereurs: & plus saincts & zelez que lesdits Euesques? Ie cuide qu'il faudroit vn bon Orateur, pour le persuader: & s'ils nous ont surpassé de si loin en perfections, nous ne serons point blasmez si nous-nous gouuernõs comme ils ont fait, tant es afaires de l'Estat que de l'Eglise. Et cõbien que sous les enfans de Constantin, il arriua quelques seditions & opressions à cause de la Religion, toutesfois il apert que les Arrians en furent quasi tousiours les auteurs: car rarement il est auenu que la vraye Eglise ait vsé de persecution. Ce qui verifie ceste tres-belle sentẽce de sainct Augustin qui dit, celui qui persecute est du diable, & celui qui est persecuté est de Dieu. On dit que le Roy François premier, quand les Suysses s'entrefirent guerre pour la Religion, leur conseilla d'appaiser tels differens par conferences & voyes de douceur: ce qu'ils ont tresbien pratiqué depuis, & s'en sont bien trouuez: car par ce moyen ils ont conserué entr'eux la concorde, & par la longue paix leur pais s'est merueilleusement enrichi, & si n'en sont pas deuenus pires. C'est exemple deuroit fermer la bouche à ceux qui maintienẽt que le fer & le feu doyuent decider les nostres, & que les voyes douces y sont infructueuses. I'estime que tels conseils ne peuuent proceder que d'vne ame tres-hypocrite, ou tres-cruelle.

Que peuuent & doyuent le chef & les principaux membres de l'Estat pour la restauratiõ d'icelui.

SOMME, ie tiẽs pour certain, que si leurs Majestez, leur Conseil, les Princes, & la Cour de Parlement de Paris, veulent sans feintise embrasser l'œuure de la reconciliation & restauration generale, quelque contrarieté qui s'y rencontre, petit à petit elle se partera.

Se-

Seront-ils retenus par l'authorité des commãdemens du Pape, qui par ses Nonces veut incessamment esmouuoir la Frãce? Auront-ils crainte des fureurs d'aucuns du Clergé, qui crient à haute voix, qu'on tuë, qu'on destruise sans misericorde nos aduersaires les Huguenots? La grãdeur de l'Empire Espagnol (qu'on a irrité mal à propos) les forcera-elle de mettre l'espee Françoise dans les entrailles de la France? Les aprehensions & plaintes de ceux de la Religion, qui ne sont sans fondemẽt, leur dõneront-elles telle crainte qu'ils vienent à desister? Les sourdes pratiques, qui se font pour remuër de grandes choses, les espouuanteront-elles? Certes tout cela ne doit point empescher qu'ils n'establissent ceste souueraine loy, qui aporte salut à la France, qui est la loy de paix & de concorde. Seulement il est besoin que le Roy s'arme de la magnanimité de son grand pere, pour efrayer ceux qui osent proposer des desseins ruineux à l'Estat, & pour donner cœur à ceux qui ont enuie de bien dire & de bien faire. La Roine se doit aussi souuenir qu'elle peut mieux que personne ficher le clou à la rouë tournante de diuision, ce qui couronneroit sa vie de loüanges excellentes. Que les Princes sachent, qu'vne grandeur domestique acquise par vertu, & selõ les loix, est aussi asseuree & heureuse, qu'vne esperee par guerre est incertaine & infortunee. Ce grand Senat, qui fait tant de compte du renom, doit croire qu'il perdra celui qu'il a acquis, s'il ne produit quelques excellens Senateurs, qui auec vn cœur net & vne bouche libre soustienent puissamment (comme a fait nostre Caton de l'Hospital) l'equité publique. Mais si au contraire eux se monstrent restifs & paresseux à se bien disposer, & à bien ouurer, ils sentirōt les premiers par le mespris & desobeïssance des inferieurs (qu'ils auront souffert, par les guerres & corruptions, se transformer en Barbares) combien l'erreur est grand de ne trencher pas le chemin (quand on le peut faire) aux confusions, qui tendent à subuersion. Vn Roy acquiert beaucoup d'honneur, quand il acroist son Royaume : mais encores plus en acquiert-il, quand estant diuisé & corrompu, il le reioint, & le nettoye: car le premier se fait par la force, & l'autre par prudence. Tels beaux exploits leur sont reseruez, comme dignes de leur grandeur, à fin qu'ils s'y employent. Ainsi fit Charles septieme, auquel ce ne fut moins de gloire, d'auoir par sagesse restabli le bon ordre, & les bonnes coustumes en son Royaume, que l'auoir reconquis, moitié par force, moitié par fortune, sur les Anglois.

Moyen de cōseruer l'Estat, apres qu'il sera remis en pieds.

OR auāt que la discorde fust chassee d'entre nous, la paix affermie, & vne bonne reformation commencee, si faudroit-il encor se donner garde (au moins ce me semble) de rentrer en aucune guerre estrangere, sans grande necessité, ou tres-belle & iuste occasion, ains s'entretenir en repos auec ses voisins: car en autre temps que cestui-là, on ne peut replanter les bonnes mœurs & le bon ordre. Et i'estime qu'en six annees le Royaume se peut demi restablir, & en dix du tout. Les grands corps qui sont robustes, & bien fondez, & qui ont encor de bonnes parties saines, se releuent aussi miraculeusement qu'ils se sont renuersez. Le principal est de bien cōmencer, estant le commencemēt la moitié de l'œuure. Et ne faut douter que Dieu ne rende toutes choses fauorables, quand il verra les volontez biē disposees d'oster le mal, & de remettre le bien.

Raisons qui doyuent esmouuoir à cela.

Le

Le ſentiment de noſtre miſere nous y doit aſſez eſmouuoir, comme auſſi doit faire la mauuaiſe reputation, en quoy nous ſommes, parmi tous les peuples de la Chreſtienté, leſquels nous haïſſent autant pour les vices qu'ils nous imputent, comme par le paſſé ils nous ont louëz pour nos vertus. Il n'eſt plus queſtion maintenant de blaſmer la legereté & inſolence des François, ainſi qu'on faiſoit iadis. On paſſe bien plus auant, n'y ayant rien de deſordonné & diſſolu qu'on ne leur attribuë, ſoit au gouuernement politique, ou aux mœurs. Ce grand Royaume, qui a eſté par ci deuant le refuge des oppreſſez, & vne eſchole de ſcience & d'honneſteté, où les nations voiſines enuoyoyent leur jeuneſſe pour s'inſtruire, à ceſte heure eſt par elles appelé ſpelonque de diſſolution, & craignent de s'en aprocher. Ceux qui vont es païs eſtranges peuuent eſtre bons teſmoins (s'ils le veulent confeſſer) des vituperes qu'on iette ſur nous: & qui pis eſt, ſouuent le vulgaire attribuë, tant aux bons qu'aux mauuais, pareilles imperfections. I'aurois honte d'eſcrire ce que i'en ay ouï dire, voire aux bien modeſtes, qui en parloyent plus par compaſſion que par reproche. Conſiderons combien d'autres Royaumes, pour beaucoup moins de deſordres que les noſtres, ſe ſont perdus. Et puis que Dieu nous donne encor, par ſa patience, tẽps pour nous releuer, ne laiſſons perir l'occaſion: empoignons-la viſtement, de crainte que noſtre ingratitude & negligence ne ſoit cauſe de nous faire oſter les remedes que nous aurons meſpriſez. Cependant ne perdons courage: car ie cuide qu'il n'y a Eſtat en la Chreſtienté, où il y ait encores de meilleure matiere que dãs le noſtre: mais elle eſt à preſent toute peſlemeſlee, comme si on brouilloit ensemble des diamans, rubis, fer, plomb, or, argent, marbre, bresil, perles, corail, tuiles & ardoises. Mais estant chacune chose remise en ordre, & apropriee à son vsage, les matieres inferieures seruiront à composer de tres-beaux & excellens ouurages, & les superieures estãs recueillies, & à iceux aposees, y reluiront, comme tres-riches ornemens. Dieu, qui a preserué nos ancestres de tant de ruïnes, & donné force & conseil à nos Rois aux grandes extremitez, vueille nous garantir des maux qui nous menacent, & acroisse aussi les vertus du nostre, lui faisant la grace qu'il puisse estre le restaurateur de son Royaume.

FIN.

QVE

QVE LES PETITES CHOSES croissent par Concorde, & par la Discorde les grandes se ruinent.

DEVXIEME DISCOVRS.

CESTE tres-belle sentence si commune entre plusieurs nations, & que l'experience a tant de fois fait trouuer veritable, a esté iadis alleguee par vn Roy de Numidie, nommé Micipsa, lequel estant au lict de la mort, remonstra à ses enfans que le plus souuerain moyen de se conseruer entr'eux, & le Royaume qu'il leur laissoit, estoit par l'obseruation de ceste regle. Il vescut beaucoup d'annees en repos & prosperité, & se gouuerna tres-sagemẽt, faisant voir à tous qu'il sauoit bien vser des choses qui seruent à l'accroissement des Estats, & juger de celles qui les peuuent diminuer. Ce qui s'ensuyuit apres sa mort, aida bien à confirmer ce qu'il auoit dit durant sa vie : car ses enfans ayans oublié ou mesprisé ses enseignemens, ne demourerent gueres sans entrer en piques les vns contre les autres: ce qui causa leur totale ruïne. Or en cest exemple-ci il sera bon de noter quelques paroles de la remõstrance

Le dit notable du Payen Micipsa doit resueiller ceux qui sont ou doyuent estre mieux instruits.

du Roy, qui precederent sa susdite sentence, ainsi que Saluste le recite. Ie vous laisse (dit-il à ses enfans) vn Royaume bien ferme & asseuré si vous estes bons, mais bien foible, si vous estes mauuais. Car les petites choses croissent par concorde, & les grandes se ruïnēt par discorde. Son intētion estoit de monstrer que de la bonté, c'est à dire de la vertu, procedoit la cōcorde, & d'icelle la prosperité: au contraire du vice s'engendroit la haine, & de la haine le discord, puis la ruïne.

Consideration de ceste sentence.

CECI merite d'estre consideré: à fin de n'ignorer les causes qui produisent les beaux effects, & celles qui engendrent les mauuais. Vrayement ie ne me puis tenir d'admirer la conoissance qu'ont euë ces Payens de plusieurs belles regles, qui aident beaucoup à la vie humaine, qu'ils ont apres soigneusemēt mises en execution. En quoy ils ont fait paroistre la prudence qui estoit en eux: mais il me semble que pour bien conoistre où gist la perfection des vertus, que nous ne deuōs tant nous arrester à eux, cōme à la cercher en la sagesse de Dieu, de laquelle toutes les autres nations barbares & prophanes ont de temps en temps recueilli quelques petites pieces: ce qui a aporté clarté à leur entendement, & a donné ornement à leurs œuures. Là trouuera-on que la souueraine concorde est celle que nous deuons auoir auecques Dieu: car celui qui ne se soucie de lui contrarier, mal-aisémēt se pourra-il bien accorder auec les hommes, en ce que la raison (qui est la guide qu'il doit auoir) commande. Mais pource que le discours de ce poinct apartient plustost aux Theologiens qu'à l'homme politique, ie m'en tairay: encor que i'estime que la cōsideration des choses superieures profite beaucoup, pour mieux faire aperceuoir

uoir les inferieures.

Il ne sera point (à mon auis) besoin de beaucoup de langage, pour declarer que c'est que concorde, laquelle n'est pas comme les arts liberaux, & les sciences dont peu de gens ont conoissance: car elle est fort familiere, & n'y a aucun qui n'en puisse faire experience. On peut dire en peu de mots que c'est vne loüable affection, qui nous lie & ioint estroitement auec nos semblables, en tous deuoirs necessaires & honnestes. Sans vn tel consentement, il seroit difficile, que non seulement les grandes societez, mais aussi les petites, peussent longuement se maintenir, à cause des contrarietez comme naturelles qui se rencontrent es personnes dont elles sont composees, qui vienent à faire alteration, si par ceste saincte vertu elles ne sont reglees. Si nous iettons nostre regard sur les choses inanimees, nous verrons que la concordance des elemens en icelles les maintiét en leur estre, & le discord les destruit. De la temperature des humeurs au corps humain s'en ensuit la santé, & de l'intemperie les maladies: mesmes les animaux qui volent par l'air, qui marchent sur la terre, & qui nagent dans les eaux, sans vn instinct de concorde, que nature leur a imprimé, s'entre-destruiroyent. D'autant plus donc l'homme est-il obligé, lui qui est participāt de raison, d'en auoir l'vsage tres-recommandé: sachant les grandes commoditez qu'elle aporte, mesmes aux creatures qui lui sont inferieures.

Que c'est que concorde.

Avant que traiter de la publique, ie vueil parler vn peu de la domestique: qui est comme vn aprentissage, & vn degré, pour paruenir à l'autre: & y a grande presomption, que celui qui l'aura deuëmēt pratiquee aux

De ses especes: & premierement de la domestique.

choses particulieres, se plaira de la pratiquer en celles qui sont generales : ce qui doit bien induire les peres de famille d'estre soigneux de la faire regner en leurs maisons, à fin que leurs enfans, qui sont les citoyens qu'ils laissent à leur Republique, soyent de bõne heure acoustumez de reietter toutes vaines fantaisies qui disposent leurs esprits à la corrompre. Mais parauanture que le regard de leur propre vtilité les solicitera encores dauantage à la biẽ entretenir: car si ce ne sont quelquesvns, qui ont (comme on dit) l'ame de trauers, les autres sentent assez le fruit qui en reuiẽt. Or comme ainsi soit que les familles soyent composees de differentes personnes, les vnes pour commander, les autres, pour obeïr, si ne doit-il pourtãt y auoir aucun respect, qui exempte les vns plus que les autres d'en vser. Le maistre & la maistresse de la maison la doyuent auoir escrite dans leur cœur, & la faire paroistre par commandemens doux & moderez. Les enfans & seruiteurs, chacun selon son degré, en obeïssant d'vne franche & alaigre volõté, monstrent par là qu'ils sont touchez de la mesme affection. Les freres & sœurs ayans à viure quelque temps ensemble ont besoin aussi de garder entr'eux vne honneste equalité, deferant toutefois, autãt qu'il est requis, à celui qui est priuilegié du droit d'aisnesse: car par ceste concorde mutuelle les familles florissent. Et qui est la personne biẽ nee, qui ne se resiouïsse quand elle void reluire de si beaux exemples ? C'est pourquoy Dauid disoit, au Pseaume CXXXIII.

O combien est plaisant & souhaitable
De voir ensemble en concorde amiable
Freres vnis s'entretenir!

CECI

CECI se peut aussi adapter aux grandes societez, comme aux petites assemblees domestiques: car ce qui conuient à l'vn conuient pareillement à l'autre, pour la similitude qu'il y a entre le tout & ses parties. Cependant l'ordre requiert qu'on commence à s'instruire par les choses moindres. Nous deuons apprendre de là, puis que les gens de bien ont tant de contentement de voir l'vnion entretenuë, soit en vne famille, ou en vne cité, qu'à plus forte raison ceux qui la mettent en pratique, en doyuent receuoir au double: pource qu'il y a plus de plaisir en l'action qu'à la contempler seulement, mesmement quand elle est approuuee de soy-mesmes, & qu'on la void loüee par autrui. *De la concorde ciuile.*

APRES le plaisir suit le profit: car il auient ordinairement que les maisons particulieres s'augmentent, où la concorde regne, estant l'augmentation la seconde fin où les peres de familles doyuent tendre: & la premiere, le bien viure. Nul ne niera que l'industrie & la diligence ne soyent les deux plus necessaires instrumens, pour acquerir richesse. Si peut-on dire qu'ils seroyent infructueux en quelque compagnie que ce soit, si en elle y auoit discord. Ne plus ne moins qu'en vne galere, le labeur des forçats seroit inutile, si la moitié voguoit vers prouë, & l'autre moitié vers pouppe: mais quand tous d'vn mesme branle & mouuement tirent vers mesme port, alors se parfait la nauigation. Ie n'iray point recercher des exemples en l'antiquité, pour la preuue de ceci, pource que nous en voyons auiourd'hui assez deuant nos yeux, à sauoir plusieurs maisons, tant nobles, citadines, que champestres, ruïnees par le discord, & plusieurs enrichies par *Du profit & plaisir qu'elle apporte.*

le bon accord des parens. Et sur ce propos, ie ne me puis garder d'alleguer vn memorable exemple, dont Tite Liue fait mention, lequel combien qu'il soit impratiquable en nostre siecle corrompu, si est-il beau à considerer. C'est d'vn certain Romain, qui tenoit en sa propre maison seize de ses enfans, tous mariez auec leurs familles, & vescurent long temps ensemble en paix & amitié tres-grande, & acreurent les biẽs qu'ils auoyent. Qui sont des effects à la verité dignes d'auoir esté produits par des Chrestiens plustost que par des Payens.

Defauts en la concorde requise de nous.

QVAND ie les considere, i'ay honte, voyant qu'à ceste heure vn enfant ne sçauroit estre huit iours marié, qu'il ne vueille incontinent faire estable à part, & sortir de la maison paternelle, pour aller bastir, comme il imagine, quelque nouuelle Monarchie ailleurs. Ce qui est cause de telles separations, est qu'on ne sçait & qu'on ne veut viure en cõcorde. I'ay autresfois ouy dire à quelqu'vn auoir veu trois Gẽtils-hommes, qui apres la mort de leur pere, demourerent en vne mesme maison, viuans en communauté de biens, qu'ils augmenterent de beaucoup: & ne se separerẽt, iusques à ce que leurs enfans fussent mariez, & instruits en ceste belle doctrine d'vnion, par la lõgue pratique qu'ils en firent. Ce que i'ay bien voulu representer, non tant pour induire les autres à faire mieux, que pour les inciter par le regard des choses difficiles à se bien employer en celles qui sont faciles. I'estime qu'il en y aura bien peu, qui ne louënt ces belles façons de viure: mais parauenture beaucoup se trouueront, qui auront en mespris les accroissemens des biens qui vienent si tardiuement: à cause qu'à present on les void venir

auec-

auecques vne si grãde soudaineté. Quoy qu'ils disent, si ne doit-on pas régler les choses selon les conuoitises & confusions presentes: plustost elles se doyuent conduire selon la raison, & à la similitude de l'ordre naturel, qui va par mesure & temps: car telles voyes sont plus iustes, & celles qui sont si precipitees, ordinairement quelque injustice les acompagne.

MAIS encores ne faut-il pas tant priser la richesse que le bon renom, qu'acquiert celui qu'on void qui se porte en toute douceur & facilité auec ses semblables: car de la juge-lon que les esprits qui sont si bien disposez en choses petites, ne le sçauroyent estre mal es grandes. Aussi est-il à presumer que celui qui s'accordera bien auec son pere, ne sera discordant aux commandemens de son Roy, & que celui qui viura paisiblemẽt auec ses freres, n'aura point de dissension auec ses compagnons: & qui s'assuiettira aux coustumes domestiques, portera obeissance aux loix publiques. N'a lon pas quelquesfois esté choisir dãs de petites familles des personnages, lesquels on estimoit dignes de pacifier les differẽs d'vn Estat, pource qu'on voyoit vne si bonne concorde en leurs maisons? Il y en assez d'exemples du passé, & maintenant encor en void-on quelques petites experiences. Mais, (à mon auis) c'est assez parlé des fruits qui reuienent de la concorde domestique: car il y a peu de gens qui doutent qu'elle n'en produise de grands. *Moyen de conseruer la concorde.*

IE veux maintenant entrer en vn champ, qui est plus spacieux: & discourir de la publique, qui est si necessaire, pour aider à nostre pauure France demi deschiree, qu'il semble que tous les vœux des gẽs de bien doyuent tendre à la rappeler. Et quand nous *De la concorde publique.*

aurons monſtré comme d'autres Eſtats ſe ſont acreus & redreſſez par elle, on ſera beaucoup plus affectionné à la mettre en execution. Le Philoſophe Platon a dit, que le plus grand mal qui puiſſe arriuer en vne cité: c'eſt la ſeditiõ, qui n'eſt autre choſe que le diſcord. Il s'enſuit donc, puis que concorde lui eſt entieremẽt contraire, que ce lui eſt vn treſ-grand bien quand elle en iouït. Auſſi eſt-il impoſſible de ſe preualoir des commoditez qu'on a, ſi premierement ce fondement n'eſt poſé: meſmes on void que plus il y a de grandeur de richeſſe & valeur en vn Eſtat, ſi ceſte bonne temperature n'y eſt, ce n'eſt que matiere de plus grande ruïne. Aucuns ſages anciens conoiſſans cela ont quelquesfois enuoyé à leurs amis qui gouuernoyent des Republiques, vn trouſſeau de fleſches liees enſemble, pour les admonneſter que tout ainſi que ces petites pieces de bois ſi fragiles, eſtans iointes toutes en vn, compoſoyent vn corps robuſte & difficile à briſer: auſſi que ſi les volõtez de leurs peuples eſtoyent bien conſentantes, & vnies entre elles, ce qui de ſoy eſtoit debile, ſe rendroit puiſſant & fort. L'experience s'en eſt veuë entre les Grecs, qui ont ſouſtenu, lors qu'ils ont eſté d'vn accord enſemble, la puiſſance des Rois de Perſe, qui eſtoit incomparable: car quelquesfois ils ont amené des armees nauales en la Grece de mille vaiſſeaux, & autres de terre de plus de ſix cens mille hommes, leſquelles ont eſté batuës par de petites armees de gens, qui s'entr'aimoyent comme freres, & qui eſtimoyent la ſeruitude de leurs compatriottes comme la leur propre, tant ils auoyent bonne correſpondance entr'eux: & tandis qu'elle continua, ils ſe maintindrẽt en reputation & felicité. Plutarque recite qu'au-

Exemple.

Autre exemple.

qu'auparauant Aratus c'estoit bien peu de chose des villes des Acheïens: car chacune faisoit ses affaires à part, ne se souciãt que d'elle-mesmes. Mais lui, les ayãt iointes ensemble, & apres vni à elles plusieurs autres petites villes, en bonne concorde, elles firẽt vn corps tres-puissant dans le Peloponnese, & repousserẽt plusieurs fois les tyrans, qui vouloyẽt vsurper leur liberté, & se rendirent redoutables à leurs voisins.

Troisieme exemple.

MAIS si quelqu'vn pensoit que les exemples tirez des Monarchies se peussent mieux accõmoder à nostre Estat, pour le contenter i'en allegueray aussi. Le premier, sera du Royaume des Lacedæmoniens: auquel Lycurgus donna vne excellente discipline, qu'il y establit. car elle recommandoit, entre autres choses, la prouësse & la concorde, dequoy ils se monstrerent vn long temps si bons obseruateurs, qu'il sembloit que leur Cité ne fust qu'vne seule famille, tant leur vnion estoit bonne. Par ce moyen ils s'accreurent, & acquirent tel renom, que toute la Grece s'est souuent soumise à leur conduite & jugemens. Plusieurs autres pareils à cestui-ci se pourroyent adiouster, tant des Romains, que d'autres nations, que ceux qui lisent les histoires ne doyuent ignorer: & seroit vne repetition superfluë de les entasser ici. On se souuiendra seulement que tousiours tels Estats monarchiques se sont autant augmentez par la concorde, que par aucune autre vertu qu'ils ayent mis en vsage. Et combien que les Romains, sous leurs premiers Roys, ayẽt esté quelquesfois discordans auec leurs plus proches voisins, si void-on pourtant qu'ils tomboyent apres en vn tresgrand accord, comme ils le monstrerent enuers les Sabins: car de deux peuples ils n'en firent qu'vn, mais beaucoup mieux ordonné, & plus puissant qu'ils n'estoyent auparauant.

Quatrieme exemple.

De ceste Antiquité descendons iusques à nostre temps, & à ce que nous voyons deuant nos yeux, pour estre mieux persuadez, & considerons l'estat des Suysses: car ce nous sera vn beau miroir, où nous apperceurons les loüanges de concorde, & ses fruits. Les histoires rendent tesmoignage que les trois petis Cantons, à sçauoir Schuitz, Vri, & Vnderuald, qui n'habitent qu'en villages, furent les autheurs de leur vnion, où depuis les autres entrerent: laquelle s'est depuis si bien continuee qu'auiourd'hui leur corps est comme inuincible. Ie prise aussi la concorde qui est en la Germanie, qui ne s'est point alteree pour la diuersité des Religions, ni pour les Estats differens. Aussi est-elle florissante, autant qu'elle a onques esté. Quelle excuse donc pouuons-nous mettre en auāt, nous autres François, pour nostre descharge de ce qu'il y a si lōg temps que nous-nous entrebattons, veu que les autres nations se conseruent en bien-vueillance entre-elles? Certes il est temps que nous prenions instruction tant de nos maux que de la felicité d'autrui, pour nous faire cercher le moyen de retourner en celle qui nous a delaissez. Il est tout trouué, si nous le voulons pratiquer, c'est de nous remettre en concorde ensemble: & en ce faisant, nous-nous releuerons, & nous accroistrons.

Cinquieme.

Obiection cōtre le conseil & auis precedent.

Ie sçay bien qu'il en y aura qui diront, que maintenir que la France s'est augmentee par concorde, c'est discourir, & que ç'a esté par la prouësse des François. A quoy ie respondray que ie ne veux pas nier, que non seulement la force, mais aussi la justice & le bon ordre n'ayent

Response.

n'ayent esté occasion de l'agrandir: cependant il faut aussi qu'on me confesse, que si ces puissantes colomnes n'eussent eu pour base, & n'eussent esté apuyees sur la concorde mutuelle des Rois, de la Noblesse, & du peuple, qu'elles auroyent ployé sous la pesanteur d'vn si grand poids. Nos premiers ancestres ont bien fait paroistre le profit qu'on reçoit, quand on sçait bien vser de ceste vertu: car c'estoyent plusieurs peuples diuers, habitans es riuages de la basse Germanie: lesquels n'ayans senti la seruitude Romaine, & ne la voulans nullement esprouuer, se recueillirent & ralierent ensemble, & se nommerent Francs. Depuis ils se vindrēt planter au long du Rhin, d'où par apres ils s'auancerent es Gaules, qu'ils subiuguerent. Ceci a esté escrit par vn homme docte, en traitāt de l'origine des François: laquelle opinion me semble plus vray-semblable, que celles que les autres escriuains recitent. Voila comment la concorde a esté l'vne des premieres causes, qui de plusieurs natiōs en a fait vne seule: & si nous regardons de pres à ses accroissemens, nous verrons que la mesme cause y a pareillement beaucoup serui. Ce que ie dis en general, pource que le recit particulier des effects qui s'en sont ensuyuis de tēps en temps seroit chose trop longue à deduire, & peut estre ennuyeuse. Ie reciteray seulement en passant la belle cōcorde qui estoit entre les François es regnes du bon Roy Louïs douzieme, de François le Grand, & de Henri le bien-aimé, qui ont duré plus de soixante ans, non tant pour en rafraischir la memoire à plusieurs qui viuent encores, qui ont veu la plus grand' part de ce temps, comme pour l'instruction de ceux qui n'ont esté que spectateurs des discordes dernieres, à fin de

Confirmation par exemples des anciens François.

Autre exemple.

leur faire plus ardamment desirer vne bonne revnion des cœurs, qui sont si estrangement alienez. Il est tout notoire que ces trois Princes ont grandement aimé leur peuple, & singulierement Louïs, & les charges qu'ils lui ont fait porter, ils y ont esté comme cõtrains par la necessité des guerres: combien qu'aucunes ayẽt esté entreprises assez legerement. Pareille ou plus grãde amour ont-ils encores demonstré à leur Noblesse, tant par l'accez & priuauté qu'ils lui ont donnee aupres de leurs personnes, que pour les dignes recompenses dequoy ils l'ont ornee. Aussi ne vid-on iamais plus reluire la vertu en elle qu'alors. Mais quelle obeïssance, quel honneur & affection, tant les Nobles que le peuple ont-ils aussi porté à leurs Rois? On n'en eust sçeu souhaiter dauantage: car ils ne se pouuoyent lasser de publier leurs loüanges, de les voir, & de s'exposer à tous perils pour eux. Apres si nous voulons considerer comme les suiets entr'eux estoyent bien accordans, que ferons-nous sinon nous esmerueiller dequoy ils se sont depuis tant desaccordez? Somme que toutes les parties de ce grand Royaume rendoyent ensemble vne si plaisante harmonie que chacun se resiouïssoit d'y habiter: mesmes les Estrãgers y acouroyent pour estre participans de sa felicité. Et encor que sous le regne du Roy Henri second beaucoup de choses commençassent à s'alterer, neantmoins la vertu auoit encor telle vigueur que pour le moins la forme exterieure sembloit belle.

Commencement de la discorde de France.

En ceste maniere ont vescu les François iusques à l'an M.CIↃ L X. que la concorde commença à se retirer d'auec eux. Apres le depart de laquelle, la vertu & la iustice se sont aussi moins monstrees en public, ains sont

ſont allees ſe promener par-ci & par-là, chez leurs particuliers amis, où elles s'aſſeuroyent d'eſtre bien recueillies. Ceci (à mon auis) doit ſuffire, pour faire conoiſtre que le peu s'augmente, & le beaucoup s'entretient par le moyen de la concorde. A ceſte heure faiſons comparaiſon de ce temps-la auecques celui que nous experimentons ſi ſouuent, & nous verrons la difference qu'il y a entr'eux: qui n'eſt pas moindre que celle d'vn beau iour du Prin-temps plein de ſerenité, où lon ne void que fleurs & verdure, auecques celle d'vn iour d'hyuer, auquel les nuages & tempeſtes en obſcurciſſent la clarté, & où la terre eſtant deſpouïllee de ſes ornemens n'apparoiſt que blancheaſtre, pour eſtre couuerte de glaces & de neiges. Mais tout ainſi que par l'ordre eſtabli de Dieu en nature, apres vne laide ſaiſon, vne belle lui ſuccede: auſſi deuons-nous eſperer de voir vn plus heureux ſiecle, apres ceſtui-ci, quand nous aurõs appaiſé ſon courroux par vne ſaincte conuerſion. Quand on entre en propos de ceci, incontinent pluſieurs vienent en auant, & diſent, He! qui nous a troublez & diuiſez ſinon les opinions de la Religion? mais il s'en trouue auſſi qui de l'autre coſté repliquent, que la nature de la Religion n'eſt pas d'aporter tãt de maux: pluſtoſt en doit-on imputer la cauſe à la malice des hommes, qui aiment mieux les tenebres que la lumiere, & à l'ignorance d'iceux, en ce qu'il leur ſemble que telles contrarietez ſe doyuent reſoudre par le fer & par le feu, au lieu qu'elles ſe deuroyent compoſer par voye de douceur.

I'ESTIME que l'experience nous doit auoir fait ſages ſur ceſte difficulté, laquelle ne m'empeſchera de *Fruits de la diſcorde.*

reprendre mon propos, & dire ce que la discorde engendre. Ie n'iray point recercher des exemples de ceci aux Royaumes estrãges, ni au temps passé, ains en nostre propre païs, & de nostre aage: car qui a voulu voir l'image de tous maux, il a falu qu'il ait contemplé la France, qui a esté le theatre où ceste Tragedie s'est iouëe, & les iouëurs en ont esté les François, lesquels ne se sont nullemẽt espargnez pour s'entre-nuire: depuis qu'ils ont esté saisis de ceste maligne passion. Et tout ainsi que la fieure continuë affoiblit & abat les corps plus robustes, aussi la continuation de nos guerres a quasi abatu & priué le Royaume de la pluspart de sa grandeur, de sa richesse, & de son lustre. En quoy est apparuë la verité de l'autre partie de la sentence ia alleguee, que par la discorde les choses grandes sont amoindries & ruïnees. Or comme ainsi soit que la haine produise ordinairement le discord, comme le plus souuent l'amitié engendre le bon accord, toutesfois il est auenu que plusieurs n'y sont pas entrez, poussez de ceste cause: ains les vns par zele, & les autres par persuasion, & les autres par obligation à autrui. Aussi a lon veu des effects bien differens, les vns ayans esté plus doux que les autres, dont ceux qui les ont produits meritent loüange, pour s'estre en ces calamitez vniuerselles gouuernez auec moderation. Ie n'oseroy reciter les horribles cruautez qui se sont commises par tout (combien que les vns les ayent biẽ plus senties que les autres) car elles font horreur, ou elles irritent, mesmement aucunes se sont faites qu'on peut nommer contre nature: comme quand on a liuré à l'occision ses plus proches parens, & ensanglanté ses mains dãs le sang de ses propres amis. I'ay opiniõ que

si

si durãt le regne du Roy François quelqu'vn fust venu à predire ce qui depuis est auenu, qu'õ l'eust assommé, comme vn annonçeur de mensonges. Cependant nostre estourdissement a esté si grand qu'on n'a laissé d'exalter & magnifier les prodigieuses actions que la plus aueuglee fureur auoit perpetrees. Ie fay supplication à Dieu que nous ne retombions iamais en cest abominable gouffre d'inhumanité.

THVCYDIDE sage historien, descrit sommairement comme les Grecs se gouuernerent en leurs discordes ciuiles: ce que i'ay bien voulu inserer ici, à fin que nous balancions les faits anciens auec les modernes, pour sauoir auquel des deux tẽps la malice a esté plus pesante. Des qu'on entendoit (dit-il) auoir esté fait en vn lieu quelque insolence, les autres prenoyẽt courage de faire encore pis, pour faire quelque chose de nouueau, ou pour monstrer qu'ils estoyent plus diligens que les autres, ou plus insolẽs & ardans à se venger: & tous les maux qu'ils faisoyẽt, ils les desguisoyẽt de loüables titres, appelans la temerité magnanimité: & la modestie pusillanimité: l'indignation precipitee virilité & hardiesse: la consultation & deliberation prudente tergiuersation palliee. Par ainsi, celui qui se monstroit tousiours furieux estoit reputé loyal ami: & celui qui lui contredisoit, tenu suspect. Si quelcun de la faction contraire disoit quelque chose bonne & hõneste, elle n'estoit point acceptee: mais s'ils la pouuoyẽt impugner de fait, ils aimoyẽt mieux se venger, que n'estre point outragez. S'ils faisoyent quelque apointemẽt auec serment solennel, il duroit iusques à ce que l'vne des parties se trouuast la plus forte, pour le corrompre & violer, & vaincre par malice. Il dit

Image de la France en l'estat de l'ancienne Grece.

Au 3. liu.

encores plusieurs choses que i'ay laissees pour euiter prolixité. A ceste heure ie demande si nous n'auons pas egalé les Grecs en semblables actions ? ie cuide qu'on ne l'oseroit nier: mais de les auoir surmontez en cruauté, cela est tout manifeste. Les François qui sont restez de tant de ruïnes pourroyent à bon droit faire vne telle exclamation que fit le Roy Agesilaus pour la Grece: O pauure France, tant tu es malheureuse, d'auoir occis auec tes propres mains tant de bons hommes tiens, qui eussent esté suffisans pour desfaire vn iour en bataille tous les plus superbes ennemis qui desirent ta ruïne! Vrayement il faut que nous confessions, que la discorde ne nous a pas seulement aporté vne maladie, ains plusieurs, voire tres-grandes.

Combien de maux la discorde a produit en Frãce.

Et pource qu'aucuns se trouuent qui voudroyent biẽ, ce semble, en couurir quelques vnes, & que nous contrefissions les sains, i'ay trouué bon de leur mettre deuant les yeux ce qu'vn autheur de ce temps a escrit, traitant de nos miseres: car ce qui sert de bonne instruction doit estre leu & releu en plusieurs lieux. Voici ce qu'il dit. La discorde publique a engendré entre nous l'irreuerence enuers Dieu, la desobeïssance aux Magistrats, corruption de mœurs, changement de Loix, mespris de la justice, l'auilissement des lettres & sciences. Elle a causé vengeances horribles, mesconoissance de consanguinité & parentage, oubliance d'amitié, violences, pilleries, degasts de païs, saccagemens de villes, bruslemens d'edifices, confiscations, fuites, bannissemens, proscriptions, ruïnes cruelles, changemens de police, auec autres infinis excez & miseres insuportables, piteuses à voir, & tristes à raconter. I'estime que celui-la parle selon la verité, &

comme doyuent faire bons amis, à fin que nos playes, qui sont tres-dangereuses, & comme mortelles, nous ne les estimoins pas de si facile cure, & laissions les remedes souuerains, pour prendre les legers & friuoles. Ie ne represente point tāt d'injures pour réueiller l'ire de ceux qui les ont reçeuës, car mon intentiō est bien autre, qui tend plustost de les arracher de la memoire de tous: & le fay seulement, à fin que voyās nostre hōte nous ayons honte. Et c'est cōme si quelqu'vn monstroit à vn pere son enfant couché par terre, tout sanglāt des coups qu'il lui auroit donnez estāt en fureur, & lui diroit: Regardez à ceste heure en bō sens le bel ouurage que vous auez fait en vostre colere: car vous-vous estes blessé vous-mesmes. ne seroit-ce pas le rendre confus, & lui contenir les mains pour l'auenir?

MAINTENANT pour monstrer encore mieux les maux que les dissensions amenent, ie pourrois alleguer les exemples de ce qui est arriué en Italie durant les factions des Guelphes & Gibellins: en Angleterre es guerres de la maison de l'Enclastre contre celle d'Yorck: & en Allemagne, lors que les Papes la maintenoyent diuisee contre les Empereurs. Mais tout cela ne nous sauroit tāt instruire que la moindre guerre de six qu'auons desia experimētees: d'autāt que ce qu'on void, qu'ō sent, & à quoy on s'ocupe, s'imprime beaucoup mieux en l'entendement que ne fait vn simple recit des choses passees. Cela me fera demeurer dās les bornes de nostre païs: veu mesme qu'il faudroit remonter iusques aux temps plus anciens, pour trouuer de semblables monstres que deux qui se sont formez en nos diuisions. Et si on veut sauoir leur nom, l'vn se nōme Massacre, & l'autre Picoree. Le premier, iamais

Que doit apprendre à la France la consideration de ses guerres ciuiles.

Monstres enfantez par la guerre ciuile.

on ne l'a peu rassasier de sang, ni le second de richesses. Et combiẽ que les Paix, qui se sont faites, les ayent aucunement bridez, toutesfois ils n'ont laissé d'attraper tousiours quelque chose en cachette. Ie cuide que du temps des horribles proscriptions de Sylla, & des carnages de Marius, il y en auoit de pareils qui nasquirent à Rome, & rauagerent les Romains. Là où les nostres n'y ont esté que conçeus, & sont venus naistre en France, puis ont deuoré les François. Ainsi est Rome la boutique fatale, où se sont forgez les glaiues d'occision, qui ont iadis tant respandu de sang, & depuis s'y sont limez les conseils de destruction, tresmiserables pour ceux qui les ont ensuyuis.

Exhortation necessaire & profitable.

LA souuenãce de toutes ces turpitudes & desordres, nous doit donner vne grande compunction en nos cœurs, & nous esguillonner à embrasser la vertu, qui nous a esté par ci deuãt si familiere. Et ne doute point que si nous voulons vn petit nous y affectionner, que nous ne la voyons en bref autant honnoree par tout, qu'elle a iamais esté: car encores que le François s'esgare, si reuient-il apres à se remettre en son chemin: & le vray moyen d'y reuenir, c'est de r'appeler nostre guide, qui se nomme concorde. Elle nous radressera en la droite voye, où nous trouuerons Pieté & justice, qui nous receuront alaigrement: mais donnons-nous bien garde de les abandonner, car nous-nous fouruoyerions derechef. Mais en les suyuãt elle nous conduira tout droit & bien tost dans les belles & spacieuses campagnes d'abondance & de felicité, où nous serons dignement festoyez par honneur & contentement, qui y font leur residence.

Asçauoir, s'il

CECI est bien aisé à dire, & malaisé à faire, dira quel-

quelqu'vn. Ie respon que l'effect en est difficile, mais c'est à ceux qui y mettent eux-mesmes les empesche-mens, par vne repugnance comme volontaire qu'ils font aux conseils que la raison leur suggere: aimans mieux plaire aux apetits desreiglez, qui ne se paissent que de desordres, contentions & haines. Mais il nous faut souuenir que toutes ces choleres vehementes & desseins de vengeances (vrayes nourrices de discorde) ne sont autre chose, ainsi que disent les Philosophes, que foiblesses de l'ame, laquelle se laissant guider par les sens s'esmeut à chasque accident qui suruient: au lieu qu'elle deuroit supporter constamment tout ce qu'honnestement elle peut & doit faire, à fin que par la conseruation de l'ordre, & de la tranquillité, le cours naturel de la vie humaine se peust paracheuer auec plus de facilité. I'ay plusieurs fois obserué que apres que nous auions remis les espees dans les fourreaux, & que nous venions à reconuerser les vns auec les autres, & mesmemēt auec nos parens & amis qui estoyent de parti contraire, nous detestions ensemble le miserable temps qui auoit passé, auquel il eust peu auenir qu'vn auroit tué celui duquel il tenoit la vie chere comme la siene propre, & souhaitions de n'auoir plus en nos iours de semblables calamitez. Apres hantās auec les hommes moins conus, nous rencontrions de la douceur, & vn desgoustement des fureurs passees. Vne autre troisieme maniere d'hommes estoit-on contraint d'accoster quelquesfois, qui estoyent les plus violens d'vn & d'autre parti. Encores en la plus grande partie d'iceux, il se trouuoit beaucoup plus de moderation qu'on ne s'estoit imaginé. Alors ie disois en moy-mesme, ne faut-il point qu'il y

est malaisé de ramener la cō-corde en Frā-ce.

ait quelque furie cachee dãs les entrailles de la France qui nous embrouïlle tant? veu que tant de preparatiõs à vnion & concorde, que nous voyons, ne peuuent nous profiter, ni nous amener à la iouïssance de ce biẽ. Cependant ie ne perdoye point esperance que nous ne peussions vn iour y paruenir.

Le moyen de remener la concorde & chasser la discorde.

TOVT ceci m'a fait, & me fait encores pẽser, que faute de s'entre-visiter quand les occasions le requierent, fait que nous-deuenons sauuages les vns aux autres: car en absence nous ne nous remettons deuant les yeux que les iniures passées, à quoy s'adioustent raports, soupçons & calomnies: de maniere que quand quelqu'vn seroit blanc comme neige, par telles teintures on le feroit deuenir rouge comme escarlatte. Nous deuons aussi considerer, qu'encores qu'il y ait plus de vingt & quatre ans que nous-nous entrebattons, si est-ce que nous reuenõs tousiours en nos maisons paternelles, & la necessité nous contraint de reconuerser, non seulement auec nos amis, mais aussi auec ceux qui ont esté nos plus rudes ennemis. Pour ce regard faut-il nous resoudre à mãsuetude: & puis que nous auons à viure & à mourir, non auec les Italiens & Espagnols, mais en la propre terre qui nous a engendrez, efforçons-nous donc que ce soit pacifiquement, plustost qu'en languissant en des tumultes pleins d'effroy.

S'il faut enseuelir toute difiance.

QVELQV'VN pourra obiecter que puis que la défiance est vn des principaux nerfs de sagesse, qu'en temps si dangereux on ne la doit pas mettre sous les pieds. Certes ie ne veux pas donner conseil de l'enseuelir, ains laisser chacun en sa liberté d'en vser conuenablement, selon que l'occasion le requiert: mais i'entens

tens aussi que ce soyent occasions fondees sur verisimilitudes aparentes, & non sur imaginations volages, iusques à ce que le temps ait repurgé les cœurs de rancune, & effacé de la memoire les haines inueterees. Car nous deuons estimer qu'à la fin les hommes se lassent de se mal vouloir, & de se mal faire: pource que ces choses-là de leur nature sont ennuyeuses & mal plaisantes. Secondement qu'aucuns se conuertissent, quand quelque petit rayon spirituel vient à les toucher, & leur faire conoistre qu'il est tres-difficile d'aimer Dieu, lequel on ne void point, si l'on a en abomination ceux qui portent son image, lesquels on void. Pour ceste occasiõ ne doit-on pas desesperer des personnes, si en eux n'apparoissent des signes euidens de malice & cruauté endurcie, coniointe auec obstination, & de ceux-là peut-o[illegible] qu'ils sont abandonnez des medecins, & en est la frequentation du tout infructrueuse, voire perilleuse.

De la fausse concorde.

AVANT que finir ce discours-ci, il faut aussi parler de la fausse concorde, & parauenture qu'il ne nuira de rien de dõner quelques petis aduertissemens sur ce poinct, à fin qu'on ne soit abusé, comme ceux qui ont pris vn faux escu pour vn bon, par faute de le peser & bien regarder: aussi deuons-nous au siecle où nous sommes, si depraué, regarder de pres aux choses qui ont belle monstre: car souuent sous vn tel manteau le mal se trouue caché. Quand donc nous verrons bon accord entre quelques vns, ou qu'on nous voudra semondre d'entrer en quelque societé, enquerons-nous diligemment, si la fin d'icelle où les vns & les autres tendent, est bonne ou mauuaise. car si elle est mauuaise, alors concluons que telle concorde est fausse, & par

Exemple. consequent de bien peu de duree, & à fuir. Ceci s'esclaircira encores mieux par les exemples. Et le premier que i'ameneray sera des brigands & voleurs de terre, & des pyrates de mer. On diroit quelquesfois qu'il y a telle fraternité entr'eux & vne amitié si estroitte, qu'on n'en pourroit trouuer de plus exquise. Mais quand on vient à regarder que ce sont gens, qui pour saouler leurs peruerses cupiditez s'alliẽt ensemble, & troublent la tranquillité publique par meurtres & pilleries, qui est cause qu'ils sont craints & haïs cõme pestes mortelles, que juge l'on de leur vniõ, sinon que c'est vne cõiuration pernicieuse? *Autre exemple.* Les femmes de mauuaise vie, & abandonnees, qui se tienent encor par permission en plusieurs citez, mesmement d'Italie & d'Espagne, ont entr'elles vne si douce acointãce, qu'il semble que ce soit vne liaison de perpetuelle duree. Mais tant s'en faut que ce soit concorde, que c'est plustost vn secret discord, cimenté de poison: aussi croyie que quasi tous condamnent telles confederations, & ne voudroyent que le tres-beau nom de concorde s'allast souiller en telles societez. toutesfois il y en a tousiours quelques vns, qui se laissent attraper à ces pipees. Voila quant aux personnes qui ont embrassé des manieres de viure infames, qui par les constitutions diuines & humaines sont reprouuees.

De la concorde furieuse. Il y a vne autre espece de concorde. furieuse, comme elle aparut en ces païsans d'Allemaigne, qui l'an M.CIↃXXV. s'armerent pour saccager les Nobles & les riches. Ils viuoyent les vns auec les autres comme freres, mesmes mouroyent courageusement ensemble: cependant leur but & leurs procedures estoyent detestables. En ce rang ici, i'ay bien voulu aussi mettre

la

la confederation des enragez Anabaptistes de Munstre, qui se sçeurent bien mettre ensemble, iusques à neuf ou dix mille hommes. I'adiousteray encores les seditieuses associations de tout vn peuple, ou de partie, qui pour couper la gorge à ceux qui leur desplaisent s'accordent, comme firent les Sicilliens contre les François, lesquels pour punir parauenture cinq cẽs coulpables, tuerent cinq mille innocens. Auec telles gens nous deuons plustost auoir discord qu'accord: pource que leur vnion ne vise qu'à alterer les societez legitimes. Ie me doute bien que si quelque beau Pere affectionné au conuent, viẽt à lire ceci, qu'il dira tout incontinent, Il fust venu bien à poinct de mettre ici ces Lutheriens & Huguenots, qui ne s'accordent entr'eux que pour la ruïne de nos saincts ordres. mais ie lui respondray, Monsieur nostre Maistre, pource qu'il n'est pas raisonnable de mettre au rang des condamnez ceux qui n'ont pas esté conuaincus, ie m'en suis abstenu: mais si vous voulez auec quelques vns de vos confreres disputer auec eux, & par bons & valables argumens de Theologie les rendre confus, apres vous serez obeï: toutesfois ie vous conseille en ami, de ne le faire pas, de peur que le dire de Marot ne se trouuast veritable, à sauoir,

Qu'on ne void point vn bon Papiste
Dire iamais bien de Luther.
Car s'ils venoyent à disputer
L'vn des deux seroit heretique.

CAR s'il auenoit que vous perdissiez vostre cause, vous pourriez bien quitter la besace, on ne vous donneroit plus rien: mais le plus profitable pour vous & pour eux est, que vous viuiez au moins en concorde

Politique,& vous cõtentiez des maux que vous-vous estes entrefaits, considerans que la vie humaine est d'elle-mesme assez miserable, sans y adiouster nouuelles miseres.

De la concorde tyrãnique.

PARLONS maintenant de ceux qui sont paruenus à vn tel degré d'abus en leurs vocations legitimes, qu'on peut dire d'eux que sous l'authorité des loix & des Polices ils renuersent l'equité & la iustice. De telles assemblees se trouuent plusieurs especes, dont i'en noteray seulemẽt quelques vnes des principales pour abreger matiere.La premiere, c'est vne tyrannie formee, en laquelle les actions publiques tendent à la fortifier au dommage de tous.En cela il faut imaginer deux manieres de personnes: à sauoir les tyrannisans & les tyrannisez.Quant aux derniers,ils doyuent, puis que la force maistrise,ployer doucement le col, en attendant qu'il plaise à Dieu susciter des moyens legitimes d'y remedier. Mais les premiers qui viuent en vne si ioyeuse & pompeuse vnion ensemble,ie n'estime pas qu'il soit beau ni honnorable de s'aller ietter parmi eux, pour en estre participant aux conditiõs de saccager,meurdrir & outrager les innocens.Il vaudroit beaucoup mieux s'eslongner d'vne si venimeuse concorde.Mais qui sont ceux qui ont vescu ainsi?les histoires le disent,& en fournissent assez d'exemples, tant anciens que modernes. Ie me contenteray d'en alleguer vn de Cęsar Borgia bastard du Pape Alexandre sixieme,qui a esgalé les tyrans du passé en execrables meschancetez. Et c'est le beau patron que Machiauel propose,pour enseigner aux Princes commẽt ils doyuent regner. Cestui-ci remplit l'Italie de sang, & de vices, & ne trouua que trop de satellites & d'a-

dherans

d'herans pour lui assister. Certainement vn homme n'eust eu gueres de jugemẽt,& encores moins de vertu, qui eust voulu aller viure dans ceste concorde tyrannique. On pourroit mettre en ce rang ici vne Democratie, du tout deprauee, comme estoit l'Athenienne, lors que Phocion fut condamné à mourir, pareillement vne Oligarchie corrompuë, comme aussi fut celle d'Athenes, lors que les Lacedemoniens establirent les trente Gouuerneurs, qui depuis se firent Tyrans,& occirent quasi tous les meilleurs citoyens.

De la concorde iniuste.

En second lieu, ie mettray en auant les Senats & les Tribunaux de justice, desquels la plusspart des Senateurs sont entr'eux tres-bien accordãs, pour commettre toute iniquité. Celui de Rome estoit semblable du tẽps de Neron: car toutes les detestables cruautez qu'il exerçoit (mesmes quand il fit tuer sa mere) tous vniuersellement les approuuoyent, & les estimoyent œuures salutaires pour la chose publique & de grãde pieté. Mais n'eust-ce pas esté plustost impieté à quelqu'vn de pourchasser d'estre de leur ordre, & s'aller profaner au milieu d'vne si fausse concorde?

De la concorde insolente.

En apres, ie diray quelque chose des gẽs de guerre d'vn Estat: qui sont cõme les gardes d'icelui, quãd, estans du tout sortis hors de discipline, ils se r'allient & conioignent,& s'abandonnãs à la proye & à la volerie sur le peuple, plus par malice que par necessité, vont ruïnant tout. On peut dire de ceste vnion, que plus grande elle est, plus elle est nuisible.

De la concorde heretique & schismatique.

Povr le dernier exemple de fausse concorde, qui n'est moins pernicieuse que les autres, ie representeray celle qu'il y eut entre les Euesques, qui se trouuerẽt en deux ou trois Conciles qui furent tenus sous les enfans de Cõstãtin le grand. Car iceux Euesques, estãs quasi tous Ariãs, ou infectez d'autre heresie, condãnerent d'vn cõmun consentemẽt le cõcile de Nicee (qui est le plus memorable qui fut onques tenu) & ceux qui tenoyent les plus saines opiniõs en la Religiõ. C'estoit vne conspiration contre verité, que ce qui fut arresté en leur assemblee, & non pas vne saincte vnion de volontez, combien qu'ils se couurissent de ce beau titre.

Conclusion de ce discours.

De toutes lesquelles choses ici deduites toutes personnes, & principalement celles qui s'embarquent legerement à la bonne foy en tous partis, pourront prẽdre instruction pour ne se laisser circonuenir aux apparences exterieures, qui le plus souuent pippent les plus entendus, à fin qu'elles ne soyent contraintes de dire puis apres ceste parole, Ie ne le pensoye pas. Il faut aussi noter, encores que ceux mesmes qui s'vnissent es manieres sus mentionnees ayent quelques fois opinion d'y perseuerer long temps, que neantmoins ils se trompent: pource que les choses mauuaises sont de telle nature qu'elles se tournẽt aisément à s'entre-destruire lors qu'elles sont mõtees iusques à certain degré, ou quand elles sont oisiues, sans estre agitees cõtre ce qui est bon. Mais la concorde qui dure, est celle qui est entre les gens de bien, & qui procede des mouuemẽs d'vne droite raison illuminee d'en-haut, qui nous rend affectionnez au bien les vns des autres: car estant alimentee d'vne humeur radicale si parfaite, elle demeure tousiours viue & fraische, cõme les arbres qui sont plantez au long des riuages des eaux courantes. Puissions-nous, nous autres François, auoir celle-ci continuellement logee dans nos cœurs, pour aider à remettre nostre païs en son ancienne beauté.

Pourquoy la vraye concorde dure.

FIN.

DE LA LEGERETE DONT PLUSIEURS vsent à hair, condamner, & detester leurs prochains, à cause du different de la Religion.

TROISIEME DISCOVRS.

Zele pretendu pour couurir les haines & querelles.

LES seules disputes entreuenuës en ceste matiere-ci en diuers païs, depuis quelques annees, estoyẽt assez suffisantes pour engendrer de grandes haines, voire parmi les plus proches. Mais quand on est venu à ioindre aux contẽtions de paroles les voyes de fait, (dont sont procedees infinies iniures) alors les passions se sont renforcees, & les cœurs de plusieurs personnes enuénimez, de sorte qu'ils n'ont peu se rassasier de haïr en temps de paix ceux qui ne s'accordoyẽt à leurs opinions religieuses, ni en temps de guerre de se cruellement venger d'eux. En ce fait ici quand on vient à demander qu'elle est la cause qui a produit & va encores produisant ces vehemences, plusieurs le declarẽt assez, disant que c'est le zele que chacun porte à sa religion, qui est occasion qu'ils se persuadent que les doctrines qui y sont contrariantes sont souïllees d'impieté, & pour cela les abhorrent-ils, & ceux qui en sont profession. Or pour ne broncher en ce chemin qui est si raboteux, il m'a semblé qu'il seroit bon d'esclaircir que signifie zele, & quels fruits doyuent sortir de ce bon arbre.

Definition de zele. C'est, à mon auis, vne ardante affection de l'ame qui tend à l'honneur de Dieu, & au salut du prochain, dont s'ensuit aussi qu'elle s'irrite quand on le deshonnore. *Exemples.* Moyse & S. Paul ont bien monstré la grandeur de celui qu'ils auoyent, mesmement au bien du peuple de Dieu, quand l'vn disoit, Seigneur pardõne-leur *Exod.ch.31.* ceste faute, sinon efface moy de ton liure que tu as escrit. *Rom.ch.9.* Et S. Paul qui souhaitoit estre separé de Christ, à fin que ses freres, selon la chair, qui ne glorifioyent pas Dieu, fussent remis au chemin de salut. Par ces propos, qu'aucuns estiment excessifs, lon doit entendre que leur affection estoit tres-grande. Elie & Phinees aussi nous seruent d'exemple de l'indignation qu'on conçoit quand on void l'impieté & la meschanceté *1.Rois.ch.18.* estre desbordee. Ce qui esmeut l'vn de faire mettre à mort tous les prophetes de Baal, & l'autre d'occire *Nom.25.* Zambrj & la Madianite. Et telles ferueurs sont louëes es Escritures, par ce qu'elles ont esté conduites auec la sapience de Dieu.

Abus des exemples precedens & le moyen de le corriger. Av miserable siecle où nous viuons, fort peu se trouuent qui imitent Moyse & S. Paul, & de l'exemple d'Elie & de Phinees plusieurs s'en voudroyent seruir pour couuerture de leurs violentes passions: ne considerant parauenture pas, que ce sont actions particulieres, qui ont procedé de mouuemens interieurs ou de commandemens expres, qui ne doyuẽt estre tirees en consequence. Dauantage le temps d'alors auoit des raisons speciales pour ces especes de jugemens, qui

ne

ne pourroyent tousiours bië conuenir au nostre. Mais la loy de charité qui est perpetuelle, & le fondement des deux souhaits preallegue, nous doit ramener à la mesme pratique, & alors pourrons-nous dire que nostre zele sera bon, quand estant appuyé sur ladite charité, il sera apres conduit par science, qui sont les deux marques principales pour le discerner d'auecques le faux. L'Apostre S. Paul nous enseigne de fuïr celui qui est sans science, car quand il en est destitué il vise plustost à vengeance qu'à charité, ainsi que lui-mesmes le fit paroistre, lors qu'il assistoit au supplice de S. Estienne. Rom. 10. Act. 7.

A ceste heure nous sera-il aisé de conoistre les marques du faux zele, en nous representant les vices contraires aux vertus susdites, qui est ignorance (auec laquelle souuent malice est entremeslee) & haine du prochain, & ceux qui ne sont diligens d'obseruer telles differences tombent en erreur. De ces affections-ci, que chacun appuye sur la pieté, s'engendrent les jugemens qu'on fait de ses prochains, la plus part desquels sont merueilleusement precipitez: car plusieurs se trouuent qui voyans quelqu'vn ne consentir auec eux es poincts de la religion, ne lui imputent pas seulement qu'il chemine en erreur, ains tout incontinent le tienent comme vn homme prophane & de meschante vie. Quand ceste opinion est vne fois logee en l'entendement, elle est mal-aisee d'arracher. Ce qui est occasion de rompre tant la dilection fraternelle, que la concorde publique. Pourtant se faut-il garder de faire en soy-mesmes des conclusions si promptes à la condamnation de ceux qu'on ne daigne prendre le loisir de bien conoistre. S'il estoit questiõ de sauoir *Marques du faux zele.* *De l'iniquité des preiugez.*

ſi vn cheual ou vn chien ſont bons, ou mauuais, on voudroit auoir du temps pour en faire l'experience auant qu'en iuger, combien plus la meſme regle doit-elle eſtre pratiquee à l'endroit des hommes? ou autrement il faudra qu'on les priſe moins que les ſuſdits animaux. Voici comme pluſieurs ſe gouuernēt maintenant, ſi on leur dit, ceſtui-là eſt de la Religion: c'eſt donc vn meſchant heretique: reſpondront-ils. Dites auſſi à d'autres, vn tel eſt Papiſte: ils repliqueront, il ne vaut donc rien. Et pourquoy les reprouuez-vous ainſi? A cauſe, diſent-ils, qu'ils tienent vne Religion contraire à la noſtre. Vrayement ceſte promptitude eſt trop prompte.

De la moderation qu'il conuient tenir es preiugez.

MAIS encor que ce iugement puiſſe eſtre faux, & puiſſe eſtre vray, on doit cependant tenir vne grande moderation en l'vn & en l'autre. Quand quelqu'vn, eſtant eſbloui d'ignorance, vient à condāner la vraye doctrine & ceux qui la maintienent, ſon zele ne le iuſtifiera pas qu'on ne le doyue iuſtemēt accuſer d'eſtre profanateur de verité, & ne lui ſeruira de rien de mettre en auant ſa bonne intention, pource qu'elle ne peut changer la nature des choſes. Mais n'y a-il pas ample matiere, nō pas de rire, ains pluſtoſt de lamenter de celui qui eſtant aueugle ſpirituel ne penſe pas l'eſtre, & eſtime ceux qui ſont clair-voyans pleins d'aueuglement? à bon droit lui pourroit-on dire, Medecin qui iuges ton prochain eſtre malade, & au lieu de t'efforcer de le guerir, tu veux qu'on l'aſſomme, conſidere-toy vn petit, & tu verras que c'eſt toy-meſmes qui as abondance de maladies & treſ-dangereuſes: penſe donc trois fois premier que dire à autruy, Tu es vn heretique. Et à la verité c'eſt vn mot qui eſt auiourd'hui

De l'inſolence de ceux qui appellent les autres, heretiques.

d'hui fort commun en la bouche de plusieurs, & s'en trouue que si on leur auoit osté l'vsage de ceste parole, les patenostres de la ceinture, & la haine de leurs cœurs, ils seroyent aussi estõnez qu'vn auaricieux qui a perdu sa bourse. Toutesfois ceux-ci ont encores moindre coulpe qu'aucuns qui errent sciemment, conoissans bien que ce qu'ils reiettent n'est pas reiettable. Ie mettray à ces derniers deuant les yeux ce que le prophete Isaie dit: Malediction sur vous qui dites le mal estre bien, & le bien estre mal, & mettez tenebres pour lumiere, & lumiere pour tenebres: à fin qu'vne si dure sentence ayant effrayé leur conscience les retire d'iniquité à justice. Isaie, ch. 5.

De l'insolence de quelques vns qui oubliẽt le deuoir de charité.

Il y en a aussi quelques autres qui estans bien instituez tombent neantmoins en telle arrogance qu'à ceux qui cheminent encor par les sentiers des doctrines estranges, ils leur donnent des noms ignominieux & les ont en grand desdain: par où ils font paroistre qu'ils abusent de la charité, qui au lieu d'enfler & estre insolente, doit estre benigne ainsi que dit sainct Paul. 1. Cor. ch. 13. Ils deuroyent plustost en auoir compassion, & en toute douceur les prendre par le bras, & leur haussant vn peu le bandeau, qu'ils ont deuant les yeux, leur monstrer les precipices, dans lesquels ils se vont inconsiderément ietter & perdre. Car c'est vne grande cruauté de voir les ames en peril euident, & aller maudire les corps. Vne chose y a qui esmeut ceux-ci, à sauoir la fausseté des doctrines, lesquelles à bon droit il faut condamner. Mais eux passans outre ceste consideration, vont arrester leurs haines sur les personnes qui en sont abruuees, & ne pensent pas qu'elles puissent estre illuminees & conuerties, ainsi que furent aucuns de ceux qui consentirent à la mort de Iesus Christ, qui apres l'adorerent comme Dieu, combien qu'ils l'eussent fait crucifier comme heretique & seditieux. C'est raison que nous presumions de nostre prochain qu'il se releuera, plustost qu'il perira, si des signes manifestes d'endurcissement n'aparoissoyent en lui.

Ie n'entens pas pourtant qu'on le flatte en ses imperfections, ni que les jugemens particuliers qui se font en bonne consciēce n'ayent lieu, car l'vn & l'autre lui seroit dōmageable, entant qu'on cacheroit le mal qui doit estre descouuert pour estre mieux gueri. Mais que celui qui juge le face en se conduisant selon les regles de charité. Car ceux qui cōdamnent les autres par orgueil, il auient apres que Dieu les condamne par justice.

Autre dangereux preiugé du zele sans science.

Aucuns de ces zelateurs inconsiderez ont encor vne opinion tres-mauuaise. C'est qu'ils se persuadent que ceux, dont ils ont reprouué en eux-mesmes la religion, ne doyuent estre reputez leurs prochains, non plus que les Turcs, ou les Tartares: en quoy ils faillent lourdement. Et s'ils estoyent aussi diligens de lire les Escritures, que d'adherer à la promptitude de leur passion, ils changeroyēt d'auis. Car ils verroyent que le mot de prochain s'estend indifferemment à tous hommes, pource que le genre humain est conjoint ensemble d'vn lien sacré de communauté, à fin que par ceste alliance les hommes soyent incitez à s'entr'aimer. Il suffit donc, à ce que quelqu'vn soit nostre prochain qu'il soit homme: d'autant que ce n'est pas à nous, d'effacer la nature commune. Et qui est celui, tant barbare puisse il estre, qui ne porte en son ame l'image de Dieu emprainte, bien qu'elle soit quasi effacee?

effacee ? Aussi pour ce regard doit-on, parmi tant de souilleures, qu'on void en vne si noble creature, y considerer tousiours la marque excellente que Dieu y a apposee, à fin de n'auoir abominable ce que lui-mesmes peut couronner de sa grace.

Anciennemẽt les Pharisiens, ayãt violé les loix naturelles, estimoyẽt que les prochains estoyẽt les parẽs & amis, ou bien-faiteurs, restraignãt à ce petit nõbre, ce qui deuoit estre commun à tous. Mais Iesus Christ corrigea leur fausse interpretation, par l'exemple du Samaritain, qui secourut vn pauure Iuif qu'il trouua blessé sur son chemin, auquel vn prestre & vn Leuite auoyent denié toute misericorde : monstrant par là que chacun est obligé de bien faire aux plus inconus, & que nostre prochain est celui qui vse enuers nous d'humanité. Et faut noter qu'alors il y auoit plus grande haine & contrarieté entre les Iuifs & les Samaritains, qu'il n'y a auiourd'hui entre les Chrestiens & les Turcs. Comment donc se pourront excuser ceux que les mots de Catholique & Euangelique animent tant les vns cõtre les autres, qu'ils s'entre-desauouënt pour prochains ? Encor y en a-il de si aspres qu'ils disent auoir bonne raison d'en faire ainsi, & si on leur demande pourquoy, ils respondent que celui qui s'est voüé a Satan est digne de toute rigueur, & indigne d'aucun bien. O homme orgueilleux, que saurois-tu pis dire d'vn Cain, ou de quelque detestable Sorcier? Ne sçais tu pas ce qui est escrit en l'Epistre de sainct Iude ? Que quand Michel l'Archange disputoit auec le diable touchant le corps de Moyse, il n'osa ietter sentẽce de malediction, ains dit, le Seigneur te redarguë. Car encor qu'il aproprie ce passage à ceux qui

Erreur, renouuellé de nostre temps.

Luc. 10.

detractent malicieusemēt des superioritez : si se peut-il apliquer à toy qui desployes sur ton semblable des condamnations eternelles. Ton ire implacable pourquoy n'est-elle saoulee, quand tu te representes son ame estre destinee aux tourmēs eternels? ce qui te deuroit esmouuoir à auoir pitié de son corps, cōme lon a d'vn pauure criminel qui doit estre rompu sur la rouë. Corrige ta cruauté, à fin que toy-mesme ne sois point condamné.

Correction de l'erreur precedant.

On void par ceci, comme les erreurs de l'entendement donnēt force aux haines des cœurs. Iesus Christ nous donne bien vne autre leçon, en ce memorable Sermon qu'il fit aux Iuifs, quand il leur disoit, Vous auez ouï qu'il a esté dit, Tu aimeras ton prochain & haïras ton ennemi. Mais moy ie vous di, faites bien à ceux qui vous haïssent & priez pour ceux qui vous calomnient & persecutent : à fin que vous soyez enfans de vostre pere qui est es cieux. Car si vous aimez ceux qui vous aiment, quel salaire en aurez-vous ? les Peagers ne font-ils pas le mesmes ? & si vous saluez seulement vos freres, que faites vous dauantage ? Les Payés ne font-ils pas aussi le semblable ? Soyez donc parfaits, comme vostre pere qui est es cieux est parfait. Il me semble que si ce propos estoit souuent leu de ceux qui ont en eux tant de dureté, que force leur seroit de se ramolir, voyant le Souuerain maistre commander choses si sainctes, & auec si grande debonnaireté. Et puis, que lui mesmes disoit de la plus part de ceux qui le faisoyent crucifier, Pere pardonne leur, car ils ne sauent qu'ils font : disons au moins, en nous representant cest exemple, pour ceux qui ne nous font point de mal, & à qui nous ne voulons point de bien, Pere, pardon-

Math.ch.5.

Luc 23.

pardonne nous: car nous ne sauons ce que nous faisons. Toutes ces haines particulieres, ausquelles plusieurs taschent de donner quelque fondement, pour en parler à la verité ne sont autre chose que Iudaïsmes, c'est à dire renuersemens de la loy de charité vniuerselle, par fausses distinctions accordantes a la loy de nos appetis.

Response à ceux qui ne veulent estre retenus par la regle de charité Chrestienne.

Ie me doute bien qu'aucuns se pourront contrister, dequoy lon tasche de les ramener à vne si grande mansuetude: estant parauēture semblables a vn Abbé, qui ne prenoit autre plaisir qu'à tourmenter tout le monde en proces, auquel vn Roy de France deffendit entierement cest exercice. Mais il lui respondit qu'il n'en auoit plus que quarante, lesquels il feroit cesser, puis que si expressément il le lui commandoit. Toutesfois il le suplioit de lui en vouloir laisser vne demi douzaine, pour son passe-temps & recreation. Aussi voudroyent-ils qu'on leur laissast quelques vns pour descharger sur eux vn petit de leur superabondante colere. En quoy ils s'abusent, car Dieu ne se contente pas de demi-obeïssance, ains la veut toute entiere, & entierement cordiale. Ils repliquerōt que ce que i'ay allegué sont conseils Euangeliques & non preceptes obligatoires, qui est vn autre eschapatoire ramassee en l'eschole des sophistes, lequel est de nulle valeur. Or il ne s'ensuit pas de ceci, qu'il faille enseuelir toute haine: mais on la doit si bien guider qu'elle ne s'attache point aux choses defenduës. Ceux qui abondent en ceste passion, trouueront assez de champs spacieux, pour la promener, voire pour la lasser. Ils la pourront en premier lieu desployer cōtre les diables, qui sont de toutes creatures les pires, & ne faudra point qu'ils ayent crainte d'estre excessifs en cela. Car on ne peut trop detester ce qui est si contraire à Dieu. En apres tant & tant de pechez qui pulullent par le monde, comme l'herbe par les prez, doyuent estre aussi haïs: par ce que ce sont les aiguillons de la mort. Les doctrines pleines d'impieté marchent en ce mesme rang: d'autant que par icelles Dieu est mesconu & deshonnoré. Les meschans aussi, considerez en general, doyuent estre en quelque horreur: comme ceux qui alterent & souïllent les societez publiques: gardant toutesfois enuers eux en particulier la regle de charité dont i'ay fait mention. Mais si quelcun ayant de la haïne à reuēdre vouloit auoir quelque suiet plus familier & ordinaire pour s'occuper, ie lui dirois, mon ami, ouure les cabinets de ton ame & de ton cœur: parauanture qu'en y cerchant bien, tu y trouueras assez de matiere pour t'exercer: comme de l'ambition, de l'intemperance, de l'orgueil, des cruautez, iniustices, ingratitudes, mensonges, tromperies, & autres vices, qui te feront esbahir de toy-mesmes. Arreste-toy là. car le moyen de dompter ces mōstres que tu feints d'ignorer, & qui te diffament, c'est en les haïssant. Et saches qu'alors ta haine sera fructueuse & douce, au lieu qu'elle t'apporte perturbation & dōmage, quand tu la verses sur tes prochains.

Comment nous deuons aimer nos prochains.

OR tout ainsi que les bien instruits, haïssans leurs imperfections, ne laissent pas de s'aimer: aussi conuient-il qu'enuers nos semblables nous en facions de mesme, ne retirant point du tout nostre dilection de leurs personnes, encores que leurs erreurs & meschācetez soyent condamnees de nous: d'autant que souuent elles se changent par grace, & des voyes d'impureté,

reté,reuienent en celles qui ſont pures. Ceſte charité, dequoy ie parle ne contreuient point à la iuſtice ciuile, & n'abolit l'indignation que nous deuons auoir contre les contempteurs de Dieu: car ſi elle contrarioit à la pieté & à l'ordre public,elle ne ſeroit humaine,ains inhumaine. Et y a bonne proportion entre elle & la diuine: d'autant que l'vne dit, Tu aimeras Dieu de tout ton cœur: & l'autre, Tu aimeras ton prochain comme toy-meſme,

QVANT à la conuerſation dont aucuns font tant de ſcrupule,alleguans pour excuſe, Ceſtui-ci eſt heretique,ou celui-la eſt idolatre: il me ſemble qu'ils la dénient trop legerement à ceux qui ont vne ame immortelle comme eux, & la marque ſpeciale de Dieu, qui eſt le Bapteſme. Que s'ils les eſtiment ſouillez & eux nets,n'eſt-ce pas vn office d'humanité de les viſiter pour taſcher de les nettoyer?Ils reſpondront qu'ils craignent que les ordures ſpirituelles ne les infectent. Mais ſi on examine l'affaire de plus pres, on trouuera que la cauſe ne giſt pas là, ains en vne haine violente qui les empeſche de voir de bon œil ceux qu'ils eſtiment profanes,laquelle ils voudroyent cacher ſous le manteau de la conſcience.Ie cuide biẽ qu'il y en a qui faillent en ceci par ignorance, d'autant que quelques faux Docteurs leur auront perſuadé qu'il faut ainſi faire. Mais d'autres auſſi font les ſcrupuleux par vne vraye chatemitterie à fin de ſembler plus ſaincts, & toutefois en les obſeruant,on conoit qu'ils ſont, comme dit Plutarque, *De la conuerſation auec nos prochains.*

Lions chez eux & renards au dehors.

Qui eſt à dire,hypocrites en exterieur, & interieurement pleins d'orgueil & de vengeance.

Regle à suyure en ce faits.

La meilleure regle que nous puissions tenir en ce fait, est d'imiter nostre Seigneur Iesus Christ, qui ne faisoit point de difficulté de hanter toutes sortes de personnes en suyuant le train de sa vocation, encores que les Pharisiens l'en blasmassent, disans à ses disciples, Pourquoy mange vostre maistre auec les Peagers & pecheurs? Adonc Iesus les ayant ouïs, leur dit, Ceux qui sont sains n'ont point besoin de medecin, mais ceux qui sont malades. Par son exemple il nous a voulu enseigner, d'auoir pitié de ceux qu'on voit en la possession de peché & de l'erreur, & peut-on en quelque maniere leur aider par instruction, apres l'auoir reçeuë. Il y en a qui disent qu'il n'a point conuersé auec les heretiques. Mais il faut demander à ces nouueaux docteurs, quels estoyent les Samaritains & Saduciens? Car il a enseigné les vns & souuent disputé des Escritures auec les autres. On verra que les premiers adoroyent les dieux estranges, & les seconds nioyent l'immortalité des ames. Dauantage les peregrinations des Apostres qu'ont-ce esté sinō des communications continuelles auec les Gentils, pour les retirer de leur esgarement? Donques ne deuōs-nous pas estre si criminels, veu que ceux, dont nous-nous glorifions d'estre tres-petits imitateurs, ont vsé de si grande douceur enuers tous. On pourra encor repliquer que S. Paul dit, escriuant à Tite, chap. 3. Qu'il faut fuïr l'homme heretique apres la premiere & seconde admonition. A quoy ie respondray premierement, qu'il entēd que celui-là le soit par effect, & non par imputation. Secondement, qu'il soit bien conu, & par legitimes & Ecclesiastiques procedures, conuaincu tres-clairement & suffisamment d'estre tel. En troisieme

Exposition du passage de l'Apostre, touchant la conuersation auec l'heretique.

ſieme lieu,qu'on le voye ſi obſtiné que,pour remonſtrances priuees & publiques,il ne ſe vueille corriger, ains taſche à rompre l'vnité de l'Egliſe, en faiſant deſuoyer les autres. Alors eſt-il expedient de pratiquer ce qu'il recommande, car il n'y a nul fruit, ains pluſtoſt danger euident de frequenter vn tel homme. Mais tous ceux qui errent,ne ſont pas marquez de ceſte marque. Or puis que nous voyons maintenant le monde ainſi diſpoſé,que non ſeulement dans les villes & villages,mais auſſi es familles,on trouue des perſonnes ayans des opinions differentes, quant à la maniere de ſeruir à Dieu, ne nous en eſtonnons ni ſcandaliſons point: car des la naiſſance de l'Egliſe Chreſtienne telles diuerſitez ont aparu, qui ſe ſont continuees tantoſt couuertement,tantoſt ouuertement, & dureront iuſqu'à la fin du monde.

En telles occurrences la meilleure regle qu'on puiſſe tenir,à fin de ne faire naufrage de ſon ame,c'eſt de recercher la voye qui meine à ſalut, qui ne ſe trouue qu'en la verité, & icelle verité aux Eſcritures ſainctes.En apres ceux qui ſe ſentent ornez & reueſtus de ſi ſaincte conoiſſance doyuẽt employer ce beau don de Dieu,au benefice de leurs prochains, ſans tirer de là argument de les meſpriſer & deſdaigner,à fin qu'ils ayent leur part à ceſte benediction de IeſusChriſt,qui dit,Bien-heureux ſont les miſericordieux: car miſericorde leur ſera faite.Et quant à ceux qui ont des zeles inconſiderez, qui ſouuent les eſmeuuent à des iugemens & cõdamnations iniques, qu'ils ſe ſouuiennent de ce que dit S.Paul, Que tout ce qui n'eſt de foy,eſt peché: c'eſt à dire, qu'vne œuure quelque belle aparence qu'elle puiſſe auoir, ſi elle n'eſt faite en droite

Regles à ſuyure.

Matt.ch.5.

Rom.14.

conſcience, & fondee en la parole de Dieu, n'eſt pas bonne. Vn Theologien euſt fait vn liure ſur ceſte matiere, mais ie me contente d'en auoir ſeulement dit vn mot, tant pour eſſayer de moderer en quelque façon nos aigreurs, qui nous ſeparent trop, que pour reſchauffer auſſi noſtre charité : à fin que cela nous ſerue au moins à nous revnir en vne bonne concorde politique.

FIN.

QVEL-

QVELLES VOYES ET PROCEdures ſont plus propres pour en vſer au redreſſement de l'Eſtat.

QVATRIEME DISCOVRS.

SI d'auanture quelqu'vn ſe trouuoit, qui vouluſt dire que la France n'eſt point au chemin de ſa ruïne, que lui deuroit-on reſpondre? Que ceſt vn aueugle & vn ſourd. Car de quelque coſté qu'on regarde, on ne void que confuſiõs & miſeres, & n'oit-on retentir que plaintes & lamentations. Et ſi quelqu'autre vouloit maintenir qu'il la faut laiſſer en l'eſtat où elle eſt, ſans cercher les moyẽs de la releuer, ne pourroit-on pas juſtement lui dire, que c'eſt vn ennemi de vertu, de n'auoir horreur de ſi grand nombre de vices, & de maux, qui de toutes parts nous infectent & tourmentent? Mais laiſſons-là ceux qui ſont ſtupides & corrompus: & eſcoutons la voix du peuple, qui ne reſonne que Reſtauration. Meſmes les autres choſes animees & les inſenſibles, ſi elles pouuoyent exprimer leur deſir, elles diroyent le ſemblable, ſe conformant à ce que dit S. Paul en l'Epiſtre aux Romains, Rom. 8.

Puis que toute la France crie apres ſa reſtauration: ceux ne ſont receuables qui s'y oppoſent.

Que toutes creatures gemissent & trauaillent, attendant d'estre deliurees de la seruitude de corruption. Mais là il entend parler de la misere vniuerselle & du renouuellement final, là où nostre France souspire maintenant apres le sien particulier.

Diuersité d'auis touchant les remedes pour ceste restauration.

GRANDS & petis confessent qu'elle est fort malade, & desirent qu'on la guerisse: mais aux moyens d'y paruenir, il y a entr'eux du discord. Car les vns veulent qu'on lui ordonne de grandes saignees: plusieurs trouuēt meilleur qu'on lui baille des medecines douces & faciles: & autres aprouuent les remedes vn peu vigoureux. Il faut en ceste contrarieté d'auis cercher celui qui nous est le plus propre, selon l'estat où nous sommes. Car c'est là que gist le bon jugement, quand on sçait eslire ce qui plus profite. Et me semble qu'il n'y a rien qui nous puisse mieux guider pour le trouuer, que l'experience de ce qui s'est passé entre nous, conioínte auec vne droite prudence, qui est la regle des actions politiques. Et sous la conduite de si seures guides, ie commenceray d'entrer en la carriere.

Refutation des auis cōseillans la violence.

QVANT aux premiers, qui sont si violés en leurs opinions, & ne proposent que feu & sang: il ne semble pas que leur intention soit bonne. Car encores qu'ils feignent de desirer le bien general, si est ce qu'ils cerchēt plustost leur satisfaction & commodité particuliere. Et voyant que la raison fait repugnance à leur nature impetueuse, ils s'appuyent sur la force, de laquelle ils ne s'aideroyent pas mieux, s'ils l'auoyent en main, que feroit vn furieux d'vne espee trenchante. C'est vne chose estrange de voir les hommes au gouuernement des bestes brutes vser de moderation & de patience, & au regime de leurs sembla-

bles,

bles, qui ont vne ame raisonnable & sont persuasibles, ne se vouloir aider que de cruauté. Quant pour la correction de ce qui est nuisible, on est quelquefois contraint de se monstrer rigoureux: cela ne tourne à blasme, si les causes le requierent, & qu'on soit despouïllé d'appetit de se venger. Mais de conduire les instrumens de rigueur auecques passions malignes, c'est gaster & renuerser tout. Nous l'auons bien experimenté en nostre pauure patrie qui est tellement acablee dés maux qu'elle a soufferts, par la rage de ses propres enfans, qu'elle ne bat plus que d'vne aisle. Et qui est-ce qui en a esté cause, sinon les conseils violens? Car d'iceux sont procedez les massacres, assassinats, les recõmencemens des guerres, depopulations, condamnations iniustes, saccagemens & autres maux: desquels moyens aucuns disoyent qu'il se faloit aider pour sauuer l'Estat de ruïne, & pour chasser les inconueniens qui y estoyent suruenus. Mais en fin, on a trouué que ces remedes ont esté beaucoup pires que la maladie, & plustost propres pour l'accroistre que pour la diminuer. On ne doit appeler cela remedes, ains cruelles vengeances & destructiõs qui ont raui & emporté ce qu'il y auoit de plus excellent en ce Royaume, à sauoir la fleur & l'abondance des hõmes qui y estoyent. Ceux qui se delectent tãt de la guerre, & qui la persuadent si volontiers, que peuuẽt-ils dire à present, qu'ils voyẽt que pour s'estre renouuellee par six fois, elle n'a aporté aucun fruit, sinõ ietter la Frãce en desolation?

Response à vne replique faite par deux sortes d'hommes, contre la refutatiõ precedente.

MAIS quoy, diront quelques passionnez Catholiques, comment pourrions-nous exterminer ceux de la nouuelle opinion, si nous ne nous aidiõs des armes? Vrayement, Messieurs, leur pourroit-on respondre, Il faudroit premier que vous eussiez prouué qu'il est juste, & que c'est l'vtilité publique d'ensanglanter vos mains dans les entrailles de vos compatriottes, auant que vous permettre vne telle boucherie. Ne vaudroit-il pas mieux que par douceur vous les fissiez venir à cõcorde, & par bons exemples de vie vous-vous missiez en deuoir de les conuertir. Quelques Huguenots se pourroyent aussi trouuer, lesquels offensez des choses passees diroyent, Il ne faut point de paix auec ces Papistes, qui nous ont fait tant de maux, que premier nos espees n'en ayent fait vne cruelle vengeance. A ceux-la diray-ie priuément, pourquoy n'estes-vous lassez (veu que tant de gens le sont) de tant de souffrances & miseres, sans nous faire encor rentrer en d'autres nouuelles? Faisons la guerre à nos imperfections plustost que l'entretenir dans nostre païs, & efforçons-nous d'amolir le cœur de ceux qui nous haïssent, par instruction, plaisirs & seruices: & apres Dieu nous donnera vne paix asseuree. Voila, ce me semble, qu'on deuroit respondre à ces gens qui sont si aspres au sang. Quãd la guerre se cerche d'vne mauuaise volonté, c'est chose iniuste. Mais quand pour repousser la cruauté & defendre son innocence on la soustient, on est excusable, d'autant que la necessité y contraint. Mais entre les fureurs des François, nulle ne s'est trouuee si espouuantable que les massacres. C'estoyent (disoyent aucuns) les derniers remedes pour remettre la France en vnion. Et ce pendant rien qui soit auenu ne l'a tant desvnie: ce qui nous doit apprendre de n'y retourner plus, pource que les voyes violentes destruisent, au lieu de restaurer. Et quand tout est dit, ceux-la ne meritent pas d'estre nommez reformateurs,

ains

ains dissipateurs.

S'IL est question de corriger quelques abus, ils ne se contentent pas seulement de les extirper, mais aussi veulent despouiller, chasser & assommer ceux qu'ils pretendent estre les abuseurs, sans distinction de personnes, ni de coulpes. Et si les Italiens (qui sont fort multipliez en France) vienent en ieu, ils les enuelopēt tous en mesme crime, & disent qu'il les faut traitter en ceste façon. Ils deuroyent premierement penser, que comme entre les François il s'en trouue de bons & de mauuais, qu'aussi parmi eux il y en a d'vns & d'autres. On peut affermer, quand ils s'addonnent à bien, qu'ils sont excellens. Lors aussi qu'ils veulent mal-faire, ils sont terribles. Dauantage, sçauroit-on imaginer vne plus grande confusion & iniustice, que pour vouloir chastier dix coulpables, l'on abandonne en proye à la fureur publique mille innocens? Si quelques Italiens ont apporté en France de mauuaises mœurs & inuentions, veillez sur eux, & si vous les trouuez en faute faites les punir: mais ne les imitez pas, car vous auriez honte apres de les condamner. Aucuns les accusent d'estre autheurs des impositions & surcharges, qui ont quasi accablé le peuple. C'est vn mal-heureux crime: & ceux qui sont si ingrats enuers la France qui les nourrit, & où ils s'enrichissent, venans à estre occasion de la faire ronger & oprimer, sont indignes d'y habiter. Mais il les faut bien remarquer, & n'imputer pas à tous la faute de peu. Qu'est-il donc de faire? C'est de ne les croire pas, ains se seruir (pour le gouuernement de l'Estat) des Princes, Seigneurs, & personnages segnalez, qui ont tousiours acoustumé de conseiller nos Rois. Toutefois s'il y en auoit quelques vns parmi

Responſe à vne autre obiectiō, touchant les eſtrangers, Italiens ſpecialement, de la ruïne deſquels aucuns eſtiment que naiſtroit le repos de la France.

eux qui meritassent, pour leur singuliere vertu & fidelité, de participer aux grands honneurs (comme les histoires tesmoignent que plusieurs estrãgers au passé y sont paruenus) qui est-ce qui leur voudroit dénier? Et sur ceci ie demande quels François ont esté plus affectionnez à l'Estat qu'vn Iean Iaques & Theodore Triuulse, vn Prince de Melphe, vn Duc Horatio Farneze, & principalement ceste magnanime race des Strosses, dont le dernier (qui meritoit de marcher au premier rang des meilleurs François) à volontairement sacrifié sa vie pour transporter les guerres ciuiles, qui commençoyent à remenacer la France? Ie desirerois que nous eussions demi douzaine de tels estrãgers que cestui-la, voire dans nos plus secrets cõseils. Ils ont dira quelqu'vn (i'entens de ceux qui trafiquent) toutes les plus grosses fermes du Royaume. Ie ne m'en estonne pas, puis qu'on les leur baille. Si vn François trouuoit ces commoditez-la en Italie, il y courroit à bride abatuë. Le remede à cela est de preferer à eux, ceux de nostre nation. Ce n'est pas encores tout: car ces gens-la, en cinq ou six ans se sauent faire riches. Certes ils seroyent condamnables s'ils y paruenoyent au detriment public ou particulier. Mais si leur diligence, labeur, & industrie les y fait monter, vous ne les deuez blasmer, ains plustost vous estimer mal habiles de ne sauoir faire le semblable. Toutesfois, si nous voulons vn peu prendre garde à quelques vns de nos François, nous verrons qu'ils ont moissonné aussi diligemment que les autres. Somme, puis que la plus part d'iceux sont incorporez parmi nous, ayans maisons, femmes & enfans, ne seroit-ce pas cruauté d'arracher indiscrettement vn tel membre? La France

a toua tousiours esté fort humaine à recueillir les estrangers: ce qu'elle doit (à mon auis) faire encor, mesmement ceux qu'on void qui se reuestent des affections naturelles des originaires, & qui apportēt bon exemple & bon fruit. Mais les autres, qui comme sangsuës la succent & puis s'enfuyent au loin, ou qui aportent des nouuelletez pernicieuses, on les doit accuser, & les ayant conuaincus leur faire esprouuer la seuerité des loix de la France. Car le chastiment de peu en corrigeroit beaucoup. Aux termes où est maintenant nostre estat, vn Italien Francizé est bien autant à priser qu'vn François Espagnolizé.

Or ce ne sont pas seulement les estrangers qu'ils voudroyent qu'on traittast rudement: car ils s'adressent aussi aux propres François, quand leurs passions les poignent. Les vns disent que les Tribunaux de justice, sur lesquels vne formiliere de Iuges sont assis, ne sont maintenāt que pieges & ratoires, là où auec l'appast des loix & des coustumes, les riches & les pauures sont atrapez & saccagez: & qu'il en faut chasser vne partie, & piller l'autre, pour se sauuer & véger de leurs rapines, & remettre les jugemens selon la simplicité ancienne. Les autres se despitans contre les Moines, leur imputent que ce sont des exemplaires de dissolution, oisiueté & hypocrisie, qui apres auoir vescu du labeur d'autrui pippent les consciences, & qu'on doit mettre le feu aux quatre coins de leurs Conuents. Aucuns populaires se plaignans de l'arrogance des Nobles les voudroyent traitter à la façon de Suysse (encor que les Suysses n'ayent pas fait tout ce que ceux-la pensent) pour establir vne Republique tranquille. Il y a aussi de la Noblesse, laquelle estant indignee de

Response à vne autre obiection de ceux qui en veulent aux gens de Iustice, aux Nobles, & aux Ecclesiastiques.

l'orgueil & malignité du peuple de quelques puissantes citez, & de leur promptitude à s'esmouuoir, desireroyent les corriger à coups d'espee, & par saccagemens. Ie laisse à penser ce que d'autres peuuent dire de la plus part des gens de guerre, qui par où ils passent rauagent tout. Et de quelques Euesques & Abbez qui continuellement preschent & conseillent la guerre, mesmes de certains Iesuïtes qui par fines persuasions & promesses spirituelles en excitent aucuns à assassiner les grands: ils ne les espargnent non plus que les autres. Et combien qu'on apperçoyue es sus-nommez des mal-versations & corruptiõs, si ne faut-il pas aller si viste en ceste besongne. Et croy que ce n'est point tant vn vray desir de restauratiõ qui meut ces passionnez à vouloir si mal traitter ceux à qui ils s'atachent ainsi, qu'vne haine violente, à quoy ils veulent satisfaire: imaginans qu'en la ruïne d'autrui ils trouueront quelque plaisir ou profit. Qui est-ce dõc qui voudroit vser de leurs conseils ? On les doit reietter, veu que l'experience a monstré qu'ils seruent plus à engendrer d'autres maux, qu'à en corriger vn.

Response à ceux qui pensent pouuoir fonder en raison les conseils de violence.

IE veux parler à ceste heure de certains personnages plus moderez que ceux-ci, lesquels n'ayans pas les affectiõs mauuaises, ni faute de jugement, ont toutesfois de la vehemence. Ce qui les fait maintenir que le rasoir & le cautere sont necessaires & propres en ceste cure. La raison qu'ils amenent est, que quand la pourriture a gasté vn membre, il le faut coupper, pour garentir le corps d'infection. Disent que la pratique s'en est veuë en France par le passé, lors que les Lombards, les Iuifs, & les Templiers furent pour plusieurs & diuers crimes chassez, pillez, & la plus part exterminez.

Ils

Ils adiouſtent encor l'exemple de ceux qui ont voulu reformer les Eſtats, comme Lycurgus & Cleomenes firent celui de Sparte, leſquels s'aiderent de la force pour ruïner ceux qui vouloyent empeſcher leurs deſſeins & entretenir les deſordres en vigueur. Ie reſpondray à tous ces points, & diray premierement, que quād il eſt queſtion du ſang, ceux-la qui ſont pres des Princes, ou qui ont charges, doyuent entrer en leurs conſciences, à fin qu'elles ne ſouffrent qu'ils aillent ſoüiller leurs mains dedans, qui doyuent eſtre pures en l'adminiſtration des conſeils & de la juſtice, où il ne faut pas tailler à tors & à trauers, comme ſi les ſocietez ciuiles eſtoyent des troupeaux de beſtes, & les citez des boucheries. Et quant à la raiſon alleguee de retrencher les membres pourris, cela ne ſe pratique par les Chirurgiens qu'apres qu'ils ont conu qu'il n'y a plus aucun moyen de les guerir. Ce qui doit ſeruir de bonne inſtruction à ceux qui gouuernent, pour regarder encores de plus pres & bien conſulter, voire gemir, auant que venir à ces inciſiōs publiques, qu'on peut euiter d'autant plus aiſément, qu'il y a beaucoup plus de remedes en l'art politique qu'en celui de chirurgie. Vn ancien a dit qu'vn Medecin eſtoit eſtimé dangereux, entre les mains duquel pluſieurs patiens mouroyent : & vn Magiſtrat encore pire, qui faiſoit mourir beaucoup de ſes citoyens : entendant par là qu'il ne faut venir (qu'à toute extremité) à ces remedes violens. Et ſi aux trois exemples repreſentez on en a vſé, pour cela n'en doit-on pas faire regle: car celui qui conſidere tels faits legerement, & les applique ſans jugement, ſe deçoit. On ne doit pas touſiours prendre pour argent contant tout ce qui eſt eſcrit aux hiſtoi-

Du traitement fait iadis en France aux Lombards, Iuifs, & Templiers.

res,pource que ſouuent les cauſes,qui ont produit des effects,ſont ignorees ou falſifiees. Il y en a qui ont approuué les executions ſuſdites, diſans que les crimes commis en eſtoyent dignes. Autres ont eſtimé que l'auarice de ceux qui vouloyent attraper de ſi groſſes richeſſes,fit qu'on leur ſuppoſa ce qu'ō voulut. Quoy qu'il en ſoit, ſi on y euſt procedé auecques plus de moderation,il euſt eſté plus honneſte. Pour le regard de Lycurgus, il eſt vray qu'il s'aida de la force, pour plus aiſément faire receuoir ſes loix. Toutefois il n'vſa d'aucune violence. Mais Cleomenes tua les Ephores, & en chaſſa pluſieurs autres qui s'oppoſoyent à la reformation. Si ce remede a ſerui en Lacedæmone, s'enſuit-il pourtant qu'il nous ſoit profitable? Ie ne ſçay qui l'oſeroit affermer. car comme vn ſoulier ne conuient pas à tous pieds,auſſi vn fait ne ſe peut aproprier à tous païs. Il faut bien conoiſtre tant la nature des choſes que des perſonnes, auant que les leur accommoder,ou lon ſera en danger de choir en erreur.

Du fait de Lycurgus & Cleomenes.

CHACVN void à quels termes la France eſt aujourd'hui reduite, & qu'elle eſt encor ſi alteree,ſi aigrie & enuenimee en elle-meſme à cauſe des guerres paſſees,qu'au moindre coup d'aiguillon qu'on lui dōne,elle ſe remuë par tout, comme fait la mer, quand elle eſt batuë d'vn ſeul petit vent. Ce ſeroit donc grāde imprudence de lui appliquer choſes violētes, parce qu'elles rameneroyent la guerre, qui eſt le mal qui la conduit à la mort. Vne playe qui a engendré vne grande inflammation & enfleure en la partie où elle eſt,ſi vous l'irritez par medicamens chauds,il s'en enſuyura putrefaction, puis mortification. Le meſme nous arriuera, ſi nous voulons adiouſter du feu auecques

Concluſion & auis contraire à ce premier, touchant la violence.

ques du feu. Le plus seur est d'vser de choses tempe-rees, & ceux qui ne le voudrōt croire, on les renuoye-ra à l'experience, pour apprendre d'icelle que puis que tant de cauteres & saignees dequoy on s'est aidé, depuis vingt & deux ans, n'ont en rien profité, qu'il faut necessairement se seruir de moyens dissemblables.

Contre les conseillers des guerres ciuiles.

IE desirerois que sa Maiesté voulust establir vne loy touchant ce fait, semblable à celle qui estoit pratiquee à Locres, qui en regardoit vn autre. C'est que quiconque vouloit proposer quelque chose nouuelle en ceste Republique, estoit cōtraint de comparoistre deuant le peuple, ayant vne corde au col. Et si apres sa proposition ouïe, elle estoit aprouuee, on lui ostoit la corde, & s'en retournoit libre : mais si son dire estoit reprouué, alors l'estrāgloit-on, pour admōnester chacun par ce rigoureux supplice, de n'estre pas hastif d'introduire des nouuelletez pernicieuses, qui apportent alteration & mutation en l'Estat. Aussi seroit-il expedient que sadite Maiesté ordōnast que celui qui voudroit conseiller la guerre ciuile, se presentast en la mesme maniere deuāt elle, estant acompagnee des Princes de son conseil, & de trois cens personnages estimez gens de bien, prudens, & bons François, qui seroyent tirez du corps de la Noblesse, du corps de la justice, & du corps des citez, à fin que selon qu'on trouueroit son propos estre vtile ou ruïneux, il fust traitté : & parauenture que l'issuë seroit telle que par cest exemple plusieurs seroyent effrayez & retenus de persuader la guerre, par la continuation de laquelle la France accelere sa ruïne, & se dispose à la seruitude estrangere. On pourroit encores dire dauantage pour affoiblir ceste opinion, mais ceci suffit pour ceux qui ne veulent pas disputer.

Consideration du second auis contraire au precedent.

VOYONS maintenant quel jugement on doit faire des deux autres opinions qui semblent estre plus receuables. Plusieurs se persuadēt que celle qui recommande les remedes du tout doux & faciles doit estre suyuie, comme nous estans fort conuenables, & ce qui leur fait croire cela, est la consideration des grandes ruïnes qu'ōt aporté les rigoureux : car de là ils vienent à conclurre qu'il faut s'aider des moyens cōtraires, pour paruenir à contraires effects. Secondement, ils comparent la France à vn corps, qui par vne longue maladie est tombé en telle debilité & foiblesse, qu'il ne se peut quasi soustenir : & disent que si à celui qui est en telle indisposition les regles de l'art defendent de dōner des medecines fortes, de crainte qu'elles ne l'abbatent du tout, que par la mesme raison les regles politiques ne permettent qu'à vn Estat languissant & demi consumé on applique des remedes vehemens. Ils adioustent qu'on a veu, pendant que les petites paix ont duré, que beaucoup de choses commençoyēt desia à se restaurer, ce qui enseigne que les procedures douces sont merueilleusement propres pour aider à ramener la France au bon ordre qu'on desire. Vrayement il semble que ce chemin soit aussi facile que le premier estoit difficile. Et pour n'auoir suyui cestui-ci nous sommes tombez en de grands maux, la souuenance desquels a rendu les hommes si apprehēsifs que les seules paroles leur font peur. Si on parle de reformer ceux-ci ou ceux-la, ils imaginent incontinent qu'on veut commencer à les ruïner, pour ce que les iniures passees ont ainsi accreu les desfiances. Voila pourquoy les regles, voyes & ordonnances les plus mo-

moderees, ſont les plus neceſſaires & propres à mettre du commencement en auant, à fin de faire conoiſtre à ceux qui ne ſont que par trop farouches que pour reſtablir ce qui eſt en confuſion on y veut proceder auec attrempance: & en cedant en quelque maniere à leurs imaginations & craintes, on les rendra apres plus prompts à obeïr à ce qui ſera ordonné. Il ne faut point ſe perſuader qu'on trouue grande contradiction, quand lon aperceura que l'intention des reformateurs eſt bonne. Car beaucoup de choſes ſont changees au regard du paſſé, qu'il n'y auoit que quelques membres qui fuſſent offenſez. Maintenant tout le corps ſe deult, & le patient, qui ne vouloit conoiſtre ſon mal, crie à haute voix apres le medecin.

Reſponſe à ceux qui eſtiment impoſſible la reformation de l'eſtat.

Il eſt impoſſible, dira quelqu'vn, qu'õ puiſſe voir vn conſentement ſi grãd à recercher la reformation. Car ceux qui profitẽt par les deſordres les voudroyẽt touſiours voir regner. A cela reſpondray-ie, qu'on ſçait qu'il y aura des contrediſans. Mais quand de l'autre coſté on verra vne bonne diſpoſition au plus grãd nombre, & adioignant à cela l'authorité & la loy, on ramenera le reſte à raiſon. Le principal nerf en ceci eſt l'exemple & l'authorité du Roy, commandant auecques magnanimité: ſans quoy riẽ ne ſe peut effectuer.

Deſordres à reformer.

Ie repreſenteray quelques deſordres de noſtre eſtat, pour voir s'il eſt auſſi aiſé d'y remedier, comme pluſieurs l'eſtiment: & des petis & faciles ie viendray aux grands & difficiles.

1. Les ſuperfluitez en habits.

Av premier rang ſeront les ſuperfluitez en habits qui ſuperabondent par tout, dont depend la pauureté particuliere: à quoy il ſemble qu'il y ait petite dificulté, neantmoins ſi n'y peut-on toucher qu'on ne face crier deux millions de perſonnes. Quel moyen y a-il donques d'y pouruoir ? c'eſt de rire de toutes ces crieries, plaintes & coleres. Car à vn fol ſi vous lui oſtez ſa marote, qu'il aime tant, il ſe tempeſtera encores dauantage. Il eſt pourtāt beſoin de le faire, de peur qu'il n'en face mal aux autres. Mais, qui eſt encores pis, ces exces, dont nous parlons, font mal, principalement à ceux qui les commettent, encores qu'à l'abordee ils ſoyent auſſi plaiſans qu'à la fin deſplaipalesſans, quand le patrimoine eſt engagé. Qui voudroit particulariſer toutes ces eſpeces de folies (cōme ceux qui ont inuenté la confeſſion auriculaire ont diuiſé les pechez mortels & veniels en vne infinité de racines & branches) il faudroit vn volume entier. De tout temps il a eſté mal-aiſé de retrencher ce que les perſonnes ont eſtimé leur eſtre ſouueraines delices; & quelques hiſtoriens teſmoignent que les Romains meſmes y ont eſté empeſchez. Si eſt-ce qu'il y a grande difference entre eux & nous: car ils ſe desbordoyēt lors que tout leur abondoit, & nous le faiſons quand quaſi tout nous defaut, & n'ay pas opinion que nous entrions en ſedition pour ce poinct. Ceux qui tienent la Doüane de Lyon diront, que le Roy perdra plus de trois cens mille eſcus de rente, ſi on ne laiſſe la liberté à tous pour les habits. Mais ſi on tourne le fueillet, on verra qu'il ſort du Royaume plus de quatre millions de liures tous les ans, qui vōt en Italie pour telles marchandiſes, leſquelles ſont occaſion de faire deſpendre au Roy, & à ſes ſuiets, plus de douze millions en habillemēs ſuperflus, dequoy on ſe pourroit bien paſſer. Du temps de Philippe le Conquerant, ſous lequel la

Fran-

France estoit florissante, & en grandeur, on n'auoit point l'vsage des velours, ni gueres d'autres draps de soye: pour le moins peu en portoyēt. Et cependant iamais les grands ne furent mieux obeïs, chacun selon son degré, qu'ils estoyēt lors. Quand il n'y a que les riches ornemens qui font reuerer & aimer, il y a peu de fermeté en cela, & faut qu'il y ait des obligations plus fortes pour nous renger à ces deuoirs. Ce n'est pas à dire qu'on doyue regler les vestemens à la simplicité du temps ancien: car aucunes choses abondent maintenant, qui lors estoyent tres-rares. Il y a le tiers de la Noblesse au moins, qui voudroit bien qu'il y eust en cela vn bon reglement: car elle en seroit plus acommodee d'argēt, & moins endettee. Et croy qu'elle desireroit plustost dépendre ce qu'elle consume en telles superfluitez à aller seruir son Roy en vn camp (où la despense seroit mieux employee) que s'apauurir en ces folies, & au lieu de tant de belles chausses & manteaux, recamez d'or & d'argent, acheter de bons cheuaux, de bonnes armes, & autre equipage, pour estre dignement en ces hōnorables necessitez-la. Il se trouueroit alors plus de douze cens gentils-hommes, qui auroyēt moyen sans solde de l'accompagner, qui sont encores de bonnes reliques de la France ruïnee, & qui feroyent autant de miracles que celles de S. Mathurin de Larchant. Et comme celles-ci guerissent les fols (ce dit-on) aussi les autres gueriroyent certains estourdis, qui cuident que nous autres François soyons à l'hospital. Qui est-ce donc qui feroit rumeur pour ces choses? A l'auanture que ce seroyent les dames, qui sont merueilleusement affectionnees à ces beaux ornemēs & auroyent extreme desplaisir qu'on les leur retrenchaſt. On leur en doit permettre beaucoup plus qu'aux hommes, pour contenter leur curioſité, & pource qu'elles aiment d'auoir quelque choſe qui donne plus de luſtre à leur beauté. Ariſtote dit pourtant, que le femmes ſont la moitié de la Republique, & qu'il conuient auſſi par bonnes loix les regler: mais elles ne le veulent pas croire, & diſent qu'il eſt heretique.

2. Autres ſuperfluitez, notamment en deſpenſes exceſſiues.

Il y a encores pluſieurs autres ſuperfluitez, dequoy ie ne feray point de mention, parce que i'en ay parlé ailleurs. I'ay ſeulement choiſi ceſte eſpece qui eſt auſſi ruïneuſe que commune, laquelle i'ay mis en veuë pour monſtrer que puis qu'elle ſe peut corriger, que le meſme ſe feroit des autres, qui nous rendent pires & neceſſiteux. Et ſi on deſire que ie les nomme, ie diray que ce ſont les deſpenſes exceſſiues qu'on fait en feſtins ſomptueux, pour peu d'occaſion : maſques, ieux, train ſuperflu, baſtimens ſuperbes, meubles precieux, & en pluſieurs autres pompes & plaiſirs, le tout ayant grand beſoin d'eſtre moderé, d'autant que pluſieurs y outrepaſſent leur deuoir & pouuoir: & ne mẽtiroit-on point en diſant qu'ils employeroyent pluſtoſt mille eſcus en telles vanitez, qu'en donner demi à vn pauure mourant de faim, ou dix à vn ami, qui ſeroit en graude neceſſité. Et la cauſe de cela eſt le trop grand amour de ſoy-meſmes, & le peu de charité enuers autrui.

Des principaux remedes pour ce regard.

Maintenant ie parleray des choſes où il ſemble qu'il ſoit neceſſaire de toucher, ſi on veut redreſſer l'Eſtat, combien qu'il y ait peril à les remuer. Il y en a qui penſent, ſi en la pauureté où il eſt, on ne fait des recerches de ceux qui ſe ſont ſi deſmeſurément

enri-

enrichis pendant les confusions, qu'on priuera le Roy d'vn tresgrand profit qui prouiendroit des restitutiõs que beaucoup seroyent contrains de faire, lesquelles estans appliquees à bons vsages, seruiroyent à reboucher de grãdes bresches. Ceste propositiõ-ci est belle & fondee en equité, mais l'executiõ en est difficile, veu le grand nõbre de personnes qui ont eu la conscience plus large que la mãche d'vn Cordelier, aucunes à trop receuoir, autres à s'acõmoder, & plusieurs à prendre & rauir. Et ne faut douter qu'il n'arriuast des inconueniẽs si on les vouloit presser de rendre cõte de leurs administratiõs passees. Encores s'il n'y auoit que quelques Thresoriers de ce nombre, (lesquels à present doyuẽt fidelement verser en leurs charges, pour la souuenance du naufrage qu'ils cuiderent vne fois faire) nous serions asseurez de ne tomber en guerre. Mais de s'attacher à des gens qui portent des espees, qui sçauent cõmander & frapper, & qui ont authorité, amis & intelligences, indubitablement on verroit de grandes alterations. Ne fut-ce pas vne des causes qui esmeut Cæsar à prendre les armes, pource qu'on le vouloit recercher, lui & ses partisans, des richesses qu'ils auoyent butinees es Gaules? Quand les Gracches proposerent la Loy Agraria pour la faire pratiquer, qui retrẽchoit les possessions des riches, quelles sanglantes seditions s'en ensuyuirent? Encores qu'vne chose soit legitime, tousiours n'est-il pas expedient de la vouloir mettre en vsage, à cause que l'indisposition des affaires & du temps ne le requiert pas. On dira que c'est vne voye douce de redemander par les loix, ce qui a esté vsurpé contre les loix. Cela est vray: mais si on regarde bien les consequences, on verra qu'elles sont si perilleuses,

1. Des recerches.

que ce seroit faire vn lourd erreur, pour vouloir recueillir de petis profits, aller cheoir en de grands dõmages. Car puis que ceux qui ne veulẽt pas perdre les biens qu'ils ont acquis, ne s'abstiendront pas de voyes violentes pour les conseruer: le plus asseuré est de fermer maintenant les yeux sur quelques maux incurables, & les ouurir sur les curables. La loy d'oubliance que nous auons tousiours mise la premiere en nos païs, & qui a esté pratiquee par les Atheniens & Romains, apres leurs guerres ciuiles, nous admonneste d'oublier aussi, en ce temps muable, beaucoup de choses.

2. *Des Ecclesiastiques.* VNE mesme cõsideration y a-il pour le fait des Ecclesiastiques. Car comme plusieurs se sont trouuez qui ont maintenu qu'il faloit prendre la moitié de leurs biens (desquels la plus part abusent) pour en acquiter le Roy, veu que le peuple est incapable pour sa pauureté d'y satisfaire: ces grosses paroles leur ont fait peur, qui tendoyent à diminuer l'heritage temporel, de maniere que réueillãt leurs esprits, ils ont plusieurs fois par incomparables artifices renuersé ces ouuertures, ausquelles on commençoit à prendre quelque petit goust, remonstrans qu'ils ne pourroyent iamais auoir aucune inclination à aider sa Majesté, qu'au preallable elle ne mist l'Eglise Romaine en franchise des opressions de ces Huguenots, lesquels estant tous exterminez, apres ils feroyẽt merueilles. Somme que par tels moyens ils ont si bien sçeu bailler le change (comme on dit en termes de venerie) qu'on les a laissez en repos pour poursuyure les autres par guerre. Et quelquefois quand ils ont voulu prendre le frein aux dents, qu'ont-ils fait? On l'a veu aux Estats tenus a-Blois,

Blois, l'an mil cinq cens septãte & sept. Car ils iouërẽt si bien leur personnage qu'ils esmeurent vne partie de la France contre l'autre, & eux cependant jugeoyent des coups : mesmes aucuns vindrẽt à dire que le Clergé possedoit plus de quinze millions de francs de rente, par chacun an, & que si on les vouloit opprimer, ils feroyẽt biẽ lascher prise à ceux qui les auroyent mordus. Ces exemples monstrent qu'il ne faut point vser de force enuers ceux qui ont moyen de s'oposer auecques la force. Mais ie presume, puis qu'iceux sont Frãçois, qu'ils ne lairront iamais tomber leur Roy en necessité, qu'ils ne le secourent, mesmement quand ils verront que par douceur ils en seront requis. Et puis qu'aussi bien ils n'employent aux vrais vsages destinez les richesses Ecclesiastiques, ils ne doyuẽt refuser d'en aider à celui duquel les predecesseurs ont souffert qu'elles soyent venuës en leur possession.

CESTE mesme procedure moderee doit (à mon auis) estre suyuie enuers ceux de la Religion, pource que tãt de rigueurs dont on s'est serui contr'eux, pour les reduire, ce disoit-on, les à reduits à extremité de se defendre, de sorte qu'il n'est plus possible qu'vn ouurage, de conuersion si sanglante, se puisse parfaire selon la premiere intention de ceux qui auoyent commencé à le bastir. donques le meilleur est de le laisser. Si on presume qu'ils errent, il les faut redresser par les paroles de Christ & de ses Apostres, & nõ par les persecutions & les feux, qui ont esté plusieurs annees allumez en Frãce. Le feu est pour les Sodomites, & non pour ceux qui au milieu d'icelui reclament le Fils de Dieu. Nos Rois ayans esté persuadez par les gens d'Eglise, que c'estoit vn sacrifice plaisant à Dieu que de

3. De ceux de la Religion.

les extirper de leur Royaume, ils s'y sont efforcez pẽsant bien-faire, & ont cõsumé plus de temps, de finances, & d'hõmes à cest effect, que Cæsar ne fist à la conqueste des Gaules, de l'Espaigne & de l'Angleterre. Et puis que l'experience à tesmoigné que tout cela n'a rien auancé, ne doit-on pas cercher des voyes plus gracieuses & propres à cõseruer les hommes, plustost qu'à les destruire? Sa Majesté feroit bien si elle disoit au clergé, Messieurs, puis que le glaiue materiel, en tant d'annees n'a peu effectuer vostre conseil, trauaillez auecques le spirituel, qui est la doctrine & la predication, pour redresser la pieté, en y adioustãt la bonne vie. Il me semble que d'vn costé & d'autre, on deuroit tenir ce chemin pour s'entre-conuertir, ainsi qu'ont fait par le passé tant d'excellens personnages. Comme Irenee, Polycarpe & Athanase, & autres bons Pasteurs, qui ont conduit dans les voyes de salut vne quantité innumerable de pauures ames esclaues d'ignorãce & de peché. Auecques l'espee on ostera bien la vie à quelcun, mais de lui oster les persuasions de l'entendemẽt, cela ne se peut faire par vn instrument materiel, ains par autres persuasions de verité. Obseruant ceste regle-ci, encores seroit-il requis pour voir quelque repos apparent en l'Eglise, que sa Majesté acordast vn Concile nationnal frãc & libre (car le Pape n'en acordera iamais vn general qu'il craint comme la foudre) qui fust composé de Theologiens honorables, charitables, & amateurs de concorde, lesquels estans sainctement assemblez, pourroyent trouuer quelques doux moyens, qui seruiroyent de nous faire raprocher de l'vnion Chrestienne que deuons tous desirer, au lieu que nous-nous esloignons les vns des

des autres par diuision. Nos maistres pourront respondre sur ceci, que la religion Catholique Romaine ne doit estre mise en doute, ni en dispute, ouy bien les opinions nouuelles, qui sont pleines d'erreur. Mais que si quelque heretique veut disputer, qu'il viene en la faculté de Theologie, & on parlera à lui des grosses dents. Ie repliqueray que Messieurs ont vn trop grand auantage, estans en leurs gros bouleuards, comme à Rome, en l'inquisition d'Espagne, & en Sorbõne. Car il n'y a si subtil Euangelique qui n'y perdist son Latin, & Aristote mesme auecques son Grec, s'il se trouuoit en la meslee, y seroit tres-empesché : car ils ont des argumens plus concluans que ceux de la premiere figure. Quand donques ils tienent quelcun qui repugne à leurs opinions, & les pique des aiguillõs de l'Escriture, il vous lui baillent incontinẽt vn syllogisme à soudre, qui est de feu, d'eau, ou de corde, & c'est en propre personne qu'il faut respondre & non en figure, de sorte qu'vn pauure homme condamné, premier que d'estre conuaincu, est contraint de ceder corporellement à la force de ses argumens, qui concluent necessairement à la mort. Mais le meilleur seroit de laisser toutes ces mauuaises coustumes passees, & suyure les expediens que i'ay proposez, ou de plus propres, pour viure en repos: de peur que Messieurs, en voulãt contraindre les autres de receuoir leurs opinions celestes, ne vienent à perdre leurs possessions terrestres, ainsi qu'ils ont fait en vne grand' partie de l'Europe. Et desia void-on qu'en France les plus riches membres de leur domaine sont es mains des guerriers Catholiques, lesquels ayans reçeus tels bien-faits pour loyers deus à leurs seruices, il s'ensuyura (si les guerres ciuiles continuent) que la necessité & la cupidité feront que plusieurs d'eux s'aproprieront des choses dont ils n'estoyent auparauant qu'vsufructiers. Ce qui est autresfois auenu en ce Royaume, du tẽps de Charles le simple. I'ay biẽ voulu leur dõner ce petit aduertissement, pource que ie m'asseure qu'ils seroyẽt marris que par audace, ou par artifice, on voulust mettre la main dans la marmite, & principalement les Huguenots, qui n'ont pas (à ce qu'ils disent) le droit & l'autorité de l'imposition des mains.

4. *De la Iustice.*

QVANT à la Iustice, qui est vn membre fort disproportionné, elle meriteroit d'estre teformee auec quelque seuerité, n'estoit qu'on est en partie cause de quoy plusieurs qui l'administrent en abusent: par ce que, pour se desdõmager & recompenser, ils vendent en detail (comme aucuns ont dit) ce qu'on leur a vendu en gros. Mais vn singulier remede pour ceci, seroit de suprimer peu à peu, & sans iniustice, la moitié de ce gros exercite, auec tant de superfluës formalitez, qui engendrent tant de longueurs. Car de là s'ensuyuroit que la moitié des procez & des mangeries s'en iroit à vau l'eau. Mais quel excez y a-il en l'ordre des finances, tãt en la multiplicité d'oficiers, qu'aux gages à eux assignez, qui se montent à douze cens mille escus par an, ce disent ceux qui le pensent bien sauoir? N'est-ce pas respãdre les richesses, veu que moins de cent mille escus sufiroyent pour l'entretien d'vn nombre moderé qui auroit ceste administration? Le reuenu du grand duc de Florẽce, ou de Saxe, ne se monte dauantage. Ce qui me fait admirer nostre France, voyant les moindres pieces de ses ruïnes equipoler à de petis Royaumes.

OR

OR pour paruenir à la correction de tous ces desordres & de plusieurs autres qui s'aperçoyuent en d'autres vocations, il faudroit que sa Majesté fist assembler deuëment & sans brigue ses Estats generaux, par le moyen desquels elle prendroit de bons auis & de bonnes resolutions, & eux ne remporteroyent que le malgré de ceux qu'ils auroyent vn peu estonnez, & elle le fruict. Car quoy qu'on vueille dire en quelque façon qu'on prenne les François, ils aiment tousiours leur Roy. Il peut suruenir vne doute qui feroit blasmer l'vsage des voyes moderees, s'il n'estoit vuidé & esclarci. C'est que beaucoup trouueroyẽt estrange que sous l'ombre de douceur, on laissast tãt de vices impunis : esmeus d'vne fausse crainte, qu'en touchant on altereroit plusieurs personnes au preiudice de l'Estat. Vrayement on les pourroit raisonnablement reietter, si elles tendoyent à restreindre les jugemens politiques, sans lesquels les Estats ne se peuuent maintenir. Mais il faut considerer qu'il y a difference entre le cours de la justice ordinaire, (laquelle doit tousiours auoir, s'il est possible, son train egal) & les moyens & & procedures qu'on a acoustumé de tenir es corrections des desordres suruenus tant en la police qu'es mœurs vniuerselles : car quelquefois en ces choses ici on est contraint de s'accommoder aux personnes, quand elles sont en trop grand nombre, ou trop esleuees: aux moyens, & à la puissance quand est petite. Et selon le temps quand vn Estat est diuisé, & cela fait qu'on relasche du tout la seuerité, en attendant l'occasion plus oportune pour en vser. Mais quand la loy commande que les blasphemateurs, meurtriers, adulteres & brigãds soyent punis, il ne faut point regarder

Moyen d'appliquer les remedes.

à tant de circonstances: car il lui faut obeïr, pource que c'est Dieu qui parle, & à la verité ce seroit par là qu'il faudroit cōmencer à regler les estats difformez.

Du troisieme auis meslāt les deux precedēts.

Reste à discourir de l'autre opinion qui mesle ensemble la douceur & la rigueur. Ceux qui l'approuuēt disent que les remedes pour appliquer à la France, doyuent estre ainsi composez, si on veut qu'ils profitent. Car tout ainsi que les violēs, qui empirent la maladie, sont à reietter: aussi les trop doux, n'ayans aucune force pour la diminuer, se trouuent infructueux. Ils considerēt que les maux & desordres sont attachez au corps vniuersel de la France, ainsi que la rouïlle est attachee au fer. & comme pour l'oster & le rēdre luisant, il ne faut pas seulement le lauer & l'essuyer, ains verser de l'huile dessus la rouïlleure pour la ronger, & puis apres fourbir & nettoyer soigneusement le fer: pareillement les vices qui ont pris pied ne s'en vont point (comme on dit) à la bonne foy. Il faut les pousser dehors, ainsi qu'vn homme estrāger qui seroit entré en vne maison, d'où il ne voudroit sortir. Si nos maux, disent-ils, estoyent semblables à vn criminel, lequel ayant reçeu sa sentence de condemnation, se laisse mener à la seule voix du ministre de justice où il veut, auec facilité les banniroit-on. Mais estans plustost semblables à vn cheual rebours lequel quād l'escuyer lui donne de l'esperon, tasche auec les pieds de derriere de lui frapper la iambe, & auec les dents de la lui mordre, pour ceste occasion les doit-on manier gaillardement, & leur donner tantost de la baguette, & tantost auecques la voix rude les tancer & menacer, qui veut en auoir raison: on doit aussi estimer que la plus part des vices sont orgueilleux, & quand ils conoissent

noiſſent que vous les craignez ils vous brauent, mais donnez leur la terreur des loix & de quelques ſupplices, ils s'eſpouuãtent & ſe cachent. Dauantage, ceux à qui les choſes mauuaiſes deſplaiſent, quãd ils voyent qu'auec trop de douceur & trop mollemẽt on procede à les corriger, ils penſent qu'il y ait quelque ſecrette conniuence auec icelles, & ſe ſcandalizent des Magiſtrats, pour leſquelles raiſons ils concluent qu'vne moderee ſeuerité doit eſtre adiouſtee aux remedes, ou n'en eſperer pas grand fruit.

QVAND ie viens à examiner de pres ceſt auis, ie trouue qu'il eſt biẽ fondé, ce qui ſe pourra mieux conoiſtre ſi on l'applique à quelques faits propoſez, ainſi que les Chirurgiens font leurs onguens ſur les playes, pour tirer par les effects meilleure conoiſſance de leur vertu. Et ſi quelqu'vn me vouloit acuſer que ie prens plaiſir à blaſonner diuerſes perſonnes, ie lui reſpondray qu'eſtant queſtion d'effacer les taches qui ſont ſuruenues en chacun ordre, il faut premier les mõſtrer: & n'ameneray pour exemple que ceux du corps deſquels ie ſuis, à ſauoir des Nobles & des gens de guerre. Mettons-nous donc deuãt les yeux les maluerſations qui ſe commettẽt par les derniers en temps de paix ſur le peuple, lors qu'ils vont à leurs monſtres & en reuienent, ou qu'ils changent de garniſon. On verra qu'encores qu'ils ſoyẽt payez, ſi eſt-ce que quaſi tous ne payent rien, & ſi faut encores les traiter à vingt ſols pour table (comme on dit) & au partir du logis que l'hoſte face la courtoiſie. Il ſemblera peut eſtre que ceſte foule ſoit petite. Mais ie penſe qu'elle ſe monte plus de douze cens mille liures par an. La maniere d'y remedier ne ſera pas par remonſtrances

Confirmation d'icelui.

verbales, ni par defenses publiques. Il faut auecques justice armee que quelques vns soyent chastiez rudement, à fin que cela apporte terreur aux autres. Qui doute aussi qu'il n'y ait quelques Capitaines d'infanterie lesquels estāt payez pour cent hommes n'en tienent pas trēte en leurs compagnies, & encores se moquent-ils des autres qui n'entendent pas le tour du baston, & les appellent lourdauts. Ces rapines excessiues, qui tournent au tres-grand desseruice du Roy, ne se peuuent corriger que par chastimens exemplaires. Au moins s'ils desroboyent en gentils-hommes, encor cela seroit aucunement suportable, veu le temps qui court: mais de venir iusques à ce degré, c'est desrober en faquin. Les gens de guerre peuuent dire vne chose: On se sert de nous, & d'argent point de nouuelles. En ce cas estāt priuez du benefice de la solde, ils doyuent estre exēpts de la rigueur des loix, encores qu'ils viuent à discretion: mais quand sous l'ombre d'estre mal-payez ils se licentient à actions violentes & infames, ils sont sans excuse, n'ayans alors autre priuilege, sinon de viure moderément sur le peuple, ainsi que i'ay dit. Il y à aussi de la Noblesse, qui pour des querelles qu'elle prend sans propos, ou pour croquer la despouille d'vn gras benefice, fait des ports d'armes: dōt s'ensuit quelquefois beaucoup de meurtres, & n'y a Prouince au Royaume ou cela ne se voye. Si pour les en diuertir vous leur enuoyez vn petit sergēt à verge, iamais chiquanoux ne fut mieux frotté qu'il sera. De leur enuoyer aussi la lettre d'vn Gouuerneur, cela est froid: parce que les gouuerneurs priēt auiourd'hui au lieu de commander, ce que les diuisions ont causé. Qu'est-il donc de faire pour abolir ces petites guer-

guerres qui se font en paix, & qui rallument les haines & releuēt les partialitez? C'est d'attrapper cinq ou six de ces guerriers, à fin que cinq ou six cēs deuienent sages. Somme, puis que par la continuation des dissensions ciuiles, l'audace, la malice, & la desobeissance sont si fort acreuës, on ne doit pas pēser auec les edicts & ordonnances les pouuoir reprimer, si la verge n'est aussi en la main de ceux à qui il appartient de la porter, pour donner poids aux paroles. Et combien qu'en ceste reformation-ci considerant les choses en general, on y doyue proceder auecques beaucoup de moderation, à fin de ne rien esmouuoir ni troubler: si est-ce qu'en regardant en particulier plusieurs qualitez vicieuses, qui empeschent le restablissement de l'ordre, il semble que ce n'est point erreur que de messer auecques la douceur quelque portion de seuerité.

MAINTENANT pourra-on juger quel remede nous seroit plus profitable, ou cestui-ci, ou celui qui est plus moderé. Quāt à moy, ie pense qu'en aucunes choses celui qui est meslé seroit necessaire, & en d'autres le doux: m'asseurant que la dificulté se trouuera tousiours moindre à faire ceste difference, qu'elle ne sera à mettre la main à l'œuure. Nous y tardons trop, car nos maux sont paruenus à tel degré, qu'il ne faut plus consulter comment on les guerira, ains s'estonner pourquoy on ne commence à les guerir. *Conclusion.*

*

FIN.

DE LA BONNE NOVRRITVRE & inſtitution qu'il eſt neceſſaire de donner aux ieunes gentils-hommes François.

CINQVIEME DISCOVRS.

Source de la differẽce qu'on void entre l'anciẽne Nobleſſe & celle de noſtre tẽps.

CEVX qui ont remarqué les choſes ſingulieres de la France, ont confeſſé que l'vne des principales eſtoit ceſte floriſſante & treſ-grande Nobleſſe, adonnee à juſtice & prouëſſe, dõt touſiours elle a eſté decoree: en quoy ils ont eu bonne raiſon. Car ſi on conſidere les temps qui ont paſſé, on verra par les beaux effets, qui d'aage en aage ſe ſont manifeſtez, que de ceſte groſſe ſouche il eſt ſorti abondance de treſ-excellens perſonnages, qui ont grandement ſerui & profité à leur patrie. Mais cõme tout ce qui a eſtre eſt ſuiet à varieté & mutation, auſſi eſt-il auenu que la pluſpart de celle qui auiourd'hui a ſuccedé aux biens des anceſtres, n'a herité la meſme vertu: ains demi enſeuelie en la corruption commune, s'eſt abaſtardie & eſloignee des anciennes mœurs. Ce qui a beaucoup diminué de la loüange & bonne reputation qui ſouloit eſtre donnee, tant en general qu'en particulier, à ceux qui portent ce beau titre. Or si on veut cercher les causes, qui ont engendré tant d'imperfections en ce corps vniuersel, on trouuera que l'vne des plus notables est le peu de soin qu'on a eu de bien faire instituer les ieunes enfans aux choses honnestes. I'estime aussi qu'aucuns ont commis erreur, en cuidant paruenir à vne telle fin, dont s'en est ensuyui que le principe n'ayant esté bon, ce qu'on y a adiousté a esté de mesme.

Si les peres alleguent pour leurs excuses, qu'ils se sont reglez en ceci selon la coustume, ils ne seront pas iustifiez: veu qu'en chose si necessaire il se faut cõduire suyuãt les instructiõs des sages, qui ont eu ce poinct en si grande recommandation, qu'à fin que la posterité en fust memoratiue, ils l'ont amplement traité en la pluspart des liures qu'ils nous ont laissez. Ie sçay bien que naturellement chacun a vne impression en soy, de conseruer & exalter ce qu'il a procreé : mais quand ceste affection est aidee & guidee par la doctrine, elle paruient mieux à sa fin. A ceste occasion il est bon d'entendre succinctement les opinions des anciens philosophes & legislateurs, à fin qu'estant le iugement confirmé, on soit apres plus disposé à faire ce qui conuient.

Pourquoy les sages politiques ont si soigneusemẽt recommandé la bonne institutiõ des enfans.

Tovs les plus renommez, comme Lycurgus, Socrates, Platon, Aristote, Xenophon & Plutarque, disent que la negligence a bien faire instituer les enfans rẽd les Republiques corrompuës, & que les vices, qui s'impriment en ieunesse, se peuuẽt difficilement corriger. Comme au contraire, quand la vertu y prend de bonne heure son siege, elle y fructifie abondamment apres. Ils blasment aussi, non seulement les peres qui par auarice, paresse ou ignorance, dénient à leurs ensans la bonne education qu'ils leur doyuẽt: mais aussi font vn mauuais jugement des Estats, où les reglemens & disciplines manquent, pour l'instruction de la ieunesse. Ils alleguent encores, que les meilleures natures, si elles defaillent en bonne nourriture, deuienent pernicieuses, & qu'il est impossible que les vieux soyent couronnez d'honneur, si en leur printemps ils n'ont apris à cheminer par les sentiers de vertu. Bref, tous estiment que comme les plantes & les arbres n'estans cultiuez demeurẽt sauuages: qu'aussi les ieunes gens, s'ils ne sont polis par bonnes coustumes, deuienent rudes & vicieux. Voila en somme vn petit eschantillon des instructiõs qu'ils ont laissees en general, tant aux peres qu'aux Magistrats: pour les exhorter & inciter à estre diligens à ce que la ieunesse soit nourrie & enseignee en toutes choses honnestes.

MAIS quel besoin est-il de cercher de grandes preuues & confirmations de ceci, veu que nul ne le reuoque en doute? Plustost faut-il declarer comme on doit proceder en ceste nourriture, pour la faire fructifier en belles actions de vertu. En cela conuiendra-il encor s'aider de la doctrine des mesmes philosophes, lesquels ont si biẽ discouru de tout ce qui apartient à toutes les parties de la vie ciuile, que (les preceptes diuins exceptez) on ne pourroit trouuer de meilleure adresse. Ie reciteray ici quelque propos de Plutarque, seruans à ceste matiere, Il n'y a rien (dit-il) qui tant serue à la vertu, & à rendre l'homme bienheureux, que la bõne institutiõ: car tous autres biens, au prix de celui-la, sont petits. La Noblesse est belle chose: mais c'est vn bien de nos ancestres. Richesse est chose tresprecieuse: mais qui gist en la puissance de fortu-

Au traitté Comment il faut nourrir les enfans.

fortune. La gloire est venerable, mais incertaine & muable. Santé est precieuse, mais elle se change facilement. Et au contraire le sauoir est la seule qualité diuine, & immortelle en nous? Car il y a en la nature de l'hôme deux parties principales, l'entendement & la parole : dont l'entendement est comme le maistre qui commande, & la parole comme le seruiteur qui obeït : mais cest entendement n'est point exposé à la fortune. Il ne se peut oster par calomnie, il ne se peut corrôpre par maladie, ni gaster par vieillesse, pource que lui seul raieunist en vieillissant. La guerre qui comme vn torrent entraine & dissipe toutes choses ne sçauroit emporter le sauoir. Et semble que Stilpon le Megarien fit vne respôse digne de memoire, quand Demetrius, ayant pris la ville de Megare, lui demanda s'il auoit rien perdu du sien : non (dit-il) car la guerre ne sçauroit piller la vertu. On peut aisémēt conoistre par ceci l'inestimable fruit qui procede de la bonne nourriture, laquelle encor qu'elle soit rres-necessaire, si faut-il que d'autres choses soyent concurrentes pour rendre vn ieune homme bien accompli en vertu, ainsi que dit le mesme autheur. Or il en nomme trois qui doyuēt s'accompagner, à sçauoir, la Nature, la Raison, & l'Vsage. Par la nature il entend l'inclination : par la raison, la doctrine des preceptes : & par l'vsage, il entend l'exercitation. Le commencement (dit-il) nous vient de nature : l'accroissement, des preceptes de la raison : & l'accomplissement, de l'vsage & exercitation : & puis la cime de perfection, de tous les trois ensemble. S'il y a defectuosité en aucune de ces trois parties, il est force que la vertu soit en cela defectueuse, & diminuee : car la nature, sans la doctrine & nourriture, est vne chose aueugle: la doctrine sans nature est defectueuse: & l'vsage sans les deux premieres, est chose imparfaite. Ceste instruction doit estre bien notee, car ce sont comme les principaux poincts que les peres doyuent considerer, voulans façonner & disposer leurs enfans à vertu. Et combien qu'ils ne se puissent pas tousiours rencontrer ensemble si bien qu'on souhaitteroit, cela ne les doit pourtant descourager de passer outre, & tendre à s'aprocher du mieux, & à s'esloigner du pis.

Des fautes qui se commettent par les peres.

Il y a des peres qui ont des enfans, qui se retrouuẽt de si lourde & pesante nature, qu'il leur semble que c'est comme peine perdue de leur faire enseigner ce qu'ils presument qu'ils ne pourront iamais aprendre. Mais ils cõmettent erreur en cela: car à ceux qui plus sont despourueus des facultez de nature, c'est à ceux-là ausquels il faut plus adiouster d'art & de labeur pour suppleer aux premiers defauts, & quelquefois auec le tẽps l'vn s'amẽde par l'autre. L'experiẽce nous fait voir tous les iours que quand vn Escuyer veut prendre peine, il dresse & accommode en vn an, voire vn gros cheual de charrette, en telle sorte qu'il le fera paroistre auecques quelque gaillardise, & le rẽd vtile à seruir en certaines choses. Doit-on moins esperer d'vn ieune enfant? lequel encor qu'il ait des imperfections naturelles (n'entendant de celles qui empeschent les principales actions de l'esprit, ou du corps) cependant auecques l'exercice cõtinuel on le peut reduire en disposition d'aprẽdre assez de ciuilité, pour ne faire deshonneur à ses parens. Pour le regard de la doctrine & nourriture, ie noteray ici vn autre erreur qui se fait souuent, que Plutarque reprend. Il y a (dit-il) maintenant

Au mesme traité.

tenant

nant des peres, qui par faute d'experience commettent leurs enfans à maistres, qui à fausses enseignes font profession de ce qu'ils ne sont pas: & quelquefois ils conoissent l'insuffisance de tels maistres, & neantmoins se fiét en eux, faisant tout ainsi comme si quelcun malade laissoit le Medecin sauant pour en prendre vn qui par son ignorance le feroit mourir. Encor y en a-il qui sont si auaricieux, que pour payer moins de salaire, ils choisissent des maistres de peu de valeur, cerchans ignorance à bon marché. Auquel propos Aristippus se mocqua vn iour plaisamment d'vn semblable pere, car comme le pere lui demandast combien il vouloit auoir pour lui instruire & enseigner son fils: Il lui respondit, Cent escus. Cent escus, dit le pere, ô Hercules, c'est beaucoup. comment! i'en pourrois acheter vn bon esclaue, de ces cẽt escus. Il est vray, respondit Aristippus, & en ce faisant tu auras deux esclaues, Ton fils le premier, & puis celui que tu auras achetté. Certes vn pere est biẽ despourueu d'entendement, d'estre tousiours en cõtinuel trauail pour amasser force biens, & en dénier vne tres-petite portion, pour faire instruire ceux qui en doyuent heriter quelque iour. Et qu'aduient-il de ceste chicheté? C'est qu'apres sa mort, ils dépendent prodigalemẽt ce qu'il a assemblé par grands labeurs: ou deuienent tres-auares, par faute d'auoir esté enseignez à bien vser des richesses. Mais ceux-là sont à plaindre, qui ayans beaucoup d'enfans & de pauureté tout ensemble ne peuuent satisfaire à la volonté qu'ils ont de les faire bien instituer, & sont contrains d'en enuoyer aucuns deçà & delà, es mains d'autrui, où il y a du hazard de voir de tres-mauuais exemples. A cela doyuent-ils auoir les yeux bien ouuerts, à fin de ne se mesprendre. Il en sera parlé plus amplement ailleurs.

Des fautes que les enfans commettent.

Les ieunes gens font aussi vn autre erreur, en ce qui concerne l'vsage & l'exercice des choses bonnes qu'on leur à commencé d'aprendre: car lors qu'ils les deuroyent mettre en pratique pour engendrer en eux vne bonne habitude, ils deuienent nonchalans, ou en sont diuertis par la vigueur des affections inclinantes au vice: qui s'efforcent de supprimer en eux les rudimẽs de doctrine & de vertu. Et c'est lors que les peres doyuent plus prendre garde qu'il n'y ait discontinuation à ce qui ne se peut former qu'en se continuant. Quand on a plãté vn arbre, on est tousiours soigneux d'y mettre la main, iusques à ce qu'il ait produit du fruit, & alors on se contente, voyant qu'il n'est pas sterile, & que le labeur n'est perdu. De mesme en doit-on faire enuers les ieunes enfans: car pour estre asseuré qu'ils ont profité, il en faut voir des euidens tesmoignages, & apres, le souci n'est plus si grãd. O que bien-heureux sont les enfans qui ont de si bons peres, que depuis le berceau, iusqu'à la fin de l'aage d'adolescence, ils ne cessent de s'employer: à fin que leurs esprits & leurs mains n'ayent moins de perfection, que leurs corps de croissance, force, & santé! Car puis que la conduite de leur vie doit estre apres fondee en eux-mesmes, il est bien requis qu'ils procurent que le fondement soit bon. Voila en general & sommairement ce qu'on doit obseruer, suyuant le conseil de Plutarque, en l'instruction de la ieunesse.

Application de ce que dessus à la Noblesse Françoise, & premierement

A cest heure il faut voir, comme les gentils-hommes en France se gouuernent en la nourriture d'icelle, à fin de conoistre en quoy ils faillent, & en quoy ils

font

sont bien, puis monstrer ce qu'on y peut adiouster, pour rendre, en vne chose si necessaire, l'ordre meilleur qu'il n'est. Mais auant que parler de ceux qui en cela declarent leur bonne affection enuers leurs enfans: ie diray vn mot des autres, qui ne satisfont que bien peu, ou point à ce deuoir. Certes ce sont gẽs qu'il faut enuoyer à l'eschole des animaux, à fin d'aprẽdre, à leur exẽple, d'auoir plus de soin de ce qu'ils ont engẽdré: car quand ils verront qu'auec vn amour si vehemẽt ils conseruent & nourrissent leurs petis, ils seront biẽ stupides s'ils ne s'en esmeuuẽt. Il y a plusieurs peres qui pensent que pour auoir engendré des enfans, & les auoir nourris, ce soyent là les principales obligations, pour lesquelles leursdits enfans leur sont tenus. On ne peut nier qu'elles ne soyent tres-grandes, mais on ne doit pas en obmettre vne, qui n'est moins reconoissable, qui est l'institution à pieté & vertu. Car l'homme seul est participant de ce bien, là où les autres benefices sont communs auec ceux des animaux. Il est né pour vne meilleure fin que pour viure. c'est pour bien viure: ce qu'il lui faut enseigner, puis qu'il a la raison pour le cõprendre. Et c'est là, en quoi le vray amour paternel se manifeste, & en quoy aussi l'obligation filiale s'accroist. Or plusieurs peres defaillent en ceci, par l'ignorance qui est en eux, se contentans seulement de tenir leurs enfans à leur maison, & les vestir, & faire boire & manger tout leur saoul, comme s'il ne faloit regarder qu'au corps. Mais ce qui est cause de ceste nonchalance, c'est qu'eux-mesmes en leur ieunesse ont esté mal instituez. Autres y a, qui ont le cœur possedé d'vne si extreme auarice, que tant s'en faut qu'ils voulussent despendre vn escu, pour faire

aux peres nõchalans, ignorans & auaricieux.

endoctriner leurs enfans, qu'ils pensent mesme faire beaucoup pour eux de les nourrir : se monstrans par là indignes d'auoir lignee. En Lacedemone, il y auoit vne loy, laquelle declaroit les enfans absouls d'aider à leurs peres en vieillesse, quand ils auoyent esté nonchalans de les faire instruire en ieunesse. C'estoit pour les rendre plus prõpts d'acomplir ce que nature mesme leur enseigne, estãt certain que qui dénie l'instruction & la correction à son enfant, le laisse en proye du vice, qui apres le traine en perdition. Il y a encor des peres, qui ont ceste folle opinion, qu'il ne reuient gueres de fruit de faire estudier les enfans, & leur suffit quand ils sauent vn peu lire & escrire. L'vn sera si grãd chasseur, que rien ne lui plaira sinon les chiens & les bois. L'autre sera querelleux auec ses voisins, & rude à ses suiets, & n'aprouuera autre vie, que celle qui consiste à faire le braguard en la maison. Et vn autre sera du tout adonné aux proces, lui semblãt n'y auoit rien plus conuenable que d'accroistre le sien, par les subtilitez & fraudes de la chiquanerie. Somme que chacun aimant sa profession voudra que ses enfans l'ensuyuent, à fin de les rendre semblables à soy, comme s'ils auoyent honte qu'ils les deuançassent en la conoissance de vertu. En ceste maniere les fausses apparences de plaisir, profit, & honneur, abusent les hommes, & les attachent & arrestẽt à icelui obiect, auquel la mauuaise accoustumance les à plus fait encliner.

Des peres bien affectionnez à l'institution de leurs enfans.

MAINTENANT disons quelque chose de ceux qui ont vne bonne volonté à l'institution de leurs enfans, & s'y employent, & neantmoins ils n'obtienent tousiours la fin de leur desir. De ceux-la, y en a aucuns qui se trompent eux-mesmes: & les autres sont trom-

pez

pez par l'abaſtardiſſement des couſtumes. Quant aux premiers, ils ſe contentent treſaiſément de quelques belles demonſtrations exterieures, qu'ils verront en leurs enfans, ſans profonder plus auant, & de là iugent qu'ils ont bien profité: ce que toutesfois ils n'ont pas fait, d'autant que l'interieur (où il faut plus regarder) n'eſt pas bien reglé. Les ſeconds, imaginās qu'es Cours des Princes, & païs eſtranges, ou es guerres, reluiſent continuellement des beaux exemples, vont ietter inconſiderément, en ces champs qu'ils eſtimēt fertiles, la ieune ſemence: mais l'experience leur fait voir que ſouuent le rapport eſt petit, & que pluſieurs grains demeurent gaſtez. Et pour eſclarcir dauantage le fait, il faut entendre que les gentils-hommes François, amateurs de vertu & d'honneur, quand les enfans ſont en aage de pouuoir ſortir de la maiſon, ordinairemēt les enuoyent hors, pour aprendre ce qu'ils ne pourroyent faire y demourāt. La couſtume eſt de les donner pages aux Princes & Seigneurs, ou de les mettre parmi l'infanterie, ou de les enuoyer en Italie, ou en Allemagne, ou biē les faire aller aux vniuerſitez: qui ſont tous moyens propres pour les inſtruire en la ciuilité, aux armes, aux lettres, ou aux langues vulgaires, par leſquels on paruient à honneur, richeſſe & vertu. Et puis qu'il n'y a point d'autres voyes ordinaires que celles-la, on eſt cōtraint de les prēdre: & meſmes on doit louer ceux qui, pouſſez d'vn bon deſir, y acheminent leurs enfans: mais comme la corruption des mœurs eſt grande pat tout, ſi on n'y prend garde, on trouue quelquefois qu'en penſant raporter du miel on raporte du fiel.

PARLONS premier de ceux qui deuienent pages. *Des pages.*

On peut dire qu'allãs en des Cours diuerses, ils voyent plusieurs belles choses, comme Triomphes, Festins, Combats : aprenent à s'habiller proprement, à parler selon la qualité des personnes, & à composer leurs gestes. Dauantage voyent plusieurs exercices hõnestes: mais ils ne retienent encores si bien cela, comme ils s'impriment d'autres mauuaises façons qui abondent esdites Cours, à quoy leur aage est bien disposé: car ils s'y rendent dissolus en paroles, incontinẽs aux effects, jureurs de Dieu, & sur tout moqueurs & iniurieux, & pour la fin, tres-experts à mentir, & à faire mille tromperies. Mais, dira-on, les maistres & escuyers y veillẽt: certes c'est trop mollement. Et quand lesdits pages sõt vn peu rusez, pour couurrir leurs malices, & qu'ils ont quelque petite dexterité en autre chose, on ne s'apperçoit pas si tost d'vn vice caché, iusques à ce qu'il ait pris fortes racines. Que s'il y a quelques Seigneurs, qui soyent plus vigilãs aux corrections, ce sera beaucoup si de six il s'en trouue deux, tant on est venu à mãquer du vray soin qu'on doit auoir de la ieunesse. Or tout le remede qu'on peut aporter en ceci, c'est que les peres ne se laissent point tant esblouïr à vne vaine opinion de grandeur, qu'ils affectent plustost de mettre leurs enfans au seruice d'vn Prince, où la regle ne sera bonne, qu'en la maison d'vn seigneur ou d'vn gentilhomme, qui sera soigneux qu'ils aprenent toute honnesteté. Secondement (s'ils ont moyen de ce faire) ils doyuent reuoir leurs enfans quelquefois, pour juger de la corruption, ou de l'amendement, & selon l'vn ou l'vn ou l'autre, les retirer, ou les continuer. En troisieme lieu, ne les laisser point plus de quatre ou cinq ans pages : & en estans dehors, les retenir quelque

temps

temps aupres d'eux, pour leur faire oublier ce qu'ils auroyent apris de mauuais, & les confirmer aux choses vertueuses, auant que leur faire prendre vne vocation pour s'y arrester.

Des aprentifs aux armes.

QVANT à ceux qu'on enuoye aux regimẽs d'Infanterie, ils sont en assez bon nombre, & à quinze, seize & dixsept ans, ils y vont. Par le passé on les mettoit archers es compagnies d'ordonnance, estans vn peu plus aagez: & alors n'y auoit que Noblesse esdites cõpagnies: & les Capitaines estoyent diligens d'y faire entretenir bon ordre. Comme aussi es bandes d'Infanterie de Piedmont, où les regles estoyent excellentes, grand nombre y alloit. Au contraire, à ceste heure que la discipline est renuersee, mesmement entre les gens de pied, c'est vne perilleuse institution pour les ieunes: car n'ayans le plus souuent pour maistres que gens desbauchez, les mauuais exemples auec le temps les entrainent à dissolution, & au lieu de se façonner, ils ses desfaçonnent du tout. Et que sert-il d'aprendre à tirer vne harquebouzade? sçauoir que c'est de gardes, sentinelles, & escarmouches, & monstrer vne braue contenance de soldat? si de l'autre costé, en contrepoids, on s'abandonne à plusieurs vices. Ceux qui sont là le plus en regne, sont les blasphemes contre Dieu, les querelles contre les amis, les ieux iusques à la chemise, & les ordes amours des femmes impudiques, &, pour le comble du desordre, vne effrenee licence à battre, piller & manger le peuple sans compassion. Voila les abus que la pluspart de nos gens de pied cõmettent, excepté parauenture quelques vieux Regimens, & vieilles garnisons, qui viuent auecques meilleure discipline. Le meilleur remede que les peres puiſſent tenir en ce mal neceſſaire, eſt, Qu'ils n'enuoyent point leurs enfans ſeuls, ſe mettre en la premiere compagnie qu'ils voudront choiſir: mais qu'ils cerchent ſi aucuns de leurs voiſins y voudront enuoyer les leurs, & les faire renger trois ou quatre enſemble, comme compagnons iurez, auec defenſes de ne s'entr'abandonner. Car eſtans enſemble, la honte les retiendra plus de mal-faire, & s'entre-ſecourront touſiours. En apres les peres, s'ils conoiſſent quelque Capitaine d'honneur, les lui doyuent adreſſer, à fin qu'il ait ſoin de les reprendre s'ils faillent.

De ceux qui voyagent es païs eſtranges.

LES voyages aux païs eſtranges ſont practiquez par quelques vns, pour vne certaine opiniõ qu'ils ont que les drogues d'autrui ſont meilleures que celles de leur païs. Ils les aprouuẽt auſſi pour l'aprentiſſage des langues vulgaires, qui ſeruent pour la communication auec les eſtrangers. Ceux qui vont en Allemagne, où les couſtumes & ciuilitez ſont differentes des noſtres, quand ils ſont reuenus, on les trouue groſſiers: & pour les reſubtiliſer, les peres les renuoyent en autres lieux: de ſorte qu'il y a en ceci double peine, & double temps & deſpenſe. Et aduient ſouuẽt, qu'aucuns apres auoir eſté inſtituez es groſſieres façons d'Allemagne, & venans à trouuer la liberté effrenee de celles de France, ils volent ſi inconſiderément, qu'ils s'eſgarent. Et quant aux voyages d'Italie, plus y en a qui les font principalement pour s'inſtituer en beaucoup d'exercices honneſtes, qui y abondent. Mais parmi ces roſes on rencontre beaucoup d'eſpines, pource qu'y ayant mille apaſts de volupté, comme ſemez dans les plus belles villes, la ieuneſſe, qui eſt deſireuſe de nouueauté, & ardãte en ſes affections, ne ſe peut retenir qu'elle

n'aille

n'aille gouster, voire se saouler de ces douces poisons, & puis par la continuation s'en engendre de tres-sales habitudes. Par ceci se void que les nations, qui sont capables de grandes perfections, sont fort assaillies des imperfectiõs corporelles, qui ont vne mortelle guerre auecques la vertu. Ainsi donc la demeure en Italie est plus vtile, si on s'adonne à bien, & plus pernicieuse, si on encline au mal, que celle d'Allemagne. Mais quel conseil, & quel remede pour ces inconueniens? Le plus propre est que les ieunes enfans, qui n'ont encor les mœurs formees, soyent enuoyez en Allemagne, où la simplicité est plus grande: & que ceux qui ont desia fait quelque fondement en eux de pieté, & d'amour d'honnesteté, aillẽt en Italie: encores que le prouerbe die, Qu'onc bon cheual ni mauuais homme n'amenda pour aller à Rome. Les peres obserueront encores ceci, c'est de ne les y tenir point plus de deux ans, pour estre tousiours plus asseurez que les mœurs estranges, n'ayant pris forte racine, se pourront plus facilement arracher.

RESTE à parler des estudes aux fameuses vniuersitez, où plusieurs gentils-hommes enuoyent leurs enfans pour s'instituer aux lettres: ce qu'ils font aussi, pource que la vie qu'on mene là, est aucunement mieux reglee qu'aux autres lieux mentionnez, où beaucoup de vanité s'aprend auec la ciuilité. Ils se persuadent (& non sans raison) que les sciences seruent d'vn grand ornement aux nobles, & les rendent plus dignes d'administrer toutes charges publiques: pour ceste occasion veulent-ils qu'en leur premier aage ils soyent abruuez d'vn si bonne liqueur. Si est-ce qu'entre beaucoup qui là employẽt partie de leur ieunesse, *De ceux qui estudient es vniuersitez.*

peu en raportent grand fruit: pource que les peres les en retirent trop tost, qui est au temps qu'ils vienent auecques le jugement & le discours à mieux profonder & considerer la beauté des sciences. Mais, à mon auis, ce qui y conuie aucuns peres, est, d'autant que les dignitez Ecclesiastiques ne se baillent plus pour le sauoir: ains se donnent à ceux qui mieux courtisent les Cardinaux & Euesques, ou les fauorits des Rois: & les offices de justice, au lieu d'estre cõferez pour le merite, se vendẽt à celui qui a le plus d'argẽt. Ce consideré, & eux voyans aussi que les plus beaux honneurs s'acquierent par l'espee, ils veulent que leurs enfans s'accoustument de bonne heure aux armes. Et parauenture ne sont-ils pas en cela sans excuse. Vne chose les dégouste encor de les tenir long temps aux estudes. C'est que quãd ils vienent à se representer les contenances, & façons simples, & mal agencees des escoliers, au prix des honnestetez, courtoisies & dexteritez de ces ieunes gẽtils-hommes, qui n'ont seulement esté que deux voyages à vne Cour: il leur semble que leurs enfans n'y seront iamais assez tost, lesquels aussi de leur costé ne se font gueres presser pour desmordre le College: car l'inclination à la liberté, & à tant de belles fanfares, qu'ils guignent de loin, que le monde iette en veuë, ne leur fait venir que trop d'enuie d'en sortir. Ie ne veux point parler des longueurs qu'on tient aux Colleges, en l'instruction des enfans: car on sçait qu'en chacune chose il y a du mal entremeslé auecques le bien. Les peres en ceci ne peuuent mieux pouruoir, que d'auiser de quelle profession ils veulent que leurs enfans soyent, à fin d'accommoder les estudes à la vocation, estant certain que l'homme voüé

pour

pour la guerre n'a que faire d'estudier si auãt aux sciences, que ceux qui se veulent par elles agrandir ou enrichir. Puis apres, ils seront soigneux de mettre leurs enfans sous doctes maistres, & bien conditionnez, à fin qu'ils n'acquierent ignorance au lieu de sçauoir, & deprauation, au lieu de temperance.

De ceux qui font dresser leurs enfans chez eux, & des autres qui sont contrains de les mettre hors la maison.

Il y a quelques gentils-hommes, lesquels voyans des desordres par tout, aiment mieux retenir leurs enfans à leur maison, que les enuoyer dehors, & n'espargnent l'argent en des maistres suffisans. Ceste regle est bonne à ceux qui sont fort riches, qui mesmes peuuẽt les mettre en compagnie d'autres de leur aage, auec lesquels ils aprenent mieux qu'estans seuls. Mais les pauures ne peuuent faire le semblable, qui trauaillent assez à vestir & nourrir les leurs, la necessité les contraignant souuent (comme i'ay dit) de les mettre pages où ils peuuent, tant pour les façonner, que pour descharge de despense. Il est notoire qu'il y a grand nombre de gẽtils-hommes de valeur, de sept ou huit cens liures de rente, qui auront quatre ou cinq enfans, desia grãds, à l'entour du foyer. Qu'on me die ce qu'ils en peuuent faire, sinon prier leurs amis, qui ont des moyens plus qu'eux, de leur vouloir donner nourriture & instruction? qui est vne voye pour eux, la plus commode qu'ils sçauroyent choisir. De ceci s'en ensuit vne grande obligation du pere & de l'enfant enuers celui qui leur vse de ceste courtoisie: & vne amitié d'icelui enuers eux, pour s'estre veu estimer digne d'enseigner la vertu aux autres. Les seigneurs qui sont en chacune Prouince de ce Royaume, doyuẽt à leurs pauures voisins ceste liberale honnesteté: car s'ils sont vertueux, sçauroyent-ils mieux semer si bõnes semences qu'es terres voisines? Et telle se pourra rencontrer qui rendra fruit au decuple. On a veu tel page, qui apres a sauué la vie à celui qui l'auoit nourri. Et combien qu'vn gentil cœur ne se pourroit lasser de s'employer en telles choses, qui acquierent des obligations si estroittes : si est-ce qu'on doit regler sa volonté selon son pouuoir, pour ne tomber en des incónueniens que lon a veus quelquesfois es maisons de quelques Princes & Seigneurs, qui receuoyent tous les pages qu'on leur bailloit. Car le nombre estoit si superabondant, qu'on perdoit le soin, non seulement de les instruire, ains aussi de les vestir. Et en voyoit-on quelques vns, sans chausses, iouër ordinairement aux quilles auecques les laquais & garçons d'estable. Voila en somme les plus ordinaires manieres de proceder, qu'on a tousiours pratiquees pour l'instruction de la ieune Noblesse, où est declaré les erreurs qui s'y commettent, les biens & dommages qui en reuiennent, & les remedes qu'on y peut aporter.

De la discipline publique des ieunes gentils-hommes.

IL faut maintenāt voir si on pourroit dresser quelque discipline publique pour les dessusdits: où ils pourroyent estre instruits aux bonnes mœurs & exercices honnestes, auecques plus de commodité, moins de peril, & plus de fruit. Les anciens Legislateurs (qui ont donné loix à toutes sortes d'Estats) veulent que les enfans soyent instituez en lieux publiques, ayans aussi touché de tout ce qui est necessaire de leur enseigner pour les rendre vertueux & bons citoyens. Aristote, en ses Politiques, en traite au long, comme aussi fait Plutarque en ses Opuscules. Ils disent qu'estant l'homme composé de l'ame & du corps, qu'il faut instituer

&

& exercer l'vn & l'autre. Car qui le neglige, fait tomber l'ame en ignorãce, qui est mere de plusieurs vices: & par l'oisiueté, les maladies se font plus frequentes, & les corps deuienẽt delicats. Entre les nations du passé, aucune n'a esté si curieuse de bien nourrir la jeunesse, que les Lacedemoniens: & pendant qu'ils garderent leurs coustumes, infinis hommes vertueux se sont trouuez entr'eux, mesmes les femmes & les enfans produisoyẽt de beaux actes. Les Rois, qui auiourd'hui regnent, deuroyent auoir la mesme affection, principalement enuers leur Noblesse. Car d'icelle sortent les Princes, les grands Chefs de guerre, les gouuerneurs & hauts officiers, Ambassadeurs & Capitaines, desquels ils se seruent pour la conseruation de leurs couronnes. Et s'ils se veulent voir dignement seruis de tous ceux-là, estant hommes, il faut premier qu'ils en ayent eu le soin, estant enfans. Car le Prince, qui est pere commun de ses suiets, doit procurer qu'ils soyent bons. De ceci ie viens à conclurre, que pour voir vn bon fruit de la nourriture de la Noblesse, la diligence des parens n'y suffit pas seulement, mais aussi est besoin que les reglemens publics y entreuienent: à fin que l'vn meslé auec l'autre, s'en ensuyue vne plus heureuse issuë. Autresfois pour cest effect, tant de beaux Colleges ont esté fondez par les Rois, à ce que tous leurs suiets indifferemment fussent enseignez aux lettres diuines & humaines. On peut dire aussi, qu'anciennement les maisons des Princes estoyent des escholes où les ieunes gentils-hommes s'instruisoyent es ciuilitez & bonnes mœurs. Les ordonnances de la gendarmerie seruoyent aussi en partie, pour les instituer aux actions militaires. A present, pource qu'en ces lieux-là, ils n'y rencontrent vne nourriture si exquise, comme aucuns la desireroyẽt. Pour cela seroit-il expedient de venir au remede que i'ay proposé: c'est qu'il pleust à sa Majesté establir en quelques endroits de son Royaume, certains lieux destinez pour telles instructions, lesquels, outre le fruit ordinaire, aporteroyent encor ceste commodité, que les peres ne seroyent plus contrains d'enuoyer leurs enfans si loin, auecques grands frais, & incertains du succes. Car ils auroyent, comme à leurs portes, vne excellẽte eschole de tous bons exercices. Il n'est annee, qu'il ne sorte de France trois ou quatre cens ieunes gentils-hommes, & la pluspart de bonne maison, qui vont es païs estranges, pour y voir & aprendre ce qui procede de gentillesse de cœur, & d'vn desir vehement de sauoir. Mais tout bien conté, il reuient autant d'inconueniẽs, que de profit, de tels voyages: car ils emportent l'argent de France, & y raportent souuent de mauuaises coustumes. Dauantage, il ne retourne pas la moitié de ceux qui y vont: la pluspart mourans de maladie, ou estans tuez. Il suffiroit (à mon auis) d'enuoyer à l'aage de quinze ans les enfans aux lieux qui seroyẽt ordonnez: pource qu'alors ils commençẽt à estre plus propres aux exercices du corps, ausquels il conuient de la force. Et au parauant qu'ils l'eussent attaint, les peres les feroyent instruire en leurs maisons, ou aux vniuersitez. Ces lieux ici, dequoy i'entens parler, s'apelleroyent Academies: & en chacune ville capitale des prouinces de ce Royaume i'en eusse assigné vne, n'eust esté que nous ne sommes pas encores disposez à faire beaucoup de bien à la fois. Ce seroit assez pour le commencement, qu'en quatre endroits du Royaume on on en dressast en chacun vne. Les plus propres seroyẽt, Paris, Lyon, Bordeaux, & Angers: d'autãt que de toutes les autres Prouinces on s'y rendroit commodément. Mais ie trouuerois aussi bon, de les establir en quatre maisons Royales, où les Rois vont peu ou point: à sauoir à Fontainebleau, au Chasteau de Moulins, au Plessis de Tours, & au Chasteau de Congnac: car les demeures sont tres-spacieuses, & dignes d'œuures royales. Là s'enseigneroyẽt plusieurs sortes d'exercices, tant pour le corps que pour l'esprit. Ceux du corps seroyent, aprendre à manier cheuaux, courir la bague en pourpoint, & quelquefois armé, tirer des armes, voltiger, sauter, & si on y aioustoit le nager & le lucter, il ne seroit que meilleur: car tout cela rend la personne plus robuste & adextre. Aucuns Catholiques y a, qui voudroyent qu'on monstrast aussi aux ieunes gentils-hommes à danser la gaillarde, entr'eux seulemẽt (encor que la dance soit vaine) d'autãt qu'elle leur aprend à se bien composer, & à auoir la grace plus asseuree en public. Quant aux exercices de l'Esprit, qui ne sont moins necessaires que les autres: ils seroyent tels. On feroit des lectures, en nostre langue, des meilleurs liures des Anciens, qui traitent des vertus morales, de la police, & de la guerre: & specialement se liroyent les histoires, tant anciennes que modernes. On enseigneroit aussi les Mathematiques, la Geographie, la Fortification, & quelques langues vulgaires: ce qui est fort vtile à vn gentil-homme (i'entens d'en sauoir autant qu'il en peut mettre en vsage.) Et pource que la vie de l'homme est cõposee de trauail & de repos, il conuient, pendãt qu'il est oisif, qu'il ait quelques occupations honnestes, pour retenir &

contẽter l'esprit : à fin qu'il ne se trãsporte à mauuaises pensees & deliberations. Cela a esmeu Aristote d'ordonner qu'on enseignast la Musique aux ieunes gens: & pour cest effect y auroit des maistres qui la monstreroyent : & par mesme moyen à iouër des instrumens, & autres aussi pour la peinture. I'ay opinion que huit ou dix suffiroyent pour toutes les choses susdites, ausquels conuiendroit donner bons gages, selon la qualité des personnes. Car chacun sçait qu'vn qui mõstreroit à manier cheuaux meriteroit plus qu'vn peintre. Or comme en toute compagnie il est necessaire qu'il y ait vn ordre & mesmement en vne maison où tant de personnes conuiendroyẽt, à fin que l'obeïssance & l'honnesteté fust mieux entretenuë : il faudroit choisir quatre gentils-hommes vertueux, qui seroyẽt superintendans desdites Academies, ausquels tant les maistres que les disciples porteroyent reuerence, & qui auroyent esgard à la conduite de toutes choses. Il seroit baillé à chacun deux mille liures de traitement, à fin qu'ils fissent residence sur le lieu. Et ne seroyent que trois ou quatre ans en charge, lesquels expirez on feroit election d'autres. Si telle bride n'estoit donnee à tant de ieunesse là concurrente, elle ne se pourroit comporter en modestie, veu la licence qu'elle a commencé à prendre. Et pourroyent les dessus nommez, voyant quelque disciple vicieux, & comme incorrigible, lui interdire l'Academie, & le chasser de là. La despence pour l'entretien de chacun n'arriueroit à trois mille escus, & pour les quatre ce ne seroit que douze mille escus par an: qui est bien peu de cas pour le grand fruit qui en prouiendroit.

Des maistres & Recteurs.

Des frais.

Obiection cõmune refutee.

QVELQVE bon mesnager du public dira, qu'il vaudroit

vaudroit mieux regarder à acquitter le Roy, que le ietter en nouuelle despense. Ie respon que ceci est l'acquitter d'vne de plus belles dettes à quoy il est obligé, qui est de rendre sa Noblesse ornée de vertu. Et qui voudroit vn peu ouurir les yeux, verroit vne infinité de despenses annuelles, qui sont bien plus mal employees. Mais à fin de ne charger point le Royaume, qui l'est desia assez, le meilleur moyen qu'il y auroit pour satisfaire à ceci, seroit, que des benefices qui vaqueroyent les premiers, qui sont sans charges d'ames, & qui tombent en la collation de sa Majesté, elle assignast le payement sur iceux : puis qu'aussi bien ils se donnent à gens qui en employent le reuenu à vsages profanes, ou si sales, qu'il seroit honteux de le dire. Le clergé se plaint ordinairement que les Nobles lui rauissent plusieurs benefices : & lors ne le feroyent-ils pas, d'autant qu'estans bien instituez, & à leurs despés, ils ne voudroyent troubler l'ordre public. Car ceux qui s'emancipent à telles choses, le font par defaut de bonne nouuriture. Et quand les affaires de France seroyent reduites en meilleur estat, le Roy deschargeroit de ceste obligation les Ecclesiastiques.

De l'execution & du fruit de ce conseil.

La difficulté est à ceste heure, où l'on trouueroit tant de Maistres. Car, si ce n'est à Paris, les autres villes en sont quasi toutes despourueuës. Pour le commencement, peut estre en faudroit-il faire venir d'Italie, specialement ceux qui enseignent à estre bien à cheual, à iouër des armes, & à voltiger : combiẽ que i'aye opinion que par les Prouinces il y ait plusieurs paures gentils-hommes, qui seroyent suffisans à cest effect. Mais ces Academies n'auroyent esté trois ans en vsage, qu'elles auroyent façonné plus de Maistres qu'il n'en faudroit. Car le François est prompt à apprendre les arts & sciences, quand il void qu'on honnore & qu'on entretient ceux qui les sçauent. Et encores que les Maistres qui enseigneroyent eussent gages du public, ils ne laisseroyent pourtant de receuoir par permission quelques hõnestes presens de leurs disciples, à fin qu'ils se rendissent plus diligens de les bien enseigner. Le superintẽdant pourroit aussi tenir des ieunes gentils-hommes en pension, selon sa commodité, qui seroit leur bien, & le profit des peres. Somme la discipline seroit telle que ceux qui auroyent commis actes deshonnestes, seroyent chastiez par reprehensions, peines, & hontes, ainsi qu'il a esté dit, pour les redresser de leurs erreurs. De discourir particulierement de l'ordre qu'on tiendroit pour tous ces exercices, cela seroit superflu. On doit seulemẽt penser, que horsmis les principales Festes, & le Dimãche, il n'y auroit point de iours exẽpts d'actions corporelles. Il faut aussi cõsiderer, que d'autãt que les escuyers ne pourroyent pas tenir cheuaux pour enseigner à tous, qu'il faudroit que les ieunes gens qui là viendroyent (au moins les riches) en amenassent chacun vn, ou dressé ou pour dresser: car en l'vn ou en l'autre ils pourroyent tousiours s'exercer, & mesmes ce seroit vne commodité aux peres, d'enuoyer là façonner leurs cheuaux, tant de seruice, que des courtaux. Ie ne fais nul doute que quand vn ieune gentil-homme auroit demouré quatre ou cinq ans en telle eschole, qu'il ne fust apres capable de comparoistre en telle Cour de Prince qu'on voudroit; car sçachãt faire bien à propos tant d'exercices honnestes, & estãt auec cela instruit en plusieurs choses qui ne se comprenent que par l'entendement,

qui

qui est-ce qui n'admireroit, en l'aage de dixhuit, ou dix neuf ans, de voir vn tel auancement ? A present quand nous en voyons à la Cour, ou ailleurs, quelcun doüé de semblables perfections, nous le regardons de bon œil, & lui souhaittons vne bonne fortune. Que seroit-ce donc si on voyoit les Prouinces abondantes de tels fruits ? Quel contẽtemẽt seroit-ce pour nostre Roy, de se voir enuironné, non d'vne Noblesse de titre, ains d'vne reuestuë de vertu ? Et quel hõneur pour les peres, d'auoir erigé de si belles colomnes pour le soustenemẽt & la gloire de leurs maisons ? La ieunesse ayant ainsi esté instituée, il ne faudroit point craindre de l'enuoyer apres par tout où l'on voudroit, parce qu'elle seroit à l'espreuuë: & au lieu de se gaster, elle iroit choisissant ce qui est de meilleur ailleurs, pour y profiter. Il n'en faudroit que six tels en vne compagnie de gẽsdarmes, pour la rendre disposee à tous exercices loüables: au lieu que le plus souuẽt, la plus part employent leur loisir en des passe-temps ridicules, ou dommageables. Les assemblees qui souuent se font aux Prouinces pour decider querelles, ou pour leuer la gerbe, seroyẽt alors conuerties en douces & agreables contentions, tantost es villes, tantost es maisons des Seigneurs, entre les ieunes gentils-hommes, à courre bagues, combatre à la barriere, & à autres exercices pour obtenir les prix adiugez aux plus dextres, puis s'entre-défieroyent, & par ces communications, en choses si honnestes, s'engendreroit des conoissances & amitiez fructueuses. Ie laisse à iuger à ceux qui ont pratiqué les Cours & les guerres, combien tost les ieunes (dequoy ie parle) se feroyent bons courtisans, & bons soldats. Car estans desia si bien enseignez, tant es actions de l'esprit que du corps, vne telle preparation les rendroit capables d'aprendre en deux ans, ce que les autres (qui outre les aides de nature ont bien peu d'erudition) ne peuuent comprendre en six. Finalement, ce bon ordre venãt à estre diuulgué par les païs estranges, plusieurs accourroyẽt vers nous, pour participer à l'Institutiõ qui y seroit donnee: ce qui tourneroit à gloire à nostre patrie.

C'EST ici vn petit moyen pour empescher en quelque maniere, que la corruption vniuerselle (qui, comme vn torrent desbordé, veut gaigner païs) n'aille infectant dauantage nostre Noblesse. On en pourroit encor esperer ce bien, que par la cõtinuation d'vn tel reglement on verroit peu à peu les bonnes mœurs entre icelle se restaurer. Et les vieux, voyans vne ieunesse si atteempée & bien instruite, auroyent plus de crainte de faillir, & plus d'affection de sçauoir ce qui est digne d'eux. Il resteroit de persuader à sa Majesté, que sa volonté fust de faire dresser tels, ou meilleurs, establissemens. A quoy ie m'asseure qu'elle ne seroit discordante, pour la singuliere affection qu'elle porte à sa Noblesse, laquelle ayant tousiours esté prompte de sacrifier sa vie pour son seruice, elle le seroit encores beaucoup plus, quand par nouueaux bien-faits ses obligations seroyent acreuës.

FIN.

QVE LA LECTVRE DES LIures d'Amadis n'est moins pernicieuse aux ieunes gens, que celle des liures de Machiauel aux vieux.

SIXIEME DISCOVRS.

Auis sur les escrits de Machiauel.

I'Ay autresfois pris vn singulier plaisir à lire les discours & le Prince de Machiauel, pource que là il traite de hautes & belles matieres politiques & militaires, que beaucoup de gentils-hommes sont curieux d'entendre, comme choses qui conuienent à leur profession: & faut que ie confesse que tout le temps que ie me suis contenté de passer legerement par dessus, i'ay esté esblouï du lustre de ses raisons. Mais depuis qu'auec vn jugement plus meur ie suis venu à les bien examiner, i'ay trouué sous ce beau voile plusieurs erreurs couuerts, qui font cheminer ceux qui les suyuent es voyes de deshonneur & dommage. Que s'il y a quelques vns qui mettent en doute ce que i'en dis, ie les prie qu'ils lisent vn liure intitulé l'anti-Machiauel, dont l'Autheur m'est inconu, & ils verront que ie ne me suis point abusé.

Des liures d'Amadis.

I'ESTIME que ie ne m'abuseray non plus en

affermant les liures d'Amadis estre des instrumés fort propres pour la corruption des mœurs, ce que i'ay deliberé de monstrer en peu de langage, à fin que l'innocence de la jeunesse craigne de s'aller enueloper dans ces inuisibles filez, qui sont si subtilement tendus. De tout temps il y a eu des hommes, qui ont esté diligens d'escrire & mettre en lumiere des choses vaines. Ce qui plus les y a conuiez est, qu'ils sçauoyent que leurs labeurs seroyent agreables à ceux de leurs siecles, dōt la plus part à tousiours humé la vanité, cōme le poisson fait l'eau. Les vieux Romans, dont nous voyons encor les fragmens par ci & par là, à sçauoir de Lancelot du Lac, de Perceforest, Tristan, Giron le courtois, & autres, font foy de ceste vanité antique. On s'en est repeu l'espace de plus de cinq cens ans, iusques à ce que nostre langage estant deuenu plus orné, & nos esprits plus fretillans, il a falu inuēter quelque nouueauté pour les esgayer. *Leur origine.* Voila comment les liures d'Amadis sont venus en euidence parmi nous en ce dernier siecle. Mais pour en parler au vray, l'Espagne les a engendrez, & la France les a seulement reuestus de plus beaux habillemens. Sous le regne du Roy Henri second, ils ont eu leur principale vogue: & croy que si quelqu'vn les eust voulu alors blasmer, on lui eust craché au visage, d'autant qu'ils seruoyent de pedagogues, de iouët, & d'entretien à beaucoup de personnes: dont aucunes apres auoir apris à Amadiser de paroles, l'eau leur venoit à la bouche, tant elles desiroyēt de taster seulement vn petit morceau des friandises, qui y sont si naïuement & naturellement representees. *Leur fruit.* Et combien que plusieurs les ayent desdaignees, & reiettees, si est-ce qu'il n'en y a eu que trop, qui s'en

estans

estans apastelez, ont continué de s'en repaistre. Et de ceste nourriture, se sont engendrees des mauuaises humeurs, qui ont rendu des ames malades, qui ne pensoyent parauenture pas du commencement arriuer à ceste indisposition.

L'autheur d'iceux.

Le jugement que ie feray de ces liures en general sera tel. C'est qu'il me semble (si ie ne me trompe) que ç'a esté vn Magicien courtisan, habile & accort, qui les a composez, lequel pour mettre son art en estime, & rendre ceux qui s'en meslent honnorez & craints, à dextremẽt feint mille merueilles, qu'il a couuertes & enuelopees de plusieurs choses plaisantes, desirees, & en vsage, à fin que l'vn coulant parmi l'autre, le tout fust mieux reçeu. Ie sçay bien qu'il y en aura qui trouueront fort estrange mon opinion, parce qu'ils cuident que l'intention de l'autheur desdits liures, n'a esté autre que de laisser à la posterité vn pourtrait des exercices des Cours de son temps, & forger vn aiguillon, pour picquer les ieunes gẽtils-hommes, & les inciter à la pratique de l'amour & des armes: cõme deux tres-beaux suiets qui les peuuent delecter, façonner, & faire monter aux honneurs. Mais ils jugent trop à la bonne foy, s'arrestant plustost à considerer la beauté de certaines choses exterieures, que la verité des interieures. Car encores que ie leur accorde que les instructions & exemples de ceste fabuleuse histoire, soyent aussi proposez pour enseigner à aimer & à combattre: toutesfois si veux-ie dire que la pluspart de telles amours sont deshonnestes, & quasi tous les combats pleins de fausseté, & impratiquables: de sorte que c'est cheminer en erreur, que suyure telles regles.

Preuue du poinct precedent: en la consideration du premier fruit de ces liures, nommé poison d'impieté.

OR tout ce que ie pretens monstrer, s'aperceura beaucoup mieux par la deduction des particularitez que i'y ay remarquees. Ie commenceray par les personnes d'Alquif, d'Vrgande, & d'autres semblables, enchanteurs & enchanteresses, qui sont apellez les sages: & les arts Magiques, ou diaboliques, dont ils vsoyent, sont nommez vne parfaite sapience. Ie croy, que si l'autheur eust osé les apeller Prophetes, qu'il l'eust fait. Ils meritoyent pourtant bien ce nom, mais auec ceste queuë, à sçauoir de Satan. Quād ceste vieille, ou ce vieillard, venoyent es Cours des Princes, on les caressoit & honnoroit excessiuement, & les admiroit-on encores plus, comme s'ils fussent de nouueau descendus du Ciel. Eux ne failloyent pas aussi de choisir des occasions propres pour y venir, comme quand il falloit departir deux Cheualiers, acharnez à s'entretuer pour donner passe-temps aux Dames, ou pour aporter quelques armes enchantees à vn ieune Prince qui receuoit l'ordre de cheualerie, ou pour effrayer vne Cour, par quelque terrible spectacle, & puis la rasseurer & esiouir. Mais i'erre en voulant specifier leurs miracles. Car on doit imaginer qu'vn Iupiter & vne Minerue n'en ont anciennement tant fait que ceux-ci. Dauantage, quand il estoit question de sçauoir les choses à venir, on alloit à eux, comme les Payens alloyent à l'oracle d'Apollo. Il ne faut donc pas s'esbahir, si on en faisoit grand cas, puis qu'on les voyoit ainsi reuestus d'vne puissance supernaturelle. Ceste espece de Magiciens sont reputez estre des bons & secourables.

But de l'autheur de ces liures d'Amadis.

MAIS l'autheur en forge d'autres, comme vn Arcalaus l'enchāteur, Melie, & plusieurs autres, qui se plai-

plaisoyent qu'à mal-faire. Et par là est-il aisé à conoistre, qu'il fait des arts Magiques vne chose indifferente, les estimant licites ou illicites, selon qu'on s'en sert bien ou mal. Et semble qu'il en aprouue l'vsage au regard des Chrestiens, & le reprouue aux Payens. Il veut que ceux-ci ayent puisé leur science des liures de Medee, qui a esté les siecles passez vne tres-grande Necromancienne. Mais quant à son Vrgande la desconuë, il dit qu'elle s'est instruite par les admirables preceptes du grand Apollidon qu'il feint auoir esté comme vn autre Zoroastes. En ceci il a mieux parlé qu'il ne pense. Car Apollidon est parauanture cest Apollyon dont S. Iean fait mention en son Apocalypse, à sçauoir, le Diable, lequel on peut dire auoir esté le commun precepteur des vns & des autres: d'autant que ces arts pernicieux, & pleins de fraude & mensonge, ne peuuent proceder d'autre boutique que de la sienne. Parquoy il nous faut tenir fermes, & ne nous laisser pipper aux escrits & persuasions de ceux, qui apres auoir fardé & desguisé l'impieté, la veulent domestiquer auec nous, qui la deuons chasser comme vn horrible monstre. Quand les hommes oyent parler d'enchantemens & sortileges, la plus part, de prime face, s'en mocquent, ou les detestent. Mais s'ils se laissent trop aller à prendre plaisir d'en deuiser, ou d'en voir quelques preuues, peu à peu ils s'accoustument à n'en auoir horreur. Ainsi que ceux qui ayans long temps fuy des serpens, neantmoins par coustume de les voir & manier, vienent à la fin à les porter au col: combien que ce soit chose à quoy nature mesme fait quelque repugnance.

AVCVNS pourront dire que ie fay d'vne mous- *Pourquoy la lecture de tels* liures est pernicieuse

che vn Elephant: & que s'il y auoit si grand danger à lire ces folies-ci, que quasi chacun tient pour fables, tant de doctes personnages, qui viuent, deuroyent aussi s'abstenir de lire les escrits de Iamblique, Porphyre, Pselle, & d'Apollonius Thyaneus, qui ont traité amplement de la Magie, & de la communication qu'on peut auoir auecques les Demons, & des sacrifices qu'ils demandent. A cela ie respon, qu'il y a bien difference entre ceux, qui parauanture ne s'amusent iamais à autres liures qu'à ceux d'Amadis, ausquels le sucre qui y est respandu fait aualler les gros morceaux d'aloës, sans y penser: & les autres, qui estās fondez en doctrine, age & experience, vont cerchans quelques roses, parmi des forests d'espines. Car les premiers ne conoissans pas les pieges, s'y prennent inopinément: & les seconds les aperceuans de loin, les vont cercher pour les briser. Certes la ieunesse de nos Cours n'eust pas esté, depuis quarante ans, si prompte à repaistre sa curiosité de telles merueilles, si les escrits de vanité, dequoy nous parlōs, ne l'y eussent preparee. Et c'est ce qui a fait que les Astrologues & enchāteurs, y ont esté si bien venus. Plusieurs ne cuident pas qu'il y ait aucun inconuenient à voir & aprendre choses qui font rire & esmerueiller. Mais ils n'aperçoyuēt pas que ce n'est que le commencement de la farce, & qu'à la queuë gist le venin. Il y a assez d'autres passe-temps, sans aller s'entremesler en ceux, où les habiles valets des Magiciens vienent faire leurs tours de passe-passe. Et ceux qui se familiarisent trop auecques eux ne faillent iamais d'estre payez, non pas en monnoye de Singe (come dit le prouerbe) ains en vne beaucoup pire, que ces petis diableteaux transfigurez (qui se vienent iouër

auec

auec les simples) leur departent fort liberalement. Car en fin ils attrapent l'ame, l'infectãt d'vne folle croyance, qui l'a fait petit à petit s'esloigner de Dieu. Le Prophete Balaam, encores qu'il fust faux, disoit pourtant tres-bien, Que le peuple d'Israel estoit bien-heureux, d'autant qu'il n'y auoit en lui ni augure, ni deuin, ni enchanteur. Si nous voulons iouïr d'vn mesme heur, il nous faut imiter ce peuple-la, tãt en la reiection des personnes que des escrits, qui nous seruent d'amorces pour nous appriuoiser aux misteres diaboliques. C'est assez parlé du premier & principal poison qui est caché dans les fruits qui sont es vergers d'Amadis.

Du secõd fruit, nommé poison de volupté.

Il faut maintenant traiter du second, que i'apelle poison de volupté, dont plus de gens tastent, & qui est beaucoup plus descouuert que l'autre; & tellement subtil & penetratif, que pour n'en estre offẽsé, on doit au parauant auoir vsé de bons preseruatifs. Il consiste (comme i'ay desia dit) en plusieurs especes d'amours deshonnestes, qui sont là si bien depeintes, que les ieunes en les considerant y sont deceus, comme les oiseaux l'estoyent en regardant les fruits contrefaits que Zeuxis auoit pourtraits en ses tableaux. Les traducteurs François, ne se sont pas seulement estudiez à bien agencer leurs traductions, mais ont aussi adiousté, comme ie cuide (car le vieil langage Espagnol est trop simple) tous les plus beaux ornemens qu'ils ont peu emprunter de la Rhetorique, à fin que le nouueau eust plus d'efficace de persuader, ce que plusieurs ne se persuadent que trop volontiers. Et l'ayant rendu fluide & affetté, il ne faut point demander si son murmure est doux aux aureilles, où, apres auoir passé, il va chatouiller les plus tendres affections du cœur, lesquelles il esmeut, plus ou moins, selon que les personnes sont preparees. O la belle instruction pour les Damoiselles, quand elles voyent les ieunes Princesses eschauffees de flammes amoureuses, pour vn cheualier qu'elles n'auront veu que deux heures, car encores que la honte & la modestie les deust retenir dans les bornes de pudicité, neãtmoins l'autheur leur fait confesser, & de prime abordee, que les pointures violentes du dieu Cupido (sur qui elles iettent toute la coulpe) les ont si fort attaintes, que ne pouuans sortir par la porte elles sont contraintes de se ietter par la fenestre, pour aller dans quelque delicieux jardin manger des abricots. Mais i'ay obserué que la fortune leur est si fauorable, que iamais pas vne ne se blesse. On leur pourroit bien aproprier la chanson, qui dit,

Impudiques & sales amours.

Tant vous allez tost guillemette
Tant vous allez tost.

Quãt aux cheualiers ils sont encores plus propts à l'esperon. Car aussi soudain que la premiere beauté à dardé dãs leurs ames le moindre de ses rayons, alors sont elles non seulemẽt en continuelle ardeur, ains auec cela rosties & fricassees (ainsi que les bonnes vieilles de nos villages disent que les pauures ames de purgatoire le sont) qui est occasion que iamais ils ne cessent de courir, iusques à tãt qu'ils ayẽt trouué quelques remedes pour les refraischir. En ces difficultez ici, ces amoureux & amoureuses ne mãquent point de subtiles Dariolettes, c'est à dire, de bonnes maquerelles. Et croy qu'Homere, aux personnages qu'il a introduits, pour represẽter diuers offices, n'en a point fait mieux iouer leur roolle, que celles-ci iouent le leur: qui sçauẽt plus d'inuentions qu'vn renard de finesses, pour faire venir les

les oiseaux, auec friandes pipees de volupté. Or apres qu'vne telle comedie s'est iouee, alors l'autheur desployе son eloquence pour monstrer qu'en cela gist la felicité humaine: ce qui n'a pas petite force pour donner de mauuaises impressions à la ieunesse delicate, qui par l'assiduelle lecture de ces folies, les va cachetant dás son cœur. Ie pense qu'au Monastere des Cordeliers de Paris, (qui est le plus fertile clapier de Moines qui soit d'ici à Rome) il n'y en a aucũ (tant contemplatif & mortifié qu'il s'estime estre) que s'il auoit autant leu les discours d'Amadis, que les vieux Miracles de la legẽde dorée, & les nouuelles fables du liure des Conformitez de sainct François, ne se sentist espoinçonné au vif de dangereuses tentations. A plus forte raison, les ieunes personnes, qui sont tracassans dans les delices du monde, s'en doyuent deporter. *Infame maquerellage d'vn barbouilleur de papier.*

On pourra dire que la pluspart des amours, qui sont là demenees, tendẽt à Mariage. Ie l'accorde. Mais auant que venir aux nopces publiques, quasi tousiours se font de petites nopces secrettes, pour aprentissage, dont sortent des esclats. Ce qui impose des taches à l'honnesteté. Mais qui voudra regarder de l'autre part, les amourettes de don Florisel, de don Rogel, & plusieurs autres Cheualiers, qui estoyent plus aspres à ceste curee qu'vn Chiquanoux à gripper, il verra encores de belles leçons pour attiser l'incontinence, qui n'est que trop enflammee es poictrines des ieunes. L'autheur ne s'est contenté d'auoir enseigné à abuser des amours licites, & à pratiquer les illicites. Il en a aussi feint de fantastiques, qui ne laisserent pas pourtant (ce dit l'histoire) de produire des effects, comme celles d'Amadis de Grece, & de la Royne Zahara. Car *Pollutions du S. Mariage.* *Amours fantastiques.*

aucuns Magiciens voyans qu'ils s'entre-regardoyent de bõ œil, encores que cest Amadis fust marié: neantmoins esmeus de pitié de leur passion, & aussi pour oster la coulpe de l'adultere, ils les enchanterent tous deux ensemble en de beaux vergers delicieux, où s'oublians eux-mesmes, ils n'oublierent pas pourtant de forger deux beaux enfans, qui furent appelez Anaxartes & Alastraxeree, & quelque temps apres estans desenchantez chacun s'en alla où il voulut, sans se ressouuenir de ce qui estoit passé. Qu'est-ce autre chose cela sinon vne couuerte representation du paradis de Mahumet, dont c'est autheur vouloit donner quelque petit goust aux Chrestiens de son temps (lequel se sentoit parauanture du Mahumetisme, à cause qu'alors toute l'Espagne estoit remplie de Sarrazins) à fin qu'ils s'accoustumassent à repaistre leurs esprits & leurs corps de pensemens & d'actes du tout charnels. Ie laisse à juger à ceux qui ont quelque integrité si la lecture de tels liures, remplis de tant d'ordes folies, n'est pas dangereuse tant aux ieunes qu'aux vieux : car on ne sçauroit si bien se nettoyer apres, qu'il ne demeure tousiours des taches en la blancheur des affections.

A quoy tels liures sont propres.

I'OVY dire vne fois à vn bon gẽtil-homme qu'ils auoyent vne proprieté occulte à la generation des cornes : & ie me doute que lui-mesmes en auoit fait l'experience. Car il portoit deux petits cornichons cachez derriere l'oreille, qu'vn autre du mestier lui auoit attachez pour remboursement de pareille somme, que peu de temps au parauãt il auoit receuë de lui en pur & loyal prest. Voila pourquoy il estoit croyable, veu qu'il en parloit cõme sçauant. Certes ie serois d'auis qu'on bannist & releguast tous tels liures en Sicile,

cile, où les hommes ſont quaſi touſiours en ſentinelle, pour l'extreme crainte qu'ils ont des ſurpriſes de la nuict. Car on verroit ſi leur vigilãce les garẽtiroit que ceſte cauſe productiue ne fructifiaſt entr'eux. Vn procureur d'Amadis fera ceſte obiection, diſant qu'il en y a aucuns, qui ſans lire dedans ne laiſſent pas de faire comme les autres. Ie croy biẽ qu'il s'en trouue de tels: mais ie les blaſme au double, de ce que leurs inclinations, ſans eſtre aidees, courent ſi viſte au mal.

Troiſiéme fruict, nommé Poiſon de vengeance.

POVRSVYVONS à ceſte heure de mettre en veuë quelques autres mauuaiſes drogues, qui ſe trouuent en ceſte boutique. Et à mon auis que ceſte ici peut marcher en troiſiéme lieu, qui eſt vne miſerable couſtume, que l'autheur introduit, en attachãt le plus haut poinct d'honneur des Cheualiers à s'entre-couper la gorge pour choſes friuoles. Et de ces Tragedies-là, il en fait le ſouuerain paſſe-temps des Rois, des Dames, des Cours & Citez. On void ſouuent en icelles le pere contre le fils, le frere cõtre le frere, l'oncle contre le neueu, dans vn camp clos, où apres s'eſtre entre-charpentez deux heures, les vns & les autres tout enſanglantez tombent de foibleſſe. Quelqueſfois, il feint qu'ils ne s'entre-conoiſſent, quelqueſfois auſſi ils s'attaquẽt pour s'eſprouuer. Mais quelles lourdes & vilaines ignorances & eſpreuues ſont-ce là, qui font tenter des parricides ſi horribles? On peut reſpondre que ce ſont les enſeignemens du grand Apollyon, dont i'ay parlé, lequel eſtant meurtrier dés le commencement ne ſe plait qu'à faire perpetrer meurtres. Anciennement les Romains prenoyent plaiſir de faire combatre à outrance deuant eux, mais c'eſtoyent criminels, qui auoyent merité pluſieurs ſupplices. Au contraire, ce ne sont ici que fils de Rois, Princes, & Seigneurs, qui contrefont les gladiateurs. Ce qui ne peut persuader autre chose à la ieunesse qui lit ces exemples, sinon qu'il faut tousiours se battre auecques quelqu'vn pour estre prisé & redouté. Et parauanture que telles impressions ont fait multiplier les querelles en nostre France, depuis trente ans, en telle quantité qu'on les y void maintenant. On peut dire aussi, & à bon droit, que tels spectacles rendoyent les Cours impitoyables, & cruelles, par l'acoustumance à voir souuent espãdre le sang humain. Et si aucunes y a qui desirent repaistre leurs yeux de sang, qu'elles imitent la coustume d'Angleterre, où lon met en jeu les bestes sauuages, à sçauoir Ours, & Taureaux, contre des Chiens, lesquels passe-temps sont sans comparaison plus licites

Quatrieme fruict, nommé Oubliance du vray deuoir & abolition de tout bon ordre.

VOICI encor vne autre coustume des Cheualiers de ce temps-là. C'est que si quelqu'vn auoit fait promesse d'aller en vne auanture, à quelqu'vne de ces pelerines, qui marchoyent tousiours toutes seules auecques eux: quand leur souuerain seigneur, leur pere & mere, leur eust commandé de puissance seigneuriale, ou paternelle, de desister pour les seruir en autre chose necessaire: c'estoit vne infamie perpetuelle à eux, que de le faire: ains il leur conuenoit, par obligation de Cheualerie, suyure leur Damoiselle, qui se trouuoit quelquesfois de tres-bonne composition. Ce sont là de nouuelles loix qui, par forme de galanterie, tendent à effacer des entendemens des hommes, celles que nature y a si viuement engrauees, & qu'elle leur a rendues si recommandables. Pour ce regard doyuent-elles estre enseuelies.

IE sçay bien que ie seray accusé de censurer trop seuerement, ou bien de calomnier nostre Chroniqueur d'Amadis. Pour la iustification duquel on dira qu'en plusieurs endroits de son liure, il exalte fort la pieté Chrestienne. A ceci ie respondray, qu'il ne pouuoit s'excuser de toucher ce poinct. Mais par ce qu'il en dit, on peut iuger qu'il n'en discourt que pour seruir de couuerture, & qu'il n'a gueres leu en la Bible. Car il nous propose vne religiõ sauuage & farouche, qui n'habite qu'es deserts & hermitages, laquelle il eust deu representer plus ciuile & domestique. Mais comment traitteroit-il purement des choses diuines, veu qu'il traite si impurement des humaines? *Defense de la precedente censure.*

POVR la fin, ie representeray encor vn poinct, qui concerne l'exercice des armes, lequel il fait si dissemblable à l'vsage commun, que c'est se mocquer d'icelles, & tromper la jeunesse, en lui baillant de tels preceptes. Car encores que les bien auisez tienẽt pour fausses tant de prouësses Cheualeresques, & forces gigantales, qui importunent les lisans: si est-ce que les mal auisez, parmi vn si doux charme de paroles, ne se peuuent garder qu'ils ne retienent en leur memoire quelques traits, qui se trouuent plus conformes à leurs affections, pour puis apres en faire aux occasions des coups d'essay, pensans par là estre plus habiles que les autres. Il est vray que souuent par les moqueries, où ils tombent, ils sont retirez de ces erreurs. Mais on ne doit pas les laisser venir iusques à ces experiences, ains leur proposer de bonnes doctrines & leur cacher les fausses, pour les empescher de faillir. Quand vn gẽtilhomme auroit toute sa vie leu les liures d'Amadis, il ne seroit bon soldat ne bon gendarme. Car pour estre *Dernier fruit, nommé Fables du tout impertinentes.*

l'vn & l'autre, il ne faut rien faire de ce qui est là dedans. Ie ne specifieray point autrement ces grands coups, qui fendent vn homme iusques à la ceinture, & coupent vn brassal & vn bras tout net: ces entrechoquemens & cheutes, où lon ne se fait point de mal, & puis qu'on ressaute incontinent à cheual, comme si on estoit deuenu Leopard: ni ces combats continuez l'espace de deux heures, acompagnez de sots entreparlemens, ni ces vaillantises imaginaires, qui font qu'vn homme en tuë deux cens. Car la chose monstre que ce n'est que pour faire peur aux femmes, & aux petis enfans: & qui voudra perdre le temps à lire au long ce qui en est, pourra conoistre si c'est à tort ou à droit, que ie reprouue tous ces braues & magnifiques badinages. Or en ce que ie dis ici, ie ne compren pas les exercitations aux armes, qui sont les passe-temps de nostre Noblesse en temps de paix. Au contraire, ie les recommande, d'autant qu'ils sont, outre le plaisir, honnestes & necessaires. Et qui se ressouuiendra, comme au regne du bon Roy Henri second, par la frequence d'iceux, elle s'en rendoit plus experte & illustre, il taschera d'en redresser la pratique. Ie pourroye encor alleguer autres vanitez dont ces liures sont farcis, si ie ne craignois d'en trop gouster, voulant en dégouster autrui. Celles que i'ay retracees doyuent suffire, pour destourner les esprits de ceux qui ont quelque affection aux choses honnestes & vertueuses, de s'y occuper: car ils se souïllent en se pensant delecter, & s'acoquinans aux escrits de mensonge, ils desdaignēt ceux où reluit la verité.

FIN.

QVE LA TROP PETITE CONsideration des biens que nous auons, & la trop aspre conuoitise des biens que nous n'auons pas, va multipliant nos miseres.

SEPTIEME DISCOVRS.

Combien la Noblesse Frãçoise à d'occasions de se contenter.

IE ne veux point estendre ceste proposition à toutes sortes de personnes, comme ie le pourroy bien faire : pource que ma plume, estant lassee, ne peut courir en tant de lieux. Il me suffira de l'accõmoder à ceux de ma profession, que ie desireroye redresser, d'autant qu'ils errent en ceci plus que nuls autres. Et me semble qu'il n'en faudra point amener de grandes preuues : car les inquietudes de leurs esprits, qui poussent leurs corps deçà & delà, en haut & en bas, à gauche & à droite, en rendent assez de tesmoignage. Or i'estime que nostre Noblesse a peu d'occasion de se mal-contenter, veu que Dieu l'a logée dedans l'vn des plus beaux jardins de l'vniuers (plus temperé que les Isles fortunees, tant celebrees des Anciens) auquel nature desploye en abondance ses threſors & delices. Que ſi elle n'a tant de richeſſe que celle d'Eſpagne, qui ſucce les mammelles dorees des deux Indes: ſi elle n'a tant de priuileges que celle de Polongne, qui eſlit ſes Princes, & domine ſeigneurialement ſur ſes vaſſaux: ſi elle n'eſt tant ingenieuſe que celle d'Italie, qui ſçait beaucoup de gentileſſe & de dexteritez: pour cela, elle ne laiſſe d'auoir aſſez d'eſprit, pour ſe bien conduire: aſſez de force, pour ſe conſeruer: & aſſez de biens pour s'entretenir. Si on regarde l'infinité des belles maiſons qu'elle poſſede, & ſi bien apropriees & pourueuës de tout ce qui fait beſoin: plus, ſes exercices honnorables aux armes & aux lettres: les vtiles qui ſeruent à rendre les corps plus adextres: les delectables, cõme aux chaſſes, & à la Muſique, & ſa douce conuerſation: finalement mille beaux loyers de vertu, dont elle ſe void ſouuent couronnee, on ſera contraint de dire qu'elle doit ſouuent leuer les yeux au ciel, pour rendre graces à Dieu d'vn ſi bon partage.

Fautes commiſes ſur cela.

MAIS il auient que peu entrent en ces conſiderations generales, & encores moins aux particulieres. Et à fin qu'on aperçoyue mieux comme la plus part ſe gouuernent ordinairement, ie propoſeray ceſt exemple, aſſauoir d'vn gentil-homme de trois ou quatre mille liures de rente, deſia bien auancé en l'aage de ieuneſſe, & façonné ſelon nos couſtumes, qui ne s'aprenent que trop facilement. S'il eſt en ſa maiſon, il ne trouuera rien qui lui agree, & n'aura iamais repos, qu'il n'ait mis la plume au vent, pour aller voir le mõde, lequel deſir ie ne blaſme pas, quand il eſt moderé: mais ie blaſme le gouſt qu'il a de ce qu'il deuroit mieux gouſter. S'il vient à donner dans vne Cour, où

ayant

ayant tracassé quelque tẽps, & acquis vn peu de nom, & de conoissance, cela lui semble chose legere, à cause de plusieurs autres aiguillons qui le poignent, & le font tousiours regarder en auant, & iamais en derriere. Venant apres à s'enfourner dans les armes: tousiours sa condition lui aparoist trop basse, & va visant apres l'incertain. S'il retourne s'amesnager chez soy, & qu'il ait donné forme à vne famille complete, il ne prisera pas, comme il doit, sa femme, & ses enfans, ni le reuenu de sa maison, estimant les premiers biens trop communs, & les seconds trop petis. Estant paruenu à l'aage de vieillesse, où l'on se doit reposer, pour la lassitude d'vn si long voyage, & auecques cela se resiouïr pour se sentir proche du but, c'est lors que plus de solicitudes, de chagrins, & de craintes l'agitent: de maniere que peu de choses lui plaisent, & beaucoup lui desplaisent, & va ainsi viuotant, iusques à ce qu'il s'aille cacher au sepulchre. Voila en somme vne petite image de la vie de plusieurs personnes, qui pour ne sçauoir bien conoistre les commoditez qu'ils ont en icelle, iouïssent d'vn tel benefice, d'vne iouïssance froide & incommode. Certes si chacun mettoit souuent à la balance les biens, dont il peut faire estat, il les trouueroit aussi pesans, qu'il les estime legers. Mais quand on les iette (comme on dit) auec les pechez oubliez, ils ne profitent gueres.

Remede à telles fautes.

Le Philosophe Platon disoit qu'il rendoit graces à Dieu de trois choses: dequoy il l'auoit fait naistre Grec, & non barbare: Athenien, plustost que citoyen d'vne autre ville: & l'auoit fait viure du temps de Socrates. Mais de combien d'autres rendoit-il encore graces, dequoy il n'a pas fait mention? Et en rememorant ainsi ses biẽ-faits, son ame en deuenoit plus tranquille & satisfaite. De mesme deurions-nous faire, & souuent, pour chasser des nostres l'insatiabilité & l'ingratitude, qui nous rendent miserables sans mesure. Or comme ainsi soit, qu'il y en ait qui pensent s'en acquiter aucunement, toutefois s'ils y prenent garde, ils verront qu'il y a grande distance de ce qu'ils font, à ce qu'ils doyuent faire. Car ils n'imittent pas mesmes Platon, en notant ce qui est commun & general: ains s'adressent tousiours à quelques particularitez qui plus leur plaisent. Celui qui sera expert en l'art militaire, pensera seulement à ce seul benefice, par lequel il acquiert loüange. Le Iurisconsulte demourera aussi dãs les bornes de sa science, par le moyen de laquelle ses coffres se remplissent. Et le marchand ne prisera rien en lui que sa dexterité & sa diligence, qui fait florir son trafic. Lesquelles considerations ne sont pas à reprendre. Mais tout ainsi qu'vn banquet ne se fait pas auec du pain seul, si d'autres choses n'y sont conioinctes: aussi pour se rendre plus satisfait de sa condition, il faut se proposer deuãt les yeux, tout ce que lon peut ramasser de grandes & petites benedictions, que Dieu nous eslargit. Et plus les trouuerons-nous abonder, plus estimerons-nous nostre heur estre grand. Quand nous regardõs dans nos papiers rentiers, nous y voyõs en escrit de grosses rentes qu'on nous doit: il y en a aussi vne tres-grande quantité de petites, d'vn double, & d'vn liard, lesquelles nous n'effaçons pas pour leur petitesse: parce qu'estans assemblees, elles donnent corps à nostre reuenu. Non plus deuons-nous rayer de nostre memoire les moindres biens dont nous iouïssons: pour autant que le souuenir en rend nostre vie plus douce & plaisante. Le moyen d'y bien engrauer, tant les grands que les petis, est, de se desrober à soy-mesmes, & demi-heure le iour seulement mediter en iceux. Car nous trouuerons tousiours tant de nouuelle matiere, que cela nous inuitera de besongner alaigrement dans vne telle abondance.

Refutation d'vne mauuaise pensee, contraire au remede precedent.

Or en l'obseruation de ce conseil-ici, il y en aura, qui parauēture voudroyent se cōporter enuers Dieu, comme ils font enuers les hommes. Car ils se faschent d'esplucher les plaisirs qu'ils en ont reçeu, pource que cela les rend leurs debiteurs: aussi ils estimeroyent que venir à tels cōptes enuers lui (ce que i'apelle plustost petites & imparfaites recordations de ses benefices, qui nous sont aussi incomptables que les pierres d'vne cité) c'est s'accabler d'obligations, & opprimer leur mal-entenduë liberté. En tel cas leurs imaginations sont fausses, & conoissent mal la nature de Dieu, estant certain que plus nous refueilletons le liure de la recepte de ses dons, que plus il nous donne alors: d'autant que nos petites preparations à reconoissance esmeuuent puissamment toutes ses liberalitez. Il semble que i'aye vn peu outre-passé les bornes de mon premier propos: mais l'esgarement n'est pas mauuais, puis que de la terre nous auons monté iusques au ciel, qui est la vraye source d'où decoule sur nous vne Iliade de biens, dont la plus grande partie est de nous ignoree, à cause de nostre stupidité.

Continuation du recit des biens de la Noblesse Frãçoise, pour l'induire à en iouir vrayement.

Ie remettray sur les rangs le gentil-homme dont i'ay desia parlé, qui court bien plus à l'esgaree: lequel ie desire ramener à vne droite voye. Et voici que ie lui diray: Pourquoy allez vous ainsi rongeant vostre ame de mille soins, en tous les espaces de vos diuers aages, pour les fantaſies que vous auez que voſtre condition eſt defectueuſe & imparfaite? Ouurez vos yeux, & quād vous l'aurez bien examinee, elles s'eſuanouiront, & ſerez plus à repos. Quand vous-vous promenez au palais de Paris, & paſſez deuant les boutiques des peintres, vous-vous arreſtez bien deux heures à cōtempler quelque belle peinture, qui y ſera desployee, ce qui vous induit ſouuent à louër l'ouurage & l'ouurier. Beaucoup plus deuriez-vous faire le ſemblable, en ce beau pourtrait de vous-meſmes, reueſtu de tant d'ornemens, de crainte que l'ignorance ou la legereté ne vous face accuſer le Souuerain peintre, qui donne à chacune de ſes œuures la perfection qui lui eſt propre & conuenable. Et comme c'eſt lui, qui a formé les Rois & les Princes, que le vulgaire va adorant: auſſi de la meſme main a-il moulé ceux que la pauureté trauaille: laquelle diuerſité ſi diſproportiōnee n'ēpeſche pas que le vaiſſeau de terre ne ſoit auſſi vtile, pour ſon bas & mechanique vſage, que celui d'or treſpur, & bien elabouré, pour le ſien haut & magnifique. Voyons en voſtre endroit, s'il s'eſt monſtré chiche & ingrat. Vrayement vous trouuerez que non, & deuez du tout eſloigner ceſte impoſture de voſtre pēſee: car c'eſt celle que le ſerpent ancien inuenta, pour circonuenir noſtre premiere mere. Mais c'eſt vous-meſmes, qui ſerez conuaincu d'ingratitude, qui faites au contraire de l'auare, qui a touſiours le cœur & l'œil dās ſes cabinets. Là où vous n'ouurez iamais celui qui vous eſt eſcheu, pour voir tāt d'eſpeces de biens, qui y ſont contenus. Ce que faiſant, vous conoiſtrez que n'eſtes pas pauure, comme vous cuidez l'eſtre.

I'EN mettray aucuns deuant vous, comme en

paſſant,

passant, ausquels i'estime que vous pensez le moins. Et commençant par les spirituels, qui sont les principaux: ie finiray par les moindres, qui sont plus perissables. Si ie vous demãdoye à ceste heure, en cõsciẽce, combien de fois la semaine vous pẽsez à cest inestimable benefice de la conoissance de Dieu que vous auez (car puis que vous estes Chrestien, ie n'en veux douter) vous me respondriez parauenture que ce seroit beaucoup, si en vn mois vous y songiez vne fois à bon escient: & cependant ceste science (ou autremẽt ceste foy) vous enseigne & certifie que vous estes cõbourgeois des cieux, & que par Iesus Christ vous auez esté arraché des pattes du grand Pharao, qui est le diable, & de la seruitude d'Egypte, qui est la figure de l'enfer. Comment donques vous souuenez-vous si peu d'vn bien si excellent? duquel Dauid disoit, au Pseaume 119.

Denombremẽt de quelques vns de ces biens la.

Les Spirituels & diuins.

De tes edicts on m'orra deuiser,
Et tascheray d'auoir la conoissance
De tes sentiers, où ie veux droit viser.
En tes statuts prendray resiouissance,
Et veux si bien à ton dire auiser
Qu'à tout iamais i'en auray souuenance.

Car encor qu'il eust dans les thresors, qu'il auoit amassez, plus de cent millions d'or, si tenoit-il ceux de la doctrine de Dieu beaucoup plus precieux, & s'y delectoit dauantage. Imitez-le donques, & ouurez plus souuent le coffre de vostre entendement, & de vostre cœur, pour contempler vne si belle richesse, qui suffit seule à vous rendre heureux. Ie descendray aux vertus Morales, de quelques vnes desquelles vous n'estes pas (à mon opinion) despourueu. Et ie prẽ le cas que vous

Les vertus.

ayez de la fortitude (qui signifie prouësse) qui est fort recommandee à nostre Noblesse: aussi de la temperance, qui est familiere à ceux qui sont bõs. Mais i'enten que la portion, que vous en aurez, soit grauee dans vostre cœur, plustost que peinte en vostre visage. Auec cela seulement pouuez-vous estre asseuré qu'on ne vous degradera point de vostre titre, combien que vous deuez tousiours trauailler pour en acquerir d'autres. Or vous n'apelleriez pas vn marchant de draps de soye, pauure, qui n'auroit dans ses bahus que du velours cramoisi, & du velours blãc: car ce seroit à tort. Pensez aussi que vous ne l'estes pas en mœurs: moyẽnant que vous faciez bien profiter ces deux vertus, qui vous seruiront encor à la generation des autres. Et d'autant plus deuez-vous priser ces biens-ici, que toutes les fureurs d'vne fortune cõtraire ne les vous sçauroyent rauir. Ie diray vn mot de vostre santé, qu'il me semble que vous ne cherissez non plus, qu'on fait vn dogue, qu'on hazarde contre toutes sortes de bestes sauuages: car souuent vous la iettez en proye des plus mortelles maladies, en quoy vous faites paroistre vostre petit iugement, de cercher de faire amas de choses vaines, veu que vous ne sçauez cõseruer celles qui sont necessaires. Souuenez-vous du prouerbe qui dit, Il n'est richesse que de santé. En apres representez-vous vn Prince, gemissant dans son lit, qui offre tous ses thresors pour recouurer ce que vous mesprisez. Et puis vous confesserez peut-estre que vous estes plus heureux que sage. Quant au reuenu que vous auez, ie voy bien qu'il ne vous contente gueres, puis que continuellement vous lamentez vostre indigence. Toutesfois si possedez vous douze cens escus de rente, &

La santé.

Les richesses.

auecqu es cela vne belle maiſon, bien meublee, où voſtre pere, auecques la moitié moins à veſcu honneſtement, & ioyeuſement. Vous me direz, ou penſerez en vous-meſmes, que quand vous auez vos beaux habits, que vous eſtes bien vn autre homme que voſtre pere. Vrayement ie l'accorde, & croy qu'il auoit de la prudence en la teſte, en ce que de ſes petis moyens il tenoit touſiours ſa maiſon remplie. Au contraire, i'eſtime qu'en voſtre entendement il y a pour le moins ſix onces de folie: veu qu'ayãt beaucoup de commoditez, voſtre maiſon ne ſe trouue iamais que vuide. Cependant ne pleurez pas, car il y a en ce Royaume quatre millions de perſonnes, qui n'ont pas la dizieme partie de voſtre bien, qui pour cela n'en iettẽt pas vne ſeule larme. Vous n'en auez que trop, ſi le ſçauez diſpenſer. Que direz-vous maintenant de tant de bons parens, & amis voſtres? & de l'eſtime en quoy on vous tiẽt, où vous auez conuerſé? Mais que direz-vous de la liberté dont vous iouïſſez? qui eſt vn bien comparable à la vie, par le moyen de laquelle vous pouuez vous delecter en la beauté des ſaiſons, & encores plus en la conuerſation des hommes. Il faut que vous auoüez que la poſſeſſion de ces ſeuls biens (encores qu'en poſſediez beaucoup plus que ie n'ay voulu noter, pour ne ſembler flateur, & pour n'ennuyer les lecteurs) eſt ſuffiſante pour vous faire benir le donateur, vous contenter de voſtre condition, & vous reſiouïr auec autruy. Auſquels effects vous paruiendrez, en meditant ſouuent en iceux. Et ſi vous dedaignez ce profitable conſeil, & que retourniez aux negligences accouſtumees, de ce qui vous eſt certain, pour queſter des incertitudes, vous me contraindrez de vous apro-

Les parens & amis.

La reputation & liberté.

prier la deploratiõ de l'auare,& dire de vous, ô Homme miſerable! qui au milieu de tant de ſortes de richeſſes, s'eſtime indigẽt,& pauure! I'ay aſſez dit: c'eſt à vous à penſer.

Vſage de ce discours.

MAIS ie deſire qu'on ſçache que l'admonition que i'ay ici faite, n'eſt pas à fin qu'on viene à enfler ſon orgueil naturel, apres s'eſtre conſideré ſoy-meſmes, ce que pluſieurs font aiſément: ains c'eſt pour retirer les trop volontaires de la pourſuite laborieuſe des biens ſuperflus, & de tant de molles plaintes: eſquelles voyes, ie ne nieray pas que ie n'aye quelquefois cheminé comme les autres. Mais l'aage, la doctrine, & les ſiniſtres experiences, m'ayant fait arreſter à la meditation de pareilles choſes, que celles que i'ay notees, & de pluſieurs autres, i'ay apris de là, premierement que la liberalité de Dieu abonde en nous, mais nous en abuſons par le meſpris de ſes dons: ſecondement que ce n'eſt pas encores auoir mal profité, quand en fin on ſe corrige par les erreurs de ſoy-meſmes.

Ce diſcours eſt imparfait.

QVE

QVE LA PAUVRETE DE LA Noblesse de France n'est point tant procedee des guerres, qui ont quasi esté continuelles, depuis trente & cinq ans, que des erreurs qu'elle a commis en la dispensation de ses biens.

HVITIEME DISCOVRS.

IL ne faut point beaucoup de langage, pour faire conoistre combien les Gentils-hommes François sont decheus de ceste ancienne richesse, dont leurs maisons estoyent ornees, sous les regnes de nos bons Rois Louys douzieme & François premier: veu que c'est vne chose que peu ignorent. Car si on les veut considerer tant en general qu'en particulier, on les verra estre despourueus, & auoir disette de plusieurs choses necessaires, excepté quelques maisons qui depuis peu de temps se sont esleuees, & autres, qui par bon mesnagement, ou biens-faits, ou par auarice, se sont maintenuës & enrichies. Et i'oserois affermer, que si tous ceux qui portent ce titre estoyent mis en dix parts, & qu'on fist vne curieuse recerche, on troueroit que les huit sont incommodez par alienations de quelque portion de leurs biens, engagemens, ou autres dettes, & que les deux autres parties restent seu-

Ancien & nouueau estat de la Noblesse.

lement accommodees, tant de ſuffiſance que d'abondance : qui eſt vne grande inégalité & diſproportion. Ie ne penſe point faillir, declarant ce qui ſembleroit meilleur eſtre teu : car auſſi bien les eſtrangers, nos voiſins, en penſent trois fois plus qu'il n'y en a, & diſent que nous ſommes ſi affectionnez à noſtre Roy, que nous voulons ſelon noſtre portee imiter ſes liberalitez & deſpenſes. Ce que ie dis tend à ceſte fin, que deuenions plus entendus & prompts à reparer les demolitions domeſtiques, tant pour euiter la moquerie d'autrui, que pour chaſſer pluſieurs ſollicitudes de nos eſprits, & bannir les neceſſitez qui nous preſſent.

Origine de la pauureté de la Nobleſſe.

OR comme ainſi ſoit que tous s'accordent bien en la confeſſion de ceſte pauureté, ſi eſt-ce qu'il y a du different, quand on vient à parler, comment elle eſt venuë. Car l'vn dit d'vne ſorte, & l'autre d'vne autre: & la pluſpart taſchent d'accuſer pluſtoſt la violence des longues guerres (qui comme monſtres deuorent tout) qu'eux-meſmes. Voila comment on eſt prompt à cercher des eſchappatoires pour ſe iuſtifier de ſa coulpe, au lieu qu'on deuroit examiner, auec vn droit jugement, d'où tels deſordres ſont procedez. C'eſt choſe fort commune, & qu'on fait volontiers, que s'excuſer : pource qu'il ſemble que l'excuſe efface aucunement les taches dont on voudroit noircir le bon renom. Mais pource que s'accuſer aporte quelque honte, on ne le pratique que le plus tard qu'on peut, dont auient qu'on demeure plus long temps en ignorance de ce qui deuroit pluſtoſt eſtre conu. Le prouerbe, qui dit, que le mal dequoy on a bonne conoiſſance, eſt comme demi gueri, ſe trouue bien ſouuent veritable. Cerchõs donc la cauſe du noſtre, & ce nous ſera

sera apres vne grande ouuerture & perparation pour trouuer le remede. Ceux qui l'attribuent aux rauages, & despenses des guerres, disent, qu'il y a encores aujourd'hui plusieurs personnes d'honneur, qui ont veu en quelle prosperité & abondance la Noblesse de Frãce a vescu iusques au regne du Roy Henri second. Car pendant que la paix auoit cours, on ne voyoit entre les seigneurs & gentils-hommes, que liberalitez, magnificences, visitations, & autres despenses honnestes, qui sont tesmoignages de richesse. Et si pour tout cela, on ne vendoit point sa terre, tant pour euiter le reproche, que pource aussi qu'il y auoit moderation en telles choses. Et auenant que la guerre fust declaree, on ne sçauroit croire le bel equipage que chacun menoit, comme cela apparut encor au voyage d'Alemagne. Mais tout ainsi qu'il n'y a rien en ce monde, qui soit long temps permanent, qu'aussi les guerres ayant recommencé, l'an mil cinq cens cinquante & deux, contre l'Empereur Charles, & le Roy Philippe, lesquelles ont duré sept annees, il lui a conuenu faire de grandes despenses, tant pour son honneur, que pour l'amour qu'elle portoit à vn si bon Prince qu'estoit le Roy Henri. En apres, les guerres ciuiles sont suruenuës, vniuerselles dans le Royaume, comparables à des torrens desbordez, qui ont tellement acreu la ruïne, que c'est tout ce que la Noblesse peut faire maintenant, que de s'entretenir, viuotant en sa maison, & en ceste maniere est venu son apauurissement.

Raportee aux guerres.

CE sont ici les raisons qu'ils alleguent, que ie ne veux pas reietter. Car ie confesseray tousiours que ces orages ont esté occasion d'vne partie de nostre pauureté : mais qu'elle soit toute procedee de telle

Ceste pauureté a d'autres sources outre celles des guerres.

cause, ie ne l'aduouë pas, & monstreray ci apres qu'il y a eu d'autres aides qui ont eu dauantage de force pour l'auancer. Par ainsi leur argument ne conclud qu'en partie. Examinons à ceste heure, quelle peut auoir esté la ruïne des premieres guerres. Or elle n'a pas esté grande: car alors la Noblesse, qui seruoit, n'estoit mal payee ni destituee d'honnestes recompenses, prouenantes de la liberalité du Roy. Bien est vray, que quelques particuliers, trop volontaires, se sont aucunement desemplumez, & la Noblesse des frontieres a aussi souffert quelques pertes. Mais le plus grand nôbre estoit encores en tres-bon estat. Aux guerres ciuiles, il y a eu beaucoup plus de dommages, qui ne sont toutefois tombez sur tous. Et puis aux petites paix, qui sont suruenuës, on a tousiours eu moyen de reparer les bresches. Ioint que la Frãce est si peuplee, & si fertile, que ce que la guerre a gasté en vn an, se r'habille en deux. Puis donc que telles incommoditez ont esté acompagnees de quelques remedes, & qu'elles n'ont assailli que la moindre partie de la Noblesse, on ne doit faire ce mal si vniuersel ne si grand. Or ce qui (à mon auis) est cause qu'on attribue à la guerre toute la coulpe, c'est premieremẽt pource que de sa nature elle est nuisible. Secondement, que la violẽce, dont elle agist, est espouuantable & donne effroy. En troisieme lieu, qu'on est bien aise d'auoir vne couuerture pour cacher son mauuais mesnage, ou feindre artificiellement sa pauureté, comme font les auares. Quand vn homme a eu vne grosse fieure continuë, apres en estre gueri, tousiours s'en ressouuiendra-il long temps, & redoutera vne telle maladie: & toutesfois la corruption des humeurs, dont elle estoit prouenuë, s'estoit faite

faite peu à peu, par intemperance de vie, à quoy il n'auoit pris garde. Le mesme faisons-nous aux choses qui conduisent à la pauureté. Car aucunes y a que nous aperceuons incontinent, & qui nous font crier : mais les autres qui nous sont plus communes & agreables, nous les laissons couler aisément, comme insensibles, & ne les voulons point conoistre. Et oseray affermer, que si les rauages des guerres & des frais militaires, dont on se plaint tant, nous ont aporté quatre onces de pauureté, que nos folles & superflues despẽses continuelles, dequoy on a peu de repentance, nous en ont acquis douze.

Despenses superflues & excessiues en habits vraye source de ceste pauureté.

SVR ce propos il faut considerer que le gentilhomme Frãçois est excessif en ce à quoy il s'affectionne, & n'y veut rien espargner. En apres, que la plusspart d'iceux ne despendent pas seulement en vne chose, ains en quatre ou cinq, tant leurs esprits vont embrassans les diuersitez, ce qui est occasion de tarir les plus viues sources de richesse. Or vne des principales choses en quoy ils se desbordẽt, c'est en habillemens, n'y ayant regle ni mesure en iceux : & a la coustume tant gaigné, qu'on n'oseroit quasi comparoistre en bonne compagnie, qu'on ne soit doré comme vn calice, plusieurs se persuadans qu'ils en seront dauantage honnorez. Ceux qui ont amené ces inuentions, sont les courtisans, qui en portent cependant vne dure penitence, n'y ayant annee que telles despenses redoublees n'en enuoyent vne douzaine à la littiere, lesquels pour auoir eu le plaisir quelques iours de se voir tous couuerts de soye & d'argent, ont apres le desplaisir plusieurs mois, de se voir sans maison, ou si harassez par les vsuriers, qu'ils ne le seroyent pas dauantage en galere. Outre la richesse des habits, deux choses y a qui accroissent beaucoup telles despenses: l'vne qu'on en veut auoir diuersité, l'autre que de deux ans en deux ans les façõs changẽt, & les faut renouueller, & qui ne s'y accõmode est mocqué. Somme, qu'il faut tousiours auoir la main à la bourse, ou la terre en gage. Apres les courtisans, marchent les gentils-hommes guerriers, qui ne sont pas si excessifs qu'eux, toutefois ils prenent peine à les imiter. Et quant à ceux qui ne bougent du païs (si ce ne sont quelques gros mesnagers) ils suyuent aussi la coustume: tellement que chacun outre-passe de beaucoup sa portee. Mais tout cela n'est encores que la moitié des frais. Car les femmes veulent auoir leur part de tant de beaux ornemens: ce qui leur apartient encor mieux qu'aux hommes, qui ont plus de moyen de se parer de diuerses vertus. Les vnes se contentent de suffisance honneste: les autres ne se plaisent qu'en l'abondãce: & quelques vnes passent si auant les termes de raison, que leurs pauures maris s'en gratẽt la teste, voyans la pauureté venir en poste chez eux, sur les pierreries des Indes & sur les toiles d'or d'Italie. Ceste coustume-ci print origine sous le Roy François premier, & s'est merueilleusement acreuë sous le Roy Henri second. Mais depuis la deprauatiõ a esté telle, qu'on a fait porter aux pages & aux laquais la toile d'argent. Nos ancestres estoyent, sans comparaison, plus moderez, mesmes nos Rois taschoyent alors de rendre venerable leur Majesté, plus par vne douce grauité, justice, prudence, liberalité, & auecques vne suite de personnages preux & doctes, que par somptuosité d'habits: ce qui conuioit leurs suiets à pareille imitation

tion. Car

Les suiets & les Prouinces
Suyuent les mœurs de leurs Princes.

Et iusques à ce, que les grands vienent à retrencher ces superfluitez, on les verra tousiours cõtinuer au dommage de la Noblesse.

QVELQV'VN dira, n'est-il pas honneste que chacun aille vestu selõ sa dignité? Ouy certes, & pense que ce seroit chose inciuile & indigne d'en vser autrement. Ie blasme seulemẽt les excez qu'on y cõmet, qui abreuuent nos esprits de vanité, & aportent en fin ruïne. Il ne faut pas pourtant imaginer que nos peres allassent mechaniquement vestus. Car quand ils se trouuoyẽt es compagnies, ou es iours de feste, ils portoyent des acoustremens, selon leur qualité: mais sans aucune superfluité, & auec cela les faisoyent durer long temps. A present, quand on void quelcun à la Cour, auec l'habillement de l'an precedent, on lui dit, Nous le conoissons bien: il ne nous mordra pas. C'est vn fruit surannė: & par telles mocqueries il est contraint de le quitter. Et peut-on dire que l'aage d'vn vestement ordinaire entre les Courtisans, est de trois mois: & d'vn extraordinaire, six: & entre l'autre Noblesse, d'vn peu plus de temps. Car les noueautez, qui suruienent apres, les font trouuer ridicules. Et pour bien conoistre la varieté d'iceux, qu'on aille à la fripperie de Paris, où lon en trouuera vn tres-abondant magazin: & qui sur ce modelle voudroit faire peindre des grotesques, rien ne se pourroit voir plus plaisant. Ceste inconstance en habits denote vne grande legereté d'esprit, dont s'ensuit la purgation des bourses, & matiere de risee aux estrangers. Car quãd nous allons en leur païs, & qu'ils aperçoyuent ces grandes fraises & verdugades des femmes, & les longs cheueux des hommes, & leurs espees, qu'ils portēt derriere le dos, ils courent apres, comme les petis enfans de Paris font apres maistre Gonin. Cela est fascheux de s'appauurir par ces extrauagantes folies, & puis encor estre mocqué.

Contre ceux qui se rient de la Noblesse estrangere, laquelle n'ensuit pas leur legereté.

ON repliquera, que la mocquerie (qui est l'ordinaire passe-temps du monde) se preste & se rend mutuellement: & que nos ieunes gens, allans à Venise, & voyans la Noblesse auec vn bōnet, en forme de crouste de pasté, sur la teste, & les larges ceintures dequoy elle est sanglee, rient à bouche ouuerte. Ie ne nie pas cela: mais ie veux bien dire aussi, que quand aucuns d'eux vienent apres à considerer que la simplicité de leurs habits fait regorger leurs coffres de richesses, & qu'en leur Senat, prudence & grauité y reluisent, & que leurs statuts sont inuiolablement obseruez: & au contraire, que nous, auec nos courtes chausses & lōgs pourpoints, auons fait sauter nos loix par la fenestre, pource qu'elles parloyēt trop haut, & que nos coffres sont quasi tousiours aussi vuides d'or, que la teste d'vn amoureux passionné est vuide de raison: ils cōcluent que c'est nous, qui deuons plustost estre mocquez.

Despenses en bastimens.

VENONS au secōd article de nos vaines despenses, qui procedent d'vne affection excessiue que plusieurs ont de faire de magnifiques bastimens. Et combien que de tout temps on ait fait le mesmes, si est-ce que ç'a esté peu, au regard du nostre, où lon void la qualité des edifices & le nombre des edifiās, surmonter de beaucoup ceux du passé, & specialement la Noblesse y a esté desbordee, plus pour gloire, que pour necessité

necessité. Ie pense qu'il n'y a gueres plus de soixante ans, que l'architecture a esté restablie en France, & au parauant on se logeoit assez grossierement. Mais depuis que les beaux fruits de cest art eurent esté manifestez, plusieurs s'efforcerent de le mettre en pratique. Si quelques grands ou riches eussent seulement employé l'abondance de leurs escus en tels ouurages, cela n'eust esté à reprendre: veu que c'estoyent ornemens pour les villes, & pour les champs. Mais à l'exemple d'eux les mediocrement riches, voire les pauures, ont aussi voulu mettre la main à l'œuure, & cõme sans y penser se sont contrains de faire beaucoup plus qu'ils n'auoyent pensé: ce qui n'a pas esté sans repentance. Les gẽs de iustice, & sur tout les thresoriers, ont aussi augmenté aux seigneurs l'ardeur de bastir. Car ils disoyent, comment? ceux-ci, qui ne sont si bien fondez que nous, font des bastimens de Princes, & nous dormirons-nous? & à l'enui les vns des autres, multitude de belles maisons se sont faites, & souuent par la ruïne du reuenu, qui s'en est allé es mains d'autrui, à cause de ceste vehemente passion qu'ils auoyent, de mettre des pierres les vnes sur les autres. Combien y en a-il qui ont commencé de somptueux edifices, qu'ils ont laissé imparfaits? estans deuenus sages à mi chemin de leur folie. En chacune Prouince on n'en void que trop d'exemples. Ie cuide que quand aucuns se sont regardez si bien vestus & dorez, qu'ils ont dit, Ceste cage est trop petite pour vn si bel oiseau, il lui en faut vne plus magnifique. Sur ce discours, quelque flateur aura respondu, Monsieur, c'est vne honte, que vostre voisin, qui n'est tel que vous, soit mieux logé. Mais courage: car qui entreprend hardiment, a desia fait la moitié de l'œuure,& moyens ne manquent à vn homme de bon esprit. Lui ayãt senti se grater où il lui demangeoit, à incontinent forgé en imagination vn dessein, qu'il a commencé auec plaisir, continué auec peine & despense,& acheué auec douleur. Souuent est auenu que tel a basti vne maison digne d'vn Seigneur de vingt & cinq mille liures de rente, laquelle son heritier n'ayant trouuee accompagnee que de sept ou huit cens,& ayãt honte de loger sa pauureté si magnifiquement, à venduë pour en achetter vne autre, propre à son reuenu. Et celui qui ne l'a voulu vendre a esté contraint de faire petit pain (comme on dit) & repaistre ses amis, qui le venoyent visiter, de discours d'architecture. Quand frere Iean des Antomeures (lequel a esté vn des plus braues Moynes moynans de son temps) entroit en ces maisons & chasteaux si superbes, où il voyoit maigre cuisine, il souloit dire, Hé, que seruent tant de belles tours, galleries, chambres, salles & cabinets : veu que les marmites sont si froides, & les caues si vuides? Par la digne pãtoufle du Pape (car c'estoit son serment accoustumé) i'aimerois mieux habiter sous petit toict,& ouïr de ma chambre l'harmonie des broches, sentir l'odeur du rost, & voir mon bufet reparé d'vn trophee de flascons, pots, & gobelets, que demeurer en ces grans palais à faire de belles promenades,& me curer les dents à ieun, à la Neapolitaine. Ie trouue l'opinion bonne de ceux qui cõseillent que si on veut bastir, que ce soit à ceste condition qu'on ne vende point de son bien, ou peu. Et qui en vse autrement, ie le renuoye à la censure de frere Iean des Antomeures. Ie sçay bien qu'vne des plus singulieres choses qu'on remarque en France, sont les beaux edifices

C'est celui dõt le profane Rabelais a fait mention.

fices dont les campagnes ſont parſemees, ce qui ne ſe void point ailleurs. Mais ſi on contoit auſſi combien telles magnificences ont enuoyé de gens au biſſac, on diroit que la marchandiſe eſt bien chere.

Despenses en meubles.

Le troiſieme article que ie coucheray ici eſt vne conſequence de l'exces precedent. Car quand vn gentil-homme à baſti vne belle maiſon, ce n'eſt pas tout, il la faut garnir de meuble conuenable: autrement ce ſeroit vn corps ſans ame. Et s'il a eſté aſpre pour la paracheuer, il ne l'eſt pas moins pour l'acommoder par dedans: & ordinairement la curioſité vainq la conſideration du neceſſaire. Car il ne ſera point à ſon aiſe, qu'il n'ait recouuré des tapiſſeries de Flandres, & des licts de Milan: à quoy ſes amis l'inciteront encor, regardans pluſtoſt (ſans y penſer) à l'ornement de ſa folie, qu'au fond de ſa bourſe, qui ſouuent eſt bien plate. Anciennement quand vn gentil-homme, auec le bon meſnagement de ſa femme, laiſſoit à la fin de ſon aage ſa maiſon biẽ meublee à ſes enfans, c'eſtoit beaucoup fait. Maintenant nous allons ſi viſte, qu'en deux ans, nous la voulons voir toute paree, & ceſte impatience nuiſt beaucoup. Car on n'y obſerue le tẽps, ni la qualité, ni la quantité des choſes. On regarde ſeulement comme ſon voiſin fait, & à complaire à ſon deſir, ſans meſurer ſes forces. Chacun ſe plait à voir vn logis propremẽt & honneſtement accõmodé. Mais de conclurre de là, que les riches meubles y ſont neceſſaires, il ne ſenſuit pas: pource que la propreté cõſiſte en vne bien ordõnee diſpoſitiõ de ce qu'on a, coniointe auec netteté. L'on void cõmunément les maiſons des ſimples bourgeois & marchãs (meſmement es païs bas) ſi iolimẽt agẽcees, & de peu, que les Nobles deuroyẽt auoir honte de tenir les leurs si salles. Et ce qui produit cela, c'est diligence & solicitude, qui coustent peu. Monsieur le Mareschal de S. André a esté tres-excessif en precieux meubles : ce qui fut occasion que plusieurs Princes, Seigneurs, Gentils-hommes & autres voulurent l'imiter en ceste magnificence insuperable, à fin d'estre admirez cõme lui : de laquelle folie des peres les enfans ont ploré. Et s'est encores redoublé ce pleur, quand la picoree, auecques ses longues griphes a arraché, voire des propres chasteaux des Princes, tãt de riches entrailles.

Despenses de bouche & de trop grand train.

I'AY reserué en ce quatrieme article-ci, de parler des superflues despenses de bouche, & du trop grand train de la pluspart de la Noblesse : en quoy il n'y à moins de desreiglement qu'aux autres choses. Ceux qui ont les affections vn peu dressees à l'honneur, aiment grosse suite, pensans, parauanture, que celui qui va à six cheuaux doit auoir plus de reuerences que celui qui ne va qu'à trois. Les autres aussi, qui se delectẽt de la conuersation, ont vn singulier soin que leurs tables soyent tousiours bien fournies. Or il n'y a rien à quoy on face moins de repugnance qu'au consentement qu'on prend en soy-mesmes d'vser de l'vn & de l'autre: ce qui ne seroit trop reprehẽsible aux Nobles, s'ils ne sortoyent hors des bornes de leur puissance, mais il est si aisé d'y faillir, que de dix on n'en trouue pas deux qui se retienent. De ceux qui font estat de suyure les Cours & les armes, peu y en a qui ne mangent leur reuenu d'vne annee, les vns en six, les autres en huit mois, à cause du grãd equipage qu'ils menent, & autres despenses. Et combien qu'aucuns s'entretienent, ou s'enrichissent en tels lieux, ils sont pourtant

en

en petit nombre : car excepté ceux qui sont beneficiez du Roy & des Princes, & ceux qui es guerres s'aident des amples priuileges d'icelles, tout le reste se sent incommodé, pour les frais cõtinuels qu'il leur conuient faire. Ce nonobstant peu se corrigent : au contraire, il semble qu'on cerche tousiours quelque nouuelle occasion de despendre. Qu'a serui à plus de trois cens gentils-hommes, qui encores viuent, d'importuner nos Roïs de leur donner l'ordre de S. Michel, si non de les ietter en tresgrosses despenses, pour ne vilipender leur nouuelle dignité ? Toutefois il y en a eu plus de cent, qui apres auoir conu que la continuation les menoit au grand chemin de l'hospital, ont serré le colier dans leurs coffres, & moderant leur train ont repris leur ancienne maniere de viure, dont ils se sont bien trouuez. Qui voudroit apres conter les gentils-hommes de la chambre & de la bouche, les escuyers d'escuiries, les Colõnels, & Capitaines, qui se sont aussi engẽdrez du temps de ces troubles, outre ce qui faisoit besoin, il faudroit estudier en Arithmetique. Or croyant bien qu'aucuns d'eux se sont faits sages à leurs despens, ie n'en diray pas dauantage. Ie ne veux point nier que le pourchas des estats ne procede de quelque bõne source: c'est à sçauoir d'vn desir qu'a la Noblesse d'estre en bonne estime & s'accroistre. Mais elle iuge mal, de penser qu'vne dignité rende la personne digne d'honneur, qui ne s'acquiert vrayemẽt que par vertu. Quant à ceux qui ne bougent la plus part du temps de la maison, ils se sont aussi tellemẽt laissé aller à la coustume, que celui dont le pere (qui estoit plus riche beaucoup) n'auoit que six seruiteurs, en a plus de quinze. Mais de quoy seruiroyent tant de beaux habillemens, & maison si ample & bien paree, si lon n'auoit grosse suite, pour se faire appeller Monsieur? Ils pourrõt dire pour leur descharge que leurs peres n'auoyẽt pas, à la moitié pres, tant de reuenu qu'ils ont: ce qui est vray. Mais aussi ce qui ne coustoit alors que cinq sols, en couste maintenant vingt. Ainsi c'est se trõper soy-mesmes, que de s'apuyer sur quelque petite augmẽtation de rente, & ne considerer pas les autres incommoditez. Vn ancien a autrefois dit des Romains, ayant obserué leur maniere de, viure Qu'ils bastissoyent comme s'ils n'eussent iamais deu mourir, & se traitoyent en leurs banquets, quasi ordinaires, comme s'ils n'eussent deu viure qu'vn iour. Ie pense qu'il y en a encor aucuns entre nous, qui mettent cela en pratique: toutesfois si la guerre ciuile dure encor quelque temps, elle les guerira bien de ceste maladie. Encores pourrois-ie marquer plusieurs autres despenses excessiues que fait la plus part de la Noblesse, en ce qui lui aporte du plaisir. I'en bastirois vn cinquieme article, de quoy ie me deporteray: laissant à juger à ceux qui sçauent que cela vaut combien d'argẽt on y consume.

L'experience prouue les discours precedens.

A ceste heure si quelqu'vn veut disputer, & contredire, n'estant satisfait de ce que i'ay allegué, ie suis d'auis qu'il en demande aux gens, comme font les ioueürs de paume: & s'il s'enquiert aux gentils-hommes, qui vont par le monde, leur propre experience fera sortir de leurs bouches sentence fauorable pour moy. Car bon nombre d'iceux vont les vns au pas, les autres au trot, & plusieurs en poste, droit aux precipices de pauureté, pource que la coustume & leurs affections s'acordans ensemble, il n'est possible de les retenir. L'aduertissement que fait vn poëte ancien, est tres-

tres-beau, qui dit,

Heureux celui qui pour deuenir sage
Du mal d'autrui fait son aprentissage.

Toutesfois nous ne l'auons encores gueres mis en vsage. & comment l'aurions-nous fait, que quoy que nous sentiõs le mal sur nos espaules, nous ne pouuons qu'à peine venir à correction ? C'est pour auoir hôte, de ce que pour la moindre occasion qui suruient de despendre, il faudra qu'vn gentil-homme aille vendre ou engager sa terre , lequel alors se persuade qu'vne petite dette est peu de cas. Ce que ie lui accorderay: mais quand on continue à la refaire, (comme en dix annees cela auient beaucoup de fois) on trouue apres que ces petites parties rassemblees font vn tres-grand tout. Iamais les mauuais mesnagers ne veulent entrer en ces calculs, pource qu'il leur fasche de voir deuant leurs yeux vn si gros mõceau de folies. Au temps passé lon estimoit vn gentil-homme estre disetteux, & ne meriter d'estre appellé riche, quãd il n'auoit tousiours sa maison bien fournie des choses necessaires, & dans son cabinet, en reserue, quelque bonne somme d'argent, pour vne necessité suruenante, ou pour secourir vn ami tombé en aduersité, ou pour faire vn voyage pressé, que l'honneur commande: car tels accidens ne souffrent delay. Et d'autant que la Noblesse d'alors estoit pourueuë des moyens susdits, elle satisfaisoit à son desir: & nous, pour estre imprudens & dissipateurs, defaillons ordinairement aux obligations deuës. Voila comment le mauuais mesnagemẽt rend aux vns les richesses comme inutiles, & le bõ les rend tres-vtiles.

Le moyen, pour paruenir au bon vsage d'icelles, *Du vray & droit vsage des* richesses. est de vaincre le monstre qui s'appelle opinion, logé dedans nous, & d'où ayant chassé arriere la prudence, (qui est la guide de nos actions) il manie à son plaisir ceux qu'il a empietez. Il y a deux gros apuis qui aident à le maintenir, à sçauoir l'exemple des grands, & la coustume. Mais si nous estions bien repurgez de vanité, il n'auroit tant de pouuoir qu'il a. C'est trop d'inconsideration de vouloir, à l'appetit des autres, en les imitant, achepter incommodité & puis pauureté. Plusieurs estiment qu'il n'y a rien plus infame à vn gentilhomme que l'auarice : ce que ie leur confesse. Mais pour s'en vouloir esloigner, on ne doit pas aller s'enlacer dans les filez de prodigalité. Et combiẽ que ce soit vne imperfectiõ beaucoup moindre que l'autre, c'est pourtant tousiours vn mal ruïneux qu'il faut euiter, autrement ce seroit (comme on dit) tõber de fieure en chaud mal. L'hõme auare n'aime personne, veu qu'il se hait soy-mesmes, & se fait soufrir plusieurs miseres au milieu de son abondance. Mais l'homme superflu & excessif, en s'aimant trop, se va apauurissant.

Trois remedes contre l'intemperance susmentionnee.

Le vray chemin est de se renger à mediocrité, qui n'apporte ni perplexité d'esprit, ni repentance : entant qu'elle chasse la necessité des maisons & les remplit d'abondance. Ce seroit vne belle chose que les hommes se laissassent tellement guider à la raison, qu'ils acquiesçassent aux veritables remonstrances qui leur sont faites, tant par les escrits des doctes, que par les conseils des amis. Et certes il est biẽ malaisé, que ceux qui lisent les beaux liures des anciens, & mesmement de Plutarque (qui traitent du vray vsage des richesses, de la frugalité, de ne prẽdre point à vsure, & comment la liberalité se doit exercer) & considerant apres les exem-

Les remonstrances.

exemples d'vn Epaminondas, & d'vn Fabricius, ne ſoyent conuiez à fuir toutes ſuperfluitez. Les propos des amis, en ſecond lieu, doyuent auoir de la vigueur. Car quand on imagine, ceſtui-ci m'admoneſte pour mon bien, d'autant qu'il eſt mon parent, ou m'eſt treſaffectionné, c'eſt auſſi vn perſonnage qui ſçait où giſt la vraye regle de viure, ayant iugement & experience, il faut auoir pris vn mauuais ply, ſi telles inſtructions ne profitent. Mais la plus grand' part ſont tellement diſpoſez, que les paroles qui leur entrent par vne aureille, leur ſortent incontinent par l'autre, & recontinuent à ſuyure la couſtume. Ie ne veux pas nier qu'il ne faille s'acommoder à ce qui eſt accouſtumé en ſon païs, meſmement en choſes ordinaires: toutesfois ce doit eſtre auec ceſte condition, qu'on euite ce qui eſt deſordonné & corrompu. En fin le meilleur precepteur qu'on puiſſe auoir, c'eſt la neceſſité: car plus de gens ſont par elle rendus auiſez, que par doctrine & raiſon. Or il y en a de deux ſortes. L'vne, qui a aporté des incommoditez: l'autre, qui menace de ruïne. La premiere, preſſe de ſe corriger: & la ſeconde, force. De ſorte qu'on peut dire, iuſques à ce que noſtre propre experience nous ait perſuadez, que peu nous ſeruent les paroles des ſages, ni les miſeres des fols. Bienheureux ſont ceux qui ſe reglent de ſi bonne heure, qu'ils ne ſont point cõtrains de faire vne eſtroite diette de neuf ou dix annees, pour aucunement reparer les ruïnes que leurs excez ont cauſees.

Les amis.

La neceſſité.

DISONS quelque choſe de ceux qui ont reputation de bien adminiſtrer ce qu'ils poſſedent. Si nous y regardons de pres, nous verrons que beaucoup d'iceux ne font qu'aproprier leurs richeſſes à leur gloire

De ceux qui enclinent à l'extremité contraire à la precedente.

& à leurs plaisirs, ayant tres-peu de soin de la charité: ils font en eux-mesmes ce discours, Ie ne suis point auare ni prodigue, & ie dispense honnestement mes biens pour mon contentemẽt, & pour l'acroissement de ma maison: qui est-ce donques qui me peut blasmer? Ceux qui se gouuernent ainsi, meritent quelque loüange: mais de ne penser aussi en tout & par tout qu'à soy, c'est vne defectuosité, qui n'est pas petite. Plusieurs ont ces prouerbes en la bouche, que charité commence par soy-mesmes, & que pour vestir autrui il ne se faut pas despouiller. Ce sont erreurs qui esteignent toute beneficence. La Noblesse les doit fuïr, pource qu'ils alterẽt l'integrité des mœurs. Et comme elle est plus obligee que le vulgaire de l'exercer aux actions liberales, aussi les doit-elles faire resplendir (en mesurant son affection à son pouuoir) tant pour son contentement, que pour conseruer sa bonne renommee. Mais si on veut bien examiner les regles Chrestiennes, ausquelles, sur toutes autres, il se faut assuietir, beaucoup se trouueroyent esloignez de ce qu'elles recommandent. Peu y en a toutesfois qui y pensent, & quand ils y ont pensé vne fois la semaine, cela s'esuanouït, comme fait l'image, quand on a destourné la face du miroir: &, retournans à leur train accoustumé, conçoyuent quelque opinion, qu'vser des richesses selon que les diuins preceptes le commandẽt, c'est se priuer de la meilleure partie de l'honneur, du profit & du plaisir qu'elles aportent. Mais elle est du tout fausse: car il n'y a point d'instruction parfaite, qui enseigne le vray vsage des biens, sinon celle qui nous y est depeinte. Celui qui se void riche, deuroit souuent considerer d'où lui viẽt ceste abondance,

Regle certaine en l'vsage des biens.

ce,& encores qu'ordinairement elle ſemble proceder des labeurs paternels, ſi faut-il qu'il confeſſe que la benediction de Dieu l'a produite, qui eſt autheur de richeſſe,ainſi que dit Salomon: Le riche & le pauure ſe ſont rencontrez, le Seigneur eſt le facteur de tous les deux.Moiſe auſſi,ſur ce poinct, nous fait vne tres-ſaincte admonition,tant en general qu'en particulier, diſant, Ton cœur ne s'eſleue & n'oublie le Seigneur ton Dieu, à fin que tu ne dies point en ton cœur, Ma puiſſance,& la force de ma main,m'a acquis ces biens: mais que tu ayes memoire du Seigneur ton Dieu, que c'eſt lui qui t'a donné ceſte puiſſance. Or quand nous auons ceſte viue impreſſion, que c'eſt lui qui donne les biens,nous concluons apres, que ſon vouloir eſt, qu'ils ſoyuent juſtement adminiſtrez: car auſſi n'en ſommes-nous que diſpenſateurs.Et autant de fois que nous les oyons pauures crier à nos aureilles,c'eſt comme ſi Dieu nous ſommoit de noſtre deuoir, qui eſt de ſecourir les indigens. Que ſi nous faiſons les ſourds,ce ſont autant de condamnations contre nous. Ce riche l'eſprouua bien qui eſtant plongé dans vne mer de delices reietta les gemiſſemens de Lazare.Par là peut-on conoiſtre comme les richeſſes enyurent ceux qui ſe laiſſent poſſeder à icelles, en telle maniere qu'ils oublient ce qu'ils doyuent faire.

Prou.cha.22.

Deut.ch.8.

PLVTARQVE dit que les Scythes,au milieu de leurs banquets, auoyent accouſtumé de faire ſonner & retentir les cordes de leurs arcs, à fin de r'appeller leurs eſprits, qu'ils craignoyent d'amollir & perdre, parmi la diuerſité de tant de douceurs. Auſſi ceux qui ſont ici bas enuironnez de tant de biens exterieurs, deuroyēt quelquefois faire reſonner à leurs aureilles

Notable aduertiſſement aux riches.

ceste parole de Iesus Christ, disant, qu'il est plus aisé qu'vn chable passe par le pertuis d'vne aiguille, qu'vn riche entre en Paradis: à fin de les resueiller du profond sommeil d'oubliance de charité que les vapeurs des richesses causent. Ie sçay bien qu'aucuns de ceux qui n'ont que les pompes mondaines deuant les yeux se mocqueront de cest auertissement-ici, & diront qu'il faut prescher la magnificence & la prouësse aux ieunes gentils-hommes, plustost que ces menus offices de pieté, plus conuenables aux vieillards qui n'ont plus que quatre ans à viure. Cela vaut autant à dire, Nous voulons en nostre jeunesse passer le temps en delices & vanitez, & sur la fin de nostre aage, nous auiserons à mieux nous conduire. Ie ne leur feray autre response, sinon les auertir que pour bien finir, il faut bien commencer, & que la mort prend aussi tost celui qui n'a que vingt ans, que celui qui en a soixante. Les sages reietteront ces mocqueries, en considerant que ce n'est point chose incompatible d'vser de ses biens comme Chrestien, & comme vertueux ensemble. Car l'vn s'accommode bien auec l'autre: mais, le plus digne doit aller le premier, estans les preceptes Euangeliques à preferer à ceux qui sont tirez de la doctrine des philosophes. Les vns rabaissent nostre charité enuers les plus pauures, & les autres estendent nostre liberalité aux amis, & à ceux qui le meritent. En quoy il n'y a pas tant de differẽce, qu'il y a de similitude, en ce que chacune desdites actions sont biens-faits, qui doyuent proceder de cordiale affection.

Despenses honnorables & necessaires.

Ce sont ici de belles & profitables despenses, en quoy la Noblesse deuroit plustost employer partie de son abondance, qu'en plusieurs vanitez inutiles, car elles

elles ne seroyent sans remuneratiõ, ainsi que Salomon le mõstre, disant, Que celui preste à vsure au Seigneur qui fait misericorde au pauure, & qu'il lui rẽdra le pareil. Pour le regard des autres liberalitez, ie trouue belle la response d'Alexandre, quand on lui demanda où il cachoit ses thresors, ie les donne (dit-il) en garde à mes amis, voulant signifier, que ce qui estoit distribué aux gens de bien, n'estoit pas perdu, parce que le prix d'vne parfaite amitié, ou loyale seruitude qu'il acqueroit d'eux, estoit plus precieux qu'vn peu d'or & d'argent qu'il leur departoit. Mais il faut noter que la liberalité se doit exercer auec prudence, en mesurant ses forces, & ne la prophanant pas à personnes indignes. Qui en voudra sçauoir le bon vsage, lise Seneque au traité des biens-faits. Prouer.19.

F I N.

Z

QUE CESTE GRANDE AFFEction que les François ont d'aller cercher les guerres estrangeres, leur est maintenant plus nuisible que profitable.

NEVFIEME DISCOVRS.

Les armes ont esleué les François.

LES armes ont tousiours esté parmi la nation Françoise en singuliere recommandation, & la commune opinion est, qu'elles lui ont acquis ceste grande gloire à quoy elle est montee, qui s'est acreuë ou amoindrie selon la varieté des temps. Mesmes la Noblesse, qui est sortie en abondance de ceste innumerable formiliere de peuple, n'a (ce semble) prisé aucun renom, tant que celui qui estoit prouenu de l'espee: ce qui toutesfois lui a cousté cher & aux nations voisines, à cause des grosses guerres qui s'en sont ensuyuies.

Leur vsage & abus.

La Romaine a surpassé toutes celles du monde en ardeur à cest exercice-ci, qu'elle a fort affecté, pour faire ployer sous le ioug de sa desmesuree ambition ceux qui le vouloyent euiter, coustume tres-violente, qui depuis a tousiours eu vn cours continuel. Aux premiers temps la force fut mise en vsage, pour repousser les iniures à quoy la malice humaine s'estoit desbordee. Mais auiourd'hui elle sert beaucoup plus à les faire, re, qu'à en garentir: tant toutes choses vont peu à peu declinant à corruption. Neantmoins on n'y regarde pas de si pres, ains la pluspart cuident, que tout ainsi que les armes se rouïllent, si elles ne sont souuent nettoyees: qu'aussi il les faut ordinairement employer, à fin que les courages par la rouïllure de lascheté ne se gastent. Ce qui a bien esté pratiqué parmi nous depuis trēte & cinq ans en ça. Mais tant s'en faut qu'on se soit rassasié de guerre, qu'encor apres tant de ruïnes & de pertes, plusieurs (ne l'ayãs plus en leur propre maison) la vont cercher en celle d'autrui, soit pres ou loin. Ceux qui sont entre les autres les plus prōpts à se desbander, sont quelques soldats & nouueaux Capitaines, lesquels ayans es guerres ciuiles vescu licētieusement, & de proye, se faschans de reuenir sous l'obeïssance des loix, qui repriment les insolences, & entendans que leur bonne mere nourrice est ailleurs, la veulent encor aller tetter. Aucuns d'iceux sont aussi afriandez des soldes estrangeres: & autres, pour ne vouloir viure cōme artisans en leur païs, vōt viure ailleurs comme soldats. Ce sont les causes ordinaires, qui les font sortir en campagne, encor que quasi tous disent que c'est pour aller acquerir honneur. Et depuis les diuisions suruenües, les regles ne sont plus si estroitement obseruees, qu'elles ont esté par le passé. Car qui veut sort, & ne s'en soucie-lon point: comme si c'estoyent mauuaises humeurs qui se purgeassent.

Erreur de ceux qui font du port des armes vne vocation perpetuelle.

OR ces gens-la, qui font estat de ne pouuoir viure sinon es lieux où la guerre est attachee, & s'y vouënt tellement qu'ils font d'vne telle profession (qui doit estre comme extraordinaire) vne vocation perpetuelle, laquelle ils exaltent par dessus toutes autres, sont en grand erreur: ignorans, ou voulãs ignorer, que l'homme doit principalement tendre à la paix & tranquillité, à fin de mener vne vie plus iuste. Car lors qu'elle regne, toutes choses, tant publiques que particulieres, sont bien mieux ordonnees, que quand les confusions de la guerre ont cõme renuersé les mœurs & les loix. En ce que ie dis ici, ie n'entens pas condamner celles qui sont legitimes, ausquelles la necessité contraint d'entrer pour se defendre: car on ne souille pas ses mains en les y employant. Ni ne veux aucunement mespriser les gens d'ordonnance des Princes & des Republiques: par ce que ce sont les gardes du païs, qui sont la plus part du temps à repos. Mais ceux de qui ie parle ne se veulent iamais reposer, & ne leur chaut qui ils seruent, ni pour quelle cause, moyennãt qu'ils trouuent de bonnes & grasses pastures. Il y a vne petite rime en Espagnol, laquelle ils ont quelquefois en la bouche, & que i'ay tournee ainsi:

La guerre est ma patrie,
Mon harnois ma maison:
Et en toute saison
Combatre, c'est ma vie.

Que sçauroit pis dire vn mauuais medecin & vn mauuais juge, qui desirent que la cité soit tousiours pleine de maladies, de crimes & de proces, à fin d'auoir bonne curee? Ceux-ci au semblable ne demandent qu'alterations d'Estats pour se gorger de la ruïne d'iceux. Au siecle où nous somes, il est impossible de s'exempter de guerre, pource que l'ambition, l'auarice & la vengeance sont fertiles, autant qu'elles furent iamais, pour l'engendrer. Et quand elle vient, les gens de bien la prenent comme on feroit vne medecine tres-ame-

re

re. Mais de se plaire en vn visage si fascheux, c'est faire comme celui qui voudroit tousiours estre en tourmente sur la mer. Ne diroit-on pas qu'il auroit l'esprit de trauers ou agité? Dauantage, ces guerriers perpetuels se despouillent (en tant qu'en eux est) des affections qui sont les plus loüables en vn bon citoyen, cōme de celle enuers leur patrie, en laquelle ils ne s'arrestent sinon quād elle est troublee. Aussi de celle qui est deuë aux parens, qu'aucuns desdaignent pour leur petitesse, apres s'estre enorgueillis par les armes. Et quant à la particuliere, que chacun doit auoir d'eriger vne famille, à fin de laisser des enfans à son païs, ils n'y pensent point, desirant plustost d'auoir quelque bastard des bonnes commeres qui les suyuent, dont ils ne se soucient gueres apres. Ces imperfections-ci sont des dependances d'vne telle election de vie, où la plus part de ceux qui l'ont embrassee s'enuelopent, & en fin, apres vn long labeur (s'ils paruienent iusques la) ils vont perir contre vn escueil, ou en quelque coste, ainsi que font les vaisseaux des Pyrates.

Response à quelques obiections.

Il y en a (dira-on) qui s'esleuent par là: ce qui est vray, mais ce n'est pas de cinquante l'vn. Et qui voudroit conter ceux qui font naufrage sous ceste esperance, le catalogue en seroit grand. Voici encor vne autre obiection qu'on fait, c'est que plusieurs s'estans nourris petis dans les armes, & ne sçachans quasi d'où ils sont, ne peuuent faire sinō suyure l'exercice à quoy ils se sont façonnez. Cela n'est pas condamnable, s'ils s'arrestoyent à quelque but legitime, apres auoir tiré du fruit de leurs peines, comme aucuns font. Mais de courir incessamment deçà, & delà, ainsi que les corbeaux aux charongnes, qu'ils ont flairees: c'est, par maniere de dire, se transformer en oiseaux de proye, ou en beste rauissante. Le soldat François doit en guerre seruir son Roy & sa patrie, & la paix venue, s'il n'a moyen, il doit tascher de se mettre aux bandes entretenues, & n'y pouuant paruenir, il ne faut pas pourtant qu'il aille à la desesperade se precipiter en des entreprises inconsiderees, comme si la France estoit incapable de le nourrir, ou lui de sçauoir trouuer moyen de viure en temps pacifique. On gemit, en pensant au nombre de gens qui se vont ainsi perdre. Car les pyrateries du Perou en engloutissent plus de cinq cens tous les ans, & les autres guerres estrangeres dauantage, combien que les fondemens soyent dissemblables: de maniere qu'en cinq ou six annees voila huit ou neuf mille braues soldats qui s'esuanouissent, lesquels eussent bien peu seruir en vn autre temps (s'ils eussent eu la patience d'attendre) pour le propre interest du public. I'ay ouy dire qu'à la bataille que perdit Sebastian, Roy de Portugal, il y auoit quelques harquebusiers François auec lui: & en l'armee des Maures, qui le desfirent, s'y en trouua aussi. N'est-ce pas vne rage de guerre, de l'aller cercher si loin, & se mettre sous les infideles? Ie pense bien, que quand ceux-la se trouuent dans les perils non premeditez, qu'ils sont touchez de repentance de leur legereté: mais elle est lors trop tardiue.

De ceux qui pour argent courent aux guerres estrangeres.

CEVX qui, pour le seul regard du profit, se remuent comme vn oiseau fait au branlement du leurre, ont plus d'excuse que ceux de qui i'ay parlé. Car quand quelques Capitaines s'en sont preualus, & les soldats ont passé la necessité, ils reuienent au logis. Mais souuent il auient que les vns & les autres sont fru-

frustrez de leur attente, en tant que la solde se trouue si petite & si rare, qu'ils ne se peuuent entretenir. Et encores au lieu où elle a plus de cours, les soldats n'en tastent gueres. C'est pour quelques Colonnels, & capitaines, qui friands d'vne telle viande la deuorent, & laissent les soldats en tel estat que les charbonniers & forgerons, qui sont noirs & pleins de sueur du trauail, n'y ayant que les maistres, qui les mettent en besongne, qui recueillent le fruit. Ceste coustume est differente de celle de nos ancestres, qui assignoyent pour partage aux capitaines l'honneur, & aux soldats l'argent. Or de tous les auantages des soldes, nuls ne s'en accommdent si bien que font les Reitres. Et à dire vray, nous ne sommes que des lourdauts au prix d'eux, encor qu'aucuns s'estiment plus habiles. Car ils sçauēt l'Arithmetique si parfaitement que iamais ne s'abusent à conter. Ils se maintienēt aussi en la possession de leurs droits acquis, à sçauoir des hautes capitulations, & de se faire tousiours payer sur les vieux roolles. Et outre cela, pour viure en campagne ils ont vne adresse merueilleuse. Et l'auanturier François respondent-ils, s'endort-il en sentinelle? ne met-il pas bien en œuure sa picoree? Vrayement il faut confesser que celui qui est desbauché & corrompu s'en aide brauement, & l'entend encor mieux que la plus part des prestres de Limosin ne font leur *Dominus vobiscum*. Aussi ne sçauent-ils lire ni escrire. Mais si n'aprochent-ils point des autres en l'intelligence de ceste pratique militaire.

De ceux qui ayans vne fois porté les armes, ne veulēt plus faire autre mestier.

DISONS à ceste heure quelque mot de ceux qui aiment mieux courir tousiours dehors, que de retourner à leurs mestiers, ou seruir. Il y en a plusieurs qui pensent que telle deliberation procede de generosité. Ce que ie n'accorderay pas, sinon à l'esgard de quelques vns. Car il n'est pas inconuenient qu'en vn grand nombre de Plebeyens, qui ont exercé les arts mechaniques, se rencontrent quelques vns qui ayent le cœur noble, c'est à dire, disposé à vertu. Mais ie mettray à part ce petit nombre, pour parler des autres, desquels ie diray qu'il est plus vray-semblable que la vaine gloire, dont ils s'enflent apres auoir manié les armes, & l'oisiueté & licence soldadesque, est la cause de la difficulté qu'ils font de retourner à leur premiere vie. Ils cuident estre exposez à mocquerie, quand on les void s'occuper à quelque mestier & y besongner de leurs mains, mesmement apres auoir esté Caporaux & Sergens, & ne s'auisent pas qu'en voulant fuir ceste honte imaginaire, souuent ils se vont ietter par vne contrainte volontaire dans des larcins, tromperies & afrontemens. La necessité (disent aucuns) contraint quelquefois le pauure soldat d'emprunter pour viure de ceux qui en ont trop. Oui, selon les loix de violence. Mais aussi, selon les loix ciuiles, quand on les peut attrapper, on leur fait payer vne chere amende. Il leur seroit plus profitable d'imiter vn tres-grand nombre d'autres soldats, lesquels apres auoir valeureusement manié les armes, ne desdaignent pas leurs vocations acoustumees. Et en ay conu en Gascongne (où ils ont le courage haut) qu'on voyoit es villes, en temps de paix, ouurer en leurs boutiques, qui en guerre auoyét eu charge de commander es compagnies. Et quasi par toutes les villes de France, le mesme se pratique: & principalement depuis que les guerres ciuiles sont commencees. Car à cause que durant icelles toutes les villes

villes ont esté en armes, & que pour se conseruer tant de gẽs les ont empoignees, il faut que toute ceste multitude, auenant la paix, se remette à ses premiers mestiers, excepté quelque petit nombre. Au parauant il n'en alloit pas ainsi, car il y auoit peine d'y renfourner ceux qui les auoyent delaissez. Et mesmes auiourd'hui entre les Espagnols, qui se nourrissent dans les bandes, c'est infamie que de besongner es arts mechaniques. En quoy il y a de la raison: d'autant qu'eux voulans se façonner, s'entretenir & s'acroistre en infanterie, & estans quelquefois vingt, & vingt cinq ans, sans se soucier de retourner en leur païs, telle obseruance leur conuiẽt bien. I'aduouëray aussi que parmi nous, celui qui a quelque temps fait profession des armes, se plait en icelles, & est en train de paruenir, ne fait que son deuoir, s'il cerche place es compagnies entretenuës, ou quelque autre bonne fortune. Mais quand telles commoditez defaillent, il ne doit se reputer deshonnoré, si pour l'entretenement de lui & de sa famille (s'il en a vne) il va trauailler: comme aussi cela est auiourd'hui pratiqué en Alemagne, Suysse & Flandres. Tous ces exemples, si communs, deuroyent plustost induire ceux qui sont desuoyez, à les ensuyure, qu'à faire ce qu'ils font. Que si aucuns pẽsent que la reprise de leurs mestiers delaissez les auillisse, qu'ils aillent seruir les gẽtils-hommes. Ce qu'ils n'oseroyent (à mon auis) refuser, veu que des gentils-hommes pauures se rengent bien à ceste condition. Et s'ils s'en desgoustent, il les faut laisser courir, & attendre que le temps y remedie.

Des gentils-hommes François qui vont porter les armes en païs estrange.

DU corps de la Noblesse, il s'en trouue aussi qui mettent la plume au vent pour aller cercher les mesmes auantures, lesquels sont meus de diuerses raisons:

& entre iceux la ieunesse est fort excusable, qui pousee d'vne ardeur d'aprendre, & d'acquerir reputation, va où les occasions s'offrent. Elle n'ayant encor acquis le jugement pour sçauoir discerner quelles entreprises sont licites, ou non, si tost que le vent vient à donner dans les voiles de son desir, qui sont bien grandes, elle les desploye : & voila qui l'emporte aisément. C'est dommage dequoy tant se perdent en des lieux où, n'estans conus ni guidez, ils passent sous les miseres de la multitude. Ceux qui ont authorité sur eux deuroyent estre soigneux de les bien conseiller. Il y en a d'autres que la pauureté chasse hors du logis. Car estans Nobles, les exercices des arts mechaniques & les trafiques leur tourneroyent en vitupere: & faut qu'ils cerchent les liberaux & honnorables, entre lesquels les armes marchent. Toutesfois, encores que ceste profession leur soit bien conuenable, si n'en doyuent-ils pas abuser, comme ceux de qui i'ay parlé. Car ils seroyent plus à reprendre : d'autant que le Noble a dauantage d'obligation que l'ignoble à se porter vertueusment. Qu'est-ce donc qu'il fera, si on le veut empescher de cercher sa fortune? ie respondray qu'en nostre France les pauures gentils-hommes n'ont pas occasion de prendre des partis esgarez, ou cõme desesperez, veu les moyens qu'ils ont de paruenir à honneur & richesse. Premierement la gendarmerie est en partie instituee pour l'entrenement d'iceux, à fin que leur valeur ne perisse, ains soit conseruee pour le benefice de l'Estat. Ils ont en apres les charges Ecclesiastiques, à quoy ils peuuent monter, & celles de judicature qu'anciennement ils exerçoyent. Les commanderies de Malte en accommodent aussi beaucoup.

Puis

Puis la suite des Seigneurs, auec lesquels nõ seulement ils se nourrissent pages, mais estans hommes s'y entretienent, est aussi vn bon refuge pour eux. En fin les bandes d'infanterie en reçoyuent plusieurs. Parquoy les bien auisez doyuent plustost se ranger aux meilleurs de ces partis, qu'en pensant trop s'auãcer dehors faire perte de leur vie. On dira que la mort n'en attrape pas tant que l'on crie : mais c'est se tromper. Car i'ay obserué, que le nombre en est plus grand qu'on ne pense, & pour la compassiõ que i'en ay, ie voudrois bien que par bonnes instructions, ou par autres remedes, le mal fust amoindri. Ie n'entens pas pourtant que les regles soyẽt si estroites qu'on ne sorte que par congé. Car en vn grand Royaume populeux comme cestui-ci, on n'y sçauroit mettre telle loy. Et quand il n'y auroit que quatre ou cinq cens volontaires, tant de la Noblesse que du tiers estat, qui de leur mouuement particulier allassent tous les ans es guerres, comme les oiseaux de leurre font à l'essor, cela seroit peu de chose, & n'en faudroit parler. Mais il y en va bien dauantage, ainsi que i'ay dit. Plusieurs, gentils-hommes de qualité, qui ont de la creance, sont aussi assez prompts à marcher, & en se mouuant en font esbranler beaucoup d'autres. Auant que ce faire ils doyuent bien examiner les occasions, lesquelles estãs legitimes, & n'y ayant que leur seul profit ou honneur qui les pousse, ils monstrent se soucier peu de leurs amis, en leur donnant des cõseils plus appuyez sur l'interest particulier que sur vne publique equité. En ce cas faut-il estre prudent à eslire, plustost que volontaire à partir.

VOYONS maintenant quel fruit reuient de ces voyages militaires à ceux de nostre nation, quand ils

Du fruit de ces voyages militaires.

les entreprenent de gayeté de cœur, ſans aucun bon fondement. I'eſtime qu'il eſt bien petit. En premier lieu, la plus part eſtans auiourd'hui, par la licence des guerres ciuiles, deuenus merueilleuſement desbordez, ſortans dehors ne font autre choſe, ſinon aller mettre en veuë publique leurs imperfections, qu'ils deuroyent pluſtoſt corriger, ou cacher. Les vns ſont reineurs de Dieu, les autres pillards, querelleux, diſſolus : & quelques vns prompts à changer de parti, & plusieurs peu obeïſſans à leurs Capitaines, aucuns deſquels auſſi corrompent les loix & l'ordre, pour leur profit, ou par leur ignorance. Et quand on void que les effects ne correſpondent pas au nom François, on s'en deſgouſte. D'autre part, les peuples qui ſouffrent leurs inſolences (ie parle des desbauchez & non des modeſtes : car il y a touſiours des gens de bien & de valeur, meſlez parmi le grand nõbre) viennent à auoir en haine la nation pour la malice d'aucuns, & l'eſtiment incompatible : & en leurs cœurs iettent contre elle des maledictions continuelles. S'il ſe trouue quelques Capitaines, gentils-hommes & ſoldats, qui par leurs bons comportemens, ſe rendent agreables à eux, cela n'a pas la force de ſupprimer la mal-vueillance generale. Voici encor vn autre inconueniẽt. C'eſt, que s'il ſuruiẽt quelque malheur au fait de guerre, plus par la violence de la force ennemie, que par la preſomptiõ ou inſuffiſance des Capitaines, ou par la deſobeïſſance ou peu de valeur des ſoldats : alors ne laiſſent-ils d'eſtre deſchirez par les langues du peuple, qui ayant commencé à haïr, viẽt apres à meſpriſer. Or il eſt certain, qu'en ceſt abaſtardiſſemẽt de diſcipline, les pertes ſont auſſi communes que les bons ſucces, voire plus.

plus. Ce qui doit faire croire à ceux qui prenent les charges, qu'il est bien mal-aisé de se garder de broncher en vne quarriere si raboteuse. Quicõques soyent ceux qui font estat d'aller faire la guerre au païs d'autrui, qu'ils facent vne bonne prouision de vertu, car selon qu'ils en monstreront, ils seront prisez, & bien souuent vn peu le sera beaucoup. Au contraire, si lon va y porter de nouueaux vices, & principalement de ceux qui offensent, on ne voudra de ceux-la ni pour valets, ni pour maistres : & ne leur sçachant aucun gré de leurs peines, on se mocquera d'eux, & qui est encor le pis, on les craindra autant que s'ils estoyent ennemis declarez.

Les armes, sur tout en païs estrange, doyuẽt estre accompagnees de vertu.

CECI, ioint auec les miseres ci deuant touchees, me fait croire, que iusques à ce que les mœurs, & la discipline militaire, soyent en meilleur estat entre les François, ils acquerrõt peu de credit & de bien-vueillãce enuers les peuples voisins, qu'ils iront seruir. Certes c'est vn abus de penser, que la force seule face les grands effects : car si elle n'est acompagnee de iustice foy & modestie, elle est imparfaite. Mais auec la demonstration des vertus on gaigne les cœurs, qui est vne seure & glorieuse conqueste, dont les Romains nous ont laissé de beaux exemples. Ie sçay bien que le gentil-homme & le soldat pourront mettre en auant à ceux qui les employẽt plusieurs choses qui sont fort considerables, à sçauoir qu'ils hazardent leur vie, reçoyuent blessures, despendent du leur, & portẽt beaucoup de peines pour leur seruice. Mais tout cela perdra son lustre, & ne sera mis en conte, si leurs deprauations continuent. Car le peuple qui reçoit oppression des soldats, ne les excusera pas tant, pource qu'ils le defendent, comme il les maudira pource qu'ils le deuorent: ensevelissant le souuenir du bien dans le sentiment des maux. Mais quant à ceux qui s'acquitent de leur deuoir le mieux qu'ils peuuent, tant en combatāt, qu'en bien viuant, il les aime & les excuse.

Response à quelques obiections.

On dira qu'en ces guerres estrāgeres, qu'on va cercher, lon y peut aprendre beaucoup: ce que ie cōfesse. Mais il faut aussi noter, que du siege de Mastrich, qui a esté des plus memorables de nostre temps, il n'en reschappa que dix soldats François, & de celui de Harlem, pas quatre: esquelles deux villes il y en auoit assez bon nombre, à ce que i'ay entendu. Ie ne suis pas si ignorant, que ie ne sçache bien que c'est le droit de la guerre de deuorer en son ordinaire pour le moins le quart de ceux qui la hantent: mais quād des cinq parties elle en attrape les quatre (ce que souuent elle fait) n'est-elle pas trop gourmande? I'ay dit ceci, à fin que ceux qui vont, comme matras desempennez, où il y a rumeur, se souuienēt qu'auec facilité on part, & auec beaucoup de difficulté on retourne. Ceux qui pēsent, que quand la France a demeuré deux ou trois ans en paix, la guerre n'y doyue plus reuenir, s'abusent fort. Car s'ils regardent à ce qui s'est passé depuis l'an mil quatre cens nonante & quatre, ils verront qu'elle n'a gueres demeuré en repos depuis. En somme, les bien auisez marcheront (s'ils m'en croyent) en ces desseins volontaires, auec le pied de plomb, & mesmemēt les Nobles, se souuenans, que d'aller imprudemment ietter leurs vies en des auantures plus perilleuses que necessaires (ce qu'ils ne doyuent faire que pour bonnes occasions) c'est vn argument de la legereté Françoise, vn engendrement de larmes aux parens, & affoiblissement

ment des nerfs de l'Estat. Mais quand les entreprises sont apuyees sur iustice, & que les legitimes commandemens des Rois, ou des Republiques, entreuienent, qui à cause des alliances enuoyent gens à leurs alliez, ou pour autre occasion necessaire, secourent les oppressez: alors ne faut-il regarder ni aux perils, ni aux incommoditez. Car en faisant ce qu'ō doit, soit qu'on souffre ou qu'on perisse, tousiours la peine & la perte est bien employee.

Examen de la regle de certains politiques, qui tienent qu'vn grand Royaume doit auoir tousiours guerre contre quelque estranger.

Ie veux à ceste heure discourir sur vne regle politique, qu'ō a acoustumé d'alleguer en semblables faits que ceux-ci, qui a esté & est encor aprouuee d'excellēs personnages: pour voir en quelle façon elle nous pourra maintenant conuenir. Elle est telle, à sçauoir, Qu'vn grand Estat, plein d'hommes belliqueux, doit tousiours auoir quelque guerre estrangere, pour les tenir occupez, de crainte que le repos y estant, ils ne vienent à tourner leurs armes les vns contre les autres. Ceux qui la maintienent, la fortifient de l'exemple de Scipion Nasica, qui conseilla aux Romains de l'ensuyure, concluāt que Carthage ne deuoit estre ruïnee, à fin qu'ils eussent tousiours vn ennemi à craindre, & contre qui s'employer: parce que si ceste crainte & occupation estoit ostee, il y auoit danger (disoit-il) qu'ils ne s'entrefissent eux-mesmes la guerre en leur propre païs. Ils adioustent que l'experience a monstré que quand les guerres estrāgeres ont esté assopies entre nous, les ciuiles ont commencé, qui nous ont quasi abatus. Dauantage qu'estant nostre nation insolente en paix, impatiente de demeurer long temps en la maison, & pleine de Noblesse desireuse de gloire, que par necessité il faut l'exercer par le moyen des armes, à fin que tant de fantaisies d'esprit se deschargent hors du Royaume & non dedans. Finalement que les mauuaises humeurs, qui sont restees de nos dissensions ciuiles (entendant par ces humeurs les hommes deprauez) ont besoin d'estre purgees, & qu'il les faut laisser sortir d'elles-mesmes, quand on les y void disposees, ou bien les y contraindre par art, à fin qu'elles n'egendrent vne nouuelle maladie. Ce qui s'est autrefois pratiqué apres les guerres des Anglois. Certainement ie n'oserois nier qu'on ne doyue beaucoup deferer aux bonnes obseruations antiques, dont on s'est biẽ trouué quand on s'en est aidé à propos. Mais i'ose dire aussi, que de les appliquer en tout temps à vn Estat, sans bien considerer sa disposition, que c'est se mesprendre. Et pour mieux conoistre commẽt lon doit aproprier ceci au nostre, voyons en quelle disposition il se trouue maintenãt. A la verité c'est si mal, que lui baillant pour remede vne loy si vigoureuse, c'est le debiliter encores dauantage. Chacun sçait qu'il y a plus de vingt & quatre ans que les troubles sont commencez, qui ont esté, non des guerres, ains des boucheries des Frãçois. Et si lon veut croire vn liure qui a esté imprimé, sous le nom de Fromenteau, lequel a mis en veuë les principales desolations de nostre païs, qui est-ce qui ne s'esbahira de si espouuantables ruïnes? Plus de la moitié de la Noblesse est perie. Quant aux soldats, il les faut conter par legions, le peuple diminué vniuersellement, les finãces sont espuisees, les dettes acreuës, la discipline militaire renuersee, la pieté languissante, les mœurs desbordees, la iustice corrompuë, les hommes diuisez, & tout en vente. Ne sont-ce pas là de belles preparations pour bastir de nouueaux desseins?

Estranges miseres de nos guerres ciuiles.

C'est

C'eſt comme ſi quelqu'vn prenoit au lieu de pierres des mottes de terre, & au lieu de chaux de la bouë des chemins, & dans vn pré mareſcageux vouloit edifier vn chaſteau. Ne pourroit-on pas à bõne raiſon dire à ceſtui-là qu'il repriſt ſon entẽdement, pour cõſiderer les defectuoſitez de la matiere, & qu'il euſt patience iuſques à ce qu'il euſt meilleure prouiſion? Auſſi en l'eſtat où nous ſommes, vouloir attacher de gayeté de cœur quelque groſſe guerre, premier que quatre ou cinq annees de tẽps nous ayent redõné vne nouuelle ieuneſſe, n'eſt-ce pas cõme rebailler vne ſaignee à vn qui a quaſi tout perdu ſon ſang? C'eſt auſſi cõme baſtir ſans regle, que de l'entreprendre ſans diſcipline. L'inconueniẽt n'en eſt pas moindre quãd on eſt deſpourueu d'argent. Car on feroit pluſtoſt aller vn vaiſſeau ſans rames & ſans voiles, que dõner cours à vne guerre ſans moyẽ. Et qui eſt-ce qui ſeroit ſi mal-auiſé de cõſeiller de la cõmencer, pour en receuoir vne mal-heureuſe iſſuë? qui eſt vne conſequẽce neceſſaire des defauts prealleguez. Ie m'aſſeure que Scipion Naſica, dont i'ay fait mention, n'entendit iamais qu'on deuſt volontairement l'entreprendre, pour en rapporter dommage & infamie, ne qu'elle fuſt profitable à vn païs demi-aterré de miſeres. Car il ne craignoit pas l'aduerſité des Romains, ains leur proſperité, qui ameine auecques ſoy l'orgueil & l'inſolence. Et faut noter, que quatre ans apres que Publius Cornelius Scipio euſt fait la paix auecques les Carthaginois, & vaincu Hannibal, le peuple Romain en deuint ſi fier, ſe voyant couronné de tant de victoires & trophees, qu'il ne pouuoit quaſi durer en ſa peau. Alors la diſcipline n'eſtoit en rien alteree. Le threſor public eſtoit grandement acreu, tant des riches despouilles de Carthage que d'Espagne, & les hommes ne manquoyent. Voila pourquoy le Senat jugea estre expedient d'attaquer Philippe de Macedoine: qui estoit vne pratique tres-prudente de la regle susdite. Mais quelle conformité y a-il de nostre estat present à celui d'alors des Romains? autant qu'entre vn homme riche, sain & bien reglé, & vn homme pauure, malade & desordonné. Guerissons donc nos maladies, auant qu'imiter ce que ceux-là ont fait en leur vigueur.

Si la France est bien fournie de gens de guerre.

PLVSIEVRS pensent que la France est fournie d'hommes, autāt que iamais. En quoy ils se trompent. Et ce qui (à mon auis) les deçoit, est que de ceux qu'ils voyent tracasser par ci & par la, la plus part font grand piaffe en paroles, en habits & contenances. Car qu'vn sauetier ait suyui les armes deux ans, il s'estimera digne de porter l'espee doree, (dont nos grands peres eussent fait quelque dificulté qu'ils n'eussent acquis cheualerie & en effect il la ceindra s'il la peut attraper à tort ou à droit: voire portera le bas de chausses de soye, que le bon Roy Henri secōd ne chaussa onques. Ses propos seront à l'equipolent: car vn homme est mort, si ce soudard courroucé l'a seulement regardé de trauers. Cela esblouit ceux qui se payent trop soudain de mines & d'apparences, lesquels parauenture en lui apliquant le prouerbe qui dit, Qu'vn homme en vaut cent, imaginent que nostre France regorge de guerriers. Mon opinion en ceci est, qu'il s'y en trouue encores bon nombre, tant entre la Noblesse qu'entre les inferieurs, laquelle estant bien conseruee, & y adioignant la jeunesse que le repos de six annees aura esleué, alors pourra on dire, sans mensonge, qu'elle regorgorgera d'hõmes, lesquels il ne faudra gueres piquer, pour les faire mouuoir. Il ne faut pas moins de temps pour redresser nostre militie, & remplir nos coffres, & singulierement pour rapriuoiser les vertus.

De la guerre hors du Royaume.

MAIS si vne bonne occasiõ (dira quelcun) se presentoit, la laisseroit-on escouler ? C'est à faire au maistre à en juger, & à l'auenture que la dame se trouueroit si belle, qu'on la regarderoit de bon œil. Si est-il bien malaisé que nous soyons agreables à aucune, que n'ayons repris nos anciens ornemens. Quant à la purgation sus mentionnee, propre pour ietter hors la lie que les guerres ciuiles ont laissee, ie me doute fort qu'elle seroit semblable à l'antimoine qui chasse bõnes & mauuaises humeurs tout ensemble, dequoy peut faire foy ce que nous auons fraischemẽt experimenté à nostre grand dommage. Nostre debilité appete plustost choses restauratiues que celles qui purgent auec violence. Car de penser que la France ne puisse estre bien pacifique que cinq ou six mille soldats mal conditionnez n'en soyent hors : ce n'est que guigner d'vn œil. Qu'on les esbransle, & on verra qu'il faut aller plus loin, & que ces petites clochettes sonnent difficilement que premier les grosses cloches n'ayent sonné. Il faut estimer que la plus part des François, voire ceux qui suyuent les hazards, sont las de tant de maux soufferts, comme les Romains le furent apres les carnages de Sylla & de Marius, & que le repos ne leur est desagreable pour la conoissance qu'ils ont qu'il leur est necessaire. Et quand ils en auroyent quelque temps iouy, ils ne seroyent apres que trop prompts à s'employer où lon voudroit. Mais encor que maintenant ils eussent dix entreprises en main, il n'est pas vray sẽblable qu'aucune puisse prosperer: iusques à ce que les imperfectiõs, tãt publiques que particulieres, qui võt enseuelissant nostre antique renom, soyẽt bãnies, le bõ ordre restabli, & la vertu hõnoree.

FIN.

DE TROIS FAUSSES OPINIONS, lesquelles font desuoyer plusieurs de la Noblesse.

La premiere.

Que le principal but où le gentil-homme doit viser est de se rendre vaillant.

La seconde.

Que le gentil-homme qui ne bouge de sa maison, n'allant point dehors cercher ses auantures, iouit de peu de contentement, & est de bas courage.

La troisieme.

Qu'encor que le Prince commande choses iniustes à son suiet, il les doit executer.

DIXIEME DISCOVRS.

Preface generale & conuenable à tout le discours.

LEs Medecins disent que les maladies qui sont enuieillies sont de difficile guerison. Ce que peuuent dire aussi à bon droit qu'eux les Politiques, des erreurs ausquels la longue acoustumance à fait prendre de fortes racines. Car ce qui est attaché à l'entendement a encor

encor (par maniere de parler) plus de ligatures que ce qui est attaché au corps: estant besoin d'employer des annees toutes entieres pour l'arracher. Et tout ainsi que les premiers se seruent de plusieurs simples pour temperer les alterations corporelles : aussi les seconds doyuent tirer des regles de sagesse leurs instructions, lesquelles sont profitables pour rendre plus nettes les mœurs de ceux qui en veulent vser. Or on appelleroit vn medecin outrecuidé, qui entreroit en la maison d'vn patient, sans auoir esté mandé. Mais en la curation des maladies spirituelles & mauuaises coustumes, celui qui en void son païs affligé, & qui en a compassion, peut (à mon auis) librement discourir & escrire, moyẽnant que ce qu'il met en auant soit poisé à la balance de discretion, & ait en soy quelque proprieté effectiue enuers le suiet, à quoy on le veut appliquer.

Examen de la premiere opinion.

Ie commenceray par la premiere opinion, laquelle n'a pas pris son origine de mauuaise source, ains de l'vniuerselle disposition de la Noblesse, qui de toute ancienneté a merueilleusẽment celebré les armes, cõme les dignes instrumens qui l'esleuent aux grands honneurs. Mais peu à peu elle a tant excedé, qu'en fin, sous la vertu de vaillance, elle a asserui & confondu les autres : comme si vne espece les comprenoit toutes en general. Ceste fausse opinion est paruenuë iusques à nostre temps, auquel on n'vsa iamais de la susdite vertu si mal qu'on fait. Car on cerche plustost d'obtenir vn peu de renom par elle seule, que d'en auoir beaucoup par plusieurs iointes ensemble. Ie ne cuide point que ce soit abus de faire conte de ce qui le merite, non plus que de priser vne belle perle qu'on auroit achetee : toutesfois si on estoit raui en ceste affection tellement qu'on vinst à desdaigner les autres pierres precieuses, ne seroit-ce pas signe d'vn jugemẽt peruerti? Le mesme est des vertus, la moindre desquelles est si necessaire, qu'on peut dire que le defaut apporte grãde incommodité. Si l'homme se pouuoit passer d'vne, comme il fait d'vn habillemẽt, parauenture que sa vie seroit moins laborieuse. Elle en seroit aussi moins belle & vtile, estant despouillee de ses plus beaux ornemens. Car comme vn jardin & vn pré, sont plus prisez, plus ils sont enrichis & parsemez de diuersité de fruits & de fleurs: pareillement le doit estre celui qui a dauantage de vertus, sans lesquelles sa vie est obscure. Si est-il bon que chacun considere sa vocation, à fin d'y aproprier celle qui lui est la plus conuenable, & de laquelle l'vsage lui doit estre plus familier: comme à l'homme politique la prudence, au Theologien l'humilité, au Iurisconsulte la justice, & au Soldat la hardiesse. Mais quant à l'homme Noble, à laquelle l'attacherons-nous? & principalement celui duquel les ancestres ont honnoré leurs siecles?

Les gẽtils-hõmes doyuent estre ornez de plusieurs vertus.

MON auis n'est pas de l'arrester à vne, ains de le rendre amoureux de plusieurs. Car telles amours sont licites, & iamais ces belles vierges n'entrent en ialousie. Les peintres ont accoustumé de peindre les Muses toutes en vne troupe, qui ne s'abandonnent point. Auec aussi bonne raison pourroyent-ils faire le mesme de ceste digne societé, en laquelle les associez se plaisent fort de demourer: d'où nous deuons tirer enseignement, que puis que si volontairemẽt elles se rengent ensemble, aussi nous leur deuons tousiours tenir nostre porte ouuerte, à fin que l'vne y estant entree, elle attire les autres apres. Ie sçay bien que

que la fortitude (qu'on dit estre prouësse ou vaillance) est vne excellente vertu, propre tant aux grāds qu'aux petis, & sans laquelle la vie des vns & des autres est molle & sans vigueur: mais si elle est destituee de justice, elle est nuisible aux bons. Si la temperance ne la modere, elle se tournera en fureur: & n'estant guidee par prudēce elle agira mal à propos. En quoy on void qu'il y a vne liaison entr'elles, & vne aide mutuelle qu'elles s'entrefont: qui ne se pourroit alterer qu'au preiudice de chacune en particulier. Les mariniers estiment qu'vne seule anchre n'est pas suffisante pour tenir ferme & arrester vn nauire. Autant en pourroit-on dire des Nobles, qu'il faut plus d'vne vertu pour donner fermeté à leur reputation. Ce qui est bien conu de ceux qui sont instituez en la doctrine morale, dont le nombre est bien petit, à cause que l'erreur, dequoy nous traitons, a rendu trop partiale la plus grande multitude. Cela se void aucunement aux titres que plusieurs se baillēt, s'appellans les bras de la patrie, les gardiēs des armes, & la terreur des ennemis: qui sont titres que ie ne reprouue pas. Toutesfois il me semble que se dire, Professeurs de vertu, comprendroit encores plus, & les honnoreroit dauantage.

Erreur de ceux qui estiment que la prouësse seule suffit à ceux qui font profession des armes.

C'EST chose certaine, que pour bien manier les armes, il conuient auoir beaucoup de hardiesse & de generosité. Aussi à ceux qui en ont esté pourueus en est reuenu beaucoup de loüange, & cela a fait que plusieurs ont tant admiré ceste profession. Mais en fin pour trop l'exalter, on est tombé en cest erreur, de faire peu de cas de l'exercice des autres vertus. Il est notoire, que du temps de nos grāds peres, quand vn gentil-homme s'adonnoit à l'estude de la langue Grecque & Latine, ses compagnons disoyent qu'il en faloit faire vn Clerc, & que l'espee ne lui estoit conuenable. Mesme ce prouerbe couroit, que l'homme de guerre ne deuoit sçauoir sinon escrire son nom, comme si les sciences eussent esté empeschemens qui l'eussent rendu moins valeureux. Ie cuide qu'ils auoyent opinion que quand quelqu'vn se monstroit sans peur, adroit aux armes, & prompt à se ressentir, que cela suffisoit pour lui acquerir richesse & grandeur : & ordinairement l'vn & l'autre se donoit à ceux qu'on remarquoit estre tels. Ie ne veux pas reietter ces choses qui ont ie ne sçay quel beau lustre. Si diray-ie pourtant, que n'estans bien accõpagnez (ainsi que i'ay dit par ci deuant) d'autres bonnes qualitez, elles ne sont tant loüables, qu'on penseroit. Mais encor que quelqu'vn n'abuseroit de ceste vertu de vaillance, si ne doit-il pas s'enseuelir dedans, veu que l'vsage des autres lui est encor plus necessaire. S'il combat en vn mois vne fois, c'est tout. Et toutesfois, s'il veut, il peut faire reluire tous les iours plusieurs autres perfections, au benefice d'autrui & à sa louange. Ce n'est pas peu, d'estre estimé soldat, mais c'est beaucoup plus quand la preud'hommie y est adiointe. Et en ceste sorte faut-il appuyer la profession particuliere sur la vocation generale, qui est de bien viure : à quoy tous sont obligez. Et quiconques oublie ceste regle vniuerselle, pour s'arrester du tout aux obseruations qui en dependent, il semble qu'il est plustost mené du profit, ou de la grandeur, où lon paruient en chacun art, que d'vne vraye affection à vertu.

Proüesse destituee des autres vertus ne merite le nom de vertu.

HANNIBAL de Carthage a esté l'vn des plus renommez Capitaines qui fut onc, cependant il estoit sans pieté, sans foy, cruel & trompeur : ce qui lui a fait acque-

acquerir le renom de tres-meschant homme. Combien plus de louange a merité Scipion l'Africain, qui a esté tres-homme de bien, & bon chef de guerre tout ensemble? Cestui-ci ne se glorifioit pas tant en la vaillance, qu'il mesprisast ce qui le rendoit non seulement vray citoyen: mais aussi bon pere de famille. Car ce ne sont point choses incompatibles, que d'estre juste enuers les amis, & redoutable enuers les ennemis, d'autant que ce qui engendre l'vn & l'autre, procede d'vne mesme source. Ie confesseray bien que la prouësse à l'homme de guerre est fort recommandable. Mais au gentil-homme bien né, son estude, exercice & plaisir, doit estre en toutes les vertus, & mesmement en celles qui sont preferables à l'autre: veu que la Noblesse est vne participation à tous ces biens-là. Ie croy que nul ne me contredira que la pieté, la verité, temperance & justice ne doyuent marcher deuãt la fortitude: encore que ceste-ci ne laisse d'aider aux autres. Car l'homme impie, menteur, dissolu, ou iniuste, quelque belle couuerture de prouësse qu'on lui puisse bailler, si est-il fuy & haï, comme estant beaucoup plus nuisible à ses amis, qu'vtile contre ses ennemis, encore qu'il se sçache bien aider des armes. Pour ceste raison faut-il que les Nobles s'instituent, premierement aux choses qui leur sont plus necessaires, & puis descendre par degrez en celles qui le sont moins. Et en ce faisant ils sortiront hors de cest erreur qui les arreste à vn simple prix, & leur en cache tant d'autres plus precieux qui ne leur apartienent pas moins.

Il sied bien à vn gentil-hõme de faire profession de plusieurs vertus.

Il ne seroit parauanture pas trop mal seant à vn pauure soldat, qui, n'ayant rien, s'est acquis par les armes merite & moyen de viure, de ne sortir hors des limites de prouëſſe, & la haut louër, cõme les artiſans font leur art. Mais le gentil-hõme à qui ceſte voye & plusieurs autres ſont encores ouuertes & pour s'exercer & pour s'agrandir, ſe rend cõme priſonnier, voire coulpable de vouloir marcher ſeulemẽt par vne: veu qu'il a obligation de cheminer par toutes. Et à ce propos ie me reſſouuiens d'vne reſponſe qui fut faite à la Cour à vn qui ne parloit iamais que de guerre, encor qu'il fuſt paix: Quand elle retournera, lui dit-on, vous ſerez mis en beſongne. Mais maintenãt, que les qualitez douces & ciuiles vous defaillẽt, ie vous cõſeille de vous enfermer dans vn coffre, à fin de vous conſeruer ſans rouilleure quãd voſtre temps ſera venu: ou bien, apprenez d'eſtre plus propre pour ceſtui-ci.

Contre ceux qui abuſent de leur force & vaillance.

L'ERREVR en ceci eſt aucunement ſuportable, pource qu'il n'eſt pas incorrigible, & peut-on eſperer que celui qui ne veut s'arreſter qu'à faire vne partie de ſon deuoir, eſtant mieux enſeigné pourra s'employer aux autres parties. Mais celui qui abuſe de la ſeule vertu qu'il a choiſie, eſt merueilleuſement deſuoyé. Et comme ainſi ſoit que les gentils-hommes portent à leur coſté les eſpees ceintes, premierement pour la defenſe du païs, ſecondement pour les employer ſous l'authorité des loix à garentir les foibles & innocens de l'oppreſſiõ des hommes orgueilleux, & pour conſeruer leurs propres perſonnes de tous outrages, tant s'en faut que la pratique s'en voye ſuyuant les ſuſdites regles, qu'au contraire pluſieurs, tant nobles qu'ignobles, s'en ſeruent, pour faire plus de violence entre les amis, que contre les ennemis. Voila vne belle hardieſſe, qui ne ſert qu'à ſe deſtruire ſoy-meſmes: & de vilains trophees qui ſont baſtis des deſpouilles des païſans,

ſans, & des armes & du ſang des voiſins & cõpagnons. Quelqu'vn dira que la fortitude eſt bien autre choſe, laquelle reluit principalement aux guerres. Ie l'accorde : mais non en ceux-ci qui la monſtrent imparfaite en tous lieux. Or elle conſiſte entre autres choſes, à vaincre pluſtoſt qu'à fuir, & à ſupporter franchement les labeurs. Quant au premier poinct, que void-on? Les pertes eſtre ordinaires, & les victoires rares. Quant au ſecond, il ne faut que deux iours de pluye, & vingt & quatre heures de diſette, pour mettre en murmure vn Regimen. Ainſi peu à peu pluſieurs ſe ſont eſloignez de ceſte belle vertu, encor qu'ils maintienent l'auoir embraſſee. Et ſi les Princes François, Seigneurs, Capitaines ſegnalez, & gẽtils-hommes, qui vſent bien d'icelle, ne s'efforcent de la remettre en ſa dignité premiere, & à en oſter les abus, ils ſe trouueront tant aux cours, qu'aux guerres, ſouuent abuſez. Et faudra que noſtre nation, qui s'eſt tant faite renommer par vraye vaillance, ſe voye ſerue de celles qui lui ont autrefois obeï. Ceci doit ſuffire, pour monſtrer que la Nobleſſe doit auoir pour but toutes les vertus, & non vne ſeule: & que celle qui doit eſtre l'appui de leurs armes, ils ne la doyuent peruertir.

En quoy conſiſte la vaillance.

I'EVSSE fait vne deſcriptiõ de ceſte vertu de fortitude (laquelle ne peut eſtre trop bien conuë de ceux qui l'exercent) n'euſt eſté qu'Ariſtote en ſes Ethiques en a amplement diſcouru, où ceux qui aiment la lecture auront recours, meſmement pour bien entendre la difference entre la vraye & celles qui ne le ſont qu'en aparence. I'en diray ſeulement ce petit mot en paſſant, c'eſt qu'il en met cinq eſpeces de fauſſe. Aſſauoir, celle qui eſt fondee ſur l'eſpoir de recompenſe:

De la vraye & fauſſe vaillance.

la ſeconde, ſur la crainte de punitiõ : la tierce, ſur l'experiẽce : la quatrieme ſur l'ire : & la cinquieme, ſur l'ignorance des perils. Mais la vraye eſt, quãd quelqu'vn au milieu des plus grands dangers & choſes terribles, voire de la mort, ſe mõſtre ferme & ſans peur : à quoy volõtairemẽt il s'expoſe pour vne fin juſte & hõneſte. Il y en a biẽ peu de ceux-ci : & toutesfois pour eſtre veritablemẽt poſſeſſeur de fortitude, il lui faut reſſẽbler.

Examen de la ſeconde opinion.

LA ſeconde opiniõ fauſſe n'eſt pas du tout ſi nuiſible que la premiere, ſi eſt-ce qu'elle tourmente beaucoup de gens, ſans propos, leur faiſant cercher des felicitez plus aparentes que vrayes, & mal juger de la condition de pluſieurs. Ie ne trouue pas eſtrãge, qu'on loüe la maniere de viure qu'on aura eſleuë, parce qu'elle plait : mais de condamner legerement celle des au-

Source d'icelle.

tres, il y a vn peu d'orgueil, & de l'inconſideration. Or l'occaſion qu'aucuns priſent tant de ſortir de la maiſon, vient de ce qu'ils cuident que la ciuilité s'aprend mieux ailleurs, & que la reputtaion & la richeſſe s'acquierent en hantant diuers lieux & perſonnes. Ie ne diſputeroy gueres contre leur opinion, ſi elle ne contenoit que ceci, meſmes ie conſeilleray touſiours que les ieunes gens aillent (comme i'ay dit en vn autre diſcours) où ce qui eſt honneſte s'aprend. Pareillement ceux qui ſont pauures, & qui ont l'eſprit gentil, eſtans capables de ſeruir au public, ou en particulier, peuuent auſſi pourſuyure leurs auantures par tout : & ceux qui les ont rencontrees, & qui ſont obligez par quelque lien de ſeruitude, d'office, ou d'art, à marcher pres ou loin, ne doyuent pas faillir de ſatisfaire à ces deuoirs. Mais ſans entrer plus auant en d'autres exceptions, ie diray que i'entens ici excuſer quelques gentils-hommes, qui estans ia en possession de maison, de famille & moyens, & qui auecques cela n'ignorent que c'est de vertu & sciẽce, sont neantmoins mesprisez (pource qu'ils se sont resolus de passer leur vie chez eux) par ceux qui font comme vn estat ordinaire de se trouuer sur les theatres publiques des Cours, des citez, des guerres, & des païs estranges. Ie diray vn mot en passant de ceux-ci. C'est, qu'il en y a qui tracassent en tous endroits, poussez par la seule curiosité : les autres y vont pour la fin qui a esté dite, qui est pour se mieux instituer. Quãt aux premiers, n'ayãs autre but qu'vn mol & vain plaisir exterieur, aussi ne raportent-ils que de la vanité, & vn contentement qui n'a nulle fermeté, pource qu'il n'est fondé que sur du vent. Ils sçauent seulement vn petit caqueter deuant les simples, de ce qu'ils reçoyuent pour merueilles, d'autant qu'ils n'en ont conoissance : & puis c'est tout. Aussi les laisseray-ie là, parce qu'en leurs voyages ils n'y portent autre affection sinon celle qu'on porteroit à voir iouër vn basteleur. C'est autre cas des seconds : car ils aprenent de bonnes choses, & par fois s'agrãdissent, de maniere que de leurs labeurs on void aparoistre de bons fruits. Mais tout ainsi que la vermolure s'engendre dans le bois, aussi il aduient à plusieurs, que plus ils se sont façonnez, plus leur arrogance croist : & de là s'ensuit vn mespris de leurs semblables, qui ne les imitent pas. La jeunesse, qui n'a point encor fait experience des diuersitez de vies, bronche aisément en ces jugemens temeraires, iusques à ce qu'elle soit redressée. Mais il y en a que l'aage ni la raison n'ont sçeu diuertir de telles imaginatiõs. En quoy ils monstrent auoir mal profité, de s'esloigner si fort

De ceux qui ne peuuent demeurer en leurs maisons.

de la modestie. Et cõme la vraye ſcience n'enfle point, ains rẽd la perſonne plus humble, auſſi la vertu la doit faire plus diſcrette.

Reproches des coureurs contre la vie champeſtre & arreſtee.

VOICI ce qu'ils dénigrent en la vie champeſtre & ordinaire. C'eſt, diſent-ils, qu'elle donne vn treſ-petit contentement, & arrache la vigueur du courage. Ils ſe perſuadẽt encor, que ceux qui ne ſont point eſmeus par la preſence des grands obiects, ni incitez par l'emulation de leurs ſemblables, force eſt qu'ils croupiſſent en actions qui ſe peuuent apeller ſeruiles. Et comme la plus part de ceux-ci ont eſté nourris en ces ſuperbes Cours, ils penſent que la grandeur & beauté de vertu n'aparoit ſinon lors qu'elle eſt bien diapree, & auec groſſe ſuite. Et quand ils l'aperçoyuent deſueſtuë des ornemens exterieurs, & en ſimplicité, ils lui donnent ſeulement vne petite œillade, cõme on fait communément à l'ami en extreme pauureté. Eux donc ſe repreſentans ceux qui ne bougent de leurs maiſons, eſtans comme cachez & ſans luſtre, voudroyent quaſi inferer de là, que les bonnes qualitez leur defaillent, eſtimans que s'ils les auoyẽt, qu'elles les pouſſeroyent en veuë publique, ainſi que les voiles font vn nauire en pleine mer. Or en leurs propos ils font pluſieurs fauſſes cõſequences. Car de dire, que la vertu eſt comme obſcure, qui n'a que le ſimple luſtre d'elle-meſme, & que celui qui en a ſuffiſamment, s'il ne va crier par tout, i'ay de la vertu à reuendre, c'eſt ſigne qu'il en a peu, & que le contentement depend d'eſtre conu & fauoriſé des grands & de la multitude : c'eſt eſtre eſblouï de l'aparẽce des choſes externes, leſquelles empeſchent qu'on ne peut bien aperceuoir la nature des interieures. Les Philoſophes tienent que le vray heur eſt

eſt quand on participe à vertu, & qu'elle ſe peut trouuer en toutes ſortes de perſonnes, & en tous lieux. Ce qui eſt ſi veritable, qu'on n'y peut contredire. Il faut donques diligemment regarder, deuant que meſpriſer vne façon de vie qui ſemble baſſe, s'il y en a point quelque portion qui y reluiſe. Et ſi ainſi eſt, qu'il y en ait, il ne la faut condamner à la volee.

EXAMINONS de plus pres ceſte maniere de viure champeſtre, pour mieux en juger. Et parauanture qu'on verra qu'elle produit de treſ-bõs & beaux fruits tant pour ſoy-meſme que pour autrui. Premierement celui qui l'a choiſie, peut en ces lieux vn peu eſcartez plus deuotement exercer les offices de religion, & auecques moins d'empeſchement ceux de charité, que parmi ces grandes ſocietez où les pompes & vanitez detienent en la plus part l'eſprit aſſerui, & le retirent des meditations qui ſont neceſſaires à tous. Quand la pieté (qui eſt le fondement de la vie) eſt bien entendue & pratiquee, il s'en enſuit beaucoup de contentement. En apres l'eſprit trouue plus de trãquillité eſdits lieux, qu'aux Cours & citez, où il eſt agité de fortes pertubations : comme d'ambition, amours violentes, vengeance, indignation, rapacité & enuie. Car on ne rencontre pas communément en la vie des champs les obiects qui excitent ces fureurs interieures. Quant à la delectation, elle y eſt grande auſſi, n'y ayant riẽ qui engarde qu'aux choſes plus petites on n'y trouue bon gouſt : deſquelles tant s'en faut qu'on taſte ſeulement lors qu'on eſt enuelopé dans ceſte grand tourbe ciuile, que meſmes on ne les aperçoit pas. Encores que Dauid fuſt vn grand Roy, ſi n'a-il pas laiſſé de prendre plaiſir quelquesfois en ces petis ornemens chãpeſtres,

Commoditez de la vie champeſtre.

qui sont bien descrits au Psalme 65. où il est dit:

Adonc void-on pas les campagnes
Mille troupeaux diuers,
Et les entre-deux des montagnes
De grands blez tous couuers:
Et semble tout ce bien champestre
Resiouïr de ses chants,
Au prix qu'on le void aparoistre,
Et montagnes & champs.

Venõs à la commodité. Certes elle s'y trouue en deux manieres. Car en premier lieu, les superfluitez sont comme inconues en la vie susdite, qui sont les sepulchres où tant de riches maisons ont esté enseuelies. Secondement, l'ordre & fin Oeconomique y est bien obserué : & encor que la regle ordinaire soit l'vsage de frugalité, neantmoins la liberalité ne laisse au milieu de cela d'y resplendir, & vne suffisance honneste ne s'en depart iamais, laquelle est tousiours voisine d'abondance. Le contraire se void où la prodigalité regne. Car ceux qui la suyuent, experimentẽt souuent ce que font les nauires en tourmente, qui sont par les vagues tantost esleuees aux nuës, & tantost abaissees iusques aux abysmes. Aussi eux, apres vne despense magnifique qu'ils aurõt faite en huit iours, ils demouront demi an persecutez de toutes especes de disette. Quant à l'vtilité que les autres reçoyuent par la presence & frequentation de celui de qui ie parle, elle est aussi à considerer. Car à commencer par sa famille, on ne doit point douter (suyuant le prouerbe qui dit, Tel maistre, tel valet) que s'il y a beaucoup de vertus en lui qu'il n'en departe à tous les siens, & principalement à sa femme, & à ses enfans, faisant voir l'image d'vn Royaume bien ordonné en vne maison particuliere. Ses suiets apres venans à experimenter son affabileté & bien-vueillance, quel aise en reçoyuent-ils? Et regardant plus outre au cours de sa vie, quel exemplaire leur est-ce pour se rendre meilleurs? Finalement les voisins & parens d'vn tel personnage peuuent noter entre leurs grandes vtilitez ceste-ci, d'auoir vne assez ordinaire conuersation auecques lui, en laquelle ils sauourent plusieurs beaux fruits de doctrine & d'amitié. Et qui voudra voir plus au long les loüanges de la vie champestre, lise les liures qui en sont faits expres. Il me suffit d'en auoir dit vn petit mot, tant pour n'en degouster ceux qui en vsent bien, que pour monstrer aux autres qui la desdaignent, qu'elle n'est destituee de preud'hommie & de ioye.

Si la vie châpestre amollit la proüesse.

VOYONS si elle amollit la hardiesse, comme aucuns lui imputent. I'estime que non en ceux en qui l'amour de vertu n'est esteinte. Car en quelque lieu qu'ils soyent, tousiours ils se souuienent qu'vn gentilhomme doit auoir le cœur viril. D'autre part, les exercices des cheuaux, courre la bague, la chasse, & l'harquebuze, sont images & instrumens de la guerre, qui resueillent les courages & les entretienent en vigueur. Mais la communication auec ses semblables y aide aussi grandement: parce que les propos des vns & des autres ne tendent qu'à mespriser les actions lasches & à exalter les genereuses: & de cela se fait vn contrepoids contre celle delicatesse, qui s'engẽdre peu à peu es personnes qui meinent vne vie esloignee des dangers. Ie sçay bien que la Noblesse, qui reside bõne partie de l'annee es garnisons des frontieres, est (par le continuel exercice des discours de guerre) plus incitee à l'amour de prouësse que ceux qui demeurent au logis. Mais tous n'y peuuent estre : & ceux qui en sont priuez, ne laissent pas, en regardāt la reputatiō des autres, de faire quelque petite prouision interieuremēt de ce qui est cause de l'acquerir. Dauātage il ne s'ensuit pas, pour ne sçauoir si biē l'art militaire que les autres, que pourtāt lon soit despourueu de hardiesse. Car celui qui en a de bōnes semēces en soy, auec peu d'acoustumance il la fait bien fructifier. Combien de braues Capitaines auons-nous veu du temps de nos peres, qui ne bougeoyent de leurs maisons la guerre acheuee? Apres quand il falloit y retourner ils n'estoyent inferieurs à nuls autres? Ie diray que tout ainsi que l'exercice militaire ne rend pas valeureux tous ceux qui le pratiquent, aussi la demeure de la maison n'acoüardit pas tellement ceux qui la suyuent, qu'vne bonne partie ne soit tousiours en bonne disposition de bien faire quand l'honneur le commande. Quant aux autres qui s'enseuelissent par vne perpetuelle demeure en leurs maisons, à ceste seule fin d'y croupir en mols plaisirs & paresse, ou pour auoir meilleur moyen d'y pratiquer la violēce, ou l'auarice, ie n'en diray autre chose, sinon que ie voudroy qu'il y eust parmi la Noblesse des Censeurs establis, comme il y auoit en la Republique Romaine : à fin que par hontes publiques ils fussent corrigez de leurs fautes, tant secrettes que manifestes. Car c'est vergongne que le beau titre de Noblesse serue de couuerture aux actes indignes. Il viendroit maintenant à propos d'examiner si la felicité de ceux qui courent la cercher ainsi par tout, & qui cuident en auoir plus que les autres, est si grande comme ils

ils la celebrent. Mais ie ne m'y arresteray, pour discourir de la troisieme fausse opinion.

Censure de la troisieme opinion.

BEAVCOVP y en a qui la reprouuent, d'autres aussi qui la mettent en pratique, estimans qu'elle n'est sans bon fondement, ou bien, pource qu'en la pratiquant ils profitent & s'accroissent. Mais en quelque façon qu'ils le vueillent prendre, si ne sont-ils pourtant excusables. Car il faut que nos opinions s'accordẽt à ce qui est juste, & nos commoditez s'acquierent sans iniustice, ce qui doit estre sçeu de ceux mesmement qui font estat de surpasser le vulgaire en dignité & prudence : à fin qu'à leur exemple ils se cõforment pour faire ce qui est du deuoir de tous. Et tout ainsi qu'il est facile de la liberalité (qui nous monstre la maniere de donner biẽn à propos) de tomber en la prodigalité qui nous aprend à faire le contraire: aussi, si lon n'y prend garde de pres, de la vraye obeïssance nous glissons aisément en la fausse, laquelle en contr'eschange d'vne chose deuë nous en fait faire vne indeuë. Ceste question a esté traitee amplement par plusieurs doctes personnages, les auis desquels ne doyuẽt estre ignorez : à fin qu'on soit tousiours plus resolu en soy-mesmes de ce qui est de si grand poids. I'en diray seulement vn petit mot selon ma capacité, ensuyuant leurs traces, & principalement les instructions tirees des paroles diuines. Elles nous enseignẽt que les grãds, qui dominent sur les peuples, sont establis de Dieu pour les regir & gouuerner en pieté & justice. Lesquels il veut aussi qu'on ait en singulier honneur, & qu'on leur porte obeïssance. C'est pourquoy S. Paul dit, Toute personne soit suiette aux puissances superieures : car il n'y a point de puissance, sinon de par Rom.ch.13.

Dieu, & les puissances qui sont, sont ordonnees de Dieu. Ce seul passage suffit pour instruire les vns & les autres en leur deuoir. Car les superieurs y sont admõnestez de se souuenir tellement de la dignité sacree dont ils sont reuestus, qu'ils n'en abusent pas, & ne la profanent par cruauté, auarice & volupté. Et les inferieurs y sont aussi aduertis de ployer le col sous telles authoritez, comme sous le joug de Dieu, non seulement auec patience, ains auec allegresse. Car, comme dit S. Paul au mesme chapitre, ceux qui resistent à la puissance, resistent à l'ordonnance de Dieu. A quoy il adiouste apres, que le Prince a le glaiue en main pour le bien des suiets, soit à leur defense ou correction. Lesquelles raisons doyuent faire trouuer l'obeïssance douce: par ce qu'en la rendant, on complait à Dieu, & reçoit-on vtilité. Si les Princes consideroyent bien les beaux titres & belles prerogatiues que Dieu leur donne, ils en deuiendroyent meilleurs, & leurs commandemens en seroyent plus justes. Car par la bouche de son Prophete Dauid, il parle ainsi : I'ay dit, vous estes dieux, & tous fils du Souuerain. Cela signifie, que comme en eux reluit l'image de Iesus Christ, qui a son empire au ciel & en la terre, qu'aussi le doyuent-ils imiter à bien faire, plustost qu'à nuire & ruiner. Mais pource que la plus part negligent ou mesprisent ces tres-dignes enseignemens, ils vienent à degenerer, en sorte que de tous temps ç'a esté beaucoup d'heur à vn estat, quand le quart de ceux qui ont esté assis sur le throsne Royal ont esté vertueux. Les passages que i'ay alleguez doyuent aussi retenir les peuples, non seulement de remuer choses iniustes, mais aussi non necessaires, au mespris de ceux que Dieu a tant

Psalm. 82.

exal-

exaltez: & quand vn bon & doux Prince regne, si ses suiets l'irritent par desobeïssance, ils se rendent coulpables deuant Dieu & deuant les hommes. Quant à ceci, ie croy que peu y contredisent.

MAIS la dispute est, à sçauoir si vn ne faisant pas grand conte des Loix, ni de la justice, commande ce qui est inique, si on lui doit obtemperer. A cela ie diray, que si ceste iniquité consiste en surcharges sur les biens des suiets (ce que plusieurs souuent experimentent) & en accroissemens de labeurs imposez sur les personnes (comme fit Pharao sur le peuple Hebrieu) en tel cas on ne peut mieux faire que s'humilier deuāt Dieu, & lui demander pardon & deliurance d'vne si violente oppression. Car encor qu'elle procede de la malice & cruauté de celui qui en est auteur, si est-ce qu'on y doit aussi remarquer l'ordonnance de Dieu, qui se sert de ce fleau pour dompter les imperfections de ceux qu'il veut corriger. Commēt (dira quelqu'vn) quel honneur merite celui qui d'vne juste principauté est décheu en tyrannie? lequel au lieu de tondre les brebis, les escorche & deuore? Et puis qu'il peruertit si vilainement l'ordre public, n'est-il pas indigne que les hommes le reuerent? Dieu dit en sa parole, combien que ceste deprauation lui desplaise grandement, (laquelle prouient des fureurs & cupiditez humaines eschauffees par la malice des diables) neantmoins qu'elle n'abolit point la suiettion qu'on doit aux superioritez & aux Polices, esquelles les traces de son decret doyuēt tousiours estre reconuës. Autrement S. Paul auroit dit en vain, & les puissances qui sont, sont ordōnees de Dieu. S. Pierre auroit aussi sans raison cōmandé d'honnorer les Rois. Et si on dit que ceci se

Question principale examinee.

doit rapporter aux bons, ie respondray qu'eux n'ignoroyẽt pas quels auoyẽt esté Tibere & Caligula, & quel estoit Neron, tous lesquels on pouuoit nõmer Tyrans execrables plustost que vrais Princes. Si dõques parmi ces horribles confusions politiques, ils ont cõmandé qu'on regardast plus haut, & qu'õ s'humiliast, cela doit admõnester les peuples, qui souffrent des violẽces par l'orgueil ou auarice des superieurs, de penser vne & deux fois auant que regimber contre l'esguillon. Car il est certain que Dieu a ordonné les mauuais Princes
Osee, ch.13. aussi bien que les bons : comme dit le Prophete Osee, Ie te donneray vn Roy en ma fureur, & l'osteray en
Esaie, ch.13. mon indignation. Esaie dit aussi, Ie leur donneray des enfans pour Princes, & les effeminez domineront sur
Iob, ch.34. eux. Iob pareillement, Il fait regner l'homme hypocrite à cause des pechez du peuple. Si ces belles regles estoyent bien considerees, plusieurs ne seroyent si hastifs à se despiter contre la verge, comme ils font : & quand elle frappe, la premiere chose par où lon doit commencer, est de recourir à Dieu (comme desia il a esté dit) pour l'appaiser : puis descendre en soy-mesme, & s'amender. En troisieme lieu, cercher des remedes legitimes pour se garentir du mal, & s'ils defaillent attendre en patience. Car quand on s'est bien acquité en ce qui doit preceder, il faut auoir bonne esperance du succes. Si moderation & prudence ont besoin d'estre gardees en aucun affaire, c'est en cestui-ci. Les preceptes des philosophes, & les coustumes antiques des Romains & des Grecs (qui ont esté les plus ciuiles & sages nations de toutes) concedoyent bien plus de ressentiment aux peuples oppressez que la religion Chrestienne ne fait. Car ils auoyent la tyrannie

en si

en si grand' haine & horreur, qu'ils ne la pouuoyent souffrir. Et combien qu'elle ne laisse pas auiourd'hui d'estre tres-odieuse, toutesfois les Chrestiens doyuent auoir dauantage de patience que les autres n'ont eu, dautant que celui qui la recommande si fort, promet quand & quand de pouruoir en temps opportun à leurs miseres : par où lon peut voir combien la doctrine Euangelique est vigoureuse & puissante, pour imprimer aux esprits des hommes la loy d'obeïssance & reuerence enuers les superioritez. Et si quelques Princes conoissoyent bien ceci, ils ne seroyent parauanture si prompts à suyure les conseils de plusieurs gens d'Eglise, qui leur font poursuyure à toute outrãce ceux qui en font profession. Ils sont justement chastiez (disent tels solliciteurs) car ce sont heretiques. Certainement, Messieurs, vostre dire n'est pas receuable. C'est la vieille chanson qui est hors d'vsage, à present que les Escritures ont descouuert le pot aux roses, c'est à dire, vos abus, de la plus part desquels aucuns des vostres mesmes se mocquent, & n'y croyent pas. Ne les forcez donc point de les reuerer, ou bien ils vous feront la respõse des Apostres, Qu'il vaut mieux obeïr à Dieu qu'aux hommes. Ils meritent (repliquez-vous) qu'on les extermine auec les armes, puis qu'ils prenent les armes. Ceux qui sont à leur aise se courroucent aisément, & se soucient peu ou point de la misere des affligez. Auisez si vous n'estes pas tels. Si quelqu'vn vous auoit seulement picquez, vous lui diriez des iniures, & peut estre le frapperiez-vous. Et ne considerez pas que ceux de la Religion de Frãce ont souffert doucement l'espace de quarante ans, & ceux de Flandres quarante & cinq, toutes sortes de gehennes

Contre la violence de certains Ecclesiastiques.

Act. 5.

ſpirituelles & tourmens corporels, pour fauſſes imputations. Et puis vous ne voulez pas encores qu'ils cerchent quelques remedes pour s'exempter de ſi inſupportables & cruelles miſeres?

Du deuoir. MAIS quand i'y penſe, ie ſuis ſorti hors de mon propos, pour parler des fureurs dont on vſe contre les conſciences. I'en diray tantoſt dauantage: & maintenant ie reprẽdray mes premieres erres, pour reconfirmer ce que i'ay dit que les charges corporelles doyuẽt eſtre ſuportees, encores qu'elles ſoyent grieues: car, ainſi que recite Samuel, les Rois ſeront quelquesfois treſ-prompts à les impoſer ſur leurs peuples, & encores qu'ils crient vers eux, dit-il, neantmoins Dieu ne les exaucera point. Ce qui les doit admonneſter de ſouffrir tant qu'il lui plaira leur cacher ſa main fauorable. Tout ce que i'ay allegué pour exalter les grands & leur dignité, n'eſt pas pour les faire enfler, à fin que par vne licence deſmeſuree ils outrepaſſent les bornes de juſtice. Car quand ils le veulent faire, Dieu les ſçait chaſtier comme il fit Roboam & Saul, & adreſſer des remedes legitimes à ceux qui ſont en oppreſſion pour les en deliurer. Et croy qu'il n'y a eſtat où les loix d'icelui ne permettent aux deſſuſdits de repouſſer les oppreſſeurs, quand leurs violences ſont trop grieues ou trop continuees.

1. Samuel. c. 8.

De ceux qui font ce qu'on leur commãde. Or en ces regnes corrompus beaucoup de gens y a qui ne ſe font gueres preſſer de commettre choſes mauuaiſes, eſtimans que l'obeiſſance qui eſt deuë aux Princes couure tout le defaut qui ſe pourroit trouuer en leurs actions. Et meſmement aucuns, qui ont des charges publiques, penſent auoir double obligation de ne refuſer rien de ce qui leur eſt commandé: pource ce qu'ils sont non seulement suiets, ains officiers. Lesquelles presupositions sont occasion que le mal que peu ont conçeu, estãt embrassé de plusieurs, a vn cours plus long & plus grand. Ils maintienent que quãnd les grands commãdent, on doit fermer les yeux, & obeïr: car encores que la chose fust iniuste, que l'executeur est excusé, & le commandeur responsable. Mais ces bõs valets-la ne sont pas encor trop mal habiles de se couurir d'vn sac mouïllé de bonne heure, & de laisser toute la coulpe à leurs maistres. Quelques autres y a aussi (en ce miserable siecle, où les meschancetez font leur derniere preuue) qui vont encor plus viste: disans que tout ce que le Prince veut, il lui est loisible. Ces seconds ici sont indignes de hanter les bons, ou d'estre leurs domestiques, pource que par leurs excessiues flateries ils vont corrompant leurs ames. Ils meriteroyent d'auoir de tels maistres que le Pape Alexandre sixieme, & Cæsar Borgia son bastard, lesquels en cruauté, dissolution & infidelité ont esgalé les anciens tyrans de Sicile, à fin qu'ils les traittassent ainsi qu'ils firent aucuns de leurs satellites. Car vn ayant executé toutes sortes de cruautez en la Romagne, sous l'ombre de iustice & par leur commandement, ils lui firent apres trencher la teste. Et quiconques auoit trop desrobé, ou qui auoit rencontré quelque belle femme, sous l'appui de leur faueur, estoit souuent contraint de leur en faire part. En quoy ils receuoyẽt ce qui leur estoit deu: car les ayans instruits ou confirmez en ceste fausse maxime de puissance desbordee plustost qu'absoluë, ils deuoyent en esprouuer le fruit: comme Phalaris fit sentir le mesme à Perillus, qui auoit inuenté le taureau de cuyure, pour lui complaire. Si on consideroit bien que l'office des bons Rois est de faire & commander choses justes, de là on apprendroit que le deuoir des bons suiets & seruiteurs est de dresser leur obeïssance selon ceste vraye regle. Car Dieu qui donne loy à tous, veut qu'on face le bien & qu'on fuye le mal. Comment donc se pourra excuser quelqu'vn en commettant des actes illicites, sous l'ombre qu'on les lui aura commandez, veu que Dieu les reprouue? Les throsnes en sont souillez, & l'executeur en est couuert d'infamie.

Explication plus expresse du discours precedent.

IE cuide que nul n'oseroit soustenir (si ce n'est l'esclaue de quelque tyran) que si vn Prince commandoit à vn sien suiet de tuer son pere, ou de lui prostituer sa femme, ou de blaspheme Dieu, qu'il ne lui deust denier obeïssance, & la raison est d'autant que les loix diuines & naturelles (ausquelles tous sont assuiettis) prohibent telles choses. Il s'ensuit donc que l'inferieur ne doit pas tousiours acõplir tout ce que sõ superieur lui ordonne. Mais cõme ces iniustices-ci & autres semblables, si apparemment mauuaises, ne sont gueres commandees, si ce n'est par quelques vns qui ont l'esprit & le cœur barbare, & que peu se trouuẽt qui n'ayent horreur de les commettre, à ceste occasion les rusez couurẽt le mal d'vn beau voile, comme lon fait le poison auec l'or, à fin qu'on ne differe point de passer outre: & c'est là où ceux qui ne veulent point contaminer leur preudhommie doyuent ouurir les yeux, pour n'estre deçeus sous couleur de bonne foy. Il y en a d'autres qui commandent par vne vehemente passion choses violentes, & les vns & les autres ne laissent de trouuer hõmes pour les executer. I'allegueray deux exemples à ce propos, l'vn d'vn meschant Empereur & l'au-

& l'autre d'vn bon, tous deux Chrestiens. Le premier est de l'Empereur Phocas, lequel fut celui qui ordonna que l'Euesque de Rome seroit nommé Chef de l'Eglise vniuerselle, car auparauant il n'estoit que Metropolitain. Ce meschant meurtrier ici par son ambition fit occire l'Empereur Maurice (duquel il estoit officier) auec sa femme & ses enfans, pour se mettre en sa place, sans que sa dignité sacree retinst ses mains. En ce fait, il y eut bõ accord entre le maistre & les valets, qui valoyent aussi peu les vns que les autres, & nul d'iceux ne dit que cest acte fust illegitime, ains tous y presterent obeissance volontaire. Dauid ne voulut pas faire ainsi, car encor que Saul le poursuiuist pour le tuer: si est-ce qu'estant lui-mesmes tombé en sa puissance, il dit, Ie n'estendray point mes mains sur mon Seigneur, car c'est l'oinct du Seigneur. Et qui est-ce qui eust peu cõmander à Dauid de tuer son ami innocent, veu qu'il ne vouloit pas seulement offenser son ennemi coulpable? Le second exemple est de Theodose, qui commanda par vne cholere precipitee, que ceux de Thessalonique, qui auoyent commis de tresgrandes insolẽces, fussent tous taillez en pieces, & pour cest effect y enuoya vne legion, qui en tua sept mille, c'est à dire, qui occit beaucoup plus d'innocens que de coulpables. Dequoy le bon Empereur eut apres extreme douleur, & en fit vne solennelle reconoissance. Sõ indignation fut trop desreglee, mais la cruauté de ses ministres ne le fut pas moins, qui eussent bien peu moderer la punition, laquelle correction de cõmandement eust apres plus agreé à leur maistre, que despleu, & leur conscience en eust esté plus satisfaite. 1. Sam. ch. 24.

IE ne veux pas inferer de là que le suiet doyue con- Comment l'inferieur doit cõsiderer le commandement du superieur.

troller le cõmandement de son Seigneur. Mais quand il apparoit y auoir grande iniustice en icelui, ne vaut-il pas mieux qu'il s'excuse acortement de l'acomplir, ou qu'il tasche d'adoucir le chastiement, plustost que s'aller souiller dans le sang, cõme feroit vn pourceau dans la fange. Le comportement de Pline second est à noter à ce propos, lequel par son humanité & prudence fit cesser vne persecution qu'on lui auoit commandé de faire en sa prouince contre les Chrestiens, encores que lui fust Payen. Par les susdits exemples ceux qui sont en suiettion doyuent estre aduertis de ne prostituer pas leur obeïssance à des commandemens manifestement iniques. Car c'est la rendre adultere, lui faisant produire des actions bastardes, au lieu de legitimes.

Que doit considerer l'vn & l'autre.

IE suis encor contraint de representer deux remarquables exemples de deux Payens, l'vn pour seruir de regle aux grands, & l'autre aux moindres. Le premier est de l'Empereur Trajan, qui fut appelé le tres-bon Prince. Vne fois en baillant l'espee à celui qui estoit comme en pareille charge que seroit le Connestable, il lui dit, Tandis que ie feray justice, employe ce glaiue à la manutention de mon authorité, & si ie deuien tyran desgaine-le contre moy. Combien y a-il eu depuis de Chrestiens portans des couronnes royales, qui au lieu de parler ainsi ont fait tout au contraire? entre lesquels aucuns se fussent parauanture amendez, si on leur eust souuent monstré ce beau patron. Le second, qui peut seruir aux particuliers, est du grand Iurisconsulte Papinian, auquel l'Empereur Bassian son maistre commanda de dresser vn escrit pour le iustifier du meurtre de Geta son frere. Mais il en fit refus, disant qu'il qu'il n'estoit pas si aise d'excuser vn parricide, que de le commettre. Et combien qu'il lui en cousta la vie, si a-il laissé à la posterité vn tesmoignage de son cœur magnanime, d'aimer plustost mourir que d'approuuer & defendre vne execrable meschanceté.

Imposture des flateurs courtisans.

Les flateurs qui sont ordinairement aupres des Rois (voire de ceux qui ont quelque bonté) taschent de leur persuader que les hommes, qui se veulent tant dedier à vertu, contredisent ordinairement & repugnent à leurs volontez & authorité absoluë, & auecques leurs beaux langages, pour le commēcement, ils les esblouïssent: mais ie cuide qu'à la fin aucuns vienēt à reconoistre qu'ils n'ont point de plus fideles seruiteurs que ceux, lesquels estimans la dignité royale estre sacree, ne veulēt souiller leurs ames ni leurs mains en seruant chose si digne. Et quant aux autres qui sont si prompts de s'employer à toutes sortes d'iniustices, ie m'esbahis pourquoy plusieurs Princes ont en eux si grande confiance. Deuroyent-ils pas considerer que puis que si legerement & souuent ils mesprisent Dieu, qu'estans remplis & gorgez ils viendront à ne faire pas grand conte de leurs maistres?

Ce discours est imparfait.

A SCAVOIR S'IL Y A MOYEN de redresser & regler les Arrierebans de France, de telle sorte qu'on puisse en tirer quelque seruice.

ONZIEME DISCOVRS.

Consideration necessaire à la France.

LES Puissans Royaumes, qui ont accoustumé de frapper quelquefois rudement leurs voisins, doyuent auoir ce poinct pour biẽ recommandé, de ne laisser tellement abastardir les forces qui ont aidé à les faire redouter, qu'il n'en demeure quelque partie en vigueur. Car quand ils vienent à s'empirer ou s'aneantir, alors eux se ressouuenans du passé, plus audacieusement attentent contre ceux qui les ont batus, & souuent leur font autant de peur & de mal qu'auparauant ils en auoyẽt reçeu. Ceci s'est veu de tout temps. Ce qui doit resueiller les Princes, & ceux qui gouuernent esdites Monarchies : à fin qu'ils pouruoyẽt qu'au moins vn des bras du corps ait tousiours quelque mouuement pour seruir au besoin. Certes ie ne sçay à quel autre Estat ie pourrois mieux aproprier ceci qu'à nostre France, laquelle estant à son aise, a fait cõme le cheual engraissé qui regimbe. Mais depuis, deuenuë foible (cõme on la void auiourd'hui) ne lui est-ce pas occasion suffisante d'auoir crainte de la vigilance & prompt promptitude de ceux, desquels toutesfois elle a encor bon moyen de se garantir, si elle veut faire ce qui conuient pour sa seureté?

Nos voisins ne dorment pas, & n'ont que trop de conoissance de nos desordres, & cependant il semble que nous mettions cela à nōchaloir, laissans courir les annees sans appliquer aucuns petis ni grands remedes. Et si nous ne nous resueillōs, nostre lascheté sera suyuie de repentance. Il ne faut pas que nous pensions que ceste grosse & redoutee gendarmerie, qui estoit du temps du Roy François (en laquelle consistoit la force principale du Royaume) soit encor en estre. Elle est bien changee depuis: comme aussi les gens de pied ne sont en la bonté qu'ils estoyent au regne du Roy Henri. Ce sont maintenant, par maniere de dire, comme vieux habits desrompus, & demi vsez par la longueur & violence des guerres ciuiles, qu'il est besoin de racommoder de quelques pieces neuues. Et ne faut encor laisser auec tout cela de se preualoir de toutes les autres forces qu'on pourra, à fin de cacher nostre nudité: c'est à dire, pour empescher qu'vn estranger ne vienne iusques dedans nos entrailles nous fourrager, comme il a fait, & menace de faire. Les forces de la France anciēnement estoyent fondees sur les propres suiets, desquels nos anciens Rois ont esté loyaument seruis. Mais depuis six vingts ans on a commencé à y mesler des estrangers: & tant qu'argent dure, on ne manque point d'en auoir: au contraire: s'il defaut, on peut estre asseuré d'estre sans valet. Le plus certain est, de biē mesnager ce qu'on a dans la patrie, pour en faire vn apui. Et puis esperer du dehors ce qu'on en pourra tirer. Et d'autant qu'il est impossible (pour plusieurs

Raison de ceci.

raiſons de reſtaurer la gēdarmerie & l'infanterie tout à coup, ſinon peu à peu (qui ſont les meilleures forces de l'Eſtat) on doit faire, en ceſte neceſſité, comme renaiſtre d'autres forces : à ſçauoir celles qui ont du tout eſté meſpriſees, lors que les autres eſtoyent en fleur. Car plus il y aura d'arcs-boutans & d'eſtançons pour ſouſtenir l'edifice qui panche, plus il ſera ferme.

Du reſtabliſſemēt des Arrierebans.

I'ENTENS par icelles les Arrierebans de Frāce, à quoy on pourroit auſſi adiouſter les Legionnaires: mais mon intention n'eſt d'en traiter en ce diſcours, où ie tends ſeulement de monſtrer que ces vieilles reliques de Nobleſſe qu'on laiſſe trainer en la poudre, ſi elles eſtoyent vn peu ragencees par bon ordre, aporteroyent du fruict, & à l'auanture plus qu'on ne penſe. Quand vn gentil-homme à deſpendu la pluſpart de ſon biē en ſomptuoſitez, & que la pauureté le viēt viſiter : au lieu des belles robes de velours qu'il portoit, il va cercher du gros drap pour ſe reueſtir : & s'y accouſtume ſi bien, que l'opiniō oſtee, il ſe ſert des derniers habits, ne plus ne moins que des premiers. De meſme pouuōs-nous faire de beaucoup de choſes qui ne ſont en prix: en les rendant par l'vſage en eſtime, & profitables. Cela eſt fort bon, dira quelqu'vn, de rendre vtile ce qui eſt inutile, quand il ſe peut faire. Mais quelle apparence y a-il d'en venir à bout es Arrierebās, dequoy on a tenu ſi peu de compte, depuis Charles ſeptieme, qu'on les a comme reiettez des guerres pour leur abaſtardiſſement? Ie reſpon qu'encor qu'ils ayent eſté fort meſpriſez pour leur defectuoſité: ſi eſtce qu'il ne faut condamner vne choſe, iuſques à ce qu'on ait eſprouué par tous moyēs ſi on s'en peut ſeruir ou non. Car i'eſtime qu'on n'a point mis les mains

à bon

bon escient à ceste-ci, pource qu'il n'y a eu grande occasion de ce faire. Mais à present, qu'on doit mettre tout bois en œuure (comme fait celui qui rebastit sa maison que le feu auoit demi consumee) ce seroit negligẽce qui ne s'efforceroit de cercher dans nos vieilles ruïnes quelque bons materiaux qui y sont encor, pour les aproprier à bons vsages.

Qu'on peut les remettre en vsage.

AVANT que le Roy Louys onzieme prist des estrangers à sa solde, les gens de pied, dequoy on se seruoit aux guerres, estoyent peu de cas : & les appelloit-on (ainsi que ie pense) Francs-archers, ou Frãctaupins, Depuis on a veu comme par l'exercitation ils se sont façonnez: de sorte que si on representoit vn des anciẽs Franctaupins equippé comme ils estoyent alors, en presence de ces vieux & braues Regimens de nostre Infanterie moderne, qui est celui d'eux, s'il n'auoit la mort entre les dents, qui se peust garder de rire? Et cependant les vns & les autres ont esté recueillis en mesme champ: la France les ayant tous produits. Maintenant si vous considerez aussi les Arrierebans, comme ordinairement ils sont, c'est pauure chose. Mais reglez les, & en vsez: vous les verrez apres venir en reputatiõ. Il y a vn vieil prouerbe François qui dit, En cent ans banniere, en cent ans ciuiere : qui a esté inuẽté pour signifier, chacune chose auoir son acroissement, & sa declinaison. Ainsi en est-il auenu des Arrierebans: car ayant esté par vn plus long temps en grande vigueur & dignité ? apres, quand la gẽdarmerie a esté instituee & entretenue, on s'est serui d'elle, & a-on laissé les autres du tout en arriere, leur estant seulemẽt le nom ancien demouré auecques vn tres-petit effect. Ie ne veux pas pourtant blasmer l'institution des hommes d'armes, qui a produit de si beaux fruits, & qui en peut encores produire. Plustost ie l'approuue : mais ie desire aussi voir vn bon ordre parmi tous ceux qui manient les armes. La difference qu'il y a entre les vns & les autres, n'est pas aux hommes. Car la mesme Noblesse qui au temps passé seruoit d'vne faço, sert à ceste heure d'vne autre. La diuersité est en la militie qui a esté changee.

Leur origine. Or pour mieux entendre ces changemens, & conoistre les obligations du seruice, il conuient prendre vn peu les choses de loin, & môter iusques à leur origine. Ceux qui ont escrit de l'estat des affaires de France, & specialemēt le Sieur du Haillan, disent que sous la premiere lignee de nos Rois, les fiefs furent instituez. Il entend par les fiefs certaine quantité de terre qu'ils donnerent lors (aux vns plus, aux autres moins) aux gentils-hommes, & soldats renommez, qui les auoyent seruis en leurs guerres, à la charge de redeuance de foy & hômage : & de les venir seruir certain temps de l'annee à leurs despens. Et à fin que ces Nobles & anoblis eussent moyen de se monter & entretenir, ils leur permirent de donner & debiter de leurs terres à des païsans à droits de rente & de censiue. Dauātage, les Rois leur otroyerent haute justice, moyenne & basse, sur leurs hommes & vassaux, estans les appellatiōs d'icelles justices reseruees à leur jurisdiction souueraine. Ainsi le haut justicier auoit sous lui des bas & moyens justiciers, qu'il appeloit ses hommes de guerre, (car ils estoyēt tenus de le suyure lors, comme leur Seigneur de fief) & les autres s'appeloyent roturiers. Ces terres ainsi donnees aux charges susdites, tel fief deuoit faire vn homme d'armes, tel vn archer, tel

Leur ordre.

vn tiers,

vn tiers, & vn autre vn quart: eſtans tenus de s'aſſembler au lieu ordonné, toutes les fois qu'il leur ſeroit commandé par les Ducs ou Comtes (qui n'eſtoyent alors que ſimples gouuerneurs de prouinces, & de villes) ou par les Baillifs & Seneſchaux, qui depuis leur ſuccederent. Ces aſſemblees s'appelloyent Ban, ou Heriban: qui ſelon aucuns ſignifie cri & arriere-cri. Lequel ordre ſemble auoir eſté confirmé du temps de Charlemagne, ſous la lignee duquel les fiefs & ſeigneuries (qui ſous la precedēte de nos premiers Rois, n'eſtoyent que benefices donnez à vie) furent par faueurs continuez de pere en fils: & deuindrent patrimoniaux & hereditaires. On peut par ceci conoiſtre, combien ſont beaux les priuileges concedez à la Nobleſſe. Mais auſſi faut conſiderer que ces obligations ſont bien eſtroittes. Car elle doit eſtre auec le bras armé, pour maintenir la juſtice dans le Royaume, & repouſſer les aſſauts & violences des eſtrangers hors du Royaume. Voila quelles ont eſté les anciennes forces de la France, auec leſquelles nos Rois par l'eſpace de ſept cens ans on fait choſes memorables, iuſques en l'an mille quatre cens cinquante & quatre, que la gendarmerie fut inſtituee.

La difference des membres dōt ils eſtoyēt compoſez.

Et qui voudra plus particulierement voir quel eſtoit l'ordre ancien, liſe Froiſſart, qui deſcrit la difference des Barons, banerets, hauts juſticiers: item de ceux qui pouuoyent porter banniere (qui eſtoyent enſeignes quarrees) & de ceux qui ne pouuoyent porter que Pennon. Plus les armes des Cheualiers, & leurs façons de combatre en gros & en petit, & les loyers & peines militaires. Et ie ne doute point qu'apres auoir veu cela, il ne juge que nous auiōs de braues anceſtres.

De l'alienation des fiefs.

Le Sieur du Haillan monstre aussi en ses discours de la France, comme les fiefs se sont alienez, ce qui sera bon de sçauoir. La premiere cause est venuë de la deuotion de nos peres. Car estans iournellement persuadez par les gens d'Eglise, que ceux qui donnoyent dauantage pour l'ornement & l'enrichissement d'icelle, estoyent les plus hauts en Paradis : ceux qui pouuoyent, fondoyent Abayes, Priorez, & faisoyent bastir Chapelles : le tout accompaigné de tres-bonnes rentes, pensans par là bien s'aquitter. Apres vindrent les imaginations du Purgatoire, où, pour vn peché mortel on leur disoit qu'il falloit estre sept ans bruslé par vn tres-violent feu : mais qu'on s'en tireroit hors par abondãces de Messes & prieres. Et alors, qui auoit cent sols de rẽte, en donnoit vingt pour faire chanter & prier, tant pour son ame, que pour celles de ses parens trespassez. Par ce moyen vint es mains des Ecclesiastiques la sixieme partie, & plus, des fiefs de la France. La seconde cause furent les voyages qui s'entreprirent pour la conqueste de la terre saincte, où celui qui auoit bon cœur ne vouloit mãquer, veu que nos Rois y alloyent eux-mesmes. Et d'autant qu'ils estoyent longs de trois ou quatre ans : les Nobles vendoyent partie de leurs fiefs, pour auoir argent pour s'entretenir. Et faisoyent outre cela des Testamens par lesquels ils donnoyent (auenant qu'ils mourussent) vne autre bonne partie d'iceux, pour faire prier Dieu pour eux. Et comme plusieurs moururent en ces perilleux & longs voyages, grand nombre de fiefs furent encor alienez à l'Eglise. La troisieme cause proceda des continuelles guerres des Anglois, à l'occasion desquelles beaucoup de gentils-hommes furent contraints de

vendre

vendre leurs fiefs aux ignobles, qui eurent permission du Roy de les pouuoir acheter : car auparauant ils ne pouuoyét s'en aproprier. toutes lesquelles alienations comprises ensemble ont arraché le tiers de tous les fiefs du corps de la Noblesse, estans tombez comme en mains mortes : à sçauoir de ceux qui ne peuuent satisfaire de leurs personnes aux anciennes charges. Depuis ce temps-là les gens de justice, les financiers, & quelques marchans, ont esté si bons mesnagers, qu'ils ont encores escorné vne bonne partie desdits fiefs. En sorte qu'on peut dire auec verité que les Nobles n'en possedent maintenant que la moitié. Les Rois cependant ne laissoyent de se seruir aucunement des Arrierebãs, mais fort peu de gentils-hõmes s'y trouuoyent, qui couroyent quasi tous où là solde, les honneurs, & recompenses militaires estoyent departies : & n'y demouroit que gens de petite experience. Aussi ne les employoit-on qu'à garder les prouinces esloignees des dangers de la guerre. Dauantage plusieurs exemptions furent donnees à toutes manieres de gens, tant grands que petis, des deuoirs à quoy les fiefs estoyent obligez, qui causa encor vn grand affoiblissement, tant d'hommes que de deniers. Les Rois, Frãçois premier & Henri second, voyant ces inconueniens ausquels ils vouloyent remedier, firent de belles ordonnances, pour tascher de restituer lesdits Arrierebans en quelque ordre : mais il n'en est prouenu grande vtilité, pource qu'elles ont esté mal obseruees. Voila sommairement comme les choses ont succedé.

Si c'est chose impossible de redresser les Arrierebans.

QVELQV'VN à ceste heure me pourra dire, que ie m'efforce en vain de donner conseil pour redresser ce que l'experiẽce de plusieurs annees à monstré estre ſi languiſſant & abatu, qu'il eſt impoſſible de le releuer. Ceſt argument certes a apparence. Neantmoins ie veux encor examiner le tout de plus pres. Et puis ſi la raiſon veut que ie me rende, i'acquieſceray. Serions-nous ſi lourdauts, ayant pratiqué ſi long temps auecques nos Florentins de France, qui par la ſubtilité de leur eſprit ont ſçeu tirer les quint'eſſences des matieres les plus inutiles, ſi nous n'auions retenu quelque precepte d'eux? Il a eſté dit qu'anciennement les Baillifs & Seneſchaux auoyent la charge d'aſſembler & conduire les Arrierebans. Auiourd'hui c'eſt encores leur office. Et aux lieux où il n'y en a de robbe courte, on eſlit des Capitaines, comme on fait en Bretaigne, pour recueillir les hommes, apres que les proclamations ſont faites ſelon les mandemens du Roy. Mais pource qu'il n'y a pas grand honneur en telles charges, elles ne ſont acceptees ordinairement que par gentils-hommes qui ne bougent du païs, & plus pour la commodité, que pour autre regard. Et combien qu'ils ſoyent honneſtes & metables : ſi eſt-ce que la pluſpart ſont ſans grande experience des armes, qui fait qu'ils ne prenent pas ſi pres garde à ceux qui vienent ſous eux. Et pour faire plaiſir à leurs voiſins & amis, ils reçoyuent indifferemment ce qui ſe preſente. Or il y a grande difference entre les troupes, quand elles comparoiſſent aux monſtres, qui ſe font aux villes principales, ou quand elles marchent pour aller où il eſt commandé. Car aux monſtres, on y void ſouuént des gentils-hommes en bon equipage, qui vont ſeulement pour exempter leur fief de ſaiſie, & pour dire qu'ils ſont apareillez à faire ſeruice. Mais quand leſdites troupes ſont deſtinees pour aller hors du païs: alors ne alors ne void-on en plus de la moitie d'icelles que de gros valets, ayans vn pied de barbe, qui en vn iour mangent demi mouton, lesquels marchent pour leurs maistres. Et puis dites que le Roy n'est pas bien serui. De maniere qu'en vne cõpagnie où il y deuroit auoir soixante cheuaux de seruice, il ne s'y en trouue pas dix passables. Et comment seroit-il possible qu'elles peussent faire quelque bõ effect, veu la diuersité des hommes, armez si indifferemment. Car on y trouuera des lanciers, des pistoliers, harquebusiers à cheual, simples, & autres armez de cuirasses. On y void encor des arbalestiers à pied, & des hacquebutiers à rouët, & autres armez de cotte de maille auec vne iaueline rouillee. Les vns se disent gensd'armes, les autres archers: mais peu sont soldats. Il n'y a si expert Capitaine, qui ne fust bien empesché à renger, pour combatre, toute ceste generation. Et ceux mesmes qui leur commandent, peuuent juger qu'il est mal-aisé de tirer seruice aucun de troupes si desordonnees. Du temps du Roy Henri, Monsieur de la Iaille fut creé Colonnel, & en vne expedition où il fut es frontieres de Picardie, le malheur lui vint si contraire, que ses gens s'enfuïrent (ainsi qu'on dit) sans combatre: laquelle desfaite rendit les Arrierebans si vilipendez, que par tout on s'en mocquoit. Depuis, le Sieur de Sanzay a esté pourueu de l'estat: auquel appartiendroit de poursuyure vn tel restablissement. Cependant ie ne laisseray de trasser grossierement ce poinct-ici, qui tend à ceste fin: laissant à lui & à plus entendus que ie ne suis, d'y adiouster les traits de perfection, & à me reprendre si i'ay erré en quelque chose.

ANCIENNEMENT les Arrierebãs n'estoyent

suruenues au fait dont est question.

tenus de seruir le Roy que six semaines, & seulement pour la defense du Royaume: & outre ledit temps on ne les pouuoit retenir qu'en les payant. Aussi alors les guerres estoyent courtes, & se terminoyent souuent par vne bataille. Mais par les ordonnances faites depuis, il semble qu'on ait alongé le terme iusques à trois mois: tant pour aller où sont les affaires, que pour y seiourner: en quoy il y a quelque raison pour l'estendue du Royaume. Ie poursuyuray à parler des abus, & mesmement d'vn qui se commet en la taxation de ce que doyuent contribuer les fiefs. En ce fait on void souuent qu'vne terre qui vaudra deux mille liures de rente, ne payera que quarante liures pour l'Arriereban, & autres moins. Et ne sçay d'où peuuent prouenir tels erreurs, sinon de ceux qui ont la charge des taxes, qui fraudent le public, pour des considerations particulieres. Auiourd'hui la pluspart de ceux qui doyuent le seruice, tant Nobles, qu'ignobles, s'en acquitent auec l'argent. Car celui qui deura faire deux ou trois hommes d'armes, composera à quelque petite somme: & ceux-là sont rares qui enuoyent gens capables pour le seruice. Vray est que quand vn petit fief ne doit qu'vn tiers ou vn quart d'vn hõme, il faut en tel cas receuoir argent. Ce qui ne se deuroit faire des hauts fiefs. Tous ces deniers (à ce que i'entẽs) sont apres mis es mains du Thresorier des Arrierebans, lequel les employe selon que le chef superieur, ou les inferieurs l'ordõnent: & si on y fait des fraudes, ie n'en sçay rien, m'en rapportant à ce qui en est. Nonobstant tant de defauts, si est-ce que quand ces troupes se leuẽt (quelque meslange qu'il y ait) on y void encores de bons restes de ce vieil naufrage, qui fait iuger, que si on les on les vouloit r'acommoder & nettoyer, qu'on en tireroit de l'vtilité. Ie me suis autrefois enquis quel nombre d'hommes pourroit fournir chacune prouince l'vne portant l'autre: on m'asseura que la Bretaigne, qui est des plus grandes, feroit aisément trois cens bons cheuaux. Et considerant apres à part moy les autres selon leur amplitude, ou petitesse, ie iugeois que toute la Frãce pourroit mettre aux champs, voulant conuertir ceste espece d'hommes en cauallerie, enuiron deux mille cinq cens cheuaux: qui n'est pas peu de force. Cest ancien ordre, est encores pratiqué à present en l'Empire du Turc. Car la pluspart de sa cauallerie est entretenuë des terres qu'on baille à chacun homme de cheual, sa vie durant: & cela s'apelle le Timar, qui est chose qui a quelque similitude auec nos fiefs, excepté le droit de justice. Et quand les Beglierbei (qui sont les gouuerneurs des prouinces) mãdent les hommes, chacun vient au seruice: estãt obligé de ce faire, sur peine d'estre priué du benefice qu'il a reçeu. Et sans la bonne obseruation de ceste regle, le Turc ne pourroit mettre en campagne si grand nombre de cauallerie qu'il fait: ni continuer les guerres si long temps. Ainsi appert que les Barbares ont mieux gardé leur constitution d'Estat que nous. On lit dedans Froissart, qu'à vne guerre qu'eut le Roy Charles sixieme contre les Flamens, qui estoyent fauorisez du Roy d'Angleterre, il entra en leur païs, ayant en son armee plus de vingt & deux mille lãces: nombre, qui rend tesmoignage de l'abondance de Noblesse, que lors il y auoit en France: & du bon ordre pour la rassembler, qui estoit par le Bã & Arriereban. Depuis que la gendarmerie a esté ordõnee, ie m'asseure qu'on n'a point veu dix mille lances ensemble, si ce ne fut au voyage de Valenciennes. I'ay allegué cest exemple, pour destourner du blasme des choses anciennes ceux qui ignorent en quelle force & vigueur elles ont esté autresfois.

Du moyen de de restablir les Arrierebās.

MAINTENANT il couiēt discourir du moyen de restaurer ces vieilles ruïnes, cōme on fait les maisons qui, par succession de temps, sont quasi tombees à terre : lesquelles venans entre les mains d'vn bon mesnager il en r'habille quelque petit coin, les rendant logeables. Autant en faut-il faire, s'il est possible, en ce fait ici. Cela seroit bien facile, si le maistre de la maison y auoit tant soit peu son affection tenduë. Car quand nos Rois veulent, & parlent : la disposition est grande à obeir. La premiere chose par où il faudroit (à mon auis) commencer, seroit de creer General de tous les Arrierebans de France, vn Prince, ou vn Mareschal de France. Et encores qu'il semble de prime face ridicule de cōmettre à si grands personnages charge estimee si indigne, tout cela n'est pourtant qu'opinion. Car ie monstreray qu'elle est honnorable, estant remise sus. On doit penser que la reputation du Chef auroit beaucoup de pouuoir en ce fait. Car au lieu qu'à present plusieurs gentils-hommes desdaignent de marcher sous les Estendards des Nobles: alors ils s'y rengeroyēt de bon cœur, voyant des Princes ou autres grands estre leurs guides & conducteurs. Et puis, eux soigneux de leur hōneur, trauailleroyent pour conuier les meilleurs hōmes d'entrer en la dance. Et ne faut douter que leurs sollicitations & leur exemple, ne gaignassent beaucoup : veu l'humeur du François, qui est prompt d'embrasser les choses où il void

void quelque aparence d'y receuoir loüange. Apres faudroit en chacun gouuernement, esquels plusieurs Bailliages sont compris, establir vn Chef qui commanderoit aux hommes qui en sortiroyent. Et ayant ia dit que de la Bretagne on tireroit trois cens bons cheuaux, qui equipolent à trois compagnies de gensd'armes : & des petis gouuernemens cent pour le moins : peut-on appeller cela vne petite charge? Aussi voudrois-ie que cestui-là fust tel, qu'on l'estimast la meriter. Il est certain qu'en chacune prouince il y en a de semblables qui ne sont pourueus, qui seroyent bien aises d'accepter telles charges, se voyans estre commandez par vn grand : & si prendroyent plaisir, en leur quartier, de rendre les troupes belles. De là s'ensuyuroit que les simples Capitaines des Bailliages se feroyent meilleurs, sçachans que leurs gens marcheroyent aux armees : & ne seroyent tousiours destinees pour garder le logis. Si donc les Chefs estoyent tels, necessairement la Noblesse se rengeroit sous eux, comme il a esté dit. Et quant à moy, ie ne mets point en dispute qu'elle ne face son deuoir estant bien menee. Il conuiendroit aussi garder vne estroite regle, pour ne receuoir ni admettre aux compagnies qui se forment aux Bailliages, que gens propres aux armes, reiettãt ceux qui en sont incapables, qu'on y enuoye. Car cest chose asseuree, qu'il demeure assez de pauures gentils-hommes dans le païs, & autres braues soldats, qui ont peu de moyen : lesquels seroyent tres-aises de s'enroller. Et quand il arriueroit que celui qui doit vn ou deux hommes d'armes, enuoyeroit au seruice en sa place, pour sa commodité, quelque puissant valet, il ne seroit reçeu : ains mettroit-on au lieu aucuns des susnommez. Car si ie ne m'abuse, les ordonnances du Roy Henri le portent : mesmes elles n'exemptent pas les Seigneurs de fief du seruice personnel, sinon à cause de maladie ou de vieillesse. Que si on en voyoit quelques vns peu capables, & mal affectiõnez à la guerre, on les deuroit excuser de marcher : aussi bien ne seruiroyẽt-ils que d'embarassement. Ce fut ce que Scipion fit quand il passa par la Sicile. Car des armes de trois cens riches Siciliens, qui redoutoyent les trauaux militaires, il en arma trois cens ieunes hõmes Romains qui le seruirẽt tres-bien en Afrique. Ce n'est pas le tout que les hommes qu'on reçoit soyent, ou ayent apparẽce d'estre bons : mais doyuent aussi auoir equipage passable, comme le cheual, les armes, & les pistoles. Car ie ne voudrois qu'il y eust esdites compagnies autres que pistoliers : tãt pource que telles armes sont plus aisees à manier que la lance, que pour chasser la diuersité de celles qu'on y apporte auiourd'hui, ce qui engendre cõfusion. On pourra dire qu'il seroit difficile de les reduire à ceste forme, veu que plusieurs y a qui ne doyuent qu'vn archer, qui equipole à vn harquebusier à cheual, autres vn homme de pied, & autres vn tiers, ou vn quart d'vn homme d'armes. Le remede à cela seroit, de conuertir ces obligations en argẽt, duquel on soudoyeroit & equiperoit-on ceux de qui i'ay parlé. Et ceux qui deuroyent les hommes d'armes entiers les fourniroyent en nature. Mais il faut noter qu'outre la solde on doit aussi fournir l'equipage. Car on doit vn homme equippé & soudoyé ; & non pas vne simple solde seulement. On peut encor faire ceste difficulté, c'est qu'on ne pourroit trouuer nõbre suffisant de pauures gentils-hommes

Testam. Polit. du Card. de Richelieu, Part. 2. ch. 9. sect. 4. p. 92.

mes ou soldats signalez pour venir seruir au lieu des autres, pource que quãd vne guerre est ouuerte, chacun prend parti incontinẽt. Ceux qui font ceste obiection, n'ont pas biẽ regardé de pres à la multitude des hõmes dont la France est remplie. Car il en demeure assez tousiours au logis. Ce que i'ay moy-mesmes assez de fois remarqué: de sorte qu'il ne faut point auoir ceste crainte. Et puis si cest ordre estoit dressé & qu'il fust donné au pistolier trente escus pour s'armer, & trente pour les gages de trois mois, on verroit assez d'hõmes qui se viendroyent offrir, qui desia ont cheual, ou armes, ou tous les deux. Et mieux vaudroit en vne troupe n'y auoir que vingt & cinq bons hommes, que cent equipez comme il a esté dit, qui ne seruent ordinairement que d'effrayer les païsans & deuorer leurs victuailles. Voici comment ie voudrois qu'ils fussent accõmodez, à sçauoir de corcelets noirs assez legers, car les pesans accablent, auec les cuissots, demi brassals & la bourguignote, puis vne bonne & longue pistole, auec le cartouche plein de charges, & ne porteroyent nulles casaques, pource que le vray Reitre ne doit faire paroistre que fer & feu. Leur marcher seroit à la mode des Reitres, c'est à dire trois à trois, & combatroyent en esquadron, & qui en vse autremẽt s'abuse. En ceste façon faudroit-il que le Bailli ou Seneschal disposast ses gẽs pour les mener apres au Chef prouincial. C'est ordre seroit aussi gardé, que six vingts cheuaux, ou cent au moins pourroyent leuer enseigne, & former vne cõpagnie. Et s'il ne s'en trouuoit en vn Bailliage que vingt ou trente, il seroit besoin que trois ou quatre se ioignissent ensemble: apres, on s'accorderoit pour le lieutenãt & l'enseigne.

De l'vsage des arrierebãs biẽ reglez: & du moyen de les maintenir.

Les choses susdites estans mises à effect, les Arriebans ne seroyent plus gens inutiles: ains vne caualerie composee de beaucoup de Noblesse, & de bons Chefs qui ne manqueroyent à leur deuoir. Es armees on ne s'en pourroit seruir que de la moitié, de peur de desgarnir les autres prouinces: ce qui aprocheroit de douze cens cheuaux. Et me semble qu'vn Prince seroit fort desgousté, s'il desdaignoit de commander à cela, qui pourroit à vn besoin combatre aux flancs d'vn Roy en deux gros Esquadrons. Ce n'est pas encors le tout d'auoir proposé ce beau patron, & dressé des regles. Le fruit n'en seroit pas grand, si on ne pouruoyoit à deux poincts qui sont fort cõsiderables. L'vn est à faire vne plus equitable eualuatiõ de ce que doyuent contribuer les fiefs: l'autre à retrẽcher les exemptions non necessaires. Quant au premier, on y commet de grands abus. Car plusieurs s'espargnẽt, & chargent leurs voisins, ou en fauorisent d'autres. Il me souuient d'auoir ouï parler d'vn fief, ne valãt au plus que quatre cens liures de rente, qui apartenoit à vn vieil gentil-homme, qui en sa jeunesse auoit tres-bien serui en guerre, lequel fief fut taxé quatre vingts liures pour l'Arriereban. Et vne belle terre qui estoit là aupres, valant dixhuit cens liures de rente, qu'vn petit aduocat à quatre mains auoit acquise, ne fut taxee qu'à trente cinq. Voila la belle esgalité qu'on tient le plus souuent en tels affaires. Et pour obuier à toutes fraudes, faudroit eslire en chacun Bailliage, six personnages des trois Estats, gens d'honneur & de bien (pource que les fiefs sõt auiourd'hui repartis en iceux) qui assisteroyent quãd on procederoit aux taxes, pour les faire approcher de la raison. Et croy que quand on ne tirene tireroit desdits fiefs que la dixieme partie, que le Roy ne seroit mal serui: & le particulier n'auroit nulle occasion de se plaindre. Il seroit bon aussi qu'on eust quelque esgard aux personnes. Car de charger autant celui qui sert en quelque maniere au public, ou qui a de la vertu, ou qui s'est vsé en bien seruant, comme vn gros vsurier fiefué, à la porte duquel les pauures meurent de faim, ou vn petit plaideur continuel qui tourmente tous ses voisins: il n'y auroit propos. Ce qui seruiroit pour acoustumer les hõmes, qui se veulẽt reuestir des fiefs, de se desuestir aussi de leurs mauuaises mœurs, qui nuisent à autrui.

Response à ceux qui ne veulent point de reformatiõ.

IE sçay bien que sur ceste recerche plusieurs crieront, & parauenture de cœur sain: disans, Qu'est-ce qu'on veut alterer? Il y a cẽt ans que mon fief ne paye que tant (qui sera peut-estre la trente ou la quarantieme partie) & on me demande dauantage. telle violence ne se peut souffrir. Si ce complaignant est gentilhomme, ou il sera de ceux qui vont à la guerre, ou de ceux qui ne bougent de la maison. S'il est guerrier, c'est à tort qu'il se plaint, veu qu'il est exẽpt de payer allant au seruice. S'il ne va aux guerres, ou il sera vertueux, ou mal conditionné. S'il est sectateur de vertu, il considerera que s'il est deshonneste de desnier les obligations particulieres, qu'il l'est encores plus de desnier les publiques, & apres il est à presumer qu'il acquiescera à ce qui est de raison. Mais s'il est de ceux qui n'ont que le titre de Noblesse, laquelle il va souillant par actions pleines de vitupere, ie lui voudrois representer deuant les yeux la coustume pratiquee par nos anciens Gaulois du temps de Cæsar, qui estoit telle. C'est qu'apres que les mandemens estoyent faits pour faire assembler les Nobles, celui qui arriuoit apres le terme expiré, n'ayant esté retenu que par sa propre negligence, on le faisoit mourir deuant toute l'armee, pour admonnester les autres d'estre plus diligens. Car par là il pourroit comprendre que si alors on chastioit si seuerement la paresse de ceux qui vouloyent s'employer: que l'ingratitude de ceux qui ne veulent rien faire, ni aider, meriteroit grande punition. Quant aux ignobles qui possedent fiefs: ceux qui ont jugement, & equité en eux, & qui sont douëz de science, voire constituez en office, ne deuront point murmurer, quand on les sollicitera de bailler vn petit prix, pour estre exẽpts du seruice personnel, dõt ils sont inhabiles: ce (qu'à mon auis) ils ne refuseront. Mais ceux qui bruslans de se faire appeller Seigneurs, autant comme d'auarice, ne font qu'accumuler fief sur fief, & ne seruent au public, ni à la charité, & voudroyent trouuer excuse de satisfaire à ces deuoirs tres-antiques, dequoy ie fay doute que les Rois mesmes puissent excuser: il faudroit les charger au double, cõme vn asne qui a l'eschine forte, pour leur aprendre à estre plus volontaires. Ne deuroyent-ils pas penser que c'est à tort qu'ils iouïssent des prerogatiues & honneurs des fiefs, puis qu'ils sont incapables des actions militaires, qui doyuent accõpaigner ceux qui les possedent? Ceux qui ne cerchẽt que des eschapatoires diront encor, que le Roy prend le taillon sur le peuple, pour la solde de la gendarmerie, que cela denote que les terres nobles doyuẽt estre du tout deschargees. Certes ils acommodent bien la reigle de justice, la faisant ployer à leur profit: & la roidissant à la ruine d'autrui. I'estime que si on vouloit escorcher le

peuple

peuple, qu'ils y consentiroyent, moyennãt qu'ils eussent vn petit lopin de la peau. C'est de la pauureté d'icelui, dequoy on doit auoir commiseration: & non pas d'eux que l'abondance ne peut rassasier.

Des exẽptions.

Reste à dire vn mot des exemptions, qui sont trop communes en vn fait, comme cestui-ci, qui sert à la conseruation du Royaume. Le dommage en retourne au Roy, qui en est tousiours plus mal serui. Mais comme c'est lui qui est occasion de cest amoindrissement, par les liberalitez qu'on le contraint de faire, sans qu'on lui remonstre les consequences: aussi est-ce à lui à s'enquerir de ce qui se doit iustement ottroyer, & retrencher apres ce qui est non necessaire. Et faudroit que le Chef general prist soin d'en tirer de lui declaration, pour seruir de reglement es prouinces. I'estime que dans les ordonnances il est fait mention de ceux qui sont priuilegiez. Or comme ces obligations ne sont pas modernes, ains anciẽnes, & deuës pour la manutention de la couronne, & defense de la nation Françoise, il faut bien y regarder, auant qu'en dispenser. Les Romains, qui ne fouloyent gueres leurs suiets de tributs excessifs, si quelque perilleuse guerre leur venoit sur les bras, specialement contre les Gaulois, alors tout respect laissé leurs prestres mesmes, qu'ils estimoyẽt personnes sacrees, n'estoyent exemptez des charges communes, tant ils auoyent le salut du public en singuliere recommandation. Le mesme esgard deuons-nous auoir pour le nostre, & ne laisser point perir les aides qui tendẽt à ceste fin: desquelles toutesfois il ne se faut pas seruir pour nous entretuer, ains plustost pour repousser les grãds ennemis de cest Estat, qui n'espient que l'occasion de nous ruïner. C'est pourquoy nous deuõs faire de noſtre pauureté & neceſſité vertu : afin de n'eſtre circonuenus. Car ſi nous-nous laiſſons battre, nos voiſins diront que nous aurons le tort. Mais ſi nous-nous defendons bien (comme nous ferõs ayant r'acõmodé les forces du Royaume) lon craindra de nous venir attaquer.

FIN.

DE LA MULTIPLICAtion des querelles particulieres, & des abus qui s'y commettent, qui ont grand beſoin de reformation.

DOVZIEME DISCOVRS.

Source des querelles.

LA vraye ſource & origine, d'où procedent tant de contentions & debats qui ſont maintenãt plus frequens entre les Frãçois que iamais ne furent, c'eſt l'ire & l'orgueil, paſſions tres-vehemẽtes, qui les trãſportent, iuſques à leur faire rõpre les liẽs de cõcorde & d'amitié, qui les tenoyent conioints les vns auec les autres. Et encores que pluſieurs s'efforcẽt de les refrener, pour tout cela elles ne laiſſent d'auoir grãd' vigueur, à cauſe que la mauuaiſe couſtume va accroiſſant leur feu au lieu de l'eſteindre: en ſorte qu'à grand' peine ſe peut-on exempter d'eſtre iniurié. La Nobleſ-

ſe meſse mesme, qui s'est tousiours monstree tresprompte à faire de beaux actes, est auiourd'hui la premiere qui maintient ceste deprauation. C'est donc à elle que i'adresse mõ propos, pour essayer de la diuertir en quelque maniere de suyure les erreurs qui la troublent & qui tendent à la consumer.

Il y a beaucoup de personnes, qui ont du iugement, qui cuident que tant de questions & querelles qu'on void ordinairement auenir, sont maux necessaires qu'il est expedient de tolerer aucunement, pour en euiter d'autres qui seroyent beaucoup plus grands. Car ils imaginent que ceste ardeur, qui est fort naturelle à nostre nation, a besoin de s'escouler & s'esuaporer en choses petites, autrement qu'elle pourroit estre occasiõ de la faire tomber en des dissensions ciuiles. Mesmes ils disent que les proces seruent aussi à cest effect, par ce que ce sont occupatiõs pendant lesquelles l'abondance de colere se descharge. Vrayement ceste opinion tient vn peu du paradoxe, estant alleguee en vne saison qui ne semble pas lui fauoriser. Si on l'eust mise en auant és regnes de nos vieux Rois, encor y auroit-il plus d'apparence. Mais depuis que les guerres intestines sont suruenuës si terribles, il y a plus de raison de croire qu'elles ont engendré ces desordres particuliers, que d'estimer qu'ils ayent tousiours esté de la façon que nous les voyons, ni qu'on les ait reputez comme preseruatifs de plus grands maux. Ie sçay bien que les peuples belliqueux sont auec difficulté contenus, & qu'il a esté necessaire de les entretenir en quelques exercices pour moderer aucunement l'ardeur de leurs courages. Mais qu'on ait souffert qu'ils se soyẽt entr'offensez & attaquez par armes,

Obiection de ceux qui les estiment necessaires.

ſans les reprimer, il y en a bien peu d'exemples, ſinon entre les peuples Barbares. C'eſt aſſuiettir les Loix aux imperfections des hommes, qui ſont pluſtoſt faites pour les corriger. En Italie, où il y a de grands politiques, lon a permis demourer en toutes les villes des courtiſanes publiques, à fin que par telles libertez on euitaſt d'autres impudicitez plus enormes. Et cependant nul bien n'en eſt auenu, ains au contraire il ſemble que l'intemperãce s'en ſoit dauantage desbordee. Les vices qui ſont abominables deuant Dieu, cõme la paillardiſe & le meurtre, ne ſe doyuẽt iamais permettre ſous couleur d'euiter de plus grands incõueniens.

Des Duels. MAIS dira quelqu'vn, les Duels ne ſont-ils pas defendus en France ? Ouy ceux qui ſe font auecques Loix & ceremonies publiques (qui ſont pareillement interdits par le Pape es lieux où ſa Monarchie s'eſtẽd: qui eſt vne bonne ordonnance) neantmoins pour cela nous ne ſommes à repos. Car maintenant que tout reſpect eſt perdu, on aſſigne les combats ſans authorité, & ſe bat-on quand il en prend fantaiſie, tant contre ceux que lon hait, que contre les propres amis : comme ſi tout eſtoit de bõne guerre. Et ſi on vouloit bien conter tous ceux qui ſe tuẽt en chacune annee par ces diſcordes priuees, on trouueroit qu'il s'eſt donné des batailles, où il n'eſt point mort tant de Nobleſſe & de ſoldats. Ceux qui ne conſiderẽt que le temps preſent, ou qui ſont encores ſi ieunes qu'ils n'en ont point veu d'autre, penſent parauenture qu'on ait touſiours veſcu ainſi en ce Royaume. En quoy ils ſont fort abuſez. *Leur origine.* Car il n'y a pas quarante ans que les querelles eſtoyent rares entre les gentils-hommes, & quand quelqu'vn eſtoit noté d'eſtre querelleux, on le fuyoit comme on fait

fait vn cheual qui mord ou qui ruë: & la cause estoit que les mœurs estoyent alors plus pures, & le vray poinct d'honneur mieux entendu qu'à ceste heure. Ainsi donc les maux qui par le passé estoyent petis se sont merueilleusement accreus sur la fin de ce siecle: de maniere que nous pouuõs dire que ce sont plustost nos pechez, que ceux de nos peres.

AVCVNS ont pẽsé que nos troubles les auoyent produits, ayant aboli l'antique concorde, & aigri l'esprit des François. Ce que ie confesse estre vray en partie: mais mõ opinion est qu'il y a encores d'autres causes qui ont autant ou plus aidé à les produire. La premiere a esté vne presomptiõ que plusieurs ont euë de leur force & dexterité, ce qui les a rendus prompts à faire iniure. Car depuis que l'exercice d'escrime est venu en vsage (qui de soy est loüable) & que les ieunes gens principalement se sont veus estre en icelui bien instituez, ils ont pensé qu'ils pourroyent alors brauer à leur plaisir, & acquerir reputation de vaillance, veu que l'experience monstroit que celui qui sçauoit l'art de bien manier l'espee, & qui n'estoit despourueu de courage, auoit quasi tousiours le dessus de celui qui en estoit ignorãt. Et certes il ne faut point douter q̃ l'expert n'ait beaucoup dauantage sur l'inexpert. En ceste façõ est-on venu à commẽcer vn tres-lourd abus, faisant seruir les perfections, qu'on auoit acquises, à outrager les autres, lesquelles ne deuoyent estre employees qu'à la cõseruation de la vie, en cas de necessité. La secõde cause, a esté l'exemple de quelques Seigneurs & segnalez courtisans, qu'on a veu se battre dans la Cour, & au milieu des plus grandes villes. Ce qui a induit les autres gentils-hommes (qui sont dili- *Causes diuerses des Duels.*

gens d'imiter tant les bons que les mauuais exemples) d'oster tout respect & cercher de démesler leurs differens, ainsi qu'ils voyoyent faire aux autres. La troisieme, c'est l'impunité. Car quand on a conu que ces desbordemens n'estoyent aucunement chastiez, on s'est donné trop de licence non seulement pour se batre ensẽble : mais pour executer de tres-vilaines vengeances. La quatrieme à esté de ce qu'on a attaché l'honneur à couper bras & iambes, à estropier l'vn, & à tuer l'autre. Ce que la Noblesse ayant remarqué (qui est conuoiteuse de gloire) elle a recerché d'y paruenir par telles voyes.

De quelles pieces ce monstre nõmé Querelle est composé.

De toutes ces causes cõiointes ensemble, auecques la mauuaise disposition que les longues guerres ciuiles ont engẽdree, s'est formé ce hideux animal qu'on nomme, Querelle, lequel s'estant ietté au milieu de la Noblesse, la va petit à petit deuorant, sans qu'elle s'en aperçoyue. Quel acte fut celui de ces six gentils-hommes courtisans, qui s'assignerent lieu aux Tournelles, où ils s'acharnerẽt si bien, que quatre demourerẽt sur la place, & les autres fort blessez? Tels y auoit entre eux, qui eussent peu auec le temps atteindre à de hautes dignitez, & neantmoins, poussez d'vne souueraine folie, aimerent mieux perir en la plus belle fleur de leur aage: ce qui est deplorable. Plusieurs autres combats se sont faits tãt à Paris qu'à la Cour, qui en ont enuoyé au tombeau, d'incomparable valeur. Cependãt par les autres Prouinces on ne s'est pas reposé, & les a on veuës alterees & ensanglantees aussi des contentions & meurtres des Nobles. En cest Estat sommes-nous auiourd'hui en Frãce, auquel nos folies & la soufrance d'icelles nous ont mis. Et si la prudence & l'authorité

thorité du Roy n'y remedie, tout empirera encor.

Or combien que ie sois libre à blasmer la corruption de nostre temps, si ne veux-ie pas inferer qu'au passé on ait vescu sans querelles : car les hommes sont hommes, suiets à courroux & vengeance. Mais il est certain qu'elles auenoyent rarement, & ne s'esmouuoit-on que pour griefues iniures : là où à ceste heure vne parole de neãt, ou dite en ieu, attirera vn dementir : vne contenance vn peu brusque sera reputee à iniure : vn faux rapport ou vne fausse opiniõ fera appeller au combat, tãt on est chatouïlleux & ponctilleux en la conuersation ordinaire. Ce qui viẽt d'vne fausse imagination qu'on a, que le vray honneur consiste à surmonter les autres auec la force, & à les faire trembler sous soy. On peut bien cercher auãtage & victoire sur ses compagnons, à iouër des armes, sauter, voltiger, courre la bague & à autres exercices. Mais qu'il ne faille point estre prisé, si on ne les gourmande, si on n'assaut leurs vies, & si on n'espand leur sang, n'est-ce pas vne opinion pernicieuse ? Cela a rendu les gens si imcompatibles, que hantans ensemble ils sont contrains de pratiquer souuent ce prouerbe, qui dit, Auiourd'hui ami, demain ennemi. Entre les vergongnes, ains plustost infamies, celle-ci n'est des moindres, que vn gentil-homme aille teindre son espee dans le sang de son ami, & pour occasiõ friuole, auec lequel il n'auoit fait auparauant qu'vn lict, qu'vne table, & qu'vne bourse. Et qui voudroit sogneusement recercher, on en trouueroit plus de cent exemples depuis vingt ans. Les propres parens ne peuuent demeurer long temps ensemble, sans entrer en des debats, qui apres les amenent aux armes.

Des Duels anciens & modernes.

Accroissement des Duels de nostre temps.

I'ESTIME que ces desordres se sont fort acreus par la licence de la Ieunesse, laquelle estant montee en credit, a mis la crainte des loix & les cõseils des vieux derriere soy: & prenant le frein aux dents a introduit en ceci beaucoup d'abus, que l'acoustumãce n'a desia que trop cõfermez. Mais il ne faut pas trouuer estrange si le premier aage, qui est plus acompagné d'ardeur que de prudence, se desregle quelquesfois: plustost se doit-on esbahir que les sages & les Magistrats ayent tacitement consenti & laissé prendre cours aux choses qu'ils deuoyent viuement reprimer. I'ay monstré la legereté dont on vse à prẽdre querelle sans nul fondement, & de quelle fureur par apres on se va combattre teste à teste. Mais ce n'est pas encores tout le mal: car d'autres s'en ensuyuẽt qui ne sont moindres. L'vn prend des satisfactions auec auantage: l'autre se venge cruellement. L'vn fait tuer en trahison son ennemi d'vn coup de pistole ou de harquebuze, & les autres font de grãdes assemblees, comme si c'estoyent petites guerres: & souuent auient qu'vne querelle en engendre quatre, & pour l'offense d'vn, plus de vingt meurent. Telles actions sont indignes de gẽtils-hommes, & entre icelles les assassinats sont detestables.

Estrange confusion de nos Duels.

Mais quand ie viens à penser à vn autre abus, qui est maintenant en grãd vsage entre les plus galans, ie me trouue esbahi, dequoy estãt si pernicieux il a eu si longue duree. C'est que lors que quelqu'vn prend fantaisie de s'aller battre, il faut que celui qui le seconde (cõme on parle) ou qui le tierce, se batte aussi à outrance contre les seconds & les tiers de la part cõtraire. Mesmes, il y a presse à qui sera de ce nombre. Ceux-là (à la verité) se pourroyent à meilleur droit appeller Battus,

que les

que les autres qui reueſtus de linge, & portans des fouëts en leurs mains, marchent en public, auec de triſtes contenances, frapãs doucement ſur leur delicate peau. Sçauroit-on imaginer vne plus folle folie que celle-là, de voir vn gẽtil-homme, ſans nulle occaſion de haine contre vn ſien cõpagnon de Cour, ains pluſtoſt ayans entr'eux quelque obligatiõ d'amitié, neantmoins par vne certaine obligation de galanterie, s'aller couper la gorge auecques lui, encores que ce fuſt ſon parent? A mon auis cela eſt mal entendre quel eſt le vray office des ſeconds en different d'honneur. I'eſtime qu'ils repreſentent les parains qui ſe choiſiſſent es Duels: & doyuent aſſiſter à leurs amis, premierement pour eſtre garans de la foy donnee, & regarder qu'en vne telle action il ne ſoit fait aucune ſupercherie, ni d'vne part ni d'autre, dequoy ils ſont reſponſables. En apres pour eſtre teſmoins de la valeur de ceux qu'ils conduiſent. Dauantage pour aider à les acorder ou departir ſur le champ, comme quelquesfois cela aduiẽt apres qu'il y a eu du ſang tiré. Or au lieu de faire tels offices, & ſeruir à eſteindre le feu, ceux-ci aidẽt à l'enflammer dauantage, & ſouuent à la ruïne d'eux-meſmes, penitence tres-meritoire à vn tel eſtourdiſſement. Aucuns veulent dire que les ſuſdites couſtumes ſont venuës d'Italie. Ie m'en rapporte à ce qui en eſt. Cependant l'vſage en eſt maintenant noſtre, & ſi la juſtice n'eſt reſtablie & l'authorité Royale plus reſpectee, nous deuiendrons bandoliers. I'allegueray vn exemple pour monſtrer la mauuaiſe conſequence des querelles. C'eſt qu'eſtant ſuruenu different entre deux gentils-hommes de la Cour, quaſi tous les Princes & Seigneurs qui y eſtoyent auecques leurs partiſans ſe banderent les vns contre les autres, ce qui contragnit le Roy d'y enuoyer ses gardes pour les empescher de venir aux mains, & les faire retirer. Ie laisse à penser, s'ils se fussent attaquez, la sanglãte folie que ç'eust esté.

Du remede aux confusions des Duels.

IL me semble que nous sommes entrez assez auant dans ce Labyrinthe de mal, qu'il nous a cousté assez cher, & aporté trop de diffame, pour desirer d'en faire dauantage d'experience. Et comme c'est la Noblesse qui plus l'a nourri & entretenu, aussi est-ce la premiere qui doit aider à le destruire & chasser, mesmemẽt si elle veut r'acquerir sa bonne reputation dont elle estoit iouïssante sous le regne du ganrd Roy François. C'estoit lors vne belle chose de voir la bonne cõcorde qui estoit entre les gentils-hommes. On disoit d'eux ce prouerbe Espagnol, que i'ay ainsi tourné,

Ils sont doux comme cire auecques les amis:
Et durs comme l'acier contre les ennemis.

Mais pour ennemis on n'entendoit sinon ceux qui en guerre ouuerte estoyẽt reputez tels. Vne grande modestie se trouuoit entr'eux, & voyoit-on des societez de plusieurs compagnõs estre de longue duree, & des amis beaucoup se garder vne entiere fidelité. S'il naissoit quelque different, tous couroyent pour l'amortir, cõme à present on le laisse croistre pour auoir le plaisir de voir battre deux hommes. Et quand i'y pense, il ne faut plus parler de ce temps-là, de crainte de rougir de honte du nostre qui est si dissemblable. Ceux qui sont de naturel paisible, & qui ont de la discretion, le trouuent bien rude. Car encores qu'ils s'efforcent de fuïr toutes contentions, ils ne laissent pourtant quelquesfois de s'y embrouïller, à cause de l'arrogance des autres, qui est si insuportable qu'elle vainc toute patience.

tience. Ainsi sont-ils contrains de suyure la mauuaise coustume, pour ne se voir vilipēdez, & souuent auient qu'ils se desuelopent de tels inconueniens auec autant d'honneur que les prouocateurs. Celui qui a dit que proces & querelles estoyent deux tres-mauuaises bestes a tres-bien rencontré, pource qu'il ne s'en peut trouuer de pires.

Maux engendrez par les querelles.

I'AY ouï conter d'vn gentil-homme, lequel disoit que quatre horribles maux l'auoyent fort tourmenté l'espace de dix annees, dont Dieu l'auoit deliuré. L'vn estoit vn proces qui lui importoit de la moitié de son bien, l'autre vne maladie qu'on estimoit incurable, le tiers vne tresmauuaise femme, & le dernier vne querelle fondee en grosses iniures. Mais il affermoit que la querelle lui auoit dōné plus d'ennuis & d'inquietudes, laquelle l'agitoit cōtinuellement, là où les autres maux lui donnoyēt quelquefois treues. Cela n'est pas trop mal-aisé à croire. Car celui qui se persuade que, iusques à ce qu'il se soit satisfait, chacun se mocque de lui, & qu'on le mesprise, ne s'ose quasi trouuer en nulle compagnie. Il est tousiours en sollicitude, pour cercher les moyens d'auoir reparation du tort qu'il a receu. La haine qu'il porte à son ennemi lui espoinçonne incessamment le cœur, & le desir de se venger ne le laisse à repos, & quand il considere les euenemens douteux des combats, la crainte d'infamie le va encor plus trauaillāt. Finalement, s'il a quelque sentiment de diuinité & religion, & qu'il se represente le peril euident de l'ame, le corps perissant en la poursuite d'vne mortelle vengeance, ne sont-ce pas la des troubles cōparables à ceux des furies dōt les anciens ont parlé? Et, pour dire, la verité, c'est le vray supplice des querelleux, qui ne voulans laisser les autres en repos, la iustice diuine permet qu'ils soyent eux-mesmes en perpetuel trouble. Il y a beaucoup de maux qui nous arriuent, desquels nous auons tres-petite coulpe. Mais quant à cestui-ci nous-mesmes le forgeons, & nous le chargeons sur les espaules, au moins ceux qui ne veulent viure sans different. Assez de gentils-hommes se trouuent, qui auoyẽt mille & deux mille escus de rente, qui ont tout despendu à ce miserable exercice. Et qui demanderoit aux querelleux, Qui est-ce qui vous donne tant de peines, & qui vous fait hazarder en tant de perils & consumer en si grandes despenses? C'est (diroyẽt ils) pour l'occasiõ de nostre hõneur. Vrayement voila vn honneur qui apporte beaucoup de miseres: plustost deuroit-il tirer auecques soy contentement & plaisir.

Source des causes de tels maux.

MAIS ie me doute que si on vouloit regarder de pres à ceci, on trouueroit que la cause du mal gist en nos erreurs & folies. Et comme les ambitieux, pour courir apres vne gloire fantastique, laissent en arriere la vraye, ainsi que dit Plutarque: aussi auons-nous formé vn faux honneur, qui s'acquiert par certaine vaillance (ce qui seroit encor loüable, si c'estoit contre ennemis de guerre) laquelle ne cõsiste qu'en brauades, piaffes, iniures de paroles, outrages de fait, coups d'espee & meurtres, le tout cõtre ceux qui au parauant estoyent nos voisins, compagnõs & amis. C'est là vne succincte descriptiõ de ce magnifique honneur qu'on a tant auiourd'hui en la bouche.

Du vray honneur.

SVR ce propos quelqu'vn pourra dire, faut-il que ie me laisse iniurier & frapper, sans me ressentir? Ie respons que mon intentiõ n'est pas de monstrer qu'il faille

faille le souffrir. plustost, qu'il ne faut nullement commettre telles iniures. Et qu'est-ce donc que vray honneur? C'est vne belle loüange & reputatiõ qui est donnee par les gens de bien à quelqu'vn pour cause de sa vertu, laquelle il demõstre par plusieurs bons effects. Iceux consistẽt en l'vsage de prudẽce, iustice, proüesse, tẽperance, verité, courtoisie, & autres pareilles vertus. S'ensuit que le fondement de l'honneur gist en la possession de vertu, de laquelle il faut estre reuestu premier qu'auoir la fruition d'icelui. Parquoy ceux-là se trompent qui pensent estre dignes de triompher de l'vn, & ont encor si peu profité en la conoissance de l'autre. C'est vouloir auoir l'ombre sans le corps, & l'escorce sans le bois. Ie suis asseuré que les bien auisez esliront plustost de s'accroistre par les voyes que i'ay recitees, que suyure les abus de la coustume, desquels il se faut aider cõme on fait d'vn cautere, dont on vse seulement en grande extremité, & non autrement. Car il peut arriuer qu'vn gentil-homme modeste seroit grieuement outragé par l'insolence d'vn autre, & de le souffrir il ne le voudroit faire. Ainsi y a-il quelque contrainte de s'accommoder aucunement aux coustumes, iusques à ce que le bon ordre soit remis, à fin de n'encourir reproche de vileté ou de lascheté. Anciennement on disoit qu'il falloit fuïr vn assaut de cent lieuës & cercher vne bataille de cent : à meilleure raison pourroit-on dire ceci des querelles où il y a beaucoup moins d'hõneur à acquerir, qu'à vn assaut. Si ie me suis attaqué à vn qui me soit inferieur en courage, & que i'aye le dessus, i'en acquiers peu de loüange. Si c'est à quelqu'vn qui soit reputé braue & que ie l'aye estropié, on plaindra son infortune, & accusera-on ma valeur, comme nuisible à ceux de ma propre nation. Et si c'est à vn qui ait esté mon ami, & que ie l'aye tué, qui est celui qui ne juge tel acte inhumain? Il sera dõc besoin pour ma justification, qu'il soit notoire que les susnommez m'ayent forcé de venir à ces termes, laquelle circonstãce se rencõtre peu souuent. Il y a tousiours eu en France bon nombre de gentils-hommes courageux, desquels on a veu aucuns (mesmes de nostre temps) faire de merueilleuses preuues de hardiesse en des questiõs particulieres. Mais les hommes entendus ne les ont à beaucoup pres tant louëz de cela que des autres prouësses par eux faites es rẽcontres, assauts & batailles. C'est aux guerres qu'on doit monstrer sa valeur & hazarder liberalement sa vie. Et ceux qui la vont precipitant aux querelles, font croire qu'ils ne l'estiment pas de grand prix.

Des remedes aux maux susmentionnez.

Ie pourrois encores noter quelques autres abus qui se commettent: mais ils sont si vulgaires & conus que le recit d'iceux causeroit ennui. Il est plus vtile de discourir des remedes les plus propres, pour les chasser ou amoindrir. Si on eust commẽcé d'en appliquer quelques vns de meilleure heure, ils eussent dauantage serui: car plus on attẽd, plus s'enracine le mal. Toutesfois il est encores guerissable, moyennant qu'on le cure par les causes plustost que par les accidens. On a veu lors qu'il suruenoit que quelque homme d'honneur estoit tué en querelle à la Cour, incontinent on faisoit des ordonnances & reglemẽs pour empescher qu'autres pareils inconueniẽs n'auinssent. Ce qui s'obseruoit là pour vn mois seulement: puis tout se mettoit en oubli. C'estoit (comme on dit) apres la mort le Medecin: & pour l'auenir le preseruatif estoit trop foible.

foible. Mais il faut se souuenir, puis que le mal est vniuersel, qu'il est expedient que les remedes le soyent aussi, & que toutes les parties dolẽtes, tant prochaines qu'esloignees, se ressentent du benefice de la medecine. Par ci deuant on a fait publier des liures traduits d'Italien en François, qui traitent des iniures, satisfactions & Duels, & qui enseignent aux gentils-hommes de fuïr les querelles, & donnent les moyẽs, quand on les a, d'en sortir, sans perte d'hõneur: entre lesquels le Mutio merite d'estre leu. Cependãt tout cela ayant esté mis en l'vne des balances, l'autre où estoit la coustume deprauee l'a emporté, comme vne Portugaise feroit vn escu: en quoy se conoist qu'elle a beaucoup plus de force que les Loix escrites. C'est l'office du Roy d'entreprendre de tuer ce monstre, qui se va repaissant de sang. Et incontinent qu'il aura commencé de mettre à bon escient la main à la besongne, les Magistrats feront le semblable, & les inferieurs seront en fin contrains d'obtemperer. Or puis qu'il est question de reigles & decisions d'honneur, on ne les peut aller cercher ni receuoir d'autre lieu que de la Cour, parce que ce qui y est pratiqué est reçeu & approuué en toutes les prouinces. A ceste ocasion doit-on ietter là les premiers fondemens de ceste reformation, laquelle ne peut estre pour le cõmencement que difformee, à cause que ce grand mal si enraciné est difficile d'arracher, qu'en descendant par moindres maux iusques à ce qu'on soit en disposition d'embrasser les bons preceptes, qui enseignẽt que tous ces Duels sont non seulement iniques ains aussi diaboliques, inuentez pour la perdition des corps & des ames, lesquels nul Prince ne peut legitimement permettre.

Des remedes particuliers

MAIS pour continuer mon propos des remedes presens, ie diray qu'il seroit bon que sa Majesté, les Princes, & les Seigneurs, blasmassent en leurs propos ordinaires, qu'ils tiennent en public, les querelleux, au lieu de leur aplaudir, apres qu'ils ont ensanglãté leurs armes, & monstrassent quand & quand qu'ils les abhorrent, comme gens qui n'ont autre plaisir que de s'exalter par la mort d'autrui. Qu'ils admõnestassent chacun de viure auecques modestie & discretion, menaçans de rigoureux chastiment ceux qui feroyent au contraire. En apres, s'il auenoit en ladite Cour que quelques vns fusset si temeraires de s'ẽtr'assigner lieu, ou s'entr'outrager, qu'on les punist sans espargner personne. Car deux ou trois exemples de justice en corrigeroyẽt plus de cinq cens. Ceci s'obserue seuerement en la Cour du Roy d'Espagne. Aux vns on ordõne prison en des chasteaux: on bannit les autres pour quelque temps: on en cõdamne aussi quelques vns d'aller aux guerres de Barbarie contre les Maures: quelquesfois on les contraint de faire des satisfactions publiques. Et quand le fait est grief, la confiscation d'vne partie des biens ou la mort y pendent. Et puis qu'en nostre France ceste humeur maligne est si fort attachee, il conuiẽt que la purgatiõ soit vn peu gaillarde, & ne viendra point de seditiõ par ceci. Il y en a qui ont ceste opiniõ que sa Majesté deuroit laisser à la justice faire la correctiõ & punitiõ de ces querelleux & tueurs ordinaires, sans s'en entremesler. Ce que ie ne reprouue pas, quant aux vilains assassinats qui se commettent & autres semblables cas. Mais puis que ceste matiere ici est de l'honneur & des armes, & qu'aux Cours & aux guerres les bonnes ou mauuaises institutions s'y s'y prenent, ie serois d'auis que de là vinst l'ordre & le chastimẽt. Pour cest effect il seroit besoin que sa Majesté fit assembler les Mareschaux de France, & les plus vieux Capitaines, pour faire de bonnes ordonnances sur ce faict, pour regler plusieurs choses mal entẽduës & mal pratiquees, & monstrer comme on se doit gouuerner au poinct de l'honneur, & apres faire publier le tout par les Prouinces, à fin que chacũ fust auerti de se contenir en son deuoir. Et n'y a point de doute que les bõs exẽples & les punitiõs n'eussent beaucoup de force pour suprimer les erreurs & cõfusiõs presentes. Faudroit aussi estre soigneux que ceci fust bien obserué à la Cour, à Paris, & aux lieux où il y a corps de gẽs de guerre : car de toutes parts du Royaume la ieunesse va là pour y apprendre, & quand les abus y regnent, retournans en leur païs, ils les y semẽt, & par ce moyen le mal s'espand par tout : au contraire y voyãt de bonnes coustumes, ils les imitẽt & les proposent apres aux autres. Les gouuerneurs deuroyent aussi auoir charge expresse qu'incontinẽt que quelque querelle suruiendroit en leurs gouuernemens, ils mãdassent querir les parties pour essayer de les apointer, & si les personnes estoyẽt de si grãde qualité, & le fait si difficile, leur enioindre d'aller sans delay vers sa Majesté pour y pouruoir, laquelle a grand interest quand ses suiets viuent en discorde. Et s'il auenoit que quelques vns fissent de vilains outrages, les poursuyure viuement & sans respect. Ie croy que l'vn ni l'autre parti ne seroit si aueuglé de surporter de meschans actes. On dira, le Roy n'a-il pas fait prou de fois ces commandemens-ici ? ie le confesse, mais ils n'ont de rien profité, pource qu'ils n'ont esté gardez : & commẽt y eussent obeï ceux qui estoyent au loin, quād ils voyoyent qu'à la Cour mesme ils estoyent mesprisez ? Car toutes sortes d'iniures de parole & de fait, supercheries, vengeances & combats assignez, s'y faisoyēt à la barbe de tous, sans grande reprehension. Si on veut que les bons reglemens seruent, il faut que les Magistrats les gardent les premiers, & puis les facent garder aux autres.

Reglement pour faire valoir les remedes.

Ie dirois quelque chose des poincts qui doyuent estre contenus en iceux, n'estoit qu'il sembleroit que ie voulusse entreprendre sur ceux qui doyuent estre commis pour le faire, dont la suffisance est telle, qu'il ne leur faut aucune instruction, apartenant à eux de la donner aux autres. Toutesfois pour satisfaire au desir des curieux (que ie cuide qui en voudroyēt voir quelques vns) i'en proposerai seulemēt sept ou huit qui me sont venus les premiers en la fantaisie, à sçauoir que les iniures legeres, qui se disent par soudaine cholere ou autrement, ne se repousseront auecques la dementie, d'autāt que ceste parole est maintenāt trop odieuse, ains auecques vne negation plus douce, à laquelle on ne pourra respondre auecques la dementie. Celui qui la donnera, sinon sur iniure, laquelle, estant prouuee, rendroit infame ou digne de mort le gentil-homme qui l'a reçeuë, on la lui fera reparer. Celui qui fera outrage à quelqu'vn par voye de fait sans occasion, on le contraindra de faire satisfaction. Ceux qui auront reçeu iniure, n'assigneront lieu à leur ennemi & ne le feront appeller, sur peine de punition rigoureuse tant à eux qu'aux appellateurs: mais iront deuant le Roy, le gouuerneur, ou le Chef de guerre, demander permission de se satisfaire par armes. Et si l'iniuriant, à la troisieme sommation dudit superieur, ne compacōparoit, il sera declaré par afiches publiques incapable de se trouuer à la Cour, aux armees & aux villes capitales : & l'autre restitué en son hōneur, tant pour son obeïssance, que pour son ressentimēt & descharge du cōbat, encor que l'autheur s'offrist par voyes secrettes d'y venir. Les querelles que les gouuerneurs & Chefs de guerre ne pourront accorder, ils n'auront pourtant le pouuoir de permettre la decision d'icelles par combat singulier, ains renuoyeront les contendans deuers sa Majesté (auecques defenses de ne s'entr'offenser) auquel seul apartient de le conceder. Quiconques donnera ou fera donner des coups de baston à vn gentilhomme, sera chastié par bānissement limité, ou autre griefue peine, apres auoir fait satisfaction, pource que c'est vn outrage de valet. Si celui qui aura esté iniurié vse de supercherie pour le recouurement de son honneur, le superieur lui fera faire amende de sa lascheté. Ceux qui dās les prouinces feront à l'occasion de leurs querelles de grosses assemblees, on les poursuyura à force ouuerte, d'autant que ce sont estincelles qui ne seruent qu'à r'allumer la guerre. On pourroit adiouster plusieurs autres articles, lesquels estans disposez par ordre, auroyent quelque grace. Mais il sera assez tost de les manifester quand vne bonne resolution sera prise de les faire bien obseruer. Il doit suffire pour ceste heure d'auoir veu ces petites pieces descousuës que i'ay mises ici pour resueiller beaucoup de gentils esprits qu'il y a en France, que ie conois, à fin qu'ils disent mieux que moy, & qu'ils corrigent ce que i'ay dit, & qu'ils remonstrent aussi aux grands que leur office est d'essayer par tous moyens de remettre la Noblesse dans le chemin d'où elle est sortie. Car si elle continuë de marcher ainsi à l'esgaree, tant en paroles qu'en faits, elle ira tousiours profanant la vertu & les armes en se consumãt. Au contraire, si la bonne discipline la fait r'entrer dans la carriere de ses ancestres, auec facilité elle paruiendra au bout d'icelle, où les couronnes du vray honneur se departent.

FIN.

QUE SA MAIESTE DOIT entretenir pour le moins quatre Regimens d'Infanterie en temps de paix : reduits tous à deux mille cinq cens hommes : tant pour conseruer la discipline militaire, que pour estre asseuré d'auoir tousiours vn gros corps de vieux soldats.

TREIZIEME DISCOVRS.

Combien l'Infanterie est necessaire.

A BON droit est loüé le Roy Charles septiéme, d'auoir esté autheur d'vn si profitable establissement, que celui de la gẽdarmerie. Il semble aussi que le grand Roy François ne soit digne de moindre loüange, en ce qu'imitãt la discipline antique, il a sçeu former entre ses propres suiets vn puissãt corps de gẽs de pied, pour rendre sa militie plus accomplie. Au parauant on en faisoit bien peu d'estat : comme i'ay dit ailleurs. Mais depuis que les bõnes regles ont esté posees, & que l'exercitation a suyui, ils se sont façonnez, & sont deuenus

nus plus obeïſſans, & valeureux. Peu de temps auparauant les harquebuſes eſtoyent venuës en vſage. Ce qui les a rendus fort redoutables, & ſi neceſſaires, qu'on ne s'en peut paſſer. Puis donques que l'experience de pluſieurs guerres nous a enſeigné qu'il eſt impoſſible de les bien mener, ſans auoir bon nombre d'Infanterie, ne ſeroit-ce pas erreur de n'en vouloir faire vn fondement? veu qu'on a trouué expedient d'en baſtir vn ſi vigoureux de Caualerie. Car les meſmes raiſons qui ont induit nos anciens Rois à ordonner l'vn, doyuent preſſer ceux qui regnent, à eſtablir l'autre. Anciennement les principales actions de guerre ſe démeſloyent en pleine campagne. A ceſte heure elles conſiſtent à ſurprendre, aſſaillir, & defendre places: à quoy l'harquebuſerie & les picques ſont non ſeulement vtiles, ains neceſſaires. Or ſi nous voulons regarder au nombre de gens de pied, qu'on entretient en France, en temps de paix: il ſemblera bien petit, au regard des gens de cheual d'ordonnance qui du temps du Roy Henri ſecond paſſoyent ſix mille lances. Car excepté les garniſons des citadelles & chaſteaux, qui doyuent eſtre là attachees, le reſte eſt peu de choſe. Mais pour auoir vne militie bien ordonnee, il faut qu'il y ait quelque proportion entre les parties & eſpeces de gens de guerre qui la compoſent, comme il y a entre les mẽbres d'vn corps humain: pource que le trop ou le peu aportent difformité. Et encores que les genſd'armes ſurmontent les autres en dignité, il ne s'enſuit pas pourtant qu'ils les doyuẽt ſurpaſſer ſi fort en quantité. Le bras eſt plus honnorable que la iambe: elle ne laiſſe pour cela d'eſtre auſſi maſſiue & groſſe qu'il eſt, & vtile en ſon office cõme il eſt au ſien. C'eſt pourquoy il m'a ſemblé que quatre Regimens d'Infanterie ſe doyuent, par raiſon, entretenir en temps de paix, reglez à ſix cens hômes chacun : pour bien correſpondre auec les forces des ordonnances : encores qu'elles ne ſoyent maintenant que de quatre mille lances.

Pourquoy la France à beſoin d'eſtre touſiours armee.

IE ne veux point m'amuſer à monſtrer combien il fait beſoin à la France d'auoir touſiours vn bras armé. Car ceux qui ont du iugement, ſçauent aſſez que les aigles d'Auſtriche viendroyent manger ſes coqs, ſi l'ordre militaire y eſtoit aneanti. Mais il y en a pluſieurs qui penſent que les François ſont maintenant ſi aguerris, qu'il ne faut que frapper du pied en terre, pour en faire ſortir les legions armees, comme diſoit Pompee. C'eſt ſe tromper, & ne ſe doit-on fier là deſſus : car la diſcipline & l'entretenement manquant, plus il y a d'hommes, plus il y a de deſordre & de confuſiô. Ceux qui ſe laiſſent abuſer au bruit de pluſieurs tabourins, à voir branſler vne multitude d'enſeignes en l'air, & à voir vne campaigne couuerte d'hommes, ne penſent pas pourtant l'eſtre : entant qu'ils cuident que chacun doyue faire autant de deuoir qu'il fait de parade. Toutesfois à l'eſprreuue, on conoit ſouuent qu'vne petite troupe d'ennemis determinez met tout cela à vau de route. N'auons-nous point auſſi aſſez ſenti depuis vingt ans les rauages que fait vne multitude deſordonnee, ſur les propres amis? Toutes ces experiences nous doyuẽt perſuader que peu de vieux ſoldats profitent plus que beaucoup d'inexperts.

Que l'Infanterie lui eſt neceſſaire & cõment elle doit eſtre dreſſee.

IE ſçay bien que perſonne ne contredira, qu'il ne faille touſiours entretenir bon nombre de gend'armerie : mais d'Infanterie, aucuns eſtiment qu'on s'en peut

peut paſſer en temps de paix : à cauſe que le Royaume a beſoin qu'õ eſpargne en pluſieurs choſes,pour chaſſer la neceſſité. Ie leur reſpondray, que ſi le Royaume eſt pauure, il ſera meſpriſé, & ſi on le meſpriſe, plus machinera-on à l'encontre. Ce qui doit conuier les grands, à le bien appuyer de conſeil & de force.Ie me garderay bien de croire que noſtre pauureté ſoit telle, que nous ne puiſſions entretenir quatre mille lances, & deux mille cinq cens hommes de pied ordinaires, ſans conter les gardes des chaſteaux. Nous pourrions faire plus : mais quand le peu ſuffit, le beaucoup deuient ſuperflu. Or ce qui me fait deſirer que les corps des Regimens ſoyent touſiours en eſtre, c'eſt à fin que l'art militaire ne s'oublie, non en theorique, ains en pratique. Auſſi pour conſeruer beaucoup d'hommes de commandement. I'ay reglé les compagnies à ſoixante ſoldats,qui eſt(à mon aduis)à ſuffiſance en temps de paix. Car quand l'occaſion ſuruienuiendroit de les augmenter : iettant en chacune ſon parfourniſſement d'hõmes, en deux mois ils ſeroyent façonnez, pour bien ſeruir, tant par la diligence des bons Chefs, que par la vertu des bonnes regles.Il n'en prend pas ainſi aux Regimens nouueaux, qu'on leue : car ſi le Colonnel eſt de petite experience, il fait mauuaiſe election de Capitaines,& ceux-ci de ſoldats.Puis ſe gouuernãs les vns & les autres, plus ſelon leurs fantaiſies, que ſelon les ordres militaires : il ne ſe faut eſbahir ſi à tels mauuais commencemens ſuccedent de mauuaiſes iſſuës. Le meſme peut auſſi auenir en ceſte militie.Car ſi le Colõnel,pour aimer la Cour, ne veut demourer aupres de ſes compagnies,& les Capitaines ſoyent le plus du temps à leurs maiſons, & que vns

& autres, pour estre bien parez, s'accommodent de la moitié des payes des soldats, tout sera aussi corrompu. En affaire si importãt, on doit estre tres-soigneux: & d'autant plus seuere, qu'on void les abus estre fort multipliez.

Lé reglemẽt des cõpagnies d'Infanterie, & le bien qui en reuiẽdroit.

Les quatre Regimens, dequoy ie parle, demoureroyent en garnison es villes de frontiere de Picardie, de Champaigne, & en celles de protectiõ: seruans tant pour la garde de quelques places d'importance, comme Mets, & Calais, que pour estre des escholes, où les ieunes gentils-hommes, qui sortent de Page, & autre ieunesse, iroyent s'instituer aux armes. Mais la principale fin seroit pour auoir tousiours vn Magazin de vieux soldats, appareillez pour le besoin. Car quãd vne guerre seroit ouuerte, & que le Roy auroit commãdé d'accroistre les compagnies iusques à leur vray nombre, qui seroit à deux cens testes chacune: on verroit six ou sept semaines apres sortir en cãpagne deux mille corcelets, & six mille harquebusiers, lesquels, ioints auec partie des hõmes d'armes, soustiẽdroyent vn grand choc, en attendant que les autres forces fussent arriuees. Si iamais il fut necessaire de refaçonner les gens de pied, c'est à present, que les guerres ciuiles les ont tellement deprauez, que la plus part ne sçauẽt & ne veulent quasi plus obeïr: n'aportans que frayeur par où ils passent, & dommage où ils seiournent. Auiourd'hui quand vn ieune homme va en vn Regimen nouueau d'Infanterie, ie presume qu'il y appréd quelque pratique des armes, voire de la guerre, & à deuenir plus courageux: mais en la mesme eschole il est à craindre qu'il n'y acquiere aussi des imperfections, qui offusquẽt le bien qu'il auoit embrassé, dequoy i'ay fait

fait recit ailleurs. Au contraire, ces quatre Regimens seroyent comme de grosses sources, d'où il ne decouleroit qu'vne eau claire & nette : laquelle se respandant par tout le Royaume, viendroit à esclarcir celles qui sont troubles. Car la discipline estant posee & obseruee, ceux qui l'auroyent ensuyuie, se monstrans, en tous lieux, doux enuers leurs semblables, obeïssans aux superieurs, humains enuers le peuple, & braues contre les superbes, mais principalement contre les ennemis, chacun les admireroit beaucoup dauãtage, que pour les morgues du iourd'hui : & la renommee d'vne si belle institution volant par tout, les gentils cœurs detesteroyẽt les deprauations acoustumees, & seroyent desireux de s'y rẽger. Si ie n'auois veu autrefois les mesmes effects succeder d'vne pareille cause, ie n'en parleroye si asseurément, comme ie fay. Il me souuient qu'au cõmencement du regne du Roy Henri second, quand il reuenoit quelques Capitaines & soldats en France, qui auoyent esté deux ans en garnison es villes de Piedmont, on les prisoit beaucoup, les voyant si ciuils, courtois, nullement iniurieux, & si bien parlãs de l'exercice des armes. Et cela faisoit que tous les ieunes gens y couroyent, pour receuoir pareille instruction. Et mesmes i'ay veu Monsieur le Comte de Charni (qui est l'vn des plus honnestes & vertueux Seigneurs de ce Royaume) porter le corcelet & entrer en garde, comme les simples soldats, & ce en temps de paix.

Respõse à ceux qui sous couleur de mesnage empeschent vn bon reglement.

A ceste heure quelque bon mesnager me pourra obiecter, que ceste multiplicité de compagnies & de Capitaines augmente beaucoup vne despense, laquelle estant ordinaire deuiẽt griefue à la fin : & qu'il vaudroit mieux n'en entretenir que dix complettes. Ie respondray que mon but n'est pas de former vn Regimẽ tout entier: car tousiours (les affaires suruenans) ce ne seroit qu'vn Regimen: mais ie regarde de ietter les fondemens de plusieurs, lesquels estans bons, tout ce que lon bastiroit dessus prendroit la mesme bonté, c'est à dire valeur. Et s'en ensuyuroit aussi qu'on auroit trois fois plus d'hommes: qui est l'vne des fins, où ie tens. Car comme il a esté dit, ces quatre corps produiroyẽt huit mille soldats: qui tous se pourroyẽt appeller vieux estãs incorporez en iceux. Dauantage, ce seroyent des boutiques d'où se tireroyent les Capitaines d'Infanterie. Car en trois ou quatre ans d'exercice, voire en temps de paix, vn homme d'esprit se rendroit digne de commander, à force de parler souuent de l'art de la guerre, & de pratiquer les offices de ceux qui la manient, & pour en voir continuellement quelque image deuant ses yeux. Quant à la despense, ie confesse qu'elle seroit d'enuiron quatre mille escus par mois, de plus. Mais on entretiendroit aussi cent ou six vingts hommes de commandement: dont plusieurs feroyent vn iour des seruices, qui ne se sçauroyent payer. Quels braues Colonnels a lon veu depuis vingt & cinq ans, qui se sont esleuez parmi l'Infanterie? dont ie nommeray seulement quelques vns, comme Charri, Gohas, Causseins, Sarlabous, Pilles, Mouuans, & le courageux Mõtbrun. Il faut croire que ce bon ordre en feroit ressusciter de pareils. Ce n'est point faire le dommage du maistre, de lui conseiller de despendre vne petite poignee d'argent pour en recueillir de si bons interests. Les Colonnels des Regimens estans bien choisis, & sans faueur: il faudroit qu'ils qu'ils fussent assuiettis de demeurer quatre ou cinq mois l'annee auec iceux. Et que les Capitaines ne peussent auoir congé au plus que pour trois ou quatre. Car quand les officiers sont absens, la discipline se neglige & l'obeissance se pert. Il cõuiendroit aussi que les assignatiõs du payemẽt fussent certaines : à fin que le soldat ne se corrompist, estant contraint d'aller cercher à viure dehors. Et quinze mille escus par mois y suffiroyent : qui est vne somme que nos Rois donnẽt souuent en vn iour à vn homme.

De remettre le port des corcelets en vsage.

Et dautãt que les soldats ne veulent plus auiourd'hui porter [illegible] corcelets : c'est ordre aideroit à les mettre en vsage & honneur. Ce qui n'est si mal-aisé à faire qu'on pense : mais il seroit besoin de commencer p[illegible] les Capitaines, qui ont les premiers reietté l'vsag[illegible] [illegible]e la picque. Il leur faudroit enioindre de la reprendre, & le corcelet de Milan. Et s'ils vouloyent auoir vn casquet, & vn rondache à preuue, pour les assauts & escarmouches, ils les pourroyent auoir. Aux compagnies il y auroit le quart de corcelets (ce qui iamais ne manqueroit) & le reste d'harquebusiers. Et combien que ce ne soit pas la vraye proportion qui doit estre, (laquelle consiste en autant d'vn que d'autre) si en faut-il au moins approcher. Et pour donner aux soldats meilleur goust desdits corcelets, ceux qu'õ leur bailleroit seroyent tous grauez, & bien faits : à fin que la beauté les cõuiast de s'y affectionner. Et quand ils verroyent l'exemple de leurs Capitaines, & les hautes payes qui leur seroyent donnees, & qu'on feroit ranger les Nobles à les porter, ils ne se feroyent gueres tirer l'aureille. Aux ieunes gens l'harquebuse est propre pour les instruire. Et quand ils ont acquis reputation & experience, il les faut conuier de monter apres en l'autre degré, qu'on doit rendre autant ou plus honnorable que le premier. C'est (à mon auis) vne pauure excuse, quand on dit, les soldats ne veulent pas faire ceci ou cela : (combien qu'aux guerres ciuiles il la faut souuent receuoir pour bõne) mais en vn temps de regler & reformer, il est necessaire de commander d'authorité, pour rendre les soldats plus prompts à se renger à ce qui est cõuenable. L'Infanterie Espagnolle, encor qu'elle se soit employee aux guerres ciuiles de Flandres, si n'a elle iamais laissé les corcelets : & le tiers de leurs meilleurs hommes les portẽt. Elle a aussi tousiours bien continué l'obseruation de ses regles. On lui peut donner ceste loüange, qu'en la Chrestienté il n'y en a point de meilleure. Et les François, dira quelqu'vn, en quel rang les mettez-vous ? Ie respons, qu'estans bien instituez, ils ne cedent à aucune nation. Et ne l'estant point, peu souuent font-ils choses memorables.

Belles coustumes obseruees entre les soldats Espagnols.

Ie desireroye qu'ils voulussent pratiquer quelques coustumes que lesdits Espagnols obseruent entr'eux, que ie trouue tres-belles. L'vne, c'est que quand quelque nouueau soldat arriue en leurs bandes, les vieux l'instruisent de son deuoir : s'il fait des fautes, ils le reprenent : & lui aident, s'il est mal vestu, à fin qu'il ne soit en deshonneur à la nation. Cestui-ci reçoit à courtoisie telles admonitions. Entre nous le contraire se fait. Car si vn ieune homme, qui entre es compagnies, fait vne sotise, il est mocqué quasi de tous : & s'il a de l'argent, il se trouuera incontinent pigeonné, soit au jeu, ou par autres inuentions. En sorte que plusieurs se rebutẽt de ceste fascheuse abordee. Ie ne veux celer aussi

aussi vne faute que font nosdits ieunes gens : c'est que si on les veut amiablemẽt reprẽdre, ils se rebecquent, & prenent cela de mauuaise part ; comme si leur aage n'estoit suiet à errer. En apres, entre les Espagnols on n'y verra pas en six mois vne querelle : pour ce qu'ils desestiment les querelleux, & se plaisent d'estre modestes. Si quelqu'vne suruient, ils s'employent diligemment à l'apointer : & neantmoins quand il faut qu'ils la desmeslent par armes, ils s'en acquitent honnorablement. Le soldat François est beaucoup plus bisarre : & ne peut quasi viure sans se battre, ne monstrant que trop de valeur contre ses cõpagnons. Tiercement, s'il y a quelque soldat blessé entr'eux, s'il n'y auoit qu'vn escu en vne compagnie, il en aura la moitié. En quatrieme lieu, quand quelqu'vn a fait vn acte signalé, il est prisé & honnoré de ses compagnons : & peu souuent cachent-ils la vertu par enuie. En apres, ils ont encor ceci de bon aux commãdemens militaires : c'est qu'vn simple sergeant se fera obeïr, sans contredit, aux plus braues soldats, & de plus grande qualité, tant ils sont ployables sous leurs officiers. Aussi quand ils sont paruenus en charge, ils gardent bien leur authorité. Finalement, en leurs corps de garde, ils ne souffrẽt point qu'on y face des insolences : ains ce sont comme des escholes, où lon parle ordinairemẽt du deuoir des soldats, & des Capitaines, de l'honneur, & autres choses concernant les armes. Ie pourrois dire dauantage : mais ceci suffit, par où ceux qui vont nouuellement aux bandes pourront conoistre, que ce ne sont pas ici coustumes de Moines (comme aucuns disent) ains de soldats excellens. Si les Capitaines des Regimens susdits vouloyent aussi prendre vn peu de peine, ils donneroyent pareille instruction aux leurs: & ne trauailleroyent pas moins à les façonner, qu'vn escuyer fait à dresser vn cheual. Et ce nous seroit vne honte, si nous n'auions plus de soin des hommes que des animaux.

Respõse à vne autre obiectiõ de ceux qui ne veulent point de discipline militaire.

L'HVMEVR de la jeunesse Frãçoise, dira-on, est comme incompatible auecques patiẽce & modestie. Vrayement, i'aimerois autant qu'on me dit que puis qu'elle a quelque inclination à legereté & promptitude, qu'il la faut laisser courre. Ie tien, que nulle nation n'est plus capable de vertu que la nostre, moyennant qu'on la lui enseigne, & qu'on la presse de s'y exerciter. C'est chose asseuree que quand les Colonnels & Capitaines viendroyent à priser & auancer les soldats, qu'ils verroyent disposez à suyure les exercices, & ne faire compte de ceux qui n'aimẽt que la pance & la dance, que la pluspart imiteroyent le bien. Ordinairement on leur propose la richesse : ce que ie ne reprouue pas, moyennant qu'on face tousiours passer l'honneur deuãt: pource que c'est vne bride qui garde de brõcher, & vn aiguillõ qui incite à valeur. I'oserois affermer que de quatre Regimens, ainsi reglez comme i'ay dit, on tireroit plus de seruice, que de dix ainsi que maintenant ils sont. Car premierement, on seroit certain d'auoir deux moyens bataillons de picques, qui manquent du tout en nostre Infanterie: qui est vn merueilleux defaut.

Combien les picquiers armez sont necessaires : & le fruit qui procederoit de l'ordre proposé en ce discours.

I'AY souuenance que monsieur d'Acier amena aux troisiemes troubles dixhuit mille harquebusiers de la Religion, bons & braues. Or ie demande, si en trauersant vne campagne ils eussent rencontré sept ou huit cens lances, si elles ne les eussent pas mis en rou-

te?

te? Plus de gens croirőt ouy, que non. Mais si entr'eux y eust eu cinq ou six mille corcelets, il eust falu vne armee pour les rompre. Sőme, que l'harquebuserie sans picques, ce sont des bras & des iambes sans corps: ce qui est difforme. Secondement de ce petit nombre ainsi façonné, les soldats seroyent plus obeïssans, s'escarteroyent moins, patiroyent dauantage, & combatroyent plus courageusement. Ce qui est aisé à iuger sans autre verification. C'est ordre aussi, ayant esté pratiqué trois ou quatre ans, seruiroit de beaucoup aux nouueaux Regimens, qui se leueroyent auenant vne guerre. Car la pluspart des officiers, estans tirez d'vne telle eschole, tascheroyent de faire obseruer la mesme discipline à ceux qui n'en auroyent ouï que la renommee: de maniere que peu à peu l'vsance de la picoree & autres mauuaises coustumes viendroyent à se supprimer. O la belle chose que ce seroit, de ne voir point le païsan s'effrayer des gens de guerre, qui sont auiourd'hui l'horreur des villages: & voir l'humanité tellemết reuenuë en eux, qu'ils se gouuernassent chez leurs hostes, cőme ils font en leurs propres maisons! Ce ne sont point ici des Idees de Platon (c'est a dire des choses imaginees) car en Piedmont, plusieurs annees, les François ont pratiqué le mesme. Il reuiendroit de ceci honneur aux Capitaines, profit & cőtentement aux soldats, entant qu'ils ne seroyent point fuïs, comme il a esté dit, ains seroyent recueillis amiablement, trouuans tousiours deuất eux l'abondãce: au lieu que souuent ils ne rencőtrết que pauureté & disette: & auecques cela, sa Majesté en seroit beaucoup mieux seruie.

FIN.

DES LEGIONNAIRES François.

QVATORZIEME DISCOVRS.

Intention du Roy Frãçois, establissant les Legionnaires: & combien le redressement d'iceux est necessaire.

LE nom de Legion a esté anciennement en grand honneur & reputation. Et peut-on dire, sans mentir, que par ces superbes & valeureuses bandes tout le monde a esté dõpté, & l'Empire Romain esleué en la grãdeur où il est paruenu. Il s'est serui de ces ordres & appellations antiques, iusques à ce que les Barbares le renuerserent. Et alors plusieurs choses furent confonduës & enseuelies, mesmement en la militie. Depuis, par plusieurs siecles suyuãs, les bandes des gens de guerre ont esté nommees par autres diuers noms, comme elles sont encor. Mais le grand Roy François, desirant fortifier & asseurer son Royaume par tous moyens practiquables, s'auisa d'establir des Legions, pour auoir tousiours des gẽs prests, quand le besoin suruiendroit, sans estre contraint d'aller mendier l'aide des estrangers. Monsieur de Langey dit qu'en chacune prouince s'en deuoit former vne de six mille hommes, & toutes vne fois l'an deuoyent s'assembler separément, & receuoir vne mõstre. Or comme ce grand Prince à l'imitation des anciens institua ce bel ce bel ordre, qu'il accommoda selon que la disposition de son peuple & de ses affaires le pouuoyēt porter: aussi il me semble qu'à son exemple nous deuons tascher de redresser quelque petit corps de ces vieilles & grosses reliques, qui soit propre pour assaillir & defendre, tant en campagne, qu'ailleurs, & dont l'entretien en temps de paix soit de peu de coust: car de remettre sus de poinct en poinct l'ancienne institution, ce seroit s'abuser, veu que la France, affoiblie comme elle est, ne sçauroit soustenir vn si pesant fardeau: ains faut seulement lui donner vne charge selon sa force.

Cōbien de Legions semblent necessaires pour le present, & à quelle fin cest ordre tend.

QVAND sa Majesté ne voudroit entretenir que quatre Legions seulement, & suyuant le pied ancien, ie dis que ce seroit trop, tāt pour la despense que pour la foule sur le peuple: car vn mois de gages, pour ces vingt & quatre mille hommes, monteroit bien deux cens cinquante mille liures. En apres l'aller & le retour de sa maison, iusques au lieu de l'assemblee, endommageroit le peuple (à ceste heure que les debordemens des soldats sont grands) de plus de cent cinquante mille. Somme que ce seroit par an quatre cens mille liures que cousteroit ceste militie, laquelle ne rendroit les hommes gueres meilleurs, que quand on les leue ordinairemēt lors que la guerre suruiēt. Toutesfois ce gros nōbre de gens, quand on le fait resonner, esblouït de prime face. Mais on ne s'y doit arrester, plustost pratiquer le prouerbe Espagnol, qui dit, *Poco y bueno*: qui est à dire, peu & bon. Ie desireroye donques que trois Legions fussent ordonnees, vne en Picardie, vne en Champagne, & l'autre en Bourgongne, de deux mille hommes chacune: lequel establissement se feroit principalement à ces fins. La premiere, pour inciter la Noblesse à se remettre dans l'Infanterie : la seconde, pour restablir les corcelets en icelle : & la tierce, pour aider à cõposer les corps des armees.

S'il est besoin que quelques vns de la Noblesse se remettent dans l'Infanterie.

QVANT au premier poinct, l'experience nous a fait conoistre que ce qui a abastardi nostre Infanterie, est, que les Nobles s'en sont retirez, & ont desdaigné, non seulement d'y porter l'harquebuse & la picque, ains souuent d'y prendre charge. Ce qui a donné entree à plusieurs petis Capitaines de païs, qui n'ont eu nul esgard à l'honneur, sinõ à s'enrichir au milieu des rapines vniuerselles des guerres ciuiles. Et si aucuns vieux regimens ont gardé en quelque maniere l'anciẽne discipline, si s'est-il fourré beaucoup de dissolution parmi. Auiourd'hui ce qui rend en partie l'Infanterie Espagnole en tel prix qu'elle est, c'est que la Noblesse s'y range fort volontiers, & plus qu'en la Caualerie, & y vient faire son apprentissage de guerre, à fin de paruenir au degré de Capitaine, qui est autant estimé parmi eux, qu'entre nous vn Colonnel d'vn Regimen. Pour ceste occasion seroit-il necessaire que gentils-hommes segnalez eussent la charge des compagnies: lesquelles choisiroyent aussi pour leurs Lieutenans & Enseignes autres gentils-hommes leurs voisins qui en seroyent capables, (comme esdites prouinces il s'en trouue assez) & apres par leur credit ils feroyent plus facilement entrer en la danse pour soldats ceux qui porteroyent le mesme titre de Noblesse qu'eux. Le Sieur de Langey tesmoigne que les Chefs & Capitaines des Legions de Normandie & de Picardie estoyent tous de fort bonne maison, & nomme les sieurs de Bacque-ville, de Cantelou, de Mailly, & de de Cány, & autres qui y auoyẽt charge. Parquoy pour restituer en honneur celles que voulõs dresser, il conuiendroit que les Colonels d'icelles fussent valeureux de leurs personnes, experimẽtez en la guerre, conus en la Cour, & riches de douze ou quinze mille liures de rente, à fin qu'ils fissent estimer la charge, pour l'estime qu'on feroit d'eux. Et combien que ie couple ici la richesse auec la vertu, si est-ce que ie ne la mets que comme seruante, pour l'exercice de la liberalité, qui est necessaire parmi soldats. Es païs bas, on void encor que les principaux Seigneurs ne desdaignent de prendre des Rigimens, comme les Comtes d'Egmont, de Arembergue, & de Barlaimont, le valeureux Marquis de Renty, & le braue Comte Charles de Másfeld.

Du restablissement des corcelets & picques.

QVANT au second poinct, pour le restablissemẽt des corce[...]es & picques, i'ay dit en vn autre traité que l'Infanterie, qui en est despourueuë, est imparfaite : mais qu'il y a moyen d'y remedier. Le plus souuerain (à mon auis) est d'y faire embarquer les hommes plustost de bonne volonté, que par contrainte : ce qui se fera, si la Noblesse, qui obeït, commẽce à monstrer le chemin aux autres : laquelle n'y manquera, quand son Chef & les Capitaines, qui lui commandent, reprendront l'vsage des mesmes armes qu'ils lui ordonneront porter. Outre cela, il conuiẽdroit que l'ordre fut tel parmi lesdites Legions, que des hommes, dont elles seroyẽt composees, les trois parties fussent de picques, & la quarte, d'harquebusiers : & par ainsi il y auroit aux trois, quatre mille cinq cens corcelets, & quinze cens harquebusiers.

De la composition du corps des armees.

CECI me fera entrer au troisiéme poinct, & dire que ce nombre est suffisant pour former trois bataillons, dont l'vn pourroit faire teste à vn Regimen d'Alemans: car encores qu'il n'y eust que douze cens corcelets en la legion, si crois-ie qu'ils en oseroyent combattre deux mille, veu la qualité des gẽs qui y seroyẽt. Et ne doute point qu'en chacune ne se trouuast cent cinquãte gentils-hommes, lesquels estans mis es trois premiers rangs, qui est-ce qui voudroit dire que leur effort ne fust tres-vigoureux? I'ay telle opinion de la Noblesse Françoise, que ie suis asseuré (estant conduite par vn bon chef & entendu) qu'elle donnera dedans le feu. Donques ces trois Legions meriteroyent d'estre placees es pointes dextres & senestres des armees: pource que leur corps seroit assez gros & ferme pour y demourer. Ceux qui veulent se mesler de faire la guerre, mesmement en campagne, doyuent se desabuser, & penser que les armees sans bataillõs de picques, ce sont des bras & des iambes sans corps, lequel est du tout necessaire pour appuyer lesdits mẽbres. Voyons à ceste heure si le petit principe & reglement, que ie veux poser & instituer en temps de paix, peut rendre nos Legions en temps de guerre aussi bonnes que ie les ay depeintes. Quant à moy, ie pense qu'il ne s'en faudra gueres: ce que toutefois ie laisse à iuger à ceux qui ont meilleur iugement que ie n'ay, apres qu'ils auront veu la fin de ce discours. Ils se souuiendront que i'accommode le soulier à nostre pied: c'est à dire, la despense à nostre pauureté: car si nous pouuions faire dauantage, ie ne le desconseillerois. Mais en quelque estat que soyons, tousiours auons-nous besoin de preparer des instrumẽs, pour seruir à la conseruation des fleurs de lis: à fin q̃ quelque Muguet, cupide de leurs bõnes odeurs, n'en viẽne arracher quelcune de sa tige.

APRES

Moyẽ de bien regler les Chefs & principaux membres des Legions.

APRES que sa Majesté auroit choisi les Colonnels des trois Legiõs, qui fussent tels que ie les ay descrits (car en ces redressemẽs ici il faut vertu & authorité) eux aussi feroyent vne bonne election dans les païs (qui leur seroyent limitez) de neuf Capitaines, eux faisans le dixieme : pour commãder aux compagnies. Ils employeroyent tout leur credit à fin d'y installer des gentils-hommes d'honneur, leurs amis ou voisins, qui en seroyent dignes. Et n'y a doute que plusieurs se voyans priez par des Colonnels qualifiez (lesquels les conoistroyent & aimeroyent) ne fussent incitez d'accepter les charges qu'ils eussent autrement desdaignees. Et parauanture que des gẽtilshõmes de deux & trois mille liures de rente (mais braues & courageux, qui est le principal) sentans auoir vn Chef, vn compagnon, & vn ami tout ensemble pour leur guide, ne refuseroyẽt de marcher auecques lui. Si on veut sçauoir pourquoy ie requiers de telles personnes, c'est à fin qu'à leur exemple, & par leur creance, ils facent que la Noblesse moindre & pauure, se rẽge au mesme corps (ainsi que i'ay desia dit) estant tres-asseuré que quand on aura basti vn bon fondement, que tout ce qu'on edifiera dessus, sera ferme. En apres lesdits Capitaines choisiroyent pour Lieutenãs & enseignes autres gentils-hommes qui ne seroyent ignorans le mestier de l'Infanterie, & outre cela, cinq autres, chacun pour estre en places de soldats, ce qui leur seroit tres-facile à trouuer. Voila tous ceux qui cõposeroyent le corps de la Legion en temps de paix : tous lesquels auroyent vn entretenement mediocre, à fin de les obliger à ceste vocation, & les disposer à s'instruire aux regles d'vne militie. Car c'est folie de penser que sans despendre on assuiettisse les hommes, & sans estudier en quelque art que ce soit (tant en la theorique qu'en la pratique) qu'on se puisse façonner. La solde du Capitaine seroit de cinq cens liures par an, du Lieutenant trois cens, de l'Enseigne deux cens, & des cinq soldats, cent à chacun : qui se monteroit pour chaque compagnie, quinze cẽs liures. I'adiousteray encor pour l'accroissement des gages du Colonnel, pour beaucoup de despenses qu'il lui faudroit faire, cinq cens liures : plus pour dix braues sergens que i'estime qui deuroyent estre aussi entretenus, mille liures, & pour vn sergẽt maior, trois cens : de façõ que le tout calculé, ce principe & fondement de la Legion ne reuiendroit qu'à mille six cens escus par an, & les trois qu'à seize mille huit cens. N'estant le tout que la solde de soixante hommes d'armes : & toutesfois ausdites trois Legions y auroit plus de douze vingts gentils-hommes obligez & qui feroyent serment. Or comme cest entretien ne leur seroit pas baillé, pour les engraisser en leurs maisons : (car ce seroit, comme on dit, pain perdu) aussi ne seroyent-ils contrains de tenir garnison, ni courir où lon les voudroit enuoyer : mais ils tiendroyent en ceci vn moyen tel, qu'en receuant annuellemẽt les instructions requises, ils se prepareroyẽt peu à peu plus pour le seruice à venir, c'est à dire, quand la guerre suruiendroit, que pour le seruice present. Tous les ans, au iour qui seroit ordonné, le Colonnel, le Capitaine, & soldats, se trouueroyent en quelque gros bourg pres de la ville capitale de la prouince, ou autre la plus commode, pour là passer la mostre en armes, & y receuoir la paye sus-mentionnee. La moitié de celle des Capitaines seroit employee en l'achapt de beaux corselets

& de

& de picques, qui demeureroyent en garde aux villes susdites, encor que cela fust à eux en propre : de sorte qu'en quatre ans ils auroyẽt en chacune Legion pour dix mille liures d'armes, qui seroit desia vn grãd auancement pour l'accommoder. Les soldats aussi laisseroyent leurs corcelets & picques sur les lieux, à fin de n'auoir la peine de les transporter de leurs maisons, & n'estre embarassez: parce qu'il conuiendroit qu'ils logeassent, allans & retournãs, par les hostelleries. Dont s'ensuyuroit que le peuple ne seroit nullement greué : chose qui seroit iuste en soy, honorable pour le Roy, & acquerroit bon renom aux gens de guerre. Et i'estime que chacun, estant de retour chez soy, auroit pour le moins la moitié de sa paye franche, sauf les Capitaines qui auroyent acheté des armes.

Response à vne obiection commune de ceux qui visent plus au profit qu'à l'honneur.

AVCVNS pourrõt dire, Vrayement vous la baillez belle, la reserue de ce peu de solde ne suffiroit pas pour auoir vne paire de chausses, ni pour faire seulement vn iour bonne chere, & crier ripaille. A la verité, ie confesse que des ripailleux trouueront ce soulier trop petit pour leur pied. Mais des gentils-hommes, qui ont le cœur noble, tiendrõt vn tel entretenement, venant de leur Roy, pour vn benefice acceptable, lequel surpasseroit leur peine & leur seruice ordinaire. C'est selon les anciens ordres, qui se conforment à la raison, qu'il nous faut regler, & non selon les coustumes deprauees des guerres ciuiles. I'ay conu en icelles vn simple soldat (à sçauoir argoulet) n'ayant pas cinquante sols de rente, qui auoit si bien mesnagé son petit fait, qu'il auoit huit cheuaux de son train, vne charrette à trois cheuaux, douze seruiteurs, & six chiens, qui sont trente bouches en tout. Et en temps bien ordonné, il n'estoit pas trop bon pour porter la harquebuse, & n'auoit qu'vn goujat.

Continuation du reglement des Chefs & principaux mẽbres des Legions.

IE retourneray à mon propos, pour dire qu'aux lieux où les monstres se feroyent (où chacun seroit logé par etiquettes, & payeroit selon la taxe qui seroit faite) on seiourneroit seulement huit ou dix iours: car il me semble que ce temps-là suffiroit pour conoistre les hommes, les instruire par discours & escrits des bõs Capitaines aux regles militaires, les preparer pour l'auenir, les exerciter, & par viues remonstrances leur imprimer dãs le cœur le beau pourtrait de l'honneur, à fin que quelque iour ils fissent choses dignes de leur renom, & acquissent ceste loüange, d'auoir remis en prix ce qui estoit desprisé. Pareillemẽt à ce qu'ils prissent amitié & confiance les vns auecques les autres: ce qui est necessaire en vne troupe. Somme il faudroit que le Colonnel desployast ses esprits, & se proposast d'employer ce peu de iours en bonnes instructions, & non en vaines dissolutions: ie cuide que cela auroit grande vertu. Cela acheué, chacun seroit licentié iusques à l'annee suyuante, & de mesmes feroit-on aux autres. La question est à ceste heure, si par ceste petite discipline, les desusdits se pourroyent rendre plus capables de leurs charges? Certes ie n'en doute nullement, que tant ceux qui commandent, que ceux qui auroyent à obeir, ne fussent mieux apris à l'vn & l'autre: car chacun venãt à ceste eschole Martiale aporteroit ce qu'il auroit recueilli de meilleur des gestes de nos ancestres, qui là, par cõtinuelles cõferences, & aussi par pratiques, seroyẽt mis en veuë & en memoire.

Respõse à vne autre obiectiõ touchant le corps entier des Legions.

MAIS la difficulté est plus grande pour sçauoir, si lors qu'il faudroit dõner aux Legions leurs corps parfait,

fait, si ce qu'on y adiousteroit seroit en peu de temps façonné. A ceci ie diray qu'il y a grande presomption que les sauuageaux qui seroyent entez sur cest arbre franc & bien cultiué, en prenant nourriture d'icelui, viendroyent auecques le temps à porter fruits semblables. Et tout ainsi que les bons pilotes & maistres de nauire rendent bien tost les matelots duits à la nauigation: aussi quand les Chefs militaires sont bien instituez, ils donnent apres vne bonne institution à leurs soldats. On repliquera que nos Legions ne peuuent estre bonnes, si elles ne sont entretenuës. Ie confesse qu'elles seroyent meilleures, mais il faut considerer aussi qu'elles cousteroyent plus de neuf cens mille liures par an, qui est le reuenu d'vne grãde prouince. Où selon le reglement que ie fais, elles ne despendroyẽt en temps de paix que seize mille huit cens escus, qui n'est pour vn Roy que quatre parties perduës à la paume, ou vn malheur de deux heures au ieu de premiere. Auenant donques que la guerre fust declaree, & que les Colonnels eussent charge de les parfournir d'hommes, ils recommãderoyent à leurs Capitaines d'y mettre le plus de Noblesse qu'ils pourroyent: & faut estimer que par leur credit ils y en feroyent beaucoup ranger, & autant que i'ay dit, à sçauoir cẽt cinquãte en chacune Legion. Apres on choisiroit d'autres bons soldats, pour porter la picque, & le corcelet, & quãd mesmes plusieurs ne seroyent que tels quels, pour le commencement, neantmoins ayant vne si superbe teste, ils seroyent bien malotrus, s'ils ne suyuoyent de si bonnes guides. Quant aux harquebusiers, ils ne passeroyent iamais cinquante en chacune compagnie, & les trouueroit-on à milliers. Il seroit aussi necessaire que sa Majesté fist deliurer pour chacune Legion cinq cens corcelets, dont elle auanceroit partie de l'argent aux marchans, & le reste à payer aux monstres. Ce qui est quelquefois pratiqué par le Roy d'Espaigne, lors qu'il leue des Regimens d'Alemans. Il fournit la pluspart des armes : car autremẽt les reins des Capitaines seroyent trop foibles, pour y satisfaire si à coup. Elles seroyent entretenuës pendant qu'vne guerre dureroit, comme les bandes ordinaires, & au pied d'icelles, & porteroyẽt obeïssance au general de l'Infanterie. Et comme les Capitaines seroyent personnes d'honneur, pourueus de moyens, & qui auroyent esté biẽ enseignez par leurs Colonnels de l'infamie qui reuient des desordonnez larcins militaires: ils s'estudieroyent de tenir tousiours les compagnies mieux complettes qu'il leur seroit possible, sans excessiuement rapiner, comme font aucuns: mesmes aux grandes necessitez, ils aideroyent la pauureté de leurs soldats. Mais il faudroit aussi que la guerre acheuee, on ne leur fist perdre leurs despenses. Si cest ordre pouuoit bien reüsçir, il seroit mal-aisé que nostre Roy peust estre preuenu d'aucun sien ennemi : car en six semaines les quatre Regimens entretenus, dont i'ay parlé ailleurs, & ces trois Legions, seroyent en campagne, ayans leurs corps tous fournis de quatorze mille braues soldats, dont se tireroit quatre beaux bataillons de picques, qui nous sont si necessaires. Et si partie de la gendarmerie & des cheuaux legers se ioignoit à cela, ce seroit vne armee assez gaillarde de nostre seule nation, pour conseruer nos frontieres, en attendant que les estrangers fussent leuez. Ie sçay bien que quelques vns pourront dire, que peu de soldats

de basse

de basse qualité voudront se renger en ces bandes, où lon requiert que tous les principaux officiers soyent du corps de la Noblesse. Pour remede à ceci, mon auis est, qu'il faudroit laisser des honneurs aux ignobles, quand par vertu ils s'en rendroyent dignes: comme l'estat de sergent Maior, les Lieutenances des compagnies, & les places des Sergens simples. Et en ce faisant ils auroyent occasion de se contenter. Mais le Lieutenant Colonnel, les Capitaines & Enseignes, tousiours faudroit qu'ils fussent Nobles. Or sur la difficulté qu'on fait ordinairement (qui n'est pas petite) qui est d'assuiettir les soldats communs à prendre la picque: ie pense qu'elle se vuideroit facilement, quand ils verroyent (ainsi que i'ay dit) que les Chefs & la Noblesse s'aideroyent de mesmes armes: &, suruenãt occasion de combattre, se rangeroyent au corps du bataillon, sinõ ceux qui seroyent ordõnez pour conduire l'harquebuserie. Dauantage il faudroit suyure l'ordre qui est parmi les Espagnols, qui donnent plus de paye aux corcelets qu'aux harquebusiers simples.

I'AY autrefois ouï parler aucuns conseillers des Princes, qui les voulans faire trop bons mesnagers, trouuoyẽt mauuais qu'en temps de paix on entretinst beaucoup d'officiers militaires. Et parauenture qu'il y en auroit encores de ceux-là, qui diroyent estre plus expedient de soudoyer cent bons soldats, qui garderoyent vne ville de frontiere, que se constituer en despense, pour cela que i'ay mis en auant. Ie ne leur respondray autre chose, sinon que ie m'en rapporte aux Mareschaux de Montmorancy & de Biron, qui sont des vieux Capitaines de la France, qui entendent l'art de la guerre mieux que ie ne fay, & s'ils me condam- *Respõse à vne autre obiectiõ.*

nent, ie quitte la diſpute : toutesfois ie cuide que ie ne perdroye pas ma cauſe, car i'ay appris d'eux-meſmes, que ce ſont les bons Capitaines qui forment les bons ſoldats, dautant qu'ils ſont conſeruateurs de l'ordre & de la diſcipline, que les autres negligēt facilement, voire meſpriſent, s'ils n'y ſont aſſuiettis. Mais ferez-vous bien, (repliquera-on) ce que vous propoſez aux autres ſe deuoir faire auec ſi petite difficulté? Certes il me ſemble qu'il apartient proprement à ceux, qui maintenant ont le titre de Colonnels des Legionnaires (qui ſont mieux inſtruits en ceſte militie, que ie ne ſuis) d'y trauailler & d'en auoir l'hōneur. Ie croy auſſi qu'il y a mille gentils-hōmes en France, plus ſuffiſans que moy, qui s'en pourroyent mieux acquitter. Toutesfois, à fin qu'on ne penſe que ie vueille repreſenter des choſes impractiquables, & ſemblables à quelques Paradoxes, dōt i'ay diſcouru (qui ne ſont pas pourtant ſi eſtrāges) ie diray que ſi mon Roy m'auoit cōmandé d'entrer en vne telle eſpreuue (encores que ie ne conuoite les charges, & auſſi peu les grandes que les petites) ie cuideroye au bout de deux ans compoſer vn corps, auec lequel i'oſeroye bien preſter le collet à vn autre Regimē tel qu'il fuſt des nations qui ne nous aiment pas. Et ſuis aſſeuré que les Suyſſes, qui s'aident mieux de la picque que ſoldats du Monde, auroyent cher d'auoir vne telle Legiō à leurs coſtez. Voila quelle eſt mon opinion. Et ſi ie m'abuſe qu'on conſidere que ie ſuis François, qui ay les oreilles ſi laſſees d'ouïr vilipender ma nation, que ie deſireroye qu'elle fiſt ce que ie ſçay qu'elle pourroit faire ſi elle eſtoit aidee : à fin qu'on conuſt que l'induſtrie & la valeur ne ſont pas peries au milieu d'elle.

FIN.

QVE

QVE LA FORME ANCIENne de renger la Cauallerie en haye, ou en file, est maintenant peu vtile, & qu'il est necessaire qu'elle prenne l'vsage des esquadrons.

QVINZIEME DISCOVRS.

LEs François, qui sont fort prõpts à embrasser les choses nouuelles, & à quitter les vieilles, n'ont pas tousiours tellement obserué ceste regle, qu'ils ne soyent demourez fermes en aucunes façõs anciennes, qu'ils ont estimé deuoir estre cõtinuees. Mais quand on est venu à les bien examiner, on a conu que comme en quelques vnes ils ont monstré auoir laissé le pire, pour prendre le meilleur: aussi en d'autres ils ont fait paroistre auoir mesprisé ce qui estoit plus receuable, que ce à quoy ils demouroyent attachez. Il est aussi quelque fois aduenu qu'en vne mesme chose leur bon & mauuais jugement s'est descouuert. Car la pouuant rendre vtile, belle, & facile tout ensemble, ils se sont contentez de la premiere qualité: & au lieu des deux autres, il y ont adiousté la laideur & la difficulté. L'exemple que i'en allegueray, sera de la maniere de s'armer de maintenant. Or comme ils ont eu bonne raison (à cause de la violence des harquebuses & pi-

Inconstance du François.

Exemple es armes.

ſtolles) de rendre les harnois plus maſſifs, & à meilleure eſpreuue, qu'auparauant: ils ont toutesfois ſi fort paſſé meſure, que la pluſpart ſe ſont cha gez d'enclumes, au lieu de ſe couurir d'armures. En apres, toute la beauté de l'homme de cheual s'eſt conuertie en difformité car ſon habillement de teſte reſſemble à vn pot de ter. Au bras gauche, il porte vn grand gantelet, qui le couure iuſqu'au coude: & au droit vn petit mougnon qui cache ſeulement l'eſpaule: & ordinairemẽt ne porte nulles taſſettes: & au lieu de Caſaque, vn mandil, & ſans lance. Nos genſd'armes & cheuaux legers, du temps du Roy Henri ſecond, eſtoyent bien plus beaux à voir, portans la ſalade, braſſals, taſſettes, la caſaque, la lance, & la banderolle, & n'auoyent toutes leurs armes peſanteur qui les empeſchaſt de les porter vingt & quatre heures. Mais celles d'auiourd'hui ſont ſi griefues, qu'vn gentil-homme, à trente & cinq ans, eſt tout eſtropié des eſpaules, d'vn tel fardeau. I'ay autrefois veu feu Monſieur d'Eguilli, & le cheualier de Puigreffier, honnorables vieillards, demourer l'eſpace d'vn long iour, armez de toutes pieces, marchans à la teſte de leurs compagnies: là où maintenant vn Capitaine plus ieune ne voudra ou ne pourra demourer deux heures en tel eſtat.

De la façõ de renger les gens de cheual.

MAIS c'eſt trop inſiſté ſur ceci, ayant deliberé de traitter de l'ordre de la Caualerie. Ie diray donc que la façõ, qu'on a obſeruee iuſques à ceſte heure de la renger, doit eſtre laiſſee, pour prendre celle que la raiſon nous admonneſte de ſuyure, comme meilleure. A ceſte propoſition ie ſçay bien qu'aucũs contrediront, diſans que l'ancienne couſtume ne doit pas eſtre legerement chãgee, & que lors que la gendarmerie eſtoit

en ſa

en sa fleur, elle combatoit en ceste sorte. Dauantage, que puis que feu Monsieur de Guise, & feu Monsieur le Connestable (qui ont esté si excellens Chefs) n'y ont rien innoué, c'est bien signe qu'elle doit estre laissee en vsage. Ie respondray, quant aux coustumes anciennes, qu'il faut regarder trois fois deuant que les laisser. Car si les mutations es choses d'estat sont dangereuses (ainsi que dit Xenophon) aussi muer les ordres militaires amene des inconueniens. Mais quand on a manifestement conu, par espreuue, l'vtilité d'vn nouuel ordre, & les defauts du viel, n'est-il pas alors necessaire de quitter l'vn & prendre l'autre? Les Romains, qu'on peut dire auoir esté souuerains maistres en l'art militaire, ont souuent fait le semblable. En apres, si la gendarmerie a prosperé au temps qu'elle se rengeoit en haye, il ne s'ensuit pas qu'à ceste heure elle le doyue faire, par ce que plusieurs choses sont suruenuës depuis, qui contraignent de changer de façons: comme on a fait en la fortification des places, depuis que l'artillerie a esté inuentee. Froissart, qui traite au long, en son histoire, des guerres des François, celebre fort la Cauallerie d'alors, qui estoit plus de cinquante ans deuant l'institution des ordonnances: & semble par ses discours qu'elle côbatoit en file. Il la depeint bien armee, & môtee sur coursiers puissans, & les lances fortes: de maniere qu'elle pouuoit dôner vn grand choq. Ie cuide aussi, que cest ordre fut choisi, pource que ladite gendarmerie estant toute composee de Noblesse, chacune vouloit combatre de front, & ne demourer des derniers rangs: à cause que nul ne s'estimoit moindre en valeur que son compagnon. Et est à presumer qu'en ce temps-là, les autres nations tenoyent le mesme ordre. Depuis quand la gendarmerie fut creée, elle le suyuit, & l'a continué iusques à la moitié du regne du Roy Henri second, auecques beaucoup d'heureux succes: mais vers la fin, les pertes que nous fismes, nous aprindrent qu'elles estoyẽt prouenuës en partie de la foiblesse de nostre ordre, & de la fermeté de celui de nos ennemis. Car alors les esquadrons de lances entrerent en reputation, qui ont esté ainsi disposez par l'Empereur Charles (à ce que i'ay oui dire) lesquels s'estans affrontez auecques nos files de gendarmerie les ont aisément renuersees. Ce qu'ont fait aussi quelque fois les esquadrons de Reitres. Il ne faut point beaucoup s'esbahir, pourquoy cela est ainsi aduenu? car la raison naturelle le demonstre, qui veut que le fort emporte le foible, & que six ou sept rangs de cauallerie ioints en renuersent vn seul.

Respõse à ceux qui veulẽt que la caualleri soit estẽduë en file.

AVCVNS font ceste obiection, que quand vne compagnie est estenduë, tous combatent: & estant en esquadron, qu'il n'y a que la sixieme partie au plus, à sçauoir ce qui est au frõt. A cela ie respons, que quãd on ordonne vne troupe, on ne doit pas regarder à ce que chacun donne à l'abordee vn coup de lance: mais plustost à ce qu'elle puisse rompre tout ce qui se presente deuant elle. Ce qui se fait beaucoup plus gaillardement, quand elle est en esquadron. On pourra encores repliquer, que l'esquadron ne pourra au plus renuerser que quinze ou seize cheuaux de la troupe qui est en haye, ce qui est vray: mais ce sera à l'endroit où l'Enseigne est, & où les Capitaines & les meilleurs hommes se placent: & cela estant emporté, tout s'esbransle. Et encores que ce qui n'a esté choqué donnast aux flancs de l'esquadron, il y fait peu de mal,

pource

pource qu'il ne peut forcer les hommes qui ſont ainſi amaſſez & vnis : leſquels de leur esbranſlement heurtẽt de meſme ceux-ci que les premiers, & les rõpent. Et quãd ainſi ſeroit, qu'il y euſt trois ou quatre troupes de caualerie, les vnes apres les autres, ordonnees en haye, vn eſquadrõ les reuerſera toutes, quaſi auſſi aiſémẽt qu'vne boule feroit pluſieurs rãgs de quilles. Ainſi dõc pour ſouſtenir vne force, il faut vne autre force. Si on bailloit à vn Capitaine mille corcelets, pour mettre en vne bataille, & qu'il n'en fiſt que deux ou trois rãgs, les goujats des ſoldats ſe mocqueroyent de lui : pource que la raiſon veut qu'vn bataillon ait ſa conuenable eſpeſſeur. Quaſi la meſme conſideration doit-on auoir pour la caualerie, m'eſtonnant dequoy on ne l'a euë pluſtoſt. Et ſi ces deux grands Chefs, que i'ay nommez, euſſent encor veſcu, parauenture qu'ils y euſſent pourueu. Ceux qui eſtoyent au voyage de Vallẽciennes, ſçauẽt qu'en l'armee du Roy il y auoit pres de dix mille lances Françoiſes : & quand elle ſe preſenta deuant le fort où les Imperiaux eſtoyẽt retrenchez, i'obſeruay qu'vn corps de trois cens hommes d'armes, rengé en file, tenoit pres de mille pas de longueur, & le reſte de la caualerie tenoit vn païs infini : mais qui eut mis leſdits trois cens hommes d'armes en trois eſquadrõs, ils n'euſſent pas occupé ſix-vingts pas de longueur, & l'ordre en euſt eſté bien meilleur : car pour faire vn grand effort, il faut que les hommes ſoyent bien ſerrez : &, à fin auſſi qu'ils ſe puiſſent mieux entr'aider & ſecourir, ils ne doyuent eſtre ſi eſloignez les vns des autres. Noſtre gendarmerie a bien eſprouué, en ces guerres ciuiles, la force des eſquadrons de Reitres : car encores qu'elle ait touſiours donné courageusement dedans, si est-ce qu'elle ne les a peu fausser, d'autant qu'ils sont si espais, qu'il n'y a moyen de passer à trauers. A S. Quentin, & à Grauelines, elle conut encores mieux ce que peuuẽt les gros esquadrons de lances, desquels elle fut aisément renuersee: qui sont espreuues assez suffisantes pour induire nos grãds à corriger les imperfections de nos ordres. I'en allegueray encor vn autre pour les y mieux disposer: c'est de la bataille de Moncontour, où la gendarmerie du Roy se rengea par esquadrons de lances, aussi vid elle, venant à s'affronter auecques ceux de la Religion, qui estoyent ordonnez en haye, & sans aucunes lances, qu'ils furent rompus auecques facilité.

Preuue qu'il faut disposer la caualerie par esquadrõs.

IE veux encor examiner les choses de plus pres, & commẽceray par l'esquadron, que ie formeray d'vne compagnie de cinquante hommes d'armes, complette. Et qui en voudra faire sept rangs, le front sera pour le moins de quinze lances. Or il est vray-semblable que ceux qu'on met au premier, sont hommes choisis, & que ceux du second les secondent en valeur: & vne compagnie est bien miserable, s'il n'y a au moins vingt & cinq bons hommes. Quãt au reste, que ie presuppose n'estre de tel courage, il est rengé comme à couuert sous l'ombre de ces premiers: ce qui les fait suyure plus asseurément venant aux charges, sçachans bien que la teste receura tout le peril & le dommage, & que si elle rompt l'ennemi, qu'ils participeront au mesme honneur. Parquoy ce doit estre vne lascheté insigne, quand vne troupe ainsi disposee ne vient aux mains: veu que la valeur des premiers les doit faire donner dedans, & la seureté des derniers les doit faire suyure & pousser. Mais quand vne troupe est ordonnee

nee en aisle, les bõs, qui sont ordinairemẽt le moindre nombre, encor qu'ils marchent gaillardemẽt au combat, neantmoins les autres qui n'ont gueres d'enuie de mordre (qui feignent saigner du nez, auoir vne estriuiere rompuë, ou leur cheual desferré) demeurẽt derriere: en sorte qu'en deux cens pas de chemin, on void esclarcir ceste longue file, & aparoissent de grandes bresches dedans. Ce qui donne vn merueilleux courage aux ennemis. Et souuent de cent cheuaux, il n'y en aura pas vingt & cinq qui enfoncent: lesquels venans apres à conoistre qu'ils ne sont nullement appuyez, apres auoir rompu leurs lãces, & donné quelque coup d'espee, retournent, s'ils n'ont esté renuersez à l'abordee. Ceci monstre la difference qu'il y a entre vne façon de combatre & l'autre. Quand ie viens à considerer de quelles gens sont composez les compagnies des autres nations, & ceux dont les nostres sont remplies, ie m'esbahi pourquoy elles ne leur sont superieures en bonté. Car si nous regardons à la gendarmerie Bourguignonne, qui est en reputation, on trouuera peu de Noblesse en leurs compagnies. Aux troupes Italienes & Espagnoles, qui sont auiourd'hui des meilleures, il y en a encores moins: vray est qu'il s'y trouue de tresbons soldats. Mais en vne de nos bandes d'ordonnance de cinquante lãces, où il doit auoir enuiron cent dix cheuaux, on y trouuera, nonobstant la corruption suruenuë, plus de soixante gentils-hommes, lesquels, ayans l'honneur deuant les yeux, doyuent mieux faire que les autres qui sont de moindre qualité: non que ceste regle soit tousiours vraye, ains le plus souuent. Or le moyen pour rendre nostre gendarmerie bien fournie de Noblesse, est de l'entretenir comme au passé : & le moyen de la rendre insuperable, est de l'accoustumer de cõbatre en esquadron. Et quant à moy, i'estime que cent valets armez, montez & guidez, gardans cest ordre, rompront cent gentils-hommes tenans bataille en haye.

Moyẽ de mettre en pratique cest auis.

PLVSIEVRS cuident qu'il est difficile de faire tenir vn tel ordre entre nostre nation : ce qui est bien vray, pour le regard de quelques grands seigneurs & gentils-hõmes volontaires, dautant que chacun veut estre des premiers à marcher & à combatre. Mais dans vne compagnie d'ordonnance, le Chef se fait obeir d'amour ou de force. Et puis quand ceste façon auroit vn peu esté pratiquee, tous s'y accommoderoyent. Vne chose doit-on noter, c'est que iamais les hommes ne garderõt bien leurs rangs quãd il faudra combatre, si premierement au marcher ordinaire ils ne s'y sont acoustumez : car du petit on vient au grãd, & qui s'acquite bien de l'vn, est mieux preparé pour se bien acquiter de l'autre. Nous voyons que ~~nos~~ *les* Reitres & leurs valets, qui ne sont pas plus spirituels que les gentils-hommes François, obseruent religieusement cest ordre. Et pour dire la verité, ceste façõ de marcher est fort commode, que nous-mesmes loüons en eux. Et quand nous la voulons pratiquer comme vne nouueauté, elle nous fasche incontinent cõme estant trop graue. Et la cause est, nostre impatience, qui ne nous peut laisser vn quart d'heure en vn estat. Mais l'authorité des Chefs peut remedier, auecques le temps, à cela. On dira que trois cens lances, rangees en file, ont plus de monstre, que trois esquadrons de pareil nombre : ce qu'on ne peut nier. Toutesfois pour le combat (qui est le principal où il faut viser) elles n'ont pas

tant

tant d'effect. Et c'est ce qu'il faudroit tousiours faire bien entendre aux gens de guerre. Car le Capitaine les doit par bonnes instructions faire demi soldats, & par les experiences les rendre acomplis. Voyons si l'ordre ancië ne se doit en nulle maniere pratiquer à present. Mon auis est, qu'on s'en peut seruir en deux occasions. La premiere, quand on enuoye vingt ou trente lances dehors: car estant la troupe si petite, il lui est meilleur de combatre en haye, où elle paroist dauantage. Secondement, quand on veut charger de l'infanterie, il est bon de departir vn esquadron en plusieurs petites troupes ordõnees en file, à fin d'attaquer par plusieurs costez. Hors cela, ie voudrois que ladite caualerie reprist tousiours l'ordre des esquadrons. Et si on considere combien la plaspart des hommes sont auiourd'hui mal montez, & mal dextres à la lance, on aura honte de les mettre en vn corps simple: qui est autãt que se faire batre à credit. A ceste heure ie laisse à iuger à ceux qui ont experimenté la guerre, si la forme que ie propose, que les Espagnols, Italiens, Alemans, & Bourguignons obseruent, n'est pas meilleure que l'ancienne. On pourroit encor faire ces questiõs, combien de rangs il faut qu'ait l'esquadron, puis de quel nombre il doit estre: apres, si deux esquadrons de chacun cent cinquante lances, n'en emportent pas vn de trois cens? Quant aux rangs, ie me voudrois regler selon la valeur des hommes: & estant grande, moins en voudrois-ie faire: & estant petite, plus. Pour le regard du nombre conuenable pour composer l'esquadron, il s'y faut en partie regler selon l'ordre des ennemis: car s'il en a de gros, il en faut aussi auoir quelques vns de mesme. & mõ auis est, qu'vn de trois cens lances est suffisant, si ce n'estoit es guerres contre les Turcs. La troisieme question n'est pas plus difficile à vuider: car deux moyennes troupes s'entendans bien, & chargeans à propos, doyuent emporter, selon mon jugement, vne plus grosse.

FIN.

DE L'VSAGE DES CAMARADES, qui sont fort recommandees entre l'Infanterie Espagnole.

SEIZIEME DISCOVRS.

Que c'est que Camarade, & pourquoy dressee.

MONSIEVR de Langey, au liure qu'il a escrit de la discipline militaire, parle des Camarades, qu'il appelle en nostre langue Françoise Chambrees, & les fait de dix soldats, baillant à l'vn d'iceux quelque preeminence sur les autres, & le nōme Chef de chambre. En ceci il imite les Romains qui auoyent en leurs cohortes des decuries & decurions, c'est à dire, dizaines & dizeniers. Ce qu'ils faisoyent (cōme il me semble) pour trois raisons. La premiere, pour l'ordre lequel doit estre obserué es choses moindres. La seconde, pour instruire leurs soldats par ces petis rudimens aux commandemens. La troisieme, à fin que par ceste conuersation continuelle & participation à mesme

feu

feu, mesme table, & mesme lict, il s'engédrast entr'eux amour & foy. Or auiourd'hui entre les Espagnols, ces petites societez là ne se bastissent point pour les deux premieres raisons, ains tant seulement pour la tierce : de maniere que cela que ledit sieur de Langey ordonne estre fait principalement pour l'ordre, eux le pratiquent pour la seule commodité qui leur en reuient. I'estime que ceste Infanterie-ici, qui ordinairement se trouue à cent cinquante, & à deux cens lieuës de son païs, a esté rangee à ceste coustume, à cause des grandes necessitez, contre lesquelles il lui a falu combatre. Pour à quoy remedier aucunement, elle a trouué cest expedient fort propre, comme de vray il est : car il est certain qu'il n'y a point de meilleur & plus asseuré secours, soin & confort, que d'vn fidele ami & loyal compagnon.

Pourquoy ce discours est mis par escrit.

IL eust parauenture esté plus conuenable, d'attendre à reciter de paroles, des choses qui sont si ordinaires, & (par maniere de dire) comme puériles, que de les escrire. Mais ce qui m'y a inuité, est la conoissance que i'ay du grand besoin qu'ont nos gens de pied de les mettre en vsage entr'eux : & pour leur en donner vn peu de goust, i'en ay bien voulu faire ce petit pourtrait, desirant qu'il ne s'esuanouïsse pas auecques le son. Que si quelques vns au moins pouuoyent (en le contemplant) bien apperceuoir les beaux fruicts qui reuiennent de ces amitiez militaires, i'estimeroye ces miens imparfaits labeurs (qui ont esté les passetemps cachez de mes longues miseres) n'estre pas du tout inutiles.

Premiere sorte de Camarade entre les Espagnols.

PARMI l'Infanterie Espagnole, il y a (à ce que i'ay peu comprendre) de deux sortes de Camarades. La premiere est de ceux que les officiers principaux des compagnies associent auec eux : lesquels ils défrayẽt, auecques leurs seruiteurs & cheuaux, s'ils en ont, sans qu'il leur couste rien, leur paye leur demeurant franche : & ordinairement vn Capitaine en aura cinq ou six, qu'il appelle ses Camarades, & l'Enseigne trois ou quatre. La pluspart de tels soldats sont gentils-hommes puis-nez, & aucuns de bonne maison, qui pour n'auoir que tres-peu en leurs partages (à cause que les coustumes d'Espagne sont telles) vont cercher dedans les armes des moyens de dignement s'entretenir & s'agrandir. Et comme ils conuersent tousiours auecques lesdits Chefs, qui sont graues, modestes, & discrets, ils se façõnent si bien, & en peu de tẽps, qu'on les iugeroit dignes, non seulement de porter le corcelet ou l'harquebuze, ains de commander : & moy-mesmes ay fait le mesme iugement de quelques vns que i'ay veus. L'amour & le respect qu'ils portent à celui qui les entretient, est tres-grand : comme aussi de sa part il les tient chers, quasi autant que s'ils estoyent ses propres parens. Somme, qu'vn Capitaine est au logis tousiours honnorablement accompagné, & aux affaires suyui & secouru par eux, qui seroyent reputez comme *Schelmes*, s'ils l'auoyent lors abandonné. Les sergeans, qui sont entr'eux en beaucoup plus grand prix que les nostres, tienent aussi des Camarades de quelque couple de braues soldats qu'ils choisissent, lesquels soldats leur donnent le tiers de leurs payes, pour aide de leur entretenement. Et combien qu'il semble par là, qu'ils ne soyẽt que comme pensionnaires, toutesfois ils ne laissent de leur porter respect & amitié, autant qu'il se doit.

LA

LA secōde sorte de Camarades est celle qui se pratique parmi les soldats, chose qui leur est si accoustumee, que celui qui demeure long temps sans se ranger à vne telle association, est estimé semblable à vn cheual hargneux, qui ne peut cōpatir auec les autres. Les moindres sont de deux, & les plus grandes de six. En toutes lesquelles on void de belles images de fraternité reluire. Ce qui est dautant plus à priser, que cela arriue entre les gens de guerre, qui semblent deuoir plus cercher la discorde, que la concorde. Ainsi donques au milieu de ceste amitié generale, que les soldats portēt à leurs Capitaines & à leurs compagnons, se forme ceste particuliere, dont ie parle, qui est plus viue que l'autre: le commencement de laquelle procede de s'entreconoistre, son accroissement de la conuersatiō ordinaire, & par mutuels biēs-faits elle prēd fermeté, & se conferme. Et quant à moy ie ne pense pas que ce soit vne petite force en vne compagnie, quand il y a vne douzaine ou plus de societez d'amis, qui ont soin les vns des autres. Plutarque en discourant de la bande sacree des ieunes Tebains, qui autrement s'appelloit la bande des amis, la iugeoit valeureuse en partie pour ceste raison. Aussi moururent-ils tous les vns aupres des autres en la bataille qu'ils perdirent. En apres il reuient vne grande commodité de loger & viure ensemble en despense commune: car quatre soldats pour peu s'entretiendront honnestement selon leur qualité. Là où vn fringuant, qui voudra faire estable à part, despendra autant qu'eux, & ne sera encor si bien.

Seconde sorte de Camarades.

LES Espagnols s'accoustument en leurs Camarades de bailler à chacun sa semaine, pour ordonner &

Discipline & vtilité de la secōde sorte de Camarades.

tenir compte de la mise, & qui mesnage le mieux est estimé de meilleur esprit, à quoy ils s'estudient: car ils sont cupides d'acquerir loüanges es choses petites, comme es grandes. Peu souuent tombent-ils en disette, pource que tousiours quelqu'vn d'eux, soit de bond ou de volee, attrape du moyen, dont il communique liberalement aux autres, & ne peuuent souffrir vn d'eux mal vestu. ils ieusneroyent plustost, pour le reuestir. Mais vn des principaux fruicts de ces societez, est, quand quelqu'vn est malade: car alors la charité des autres se monstre telle, qu'ils s'entre-secourent de toute leur puissance, comme s'ils estoyent freres. Ie diray encor que ceste petite vie priuee est quasi tousiours delectable, à cause de la conuersation domestique, qui leur fournit de passe-temps à suffisance. Elle n'est aussi pas moins honneste, en ce qu'estans tousiours esclairez les vns des autres, chacun bride ses affections le mieux qu'il peut, pour ne commettre rien d'infame, de crainte de tomber en mespris, & puis estre debouté du rãg de ceux qui prisent l'honneur. Et pour dire vray, ie trouue que la solitude est dõmageable à plusieurs soldats qu'il y a, par ce qu'ils ressemblẽt aux singes, lequels quãd persõne ne les void, fõt tousiours quelque malice: aussi eux pensent à en faire. I'adiousteray encor que si quelqu'vn, entre lesdits Espanols, ignore ceci ou cela, il est instruit par les autres, auecques aussi bon zele, comme il reçoit non seulement les instructions, ains les reprehensions. C'est là sommairement le profit qu'ils recueillent de leurs Camarades.

Moyẽ de mettre ceste discipline en prati-

OR voyons à ceste heure en quelle maniere nousnous pourrions preualoir d'vne telle coustume, pour en tien tirer quelque vtilité, puis que les autres y en trouuent beaucoup. Il me semble qu'en ce qui touche la premiere espece, que nos Capitaines ne s'y sçauroyent accõmoder ainsi que les Capitaines Espagnols, dautant qu'il leur faudroit rompre vne autre coustume, qui pour auoir desia pris grand' force seroit difficile à oster, c'est de tenir leur table appareillee selon leurs moyens, tantost aux vns tantost aux autres de leurs soldats, qui s'estimeroyent desdaignez d'eux, si par telles & autres semblables priuautez ils n'estoyent entretenus. Car le soldat François a ceste persuasion que son Capitaine ne lui doit dénier ni les caresses, ni la table, puis qu'il respand son sang pour l'amour qu'il lui porte : & celui qui, pour espargner, fait le retenu on l'estime vn chiche-face. Mais pour se bien acquiter de ceci, il va de la despense, outre laquelle si nos Capitaines vouloyent encor defrayer trois ou quatre Camarades, ils n'y pourroyent satisfaire qu'en desrobant excessiuement: ce qui leur tourneroit à honte. Les soldats Espagnols ne vont si librement manger chez les leurs, sinõ en cas de necessité, ou qu'ils soyent conuiez: ayans ceste discretion de considerer qu'ils ont assez de charge sur les bras, comme aussi ils ont. Et tel y a qui tient en sa maison plus de vingt bouches, & treize ou quatorze cheuaux. Leur reconfort est, qu'ils ont (comme ils disent) vn puissant Roy, qui ne souffrira iamais qu'ils demeurent pauures. Ainsi voidon que aucunes choses sont propres aux vns, & non aux autres, pour certaines causes, qui font les diuersitez. Ie ne jugeray de mesme de la seconde espece, que i'ay fait de la premiere: car i'ay opinion que nos soldats la doyuent pratiquer, & qu'on les y doit viue-

que entre les François.

ment persuader, tant pour les fins dont i'ay parlé, que pour tousiours les accoustumer de se rẽdre plus compatibles les vns auec les autres. En vne de nos compagnies on trouuera ordinairement le tiers des soldats, qui la premiere semaine auront mãgé leur paye. Mais quand ils ont des associez, ils s'entr'aprenent à viure, & s'entr'instruisent à fuïr les querelles dont nos Regimens sont fort infectez, & quelquefois en vn iour il s'y en engendre trois ou quatre. Au contraire les Espagnols ont cela de singulier, de les detester entr'eux. I'ay ouï affermer à des Capitaines de ce braue Tertio, auquel commande Pedro de Pas, qu'en dixhuit mois ils n'en ont veu arriuer pas vne en icelui. Ils ne s'en exemptent pas pour auoir faute de courrge, car ils en ont autant qu'il se peut dire, ains pource qu'ils ont de la modestie, & qu'ils sçauent que leurs espees se doyuent employer pour combatre leurs ennemis, & non pour s'entretuer eux-mesmes.

Ce discours est imparfait.

DES RECOMPENSES ORdinaires, qui se donnent aux soldats Espagnols, quand ils ont commis quelque acte segnalé : ce qui s'apelle entr'eux, Auantages.

DIXSEPTIEME DISCOVRS.

A sçauoir si les Princes ne doyuent aucune recompense aux braues soldats.

IE ne suis pas de l'opinion de quelques vns, qui pour vouloir parauanture flatter les Princes, maintienent que les recompenses qui, se distribuent aux gẽs de guerre procedent de leur pure liberalité, & que de droit ils n'y ont aucune obligation. Et la raison qu'ils alleguent, c'est qu'ils les payent pour se bien employer, & que le surplus qu'ils obtienent, c'est faueur. Vrayement ils font la balance trop inégale, que ie desirerois ramener à quelque esgalité : ce qui se fera, en donnãt pareil poids au merite des inferieurs qu'à la bonne volonté des superieurs. Mais si nous considerons les Loix militaires & les coustumes, nous trouuerons qu'en telles actions il y a plus de deu que de grace. Et tiens pour bonne la regle qui veut que comme la solde precede le seruice, qu'aussi la recompense suyue le merite. Certes s'il y a gens au monde qui trauaillent & hazardent beaucoup en seruant, ce sont les soldats. Pourtant ne doyuent-ils estre frustrez des loyers que les moindres d'eux esperent, & que les grands ne leur sçauroyēt dénier. Car la valeur demonstree à vne force atractiue qui arrache des bouches & des mains mesmes de l'ignorant, de l'auare & de l'ingrat, des loüanges & des couronnes.

En quoy consistēt ces recompenses.

Or ces auantages, dequoy i'entens parler, consistent en deniers, & sont petites recompenses qui s'ottroyent par le Roy Catholique, ou ses lieutenās generaux, à ceux qui ont fait quelque prouësse. Les moindres sont de deux escus & les plus grādes sont de huit. Et ce qui est encor à noter, est que si vn soldat, qui a desia esté beneficié, refait encor actes extraordinaires, il reçoit nouueau biēfait. Ie suis memoratif d'en auoir veu plusieurs qui à diuerses fois auoyent obtenu chacun en particulier, iusques à vingt & vingtcinq escus dauantage outre leur solde ordinaire: qui est à mon auis vn tres-beau moyen pour l'entretenement d'vn soldat, & vne honneste marque de sa valeur. Aucuns toutesfois logent ces loyers-ci sous le titre d'vtilité, & non sous celui d'hōneur. Mais s'ils regardoyent à la cause qui a acquis, autant qu'à la qualité de la chose acquise, ils verroyent qu'ils sont aussi honnorables que profitables. Communément le general les assigne, pource qu'estant auiourd'hui sur les lieux il conoit ceux qui en sont dignes, plustost que le Roy qui en est esloigné. Et quand il a baillé son ordonnance à quelqu'vn, apres qu'il aille où il voudra, moyennant qu'il serue dans les bandes d'Infanterie, qui sont reparties en diuers lieux de cest Empire, tousiours sera-il payé: car telles dettes sont merueilleusement priuilegiees.

Leur origine & vtilité.

Ie n'ay point sçeu sçauoir quand ceste coustume

a eu

a eu commencement: mais ie presume que l'Empereur Charles en a esté l'autheur, lequel, se trouuant aux armees & aux exploits, a jugé qu'elle estoit necessaire pour maintenir & accroistre la valeur de ses soldats: & par les fruicts qui s'en sont veus, & se voyent encor, on peut affermer que son jugement a esté fondé en bonne raison. Estant vray ce qu'a dit quelqu'vn, que quand on seme force hõneurs on fait leuer beaucoup de vertu. Car le soldat qui void son prix asseuré, comme deuant ses yeux, ne craint nullement de s'auanturer (l'occasion s'offrant) aux perils, pour monstrer qu'il a du courage, & qu'il est desireux de renom: dont s'ensuit aussi qu'il est plus affectionné à bien composer sa vie. I'ay ouï dire à cest honnorable vieillard Pedro de Pas, que dans son Tertio ou Regimen, qui estoit de vingt & trois enseignes Espagnoles, il y auoit plus de douze cens escus d'auãtages par chacun mois, qui estoit vn bon tesmoignage qu'il estoit rempli d'hommes valeureux.

Respõse à ceux qui estiment l'argent estre mal employé en telles recõpenses.

Il y aura parauanture quelque Censeur qui fera sur ceci vne exclamation & dira, Comment, n'est-ce pas vne prodigalité excessiue que bailler quatorze mille escus par an d'extraordinaire à vn Regimen? Entretiendroit-on pas de cela deux cens cinquante bons soldats? Mon ami, qui t'arrestes tant au nõbre, ie t'accorde que tu auras des soldats: mais de bons ie te le nie, car pour les rendre & auoir tels, il les faut traiter dignement. Ie m'esbahi dequoy tu iettes si fort tes yeux espargnans sur les legitimes loyers des longs labeurs d'autrui, & les destournes de toy-mesmes. Car que fais-tu sinon viure delicieusement, n'ayant autre peine qu'à remplir tes coffres des richesses publiques, qui surmontent de beaucoup ce que tu estimes superflu & que tu voudrois encor attraper? Tais-toy, ie te prie, ou autrement ie conseilleray qu'on t'enuoye reconoistre la premiere bresche qui se fera. Or si on pensoit que ie voulusse seulement aller cerchant ce qui est bien ordonné entre les nations estranges, pour y adiouster la loüange deuë, sans passer plus outre, on se tromperoit. Ie veux, apres auoir representé ce qui merite l'estre, inciter par là nos grands à imiter ce qui apporte tant de fruit à autrui, pour illustrer nostre Infanterie, laquelle estant bien policee & traittee, ne cede à aucune qui soit au monde.

Du peu d'ordre obserué entre les François pour le regard des récompenses.

QVAND ie me ressouuiens du peu d'ordre qu'il y a aux remuneratiõs de nos soldats François, i'ay honte dequoy tant de prudẽce qu'il y a eu parmi nous n'a peu aperceuoir qu'il falloit faire dauantage que nous n'auons fait. Ie sçay bien que celui qui fait paroistre sa vaillance peut monter aux grades des cõpagnies. I'ay veu aussi aucunefois que quand quelques vns auoyent commis de beaux actes, on leur donnoit dix & vingt escus pour vne fois: ce qui estoit encores rare. Il faut establir quelque chose plus ferme & plus continuee, ou bien que nos remunerateurs soyent accusez d'ingratitude. Mais oserois-ie dire celle qui se void souuent, quand il est question des pauures estropiez ou enuieillis aux armes, qui requierẽt qu'on ait compassion d'eux? Si de cent les dix reçoyuent gratification, c'est tout: & encor quelle est elle? Vne place de Moine Laic dans vne abbaïe: où, apres que le pauure soldat est arriué, il n'y aura pas demeuré quinze iours que la pluspart des Moines (qui se mocquent des labeurs, des perils, & des coups, & ne celebrent que l'oisiueté,

la soula soupe, & les gobelets) lui font tant de trauerses qu'il est contraint de composer à cinquante, ou soixante francs pour sa pension, & se retirer ailleurs. Ces exemples vont descourageant nos gens de guerre & les induisent à prendre de mauuaises deliberations, ce qui n'auiendroit si souuent, si lon establissoit dans nos bandes la coustume que i'ay proposee.

Moyen d'establir ceste disipline.

MAIS pource qu'auiourd'hui nostre France n'a point de flottes annuelles des deux Indes, comme ce grand Empire qui la va menaçant: il faudroit, ne pouuant faire autant, au moins faire quelque partie de ce qui conuient: pour rendre plus braues & obeissans ceux qui portent la picque & l'harquebuse pour la defendre. Et ie demande, quand à vn Regimen de dix enseignes on assigneroit seulement quatre mille escus pour les auantages par chacun an, lesquels on donneroit apres auoir esté acquis par actiõs segnalees & non autrement, qui seroit pour dix Regimens quarante mille escus: seroit-ce vn si mauuais mesnage pendant vne guerre? I'estime que pour vn petit Duc ce seroit trop. Mais pour vn Roy de France lon reputeroit vne telle despense petite, pour le bien qui en resulteroit, lequel se monstreroit en ce que le soldat en deuiendroit meilleur combatant & mieux viuant, quand il verroit sa peine & sa diligence estre reconuë. On ne sçauroit croire la mauuaise opinion que les estrangers ont conçeuë de nos soldats François, les ayans veus es voyages de Flandre & aux guerres de France, si desordonnez en la campagne, & quelquefois si mal combatre. Et combien que cela soit procedé en partie de leur auoir trop lasché la bride, & de les auoir trop mal payez: si peut-ont dire aussi que le peu de recompenſe qu'ils ont eſperé, & qu'on leur a donné, les a fait deſpiter, & cercher par toutes voyes le profit, puis qu'on leur dénioit les loyers d'honneur. Deuenons donques plus diſpoſez à remedier à nos defauts, & à ſuyure le bon ordre, ayant conu noſtre negligence paſſee, & monſtrons à ceux qui ſi liberalement expoſent leur vie quand on leur commande, qu'on les a en recommandation : & alors nous conquerrons & garderons. Ie dirois à ceſte heure quelque mot des grandes remunerations & autres marques honnorables qui ſont apparentes, qui apartienent à ces braues Capitanes & gentils cheualiers, leſquels executent les belles entrepriſes : mais ie m'en deporteray, pource que ie ſuis preſſé de digerer les dures amertumes d'vne aprehenſion aſſez bien fondee de priſon perpetuelle.

FIN.

QVA

QUATRE PARADOXES MILITAIRES.

DIXHVITIEME DISCOVRS.

PREMIER PARADOXE.

QU'UN ESQUADRON DE Reitres doit batre vn esquadron de lances.

CEVX qui sont quelque peu versez aux lettres sçauēt bien que Paradoxes sont sentences ou propositions qui repugnent aux opinions communes, & par le passé il y a eu des Philosophes qui en ont proposé quelques vnes qu'ils auoyēt tirees de la doctrine des Stoïques, soit que ce fust pour mōstrer qu'on pouuoit tirer fruit de ce qui sembloit infructueux, ou pour exercer leur esprit. Quoy qu'il en soit i'ay bien voulu à leur exemple (pour donner matiere de discourir à plusieurs gentils Capitaines) mettre en auant ceux-ci, estimant que quand ils auront esté bien examinez, qu'aucuns leur donneront parauanture autant de credit qu'à l'opinion vulgaire. Entre ceux qui font profession des armes, on tiēt pour certain qu'vne troupe de lances doit batre & desfaire vne troupe de pistoliers: & semble que si quelqu'vn en vouloit douter, on l'estimeroit soldat peu pratiqué. Les Espagnols & les Italiens en doutent encores moins que les François. Et combien que ce soyent gens qui sçauent auecques jugement aprouuer ou reprouuer ce qui leur est presenté, si cui-

Que c'est que Paradoxe: & pourquoy ces quatre sont ici mis en auant.

de-ie qu'ils s'appuyent sur quelque legere experience, plus que sur autre fondement de raison. Mais en ce fait, comme en plusieurs autres, elle manifeste souuent des effects, desquels quand on a bien consideré les causes, on trouue qu'ils deuroyent arriuer d'vne autre maniere. Les Reitres deuroyẽt plustost que nuls autres estre defenseurs de ceci, pource que leur reputation y consiste : & parauanture s'ils se fussent tousiours monstrez fermes & diligens à le faire auecques la main, qu'ils auroyent maintenãt moins de difficulté de le defendre auecques la langue.

Reitres adroits à manier la pistolle, & quel auantage ils semblent auoir par dessus les lanciers.

CEPENDANT il leur faut dõner l'honneur d'auoir mis les premiers en vsage les pistolles, que ie pẽse estre tres-dangereuses quand on s'en sçait bien aider. C'est vne lignee que les harquebuses ont enfantee, & (pour en dire ce qui en est) tous ces instrumens-la sont diaboliques, inuentez en quelque meschante boutique pour dépeupler les Royaumes & Republiques de viuans, & remplir les sepulchres de morts. Neantmoins la malice humaine les a rendus si necessaires, qu'on ne s'en sçauroit passer. Or pour s'en preualoir il conuient auoir vn soin merueilleux, ce que toutes nations n'ont à beaucoup pres (i'entens des pistolles) tel que les Alemans : qui est occasion que ie les mettray sur les rangs comme ceux qui emportent le prix en ceste espece de cauallerie qui porte telles armes. Ie ne m'arresteray point à deschiffrer par le menu toutes celles du Reittre, car on ne les conoit que trop. C'est assez de dire que les defensiues sont pareilles à celles des lanciers en bonté, mais les offensiues les surpassent : parce que le gendarme ne se sert de sa lance que pour vn coup, là où le Reitre porte deux pistolles,

les, dequoy il en peut tirer six ou sept, qui endõmagent grandement quand il le fait à propos. Chacun porte aussi l'espee, dont les effects peuuẽt estre egaux. La pistole pouuant donc fausser les armes defensiues & la lance non, il faut conclurre que le Reitre à l'auantage aux offensiues, & esgalité aux defensiues.

En faueur du lãcier, on peut aussi mettre en auant qu'il est mieux mõté, & à la tenuë plus ferme que l'autre: pareillement que la lance effraye de loin quand on la void bransler auecques sa longue banderolle. A ceci ie respondray, que l'ordre massif & serré que tienent les Reitres, supplee à la foiblesse de leurs cheuaux et de leur tenuë. Quant à l'effroyemẽt de la lance, il n'est pas de si grãde efficace qu'est l'estonnemẽt qu'apporte la pistolle, quand on la sent bruire de pres. Faisons combatre, dira quelqu'vn, ces deux champions l'vn contre l'autre, & celui, qui sera superieur, enseignera lequel des deux esquadrons le deura estre. Ceste obiection a belle apparence, mais elle peut estre fausse. Car en ce fait-ici les raisons particulieres sont differentes des generales. C'est comme si on disoit, puis qu'vn harquebusier en campaigne tuera vn picquier armé de corcelet, il s'ensuit que les harquebusiers es iournees desferont les bataillons de picques: ce qui aduient tout au contraire, estant certain que le plus souuent lesdits bataillons donnent les victoires. Mais posons le cas que le lancier & le pistollier s'attaquent, tousiours l'issuë en sera douteuse, combiẽ que i'estime que si le pistollier se garde de heurter teste pour teste contre le lancier, qu'il aura l'auantage sur icelui, à cause de la grande offense que font les armes qu'il porte. Si on replique, que parmi la Noblesse on

Quel auantage le lancier semble auoir par dessus le pistolier, specialement teste à teste.

tient pour maxime qu'vn bon gendarme doit batre aisément vn Reitre, ie respondray que parmi les Alemans ils en tienẽt vne toute contraire. C'est qu'vn braue Reitre doit tuer le gendarme qui le vient assaillir, & emmener son cheual: car il faut qu'ils grippẽt tousiours quelque chose. Voila comme des deux costez chacun veut garder son honneur, iusques aux combats priuez.

Qui des deux esquadrõs doit auoir l'auantage.

TOVTESFOIS le principal est de mõstrer quels doyuent estre les euenemens de ceux qui se font en gros. Et pour en bien iuger, lon doit considerer en premier lieu la valeur des hommes. Sur quoy les lanciers diront que leurs compagnies estans plus fournies de Noblesse que celles des autres, qu'aussi elles doyuent estre plus valeureuses. Mais il faut noter aussi que dans les cornettes de Reitres il y a de la Noblesse quelque peu, & quantité de soldats experimentez. Et quant aux Capitaines, pource qu'ils sont si souuent employez de diuers Princes, ils doyuent estre entendus en l'art militaire. Et pour auoir plustost expedié, ie presupose, qu'en courage, experience & nombre, les deux esquadrons soyent esgaux. Voyons lequel des deux garde mieux l'ordre. Car quand on l'obserue comme il conuient, allant à la charge, cela donne vn grand fondement à la victoire. En ceci il faut dire que Alemans surpassent toutes les autres nations, par ce qu'il ne semble pas seulemẽt qu'ils soyent serrez, ains qu'ils soyent collez les vns auec les autres: ce qui procede d'vne ordinaire accoustumance qu'ils ont de se tenir tousiours en corps, ayant apris tant par conoissance naturelle, que par espreuue, que le fort emporte tousiours le foible. Et ce qui rẽd encores bon tesmoi-

gnage

gnage qu'ils ne faillent gueres en ceci, eſt que quand ils ſont rompus, ils ſe retirent & fuyent ſans ſe ſeparer, eſtans tous ioints enſemble. Les lanciers ne font pas ainſi, ains le plus ſouuent, en attaquant, ils ſe mettent eux-meſmes en deſordre: & l'occaſion eſt, qu'il faut vn peu de carriere pour bailler coup à la lance. Mais ils la prenent trop longue (au moins le François) car ſon ardeur fait que de deux cens pas il commence à gallopper, & de cent à courre à toute bride, qui eſt faire erreur, n'eſtant beſoin de prendre tant d'eſpace. Puis donc que c'eſt vne maxime que les eſquadrons ſe rompent du violent choq qu'ils reçoyuent, faut-il pas inferer que ceux qui ſe maintienẽt plus ſerrez, & heurtent auec tout le corps ioint, font vn plus grand effort & effect? Il eſt mal-aiſé de le nier. Et qui eſt-ce qui pratique mieux ces reigles que les Reitres quand ils veulent bien combatre?

Reſponſe à vne obiection, Que les Reitres ſe ſont laiſſez batre pluſieurs fois par les lanciers.

PLVSIEVRS n'approuueront ceci, & obiecteront que leſdits Reitres ne ſe fuſſent laiſſé battre tant de fois, s'il y euſt eu tant de vertu en leur bon ordre? A cela diray-ie, que la coulpe n'eſt prouenuë d'icelui, ains de quelques mauuaiſes couſtumes qu'aucũs d'eux ont ſuyuies, venant au combat. La premiere eſt, qu'eſtans à vingt pas des ennemis ils leur tournent le flanc & deſchargent ſur eux leur ſaluë de piſtolles: pource (diſent-ils) que plus de gens peuuẽt tirer que s'ils heurtoyẽt par teſte. Et ſi leſdits ennemis s'eſtõnent & tournent le dos, ſans doute ils les accouſtrent mal. Mais s'ils tienent ferme, ils vont refaire vn grand circuit pour recharger ou reprẽdre nouuelles piſtolles. Or il eſt auenu ſouuent qu'on ne leur a pas ſeulement donné le loiſir de retourner teſte: car on a interpreté leurs tours & retours à vne fuite, & les a-on suyuis si chaudement, qu'ils ont pris la carriere tout du long. Ceste mal-inuentee façon est plus propre pour iouër aux barres que pour combatre. Et m'esbahis que ceux qui les ont conduits ne se sont souuenus que la pistolle ne fait quasi nul effect, si elle n'est tiree de trois pas, & que les troupes ne se rompent point si elles ne sont viuement ~~entourees~~ enfoncees. Vne autre coustume qu'ils obseruent est, que lors que les premiers rangs de l'esquadron commencent à tirer, tout le reste descharge aussi & la pluspart en l'air. Parauanture imaginent-ils que ce grand bruit fera peur aux ennemis: ce qui seruiroit s'ils ressembloyent à des moutons, ou à des corbeaux. Mais les François & Espagnols ne sont pas si aisez à estonner. L'inconuenient qui prouient de ceci est tel; c'est que les derniers rāgs qui doyuēt tousiours pousser les premiers, se voyans auoir tiré en vain tienent bride au lieu de s'auancer, & entrent plustost en effroy que ceux qui sont à la teste & au peril. Il ne faut donc pas trouuer estrange si ces mauuaises manieres de combatre ont engendré de mauuais succes. Mais si on veut regarder aux autres Reitres qui ont attaqué comme ils deuoyent, on trouuera qu'ils ont fait du meurtre, & mis des lanciers à vau de route, ce qui a rendu leurs Chefs plus auisez, lesquels leur font tenir maintenant les bonnes voyes.

Fautes que commettent les Reitres.

enfonsees

De l'effort des deux esquadrons venans à se charger.

PARLONS de l'affrontement des deux esquadrōs. Sur cela ie diray, encores que celui de lances face sa charge valeureusement, qu'il n'en peut succeder grand effect: car à l'affronter, il ne tue personne, & y a du miracle quand quelqu'vn l'est de la lance: mais il peut blesser des cheuaux, & quant au choq il est souuent ſtent peu vigoureux, là où les Reitres bien inſtruits ne deſchargent point leurs piſtolles qu'en heurtant: & tirant de pres les coups portent, qu'ils adreſſent touſiours aux cuiſſes ou aux viſages. Le ſecond rang tire auſſi, de ſorte que la teſte de l'eſquadron de gendarmes ſe trouue à ceſt abord demi ruinee & eſtropiee. Et comme ainſi ſoit que le premier rang d'icelui puiſſe faire quelque mal auec la lance principalement aux cheuaux, ſi eſt-ce que les autres rangs qui le ſuyuẽt ne peuuẽt faire le ſemblable, ains ſont cõtrains (au moins le ſecond & le troiſieme) de la ietter pour s'aider de l'eſpee. Et ſur ceci faut conſiderer deux choſes, que l'experience a confirmees. L'vne, que les Reitres ne ſont point ſi dangereux que quand on eſt meſlé auecques eux: car c'eſt tout feu. L'autre, que s'eſtans deux eſquadrons entr'afrontez, on n'a pas quaſi deſchargé la ſeconde piſtolle, que l'vn ou l'autre tourne. Car on ne ſe conteſte plus, comme faiſoyẽt les Romains contre les autres nations, qui demouroyent ſouuent deux heures en campagne, combatans teſte à teſte, ſans que nuls tournaſſent viſage. Pour toutes les raiſons ſuſdites ie ſuis contraint d'aduouër que l'eſquadron de piſtolier, voulant faire ſon deuoir, rõpra celui de lances.

Conſideration de quelques repliques en faueur de l'eſquadrõ de lances.

On peut encor repliquer que le gendarme porte auſſi vne piſtole, dequoy il ſe ſert, ſa lance eſtant rompuë. Cela eſt beau à dire: mais la pratique s'en trouue fort froide, parce que la pluſpart d'eux n'ayãs pas meſme le ſoin de la charger, & s'en remettans à leurs valets, qui n'en ſçauent pas mieux l'vſage qu'eux, quand ce vient à cõbatre, la moitié faillent, ce que pluſieurs ont eſprouué aſſez de fois: ou biẽ, pour eſtre mal chargees, n'endommagent point. Quiconque ſe veut bien aider de telles armes, il en doit estre curieux, comme on est d'vn cheual, à quoy il est bien mal-aisé d'assuiettir les nations qui reputent ceste occupation basse & seruile. Encores dira-on ceci, en faueur des gensdarmes, qu'ils peuuent en telle sorte attaquer l'esquadron de Reitres, qu'ils le renuerserõt : c'est qu'estans à quatre vingts pas d'icelui, ils facẽt sortir les trois derniers rangs de lances qui lui aillent gaillardement donner par le flanc : car par ce moyẽ ils l'entr'ouuriront, rompans son impetuosité, & lui aporteront frayeur, dont s'ensuyura que l'esquadron lancier en aura meilleur marché. Ie respondray que ie loüe vne telle obseruation, encores qu'elle soit peu vsitee. Neantmoins c'est vne chose qui est commune, tant aux vns qu'aux autres. Car si vous l'enseignez au Reitre, il vous payera en mesme monnoye, en vous iettãt aussi partie de son gros, pour dõner par les costez du vostre : & ainsi vostre inuention lui seruira de remede, & parauanture qu'il s'en preuaudra mieux que vous. Or tout ce que i'ay discouru n'est pas en intẽtion de faire desdaigner les lances aux François : car ie cuide que ce sont armes qui leur sont merueilleusement propres, estans disposez cõme il sont. Et iusques à ce qu'ils ayẽt apris à garder fermemẽt l'ordre & à estre plus soigneux de leurs armes, ils ne feront les effects de la pistolle tels que les Reitres. Ceux qui estiment la pistolle si espouuantable & offensible, n'ont pas mauuaise opinion : à laquelle ie ne contrediray pas, moyennant qu'elle soit maniee par mains valeureuses.

Fin du premier Paradoxe.

SE-

SECOND PARADOXE.

QVE DEVX MILLE CINQ cens corselets & quinze cens harquebusiers se peuuent retirer trois lieuës Fraçoises en campagne rase deuant deux mille lances.

ENTRE les actes militaires qu'on estime segnalez, cestui-ci marche au premier rang, comme l'vn des plus difficiles. Aussi aporte-il vn grand tesmoignage de la suffisance du Capitaine qui en vient à bout. Cóme il y en a peu qui le voulussent entreprendre, de crainte d'y faillir: aussi parauanture s'en trouueroit-il peu qui aisement voulussent croire qu'il se peust faire, voyant que c'est vne chose qui aduient si raremét. Ie ne reprouuerois pas leur opinion, s'ils entendoyent qu'en l'indisposition où est maintenant nostre Infanterie il fust impossible de paruenir à vn tel effect. Car estant sans vsage de la picque & sans discipline, ie ne cuide pas que dix mille harquebusiers, tirez d'elle, osassent se monstrer en plaine seulement deuant six cens láces. Mais auec les quatre mille hommes dequoy i'entés parler (& non d'autre nation que de la nostre) restituez en bon ordre, obeïssance, & en leurs anciennes armes, je veux maintenir qu'on peut faire la retraite proposee.

Pourquoy ce Paradoxe est rebuté de la pluspart.

CEVX qui voudrót contredire à ceci (cóme il s'en trouuera plusieurs) mettront vn argument en auant tiré de l'experiéce, disans que les histoires ne representent aucuns semblables exemples, au moins ceux qui

Preuue d'icelui par exemples notables tirez des histoires de nostre temps.

ont escrit les guerres qui se sont faites depuis l'an 1494. iusques à present, lesquelles ont esté tresmemorables: & que c'estoit du temps des Romains qu'on voyoit de telles preuues. A ceci ie respondray, puis qu'on me bat de l'experience, que ie me veux aussi defendre par elle-mesme, & diray qu'elle ne fait pas plus contre moy que pour moy. Car si on regarde à ce qui s'est passé, on remarquera quelques euenemens, qui font foy que ce que i'ay mis en auant n'est pas impossible.

Premier exemple.

I'allegueraí en premier lieu ceste belle retraite que fit Don Aluaro de Sande en Afrique. A ce que i'ay ouï reciter il auoit auec lui quatre mille Espagnols, soldats de grande valeur, & pour arriuer où il vouloit aller, il lui conuenoit passer quatre ou cinq mille de plaine, à quoy il ne differa de s'auanturer, se confiant en ses gens. Mais il ne fut pas plustost acheminé que dixhuit ou vingt mille cheuaux Maures lui furent aux espaules, qui desiroyent le prendre en ce mauuais parti. Lui ayant formé son bataillon & exhorté ses soldats tira sa route, en laquelle il fut assailli par cinq ou six fois de la pluspart de ceste cauallerie: mais il la soustint & repoussa si brauement que sans auoir perdu plus de quatre vingts hommes, il rendit le reste à sauueté, auec occision de sept ou huit cens Barbares. On dira qu'eux n'estans point armez n'enfonçoyent pas viuement comme fait la cauallerie Chrestienne, laquelle les surpasse de beaucoup en hardiesse. I'accorde que la nostre est plus valeureuse. Si est-ce que la leur n'assaillit pas mal, autrement ils n'eussent pas tant perdu Et par cest exploit il appert qu'vne Infanterie resoluë & bien conduite peut passer par tout. Guichardin recite aussi en son histoire vn assez gentile retraite de

Deuxieme exemple.

deux

deux mille Espagnols, apres que leur armee eut esté rompuë à Rauenne par les François. Car estans ralliez en corps, encores qu'on les chargeast & suyuist auec la cauallerie, cela ne les empescha de se sauuer, mesmes ils tuerent Gaston de Foix victorieux qui les poursuyuoit.

Que telles retraites se peuuēt faire quād l'art militaire & l'instructiō des soldats est iointe à vne hardie resolution.

En ces retraites ici aparoit beaucoup de determination, mais peu d'art, qui toutefois est grandement necessaire en tels affaires: à quoy i'adiousteray encor l'instruction des soldats. Et quand ces trois choses se trouuent coniontes en vne troupe, ie ne doute point qu'elle ne face de plus grandes merueilles que les precedentes. On dira que les François se sçauent à present mal aider de la picque, ce qui est vray: dequoy ie ne m'esbahis pas. Car quand on la veut bailler à quelcun, & le corcelet, on ne regarde à autre chose, sinon s'il a de bonnes espaules, comme si c'estoit pour porter vn coffre, ainsi qu'vn mulet, & la noblesse en a du tout quitté l'vsage. Voila pourquoy ie desirerois que l'ordre militaire fust restabli, & qu'elle reprist la picque auec laquelle on combat de pres & à descouuert, & laissast à la ieunesse & aux pauures soldats le maniement de l'arquebuse, pource qu'ordinairement auec icelle les combats se font de loin & à couuert, estant l'vn beaucoup plus hõnorable que l'autre. Quand les Capitaines anciens ont voulu essayer vne entreprise difficile, ils n'ont pas desiré seulement d'auoir des soldats disciplinez, mais aussi ont estimé qu'ils deuoyent estre aguerris, dautant que leur asseurance en est plus grande. Car de vouloir tenter ce qui est perilleux, auecques gens nouueaux, c'est estre mal-auisé. Ie viendray à ceste heure à l'instruction, qui est (comme i'ay desia dit) es faits qui sont extraordinaires merueilleusement requise : & cependant nous voyons maintenant que la pluspart des soldats la mesprisent, & les Capitaines ne s'en soucient pas. Or ie presupose qu'vn soldat soit vaillant, & qu'en quelque lieu qu'on le place, il fera son deuoir. Mais ie demande s'il ne le fera pas encores mieux, & s'il ne combatra pas plus asseurément, quãd il aura esté auparauãt persuadé par bonnes raisons, qu'vn bataillon ne se peut forcer de la cauallerie par les testes : & pour resister par les flancs, qu'il les faut fortifier, comme ie diray ci apres, que s'il estoit ignorant & en doute de ce qui peut arriuer? Ie pense que personne ne le voudroit nier. Il est certain que ce qui est en partie cause de l'effroy, que souuent prenẽt plusieurs gẽs de guerre, est leur ignorance, entant qu'il leur semble, quand ils voyẽt les ennemis en barbe, qu'ils doyuẽt manger (comme on dit) les charrettes ferrees. Ie sçay biẽ que par la pratique on aprend à conoistre le vray & le faux, mais on y cõsume beaucoup de temps, si elle n'est aidee par les enseignemens familiers & ordinaires, que les Capitaines qui veulent auoir les bonnes compagnies sont diligens de donner à leurs soldats.

Disposition de l'Infanterie susmentionnee pour faire teste en cãpagne à la cauallerie.

AYANT donques le nõbre d'Infanterie, dont i'ay fait mention, aguerrie & instituee, ie voudrois la renger en ceste maniere. A sçauoir en deux bataillons chacun de douze cens cinquãte corcelets, & sept cens cinquante harquebusiers. Et si on demãde pourquoy plustost en deux qu'en vn : je respõdray que c'est à fin qu'ils s'entrefauorisent l'vn l'autre, cõme on le pourra aperceuoir par la figure qui est ici adiointe, à fin de le mieux faire comprendre.

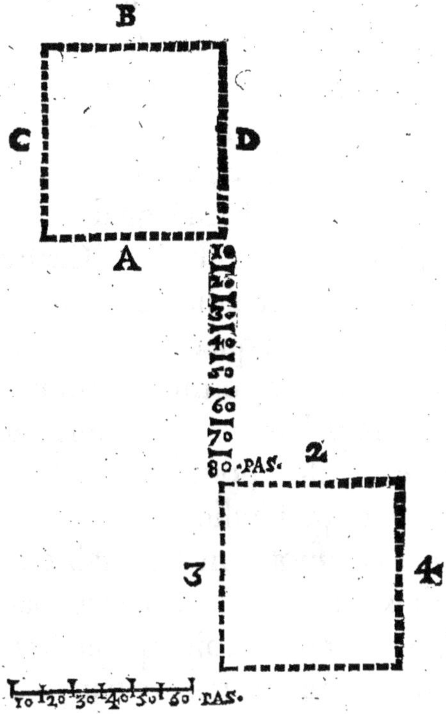

CAR ne marchans plus esloignez les vns des autres que de quatre vingts pas, & se costoyans, il s'ensuit que la teste du bataillon marquee (A) difficilement peut estre chargee, d'autant que le costé du bataillon marqué (3) la flanque, comme aussi la dite teste fait le mesme effect en faueur dudit flanc, par la mesme raison l'vne des testes du bataillon marquee (2) & le flanc de l'autre marqué (D) s'entresecourent aussi par l'harquebuserie, en sorte que le peril est grand à la caualle-rie d'attaquer par tels endrois qui s'entreflanquent. Mais on dira qu'encor que les deux bataillõs ne puissent estre assaillis chacun par deux costez, pourquoy on ne trouue aussi bon d'en faire seulement vn seul, lequel on ne sçauroit attaquer par dauantage d'en-

Declaratiõ de la figure.

droits : car il ſemble que la reſiſtance qu'il feroit, ſeroit plus gaillarde, dautant que la force qui eſt vnie, eſt bien plus grande que celle qui eſt ſeparee. Mon auis eſt qu'en ces faits ici, il n'eſt pas tant queſtion de regarder à la groſſeur ou petiteſſe des bataillons, qu'à la difficulté, & à l'empeſchemēt qu'il y a lors qu'on ſe trouue attaqué par pluſieurs coſtez. Car c'eſt grande auanture s'il n'arriue quelque deſordre, quand vn corps doit faire teſte en quatre lieux : mais n'ayant à la faire que par deux, les hommes s'y diſpoſent auecques beaucoup plus d'ordre & de facilité. Ie me contenteray de ceſte raiſon pour la verification de mon dire, encor que i'en puiſſe alleguer d'autres.

De la diſpoſition des bataillons.

QVANT à la diſpoſition des bataillons ie deſirerois que les files ou rangs fuſſent de cinquante corcelets, dont à la teſte en y auroit ſept qui feroyent trois cens cinquante, apres dix rangs d'harquebuſiers, au milieu deſquels ſeroit le rang des enſeignes, puis pour la queuë ſix files de corſelets, qui ſont en tout ſix cens cinquante corſelets, & cinq cens harquebuſiers, mis en vingt & quatre rangs. Aux flancs, où giſt la difficulté, ie les voudrois accomoder en la maniere qui s'enſuit, (ſans y placer aucun harquebuſier, comme on a acouſtumé) faiſant ſix rangs de trois cens corſelets, à cinquāte hommes chacun, leſquels ſeruiroyent pour faire teſte de ces coſtez-la. Ils marcheroyent autrement que les autres ayās les ennemis prochains, à ſçauoir ſerrez & portans leurs picques droites apuyees cōtre l'eſpaule, ce qui eſt aſſez en vſage, là où ceux des teſtes du bataillon, quand affaire ſe preſente, les portent trainantes en marchant, dont il aduient qu'il y a beaucoup d'eſpace entre leurs rangs. Or ces ſix rangs
lors

lors que la charge se presenteroit, ne feroyent autre chose apres estre arrestez sinon faire vn demi tour, & se trouueroyẽt tous en leur ordre la face tournee vers l'ennemi, & ne tiendroyent (à mon auis) qu'enuiron soixante pas communs en longueur, qui seroit proprement ce que le bataillon, serré pour combatre, pourroit auoir de descouuert par les flancs. Par ainsi ils seroyẽt armez pour faire resistance à la cauallerie, laquelle ne se peut faire bõne qu'auec les picques: car l'harquebuserie sans couuerture se renuerse aisément. Il resteroit encores deux cens cinquante harquebusiers pour placer au bataillon, entre lesquels seroyent contez les mosquetaires, lesquels ie voudrois qu'ils fussent distribuez en quatre parties, en chascune soixante & vn peu plus, pour se tenir comme desbandez deuant les picques, & venant la charge, ils s'iroyent renger sous celles des premiers rangs des quatre costez du bataillon.

Respõse à vne obiection contre l'auis precedent.

AVCVNS trouueront estrange que ie fais les testes si foibles & seulement de six rangs de corselets, estimans que c'est trop peu pour soustenir l'impetuosité d'vne cauallerie. A cela ie diray que quand il y en auroit dix, qu'elles seroyent meilleures, mais ie me suis accommodé selon la matiere, toutesfois ie pense que tels fronts sont suffisans pour resister aux gens de cheual, qui est chose assez facile à faire, quãd les hommes ont le courage & l'asseurance de tenir ferme, & ne s'est gueres veu de bataillons renuersez de la cauallerie par la teste. Quãt aux flãcs que i'ay ainsi couuerts comme on a veu, il sont de pareille force que les testes, moyennãt qu'ils sçachent bien garder leur ordre.

Du moyen que les bataillons

VOICI la maniere qui me sembleroit deuoir estre

deuroyent tenir pour se retirer ou pour combattre.

tenuë pour cõbatre. Premieremẽt quand la cauallerie se tiẽdroit esloignee il cõuiendroit que les bataillons auançassent chemin, & la voyãt preparee pour les venir charger, qu'ils s'arrestasset pour se mieux disposer en bõ ordre, & afin de soustenir le choc de pied ferme. Les premiers rangs de corselets appuyeroyẽt bien fermement en terre le bout de derriere de leurs picques, afin qu'elles ne bougeassẽt encores qu'vn cheual s'enferrast dedãs, & les tiẽdroyẽt enuirõ le milieu, & sous ce qui outrepasseroit se rengeroyent les soixãte mosquetaires & harquebusiers ordõnez, ayans le genouil en terre pour tirer là de plus grãde asseurance & estre aucunemẽt conseruez. Les autres files de corcelets se tiendroyẽt debout, iointes quasi auecques le premier rang, & feroyent le corps du bataillon. A ceste heure la caualerie venãt à la charge, ie ne doute point qu'elle ne se trouuast grandement offensee des harquebusiers, lesquels tirans seulement de vingt pas droit à la teste des cheuaux estroppieroyent (à mon jugement) tout le premier rang de l'esquadron. Et si on dit qu'ils ne sont là gueres seurement, ie respondray qu'on ne les peut pas mieux placer à la teste qu'en ceste maniere : car il faut qu'ils y soyent pour faire ce dommage à l'affront, & encores que quelques vns fussent percez de lãçades, ou pistez de cheuaux, ce seroit parauanture quatre ou cinq de chasque costé, qui est petit mal. C'est chose asseuree que quand vn esquadron de cheuaux void verser à sa teste, à l'abordee, neuf ou dix cheuaux, que les autres qui suyuẽt pensent à leur conscience. Or apres que ledit esquadron auroit enduré ceste rude salue, il lui conuiendroit venir donner dans les picques du premier rãg, ou il faudroit que son impetuosité

petuoſité fuſt moderee, d'autãt que les premiers cheuaux enferrez ſeroyent contrains d'arreſter, & arreſteroyent auſſi les autres de derriere. Et quãd bien ceſte defenſe fleſchiroit vn peu, touſiours trouueroit-il le corps du bataillõ pour ſouſtenir encores ſon choc, où giſt la principale force. Et pour dire la verité, il me ſemble comme impoſſible, quand les ſoldats ne s'eſtonneroyent point, de renuerſer vne telle barriere: car il faut eſtimer, encores que les cheuaux courent de grande roideur, que pourtant peu de choſe les retient, le bruit & la fumee des harquebuſades les effraye, les bleſſeures les arreſtent, les aprehenſions des hommes leur font tenir bride, & les cris du bataillon ne ſont auſſi ſans quelque effect, combien que le plus grand procede de la reſiſtance des picques. Outre plus quelque rang des harquebuſiers placez au milieu du bataillon pourroit auſſi tirer par deſſus les picquiers, leſquels ſe bandans pour cõbatre ſe feroyent plus petis, de ſorte que partie du corps de l'homme de cheual ſeroit aperçeu.

Reſpõſe à vne autre obiectiõ fõdee ſur l'impoßibilité.

PARAVANTVRE que quelques vns ſe mocquerõt, diſans que toutes ces petites obſeruations ſont plus propres pour eſtre pratiquees aux ballets ou maſquarades qu'à la guerre, & que la vieille mode eſt touſiours la meilleure, ſans s'ẽpeſcher de tant de nouueautez impratiquables. Mais ie ne ſeray pas de leur opiniõ, car ils me font ſouuenir de pluſieurs de nos peres qui ſe mocquoyẽt de tãt d'inuentions dont on ſe ſert pour la fortificatiõ des places, & diſoyent q̃ c'eſtoyẽt inuentions Italiques, & qu'vn bon gros rẽpar ſuffiſoit pour garentir les hommes de l'impetuoſité du canon, ſur lequel il ſe falloit defẽdre picque à picque. Et toutefois l'experience nous a fait voir qu'alors les villes se prenoyent en huit iours, où à present on consume quasi vne saison, tant il faut combatre de fois, auant qu'on ait gaigné vn rauelin, puis le fossé, en apres le rempar, puis le retrenchemẽt. Car s'il se trouue dans vne place vn homme ingenieux & soldat (comme à Mastrich le Capitaine Bastian) il fait suer sang & eau à ceux de dehors. Ce que ie requiers que nostre bataillon face, ne me semble point si malaisé à pratiquer, veu que les soldats nouueaux à qui on aprend des limaçons font bien dauantage de tours & retours, pour leur plaisir, pourquoy dõc de vieux soldats ne trauailleront-ils à s'instituer en ce qui leur peut aporter honneur & saluation?

Responsé à deux autres obiections.

On peut faire encores deux obiectiõs. la premiere, Que les flancs du bataillon seront tousiours beaucoup plus debiles que les testes, à cause que ceste couuerture que ie leur ay baillee, consistant en vn ordre difficile, est facile à desordonner. Ie confesse que pour assaillir, lesdits flancs se trouueroyẽt inferieurs, par ce que les bataillons marchent en auãt & non pas de costé. Mais pour soustenir de pied ferme vn effort, i'estime qu'en obseruant ce que i'ay dit par ci deuant, qu'ils le soustiendront quasi aussi bien que les testes. Et à fin que la conduite fust meilleure, ie voudrois qu'à chacun flanc y eust deux Capitaines auec la picque & des plus segnalez soldats. La seconde obiection est, que les quatre coins du bataillon, encores qu'on se serre, demeurent aucunement ouuerts, & de foible defense, comme d'enuiron sept ou huit pas d'espace, qui peut seruir d'entree à la cauallerie. Certes ceste consideration n'est impertinente, & pour y remedier faudroit

bailler

bailler place en ces encogneures à ſept ou huit des plus braues harquebuſiers, qui ne tireroyent qu'au grand beſoin, & ordonner aux ſoldats de la quatrieme, cinquieme, & ſixieme file, prochains deſdits lieux, d'y tourner leurs picques, pour ſouſtenir s'ils voyoyent vn effort s'y faire. Le plus grād danger pour tous leſdits gens de pied ſeroit aux deux premieres charges de la cauallerie, eſtant à preſumer qu'elles ſeroyent gaillardes: mais les ayant ſouſtenues, ils deuroyent prēdre bonne eſperance ayans amorti la premiere fureur de leurs ennemis, & marcher touſiours en bon ordre par la campagne, iettāt touſiours à quarante pas des bataillons quelques moſquetaires desbandez pour tenir la cauallerie plus eſloignee, & la voyant venir à eux en gros ſe fermer. I'ay grande opinion qu'en ſe gouuernant en ceſte maniere, vne glorieuſe retraite ſe pourroit faire.

Moyen d'eſſayer ce qu'il y peut auoir de fermeté en ce Paradoxe: & remede aux difficultez propoſees à l'encontre.

Et pour mieux comprendre ceci, les Colonnels qui ont des Regimēs, où il y a force picques, deuroyēt quelquefois eſſayer en choſes feintes, comme ceſt ordre conuient auecques la raiſon, & à l'auanture qu'ils ſe trouueroyent plus ſatisfais en eux-meſmes voyans vne peinture & repreſentation viue eſtre correſpondante à ce qu'il qu'ils auroyēt imaginé, ſuyuant ce recit. Quelqu'vn repliquera que les gēs de cheual pourroyēt ſi mal à propos attaquer ceſte Infanterie, qu'elle ſe ſauueroit deuant eux, mais que faiſant leurs charges par petites troupes (à ſçauoir au lieu d'vn eſquadron de trois cens cheuaux, en faire trois, chacun de cent, qui donneroyent les vns apres les autres) que cela esbrāſleroit merueilleuſemēt le bataillō. Car l'harquebuſerie ayant deſchargé ſur les premiers (qu'on ne peut nier qu'ils ne fuſſent grandement endommagez) les deux autres eſquadrons venãs apres auroyent vn grand auantage, eſtans exemptez d'vne telle offenſe, & qu'il y a quelque aparẽce qu'ils l'esbrãſleroyent. A la verité ceſte maniere d'attaquer eſt tres-bonne. Cependant il y a remede : car quelques harquebuſiers de ceux qui ſeroyent ſous le premier rang de picques pourroyent auoir rechargé auant que la ſeconde troupe de cauallerie euſt donné, puis des deux coſtez non aſſaillis, ou d'vn, on feroit auancer les harquebuſiers pour ſecourir le coſté qui le ſeroit, & quelques vns de ceux qui ſeroyent dedãs le milieu du bataillon pourroyent auſſi tirer. Ce qu'eſtant dextrement executé, les corcelets viendroyent à receuoir continuelle faueur de leur harquebuſerie : car ſans cela leur defenſe ſeroit vn peu froide. Pour concluſion ie crains beaucoup plus qu'il ne ſe preſente pas occaſion de tenter vne ſi braue retraite, ou qu'il ne ſe trouue Capitaine qui vueille eſtre le premier à l'eſprouuer, que ie ne doute qu'elle ne ſe puiſſe executer.

FIN.

TROISIEME PARADOXE.

QV'IL EST PROFITABLE à vn Chef de guerre d'auoir receu vne route.

PLVTARQVE en ses opuscules au traitté qu'il a intitulé, Qu'on peut tirer vtilité de ses ennemis, a aucunement verifié la proposition presente, où il monstre en general auecques vn art & eloquence tres-grande ce que ie pretens de monstrer en particulier, mais grossierement : à laquelle mienne opinion i'estime que plusieurs Capitaines (estans parauanture esblouïs de l'aparence des choses qui de leur nature sont nuisibles) voudront contredire. Toutesfois quand i'auray descouuert les fruicts qui sont cachez dessous, s'ils ne sont en tout satisfaits, au moins le seront-ils (comme ie pense) en la plus grand' partie. Et sans entrer plus auant en grands circuits de paroles ie viendray à la matiere principale.

Fondemēt general de ce Paradoxe.

CEVX qui sont constituez en charge militaire y montent ordinairement par deux voyes, l'vne s'apelle Merite, & l'autre Faueur. Quelques vns de ceux qui ont marché par la premiere se voyans en authorité deuienent superbes, & quelques autres qui ont passé par la seconde demeurent ignorans, qui sont des imperfections fascheuses, aussi faciles à conoistre en autrui, que difficiles à aperceuoir par ceux qui en sont possedez. Et tout ainsi qu'aux maladies qui s'engendrent es corps humains on aplique des remedes suyuāt l'art de medecine : pareillement celles-ci qui sont

Fondement particulier.

ſpirituels en ont auſſi beſoin. Mais ſouuent l'art ni le conſeil ne les aportent, ains l'accident, & reſſemblent plus proprement à des maux & ruïnes qu'à des remedes. Or ſi aucuns s'esbahiſſent dequoy en ce qui eſt dommageable on y trouue du profit, qu'ils conſiderent le Scorpion qui porte en ſoy l'aiguillon & le venin qui font la playe mortelle, & le medicament qui lui donne gueriſon. On peut dire auſſi que les deſaſtres militaires effectuent aucunesfois choſes quaſi ſemblables. Car en aportant vn mal aparent, ils ſeruent auec cela d'enſeignement pour guerir celui qui eſt caché, qui a cauſé l'autre. Ce mal interieur, dequoy ie veux parler, eſt l'orgueil, lequel ordinairemẽt naiſt en ceux qui ont beaucoup de ſuffiſance & de valeur, & rend l'ame auſſi diſproportionnee, que l'hydropiſie fait les corps, dont s'enſuit vne eſtimation deſmeſuree de ſoy-meſmes, & vn contemnement d'autrui, qui ſont deux erreurs qui ſouuent font trebuſcher en de manifeſtes ruïnes ceux qui les ſuyuent. Et comme tous doyuent fuïr de choir en ces grands inconueniens, auſſi doyuent-ils prendre de bonne part les corrections inopinees, qui les rendent plus prudens pour n'y retomber.

Exẽples des Chefs d'armees qui ont fait leur profit des routes par eux receues.

Le premier exemple que i'allegueray de ceux que ie preſume qui en ont fait leur profit, ſera de Gõſaluo Fernandes Eſpagnol, & treſ-renommé Capitaine, lequel ayant eſté le principal inſtrument, ſous Ferdinand d'Aragon, pour dompter & chaſſer les Maures hors de Granade, fut enuoyé au Royaume de Naples, que ce Roy diſputoit contre les François. Venant là auec vne armee contre eux, il lui ſembla parauanture que la gendarmerie Françoiſe ſe romproit

auſſi

aussi facilement que les Genetaires Maures, & que la gloire qu'il auoit ia acquise les estonneroit. Mais il se trouua deçeu, par ce qu'elle renuersa ses troupes, & lui perdit la bataille que Mõsieur d'Aubigni gaigna. Depuis il monstra qu'il auoit tiré instruction d'vn tel chastiment: car il se gouuerna auecques tel art & telle discretion qu'il desfit les François en plusieurs rencontres, & les chassa du Royaume.

Autre exẽple en Cæsar.

CE grand Iulius Cæsar, qui a surpassé en science militaire tous les Capitaines qui iamais furent, apres auoir ietté Pompee hors d'Italie & l'auoir enclos dans Dyrrachium, en deuint esleué, & l'en mesprisa, en sorte qu'ayant entrepris vn grand païs de tranchees, pour tousiours l'enserrer dauantage, Pompee conoissant lors l'occasion, sortit & lui tua la fleur de son armee, & peu s'en falut qu'il n'obtinst victoire entiere. Ceste rude atteinte rendit Cæsar si caut, preuoyant & diligẽt, qu'onques depuis il ne lui donna prise sur lui, ains, auec ses ruses accoustumees, l'amena au poinct qu'il demandoit & le surmonta.

Vsage de ces exemples.

CES deux exemples, l'vn ancien & l'autre moderne, suffisent pour faire conoistre que les plus grands personnages, qui ont accoustumé de moins s'enorgueillir, se laissent quelquefois aller à ceste imperfection: mais aussi ont-ils cela de bon qu'aisément ils se redressent, apres auoir reçeu de leurs aduersaires quelque chastiment de leur nonchalance ou temerité. Il ne faut donc pas que beaucoup de Capitaines, qui viuent auiourd'hui, ayent honte de confesser qu'en la prosperité on se peut desuoyer, veu que ceux qui auoyent tant de modestie ne se sont sçeu contenir.

Premiere occasion de la presomption.

LA premiere cause de ce mal gist en nous-mesmes, & est vne mauuaise inclination, qui fortifiee par l'acoustumance tend à nous exalter outre mesure, & quand il s'en presente vne occasion longue d'vn quartier, elle la fait longue d'vne aulne. En toutes professions d'arts & sciences, ceci s'aperçoit, mais beaucoup en la science militaire, en laquelle les professeurs s'estiment dignes de choses grandes, pource qu'ils exercent les actions de fortitude & magnanimité. Souuent entre les bandes des Espagnols on orra vn soldat nouueau, de trois escus de paye, dire (s'il sent qu'on le vueille mespriser) *Io soy tan bueno como el Rei.* Qu'on iuge à ceste heure que fera vn Capitaine qui s'est trouué en assauts & batailles? Il dira incontinent, Ie suis meilleur que le Pape. Voila comment la presomption militaire s'esleue mesmes hors des choses militaires.

Deuxiéme occasion.

VNE autre occasiõ y a qui aide à l'accroistre: ce sont les loüanges des amis, car ne se pouuãt garder de loüer ceux qu'ils aimẽt, & qui le meritẽt, en leur versãt de ce doux breuuage en quantité, ils leur en font boire tant qu'ils en deuienent demi estourdis. En ce cas-ici, ceux qui sont trop libres d'atribuer errẽt sãs y pẽser, & ceux qui sont trop curieux de receuoir errent en y pensant.

Troisiéme.

MAIS ce qui aide grandement à donner à l'orgueil sa vraye forme, ce sont les flateurs, qui suyuent ceux qui sont en authorité, ainsi que l'ombre fait le corps. Car auecques leurs paroles deceptiues & pleines de vent, ils enflent vne ame ainsi qu'vn ballon. Si quelque ieune Seigneur a fait vn acte de prouësse, ils le compareront à vn Gaston de Foix. Si c'est vn Capitaine plus experimenté ils lui diront qu'il a surpassé Bertrãd du Glesquin. Et si quelque autre meilleur succes leur arriue, ils l'esgalleront à Scipion ou à Marcellus.

lus. A celui qu'ils veulent amadouër, pour en tirer fruict, ils disent, qu'il doit pousser sa fortune, veu que les grands l'estiment, les soldats l'aiment, & le peuple l'admire. Ils adioustent encor que parmi les ennemis sa renomee vole: & quand ils sçauent qu'il est en campagne, qu'ils craignent comme font les pasteurs de Barbarie, sentans vn puissant lyon estre sorti des bois, & qu'eux se resiouïssent de le voir en si beau chemin d'acquerir de dignes trophees, & des moyens de recompenser ceux qui lui sont seruiteurs.

Effects de l'orgueil attisé par nostre mauuais naturel & par les discours des amis & des flateurs.

PAR ceste douce harmonie de langage, cestui-ci, qui parauanture presumoit desia assez de soy, vient à en presumer trop, & ne demande apres que guerre & bataille: mesmes les plus modestes, à qui les flatteries desplaisent, en les reiettant ne laissent pas d'en humer tousiours quelque petite portion, pour repaistre ce peu de vanité qu'il y a en eux. Il ne faut point s'enquerir des discours qu'on fait en soy-mesmes, de ce qu'on fera, & des grandeurs futures, ains estimer que souuent ce sont choses fort extravagantes. En ceste disposition rien ne semble impossible, & plus on a de hardiesse & d'experience plus l'audace croist: en sorte qu'on desdaigne ses amis, on mesprise ses ennemis, & veut-on tout entreprendre, sans receuoir conseil que de soy-mesmes. Ce sont-là les mauuaises humeurs que ceste colique venteuse de presomption & de flatterie engendrent en vn Capitaine.

Remede contre tels effects.

IE cuide à ceste heure que nul n'oseroit nier qu'il ne fust grand besoin à vn tel de les voir purgees. Mais plusieurs trouuent bien rudes & fascheux les remedes que i'ay alleguez. Quoy qu'ils disent, si sont-ils fort propres. Car quand les humeurs sont trop attachees, il faut qu'ils soyent vigoureux pour les arracher. Ces remedes-ici sont d'vne autre sorte que ceux dont on se sert aux maladies corporelles, qui ont vne proprieté laquelle agist au benefice de la partie où lon les applique. Car estás considerez en leur nature, ce sont, comme il a esté dit, de vrayes ruines des corps : mais considerez accidentalement ils se peuuēt appeller drogues qui guerissent les estourdissemens de l'ame. Les medecins qui donnēt ces medecines, on les peut aussi, comparer à celui dont Plutarque fait mention, lequel voulant occire son ennemi en lui trauersant le corps auec son espee, il lui perça vne apostume qu'il auoit dedās, & par ce moyen lui sauua la vie que bien tost il eust perdue par ce mal caché, si l'autre mal inopiné ne fust suruenu, qui seruit pourtant de salutaire remede.

Au traité, Comment on pourra receuoir profit de ses ennemis.

DONQVES les Capitaines auisez, qui veulent profiter en la science des armes, quand quelque malheur leur sera arriué, apres en auoir digeré les premieres amertumes, doyuent se seruir du reste, comme de la vertu expulsiue de quelque racine orientale, pour pousser hors de leur entendement les vapeurs superbes qui y estoyent montees : & d'autant plus que ceste operation se fait grande en quelqu'vn, d'autant moins a-il afaire de medecine. Quāt aux Capitaines qui sont pourueus d'ignorance, ils ne laissent aussi de s'esleuer en presomptiō, à quoy aident (comme aux premiers) les bons valets qui les suyuent. Mais les autres estans mieux apuyez de vertu, leurs pertes se font d'vne façon plus valeureuse : là où ces ignorans tombēt en des infortunes acompagnees de vergongne. Or tant des vns que des autres i'estime la condition de ceux qui se corrigent estre heureuse en malheur : mais tres-malheureuse

Exhortation aux Capitaines : auec description du biē qu'en recueillent les vertueux, tandis que les vicieux & ignorans s'empirent & se confondent eux-mesmes.

heureuſe eſt elle pour les autres, qui iamais ne veulent reconoiſtre en eux aucune coulpe, ains la reiettent ſur autrui ou ſur la fortune, & vont encor faiſant des orgueilleux au milieu de leur miſere. A la fin ils demeurent accablez de la peſanteur de quelque grand coup, ſous lequel leur indiſcretion les a portez : là où les premiers l'euitent, pour s'eſtre de bonne heure reconus, apres en auoir reçeu vn petit. Dont eſt aiſé à iuger, que les aduerſitez, qui ramenent à prudēce, ſont meilleures que les proſperitez qui en eſloignent. I'alleguerois des exemples domeſtiques de pluſieurs Capitaines des noſtres, qui n'ont pas nié à leurs amis auoir tiré profit de ces corrections extraordinaires. Mais pource que i'eſtime que ceux qui hantent la guerre en peuuent auoir experimenté quelque choſe, ou bien ouy parler à d'autres, ie m'en deporteray. Seulement les admonneſteray-ie de prendre pluſtoſt & de plus pres garde à leurs fautes qu'à celles d'autrui : car c'eſt par ce moyen que lon aprend à ne faillir gueres.

FIN.

QVATRIEME PARADOXE.

QVE LES EXPERIENCES modernes ont enseigné des manieres de fortifier les places, tres-vtiles pour leur petit coust, & non moins defensables que celles tant superbes que les ingenieurs auoyent auparauant inuentees.

Fortificatiōs de grand coust à qui seruent.

ON doit donner ceste loüange aux Italiens qu'ils ont esté les premiers qui ont trouué plusieurs belles manieres de fortifier, lesquelles ils ont reduites en art, qui a depuis esté estimé honnorable. Mais il n'a pas esté moins profitable à ceux qui s'en sont meslez. Et parauanture que ce dernier poinct ici a esté en partie occasion qu'ils ont persuadé les Princes que tãt & tant de choses conuenoyent pour rendre vn ouurage en sa perfection, & digne d'eux. En quoy ils n'ont pas esté mal-habiles: car par le moyen de la grande & longue despense l'eau est venue à leur moulin. Ie n'ignore point qu'il ne soit bien seant aux grãds Princes de faire les choses grandes, parce qu'ils ont beaucoup de moyẽs, & que les petites ne les contentent pas Si doyuent-ils aussi les poiser dans la balance de cõmodité, à fin que la cherté des vnes n'epesche point de mettre la main aux autres. Or ie ne cerche point ici ce qui est bien seãt à peu, ains plustost ce qui est cõmode & vtile à tous: & principalement pour ceux qui estans foibles, ont besoin pour leur cõseruatiō de se fortifier, & estãs pauures sont contrains de despendre peu. Il me semble

Celles de petite despense à qui vtiles.

ble que c'est vne œuure fructueuse, que celle qui se fait tost, facilement, & à petit pris, & qui s'esgale en bonté à vne autre, à l'acomplissement de laquelle on ne peut paruenir que par moyens tout contraires. Ie n'entens point en ce que ie veux traiter y comprẽdre les lieux forts par les aides de nature, ains seulement que l'art peut rendre tels.

LA premiere place que ie mettray en monstre sera la citadelle d'Anuers, en laquelle on peut dire qu'on n'a rien oublié de richesse, de diligence, d'inuention, & d'abondance de matiere : de sorte qu'en toute la Chrestiẽté ne s'est point veu vn plus beau chef-d'œuure en la fortification. Mais si de l'autre costé on vient à considerer qu'elle a cousté à bastir quatorze cens mille florins, & que si elle eust esté assaillie, parauanture n'eust elle pas resisté dauantage qu'Oudenarde ou Mastrich, qui n'estoyent fortifiees que de terre, on sera curieux d'examiner ces affaires plus exactement. Et specialement les petis potentats & les petites villes doyuẽt y regarder de pres : car s'ils vouloyent mesurer leur defense à l'aulne des grands Princes, ils seroyent apauuris voire ruinez, auant qu'estre demi fortifiez. La Citadelle de Mets a cousté plus d'vn million de francs : & croy que celle de Turin aproche de trois cens mille escus. Ce que ie ne dis pas pour faire trouuer estrange que ces grands Princes ayent tant employé en de petis chasteaux : car ils font bien de plus inutiles despenses. Mais c'est pour faire voir que s'ils vouloyent selon cest ordre fortifier vne telle ville que Malines ou Orleans, qui sont de pareille grandeur, il faudroit qu'ils employassent cinq milllons de florins : & pour en accommoder plusieurs leur con-

Forteresses qui ont beaucoup cousté.

uiendroit vendre le quart de leur estat, ou faire paix auecques leurs voisins pour cent ans, à fin d'y trauailler à loisir.

Cõtre ceux qui trouuent bonnes telles grãdes despenses.

On me dira que cela est peu de cas, pour les Rois qui aux guerres ciuiles de Flandres & de France ont despendu chacun plus de septante millions d'or. Ie conclus au contraire par la mesme raison. Car apres auoir dissipé de si innumerables sommes, vne petite doit estre trouuee grosse. Si on veut regarder par toute la Frãce, ie cuide qu'on n'y trouuera, hors mis quelques chasteaux, aucune ville qui soit à demi parfaite selon les regles des ingenieurs. Aucuns se gouuernent en ce fait comme certaines mariees, qui se persuadent qu'elles serõt plus belles auec vne robbe de toile d'or qu'auec vne de tafetas: & font mesmes cõsentir à leurs maris que la moitié de leur dot se gaste en beaux ornemens pour leurs nopces. Mais puis apres elles portent vne longue penitence de leur magnifique vanité. Il est bien plus vtile & à l'vn & à l'autre de conoistre ce qui est conuenable, & ne point passer plus auant. Quant ie regarde les villes qu'on a assiegees du temps du Roy François & de son fils Henri, & puis celles de nos guerres ciuiles, ie suis cõtraint de cõfesser que ces dernieres se sont mieux defenduës, encores qu'elles ayent esté assaillies auecques plus d'art. Et ce pendant la plus part n'estoyent accommodees de ces fortifications superbes. Ce qui monstre que tant de grandes despences sont superfluës, puis qu'elles n'apportent point de meilleurs fruits que celles qui sõt moindres.

Comment lon se peut aider des desseins des ingenieurs & euiter les despenses excessiues.

Les ingenieurs diront, encores que lon ne se fortifie que de terre, sans y adiouster leurs reuestemens de pierre ou de brique (qui ne sont moins beaux que necessai-

necessaires) que tousiours on suit leurs preceptes. A cela ie respon qu'on s'en peut aider en plusieurs choses, mais qu'on doit encor plus adherer aux nouuelles experiences qui ont enseigné de tres-bonnes manieres de s'accommoder & defendre. La premiere est celle dequoy i'ay desia parlé, qui est de se fortifier de terre, qui couste dix fois moins que de grosse massonnerie, & ne vaut pis. I'allegueray pour preuue la ville de Gãd, qui en deux ans a esté paracheuee de rempars, rauelins, fossez & contrescarpes (encores qu'elle contiene aussi grãd circuit que Paris, sans les faux-bourgs) n'ayant cousté le tout gueres plus de trois cens mille florins. Et si le Roy d'Espagne eust voulu faire ceste fortification suyuant les preceptes escrits, il y eust consumé plus de six millions, & vingt annees au moins. En plusieurs lieux on a veu des villes prises, premier qu'auoir esté seulement vn quart fortifiees, suyuant ces grands proiects. La seconde chose que l'experience a fait approuuer à beaucoup de gens, c'est de destacher les bastions des courtines, mesmes les porter outre le fossé. Et encores qu'ils ne soyent pas defendus d'artillerie d'aucunes Casemates basses, ils ne laissent de l'estre tres-bien de l'harquebuserie des courtines, qui est vne offension cõtinuelle impossible d'oster, là où les flancs des bastions se peuuẽt emboucher ou briser, quand les espaules sont debiles. Et aduenant qu'vn rauelin, de ceux dont ie parle, soit pris, la place n'est pour cela perdue, ains peut on encores tresbien repousser l'ennemi : au contraire c'est vne consequence necessaire à celles qui les ont ioints aux rempars. La troisiéme est l'vsage des retrenchemens, qui est vn remede merueilleusement vtile, peu pratiqué par le paſſé, mais en nos guerres ciuiles on a apris d'en treſ-bien vſer. S'ils ſont foibles & mal dreſſez, touſiours empeſchent-ils d'eſtre forcez d'emblee, & font auoir vne ſupportable compoſition. Et quand ils ſont de bonne forme & grands, ou ils conſeruent, ou ils donnent vn mois de temps, ou plus (qui eſt vn ſouuerain acqueſt aux aſſiegez que l'aller peu à peu gaignant) dans lequel il peut ſuruenir des accidens fauorables pour eux. I'adiouſteray encor vne dexterité que la pratique a enſeignee à conteſter vn foſſé ſans eau, encor qu'on ait gaigné la contreſcarpe, & defendre pour quelques iours vn rempar, eſtant l'ennemi logé au Parapet. Car auecques pluſieurs artifices on ſçait auiourd'hui combatre l'vn & l'autre, qui plus qui moins : ainſi qu'on l'a veu en pluſieurs ſieges es païs bas & en France. Et toutes ces inuentions conſiſtent autant en remuement de terre qu'en autre defenſe manuelle.

Auis ſur les moyens de fortifier à peu de fraie.

OR voici comme ie voudrois que la place que ie propoſe fuſt accommodee, preſuppoſant que l'aſſiete ſoit plaine, comme ſont les ſituations des villes de Flandres. C'eſt en premier lieu que le rempar ne fuſt que moyennement eſleué. Car ceux qui le ſont deſmeſurément, ainſi qu'en la pluſpart des endroits de Bruxelles, Tournay, Orleans & la Rochelle, ce ſont pluſtoſt montagnes que rempars. Et croy qu'en dedans ils ont plus de trente pieds de hauteur. Ils ſont nuiſibles en ceci, c'eſt qu'eſtans gaignez il n'y a plus moyen de ſe defendre, à cauſe qu'on ne ſe peut retrencher derriere, en façon qui vaille : eſtant le retrenchement trop dominé. Quant au foſſé, ie voudrois qu'il fuſt plein d'eau, ſi faire ſe pouuoit, pour euiter les ſurpriſes:

prises: ioint qu'il donne plus de peine à l'assaillant qu'vn sec. Les cōtrescarpes seruent en quelque maniere, & en doit estre l'allee couuerte assez large. Autre allee aussi me semble estre vtile, laquelle seroit derriere & au dessous de la premiere, ayāt six pieds de largeur, & autant de hauteur. Et c'est à fin que quand les contrescarpes sont forcees par impetuosité (comme fut celle de Vulpian en Piedmont, où tous les soldats furent noyez & tuez) ceux qui la defendent se puissent sauuer. Pour le regard des rauelins, il les faut placer à propos hors du fossé, & les faire de telle grandeur qu'on puisse dresser dedans vn beau retrenchement. Car c'est tousiours quinze iours de besongne pour vn ennemi, encores qu'il ait gaigné la pointe. Mais le fossé doit estre sec s'il est possible, pour y tenir les soldats au commencement du siege pour les sorties. I'estime qu'elles sont necessaires aux assiegez, pour augmenter la vigueur de leurs courages, & pour les grands dommages qu'en reçoyuent les ennemis. Ce sont entreprises assez seures à vn Capitaine accort, & qui estonnent les assaillans lors qu'ils se voyent assaillis.

Moyen de defendre vne place assiegee.

QVAND on veut attaquer vne telle place, il faut par necessité que ce soit par vn rauelin, qui est vn aduertissement tres-asseuré qu'on battra apres la courtine par ce costé. Alors besongne-lon aux retrenchemens sans s'occuper ailleurs: & auecques du temps on fait vne nouuelle ville, quand il y a beaucoup de peuple & vn ingenieur entendu. Il me semble qu'vn rauelin, où il y a soldats, doit tenir vn mois pour le moins, fust-ce contre le Prince de Parme, qui est le plus dextre assailleur de villes que ie sçache. Le rempar & le passage du fossé plein d'eau se peut combatre autant. Et le retranchement, estant quasi esgal à la hauteur du rempar abatu, se peut defendre pareil temps, ou plus: entẽdant toutesfois qu'il soit basti à soixante ou quatre vingts pas de la courtine. Or ie prens tout ceci au pis. Car il y a de si pauures attaqueurs de places, qu'ils trauailleroyent deux mois à forcer seulement vn rauelin. Aucuns y a qui cuident qu'on leur peut aisément couper le chemin du fossé. Ie pense quant à moy qu'il est difficile, & que la nuict ou le iour on y peut tousiours entrer. Or quand vne place de frontiere arrestera autant de temps que i'ay dit vne puissante armee, elle aura tres-bien fait son deuoir (car il y a peu de villes imprenables) & le Prince, qui l'aura perdue, aura ce reconfort de ce qu'ayant peu cousté à accommoder, son ennemi aura consumé beaucoup de temps, d'hommes & de deniers en l'expugnation.

Cõtre ceux qui estiment l'eau nuisible aux rempars de terre.

QVELQVE ingenieur pourra dire, que l'eau mine les fondemens d'vn rempar, & que de dix ans en dix ans ils versent ou s'escoulent: ce qui n'auient quand ils sont reuestus. Cela est vray où il y a eau courante: mais le rabillage couste peu, comme aussi font les appuis qui ne soustienẽt que terre. Mais ie leur diray aussi qu'on fortifiera vne ville moyenne toute de terre, pour ce que coustera le reuestement d'vn bastion fait de brique ou de pierre auec ses contremines. I'approuue ceste maniere ici pour vn autre regard. C'est que les Potentats & Republiques ont meilleur moyen de pouruoir aux fortifications interieures, qui doyuent acompagner les exterieures, lesquelles consistent en toutes especes de prouisions necessaires qui manquent en plusieurs villes, si ce n'est en

tout

tout au moins en partie. Et s'en est perdu par ces defauts presques autãt que par faute de bastions. Ils peuuẽt aussi espargner de grosses sommes qui s'employẽt à ces grands ouurages, pour aider à entretenir vne suffisante armee, sans laquelle les plus fortes places se prenent: ainsi qu'il est aparu en Flandres. Il y en aura qui pourront encor repliquer plusieurs choses pour démolir nostre forteresse, qui est beaucoup plus vtile aux foibles que belle aux grands Monarques. Cependant ceux qui suyuront ceste cõstruction ne s'en trouueront point mal: ce que les experiẽces futures monstreront parauanture mieux que les passees n'ont fait.

FIN.

QUE LA CONTINUATION des meschantes procedures des guerres de maintenant fait estimer iniuste vne cause iuste.

DIXNEVFIEME DISCOVRS.

PHILIPPES de Cõmines recite en ses Memoires que le Duc de Guiẽne, frere du Roy Louys onzieme, s'estãt ioint auecques le Duc Charles de Bourgongne à la guerre du bien public, & ayant consideré les morts & blessez de la bataille de Mont-lehery, & plusieurs autres rauages sur le païs, que les soldats fai- *Le Duc de Bourgongne est l'image de ceux qui ne prenent plaisir qu'à troubles & confusions.*

ſoyent, fut fort contriſté, & dit au Duc Charles, qu'il euſt beaucoup mieux valu n'auoir point commencé ceſte guerre qui engendroit de ſi grands maux & ruïnes : ſur quoy il lui reſpondit, qu'il ne ſe falloit esbahir de cela, & que de ſa nature elle produiſoit de ſemblables fruits. Mais apres qu'il ſe fut retiré à part auecques ſes plus priuez, il ſe mocqua de ce ieune Prince, qui aportoit pitié & compaſſion ſur les theatres de Mars, où rigueur & vengeãce ont leur ſouuerain Empire. Auiourd'hui nous oyons encor quaſi de pareilles reſponſes que quelques vns font à tant & tant de gens qui vont maudiſſant nos tempeſtes ciuiles : car ils leur diſent, c'eſt la guerre, & penſent que ceſte parole ouïe ils doyuent hauſſer les eſpaules à l'Italienne, & ſe preparer à ſouffrir encores pis. Mais il me ſemble que telle raiſon eſt vn peu ſuſpecte : dautant qu'elle vient de ceux qui ne ſe plaiſans & repaiſſans qu'à rauager autrui, voudroyent qu'on eſtimaſt la guerre comme vn mal neceſſaire, à fin qu'on ne fuſt reſtif de lui dõner la paſture qu'elle demande. Certes il ne faut pas du tout croire à ceux-ci, de peur de confondre ce qui eſt inhumain & inique auecques l'equité & l'humanité, & faire d'vn accident extraordinaire vne couſtume ordinaire. On ne doit pas auſſi ſe pourtraire en la fantaiſie les imaginations de pluſieurs autres, qui deſireroyent voir vne guerre exempte des proprietez qui lui ſont, il y a long temps, comme eſſentielles, à ſçauoir de rapacité, deſordre, & cruauté : car au temps où nous ſommes, que les vertus ſont liees & les vices deſchainez, on ne pourroit atteindre à ceſte perfectiõ.

Moyẽ qui ſemble deuoir eſtre tenu en la con-

QVE dirons-nous dõc ſur ceci ? Ce ſera que pour bien meſurer les matieres dequoy nous parlõs, il faut pren-

prendre les reigles antiques, non celles qui sont de fer, qui ne se peuuent ployer, ains celles de plomb qui sont quelque peu ployables, & les accommoder aux pierres bossuës & difformes, dont nos guerres ciuiles sont composees (c'est à dire aux confusions) & ayant conu ce qui est aucunement supportable, & ce qui est reiectable, rappetasser le mieux que lon pourra ceste maison de seruitude, en laquelle tant de personnes depuis vingt & cinq ans ont souffert des gehennes: ou bien la raser de fonds en comble par vne paix tres-asseuree, ce qui seroit bien le meilleur. Ie ne veux point maintenant curieusement examiner ni balancer le droit & le tort de ceux qui remuent les armes: à fin de n'offenser personne. Ie me contenteray de dire en general, que ceux qui aiment pieté & vertu, tant d'vne part que d'autre (à mon auis) cerchent d'appuyer leurs actions sur iustice, tant pour se satisfaire en interieur, qu'en exterieur. Et sans ce bon fondement les guerres ne se doyuent entreprendre, pource qu'autrement on demeure coulpable deuant Dieu, lequel ne veut pas que les hommes vsent de ces remedes violens, que par grande necessité, ni les conduisent selon leurs affections desordonnees.

sideration de l'estat auquel se trouue le Royaume, pour le restablir.

OR en ces debats & querelles publiques, tant ciuiles que autres, que la malice humaine esmeut furieusement, souuent il auient que l'vn a tout le droit de son costé, l'autre tout le tort. Aucunefois il arriue que les deux parties sont poussees de pareille malignité. Quelquesfois aussi l'vn a bõ droit en effect, & semble en apparence l'auoir mauuais, & l'autre au contraire. On void pareillement l'vn des partis en quelques poincts de la dispute estre bien fondé, & tres-mal au

Miseres des guerres, specialement des ciuiles.

reste : de toutes lesquelles differences mon intention n'est pas de traiter ici. Seulement i'aduertiray les lecteurs de les obseruer en lisant les histoires, où les bigarreures de tant de desseins Martiaux sont depeintes au vif. Mais ie poursuyuray de discourir sur ma premiere proposition des mauuais comportemens qui se voyent en nosdites guerres ciuiles & de leurs consequences. I'estime qu'on ne les sçauroit mieux comparer qu'à vn torrent desbordé, qui par vne impetuosité violente non seulement destruit toute la moisson d'vne plaine, ains arrache encor les arbres, renuerse les edifices, & entraine les ponts, par où il passe, sans que l'art & la diligence y puissent remedier. Quiconques se voudra promener par la France & par la Flandres, verra assez de vestiges sur les choses insensibles, de nos fureurs modernes, qui ne sont pourtant les plus grands dommages, ains ceux qui vont consumant les bons & vaillans hommes, & vont contaminant les mœurs des particuliers, & les ordres politiqs. Vrayement il y a dequoy s'esmerueiller de la negligence qui est telle de toutes parts qu'on ne trauaille point au moins à adoucir ces coustumes si terribles, qui scādalizent grandement ceux qui sont contemplateurs des miserables tragedies qui se iouënt. Mesmes plusieurs qui sont sur les theatres, & qui ont de l'integrité n'en sont pas moins scandalisez. Thucydides disoit qu'aux seditiōs on voyoit l'image de tous maux. Mais en nos guerres, on diroit que les maux en propre personne acourēt en poste, à fin de les flestrir d'vn eternel vitupere. Et mesmement les extraordinaires vienent s'y glorifier, qui se fussent cachez il y a cinquante ans, & n'eussent osé comparoistre. Il ne se passe annee qui ne soit

ſoit marquee de quelques trahiſons,perfidies, aſſaſſinats,empoiſonnemens,& violẽces barbares: & quelquesfois c'eſt effroyable monſtre Maſſacre vient à la trauerſe dõner de grands coups de ſa patte à ceux qui n'y penſent pas. O les eſtranges choſes que ce ſont là!

Exemples de ces miſeres des guerres ciuiles.

Vn gentil-homme Eſpagnol m'a racõté que lors que le fort du Bac à Frezin fut pris ſur les François, il y eut vn ſoldat Vvalon, qui s'eſtant trouué dedans fut fait priſonnier, & comme le ſuperieur euſt commandé qu'on tuaſt tout, le propre frere dudit ſoldat qui eſtoit au camp Eſpagnol s'auança, & monſtrant vne contenance cruelle dit, Il ne faut point que ce meſchãt traiſtre à ſon Roy meure d'autres mains que des miennes: & ſon ire ne fut point aſſouuie, qu'apres lui auoir pluſieurs fois paſſé l'eſpee dans les entrailles, encor que pitoyablement il ſe proſternaſt deuant lui. Quand le mort euſt eu quatre fois plus de coulpe, ſi eſt-ce que le meurtrier deuoit auoir horreur de ſouiller ſes mains dans le ſang fraternel. On lit qu'aux guerres ciuiles de Sylla vn ſoldat Romain ayant tué en vn combat ſon ennemi, en le deſpouïllant reconut que c'eſtoit ſon frere qui tenoit le parti contraire. Ce que voyant il fut ſaiſi de telle douleur, & eut ſi grand deſpit contre ſon ignorance infortunee, que lui-meſme ſe tranſperça de ſon eſpee & tomba ſur le corps de l'autre. Et combien que le ſiecle d'alors fuſt fort corrompu, toutesfois pluſieurs louërent la furieuſe pieté de ce pauure Payen. Mais l'acte de noſtre Chreſtien moderne, que i'ay recité, ſi diſſemblable de l'autre, & qui deuroit eſtre mis en oubli, n'eut parauanture pas moins d'aprobateurs. Si le fait eſt veritable, il merite d'eſtre couplé auecques vn autre ſemblable, voire beaucoup pire, d'vn Massacreur signalé de Paris, qui commença sa rage (comme aucuns l'ont escrit) par ses deux nieces, de l'aage de douze ans, qu'il tua, elles ayãs embrassé ses deux genoux, & lui demandans misericorde. I'ay honte de reciter ces parricides, lesquels pourtant on n'a pas eu honte de commettre.

Autres miseres des guerres, notammẽt des ciuiles.

MAIS puis que ie suis entré en ceste quarriere, ie la veux parfournir. Et mettray encor vn mal en euidence, qui n'est que trop notoire, ayant touché les autres en d'autres discours. C'est le vilain saccagement du pauure peuple chãpestre, voire qui est ami & partisan: car encor qu'il trauaille continuellement, tant pour se nourrir, que pour saouler ceux qu'à bon droit on peut nommer Harpyes militaires, pour tout cela ils ne laissent de le manger tantost tout à coup, tantost peu à peu, auecques vne audace & mespris indicible: sans que la consideration de ce qui sert à mesme parti, & que sa deuotiõ y est attachee, les en puisse destourner. Les violences qui se font sur les peuples ennemis ne donnent esbahissement, & n'ont besoin d'excuse, encores que mesure y doit estre gardee. Mais celles-ci sont inexcusables, pource que c'est se destruire soymesmes, & qui plus est faire acquerir aux superieurs la haine publique, qui des champs se porte en la ville & es citez. Lesdits superieurs se deuroyent souuenir que dans ceste numereuse troupe, les pauures, les vefues, les orphelins (qui sont si chers à Dieu) y sont incorporez, lesquels en leurs angoisses n'ont autre recours qu'aux larmes & souspirs, qui paruienent en sa presence, où ils reçoyuent vn tres-fauorable accueil. Et c'est vn mauuais preiugé, quand ceux qui doyuent benir maudissent, & vont arracher l'ire du Tout-puissant pour

pour la lancer sur ceux qui en apparence les defendent, & en effect les deuorent. Voila sommairement vne partie des exercices de nos guerres ciuiles, qui de iour en iour vont encores s'empirant. Et qui est occasion que souuent les bien-entendus, qui pensent auoir la meilleure cause, en voyant tant de miserables façons de proceder qui instruisent à faire toutes sortes de maux, sans scrupule, entrent en des doutes, qui vont comme esbranslans la fermeté des fondemens qu'ils auoyent posez. Que si ceux-là vacillent par fois, pensez que doyuent faire les simples, qui ont accoustumé d'approuuer ou reprouuer les causes des guerres par les bons ou mauuais maniemens d'icelles.

Forfait estrange de la plus-part de ceux qui portent les armes en telles guerres.

QVAND il est question de paroles on n'oit resonner que Pour maintenir l'honneur de Dieu, Pour le seruice du Roy, Pour la Religion Catholique, Pour l'Euangile, & Pour la patrie. Tous lesquels beaux titres obligent les ministres des armes, à faire que leurs œuures ayent quelque correspondãce auecques ce qu'ils disent. Mais quand on void apres la plus grande partie prendre du tout le contrepied, & iouër (comme dit le prouerbe de la paume) à bander & à racler, & plus sur les amis que sur les ennemis, c'est a dire saouler sa vengeance, son ambition, sa cupidité, & son auarice, de tout ce que la guerre fait indifferemment ployer sous soy : alors il ne faut pas penser que les personnes se taisent, puis que tant de choses souffrent.

Remonstrance aux François, bandez les vns contre les autres.

SI vn semblable païsan, que celui qui habitoit es riuages du Danube, lequel on dit estre venu du temps de l'Empereur Marc Aurele faire ses plaintes au Senat Romain, s'esleuoit auiourd'hui parmi nous, j'imagine qu'il parleroit en ceſte maniere. O Chreſtiẽs, qui vous entre-deuorez plus cruellement les vns les autres, que beſtes eſchauffees & irritees, & entre leſquels il ſemble que la ~~pieté~~ pitié ſoit morte, iuſques à quãd durera voſtre rage? pourquoi ne dõnez-voꝰ vn peu de treſues & de relaſche aux miſerables reſtes de vos vies? à fin au moins qu'alliez en quelque repos au ſepulchre. Quelles cauſes ſi violentes ſont celles qui vous excitent? ſi c'eſt pour la gloire de Dieu, conſiderez qu'il n'a point agreable les ſacrifices du ſang humain: au contraire, il les deteſte aimant miſericorde & verité. Si c'eſt pour le ſeruice des Rois, vous deuez penſer qu'ils ſont mal ſeruis, en vous entretuant, pource que c'eſt diminuer & arracher les nerfs principaux de leur Royauté. Si c'eſt pour la Religion que vous-vous eſmouuez, il ſemble que vous ignoriez ſa nature. Et puis qu'elle n'eſt que toute charité, cela vous doit induire à douceur. Si c'eſt pour l'Euãgile, eſcoutez ce qu'il dit, Bienheureux ſont les pacifiques, car ils ſeront appellez enfans de Dieu. Si c'eſt pour la patrie, mettez-vous deuant les yeux que vos campagnes ſont quaſi deſertes, vos villages demi bruſlez, vos citez ſaccagees, vos richeſſes es mains des eſtrãgers, & voſtre gloire du tout perduë. Dõques, ne cerchez plus d'excuſes pour alonger vos maux. Abbregez les pluſtoſt, ſans alleguer des neceſſitez, qui impoſent d'autres neceſſitez. Il ſeroit aiſé de le faire ſi on vouloit pratiquer ceſte ſouueraine reigle d'Eſtat qui excelle les plus excellentes, & dit, Rendez à Cæſar, ce qui eſt à Cæſar, & à Dieu les choſes qui ſont à Dieu. *Aux gens de guerre.* Mais quand ie m'auiſe, comment pourriez-vous, vous autres guerriers, accomplir cela, qui auez oublié l'art de rendre, & ne ſçauez que l'art de de prendre? Qui parlez quelques fois bien, & viuez tousiours tres-mal? Que sont auiourd'hui vos troupes & vos armees, sinon des boutiques de tous vices, qui laissent de plus horribles traces par où elles passent, que les sauterelles ne font où elles seiournent? Vos ennemis haïssent vostre cruauté, vos amis craignent vos saccagemens, & les peuples fuyent deuant vous comme deuant les inondations. Qui est-ce qui croira que vous maintenez vne cause juste, si vos comportemens sont si iniustes? Et quand bien elle seroit telle, ne l'exposez-vous pas à toute calomnie & diffame? En somme, aprenez à mieux viure, ou ne trouuez estrange si on ne croit rien de ce que vous dites, & si on crie contre ce que vous faites.

A qui il faut imputer les maux susmentionnez.

CERTAINEMENT, voila vn langage fort libre, que i'estime toutesfois s'aprocher si pres de la verité, que sur icelui ie ne donneray point de desmentie, de peur que ceux qui ont souffert, ne vinssent tesmoigner au contraire, & ne la retorquassent sur moy-mesmes. I'oste de ce rang les gens d'honneur & de bien, qui font professiō des armes, tant Nobles qu'autres, dont il y a encor bon nombre de toutes parts. Or toute la coulpe de ces desordres ne doit pas estre iettee sur les petis, dont les necessitez remuent souuent la malice. Car il y a des grands qui en doyuent auoir leur part, lesquels ne se soucient de les moderer ni reprimer: & sur tous ceux-là sont plus coulpables qui aiment plustost voir des torrens de miseres, que faillir à estre vengez ou ne dominer point. Si on demande aux gens de guerre, pourquoy ils font tant de rauages? ils respondent qu'on les y contraint en ne les payant point: qui est vne raison considerable. Si on remonſtre aux Princes que tels comportemens ſont de treſ-mauuaiſe odeur, & qu'il les faut chaſſer auecques de l'or, ils diſent que tout celui des Indes ne ſçauroit ſuffire à tãt de hautes payes, & aux ſubtils deſrobemens: ce qui eſt à poiſer. Cependant en ces excuſes de part & d'autre les maux continuẽt, qui vont rongeant les infortunees prouinces qui les ſouſtienent, leſquels il eſt impoſſible d'euiter, puis que les grands s'obſtinent de rendre les guerres comme perpetuelles, ayans hyuer & eſté quaſi touſiours aux champs de puiſſans exercites, dont s'enſuit à la fin que la pluſpart des hõmes deuienent beſtes de proye, les païs ſe deſpeuplent, les richeſſes ſe conſument, les grãds ſe maudiſſent, & Dieu ſe courrouce.

Eſtat des guerres paſſees condamnant celles d'auiourd'huy.

SI on racõtoit comme es guerres paſſees entre les François & les Eſpagnols, & principalement en Piedmõt, on voyoit ſouuent paſſer par vn village, plein de danſes & de banquets, vne cornette de lances, & ſans aucun effroy le peuple venoit aporter aux ſoldats toutes ſortes de raffraiſchiſſemens. Demie heure apres, vne autre troupe ennemie y ſuruenoit, qui y receuoit les meſmes courtoiſies. Et peu apres s'entrerencontrãs, elles ſe battoyẽt treſ-bien, & le victorieux faiſoit porter audit village les fort bleſſez, tant de part que d'autre, pour les faire penſer, & logeoyent en meſme hoſtellerie, les vaincus ſur leur foy, & les victorieux ſous la garde des deſſuſdits, iuſques à leur gueriſon, laquelle venue chacun alloit retrouuer ſes Capitaines. Telles & pluſieurs autres façons de proceder acquirent aux deux nations treſ-grand renom parmi ce peuple eſtranger, & plus d'amitié qu'on ne void à preſent entre les propres parens. Quand, di-ie, on leur raconte-

raconteroit cela, ils l'estimeroyent comme vne fable, pource que les coustumes presentes sont toutes diuerses. Et toutesfois si en aucunes guerres les doux comportemens doyuent estre pratiquez, c'est aux ciuiles, où les concitoyẽs, apres s'estre attaquez en leurs maisons paternelles, reuienent à s'entrehãter & à s'entr'aimer : ce qui n'aduient pas aux estrãgeres, car estans finies, il ne se presente quasi iamais occasiõ de s'entrerevoir. On s'y deuroit cõduire comme aux querelles des parens, où eux entremeslent le plus souuent auec la haine & la force, l'equité & l'hõnesteté. En fin ceux qui obseruent mieux la police & les bonnes regles, & se monstrent plus humains, donnent à penser aux spectateurs qu'ils ont la meilleure cause, lesquels les fauorisent de leurs vœux. Eux aussi par leur bonnes actions sont plus satisfaits & plus confirmez en eux-mesmes : ce qui sert à rendre la hardiesse plus viue. Au contraire ceux qui par leurs dissolutions rendent les guerres (qui desia en elles sont terribles) du tout detestables, quand ils auroyent le meilleur droit du monde, Dieu ne laissera de les chastier pour l'auoir poursuyui par voyes si iniustes.

FIN.

QU'UN ROY DE FRANCE *est assez grand, sans conuoiter ni pourchasser autre grandeur que celle qui est dedans son Royaume.*

VINGTIEME DISCOURS.

L'ambition des Princes & Republiques cause de grandes calamitez.

TOUS ceux qui font profession de lire & bië examiner les histoires, cõfessent d'vne voix que la pluspart des calamitez & miseres, qui sont arriuees sur diuers païs & peuples, sont procedees de l'ambitiõ des Princes & des Republiques, qui ont suscité les guerrres qui les ont amenees. Et qui en voudra faire quelque doute, lise seulement les vies de Philippe de Macedoine, d'Alexandre, de Pyrrhus & de Demetrius, & les guerres des Romains cõtre les Carthaginois : & il trouuera qu'il n'y a rien de plus veritable. Et comme ainsi soit que le temps aille peu à peu supprimant la force des choses les plus fortes, si n'a-il eu pouuoir d'amortir beaucoup les flammes d'vne si vehemente passion, laquelle est passee de pere en fils, & ayant comblé de maux les siecles precedens est paruenue iusques au nostre. Ie ne veux point faire mention de ce qui est auenu depuis cinquante ans, pource qu'il y a assez de gens encore viuans, qui le peuuët auoir bien consideré: mais des octãte, qui auparauant ont esté, Philippes de Cõmines & Guichardin en rendent tel tesmoignage, qu'on peut dire que la cupidité de dominer a esté occasiõ d'infinis desordres, qui ont

ont desfiguré la beauté des gouuernemens politiques. Personne ne sçauroit nier que nostre Estat n'ait dansé à la feste comme les autres, & parauanture plus souuent: mais aussi a-il ploré bien tost apres, ainsi que beaucoup ont fait, n'ayāt reçeu autre profit des grandes guerres de Charles huitiéme, & de Loys douziéme (qui n'estoyent pas pourtant sans fondemens de iustice) sinon degast d'argent & consommation d'hommes. Ce qui doit admonester les Princes de n'embrasser que celles qui sont necessaires, & celles où il n'y a point de necessité les reietter du tout.

Quelle considératiō doit moderer les desirs des Princes

Ie sçay bien que le desir qu'ils ont de s'accroistre est merueilleusement vif en eux: toutesfois encor se pourroit-il moderer quand ils vienent à se representer les maux & difficultez des guerres, n'estoit qu'ils se trouuēt fortifiez & appuyez des cōseils des jeunes, & de la coustume: ce qui non seulement l'entretient en vigueur, ains l'accroist encores beaucoup. C'est chose asseuree que plus vn Prince est grand, plus il est picqué de ces aiguillons-ici, qui ne le laissent gueres à repos, iusques à ce qu'il ait alteré celui des autres: en quoy faisant il s'enueloppe lui-mesmes en beaucoup de sollicitudes & necessitez, dont il se pourroit bien passer. Ceux-la toutesfois sont biē-heureux qui au milieu de tant de remuemēs desreglez, de fausses persuasions & coustumes iniques, se guident par prudence & sagesse: car ordinairement ils parfont leur chemin sans verser, & paruienēt à des fins qui leur donnent du contentement. Nostre bon Roy Henri second ayant experimenté quelle estoit la vanité des conuoitises, & des guerres, auoit deliberé de passer le reste de ses iours en tranquillité, & se contenter de la grandeur qui luy estoit restee, laquelle n'estoit pas petite: mais il pleut à Dieu de l'appeller. Et combien que depuis toutes choses soyent bien fort empirees en ce Royaume, neantmoins i'estime que nostre Roy a assez d'occasion (en conseruant & r'accommodant ce qui y est) de se reputer puissant, & heureux, sans aller cercher auecques le fer, le feu & le sang, des grandeurs forcees sur ses voisins.

Respõse à l'obiectiõ des conseillers ambitieux.

En proposant ceci, ie fay entrer en camp les ambitieux, & dire, qu'enfermer les cœurs de nos Rois dans les bornes accoustumees, c'est atiedir leurs courages, & les priuer des trophees & conquestes, qui sont de beaux heritages à quoy leurs ancestres ont entendu qu'ils participassent: & qu'il est impossible, quand eux vienent à se mettre deuant les yeux la domination de Charlemaigne (qui s'estẽdoit en Italie, en Alemagne, en France, es païs bas, & en Espagne, iusques au fleuue Ebro, ainsi que disent tous les bons historiẽs) qu'ils ne soyent saisis de honte, de demourer croupissans chez eux sans rien faire. Certainement voila de hauts propos, qui sont (à mon auis) semblables aux furieux vẽts d'Aquilon, qui esmeuuent les grosses tempestes: aussi eux les soufflans souuent aux aureilles des Rois ils agitent leurs esprits, dont s'ensuyuent les tourmentes des guerres, qui font submerger tant de gens. S'ils consideroyent biẽ la disproportion qu'il y a de la vertu antique à la moderne, ils seroyent plus retenus: car comme dit Plutarque en ses Opuscules, c'est pareille imprudence & matiere de risee de vouloir aproprier les faits Heroïques de ceux du passé aux hõmes presens, que de mettre en la teste & aux pieds des petits enfans de six ans les bonnets & les souliers de leurs grãds peres.

res. Mais on doit propoſer les choſes qui ſont conuenables au ſiecle où lon eſt, qui ſoyent toutesfois juſtes & honneſtes. Nous autres François deuons penſer que le temps des grands accroiſſemens de la France n'eſt plus : & que maintenant nous ſommes au temps de ſa declination, auquel c'eſt beaucoup fait que de la bien conſeruer : à quoy nous deuõs taſcher, ſans nous aller repaiſſant de la gloire & grãdeur paſſée, puis que nous ſommes deſtituez de la force, de l'occaſion, & du bon heur qui y fit monter nos Anceſtres.

Reſpõſe à vnẽ autre obiection touchant la grandeur des Princes.

IL y en a qui penſent qu'vn Prince ne ſe peut appeller grand, ni puiſſant, ſinon quand il va adioignant à ſon Eſtat nouuelles prouinces, & qu'il ſe fait redouter & craindre à ſes voiſins, à cauſe de ſes armes, qui lui donnent audace d'entreprendre & de menacer. Mais ils ſuyuent le iugement du vulgaire, lequel (comme a auſſi dit Plutarque) admire les foudres & tonnerres, & tient peu de conte des doux Zephirs : eux auſſi n'eſtimans que ce qui procede de force, laiſſent en arriere ce qui procede de juſtice : combien que l'vn ſoit à preferer à l'autre. Entre les Empereurs & Rois, pluſieurs y en a eu qui ſe ſont voulu faire renõmer grands par leurs conqueſtes : toutesfois ceux qui ſe ſont voulu contenter de mettre peine de ſe rẽdre bons, & leurs peuples auſſi, & de les bien regir, ont acquis vne autre grandeur, qui n'eſt (à bien iuger) pas moindre que la premiere, veu qu'elle profite touſiours : là où l'autre nuiſt ordinairement. Ie n'enten pas pourtant qu'vn Prince doyue mettre les armes ſous les pieds, & les deſdaigner : car ce ſeroit ſe donner en proye. ſeulement qu'il s'en ſerue pour ſe garder d'eſtre endommagé : & non pour endommager autrui ſans raiſon.

Consideration de la grandeur du Roy de France.

1. L'estendue du Royaume.

Ie commenceray donques à representer la grandeur de nostre Roy, par l'estendue de son Royaume, qui est de plus de deux cens lieuës Françoises de longueur. Car depuis Mets iusques à Bayonne, il y en a dauātage: de Calais iusques à Narbonne quasi autant. Mais de Morlaye en Bretaigne iusques à Antibe en Prouence, il y en a au moins deux cens cinquante, qui est sa plus grāde longueur. Vray est que depuis la Rochelle iusques à Lyon, qui est vn estrecissement, qui se fait par le milieu de la France, il n'y a que six vingts lieuës. Mais quoy qu'il en soit, si est-ce vne tres-belle piece de terre, & bien habitee. Quant à sa fertilité elle est telle que toutes choses necessaires à la vie humaine y regorgēt en telle abondāce, que seulement du bled, du vin, du sel, & du pastel qui se transporte es païs estrangers, il y entre en contr'eschange annuellement plus de douze millions de liures. C'est là nostre Perou, ce sont là nos mines qui ne tarissent iamais: & parauāture que des Indes Occidentales, qui sont si opulentes, il n'arriue tous les ans gueres plus de richesses en Espagne. Mais le principal à considerer est la multitude du peuple qui le remplit: car de quelque costé qu'on aille, les gēs y fourmillent, ainsi qu'ils faisoyent dans la Comté de Flandres, auāt que ces derniers orages eussent raclé ses habitās, ses richesses, & ses superbes bourgs. Ceux qui demeurent aux champs, sont fort simples & obeïssans: ceux des villes, industrieux, & affables: & les hommes, qui se dedient aux sciences diuines & humaines, sont tres-doctes. Quant à la Noblesse elle est tres-valeureuse & courtoise: & n'y a estat en la Chrestienté où elle soit en si grād nombre. I'en diroy dauantage, n'estoit que i'en ay assez parlé ailleurs:

Sa fertilité.

Son peuple.

Sa Noblesse.

ailleurs: mais on peut affermer de l'vniuersel, qu'il est fort adonné aux choses religieuses: tesmoignage que Cæsar a rendu des anciens Gaulois. Et qui en voudra douter ie lui mettray en auant la deuotion de nos peres, qui a engendré plus de cẽt Archeueschez & Eueschez: enuiron six cens cinquante Abbaïes de l'ordre de sainct Bernard & de sainct Benoist, ornees de tresbõnes cuisines: & plus de deux mille cinq cens Prieurez. Car alors c'estoit la principale saincteté que de donner au Clergé, & ne mẽtira-on point quand on dira qu'il possede auiourd'hui vingt millions de francs de rente. Qui est-ce dõc qui peut appeller vn païs ruïné, duquel vn des mẽbres est si gros, gras, & abondant?

Respõse à ceux qui descriẽt & blasonnent la France à cause de ses miseres.

TAISEZ-vous, dira vn censeur estranger, & ne trauaillez plus à exalter & agrandir vñ estat, où il n'y a pieté, justice, richesse, concorde, discipline militaire, ni ordre. Certes, voila parler des grosses dents, & en homme qui a les yeux clair-voyans aux miseres d'autrui. Mais prenez vn peu de patience, que i'aye fait reuision de ce vieil & grand vaisseau que les orages & tempestes ont ietté sur l'arene. Et quand ie vous auray monstré que les principaux membres d'icelui, qui ont tant soustenu de heurts & d'agitatiõs, ont encor quelque force & vigueur, & que le tout n'est difficile à r'habiller, peut estre changerez-vous d'opinion, & confesserez que les reliques-mesmes en sont grandes.

De la pieté.

Ie commẽceray par la pieté, laquelle (comme i'ay dit) nos peres auoyent (ce leur sembloit) fermement embrassee: dautant qu'ils n'espargnoyẽt leurs biens pour la demonstrer. Selon ceste raison, elle deuroit maintenant estre plus viue, pource qu'on n'espargne pas sa vie pour la maintenir. Et combien que ces marques ſoyẽt belles, ſi ne ſont-ce pas les principales. La meilleure, & plus certaine en ce poinct, (où giſt l'honneur & ſeruice que nous deuons à Dieu) eſt de le lui rendre ſelon ſa ſaincte volonté, qui nous eſt declaree es Eſcritures. Quant à l'autre partie de la pieté, qui regarde noſtre prochain, nos contentions l'õt merueilleuſement intereſſee. Si faut il en reuenir là que le François tiene le François, non ſeulement pour ſon compatriote, ains pour ſon frere: & qu'il ſoit deſplaiſant de ſon mal & deſireux de ſon bien. I'eſtime qu'il y en a encores beaucoup parmi nos diſſipatiõs, qui pratiquent ceſte reigle: & ſi la paix regne quelque temps on verra qu'en la Chreſtienté ne ſe trouuera de meilleurs Catholiques & Euangeliques qu'en France. Aucuns y a qui n'ont garde d'accorder ceci: car quand ils oyent deuiſer de la pieté des François, ils ſe ſouſriẽt, & diſent que les Huguenots ne la conoiſſent gueres, & des Papiſtes, qui la conoiſſent, la pluſpart la reueſtent d'hypocriſie. Ie ne leur reſpondray autre choſe, ſinon qu'encores que noſtre nation ne ſoit plus la mignonne du Pape, ſi eſt-ce que ce vieil arbre, qui des le temps de Charlemagne a reſpandu de ſi beaux rameaux par toute la Chreſtienté, les eſtendra encor au benefice de pluſieurs. *De la iuſtice.* Pour le regard de la juſtice, il n'y a contree au monde, où elle ſoit mieux eſtablie & entendue qu'en la noſtre. Et quand les corrruptions qui l'ont infectee ſeront repurgees, elle reſplendira encores. Et où eſt-ce qu'il y a auiourd'hui de plus belles repreſentations de ces antiques Senats & Cours judicielles qu'en nos Parlemens? *Des finances.* Le troiſieme poinct concerne les Finances (qui ſont fort ſuiettes à eſtre pincees) dequoy lon nous eſtime demi deſpouillez, &

meſme-

mesmemēt le public. Mais c'est erreur de penser qu'elles puissent tarir au Royaume. Car outre les quatre sortes d'aimant dequoy i'ay parlé, il y en a encores d'autres especes moindres qui les attirent continuellemēt, & les font fluër en nos mers. Et si ce n'estoit que partie d'icelles refluënt apres à Rome, par vne certaine cabale occulte, & en la Germanie par des attractions violentes, nous verrions souuent de plus grandes marees. Ce pendant la richesse publique a esté telle, que du temps du Roy Henri secōd il leuoit sur son peuple, par voye ordinaire, quinze millions de francs tous les ans, dont quelque partie a depuis esté engagee pour les dettes: nonobstāt lesquelles nostre Roy en tire autant auiourd'hui. Ie demande à ceste heure si on doit appeller vn Roy destruit qui iouït d'vn tel reuenu? Le sainct Pere, qui vit auecques vne si grande gloire & pompe, & qui commande magistralement à plusieurs Estats & Princes, ne possede que quinze cēs mille escus de rente, que le bon mesnagement de ses modernes predecesseurs lui a acquis: car du patrimoine de sainct Pierre, il n'a herité que d'vn filé pour pescher, & de sainct Paul, que d'vne māteline. Ceux donc qui disent que le Roy de France est à l'hospital, sont mal informez: car encores qu'il doyue cinquante milliōs de francs, il en sera quitte dans dix ans, en gaignant les cœurs de ses suiets: car qui a leurs cœurs, a aussi leurs biens.

De la concorde des François.

QVE dirons-nous de la concorde qui aide tant à l'accroissement des Estats? C'est qu'elle nous a cuidé eschapper, & s'en aller ailleurs: mais elle commence à present à se bien repatrier, & à faire resonner quelques vieux accords: ce qui donne bon espoir qu'en bref on entendra plus à plein son harmonie, moyennant qu'on n'adhere point aux conseils des estrãgers, qui sous beaux pretextes voudroyẽt essayer de la rõpre, & qui sçauent bien que la France ne peut s'assuiettir à eux que premier elle ne soit diuisee, à laquelle diuision ils la poussent en cachettes, à fin de la faire verser pour se ietter apres sur ses ruïnes. Ie suis asseuré qu'elle trouueroit bien dur de ployer le col sous leur authorité, & seroit bon de leur dire de bonne heure, Messieurs, que l'eau ne vous viene point à la bouche d'vn si friand morceau: car vous n'en tasterez point. Il est encores si chaud qu'il vous brusleroit: parquoy retirez-vous en vos quartiers.

De leur discipline militaire.

QVANT à la discipline militaire, il faut confesser qu'elle est gisante au lict, tourmentee d'vne griefue maladie, si bien qu'elle n'a peu depuis quelque temps comparoistre en public. La paix toutesfois lui pourra ramener peu à peu sa guerison: & si les medecins vouloyent besongner à bon escient, elle seroit bien tost debout. Nos censeurs ne parlent que trop de son absence d'auecques nous, disans de nostre Infanterie qu'elle escarmouche brauemẽt de loin, & que nostre cauallerie a vne furieuse boutee à l'affront, puis apres qu'elle s'accõmode: mesmes ils se vãtent qu'auec trois mille lances ils irõt brusler les moulins de Paris. Ie ne veux pas nier qu'il n'y ait beaucoup de mauuaise matiere parmi nous: si veux-ie maintenir qu'il y en a aussi de tres-bonne. Mais ceux-là se trompent qui veulent juger de forces ordinaires & reglees d'vn grand estat, par quelques forces extraordinaires & volontaires que son abondance a par occasion iettees hors.

De leurs principaux Chefs militaires.

ET puis que ce propos me presse de desployer nostre

ſtre marchandiſe, ie diray que du reſte de tant & tant de combats, nous auõs encores ſix braues Princes, tant du ſang que d'autres, qui ont aſſez de fois commãdé à des armees, ayãs les vns fait de groſſes desfaites, & defendu, & pris des villes de reputatiõ. Nos Mareſchaux de France marchent apres, qui ont eſté ſouuent employez: entre leſquels on peut donner ceſte loüange à Meſſieurs de Montmoranci & de Biron, d'eſtre les deux plus experimentez Capitaines que nous ayons. Il ſe trouuera auſſi vne vingtaine de Capitaines de genſd'armes, qui ont veu les guerres du Roy Hẽri ſecond, qui meritent de mener vne Auantgarde. Et combien y a-il de Seigneurs & Capitaines, qui n'ont veu que les ciuiles, ou partie, qui ont rendu pluſieurs teſmoignages de leur hardieſſe & bonne conduite? En apres, parmi ceſte groſſe multitude de Capitaines d'Infaterie, ie cuide qu'on en tireroit vne demi-douzaine de bons & dignes Colonnels. De maniere qu'il apparoit par là que nous ne ſommes pas deſtituez d'hõmes de commandement, qui eſt la principale matiere de noſtre militie. Ie ne diray rien du demourant de la Nobleſſe, ni des ſoldats, car conduiſez-les bien & ils monſtreront aſſez de valeur, & nulle guerre ne pourroit eſpuiſer ni l'vn ni l'autre.

Quels moyens le Roy a de ſe maintenir cõtre vn Prince voiſin qui le voudroit aſſaillir.

AINSI dõcques ſi noſtre Roy ſentoit qu'vn Prince voiſin lui vouluſt venir mugueter ſa frontiere, i'eſtime qu'il pourroit aiſémẽt compoſer vne armee de ſoixante compagnies de genſd'armes, vingt cornettes de cheuaux legiers, & cinq compagnies d'harquebuſiers à cheual, le tout faiſant dix mille cheuaux: à quoy on pourroit adiouſter trois ou quatre mille Reitres, plus cent enſeignes d'Infanterie Françoiſe, & quarante de ses bons amis les Suysses. Et ceci n'empescheroit que les autres frontieres ne demeurassent suffisammẽt pourueuës d'hommes, tant pour defendre les places que pour offendre en campagne. Quand ladite armee seroit aux champs, il y auroit difficulté d'aller brusler les moulins de Paris. Et parauanture que ceux qui ont ceste opiniõ, se trouueroyent alors si debonnaires que ils se contenteroyent de brusler celui du Catelet. Vn si puissant exercite, dira-on, meriteroit bien que le Roy y fust en personne. Aussi n'y manqueroit-il pas, si vn autre Roy le venoit assaillir: car il n'est aprentif de guerre, & ne s'en trouuera auiourd'hui nul qui ait esté victorieux l'espee en la main en deux batailles, ainsi que lui, ne qui ait reçeu dans le fossé d'vne ville assiegee vne harquebusade: ce qui me fait croire qu'il ne souffriroit iamais que d'audace on lui voulust tailler sa robbe. Puis donc qu'il peut mettre encores vne telle force aux champs, vn homme de iugement ne l'estimera pas prest de faire banqueroute (ainsi qu'aucuns pensent) ains plustost Prince tres-puissant.

Du restablissement de l'ordre en Frãce.

RESTE à parler de l'ordre, en plusieurs autres choses, qui est bien des-ordonné entre nous. Mais le vray moyen de le releuer, c'est par la propre main du Roy: qui n'est moins capable de ce faire, que de bien manier l'espee. Il faut aussi qu'il soit aidé du temps & de la paix, sans quoy il est impossible d'y paruenir. Et ayant adiousté à l'vn & à l'autre sa diligẽce & son bon exemple, l'ouurage se parfera: de sorte que comme à present on dit la France ruinee, on dira la France restauree. I'estendrois mon propos dauantage, n'estoit que ie me suis auisé qu'on pourroit m'accuser que ie veux bailler des bourdes aux estrangers, & des flatteries

ries aux François. Ie desire plustost que les premiers conoissent, que cõme les corps robustes par leurs propres excez s'abbatent, qu'aussi, par la vigueur cachee qui est en eux, ils se redressent : dequoy nous auons assez d'exemples. Et telles considerations seruiront à les rendre plus entendus de iuger des affaires d'estat & d'autrui, & sous l'ombre de quelques maladies ne condamner vn homme à la mort. Et quant aux seconds, ie me resiouïray, les voyant affectionnez à se maintenir vnis sous l'authorité de ceste Couronne : car de là s'ensuit sa grandeur & felicité, que nous deuons d'autant plus desirer que nous auons autresfois gousté de ses douceurs. Que si Dieu nous vouloit faire la grace que peussions reuoir encores le commencement de ce beau siecle, ce nous seroit vn merueilleux contentement : & apres auoir luicté contre tant de maux, nous retrouuer au milieu de nos biens domestiques, qui s'estoyent comme esuanouis. Nous n'aurions que faire apres de resueiller nos cupiditez, ni d'aiguiser nos espees, pour nous en aller auec grands trauaux cercher des biens ailleurs : car nous en aurions à suffisance en nostre propre maison. Pour la fin nous deuons penser que la vraye grandeur ne consiste pas à acquerir beaucoup de pais : ains plustost à posseder beaucoup de vertu, qui est vn pris que quand vn Roy l'a desiré, poursuyui, & obtenu, on le peut appeller Grand, & son Royaume aussi.

FIN.

QUE LES ALLIANCES FAI-tes par les Princes Chrestiens auec les Mahumetistes, ennemis capitaux du nom de Christ, leur ont tousiours esté malheureuses, & qu'on ne se doit point allier estroittement auecques eux.

VINGTVNIEME DISCOVRS.

Quels doyuent estre les fondemens des actions publiques.

CE grand Orateur Demosthenes, en l'vne de ses harangues, dit, tout ainsi que les maistres charpentiers voulãs bastir vn nauire posent des fondemẽs qui sont forts & fermes, qu'aussi les Principes des actiõs publiques doyuent estre iustes & honnestes. Ceci ne sera parauanture allegué mal à propos au commencement de ce petit discours, pour mieux representer à ceux qui gouuernent les grãds Estats les reigles necessaires ausquelles ils doyuent compasser leurs faits. Et comme ceux-là errent le plus souuent lesquels adherans trop à leurs opinions delaissent les legitimes voyes: aussi ceux qui empruntent des anciens les beaux exemples de iustice & prudẽce, & les ensuyuent, raremẽt auient qu'ils se fouruoyent. Cependant, quelque soin que l'homme puisse mettre pour se contenir dans les bornes d'icelle, si ne peut-il s'exempter de s'esloigner quelquefois de l'equité, à cause de l'imperfection de son iugement & de la force des passions. Mais au moins faut-il qu'il se garde de cheoir en ces lourdes fautes qui

qui apportent de mauuaises consequences, comme plusieurs Princes ont fait, tant par le passé que depuis peu de temps, dont en est venu dommage irreparable à leurs Estats.

Fondemẽt des alliances auec les Turcs.

Or quand vn Prince se void pressé de ses ennemis & son païs en necessité, il lui semble & à ceux qui le conseillent, que pour le conseruer il doit cercher tous moyens qui y peuuent seruir. Et c'est (peut estre) ce qui en a rendu beaucoup trop libres à bastir des alliances auecques les Barbares. Toutesfois le fruit qu'elles leur ont apporté a esté si petit, que peu se sont trouuez qui bien tost ne se soyent repentis de leur legereté.

De l'origine des Turcs: itẽ de leurs accroissement, comportement & gouuernement, tãt pour le regard des ames que des corps.

Mais auant que representer les exemples de ces miserables confederations, j'ay pensé qu'il estoit necessaire de toucher quelque mot de l'origine de la nation Turcque, ses accroissemens & terribles comportemens. Iean Carion en sa petite Chronique du monde, fidelement recueillie des bons Historiens, dit que les Turcs sont issus des destroits du mont Caucase, & qu'ils se ietterent (comme aucuns recitent) de Septentrion en quelques petis coins de l'Asie, deuant la venue de Iesus-Christ enuiron deux cens ans, où ils demeurerent comme inconus, jusques au temps de l'Empereur Heraclius qui regnoit l'an six cens douze. Alors, Orismada Roy des Perses, se sentant assailli par les Sarrazins, les appella à son secours contr'eux. Ils le vindrent secourir, & voyans qu'apres la mort de Orismada les Sarrazins s'estoyent emparez du Royaume, la beauté & fertilité du païs les allecha tellement qu'ils s'arresterent vers la mer Caspie, au quartier que iadis on appelloit Hyrcanie, & finalement traitterent auec le Caliphe de

Babylone, à telle condition qu'il leur laissa posseder & cultiuer le païs où ils s'estoyent arrestez. De leur costé ils embrasserent aussi la Religion de Mahumet, & rendirent obeissance au Caliphe par vn long espace de temps. Depuis, les Sarrazins entrerent en dissension & guerre entr'eux, & le Soldan, qui ne se sentoit assez fort, appella les Turcs à son aide & chassa les Caliphes. Apres sa victoire les Turcs lui demanderent leur solde qu'il leur refusa de payer. Dont ils s'irriterent tellement qu'ils lui coururent sus, le desfirent & le chasserent du Royaume. Ainsi ils establirent leur domination en la petite & grande Armenie, & y adiousterent Capadoce, Galatie & Bithynie, que peu à peu ils conquesterent: ce qui auint mille cinquante ans depuis Iesus Christ. Quelque temps apres les Tartares osterent la domination aux Turcs, & les contraignirēt de leur estre suiets, iusques à ce que l'an mille trois cens ils se releuerent & fortifierent, ruinant l'Empire des Tartares. Alors commença à regner sur eux la race des Ottomans, s'estās entre-ruinees les autres familles anciennes par inimitiez & guerres domestiques. Sous ceste race est venu le grand accroissement des Turcs, tel qu'il se void auiourd'hui. Et en ceste maniere venant le nom & l'empire des Sarrazins à defaillir, ceste nation est demeuree maistresse de tout l'Orient. Carion dit que ceste famille estoit petite du commencement, mais qu'elle est paruenue en ceste grandeur desmesuree auec vne vistesse & prosperité incroyable, par ie ne sçay quel destin, pource que Dieu a voulu que ceste cruelle nation dominast ainsi au long & au large, pour punir les pechez de tous les autres peuples. Au reste que ce qui dōna occasion aux

Turcs

Turcs d'enuahir l'Europe,& les causes des grandes victoires qu'ils ont obtenues,sont procedees des dissensions,meschancetez,trahisons,desloyautez,oisiuetez, auarices,legeretez & desfiances de tous les Estats de la Chrestienté,depuis le plus grand iusques au plus petit. Que les reuoltes des Chrestiens ont fortifié merueilleusemẽt la puissãce des Turcs. Car de fois à autre plusieurs,desbauchez par la licence des armes, en voyant l'estat florissant de ces Mahumetistes quitterẽt l'Eglise Chrestiẽne pour adherer à leur secte, pource que la licẽce est de soy-mesmes agreable aux hommes, & que les volontez enclinẽt aisément la part où lon void les choses prosperer. Il ne sera point besoin de denombrer les Empires, Royaumes & Prouinces qu'ils ont conquis en moins de deux cens ans. Car ceux qui ont hanté le monde,ou leu les histoires, confesserõt qu'ils possedent beaucoup plus de païs que la Chrestienté n'est grande. Leur secte est toute pleine d'impietez & de blasphemes contre Dieu, contre Iesus Christ & sa doctrine : & leur gouuernement la plus horrible & cruelle tyrãnie qui fut onques : estant dressee (ce semble) plustost pour renuerser les Loix, la discipline & l'honnesteté,que pour les maintenir. Voila donc succinctement ce qui se peut dire de l'Estat des Turcs, dont la conoissance peut beaucoup seruir pour l'esclarcissement de ce qui sera traité ci apres.

Qui des Princes Chrestiens s'est le premier repẽti de l'alliance auec les Mahumetistes.

Le premier Prince Chrestien qui a porté penitence de ces illicites confederations fut Gui de Lusignen, dernier Roy de Ierusalem. Car estant entré en querelle cõtre Raimond Comte de Tripoli, & ne se sentant assez fort pour se maintenir, fit alliãce & appella à son secours Saladin regnant sur les Sarrazins,lequel ayant premier desfait Raimond chassa aussi puis apres Gui de Lusignen, ruïnant l'Estat des Chrestiens en Syrie, & finalemēt il abolit le Royaume de Ierusalem. Et combien que les Serrazins fussent autres peuples que les Turcs, si estoyent-ils semblables en la Loy Mahumetiste & en desloyauté. Enuiron six vingts ans apres, Iean Paleologue, Empereur de Constantinople, assailli par plusieurs Seigneurs de la Grece, qui estoyent fauorisez des Bulgaires, resolut de faire alliance auec Amurat premier, qui regnoit sur les Turcs, & lui demanda secours qui lui fut ottroyé. Cela leur dōna occasion de passer en Europe, dōt vint la ruïne de la Grece. Car apres que l'audace de ces Seigneurs eut esté reprimee, les Turcs demeurerent en garnison es villes Grecques, & peu de temps apres Amurat, attiré par la beauté du païs, passa auec soixante mille hommes en Europe, se saisit de Philippopoli, d'Adrianopoli & autres places, tandis que Palæologue se lamentoit & reconoissoit trop tard sa faute d'auoir fait alliance auec vn traistre ennemi, & de voir son païs en proye. Ces sinistres commencemens deuoyent seruir d'aduertissement aux Princes qui vindrent depuis, de n'estre pas si hastifs de s'acointer d'vne telle nation, suyuant le prouerbe qui dit, Qu'heureux est celui qui deuient sage par les erreurs d'autrui. Mais les prochains successeurs ne laisserēt de suyure les mesmes traces, & de receuoir aussi le mesme payement des autres. Car Manuël Palæologue ayant fait estroitte confederation auec Baiazet, ce tyrā ne lui porta pas longue amitié, ains assiegea Cōstantinople, & ne la pouuant prendre par force resolut de l'affamer. Ce qu'il eust fait sans la venue de Tamberlan. Deux ou trois autres Empereurs qu'il y a

Iean Palæologue a suyui.

Manuël Palæologue & ses successeurs ont fait le bout.

y a eu depuis, ont aussi esté comme contraints par les fautes & mauuais exemples de leurs deuanciers d'adherer à ces Barbares, iusques à tant qu'ils enuahirent l'Empire de Constantinople, & celui de Trebizonde, que les Princes Grecs possedoyent. Par où lon void que ce qui du commencement s'estoit fait par vn imprudente volonté, à la fin se fit par vne forcee necessité. Mais de quelque façõ que ç'ait esté, si peut-on bien dire que l'iniustice de tels actes a esté occasion d'amener de grands mal-heurs.

Respõse à l'obiection de ceux qui sous couleur des alliãces mal maintenues entre quelques Princes Chrestiens aprouuent telles qu'on traite auec les infideles, moyennant qu'on soit prudent & auisé.

QVELQV'VN pourra obiecter que, depuis trois cens ans en ça, il s'est basti des alliances par des Princes foibles auec d'autres qui estoyent puissans, estans les vns & les autres Chrestiens: les premiers pensans par tels moyẽs se conseruer, & toutesfois ont senti depuis qu'elles leur ont tourné à ruïne, dautant que les derniers se sont serui de telles occasions pour les opprimer: & voudroit par là conclurre que c'est seulement l'imprudence qui est cause du mal-heur, quand on appelle à secours, qu'on s'auoisine, ou qu'on s'allie mal à propos d'vn qui est puissant & desireux de s'accroistre, pource que peu de foy regne es ambitieux. A cela peut-on respondre que la verité est qu'en tels faits il y a faute de iugement & de consideration, & que les histoires tesmoignent (sans qu'on en rapporte ici les exemples) de plusieurs qui ont esprouué le dommage de pareilles folies. Neãtmoins il faut mettre difference & auoir autre esgard, quand il est question de s'allier auec les Princes sus nõmez, ou auec ces tyrans, soit pour assaillir ses voisins Chrestiens, ou pour se defendre d'eux. Car quãd vn Prince poussé d'ambition & de desloyauté se sert des alliãces pour tromper, l'infamie lui en demeure: & quant à celui dont la simplicité a esté trop grande, & qui a esté circõuenu & endõmagé, on le plaint plustost qu'on ne l'accuse. Mais celles que lõ bastit auec ces destructeurs & fleaux du mõde, chez lesquels la trahison, l'impieté, l'iniustice & la cruauté sont tousiours logees, il y a tousiours du vice, si lõ excede certaines bornes que la raison doit prescrire: n'estant nullement licite de se confederer auec eux, sinon pour ce qui importe peu & qui ne lie point les cœurs de forte amitié, ni les personnes de grande obligation. Car quelle estroitte societé peut-on auoir auec ceux qui ne pensent continuellement qu'aux moyens de vous assuiettir à vne seruitude impie & à vous ruiner?

Quel traité lõ peut faire auec les Turcs: quelle difference il y a entre cela & les vrayes alliances & le danger de s'allier estroittement auec les tyrãs.

TOVTESFOIS on ne pourroit pas inferer d'ici qu'on ne peust entrer en aucun traité auec eux, pource qu'auec les plus enragez ennemis qu'on sçauroit imaginer le besoin induit souuent à y venir: comme pour obtenir paix ou trefues, composer des differens pour les Seigneuries, auoir reparation des iniures, du droit des commerces, & seuretez des suiets trafiquans. En tels cas il est loisible de negocier & entrer en quelques traitez auecques ces tyrans. Or qui voudra faire cõparaison de ces couentions-ici auecques les vrayes & legitimes alliances qui se font ordinairement entre Princes, pour s'entr'aider cõtre tous ceux qui à tort les voudroyent molester, on verra qu'il y a vne merueilleuse difference: car celles-ci sont fondees en equité, tendant à conseruation & à maintenir vne amitié ciuile entr'eux, là où des autres conuentions les Princes s'en seruent par necessité pour brider vn peu leur rage, & en resulte quelque seureté pour leurs suiets & pour leurs affaires. Les Valaques, les Moldaves, Transiluains

siluains & Esclauons ont esté contrains de passer plus auant, s'estans assuiettis aux Turcs pour se garantir de leur fureur & cruauté, dautant qu'ils n'auoyẽt moyen de se defendre: & d'iceux doit-on auoir grande compassion. Il pourroit sembler à aucũs que ceste superbe nation feroit la difficile à entrer en alliance auec les Chrestiens. Mais c'est au contraire: car encor qu'elle soit Barbare, si vse-elle en ceci de l'ancien artifice des Romains, qui sous couleur des alliances mirẽt le pied en la Grece & en la Gaule, lesquels païs ils assuiettirent depuis. Aussi voudroit-elle faire le semblable si elle pouuoit: pour le moins hantant les Chrestiens elle descouure leurs affaires, en considerant de pres leurs forces & moyens. Ce qui lui donne apres plus de desir d'entreprẽdre, & les nostres qui conuersent parmi elle n'en rapportent autre fruit qu'vn aprentissage de tres-mauuaises coustumes qui infectent de corruption les particuliers, & embrouillẽt de preceptes tyranniques l'esprit de ceux qui gouuernent. I'allegueray encor d'autres exemples des plus notables, de ceux qui se sont abusez & mal trouuez pour se vouloir trop appuyer sur les infidelitez Turquesques. L'vne sera du dernier Roy de Hongrie, nommé Iean, qui fut esleu des Hongrois apres la mort de Louys tué en bataille contre les Turcs. Ce Roy, peu apres son election, fut chassé par Ferdinand, sous titre de quelque pretention au Royaume: ce qui le contraignit d'auoir recours & se ietter entre les bras de Sultan Soliman, qui fut pour lui vne belle occasion. Car il ne demandoit autre chose que d'auoir acces par le moyen des Chrestiens es lieux où il desiroit establir sa grandeur. Ainsi l'ayant pour l'heure remis en sa dignité, & battu les gens de

Autres exemples plus frais du dãger qu'il y a de s'allier & fier aux Turcs.

Ferdinand, il ne garda gueres sa promesse. Car Iean estant mort il despossed a apres la Roine sa vefue & son pupille, qui l'auoyent encore rappellé à leur aide contre Ferdinand qui les tenoit assiegez : & depuis est demeuree quasi toute la Hongrie es mains des Turcs. En ce fait il semble que les grieues iniures reçeuës par les dessusdits leur deuoyent seruir d'excuse de s'estre sousmis à Solimã : toutesfois ils ne sont pas excusables d'auoir esté cause pour leur particulier interest d'auancer la ruïne des Chrestiẽs de ce costé-là, peut estre trente ans auant qu'elle fust auenue, & deuoyent premier auoir sommé les autres Princes de la Chrestienté de donner ordre à leur different, ou plustost venir à quelque compositiõ auec Ferdinand. Mais comment ces alliances-ci n'aporteroyent-elles mal-heur à ceux qui en effect les ont pratiquees, veu que les Princes, qui les ont seulement voulu contracter pour se venger ou resister à leurs ennemis, ont fait vne mauuaise fin? Alphonse Roy de Naples en est l'vn, lequel redoutant la puissance de Charles huictieme Roy de France, enuoya vers Baiazet ses embassadeurs, à l'imitation du Pape Alexãdre sixieme qui auoit fait auparauant le mesme, pour lui demander secours. Ludouic Sforce aussi, pour embrouiller les Venitiens, recercha les Turcs, & en fit approcher quelque nombre de l'Italie: mais nuls ne paruindrent où ils pretendoyent, ains furent preuenus par la ruïne de leurs Estats & de leurs personnes.

Autres exemples.

IL ne se faut point esbahir si telles deliberations furent suyuies de honte & de ruïne, & qui voudra biẽ regarder les causes d'icelles verra qu'vn vehement desir de vengeance incita ces Princes à les reclamer.

Combien de mal-heurs ont esté esclos de l'alliance des Chrestiẽs auec les Turcs.

N'est-ce

N'est-ce pas autãt comme si quelqu'vn alloit dans les bois louër des brigands pour tuer dans sa propre maison son parent ou son ami, pour quelque dispute suruenue? Ou bien ouurir la fenestre au loup & le faire entrer dans la bergerie pour deuorer les brebis? Ceux qui estoyẽt en la premiere guerre de Hongrie, quand Soliman y vint en personne, afferment qu'il fut occis ou emmené en seruitude plus de deux cens mille personnes de ce seul Royaume, en vn voyage seulement: lesquelles violences & autres innumerables ont esté les passe-temps de ces horribles monstres, qu'ils ont pris à nos despens depuis deux cens ans. Qui est celui qui lisant ou oyant reciter les inhumanitez, vilenies & tourmens que souffrirent les pauures Chrestiens à la prise de Constantinople, ne demeure transi de douleur & de pitié? En ce naufrage la grandeur, la Noblesse, la douceur, les plaintes & les larmes des vieux, des ieunes, des femmes & des enfans, ne peut onq adoucir leur cruauté, iusques à ce qu'ayans assouui leurs cupiditez & vengeances par le sang, la richesse, & la beauté de la jeunesse de tout sexe, ils donnerent quelque petit relasche aux miserables personnes restees d'vne telle fureur, qui eussent esté beaucoup plus heureuses d'auoir esté englouties auec les autres.

Origine & occasion de l'alliance des Rois de Frãce auec les Turcs.

I'ADIOVSTEROIS encor quelques autres actes pour monstrer la ferocité de ceste natiõ, dequoy il ne sera pas grand besoin, pource qu'on doit croire que ses procedures ont quasi tousiours esté semblables: cõme si son but estoit de fouler aux pieds le genre humain. Nos voisins on trouué & trouuent merueilleusement estrange dequoy tant de gens doctes, prudens, & dont la Frãce a tousiours esté ornee, ayent peu conseiller à nos Rois de s'allier auec eux, voire d'y perseuerer si long temps, veu que telles alliances sont infortunees. Quelques personnages anciens m'en ont raconté l'occasion, disans que le Roy Frãçois premier se voyant ordinairement assailli de l'Empereur Charles, Prince tres-puissant, du Roy d'Angleterre & autres ennemis, qui mettoyent souuent son Estat en peril, fut conseillé, pour se cõseruer, de se confederer auec Sultan Soliman, à fin de leur mettre en barbe vn redoutable ennemi, quand ils le molesteroyent: & fut le traité acordé enuiron l'an mille cinq cẽs trente cinq, à cause duquel plusieurs fois on a fait venir des secours Turquesques qui ont donné de grands empeschemens à ceux qui assailloyent la Frãce, & que sans cela elle eust souffert dauantage, par l'ambition de ceux qui ne deuoyent mettre nos Rois en necessité de se seruir de si espouuantables armees. Toutes ces accusations & iustifications-ci m'ont incité de regarder dans quelques histoires pour voir quels ont esté les profits ou les dommages de leurs secours.

Quels seruices les Turcs ont faits à la Frãce.

I'AY obserué que trois ou quatre armees nauales sont venues en la Chrestienté, à la solicitation (comme elles disent) des François, sous la conduite de Barberousse, & autres admiraux: lesquelles ont aporté de l'espouuantement. Entre les exploits qu'elles ont faits, le plus memorable, à mõ auis, ç'a esté la prinse de Boniface en Corse. Mais iay aussi mis peine de m'informer de plusieurs Capitaines vieux & autres biẽ entendus, tant Italiens qu'Espagnols, de ce que leurs nations auoyent senti & dit de ces tempestes Turquesques. Ils me racõtoyent que les desolatiõs de ces Barbares ont esté lamentables, ayãs bruslé, saccagé, mesmes emme-

né

né vn nōbre merueilleux de pauures Chrestiēs pour estre en seruitude perpetuelle, & qui pis est la plus grād' part auoyent esté forcez de renoncer la Loy Chrestiēne pour embrasser la fausse doctrine de Mahumet, perditiō certes qui estoit à deplorer de tāt d'ames qui estoyent cheutes en si horribles precipices. Et qu'on ne sçauroit croire combien ces maux auoyent esmeu de gens, en tous pais, & fait parler & escrire au vitupere de la nation Françoise. Que deuoyēt donc faire (disoyent-ils) les parens & amis de ceux qui estoyent entrainez en ceste dure captiuité? l'vn perdoit son pere & sa mere, l'autre sa fēme & ses enfans, cestui-ci son frere, & cestui-la son cousin. Il est vray semblable que la juste douleur a arraché infinies plaintes, larmes & souspirs, qui parauanture ont frappé à la porte du ciel. Qu'il estoit aparu que ceste confederation auoit esté occasiō d'amoindrir la gloire & la puissāce d'vn si florissant royaume que celui de France: car mesme à la mort du Roy Henri secōd il estoit descheu d'vne partie de la grandeur où il estoit quarāte ans auparauant. Et combiē qu'il y ait eu d'autres causes qui l'ont amené à ceste declinaison, toutesfois plusieurs estiment que ceste-ci n'a pas esté des moindres.

QVE si nous faisons cōparaison (adioustoyent-ils) de l'vtilité de tous ces secours Turquesques auec la seule diminutiō de la renommee des François enuers toutes les natiōs de l'Europe, on sera contraint de confesser que la vergōgne a de beaucoup surmōté le profit. Car qu'estoit-ce d'auoir conquis deux ou trois villes, au pris d'estre blasmez de tāt de gens, pour actions qui sont vniuersellement cōdamnees? Et sommes encores tesmoins, que lors que la paix fut faite entre les

Combien ceste alliance a obscurci la gloire des François.

deux Rois de France & d'Espagne, l'an 1559. que le vulgaire d'Alemagne, d'Italie & d'Espagne, disoit, que l'vne des causes principales pourquoy ces mauuaises auantures leur estoyēt aduenues, estoit pour auoir fait alliance auec les Turcs, & les auoir amenez & fauorisez pour nuire aux Chrestiens. Ie leur respondi qu'ils blasonnoyent trop rudement les choses qui se pouuoyent aucunement supporter, lesquelles n'estoyent tellement illicites qu'aux necessitez suruenantes on ne s'en peut preualoir. Et que la coulpe entiere redōdoit sur celui qui forçoit autrui de se seruir (pour se conseruer) de tels moyens. Ils repliquoyent qu'autre chose estoit de s'allier d'vn Prince Chrestien, encor qu'il y eust quelque iniustice & ambitiō en lui, ou de ces Barbares, qui sont les instrumens de l'ire de Dieu. Et que ceux qui vouloyent excuser ces erreurs monstrassent quelle prudence il y auoit de se fortifier d'vn secours qui faisoit perdre la renommee à vn Prince. En apres, si ce n'estoit pas aueuglement, quand on sçauoit que plusieurs auoyent fait naufrage en vn endroit d'y vouloir encores passer? En fin ils estimoyent que les gens de bon jugement & de bonne conscience ne contrediroyent gueres en vn fait si manifeste, ains acquiesceroyent à la verité, qui vouloit qu'on condamnast non seulement ce qui estoit illicite, mais aussi qu'on s'en deportast sans y perseuerer. Voila en sommaire les raisons qu'ils me proposoyent, que ie n'ay pas trouuees impertinentes. Mais pour me satisfaire encores mieux, ie voulus sonder quelques Theologiens qui me venoyent visiter, pour sçauoir si l'integrité Chrestienne estoit offensee par ces confederations.

Combien telles

SVR ceste question ils me disoyent que Daniel en sa

en sa prophetie (en parlant des quatre Monarchies, qui deuoyent estre au monde & les representant sous la figure de quatre bestes) monstroit que sur le declin de la quatrieme qui est la Romaine, il s'esleueroit vne petite corne (c'est à dire vn Royaume) qui seroit plus puissant que les autres, & que ceste corne auroit des yeux & vne bouche. Que les yeux signifioyẽt vne Loy finemẽt inuentee, & la bouche les blasphemes contre Dieu : & que ceste puissance feroit guerre aux Saincts & auroit de grandes victoires. Eux affermoyent cela conuenir à la doctrine de Mahumet, que les Sarrazins auoyent premierement tenue & puis les Turcs. Que si on vouloit biẽ cõsiderer le Royaume Turquesque, on verroit que c'estoit vne terrible tyrannie, où les suiets estoyent estrangement esclaues. Leurs guerres destituees des vrais fondemens, & leur gouuernement politique n'auoit que le nom estant bien consideré: l'Ecclesiastique nul, & au lieu d'icelui vne meschante prophanation du Nom & seruice du vray Dieu : l'œconomie renuersee par la polygamie, & par autres desordres qui rompoyent les liens de la societé humaine. Quant à leur perfidie & cruauté, les histoires & les experiences en rendoyent assez bon tesmoignage, pour faire croire auec les autres choses susdites que les paroles de ceste prophetie leur apartenoyent, estans par icelle figurez comme ils estoyent.

S'il'alliance auec les Turcs est illicite.

Or presuposant ceci estre veritable, (disoyent-ils) nous demandons en quelle maniere vn Prince Chrestien peut s'allier & auoir estroite communication auec tels Barbares, qui sont comme marquez & destinez pour estre les flagellateurs des Chrestiens? Il nous semble qu'il est bien mal-aisé de s'en seruir, qu'on n'offense la pieté. Anciennement Dieu defendit expressément aux Iuifs de faire alliance auec les Cananeens & Amorrees, peuples qu'il auoit en execration, à cause de leurs impietez & abominables vices. La comparaison ne sera impertinente, si nous mettons les Turcs au rang des vns & nous au rang des autres: dont s'ensuyura que la mesme defense nous seruira aussi de loy pour nous retenir, à fin que n'allions nous polluer en leurs abominations. Ie leur dis apres que ie m'esbahissois donc bien fort, comme tant de Cardinaux Euesques & docteurs pleins de doctrine, qu'il y auoit eu en France, auoyent trouué bonne ceste alliance, ou bien n'auoyent fait instance pour la rompre. Ils respondirent que souuent les Princes faisoyent ceder la toge à l'espee, & les conseils Ecclesiastiques aux necessitez de l'Estat. Et là finirent nos propos qu'ayans depuis bien considerez, m'ont fait dire que ce seroit contre ces Barbares que le Pape deuroit tourner ses fulminations, & les Potentas Chrestiens leur courroux & leurs armes plustost qu'entre eux-mesmes, ou contre leurs suiets, ausquels on impropere bien legerement le crime d'heresie, l'infidelité des Turcs leur doit estre plus execrable. Et contre iceux faudroit tirer l'espee, non pas pour les conuertir (pource que l'Euangile ne se plante es entendemens des hommes qu'auec la predication accompagnee de la saincteté de vie) mais pour reprimer leur cruauté & tyrannie: & telles guerres seroyent aussi necessaires que nos domestiques sont miserables.

Respõse à l'obiection fondee sur la consideration de la prosperité des Turcs.

Or il y en a plusieurs lesquels voyans la prosperité des Turcs auoir tant continué & s'accroistre tousiours plustost que diminuer, sont comme esperdus en eux-

eux-mesmes, & ne peuuent penser que leur domination nous doyue estre ainsi detestable, veu que l'ire de Dieu ne s'est point desployee sur icelle, ains plustost sa faueur. Ie ne doute point que ceux qui sont mal instruits en la doctrine de la prouidẽce diuine ne branslent quelquesfois, quãd ils entrẽt en ces discours: mais il faut qu'ils s'asseurent que ceste puissance n'a pas vn cours perpetuel, & qu'elle est bornee comme a esté celle des Sarrazins qui a pris fin & leur nom aussi, & depuis plusieurs annees il n'en est aucunes nouuelles. Dieu seulement entretient ces verges-ci pour punir & corriger ceux qui portans ce magnifique titre de Chrestien le vont neãtmoins deshonnorant par leurs iniquitez, & ne faut point que nous alliõs cercher ailleurs la cause de la grãdeur Turquesque, sinon en nos propres pechez, la continuation desquels lui donne nourriture & vigueur, comme au contraire nostre amendemẽt seroit occasion que Dieu la rabaisseroit. Ie desirerois que ceux qui sont pres des Rois leur voulussent mettre souuent deuãt les yeux que les Monarchies legitimes (qui doyuent estre appuyees sur pieté & justice) ne se cõseruent point par moyens repugnans à ces vertus ici, à fin qu'ils fussent plus resolus en eux-mesmes, de ne cercher point vtilité es choses desquelles l'honnesteté est du tout separee.

Respõse à ceux qui estiment qu'il n'est pas temps que les François quittent l'alliance qu'ils ont auec les Turcs.

Ie sçay bien qu'il y en pourra auoir qui diront que l'Estat de France est maintenant si attenué & affoibli, qu'il ne seroit pas expedient qu'il se departist des alliances qui tienent encores ses ennemis en quelque crainte, & que ce seroit les induire à l'attaquer s'ils le voyoyent desappuyé de ceux dõt la puissance leur est espouuantable. Car les Allemans viendroyent alors demander les villes de l'Empire: puis le Roy d'Espagne, qui a plusieurs vieilles & nouuelles querelles, en mettroit quelqu'vne en auant, & y a danger que si puissans ennemis ne le traitassent mal. Vrayement ceci est bien cõsiderable. Mais les Allemans respondent que leur nation n'est pas fort eschauffee à embrouiller en vne grosse guerre l'Empire, lequel ils ne desireroyent pas plus puissant qu'il est, de crainte qu'il ne iettast la patte sur eux, comme fit l'Empereur Charles sur le Duc de Saxe & sur le Lãtgraue. Ils ne voudroyẽt pas aussi aider à la ruïne de la France, laquelle ils sçauẽt estre, pour le dedãs de la Chrestiẽté, vn bon cõtrepoids, & pour le dehors vn tresferme escussõ. Les Espagnols disent aussi que la lõgue paix que leur Roy a entretenue auec la Frãce, & ses occupations de Flandres, mõstrent que son intẽtion n'est pas de l'assaillir auec la force des armes. Car il lui suffit qu'elle va tousiours en decroissant par ses dissensions ciuiles: de sorte que ceste puissance qu'il a autresfois redoutee ne lui donne à present aucune crainte: & qu'on doit plustost croire que si les Princes voisins voyoyent les François, pour le bien vniuersel, se departir de la confederation qu'ils ont auec les Turcs, ils leur sçauroyent vn grãd gré d'vne œuure si loüable qu'ils ont tant de fois desiree.

Conclusion de ce Discours.

IE m'en raporte toutesfois à ce qui en est, & pour la fin ie diray qu'anciennement nos Rois ont fait paroistre qu'elle affection ils auoyent pour l'extirpation & ruine des ennemis de la Chrestienté. Car eux-mesmes ont esté en personne auec la fleur de leurs suiets iusques en l'Asie & en l'Afrique, pour les combatre: à sçauoir les Rois Louys le ieune, Philippe Auguste, & sainct Louys. mesmes Godefroy de Bouillon & la plusla pluſpart des Princes qui l'accompagnerẽt au voyage de Ieruſalem eſtoyent François. Et long temps au parauant eux, quels fleaux auoyent eſté des Sarrazins, Charles Martel & Charlemaigne, qui obtindrent de tres-groſſes victoires ſur ceſte effroyable natiõ, eſtans conducteurs de la puiſſance Françoiſe? Dont ie viens à conclurre, que quand vne bonne ocaſion ſe preſenteroit & qu'on vouluſt donner aſſeurance à noſtre Roy de n'attenter ſur ſon Eſtat, ie penſe qu'on le trouueroit n'auoir degeneré du zele, de la prudence & de la valeur de ſes anceſtres.

FIN.

QVELES PRINCES CHRESTIENS ESTANS BIEN VNIS ENSEMBLE PEUUENT EN QUATRE ANS CHASSER LES TURCS DE L'EUROPE.

VINGTDEVXIEME DISCOVRS.

Excuse & occasiõ de ce discours.

IL seroit mieux seant à quelques excellens Capitaines, que i'estime qui viuent encores auiourd'hui, comme le Seigneur Iean André Doria Italien, Lazare Schuende Allemãd, & le Cheualier de Rommegas" François, qui se sont trouuez en plusieurs guerres contre les Turcs, de discourir des moyẽs pour reprimer leur puissance, qu'à moy qui n'ay iamais veu bransler leurs estandars par mer ni par terre, ni reconu leurs frontieres. Toutesfois pource qu'il n'est encores point aparu qu'ils ayent manifesté leurs belles conceptions touchant ce suiet-ci, (combien que ie ne doute point qu'ils ne les ayẽt declarees à leurs amis) cela m'a incité, tant pour la satisfaction de moy-mesmes, que pour l'instruction de ceux qui parauanture n'ont pas pensé à vne si haute entreprise, d'en dire quelque chose: de laquelle ie parleray d'autant plus volontiers, que ie l'estime estre tresiuste & necessaire pour le biẽ vniuersel de toute la Chrestienté. Qu'on ne cuide pas cependant que ie veuille ietter des propos à la volee, appuyez

" Villamont.

puyez sur mes simples imaginations : car il n'y auroit gueres de fermeté. Mais apres auoir leu & releu les histoires, qui traittent des guerres qui se sont faites contr'eux, & ayant auec cela obserué ce qui est arriué de nostre temps, i'ay pensé qu'vn tel fondement seroit suffisant pour soustenir ce qu'on voudroit bastir dessus. L'occasion se presenteroit à ceste heure de raconter le commencement & l'accroissement de ce tyrannique & impitoyable empire Turquesque. Mais pource qu'en vn autre petit traitté i'ay mõstré ce qui en est, ie n'vseray de repetition.

Briefue description de la domination des Turcs.

CEVX qui en sont voisins ne sentent que trop qu'elle est sa pesanteur, & ceux qui en sont esloignez ne doyuent ignorer que c'est vn horrible fleau de la vengeance diuine, lequel, ayãt depuis plusieurs annees ruiné ce tres-florissant Empire d'Orient, & enjambé bien auant dans celui d'Occident, menace encores le reste de le mettre sous son insupportable joug. C'est assez pour auoir crainte, quand on vient à considerer la grandeur de ce peril, qui est si prochain, & pour resueiller principalement ceux qui tienent les dignitez supremes, à fin qu'ils s'esuertuent de pouruoir à la conseruation commune : car le feu s'auance peu à peu, & a desia consumé les faux-bourgs de la Chrestienté, à sçauoir la Hongrie, & toute ceste grand lisiere de la mer Adriatique, qu'on nomme vulgairement Esclauõnie. De maniere que du costé de la mer nous auons ces Barbares pres de nos portes, & du costé de la terre, nous les auons dedans nos portes. C'est chose certaine que sans la renommee victoire nauale que gaigna sur eux Don Iuan d'Austria, Prince tres-magnanime & valeureux, & sans la guerre de Vvalachie, où moururent cinquãte mille Turcs, & ceste derniere qu'ils ont contre le Persié, laquelle leur a cousté tres-cher, qu'on auroit autrement senti leurs efforts. Et neantmoins auec toutes ces pertes l'Isle de Cypre leur est demeuree pour vn glorieux trophee, ayans auec cela renuersé de fond en comble la superbe forteresse de la Goullette en Aphrique. En ceci lon void qu'ils ont perdu des hommes, dont pour vn ils en peuuent recouurer quatre : & nous auons perdu des païs qu'il est comme impossible de r'auoir iamais de leurs mains, vsans des procedures accoustumees. Voila comment ils tirent fruict de leurs pertes, & les nostres nous acheminent à ruine.

De leur haine & conspiratiõ cõtre la Chrestienté.

Il semble maintenant à ceux qui ne les conoissent pas, qu'ils soyent endormis ou empeschez pour long temps: mais au contraire ils prenent haleine & se preparent, ne tendant leur dilation qu'au recouurement de plus grande vigueur, à fin que les premiers assauts qu'ils feront sur nous soyent plus furieux. Tous ces tyrans de la famille des Otthomas, quand ils entrent en leur regne, l'vn des premiers sermens solennels qu'ils font, en prenant leur iniuste sceptre, est qu'ils seront ennemis irrecõciliables du nom Chrestien, & que par guerres continuelles, & toutes especes de cruautez, ils tascherõt d'en abolir la memoire : en quoi leurs effets ont tousiours bien correspõdu. Ce qui nous doit faire croire qu'ils continueront leur mesme train. I'ay entendu de quelques vns qui les ont fort pratiquez, que si leurs Empereurs cessoyent quelque temps de courir sus aux Chrestiens, ils tomberoyent en tres-mauuaise opinion enuers leurs prestres & leurs gens de guerre, qui se persuadent qu'il faut que l'espee Mahumetane assuiet-

assuiettisse tout le monde à leur Seigneur. Ces folies leur enflent & esleuent le cœur de telle sorte, qu'ils conuoitent & embrassent, par leur ambition, autant que faisoit vn Alexandre.

Pourquoy ils souffrent les Chrestiens parmi eux.

On pourra dire que sous leur dominatiõ ils souffrent encore viure les Chrestiens, ce qui est vray. Mais c'est tout ainsi que nous souffrons viure en nos campagnes les bœufs & les moutons, pour l'vtilité que nous en tirõs. Aussi eux ne les tienent pas en autre estime que de bestes brutes, dequoy ils se seruent, voire en tous les plus vils vsages qu'ils veulent, sans qu'ils osent repliquer: & s'ils en eussent voulu depeupler leur terre, il y a long temps qu'elle fust toute deserte. Mais ils ne sont pas si mal-auisez de le faire. Cepẽdant vn homme de cœur prefereroit la mort aux maux & ignominies qu'ils leur fõt endurer. Ce nous doit estre ici vn beau pourtrait, pour nous representer souuent dauãt les yeux, à fin que l'horreur de tant de cruautez acroisse en nous la solicitude & la vigilance, craignans de tomber en la mesme condition: car quand nostre propre danger sera conioint auecques la compassion que nous deuons auoir de leur misere, cela aura plus de pouuoir de nous induire à cercher des remedes salutaires.

Moyen de reprimer l'insolẽce des Turcs: & pourquoy il est mis en auãt.

Tout bien cõsideré, il n'y en a point de plus conuenable que de ioindre les forces Chrestiennes ensemble, & aller assaillir celles qui nous võt destruisant: car si aucune guerre fut onc necessaire ceste-ci l'est. On ne la feroit point pour vn desir de gloire, ni pour l'ambition, ni pour la vengeance de quelque legiere iniure: ains pour preseruer les ames de tant de milliers de personnes de l'infection mortelle de la doctrine de

Mahumet, & garãtir les corps de la plus horrible seruitude qui fut onques. Dauantage pour la conseruation des Loix, de l'honnesteté, de la vertu, des sciences & disciplines, que la rage de ces Barbares pretend ensevelir, pour establir au lieu d'icelles l'impieté, les vices, l'ignorance, & les brigandages. Ceci rend manifeste encores vn autre poinct, digne d'estre obserué en toutes actiõs humaines, qui est la iustice, laquelle doit estre le fondement d'icelles. Mais elle y aparoit si clairement que nul n'y peut cõtredire. Et adiousteray encores ce mot que nul acte ne peut estre plus iuste que de pourchasser en ceste partie d'Europe subiuguee le redressement de l'ordre politique, qui comprend en soy toutes especes de iustice, tant publiques que particulieres. Si nous pouuions voir à l'œil, ou en image, deux sortes de violence (entre autres innumerables) que commettent ces Barbares sur les pauures Chrestiens, ie cuide que nostre paresse seroit conuertie en zele. La premiere, c'est vn nombre de cinq ou six mille petis enfans qu'ils arrachent tous les ans du sein de leurs meres plorantes, es prouinces qu'ils ont assuietties, pour les mener en Constantinople, où ils les font instruire en leur secte & aux armes. La secõde, ce sont deux fois autãt, pour le moins, de pauures Chrestiens, qu'ils prenent par ci & par là chasque annee en leurs courses, & puis les reuendent de façon que le pere s'en va d'vn costé, l'enfant de l'autre, le mari en Orient, la femme en Occidẽt, pour estre esclaues toute leur vie, sans espoir de se reuoir iamais : separation qui se fait auec gemissemens incõparables. Ie ne compren point ici les rauages des guerres, qui engloutissẽt quelquesfois en vn seul voyage quarante ou cinquante mille ames.

Horribles violences des Turcs.

ames. C'est seulemẽt l'ordinaire que ie mets en monstre, la continuation duquel en dix ou douze annees, cause vn grãd extraordinaire, si on le veut bien noter.

BEAVCOVP de gens y a qui cõfessent ceci estre veritable, mais puis apres ils demeurent là arrestez, & ne passent point outre: pensans que le mal est si esloigné, qu'il ne paruiendra point iusques à eux, & laissent à ceux qui en sont plus prochains les ressentimens que lon doit auoir d'icelui. C'est erreur n'est pas petit, lequel monstre qu'ils n'ont souci que de leur interest particulier (chose qui meut auiourd'hui la pluspart des hõmes) y en ayãt si peu qui pour la pitié d'autrui & le regard de la iustice se formalisent, qu'il semble que l'humanité & l'equité soyent aneanties. En ce mesme erreur ont esté nos grands peres (i'entens ceux qui estoyent proches des païs maintenãt exposez en proye) car pour auoir esté trop nonchalans à les fauoriser, ils se sont perdus, & ont laissé leurs voisins en perpetuelle crainte de tomber en ce mesme estat. Et comme lon est prompt à cercher de belles couuertures, pour cacher ses defauts, il y en a qui, pour excuser leur paresse, veulẽt persuader que la puissance Turquesque est tellemẽt bornee par les mers, montagnes, & par frontieres fortifiees, qu'elle ne se peut plus accroistre. Nous deuons desirer que cela auiene, mais pour le plus seur imaginer le contraire, à fin de n'estre preuenus: & cuide que ceux qui liront les histoires n'adhereront pas à l'aduis de telles gens. Car ils conoistront, comme en deux cens quatre vingts ans elle s'est estenduë par vn costé depuis les portes Caspiennes iusques à Strigonia, ville aux cõfins de deça de la Hõgrie, qui sont pres de quatre cens lieuës de chemin. Certes il faut de for-

Cõtre ceux qui se font acroire que la tyrãnie Turquesque est si loin que elle ne paruiẽdra iamais iusques à eux.

tes barrieres pour arrester ceux que les montagnes d'Armenie, le destroit de l'Hellespont, & le grād fleuue du Danube n'ont peu empescher de passer. Encores n'est-ce pas si grād' chose que cela, au pris des Empires, Natiōs, Royaumes, & armees qu'ils ont ruïnees, en s'approchant de nous. C'est donques se flatter, d'auoir opinion qu'ils demeureront fermes en si beau chemin, & signe de peu de jugement d'estimer, sous l'ombre qu'on est encor aucunement esloigné d'eux, qu'on doit estre libre de crainte, & n'assister à ceux qui continuellement soustienent leur impetuosité.

Cōbien la puissāce des Turcs est aiourd'hui redoutable, & pourquoy.

IE sçay bien qu'il aduient quelquesfois qu'vne grande puissance demeure quelque espace de temps, sans faire de grands progres (comme on a veu que depuis quarante ans eux ne se sont pas beaucoup auancez du costé de l'Allemagne) mais aussi au parauant en peu d'annees ils conquirēt quasi toute la Hongrie, & rendirent tributaire la Transsyluanie. Et apres y auoir bien pensé, ie trouue qu'il leur faudroit si peu de bon succes pour mettre en terreur toute la Chrestienté, que desia i'apprehende vn tel inconueniēt. On sçait que desia par deux fois la ville de Vienne en Austriche a esté assiegee par Sultan Solyman, laquelle fut fauorisee par l'Empereur Charles cinquieme. Mais s'il aduenoit auiourd'hui que ceste mesme entreprise se refaisant par les successeurs de Solyman elle fust emportee (car il ne faut pas dire que ce soit chose impossible, ni mesmes malaisee à ceux qui mettēt deux cens mille cheuaux en campagne, de forcer vne ville) que s'en ensuyuroit-il apres sinon vn fourragemēt & ruïne de toute la Germanie, & la guerre Turquesque transportee aux bords du Rhin? Et du costé de l'Italie

n'auroyentn'auroyẽt-ils pas aussi vn tres-ample passage par les Alpes pour l'aller rauager? Et quelle armee s'oseroit presenter deuãt vne si grande multitude, apres qu'elle auroit renuersé nos frontieres? Il nous faut confesser que biẽ nous prẽd, dequoy Dieu veille pour nous, & nous sert de rempar: car sans cela il y a lõg temps que nous eussions senti ce que nous ne laisserons de sentir à l'auenir, si nous ne nous aidons des remedes que Dieu par sa bonté nous met en la main.

A qui il appartient de reprimer la tyrannie des Turcs.

VOYONS maintenant à qui il appartient d'auoir soin du salut vniuersel. Il est aisé à iuger que c'est aux Empereurs, Rois, Princes, & Republiques, ausquels Dieu a assuieti les peuples, pour leur rendre obeïssance. A ceste occasion les doyuent-ils gouuerner par iustice, & garentir d'oppression. Et tout ainsi que les Pasteurs ont tousiours leurs yeux ouuerts, pour garder que les loups ne surprenẽt leurs troupeaux: aussi doyuent-ils, par vne diligence continuelle, empescher les horribles degasts que ceste cruelle Nation continue sur leurs suiets. Si nous y regardõs vn peu de pres, nous verrons qu'il y a biẽ peu de païs qui en soyẽt exempts. Car les frontieres de Pologne, d'Alemagne, d'Italie, d'Espagne, & de France du costé de Prouence & Languedoc, experimentent assez souuent, combien est griefue la seruitude de ces Barbares. C'est là tout le corps de la Chrestienté. Le demourãt sont isles, comme Angletterre, Escosse, Dannemarc & Suede, qui sont comme peninsules. Ce qui me fait d'autant plus esbahir qu'ayans de tels resueille-matins nous soyons si endormis. Or ce qui fait en ceci que les Princes ne sont gueres affectionnez, c'est qu'ils se rẽdent du tout ententifs à leurs grandeurs particulieres: dont s'ensuit

Qui empesche qu'on n'y pense point: & le moyen de meti-

tre cest afaire en traine.

l'oubliãce de faire choses au benefice des Chrestiens. L'autre cause qui depend en partie de ceste premiere est la crainte & le soupçõ qu'ils ont les vns des autres, ce qui engendre des maux priuez lesquels font negliger les maux publiques. Ainsi void-on comme la cupidité & les haines domestiques retardent d'honnorables & profitables resolutions. Et tandis que leurs cœurs seront disposez en ceste maniere, il sera difficile d'entreprendre rien d'importance. Il est donc necessaire, pour y remedier, de cercher les moyens (non pas de les despouillller du tout de ces dommageables passions, car il les faudroit faire refondre) mais de les diminuer en eux, à fin que plus aisement ils puissent apres se reuestir des affections qu'ils doyuent auoir aux choses generales.

Qui sont ceux qui doyuent cõmencer à mettre les autres en train.

LA meilleure voye, pour s'acheminer à cest effect, seroit, si ceux qui ont grãde authorité en la Chrestienté, auecques vne viue persuasion & sollicitation diligente, monstrãs à tous les dents & les griphes du Lyon estre proches & aiguisees, ils leur pouuoyent ouurir les yeux & desboucher les aureilles: car ce seroit vn beau commencement, pour venir à ce poinct principal de revnir les volontez. La premiere personne, requise pour persuader auec efficace, seroit le Pape: la dignité duquel est beaucoup reueree des Princes Catholiques, vers lesquels il enuoyeroit solennellement. Et quand ils verroyẽt qu'il ne crieroit plus apres eux, comme il fait à present, disant, Coupez la gorge à vos suiets qui ne me veulent pas reconoistre, ains auroit changé de langage, il est certain que ces inductions auroyent beaucoup de vertu, comme elles eurent des autres Papes aux premiers voyages, entrepris pour le

Le Pape.

recouure-

recouurement de la Terre saincte. La seconde personne necessaire, seroit l'Empereur ; car encores que sa puissance ne soit maintenant conforme au titre qu'il porte, si est-ce que la sacree dignité, dont il est reuestu, doit estre en grande reuerence à tous les Potétats Chrestiens, les remonstrances duquel auroyent aussi grãd pouuoir enuers toute la Germanie. La troisiéme personne aussi fort propre, pour bien disposer les autres, seroit le Roy d'Espagne, à cause de sa grandeur & puissance, sur laquelle ses parolles estans appuyees, la crainte qu'on auroit qu'il deuinst maluueillant, rendroit vn chacun plus prompt à bien faire. Ceux-ci (à mon auis) estans bien conioints ensemble deuroyent ietter les fondemens d'vn si magnifique dessein. Anciennement que le zele des hommes estoit dressé à beaucoup de choses iustes, ou qui apparoissoyent telles, vn particulier doüé d'eloquence & d'experiẽce suffisoit pour les exciter, comme fit Pierre l'Hermite, qui auoit reconu les païs Orientaux, & qui y mena les premieres troupes. Mais à present qu'õ ne regarde qu'à soy, il conuient conioindre auec les paroles l'authorité & la crainte : imitant Themistocles, lequel estant allé vers quelques alliez des Atheniens, pour leur demander argent, leur dit qu'il leur aportoit deux dieux, pour les persuader, à sçauoir Amour & Force : aussi qui veut acheminer cest affaire-ci, doit, en monstrant la necessité, parler (cõme on dit) magistralement. Si quelqu'vn vouloit douter que ces trois Princes se peussent lier ensemble en ce mesme desir & poursuite, s'abuseroit : car l'Estat des personnes, & des affaires les y conuie plustost qu'il ne les en recule. Ce qui est assez aisé à voir.

L'Empereur.

Le Roy d'Espagne.

Comment les autres Princes pourroyẽt estre induits à se ioindre auec les trois susnommez.

MAIS en ce que ie diray à ceste heure gist plus de difficulté, c'est de disposer les autres Princes à se ioindre auec eux, entre lesquels celui qui y seroit du tout necessaire, seroit le Roy Tres-chrestien: car estant vni auec les autres, qui est-ce qui voudroit apres leur contredire? veu que quasi tous les autres Potentats sont leurs cõfederez. ou qui est-ce qui oseroit le faire cõtre la puissance qu'ils ont, qui ne se trouuast incontinent accablé? En sorte que si ceste particuliere liaison estoit estreinte, ie tien pour indubitable que la generale s'en ensuyuroit apres. Or on n'y peut lier le Roy Tres-chrestien, que premier on ne lui face cõsentir de rompre l'alliance qu'il a auecques le Turc. Ce qui n'est, à mon auis, pas bien aisé à faire qu'auec de grandes raisons & asseurances: parce qu'à l'auãture il ne voudroit pas démolir les apuis exterieurs que ses pere & grand pere d'heureuse memoire ont establis pour la seureté de l'Estat, & qui n'ont point esté esbranslez. Et puis ses conseillers craindroyent, en matiere si graue, de faire mutation legeremẽt. Voici donc ce qu'ils pourroyent alleguer sur ce fait-ici, dequoy i'ay desia touché quelque mot ailleurs, c'est que le grand Roy Frãçois ayant veu quelquesfois l'Espagne, l'Alemagne, les païs bas, l'Angleterre, & quelques parties de l'Italie, bandees pour opprimer son Estat, dont s'en estoit ensuyuie la perte de la duché de Milan, & la denegatiõ des droits de souueraineté de Flandres & d'Arthois, & voyant la guerre souuent dans les entrailles de son Royaume, craignant de plus dommageables ruïnes, fut forcé de recourir à des remedes extraordinaires, pour sa conseruation, asçauoir de bastir vne confederation auec Solyman Empereur des Turcs, pour nuire à ses ennemis:

Raisons pour l'alliance de France auec le Turc.

mis: & qu'il semble que ceste crainte les ait souuent retenus d'executer de grãds desseins sur la France. Que le Roy Henri son fils, ayant eu à soustenir les mesmes efforts, s'est pareillement serui de ceste faueur estrangere, dõt il s'est biẽ trouué. Que si alors que le Royaume estoit plus florissant & abondant en toutes choses, il a eu besoin d'vne telle aide, à plus forte raison maintenant qu'il est diuisé, affoibli & pauure, elle lui est necessaire, à cause que les haines anciennes de ceux qui n'en demandent que le rabaissement, peuuent encor auoir vigueur & force. Pour ceste occasion ils craindroyent vn perpetuel reproche, & vn euident peril d'Estat, s'ils conseilloyẽt leur maistre de se priuer d'vn tel secours, la perte duquel donneroit hardiesse aux voisins de l'attaquer plus volõtiers. Qu'ils n'ignorent point que la cõfederation auecques le Turc n'ait apparence d'iniustice: toutesfois que le contre-poids de l'vtilité qu'elle aporte est si grand, qu'es temps où lon est, pleins de soupçons & surprinses, elle se peut sans infamie tollerer: veu mesmes que le Roy Catholique, qui a tant d'esgard à la conscience, & à l'honneur, ne fait pas scrupule d'estre allié auecques le Roy de Perse, qui est Mahumetiste, aussi bien que l'autre. Et qui sçait (disent-ils) si le Roy Tres-Chrestien, ayant sous ombre du bien vniuersel fait de son confederé son ennemi, seroit assailli apres, quelle asseurance auroit-il de l'amitié des Princes auec lesquels il a eu de si grãds differens? Dõques, sans vn manifeste tesmoignage de bonne revniõ & de seureté pour son Royaume, qu'ils ne voudroyent lui persuader qu'il se departist de ses alliances anciennes. Dauãtage, que quand ainsi seroit que les Princes Chrestiens se seroyent vnis, auroyent assailli les Turcs, & obtenu de grãds succes contr'eux, qu'il y a aparence que tout le fruict des victoires, tant par mer que par terre, tomberoit au profit de la maison d'Austriche, qui est desia montee à vn si haut degré de grandeur, qu'elle fait peur à tous ses voisins, & leur maistre n'en rapporteroit autre chose que peine & despense: & que ce poinct est encores bien considerable.

Satisfaction aux raisons & allegatiõs precedentes.

Ce sont les raisons principales, qui (à mon auis) seroyent mises en auãt par les ministres de nostre Roy, lesquelles il conuiendroit vaincre par d'autres meilleures, auant que le ranger à la ligue proposee. En ce fait ici, i'estime que si les Princes, ci deuant nommez, vouloyent sincerement proceder, & ioindre auec les paroles de bonnes demonstrations, qu'ils en pourroyent venir à bout: car outre l'equité du fait, le desir de beaucoup de gens de bien les acompagneroit, qui ne demandẽt que l'exaltation du nom Chrestien. Mais de negotier auec artifice (ainsi que souuent on fait) il n'en reussiroit autre fruict, sinon qu'on leur bailleroit d'autres artifices en contr'eschange. Or ie veux croire que leur affection seroit tres-bonne, ce qu'estant, il ne resteroit qu'à respõdre à ce qui a esté proposé, & vuider les difficultez mises en auant. Dequoy ie ne diray rien, pource que ce seroit peu au regard de ce que tant de sages testes, qu'il y a en Espagne & en Italie, pourroyent dire, & ne doute point aussi que les Princes n'accordassent de bonnes seuretez au Roy Treschrestien, pour le faire entrer en ceste confederation. Que s'il suruenoit controuerse, sur dire, la seureté n'est pas valable, & sur respõdre, il ne s'en peut bailler d'autre: ce seroit vn signe manifeste de mauuaise volonté

au bien

au bien commun, en celui qu'on conoistroit n'auoir voulu ceder à la raison. Auenant donques qu'vn tel Roy que celui de France fust associé il seroit facile apres de faire entrer en l'vnion generale tous les autres Potentats, & mesmement le Roy qui maintenant regne en Poloigne. Et s'il y auoit quelqu'vn qui voulut faire le restif, voyant tout le corps vniuersel s'esbransler, il meriteroit qu'on le pressast d'y entrer.

Que l'vniō entre les Princes Chrestiens est requise auant que courir sus au Turc.

MAIS tout cela seroit encores vain, & de nul fruit, si par mesme moyen on ne donnoit ordre d'assopir toutes guerres presentes, & preuoir pour celles qui seroyent pour naistre, tant entre les Princes l'vn contre l'autre, que entr'eux & leurs suiets. Auiourd'hui il semble qu'il y ait peu de differens entr'eux, veu que Monseigneur le Duc d'Anjou est depuis peu de iours allé de vie à trespas (qui contestoit contre le Roy Catholique) ne lui estant resté de toutes ses peines que la seule ville de Cambray. On dira qu'elle pourroit bien estre cause d'amener discorde entre les deux Rois d'Espagne & de France: ce que toutesfois ie ne pense pas: car ils ne seroyent pas si mal-auisez, pour vn si petit pris, de ietter leurs Royaumes en despense, calamité & ruïne. Et pour parler en homme Chrestien, on ne doit point desirer que si puissans Monarques s'entr'attaquent. Car apres ils font entrer en danse leurs alliez, & d'vne guerre particuliere s'en fait vne generale. Et qui doute que le Turc ne prinst occasion de là de faire de nō pareils efforts sur nous? lesquels ne pouuans estre soustenus à cause de nos dissensiōs dōmestiques, de tres-grands dommages s'en ensuyuroyent. Quelqu'vn adioustera, que les petis Potentats sont bien aises que les grands s'entre-mangent. Ils auroyent tres-bonne raiſon ſi les grands les vouloyẽt deuorer. Mais quand on les void en volonté d'entreprendre ce qui profite à tous : auſſi tous doyuent deſirer leur bien, & les aider en cela. Le vray moyen pour oſter la crainte aux vns, & la cupidité aux autres, c'eſt de s'employer conioimtement en ces hautes entrepriſes.

Item l'vnion des Princes auec leurs ſuiets, & la ceſſation de tous actes d'hoſtilité & de guerre ciuile en leurs païs.

QVANT aux guerres que les Princes ont contre leurs ſuiets, il faudroit auſſi (s'il eſtoit poſſible) les aſſopir : d'autant qu'elles ſont ſuffiſantes pour les diuertir de tout autre deſſein. Et à ce propos ici, ie diray que les ſuiets ſe doyuent ſouuenir que leurs Princes ſouuerains ſont cõme des images viſibles de Dieu, lequel les a eſtablis en terre, comme ſes Lieutenans, pour les faire viure en pieté, iuſtice, & honneſteté, & les garantir d'oppreſſion. Et pour ce regard faut-il qu'ils leur rendent honneur, fidelité, ſeruitude & obeiſſance. Les Princes auſſi leur doyuent porter telle bien-vueillance, qu'vn pere à ſes enfans, & ne les ietter iamais en telle neceſſité, qu'ils leur facent embraſſer le deſeſpoir. Par l'entretien de ceſte belle concorde, les Eſtats deuienent floriſſans : au contraire quand elle ſe rompt, ils auancent leur ruïne, ce qui s'eſt experimenté au grand dommage de la France, & s'experimente encores maintenant en Flandres à ſa deſolation. C'eſt choſe deplorable de voir ceux qui adorent vn meſme Chriſt s'entre-pourſuyure à feu & à ſang, cõme beſtes ſauuages, & laiſſer cependant ces horribles Mahumetiſtes triompher des païs, des vies, & deſpouilles des pauures Chreſtiens Orientaux. Si ceſte alteration des païs bas eſtoit ceſſee, il ſemble que la Chreſtienté ſeroit tranquille.

De la neceßité de la paix es

MAIS pour paruenir à ceſte recõciliation, il n'eſt

pas

pas bien aisé : toutesfois il faudroit surmõter tous obstacles, pour sortir hors de ces lõgues miseres, qui rendent les assaillans & les assaillis miserables. Sa Majesté Catholique, qui est doüee (ce dit-on) de grãde debonnaireté, & en fait iournellement des preuues en plusieurs, fors qu'en moy, deuroit regarder attẽtiuement à ceci : car c'est tout à ses despens que ceste sanglante tragedie se iouë. Maintenant il n'est plus question de l'Estat, la querelle est simplement pour la Religion : duquel affaire, encor qu'on ne m'en demãde conseil, & quoy qu'on ne m'en croye, si ne laisseray-ie d'en dire vn petit mot. Selon mõ auis il y faut proceder doucement, ne juger par preiugez acommoder les loix à la nature du peuple, & n'adherer pas tant aux rapports de quelques vns, qu'aux justes doleances de plusieurs suiets : estant certain qu'il conuient auoir de merueilleuses forces, pour forcer les consciences. En fin les choses passees ont demonstré que les Princes, qui par guerres ont voulu acõpagner la vehemẽce des prestres, ont dessiguré leurs Estats, & diminué leur grandeur. Et quel Iesuite se pourroit trouuer, tant habile fust-il, qui peut persuader à ceux qui ne sont pas Iesuites, que Dieu prend plaisir à tant de sang que les vns & les autres respandent ? Le peuple des païs bas est d'vne nature franche, par douceur & humanité non feinte on remue les affectiõs de son cœur : mais par coups & iniures on l'estrange & on l'anime. Le plus seur conseil en ceci seroit d'accorder à ceux qui son armez la permission qu'ils demandent d'obeïr à Dieu, à fin qu'ils rendissent l'obeïssance que requierẽt les hommes. car il y a danger que si on ne le fait volontairement, le temps le fera faire par force : lequel peut aussi trop tost

païs bas : & cõment le Roy d'Espagne li. peut & doit ottroyer.

produire des accidens fauorables pour ceux qui perdent, qu'il a fait pour ceux qui gaignent. Le plus vif aiguillō pour poindre & inciter les Espagnols à la paix, est de les faire ressouuenir de l'imprudence des François, & dire, *Bella escapata*.

Pour quelles raisons l'entre prise contre les Turcs doit estre en singuliere recommādation aux Princes Chrestiens.

CESTE difficulté ici ne me gardera point de continuer mon discours, & monstrer par plusieurs beaux exemples que ceste entreprise contre les Turcs nous doit estre tres-recommandable. Nos ancestres ont eu le courage assez grand d'aller assaillir leurs grands peres iusques en leurs propres citez & campagnes, lesquelles ils ont arrousees du sang de ces mescreans: ce qui nous doit asseurer que leurs enfans ne seront pas inuincibles. Et pour bien voir au long tant de memorables victoires, faut lire l'histoire de Paul Æmile, qui traite de la conqueste de la terre saincte. Lon s'esbahira du merueilleux zele dōt chacū estoit touché alors, pour s'employer en ces lointaines expeditions, dont les perils n'effrayoyēt point les ieunes, ni la longueur du chemin les vieux: ains on voyoit les vns & les autres vendre & engager partie de leurs biens, pour s'equiper & s'ētretenir. Mesmes cest excellēt Prince Godeffroy de Bouillon vendit sa Duché à l'Euesque du Liege pour cest effect. Ce fut le premier des Princes Occidentaux, qui triompha glorieusement tant des Sarrazins que des Turcs, en leur ostant le Rayaume de Ierusalē, & les chassant au loin. Plusieurs autres voyages se sont faits depuis par des Empereurs, & des Rois, où il y a eu de bons & mauuais succes: dequoy ie parleray en lieu opportun. Il suffira pour ceste heure de considerer en ces remuemēs ici le zele de tāt de grāds personnages, le consentemēt des peuples, la magnanimité de mité de la Nobleſſe, la liberalité de tous, finalemẽt les hautes proueſſes & conqueſtes de tant de guerriers : à fin que par la poincture de tant d'aiguillons nos affe-ctions, qui ſont comme endormies, ſe reſueillent, & ſe dreſſent vers le meſme but auquel nos anceſtres ont tendu. Car ce ſeroit vn grand ſigne de degeneration de la vertu antique, ſi lon ne s'eſmouuoit pour ces effroyables ennemis que nous auons à nos portes : veu qu'eux les ſont allez cercher à plus de ſix cens lieuës loin de la France. Et ce qui les nous doit encores faire redouter plus qu'eux ne les redoutoyent, eſt, que leur puiſſance eſt quatre fois plus grande qu'elle n'eſtoit alors. Ceci doit ſeruir d'admonition aux Princes d'eſtre d'autant plus ſoigneux (ayans deliberé d'entrer en ceſte entrepriſe) d'en ietter les fondemens ſi fermes qu'ils ne puiſſent eſtre esbranſlez. Car ſi par nonchalance ou precipitatiõ on y faiſoit faute, il y auroit peine à la reparer, & en auiendroit ainſi qu'à ceux qui ont baſti vn beau pont, duquel les pilliers ſont debiles : ils ſont apres contraints de le rompre pour les fortifier.

Ayant traité des fondemens de ceſte guerre, il eſt parlé des moyens de l'acheminer : & premierement de l'aſſemblee generale pour la reſolution entiere des affaires.

I'AY fait mention par ci deuant de deux fondemens : dont l'vn conſiſte en la juſtice de la guerre, & l'autre, en ce qu'elle eſt treſ-neceſſaire : leſquels doyuent eſtre bien conſiderez, par ce que de là on conçoit meilleure eſperance de la fin où lon pretend, quand on void que les principes ſont bons. Reſte à traiter des autres, dont le principal conſiſte en la volonté des Princes, & s'en enſuit l'vniõ generale. C'eſt ce qui ſouſtient toute la machine, & la fait mouuoir. Et puis que ce qui la peut empeſcher n'eſt pas inſuperable (ainſi qu'auons veu) on doit croire qu'apres pluſieurs negotiations, allees, & venues, les Princes viendroyent en fin à vne resolution. Cela fait, vne assemblee notable seroit requise pour mieux deliberer de toutes choses, & iurer ce qui auroit esté arresté. Et comme l'Empereur seroit l'vn des principaux entremetteurs, & auecques cela de plus grande dignité, il seroit bon qu'il assignast le lieu (moyennant que le Pape n'en eust ialousie) où les ambassadeurs des grands Princes se trouueroyent, & les moindres y pourroyent venir en personne, pource que l'Empereur mesme s'y trouueroit. A mon auis, la ville d'Auspourg seroit fort à propos pour tous, là où beaucoup d'autres bõs Chefs de guerre s'y trouuans aussi, on pourroit mieux decider toutes matieres.

Des expediens pour continuer la guerre quelques annees.

AYANT basti vne telle confederatiõ, il conuiendroit encores passer outre, & trouuer des bons expediens pour la continuer au moins l'espace de quatre annees, à ce que nul ne s'en peust departir, sans encourir infamie & l'inimitié des autres Princes, ou bien qu'on n'entrast en icelle: car il auiendroit trop d'inconueniens si lon commençoit ceste guerre, & qu'on la laissast imparfaite. On auroit mis vn tres-puissant ennemi en necessité de iouër à quitte ou à double: & y estant acheminé, il tenteroit des desseins ausquels au parauant il n'auroit pensé. Vray est qu'il est difficile de ranger à obligation si estroite les Princes qui ne dependent que d'eux: toutesfois il y faudroit faire tout ce qui se peut, pource que l'experience ordinaire enseigne que quand trois ou quatre seulement sont liguez ensemble, encores ne peuuent-ils perseuerer. Et quelquesfois auant que la premiere annee soit acheuee, quelqu'vn se separe, auquel iamais ne manquent raisons & excuses.

APRES

Des deniers pour l'entretenement de la guerre.

APRES il ſeroit requis de regarder aux deniers, d'autant que les guerres eſtrangeres ne ſe conduiſent bien que quand ils abondent, & ſouuent le defaut les rend ruïneuſes. En celles qui premierement ſe firent contre leſdits Mahumetiſtes, l'ardeur & l'affection eſtoit ſi grãde, que la pluſpart ſe ſoudoyoyent de leurs moyens propres. Depuis on s'aida des deniers, qui ſe leuoyẽt es Royaumes & prouinces, en vertu des croiſades que les Papes y faiſoyent publier. Ce moyen, ſoit qu'il vinſt maintenant par les Papes, ou par l'authorité des Princes, & qu'on l'appellaſt Croiſade ou Contribution, ſeroit pourtant neceſſaire pour aider aux Potentats à ſatiſfaire aux deſpenſes. Car quand ils auroyent tiré vne ſomme extraordinaire de leurs peuples (non immoderee, ains moderee) & y adiouſtant partie de leur reuenu ordinaire, ce ſeroit aſſez pour entretenir de grãdes armees. Mais pource qu'on void ordinairement qu'en nos petites guerres touſiours l'argent y manque, à mon auis il conuiendroit, vn an deuant qu'entreprendre, faire vn bon fonds de finances: car commençant auec moyens deuant ſoy, on ne tomberoit que mal-aiſément en neceſſité. On pourra dire que ce ſeroit donner temps aux ennemis de ſe preparer que les menacer de ſi loin: mais quand i'ay bien tout balãcé, ie trouue qu'il y auroit plus d'inconuenient à s'embarquer (comme on dit) ſans biſcuit. Et puis on doit ſçauoir que leur gloire & ſuperbeté eſt ſi grande, & meſpriſent tant les Chreſtiens, qu'ils penſeroyẽt q̃ ce ſeroit pluſtoſt vne mine, pour les eſtonner, qu'vn appreſt pour les aſſaillir. Quant aux forces, nul ne contredira qu'elles ne ſoyẽt auiourd'hui treſ-puiſſantes en la Chreſtienté. Car en tous païs il y a abon-

Des forces neceſſaires pour executer.

dãce d'hõmes que les guerres domestiques ont grandement exercitez aux armes. L'art militaire est aussi mieux entendu qu'il n'estoit il y a cent cinquante & cẽt ans. A quoy la conoissance des histoires Grecques & Latines conjointes auecques nos experiẽces a beaucoup serui. On void pareillement que les courages ne sont pas diminuez. ce qui ne s'esprouue que trop souuent à nostre grand dommage & regret. Ayans donc des soldats à suffisance,& bons, il faudroit voir quels Chefs & Capitaines se retrouuent: car ce sont ceux-là qui par leur sagesse & magnanimité seruent de beaucoup pour obtenir les victoires. Sur ce poinct, nous sommes contrains de confesser que la Chrestiẽté n'en a pas maintenant,qui soyent doüez de si grande experience qu'aucũs qu'en nos iours nous auõs veus: comme vn Duc d'Alué, vn Duc de Guise, le Connestable de France, l'Admiral de Chastillon, & André Doria pour la mer. Neantmoins on ne peut dire aussi qu'elle en soit despourueuë: car encores que ceux qui sont restez soyent plus ieunes, si suyuent-ils les sentiers des autres: & ne leur faut que le suiet d'vne belle guerre pour manifester encores plus leur vertu. Et souuẽt on void que l'heur acõpagne les ieunes Chefs, ainsi qu'il est aparu au Seigneur Don Iuan d'Austria, à Lepanto: en Mõsieur d'Anguien,à Serisolles:au Duc de Sauoye à sainct Quentin: en Monsieur d'Aiguemont, à Grauelines: & specialement au Prince de Parme,en Flandres.Il faut estimer que nous sommes en vn temps,auquel les grandes escholes sont ouuertes, où les Capitaines & les chefs se façonnent & se font bons. Contentons-nous de ceux qui sont viuans, & conceuons vne bonne esperance sous leur conduite. Ie n'en feray

aucune

aucune nomination particuliere : car on conoit assez ceux qui en Espagne, France, Italie & Alemagne se sont fait renommer.

De la discipline militaire.

La discipline vient à ceste heure en cōsideration, dequoy ie diray ce mot : c'est que si on ne mettoit vn soin singulier à la faire inuiolablement garder & obseruer, il ne faudroit attendre que mauuaise issuë de la guerre. Nous voyons comme les ciuiles l'ont toute corrompue, & s'en est l'infection respandue sur toutes Nations : mais sur les vnes plus que sur les autres. Parquoy conuiendroit au commencemēt establir les regles qui se peuuent pratiquer, y adioustāt aussi les peines & remunerations : car de porter en ceste guerre nos dissolutions acoustumees, nous serions bien tost la proye des Turcs. Quand Tite Liue vient à discourir par quels moyēs les Romains sont paruenus à si grandes conquestes, entre autres choses il dit que ç'a esté par la bonne obseruation de l'ordre & de la discipline. Ie ne requiers pourtāt en ceci vne telle perfection qu'il y a eu alors, ains qu'on accommodast la robe au corps, & les Loix à nostre vertu. Ie ne doute point qu'il n'en y ait encores assez d'espanduë par ci, par là, entre les Nations Chrestiennes. Et si on venoit à en recueillir la plus grande partie en vne armee, elle seroit suffisante pour produire de beaux fruicts.

Des autres preparatifs requis pour commencer.

Voila les principaux preparatifs, à quoy de bōne heure les Princes deuroyent bien auiser. Car les autres (qui sont neantmoins necessaires) comme armes, vaisseaux, artillerie, & munitions, sont beaucoup plus aisez à recouurer. Philippe de Macedoine, pere d'Alexandre le Grand, ayant resolu d'assaillir les Perses, prepara aussi vn ou deux ans deuant tout ce qui lui faisoit besoin pour la guerre. Mais il mourut, auant que la pouuoir commencer, & son fils la paracheua: & lui vint bien à poinct de trouuer la matiere aprestee, & entre autres choses il prisoit grandement cinq ou six vieux Capitaines que son pere lui laissa. Vn autre Philippe, pere de Perseus, ne fit pas moins de prouisions, voulãt faire la guerre aux Romains, que son fils n'employa toutesfois gueres bien. Or nous deuons autant redouter la Nation Turquesque, qu'eux faisoyent les autres: car elle tient auiourd'hui le plus puissant Empire qui soit en la terre.

Contre ceux qui estimẽt les Turcs aisez à subiuguer.

Il y en a plusieurs qui estãs mal informez de leurs coustumes, pensent que ce soyent seulement des Barbares, qui n'ont que la cruauté en eux, sans autres bonnes qualitez, en quoy ils s'abusent fort: car entre tous les gẽs de guerre du mõde, nuls ne se mõstrẽt plus sobres, plus obeïssans à leurs Capitaines, & plus diligẽs, qu'eux. Il y a quelques annees qu'ils n'vsoyẽt encores gueres d'harquebuses: à ceste heure ils s'en aidẽt comme nous, & commencent aussi à faire porter certaines legeres cuirasses & morions à leurs gens de cheual, pour couurir le deuant du corps, & la teste, combien qu'ils n'ayent encores laissé l'vsage de la targe & de l'arc. Et c'est grand' merueille, (veu que tant de soldats Chrestiens passent ordinairement vers eux, & qui renient la foy) dequoy ils n'ont plustost pris nos façons de faire, qui sont meilleures que les leurs. D'Infanterie auecques le corcelet, & la picque, ils n'en ont point: qui est, à mon auis, vn auantage, pour nous, entant que ceste espece de gens de guerre est fort vtile. Tout ceci nous doit presser de les preuenir, auant qu'ils se soyent conformez à nous es choses esquelles nous les surpassons:

ſons : & ne faut douter qu'auecques le temps ils n'imitent Pyrrhus & Hannibal, qui firent prendre à leurs ſoldats pluſieurs façons Romaines, tant aux armes qu'en la diſcipline, ayans experimenté, en faiſant la guerre contre ce peuple-là, qu'elles eſtoyent meilleures que celles dont ils vſoyent. Ie laiſſe à juger à tout Capitaine, ſi cela eſtoit (veu le grand nombre de gens qu'ils ont) comme il ſeroit poſſible de cõparoiſtre deuant eux, quand ſeulement ils armeroyẽt à noſtre mode cinquante mille cheuaux. Cela ſeroit ſuffiſant pour combatre toute la cauallerie de la Chreſtienté. Mais ils en mettent en leurs armees generales bien deux cens mille, qui eſt choſe incroyable.

Des grandes forces & moyẽs qu'ont les Turcs.

I'AY ouï dire à vn Gentil-homme François qui fut à Sighet, quand Sultan Solyman la tenoit aſſiegee, qu'il en vid cent cinquante mille, ce qui lui donna vn merueilleux esbahiſſement, voyãt la terre toute couuerte d'hommes & de cheuaux, auſſi eſpais comme les arbres ſont en vne ſpacieuſe foreſt. En nos petites guerres, quand nous voyons dix ou douze mille cheuaux, il nous ſemble que cela doyue cõbatre tout le monde. que dirons-nous au pris en conſiderant ces numereuſes troupes? C'eſt de tout tẽps qu'ils ſont allez ainſi, & meſmes les Sarrazins, auſquels ils ont ſuccedé en la ſecte Mahumetiſte, menoyent auſſi de treſ-groſſes armees, toutesfois moins puiſſantes de cauallerie. Ie ne m'amuſeray point à deſcrire l'eſtendue de leur domination, pource que cela eſt aſſez conu. Ie diray ſeulement qu'en la ſeule Europe ils poſſedent plus de païs que la France, l'Eſpagne & l'Italie ne ſont grandes, qui eſt d'où ils tirent leurs meilleurs hommes de guerre, où auſſi ils les tienent, partie en garniſon, & partie ſur leurs terres conquises qu'ils leur departent, à la charge de se tenir en equipage, pour venir seruir au mandement du grãd Seigneur. De sorte que desdites prouinces d'Europe il mettra bien aux champs pres de cent mille cheuaux: qui est vn signe que ceste barbarie, que nous estimõs en eux, n'est pas destituee de prudence & police. Leur coustume n'est point de fortifier beaucoup de places, dautant que nul n'oseroit entreprendre d'aller assaillir aucune des principales qu'il n'eust incontinẽt vne puissante armee sur les bras, qui lui feroit biẽ lascher prise. Si leurs forces de terre sont grandes, celles de mer ne le sont moins, lesquelles ils sont plus ialoux que iamais de bien entretenir, pour la souuenance qu'ils ont de ceste lourde perte qu'ils firent par le bon heur & la prouësse du Seigneur Don Iuan d'Austria. De s'apauurir aux guerres, cõme font les Princes Chrestiens, ils ne le font pas, parce que leur militie & maniere de soudoyer est aucunement differente. Et quant aux deniers que leur Empereur tire de ses thresors de Constantinople en temps de guerre, il les remet en temps de paix. Somme, ce sont des ennemis tres-puissans: contre lesquels ayant à s'attacher, il ne faudroit (ainsi qu'on dit) rien oublier au logis: ains faire comme ceux qui doyuent entrer en estacade, qui auparauant regardent d'accroistre leur vigueur & disposition, accommoder leurs armes defensiues, & rendre bien trenchantes les offensiues, à fin de vaincre, ou mourir brauement.

De la maniere d'assaillir les Turcs: par quels endroits & auecques quelles forces.

A ceste heure il conuient toucher le principal poinct de ceste matiere, qui est de la maniere d'assaillir ces terribles ennemis, par quels endroits, & auec quelles forces, pour en auoir, dans le temps qui a esté

noté,

noté, vne heureuse issue. Et combien qu'en ceste assẽblee dõt i'ay par ci deuãt parlé, où plusieurs Princes & Chefs de guerre se trouueroyent, on disputeroit de ce poinct, pour en prendre de bõnes resolutions: toutesfois ie ne laisseray d'en dire, le plus succinctement que ie pourray, mon opinion (comme ie l'ay proposé du commencement) laquelle ie soumettray tousiours à la censure des plus entendus que moy, pour en corriger les imperfections. Le discours que ie fais ici est plus pour eschauffer les affectins des personnes valeureuses à entreprendre, que pour donner conseil en la procedure de ceste haute entreprise, dont les euenemens seroyent impreuoyables, & où les meilleurs Capitaines (desquels ce me seroit honneur d'estre reputé petit disciple) ne seroyent pas trop suffisans pour y conseiller. Or pour mieux conoistre, comme on se deuroit gouuerner en ceste guerre, i'ay pẽsé estre bon de mettre en veuë quelques exemples de nos ancestres, qui a diuerses fois ont combatu contre la mesme nation: à fin que ce qui a esté par eux prudemmẽt executé nous puisse seruir de reigle, en l'accommodant à nostre temps, & les erreurs par eux commis soyent par nous euitez. Affections

Comment nos ancestres s'y sont cõportez.

Ie n'iray point cercher les choses plus loin que du temps de Godeffroy de Bouillon (combien qu'au parauant il y ait eu de grosses guerres des Empereurs de Constantinople contre les Sarrazins) auquel temps les Princes Chrestiens commencerẽt à se liguer pour les aller assaillir. La premiere armee qui se mit aux chãps fut conduite par Pierre l'Hermite, qui donna iusques dans l'Asie mineur, & fit à l'abordee quelques beaux exploits. Mais le Soudan de Nicee deffit tous ses gens.

Deux autres armees marcherent depuis, lesquelles en s'acheminant furent desfaites par les Hongrois, nation qui n'auoit encores que les premiers rudimẽs de la religion Chrestienne, & qui tenoit encor de l'ancienne ferocité des Huns : de sorte qu'il reuint peu de fruict & grand dommage des premieres expeditions. La cause de ces desordres & inconueniens proceda (à mon auis) du peu d'authorité & inexperiẽce des conducteurs, lesquels, poussez de bon zele, recueillirent toutes ces troupes, ramassees de diuerses nations, où parauãture ils ne trouuerẽt l'obeissance qui conuient, & n'estãs bien fondez en desseins, ni en prouisions, ne peurent longuemẽt subsister ni parmi les amis, ni contre les ennemis. Les histoires disent qu'il n'y auoit pas moins de cent mille combatãs en la premiere. Et celles que les Hongrois desfirẽt (qui estoyent moindres) fut pource qu'en passant par leur païs les soldats se mirent à saccager, ce qui monstre qu'il y auoit bien peu de discipline entr'eux. Parquoy il ne faut pas faire estat d'vne multitude si l'ordre n'y est, lequel y defaut quand les Chefs manquẽt de suffisance & d'authorité. Peu apres ceci s'entreprint le memorable voyage de Godefroy de Bouillon, enuiron l'an mille octante & six, sur la fin du regne de l'Empereur Hẽri quatriéme. Ce voyage fut mieux consulté & digeré que les precedens, & y eut de plus excellens Chefs qui s'y trouuerent. Car outre lui (qui desia estoit renommé Capitaine) y allerent aussi ses deux freres Bauldouin & Eustace : puis Robert Comte de Flandres, Hugues frere de Philippe Roy de France, Robert Duc de Normandie fils du Roy d'Angleterre, & plusieurs autres Seigneurs, acompagnez de tres-grand nombre de Noblesse. Et si on veut on veut croire ceux qui en ont descrit les particularitez, on trouuera qu'il y auoit en l'armee plus de quarante mille cheuaux, & cent cinquante mille hommes de pied, tous combatans : dont vne bonne partie d'iceux (qui est grand merueille) alloyent à leurs despens.

En combien de temps nos encestres acheuerent ceste guerre : & sçauoir si elle est plus mal-aisee aujourd'hui qu'alors.

ESTANS assemblez, ils s'auancerent en païs, &, pour le faire bref, ils exploitterent si bien qu'en trois ans ils paracheuerent toute leur conqueste, qui fut bonne partie de l'Asie Mineur, la Syrie & Mesopotamie. En ceste guerre il y eut plusieurs rencõtres : mais les faits plus remarquables furent deux grosses batailles qu'ils gaignerent, & deux sieges principaux, à sçauoir de Nicee & de Ierusalem, où ils demeurerent victorieux. Beaucoup de Chrestiens furẽt aussi vne fois assiegez dedãs Antioche, mais ils repousserẽt viuemẽt les Sarrazins & Turcs, auec grande occision d'iceux. En fin, les ayans chassez es prouinces plus lointaines, ils establirẽt le Royaume de Ierusalem, où Godefroy de Bouillõ regna, & apres lui ses successeurs. Qui voudra à ceste heure cõsiderer le temps qui fut employé en vne si grãde cõqueste, le trouuera brief, pour auoir acquis dans icelui des païs de plus grãde estendue que l'Alemagne & la Pologne. Quant à la contestation & defense elle fut grande : neantmoins deux batailles & deux assiegemens donnerent l'entiere victoire. Ce qui nous doit faire croire que les plus difficiles entreprises auec la valeur & le bon ordre se terminent. Ie ne veux pas aussi taire les incommoditez qu'on receut en ces longs voyages : car pour la longueur du chemin, l'intemperature de l'air, & les trauaux continuels, les maladies s'engẽdrerẽt parmi ces grosses troupes : à quoy aiderent beaucoup les exces de la bouche, trop acouſtumez entre les Septẽtrionnaux. Ce qui fut occaſion que grand nõbre perit, voire des plus nobles, qui n'a-uoyent faute de moyens. Maintenant les Turcs ont pourueu à ce que nous n'ayons plus tant de peine à les aller cercher ſi loin, s'eſtans aprochez ſi pres de nous que tel les a à ſa porte, les autres à cinquante lieuës de leur maiſon, & les plus eſloignez à cent. Il ne nous faudroit non plus craindre les chaleurs de l'Aſie, car les champs de bataille ſeroyent es païs qui ſont auſſi temperez que la France: & Conſtantinople meſme eſt en meſme climat que celui d'Auignõ. Par ce moyen lon n'auroit à redouter que le fer des ennemis.

Qui fut cauſe que les anciens Chreſtiens perdirent l'auantage qu'ils auoyent obtenu, & furẽt chaſſez de l'Oriẽt.

MAIS pour continuer noſtre propos, on doit ſçauoir qu'apres que la poſterité de Godefroy de Bouillõ euſt conſerué la poſſeſſion de la Terre ſaincte plus de quatre vingts ans, les diſſenſions ciuiles ſe mirent parmi eux, & aucũs ayans apellé les Sarrazins à leur aide, ils y vindrent ſi forts qu'ils chaſſerent les vns & les autres. Ce qui cõuia depuis pluſieurs Princes Chreſtiens de s'vnir enſemble, pour recouurer ce qui auoit eſté perdu, & ſe fit iuſques à ſix ou ſept voyages notables, en l'eſpace ce cent ou ſix vingts ans, où les Empereurs Frederic Barberouſſe, Frederic ſecõd, & Conrad Roy de Germanie furent en perſonne, & quelques Rois de France auſſi, dont toutesfois il reuint peu de fruict. Au commencement les Chreſtiens obtenoyent de belles victoires: mais en fin ils eſtoyent repouſſez, & ne peurent chaſſer les Turcs ni les Sarrazins des païs qu'ils auoyent regaignez. Tous ces derniers mauuais ſucces procederent de pluſieurs cauſes: comme des guerres particulieres que ſuſciterẽt aucũs Princes qui eſtoyent demeurez es païs de ceux qui firẽt les voyages, du defaut

faut de deniers & autres prouisions, au peu de perseuerance de ceux qui se liguerent, de la peste qui se mit es armees, & finalement des empeschemens que donnerent sous main les Empereurs de Grece aux Princes Occidentaux: estans (cõme il semble) enuieux de leur generosité, & ialoux qu'ils recõquissent les pays ostez par les Sarrazins audit Empire. Ce sont ici les difformitez des entreprises passees, desquelles il se faudroit bien donner garde, pour n'enlaidir la beauté des presentes: car nous aurions double coulpe, si ayans conu les erreurs precedens, nous y retombions.

Guerres des Princes venus apres Godefroy & autres cõtre les Turcs.

Les autres Princes, qui sont venus depuis les susnommez, n'ont fait que se defendre, & ceder à l'impetuosité Turquesque, laquelle s'estãt desbordee sous la maison des Otthomans, est tousiours allee en augmentant depuis l'an mil trois cens, à nostre grand dommage & ruïne. Cependant au milieu de nos discordes & foiblesses il n'a pas laissé de s'esleuer quelques excellẽs personnages, qui, auecques de trespetits moyens, ont soustenu les merueilleux efforts de ces Barbares: & durant leurs vies ont serui de rempar à la Chrestiẽté. L'vn a esté Iean Huniade, pere de Matthias Coruin, lequel fut esleu Roy de Hongrie: & l'autre, Scanderbeg, Prince de l'Albanie, qui furẽt surnõmez les fleaux des Turcs, à cause des occisions qu'ils en firent en plusieurs batailles qu'ils gaignerent. En quoy nous deuons remarquer la grãdeur & sagesse de Dieu, qui, auec les choses foibles & petites, sçait rabaisser l'orgueil des puissans. La guerre s'est aussi menee par la mer des long temps, & les Sarrazins y ont esté tellement forts, que souuent ils ont fait de grosses descentes es costes de la Chrestiẽté: mesmes ont pris pied en plusieurs lieux, comme en Espagne, de laquelle ils ont possedé la plus grād' part enuiron sept cens quatre vingts ans, & en la Sicile ils y ont esté plus de deux cens ans. Mais la grande puissance des Turcs par mer n'est point si biē aparue qu'apres la perte de Constantinople: car ils prirēt occasion, ayans en main vn lieu si commode, de penser aux conquestes maritimes, & s'y sont monstrez redoutables, ayās occupé plusieurs isles, & des païs en terre ferme, où ils sont descendus. Les Chrestiēs leur ont tousiours resisté le mieux qu'ils ont peu: mais en fin petit à petit la grande force les a accablez: &, pour demeurer en meilleure seureté, ils se sont bornez de la mer Mediterranee & de l'Adriatique, leur abandonnans quasi tout ce qui est par delà.

Pourquoy le tēps d'auiourd'hui est propre pour assaillir les Turcs.

OR il me semble que s'il y eut iamais temps propre pour les assaillir, que c'est à present, pour plusieurs raisons. La premiere, pour l'inexperience du grand Seigneur, qui est (à ce qu'on dit) plus philosophe que soldat, ne se trouuant en ses armees, comme faisoyent ses ayeuls Selym & Solyman, qui ont cōquis plusieurs Royaumes. Car quand la nation Turquesque a de tels conducteurs elle fait choses memorables. En apres, les pertes qu'ils ont souffertes en la guerre contre le Perse les a affoiblis, & nous doyuent faire croire que ceste si grāde prosperité, qui les a acōpagnez si long temps, commence à decliner. Tiercement, la victoire acquise par le Seigneur Don Iuan nous a ostez d'vn erreur, où nous estions, c'est que nous croyōs qu'ils estoyent inuincibles par mer: & nous a enseigné les auantages que nous auons, venans à cōbatre contr'eux: en quoy nous n'eussions esté confermez sans ceste experience. Tout cela doit estre mis en cōsideration, à fin de nous faire

faire plus volõtiers embrasser ces occasions, quand elles se presentent: car il faut penser que les choses se changent auecques le temps, les hommes deuenans plus experimentez, le bon heur retourne, & les inuentions s'accroissent. Ie sçay bien que nos pechez sont la principale cause pourquoy Dieu se sert d'eux, comme de fleaux, pour frapper sur nous: mais il ne faut point douter que de leur costé ils n'ayẽt aussi prouoqué son courroux au quadruple. Et qui sçait si leur terme est point venu de receuoir le mesme qu'ils ont fait sentir aux autres? En ses tres-iustes jugemens, nous deuons estre asseurez qu'enuers les siés il entremesle tousiours auec son courroux son abondante misericorde. Et quant à eux qui sont les vaisseaux de sa fureur, tost ou tard ils esprouueront ses vengeãces sans misericorde.

Prediction de l'Alcorã des Turcs.

I'ALLEGVERAY à ce propos vne sotte prophetie qu'ils ont en leur Alcoran, ou ie l'ay leuë: non que i'estime qu'il y ait verité aucune en leurs faux oracles, appuyez sur mensonges: mais pource que quelquesfois les iniques ont predit en n'y pensant, ce qui depuis est auenu. Il y a ainsi: Au dernier tẽps, il auiendra que les Musulmans (c'est à dire la nation Turquesque) se desuoyeront des loix du grand Prophete Mahumet, s'abandonnans à toute iniquité: alors l'espee Chrestienne se leuera, & les chassera de leur Empire. Ceux qui ont hanté parmi eux, disent que leurs sages se representent quelquefois telles parolles, & les redoutent: ce qu'ils doyuent faire, veu qu'ils ne furent onc si corrompus qu'ils sont auiourd'hui, & si dignes d'vne griefue punition.

Du moyẽ d'assaillir les Turcs.

I'AY beaucoup demouré auãt que parler du moyẽ d'assaillir ces puissans aduersaires: & c'est pource qu'il m'a semblé que les choses precedētes seruiront beaucoup pour mieux faire entendre ce que i'en diray. Et pour cōmencer, ie mettray en veuë quelques conseils de nos peres, d'où nous pouuons tirer de bōnes instructions : lesquels ont esté souuent esmeus pour les mesmes causes à bastir de beaux desseins. L'historien Guichardin, qui a fort bien remarqué ce qui est auenu de son temps, & ce qui s'est negotié, recite qu'apres que Selim eut conquis l'Egypte, & obtenu d'autres victoires ailleurs, que toute la Chrestiente entra en grand effroy. I'allegueray ses propres paroles, car elles meritent d'estre poisees. Le Pape, dit-il, auec toute la Cour de Rome, estonné de tel succes, & demonstrant (à fin de pouruoir à vn si grand danger) qu'il vouloit premierement implorer le secours diuin, fit faire par Rome de tres-deuotes processions, esquelles il alla pieds nuds. Puis se tournant à penser & à traiter des secours humains, il escriuit des Briefs à tous les Princes Chrestiens, en les admonnestant du grād danger, les priant que, laissant là leurs discordes & dissensiōs, ils voulussent promptemēt regarder à la defense de la Religion & du salut commun, lequel estoit continuellement exposé à de tres-grands dangers, si de courages & forces vnies on ne transportoit la guerre en la Turquie, & si on n'assailloit l'ennemi en sa propre maison. Sur quoy, les auis bien considerez de plusieurs personnes entendues au fait de la guerre, & d'autres conoissans le païs, & la disposition, tant des Princes que des forces & armees du Turc, on resolut qu'il estoit necessaire de faire vne tres-grande prouision de deniers, moyennant la contribution volōtaire des Princes, & vn impost, qui se feroit generalement sur toute la Chrestien-

Au 13. liure de son histoire.

Chrestienté. Que l'Empereur, acompagné de la caualerie des Hongrois & des Polonnois, nations belliqueuses & exercees en guerres continuelles contre les Turcs, & auecques vne armee de gens de cheual & de pied Allemãs, telle que conuiẽdroit pour vne si grande entreprise, nauigeroit par le Danube, en la Bosne (qu'on nõmoit anciennement Mysie) pour aller de là en Thrace, & s'aprocher de Constantinople, siege de l'Empire des Othomans. Que le Roy de France, auec toutes les forces de son Royaume, des Venitiẽs, & autres Seigneurs d'Italie, acõpagné des gẽs de pied Suysses, passeroit du port de Brunduse en Albanie (qui est vn passage aisé & fort court) pour assaillir la Grece pleine d'habitãs Chrestiens, & tãt pour ce regard que pour la rude domination des Turcs, tres-disposez à se rebeller. Que les Rois d'Espagne, de Portugal, & d'Angleterre, assemblans leur armee de mer à Carthagene & es ports voisins, s'adresseroyẽt auec deux cens vaisseaux, pleins de gẽs de pied Espagnols, & d'autres soldats, au destroit de Gallipoli, pour assaillir Constantinople, apres qu'ils auroyent pris les Dardanes, autrement les chasteaux assis à l'emboucheure du destroit. Que le Pape tiendroit ce mesme chemin auec cent grosses galeres. Auec lesquels appareils la mer & la terre estant couuerte, & assailli par tant d'endroits l'estat des Turcs, lesquels font leur principal estat de se defendre en campagne : il sembleroit (s'y adioignant principalemẽt le secours diuin) qu'on pourroit esperer d'vne si saincte guerre vne issue & fin tres-heureuse.

Dequoy peut seruir le precedent discours de Guichardin, & ce qu'il y

I'AY troué ceste deliberation (faite par les plus excellens Capitaines d'alors) si bien fondee, que i'ay pensé que nous pourrions emprunter beaucoup d'i-

faudroit changer ence temps. celle. Et si l'execution s'en fust ensuyuie, on eust encores mieux conu ce qui en estoit: mais la mort de Selym estant arriuee, la crainte des Princes se diminua, & par consequent le desir d'entreprendre, & ne passa on point outre que les paroles. Or cõme il est suruenu depuis de grands changemens, aussi faudroit-il s'acommoder selon que les choses sont disposees, & varier en quelque maniere de ce dessein ici: mais plus es particularitez qu'aux poincts principaux. Premierement, on doit tenir pour tout certain, que de vouloir attaquer les Turcs seulement par terre, ou seulement par mer, c'est vn trauail de peu d'vtilité: car quand on les laisse libres d'vn costé, ils nous offensent si fort qu'ils nous diuertissent de l'autre, iettans le feu plus auant dans nos propres maisons que nous ne pouuons faire dás les leurs. Pour ceste occasion il est necessaire de mettre tout leur Estat d'Europe en cõbustion, portãt de toutes parts la guerre en icelui. Il est impossible de le faire qu'on ne se rende tres-puissant, tant en mer qu'en terre. Ce q̃ nos ancestres iugerẽt estre expediẽt. aussi est-ce (cõme dit Guichardin) le vray moyen d'abreger vne guerre: car estãt fort, vous amenez vos ennemis à raison biẽ tost, soit par victoire ou par composition. Au contraire, quand par foiblesse on la laisse trainer, elle deuient ruïneuse. Quand Cæsar assaillit Pompee, qui s'estoit emparé de la Grece & de toutes les prouinces de l'Oriẽt, il se fit fort en mer & en terre: en quoy son competiteur lui estoit encores superieur. Le semblable fit Auguste contre Marc Antoine, qui possedoit les mesmes païs que possede auiourd'hui le Turc: & les deux auoyent pres de mille vaisseaux, & plus de trente cinq Legions en terre. Et pource qu'il est

est assez aisé à conoistre que pour bien assaillir ces païs là, il faut marier les deux forces ensemble, ie n'en diray pas dauantage. Quant au departement que fait Guichardin des forces des Princes, il n'est pas mal à propos, ni le dessein d'assaillir par trois costez: mais il me semble qu'il nous seroit plus profitable de nous arrester à deux. Car ie considere que toute l'entiere defense des païs du Turc cõsiste en deux grosses armees, l'vne de terre l'autre de mer, lui n'ayant places fortifiees, comme nous auons: & que perdant l'vn de ces appuis-la, c'est nous ouurir vne porte. Voila pourquoy ie desireroye que fissions seulement deux corps tres-puissans, pour tenter auec iceux nos entreprinses. Dauantage, si nous voulions ietter en l'Esclauonnie, ou en la Grece, vn corps de dixhuit ou de vingt mille hommes, on ne se donneroit garde qu'eux viẽdroyẽt fondre dessus, auec cent ou six vingts mille, & n'ayans les retraites asseurees, ce corps se trouueroit aceablé. I'adiousteray encores ceste raison, c'est que si l'intention de nos deux armees, terrestre & nauale, est d'auoir pour but Cõstãtinople, & en gaignãt peu à peu y arriuer, ne s'ensuit-il pas qu'en acomplissant ce dessein on vient à embrasser non seulement l'Esclauonnie, mais les autres païs de la Romanie, qui demeurent pour proye au vainqueur.

Comment les forces Chrestiẽnes pourroyent estre departies & à quel nõbre elles deuroyent monter.

VOICI donc comme ie voudrois departir les forces Chrestiennes. C'est que le Roy d'Espagne, qui est le plus puissant Prince de la Chrestienté, armast le plus de galeres & galeasses qu'il pourroit: & que le Pape, les Venitiens, & tous les autres Potentats d'Italie se ioignissent auecques lui, & tous ensemble composassent vne grosse armee nauale, pour attaquer les ennemis par la mer. Ie croy que voulãs s'esuertuer, ils feroyent bien trois cens galeres, & douze galeasses. Ie ne mets point en conte les autres vaisseaux ronds, pour porter viures & cheuaux : car cela est de la suite de l'armee. On peut demander si ce nombre suffit, pour s'opposer aux forces maritimes des Turcs? I'estime qu'ouy: car lors que Don Iuan gaigna la bataille contr'eux, il n'auoit que deux cẽs galeres. Quand les armees de terre, ou de mer, pasſẽt vne certaine mesure, le surplus sert de confusion. Les soldats, pour fournir lesdits vaisseaux, se tireroyẽt aiſémẽt d'Espagne & d'Italie, encores que le nombre qu'il faudroit arriuast à trente mille. Du costé de terre, l'Empereur prepareroit aussi vne puissante armee, pour attaquer par la Hongrie, composee des forces de toute la Germanie, des païs bas, des Royaumes de Suede, de Danemarc, Boheme, & Hongrie: ausquelles s'adioindroyent celles du Roy qui regne en Polongne. Et ne faut douter que iointes ensemble elles ne fissent trẽte & cinq mille cheuaux, trẽte mille hõmes de pied, & dix mille pionniers. L'autre partie des forces de terre feroyent celles du Roy Tres-chrestien, de la Roine d'Angleterre, du Roy d'Escosse, des Suisses & Grisons, qui sous vn Chef iroyent aussi se ioindre auecques l'Empereur, lesquelles feroyent (à mon auis) nombre de vingt mille hõmes de pied, & de cinq mille cheuaux. Voila les forces qui (à mon auis) seroyent suffisantes, pour paruenir à vne victoire, esquelles n'y auroit pas moins de cent & vingt mille combatans. C'est vn nombre qui aparoit grand, mais si on cõsidere aussi toute la Chrestiẽté, on l'estimera petit : & croy qu'elle ne se deura tenir greuee de cõtinuer pour quatre annees l'ẽtretenemẽt de de telles forces, pour en rapporter apres ce fruict, d'en iouïr de quarante en seureté & repos. Charles cinquieme, Empereur, auec ses seuls moyẽs, & d'vne partie de l'Empire, mit deuant Mets quatre vingts mille hõmes: & l'armee que Maximilian dernier dressa contre les Turcs, l'an mil cinq cens soixante & six, arriuoit à soixante mille. En sorte qu'on ne feroit rien de nouueau sinon en la continuation.

Des Chefs qui commanderoyent en l'armee Chrestienne.

LE Chef, pour commander à celle de Hongrie, seroit l'Empereur, qui ne sçauroit s'employer en acte plus digne de sa grandeur, & seroit acompagné de ses oncles & freres, des Ducs de Saxe, Casimir, & autres Princes d'Alemagne, Comtes, & Colõnels, entre tous lesquels se trouueroit prouësse & bonne cõduite tout ensemble. Pour le regard du corps des François, & de ce qui y seroit adioint, il se trouueroit assez de Princes pour y commander. I'en nommeray seulement deux qui y seroyent propres, à sçauoir le Roy de Nauarre, qui en desir de bien faire & grandeur de courage ne cede à aucun: & monsieur le Duc de Lorraine, les ancestres duquel ayans esté dompteurs de la natiõ Turquesque, il est à presumer que ce bõ-heur antique acompagneroit encores sa valeur. Resteroit au Roy d'ordõner qui auroit ceste charge, ou bien s'il la voudroit donner alternatiuement: & ie suis certain que nul d'eux ne manqueroit de belle suite, tant de ceux d'vne que d'autre Religion. Quant à l'armee de mer, elle auroit besoin aussi d'vn grand Chef. Et dautant que plusieurs tiennent pour asseuré que monsieur le Duc de Sauoye, (Prince de tres-grande esperance, & imitateur de la magnanimité de son pere) prendra l'alliance d'Espagne, il pourroit bien auenir que le Roy

Catholique le voudroit hõnorer de ceste charge: car en icelle l'authorité seroit requise pour manier tãt de Seigneurs & de Noblesse qu'il y auroit de ces deux nations, qui ne sont trop faciles à estre maniees. Toutesfois regardant l'experience qui doit estre en vn Chef, nul ne me sembleroit plus capable que monsieur le Prince de Parme, auquel on peut donner ceste loüange qu'il est le premier Capitaine de la Chrestiẽté. Mais ie cuide que le desir d'vn chacũ, de se trouuer en ceste expedition, modereroit les ialousies des premiers & seconds lieux, & que telles difficultez se vuideroyent aisément.

Des principaux membres de ceste armee.

QVAND ie vien à considerer tãt de princes, Seigneurs, Gentils-hommes, Capitaines, & segnalez soldats, qui se trouueroyent esdites expeditiõs, ie ne puis penser comment il seroit possible que telles forces peussent estre batues: car s'il y auoit quelque vertu, prudence, magnanimité, art & industrie en toute la Chrestienté, le plus exquis seroit là apporté par ceux qui, enflãmez d'vn desir de biẽ faire, cõtribueroyent liberalement, en vne si illustre assemblee, tout le plus beau de leurs perfectiõs. Et c'est ce qui a fait florir anciennemẽt les armees Grecques & Romaines, quand se trouuans remplies de gens de valeur, l'vn taschoit par conseil, l'autre par hardiesse, & l'autre par diligence, de deuancer son compagnon. De mesme verroiton parmi ceste Noblesse, non des enuies cõtẽtieuses, ains des æmulations honnestes, à qui se segnaleroit le plus, tant à biẽ obeïr qu'à bien commander. Quand il il y a en vne armee nombre de telles gens, qui sçauent mõstrer le chemin aux autres, & mordre sans desmordre, cela fait combatre tout le reste. Ie pense qu'il n'y en auen auroit gueres de ſemblables parmi les Turcs car la pluſpart ſont eſclaues, qui combatent pour la crainte des punitions, & non pour amour de vraye gloire.

Il faudroit que les armees, tāt de terre que de mer, fuſſent preſtes à l'entree de May, pour marcher où il ſeroit auiſé. Mais la difficulté eſt, à ſçauoir en quelle maniere il conuiendroit aſſaillir, pource qu'on y peut proceder en diuerſes façons. Il me ſemble que les Chreſtiens deuroyēt mettre tout leur deſſein au commencement de la guerre de venir à la bataille contre ces Barbares: car puis que leur Empire n'eſt fondé ſur la bien-vueillance des peuples, on verroit arriuer des changemens eſtranges, ſi à l'abordee ils receuoyent quelque notable route. La queſtion eſt à ceſte heure, s'il ſeroit mal-aiſé de les y attirer: pource que cōmunément on imagine que quand vn ennemi peut aperceuoir le deſſein de ſon aduerſaire il taſche de le mener à fins toutes contraires. Ie confeſſe que cela ſe pratique ſouuent: mais auec de ſi grāds & ſuperbes ennemis que ſont les Turcs, il faut eſtimer qu'il ſuccederoit ainſi que contre vn grand ſanglier que les chiens ont eſchauffé: car ce qu'il aperçoit premier, ſoit homme, ſoit leurier, incontinent il marche là d'vne merueilleuſe furie. On ne trouue point par eſcrit qu'ils ayent iamais fait les reſtifs de combatre, à fin de maintenir touſiours la reputation de leur nom, & celle de leurs armees. Quand ils entēdent que les Chreſtiēs arment en gros, auſſi font-ils de leur coſté, & ſont ſi diligens qu'auant que nous ſoyons à cinquante lieuës de leurs frontieres, ils ont deſia ſaccagé la moitié de la noſtre. Qui nous doit faire croire qu'ils couuriroyent bien toſt le mommon, ainſi qu'on dit: & quant i'y ay bien

En quel temps toutes les forces Chreſtiennes deuroyent commencer la guerre, & cōment.

pensé, ie trouue que ce seroit vn grand auantage pour nous, dautant que l'ardeur & la fureur des nations septentrionnales est fort vigoureuse du cõmencement, & quand on les fait trop temporiser elle s'amoindrit.

Troupes de l'armee qui marcheroit par terre.

VOICI en quoy consisteroit l'armee de terre : à sçauoir en dixhuit mille Reitres, dix mille lances armees à la Françoise & à l'Italienne, deux mille harquebusiers à cheual, & dix mille autres lances à la Hongroise & à la Polõnoise, qui seruiroyẽt de cheuaux legers: car il faudroit receuoir les forces selõ les modes des nations. L'Infanterie seroit cõposee de vingt mille harquebusiers, & trente mille picques, tout lequel nombre de combatans monteroit à quarante mille cheuaux, & cinquante mille hõmes de pied. Plus l'artillerie de campagne seroit de vingt canons, & vingt couleurinnes grandes, acompagnees des piõniers susdits, & de l'equipage des viures, conuenable pour vn tel exercite. Quand on se represente ceci deuant les yeux, on entre en allegresse : mais quãd on vient à songer à la despense on s'estõne, car pour y satisfaire huit cens mille escus tous les mois n'y suffisent pas., ce qui va bien loin au bout de l'annee. Et dautant qu'vne si grãde multitude d'hommes, & de cheuaux, pourroit estre fort incõmodé de victuailles & de fourrages, si elle s'esloignoit des grãds fleuues, ou entroit auant en païs, pour ceste cause seroit-on contraint de suyure le fleuue du Danube, & attacher là ses premiers desseins : en quoy faisant on abonderoit de toutes prouisions necessaires qui s'ameneroyẽt par icelui. Faudroit aussi faire suyure vn pont de barques, acompagné de galeres armees, à fin d'auoir tousiours les deux costez dudit fleuue à sa deuotion, tãt pour le regard des fourrages,

rages, que pour l'assiegement des places qui seroyent dessus.

Ie cuide que l'vne des premieres de celles qui sont es mains des Turcs est Strigonia: mais ni celle-là, ni les autres qu'ils possedēt, ne sont (à ce que i'ai entēdu) gueres fortes: pource que quand ils se doutent qu'on en veut assaillir quelqu'vne ils iettent dedans huit ou dix mille soldats, & ne se soucient point d'autre fortificatiō: ainsi est-il mal-aisé de leur prēdre ce qu'ils ont entre mains, n'vsant que des moyēs ordinaires. Soit dōc qu'eux fussent les premiers aux champs, ou non, ie serois d'auis pour tousiours les obliger à cōbatre, qu'on fist mine, mais à bon escient, d'attaquer quelque place d'importance, à fin de les faire aprocher auec leur armee, & seroit mal-aisé qu'ils se peussent excuser de la bataille, estans venus si pres auec leur bagage, gens de pied, & artillerie. Mais quand ils ne viennent qu'auec trente ou quarante mille cheuaux, pour fauoriser ce qu'on a assiegé, on ne les peut vaincre, à cause de la legereté de leur cauallerie, qui ne laisse de beaucoup molester vn camp. *Ses premiers efforts.*

Ie trouuerois aussi fort bō que dix ou douze iours deuant que faire marcher armee, les Chefs la fissent mettre de deux iours l'vn en bataille en diuerses formes, pour en eslire vne la plus conuenable, pour s'en aider au besoin: car on void beaucoup mieux la verité des choses par les peintures viues, que par les proiects qui sont figurez sur du papier: de sorte qu'vn Chef en est tousiours plus resolu en ses conceptiōs, & les Capitaines inferieurs mieux preparez à la pratique. En ceci ordinairemēt nous errons en nos petites guerres, où lon ne regarde iamais comme lon doit ranger *Ses exercices.*

ſon armee, ſinon deux iours auant que combatre, & alors le Chef fait vne belle ordonnãce eſcrite, cõme il veut qu'elle ſoit, laquelle il enuoye aux conducteurs des Regimẽs, tant de Caualerie que d'Infanterie. Mais ſouuent, pour auoir eſté faite trop promptement, & ſans bonne conſultation precedente, telle diſpoſition ſe trouue mal à propos.

La diſpoſition d'icelle en guerre.

Il eſt bien expedient qu'vn Chef ait biẽ imprimé en ſa memoire l'ordre qu'il veut ſuyure, tãt es païs larges qu'es païs eſtroits, à fin qu'il ne ſoit eſtõné, ou qu'il lui faille beaucoup cõſulter, lors que l'affaire ſuruient. Et quand les gros fondemẽs ſont bien eſtablis, s'il arriue aucũ accidẽt, qui requiere qu'on chãge quelque choſe en l'ordre, cela ſe fait apres fort facilement. On dira que c'eſt auiſer les ennemis, cõme on veut les cõbatre, & que cela leur fait ouuerture de penſer aux remedes. Ie le confeſſe, ſi on n'obſeruoit qu'vne forme: mais quand on en met pluſieurs en euidẽce, c'eſt mettre en doute à laquelle on ſe veut arreſter, excepté les principaux Chefs, qui reſeruent la meilleure en leur memoire. Pour bien ordõner de ceſte armee ici faudroit ouïr parler les Capitaines, qui ont guerroyé en Hongrie, qui ſçauent par experience les manieres qui mieux conuiennent. Et pource que ie ſuis entré ſi auant ſur ce point, ie veux bien dire, pour ſatiſfaire aux curieux, celle qui pourroit (ce me ſemble) aucunement ſeruir contre ces Barbares. En ce fait, il faut conſiderer deux ſortes de païs, l'vn plein, & l'autre ſerré.

Sa diſpoſition en païs plein

QVANT au plein, comme on dit qu'eſt la plus part de Hõgrie, on s'y pourroit rãger tellement que l'innumerable cauallerie ennemie (qui ne ſeroit pas moindre de deux cens mille cheuaux) ne la pourroit endõmager

mager qu'auec grosse perte, & rõpre que tres-difficilement. L'ordre seroit d'entremesler les gens de cheual entre les bataillons des gens de pied, comme fit feu Mõsieur de Guise à la bataille de Dreux, pour la mesme consideration. Doncques voudrois-ie faire vn grand corps d'armee, cõposé de huit bataillons d'Infanterie, chacun de deux mille cinq cens picques, dont les files seroyent chacune de nonante hommes, & y auroit en l'espaisseur vingt & huit rangs, sans celui des enseignes, & aux flancs y adiousteroit-on mille harquebusiers. Ils seroyent tous disposez en vn front esgal, & entre iceux des interualles suffisans, pour y ranger deux mille cheuaux, lesquels seroyent en quatre esquadrons de cinq cens chacun, & de quarante cheuaux de front, & deux vn peu plus auãcez que les deux autres. Or ces sept interualles leur seruiroyent de place auantageuse & de retraittes asseurees pour se reordõner: car de passer entre lesdits bataillõs, pour les suiure, il y feroit trop chaud: de les venir aussi attaquer là où ils seroyent fauorisez de tant d'harquebusiers, voire de picques, ce seroit (à mon auis) temerité. Et dautant que les flancs des bataillons ne sont communément armez que d'harquebuserie, qui est souuent vne foible defense contre vn gros host de cheuaux, il me semble que les deux flancs des deux bataillons, qui seroyẽt posez aux ailes de l'armee, deuroyent estre fortifiez de quelques instrumẽs, que deux cens pionniers pourroyent aisément porter, semblables à ceux que le Duc d'Alue inuenta, & se seruit, quand le Prince d'Orenge passa la Meuse, ou de meilleurs: & cela suffiroit pour vn des flancs de chacun. Car pour ceux des autres, il n'en seroit besoin, à cause que la vertu de cest ordre y supplee, & aussi que ce seroit trop d'embarrassement. A la pointe droite & à la gauche de l'armee, hors des bataillons, se rengeroyent six mille cheuaux en chacune, & seroyent les esquadrons de mille, & en deux corps, l'vn pour soustenir l'autre. Et si on me demande, pourquoy ie les fais si gros, ie respondray, que c'est pource que les Turcs font quelquesfois les leurs (principalement aux grãds cõbats) de cinq & six mille lances, ainsi que i'ay entẽdu, lesquels engloutissent vn petit de trois cens cheuaux, cõme vn Lion feroit vne souris: parquoy il faut du fort cõtre le fort. Ie repartiroye apres cinq mille harquebusiers en dix troupes, & en mettrois les six cõme enfans perdus à la teste des bataillõs vers les ailes, & les autres quatre à la queuë. Ie placerois aussi deux mille harquebusiers à cheual à la teste de la caualleriedes ailes, pour seruir aux premieres escarmouches. Voila donc, en ce grand corps, vingt & huit mille cheuaux, vingt mille corcelets, & treize mille harqbusiers rãgez, lequel ne cõtiendroit en lõgueur (à mon auis) que quatre mille pas cõmuns: en quoy il n'y a point de si grande disproportion: & la cause qui m'a fait l'estẽdre si fort, a esté à fin que la cauallerie ennemie se resolust moins à l'enueloper. Il y auroit aussi en la premiere file de ce grand front quasi dixneuf cens hommes, qui est suffisamment. L'autre partie des hommes, ie la voudrois ordonner en ceste sorte: sçauoir est, faire deux corps petis, qui seroyent rangez huit cens pas derriere les deux ailes de l'armee: dautant que c'est par là que les premiers esbranslemẽs viennent. Ie mettrois en chacun quatre mille cinq cens corcelets en deux bataillons, & deux mille cinq cens harquebusiers. puis en l'interualle & aux pointes

quatre

quatre mille cheuaux en huit eſquadrons, qui ſeroit pour les deux corps vingt & deux mille hommes: chacun deſquels ſe remueroit s'il voyoit ployer aucunes des premieres troupes, & n'y a doute que cela ne fiſt tenir bride. En apres ie voudrois encores poſer entre ces deux troupes, & cinq cens pas plus derriere, trois mille cheuaux, en trois eſquadrons, où la perſonne de l'Empereur, ou de celui qui cõmãderoit en ſon abſence, ſe tiendroit, eſtãt queſtion de combatre. Et ceci ſeroit l'anchre ſacree (comme on dit) qui à l'extremité s'esbranſleroit. Reſteroyent à ceſte heure mille corcelets, deux mille harquebuſiers, & mille cheuaux Reitres, ou Hongrois, qui ſeroyent mis pour la garde du camp, que les pionniers acommoderoyent de petites tranchees, pour la conſeruation des bagages: car s'il aduenoit d'auantage que par nonchalance on les laiſſaſt ſaccager par les ennemis, qui pourroyent ietter vingt ou trẽte mille cheuaux pour ce faire, il faudroit rompre vn camp apres, pour les incommoditez qu'on receuroit tant en general qu'en particulier. Ceſte armee eſtant ainſi diſpoſee, à mon auis pourroit, en campagne raſe, ſe preſenter deuãt la puiſſance des Turcs, leſquels eſtans deſpourueus de corcelets, & de picques, & d'eſquadrons bien armez, il ſeroit mal-aiſé qu'ils peuſſent renuerſer nos gros bataillons. Nous auons veu auſſi comme noſtre cauallerie eſt ſeurement acõmodee dans ces interualles: ce qui me fait croire qu'il faudroit vn extraordinaire valeur aux ennemis, ou vne grande laſcheté aux noſtres, pour perdre la bataille. Ie n'ay point mis ceſt ordre-ici en veuë, cuidant qu'il ſoit le meilleur de tous: car autres ſe peuuent inuenter parauanture plus à propos, c'eſt ſeulement pour conuier plusieurs Capitaines à la recerche de ce qui est vtile.

Du combat par terre entre l'armee Chrestiēne & la Turquesque.

VENANT donc l'armee Chrestienne deuant la Turquesque, apres quelques canonnades tirees, ie presume qu'ils seroyent les premiers à venir assaillir, tant pource qu'ils sont superbes, que pource qu'en ces grosses guerres ils sont ordinairement quatre contre vn, ce qui enfle le courage. Ils viendroyent auec soixante ou quatre vingts mille cheuaux donner gaillardement à la cauallerie auancee qui seroit aux deux flancs, voire dans le milieu de la teste. A cest afrontement (à mon opinion) ils seroyent repoussez & bien batus, auecques perte de plus de quatre ou cinq mille cheuaux. Mais comme leur cauallerie est legiere, ils retourneroyent soudainemēt derriere leur gros se reordonner. I'estime qu'apres, cela, ayant fait tirer deux volees de leur artillerie (dont ils ont grand nombre) auecques tout leur corps ils feroyent vne vigoureuse charge : & ce qui donneroit dans les bataillons, ou dās les interualles, seroit accoustré de toutes façons. Mais parauanture que la cauallerie des flancs seroit renuersee: alors s'esbranleroyent les deux corps petis, ordonnez pour le soustenement, lesquels trouuans les poursuyuans en desordre (ce qui auient quasi tousiours) les enfonceroyent si brauement, comme feroyent aussi quelques esquadrons, qui sortiroyent des interualles, qui leur donneroyent en flanc, qu'ils les mettroyent à vau de route. Leur harquebuserie, qui se seroit ataquee auec la nostre, porteroit alors la peine de sa temerité. Mais aussi ne faudroit-il pas que les Chrestiens suyuissent imprudemmēt ces Barbares : car ils se sçauēt tresbien rallier, comme parauanture ils pourroyent faire à deux canōnades de là, & enuelopper quatre ou cinq mille

mille cheuaux des plus aspres à chasser, comme firent leurs peres le Duc Iean de Bourgongne, & la Noblesse Françoise, à la bataille qui fut donnee cõtre Amurath. Parquoy il conuiẽdroit que toute l'armee Chrestienne marchast, & faudroit ietter apres eux vingt mille cheuaux, par esquadrons s'entresoustenans: sauf la caualerie Hongroise & Polonnoise, qui pourroit aller plus desbandee en executant. Et quand on les auroit suyuis vne lieuë, il semble que ce seroit assez fait. En somme, ie cuide qu'en ceste iournee memorable ils perdroyent la moitié de leur Infanterie, toute leur artillerie & bagage, & plus de vingt mille cheuaux. Mais quand on n'auroit pour le commencement exploité que le quart de ceci, leur ayant toutesfois fait tourner les espaules, tousiours seroit-ce vne grande reputation acquise, qui acroist es cœurs des soldats confiance de vaincre: car celui, qui en vne guerre reçoit les premiers auantages, a bon espoir de l'issue.

De la disposition de l'armee en pais estroit.

A ceste heure faut-il dire vn mot des païs estroits. Il semble qu'ẽ iceux l'armee seroit plus asseuree qu'es larges, à cause de la quantité de son Infanterie: & si les ennemis se presentoyent, alors pourroit-on varier les ordres selon les lieux, gardãt tousiours soigneusement les auantages des bois, des vallons & de l'artillerie. Sur tout, conuiendroit se donner bien garde de ranger les corps en telle sorte, que le premier, estant repoussé, vinst donner dedans le second: car ce fut la cause qui fit perdre la bataille au Roy Iean deuant Poictiers, lequel auoit cinquante mille hommes, & les Anglois seulement dix mille. Or si l'heur auoit esté si fauorable qu'on eust obtenu ce bõ succes, ie ne fais nul doute qu'on ne peust apres (faisant marcher le reste de la grosse artillerie, qu'on auroit preparee à Vienne) emporter en moins de trois mois quatre ou cinq des meilleures villes qui sont sur le Danube, comme Strigonia, Bude, Pest, & autres, qui sont mieux conues de ceux qui sont du païs. Vray est qu'il y auroit de grands empeschemens; & l'armee Turquesque, qui se seroit racommodee, ne manqueroit de fauoriser ses places, où se verroyent de tres-beaux combats. Cependant nous demourerions auecques de bonnes arres de la premiere annee. Ie laisse aussi à penser, comme toute la Chrestienté se resiouïroit, entendant ce commencement de victoire obtenue sur ceux qui depuis deux cens ans ne font autre chose que triompher de ses ruïnes. Les petis enfans mesmes chanteroyent les loüanges des hommes valeureux, par qui ces beaux actes auroyent esté commis.

Des exploits de l'armee de mer.

VENONS à l'armee de mer, qui ne doit pas estre laissee oisiue dans les ports, estãt si puissante, & lui faisons faire voile, pour executer choses dignes d'elle. Le meilleur conseil qu'elle sçauroit prẽdre, seroit de se cõformer à l'armee de terre, essayãt d'amener les ennemis à iournee. A quoy il n'y auroit parauanture beaucoup à faire, pource qu'ils ne sont pas moins glorieux en mer qu'en terre. Et s'ils voyoyẽt qu'on tirast vers les costes de la Grece, ou vers l'Archipelago, lon les auroit incõtinent sur les bras, sans qu'on fust contraint de feindre d'assieger place, pour les attirer. Et pource que la bataille de Lepãto les a rẽdus plus auisez, il faudroit aussi que les Chrestiens se pourueussent de bonne resolution, d'inuentions, & autres moyẽs necessaires, pour paruenir à la victoire. Les choses qui excitent à bien combatre,

combatre, outre la iustice de la cause, & vne forte necessité, c'est quand on se void en presence de personnes illustres, dautant qu'ils abhorrent la lascheté, & exaltent la prouësse. Secondement, ce sont les remonstrances que font les Chefs pour exhorter les soldats à se biẽ porter en iournees solẽnelles. Tiercemẽt, la cõfiance s'augmẽte quãd on void vne gaillarde dispositiõ aux hõmes, & vn bel ordre en l'armee. Finalemẽt, l'espoir des remunerations est vn bon aiguillon aussi. Et s'il y a quelques Chefs, propres à bien pouruoir à cela, se seroyent ceux de la nation Espagnolle, & Italienne, lesquels estans acompagnez d'vne eslite de gens valeureux, il faut estimer que l'ordonnance, l'ardeur, & l'excitation ne manqueroit. De discourir des formes de rãger armees nauales, ie m'en deporteray, par ce que ie ne suis expert es guerres de mer: toutesfois l'ordre que tint celle du seigneur Don Iuã à Lepanto, m'a tousiours semble à propos, & bien inuenté.

Que les armees de terre & de mer ne deuroyẽt delayer d'assaillir, & comment.

QVELQV'VN estãt vn peu craintif, & trop preuoyant, pourra dire que c'est mettre la Chrestienté en grand peril, que de hazarder tout à vn coup toutes ses forces. A quoy ie respondray que quand on entre en vne quarriere volontairement, c'est pour y courre: aussi qui s'embarque en vne guerre, comme assaillãt, doit s'auanturer, autrement tant de preparatifs precedens auroyent esté vains, & tant de menaces pareillement. Le peril est bien plus grand, quand sans rien faire, peu à peu, on se laisse deuorer. Vn autre trop aspre, considerãt ces belles forces, pourroit au contraire dire qu'il faudroit marcher tout droit à Constãtinople, sans s'amuser ailleurs: mais comme ce langage est vn indice de courage, aussi est-ce signe de peu d'experience (au moins selō mon auis) pource que les armees ne vont pas en poste. Dauantage elles rencontrent ordinairement des barrieres qui les arrestent, qu'il faut premierement briser. C'est chose seure que les Turcs voyans les grands remuemens des Chrestiens, tant par mer que par terre, leur opposeroyēt plus de trois cens mille combatans, cōtre lesquels il faudroit aller auecques pieds de plomb & mains de fer, & se donner garde d'errer, non moins par temerité que par nonchalance, mesmement es actions de grand poids.

Or ie presupose que l'armee nauale des Turcs se presentast pour combatre la nostre. En ce fait-ici ie ne feray pas moins prudens, courageux, & heureux nos soldats de mer, que i'ay fait nos soldats de terre: car ie tien pour certain qu'ils emporteroyent la victoire. Mais prenons le cas que ces Barbares, ayans voulu seulement sonder les nostres, eussent combatu pres de leurs auantages, & apres auoir perdu vingt ou trente galeres, se fussent retirez à la faueur de quelques chasteaux ou villes: tousiours seroit-ce auoir gaigné la reputation, & acquis l'audace d'aller attaquer à leur barbe vne de leurs places. Que si le desir croissoit alors à quelques vns de tirer vers Cōstantinople, on lui pourroit respondre, outre les autres raisons allegues, qu'on en seroit trop esloigné, & que l'armee Turquesque seroit encor aussi puissante que la Chrestienne. Item, que quand les succes eussent esté plus en nostre faueur, que c'est trop presumer de penser d'vn plein saut emporter ceste superbe cité, n'ayant aucune armee de terre, qui en fust plus voisine que de deux cens lieues: & que s'ils voyoyent qu'on voulust prendre ceste route qu'ils ietteroyent

inconti

incontinẽt dedãs vingt mille ſoldats, & en mettroyẽt autant en campagne à cheual pour la fauoriſer : tous leſquels ils tireroyent de la Natolie. Et ſur ceci on doit noter que quand Mahumet ſecond la prit, il la tenoit aſſiegee auec deux fortes armees l'vne de mer, & l'autre de terre: les Chreſtiens n'ayans lors en tout, pour la defendre, que quinze ou ſeize mille hõmes. Le meilleur cõſeil ſeroit d'employer le tẽps iuſques à la fin de Septẽbre à ſe rendre maiſtres de la Moree, l'aſſaillant par la teſte, à ſçauoir par Coron & Modon, ou par les chaſteaux qui gardent l'emboucheure du golphe de Lepãto, pour puis apres s'en aller fortifier, comme on verroit eſtre meilleur, en l'encouleure de ceſte peninſule, où anciennement eſtoit baſtie la renommee cité de Corinthe. Ceſte meſme entrepriſe fut faite par André Doria, l'an M.IↃ.XXXII. lequel emporta par force Coron, Patras, & Lepãto, places qui ſe perdirent apres pour n'eſtre ſecourues. Ayant doncques laiſſé vne treſ-forte garniſon d'Infanterie es lieux conquis, ſept ou huit cẽs cheuaux, & prouiſiõ ſuffiſante de victuailles auec trente galeres, les eſclaues deſquels pourroyẽt ſeruir de pionniers, on licentieroit le reſte de l'armee nauale iuſques au Prin-temps. Voila quels ſeroyent les effects de la premiere annee, Dieu par ſa bonté les ayant fauoriſez.

MAINTENANT il faut diſcourir des effects de la ſeconde, en laquelle ie cuide qu'on trouueroit les Turcs moins ſuperbes qu'en la precedẽte, mais beaucoup plus cauts & auiſez : dautant que les experiences enſeignent ce qu'on n'euſt pas auparauãt ſceu ni voulu conoiſtre. Au commencement de May, les armees ſeroyent preſtes à marcher, & auroyent encor le meſ- *De la cõtinuatiõ de la guerre en la ſeconde annee: & des moyens qu'on y pourroit tenir, tant par terre que par mer.*

me dessein de venir à la bataille, si les Turcs se presentoyent. Mais si eux vouloyent iouër au plus seur, & ne tenter rien mal à propos, là faudroit-il que les beaux artifices des Chefs se monstrassent, pour les contraindre de venir au combat hors de leurs auantages: ainsi que fit Hannibal, qui par ses ruses attira les Romains à trois batailles qu'il gaigna peu de temps apres son arriuee en Italie. Le plus ordinaire moyẽ qu'on suit pour cest effect est d'assieger places qui importẽt: car si pour cela vn ennemi ne s'esmeut, & ne hazarde, c'est signe qu'il a peu de courage & de forces. Ie ne doute point qu'en celles dont ils se voudroyent seruir pour nous faire teste, ils ne iettassent dedans huit ou dix mille soldats, bien aprouisionnez de toutes munitions, & tiendroyent leur armee à six lieuës pres logee fortemẽt, pour les fauoriser. Et, pour dire vray, tels exploits seroyent dificiles, mesmement si la ville estoit sur ce grãd fleuue: mais il faudroit passer outre, & auecques l'abondance des pionniers qu'on auroit, & des instrumens pour faire trauailler dix mille soldats, leuer autant de tranchees ofensiues & defensiues, & bastir autãt de forts qu'il en seroit besoin, pour cõmodément assaillir les assiegez, & se mettre seuremẽt contre ceux de l'armee ennemie, & s'aidant aussi des ponts qu'on auroit. Et ie tien pour certain qu'ayant planté deuant telles places (qui sont mal fortifiees) cinquãte canons, en quatre iours lon verroit des bresches à mõter cheuaux. Puis apres venant aux mains auecques eux, nous qui serions forts, & eux foibles, & auecques cela ayant tres-grand auantage, à cause de la qualité & bonté de nos armes, facilemẽt on les tailleroit en pieces, sinon ceux que la clemence Chrestienne voudroit reseruer.

Pen-

Pendāt ces actions ici, nostre cauallerie auroit besoin d'estre vigilante, en allant aux escortes des viures & fourrages, car là se feroyent de belles entreprises, & les vns & les autres se pourroyent aussi dresser de grosses embuscades, où la suffisance des Capitaines se monstreroit, & la prouësse des ieunes es combats qui se feroyent. Et cōme la premiere annee nous serions paruenus iusques à Bude, aussi i'estime qu'en ceste-ci nous pourriōs cōquerir iusques où le fleuue de Draue vient à entrer dās le Danube. Cela paracheué, l'armee Imperiale se deuroit placer en quelque beau lieu auātageux, pour faire espaule à la nouuelle conqueste, iusques à ce que les villes, dōt on se voudroit seruir pour la seureté des passages, fussent munies & mises en estat de defense: puis se retireroit aux garnisons ordonnees pour y laisser passer l'hyuer. Quant à celle de mer, la saison venue, elle s'auanceroit vers l'isle de Negrepont, pour en chasser les Turcs, & si d'auāture leur armee se presentoit pour les empescher, il faudroit la combatre: car en ceste expedition, combatre seroit le mot du guet: & ne comparoissant que de loin, paracheuer son effect. Mais faudroit obseruer ceste reigle, qu'en assaillant la terre on se tinst tousiours preparé, comme si on deuoit estre assailli par mer. Et apres auoir en diligēce fortifié & muni les plus beaux ports, d'hommes, de viures & vaisseaux, l'armee pourroit encor nettoyer de Turcs quelques isles de l'Archipelago, & puis se retirer pour hyuerner.

Des peuples Grecs asseruis au Turc.

IE n'ay rien dit des peuples Grecs, qui souspirent il y a long temps apres leur deliurance, dautant que ie ne sçay pas quels seruices on en tireroit: pource qu'on dit qu'ils sont si abatus de courage par l'horrible tyrannie qui les moleste, & si despourueus d'armes & de science militaire, que ie n'oseroye prometre qu'ils fissent si tost grand mouuement. Dedans toutes ces prouinces, qui sont au deça de Constantinople, qui toutes ensemble sont auiourd'hui appellees la Romanie, il y a beaucoup plus de Chrestiens que de Turcs. Il se void en la pluspart des lieux que pour quatre familles Turcques il y en aura dix de Chrestiennes, & plus: mais elles sont si asseruies & intimidees, qu'on leur donne des coups de baston sans qu'elles s'osent plaindre. Quelqu'vn se mocquera dequoy ie fais ici vn preiugé des euenemens de la guerre, comme s'ils deuoyent succeder en la maniere que ie le figure: mais ie ne suis pas si presomptueux de penser que ce qui est inconu aux hõmes, ils le puissent preuoir. Ie discours seulement de ce fait par raisons vray-semblables, apuyees sur quelques reigles & experiences, ainsi qu'on a acoustumé de faire es afaires humaines: & parle aussi des païs, villes, fleuues, & passages, non pour y auoir esté, ains pour auoir obserué sur les Cartes leur situation: & qui plus est pour faire conceuoir bonne esperance au vulgaire de ceste entreprise, sçachant bien qu'en ce qui concerne les combats, les conseils se prenent ordinairement sur le champ, & qu'aux Capitaines, qui s'y trouuent, il apartient proprement de deliberer de ces choses.

Des exploits & deportemẽs des deux armees Chrestiẽnes, en la troisiéme annee.

LA troisiéme annee estant venue, i'estime que la mesme gaillardise qui auroit esmeu tant de braues guerriers de s'employer aux precedentes, auroit encores pareille force en eux. Et combien que le fer des ennemis, les labeurs passez, & les maladies en eussent emporté aucũs, si est-ce que plusieurs autres qui n'auroyent

royent bougé du logis, desireux de participer à la loüange commune iroyent remplir les places vuides: en sorte que les hõmes ne manqueroyent point. Ainsi le temps de se mettre en campagne estant venu, l'armee de terre ayant passé le Draue, s'achemineroit vers le fleuue de Saue, iusques où il n'y a pas plus de vingt lieuës Hongroises. Et n'ay pas opinion que les Barbares se presentassent en gros par le chemin, ains qu'ils mettroyent toute leur estude & feroyent tout leur effort pour empescher le passage de la riuiere, qui est vn auantage duquel (comme bons Capitaines) ils se deuroyent preualoir. En tels termes pourroit-on voir, d'vne part & d'autre, la pratique de toutes sortes de belles ruses & inuentions. Mais pource que l'experience a tousiours fait conoistre qu'vne armee puissante est mal-aisément bridee par vn fleuue (car si elle ne le passe à la faueur d'vn lieu auantageux & de l'artillerie, elle y paruient par finesse, en amusant d'vne part, iettant ses ponts & faisant ses forts de l'autre) je n'en diray pas dauantage, sinon que ie me fay croire qu'elle en viendroit à bout en huit iours. Cela fait, le plus profitable exploit seroit d'aller assaillir Belgrade, ville renommee, qui est situee où le Saue entre dans le Danube : & en nulle action passee (à mon auis) on n'auroit eu tant d'afaire qu'on auroit en ceste-ci. Car outre ce que ceste ville-la seroit tres-bien pourueue pour sa defense, il faudroit tousiours auoir l'œil vers l'armee Turquesque qui ne seroit loin de là, conseruer vn grand pont sur le Saue, auoir autre passage pour le costé du Danube, faire forts, tranchees, aller seurement aux fourrages & escortes: de maniere que si on l'emportoit, ce seroit vn beau chef d'œuure. Et pour en iuger, ne peut-on pas hardiment dire que ceux qui auroyent acoustumé de vaincre surmõteroyẽt toutes ces difficultez? Ayant donc gaigné ceste place, il la faudroit racommoder promptement, & y laisser vne forte garnison, dautant que là il conuiendroit faire le principal magazin pour recueillir les prouisions necessaires. En ces enuirons-là il y a trois gros fleuues, qui entrent dans le Danube, assez pres les vns des autres : à sçauoir le Draue, le Saue, & le Tibisc, qui sourd des parties de la Transsyluanie, lesquels ne sont moindres que le Rhin, ou la Meuse. Par ces quatre grands canaux viendroyent toutes commoditez, moyennant qu'on donnast bon ordre que les Tucrs, qui seroyent restez en quelques places dãs le cœur du païs, n'offençassent les bateaux. Et pource qu'on ne seroit encor qu'à mi-saison, le demourant se deuroit paracheuer à les chasser de là, ce qui parauanture ne donneroit beaucoup de peine.

Exploits de l'armee de mer.

APRES auoir parlé des effects de l'armee de terre, il cõuient aussi faire mẽtion de l'armee de mer, qui se seroit mise à voile au commencement de May, prenant sa route vers l'Isle conquise de Negrepõt : & si la Turquesque estoit desireuse de cõbatre, il ne faudroit refuser le parti : mais si elle ne se vouloit auãturer, ains espier quelque bonne occasion, le meilleur dessein seroit d'aller surprẽdre & forcer la ville de Saloniki, qui anciennement se nommoit Thessallonique, laquelle est es frontieres de Macedoine, sur le bord de la mer, & n'estant pas forte, elle seroit soudain nostre. Il faudroit auiser tous les moyens possibles de la mettre en estat de defense, dautant qu'il y faudroit laisser vne grosse garnison d'Infanterie & de cauallerie, pour

courre

courre le païs. Et faut noter que tout ce qui se mettroit dans les places conquises, cela seroit super numeraire, & que les armees de mer & de terre auroyent leur nõbre fourni, selõ nostre proiect, à cause qu'elles seroyẽt tousiours preparees à la bataille. On eust bien peu entreprendre sur les costes de l'Esclauõnie, où les Turcs tiennent plusieurs villes: mais en se saisissant de celles-ci qui sont plus faciles à ocuper, c'est les prendre par le derriere, ce qui les fait autant penser à la fuite qu'à combatre. Ayant donques seiourné vn mois & demi, ou deux, elle pourroit courir par toutes les autres Isles de l'Archipelago, tant pour saccager tous les Turcs qu'on y trouueroit, que pour asseurer les Chrestiens y habitãs. Il pourroit auenir que les Turcs, craignãs la premiere impetuosité Chrestiẽne, laisseroyent harasser nostre armee deux ou trois mois aux assiegemens des places, puis tout d'vn coup estant ocupee à quelqu'vne, ils viendroyẽt frais & gaillards l'attaquer, ainsi qu'ils firẽt aux Gerbes, où les forces Espagnoles furent rõpues. Les Espagnols aussi sur la fin du siege de Malte leur rendirẽt quelque change, & desfirent cinq ou six mille Turcs. A cest inconueniẽt ie croy que les chefs pouruoyeroyent si bien qu'on ne seroit surpris: & auant que nostre armee se retirast pour hyuerner, il seroit bon qu'elle laissast dans l'Isle de Cãdie quarante galeres, pour se preséter à vn besoin. Pendãt l'hyuer, du costé de la Hongrie, faudroit traiter auec les Vvalaques & Moldaues, qui sont suiets aux Turcs, & neãtmoins grands ennemis, pour la souuenance qu'ils ont des maux fraischement reçeus, à fin de les faire armer contr'eux, & enuoyer quelque eslite d'hommes soudoyez, pour se ioindre aux forces Chrestiennes, ou faire autres remuemẽs profitables. Quãt aux Transſyluains, qui leur ſont tributaires, on les feroit auſſi aiſémẽt remuer, lequel renfort ſeruiroit beaucoup, meſmemẽt pour s'opoſer aux Tartares, ſi les Turcs les faiſoyent donner dans les païs des Chreſtiens, pour faire diuerſion. Car pour cinquante mille ducats par mois, ils en font marcher cinquãte mille à cheual, qui comme ſauterelles font des degaſts innumerables. En vn meſme temps conuiendroit auſſi pratiquer auec les Grecs, à fin qu'au renouueau ils ſe declaraſſent, lors qu'ils verroyẽt les armees de mer & de terre eſtre esbranſlees, & ſe iettaſſent ſur les Turcs, qui ſont reſpandus & demourans dans toutes ces Prouinces.

Des exploits & effects des deux armees en la quatrieme & derniere annee de ceste guerre contre les Turcs.

LES effects de la quatrieme annee, que nous auons miſe pour but de ceſte glorieuſe conqueſte, ſeroyent encore plus memorables que les precedens. Pour ceſte occaſion faudroit-il que la bõne vnion des Princes continuaſt, à fin que les prouiſions neceſſaires ne vinſſent à defaillir, & y a apparence qu'elle perſeuereroit, veu que la proſperité ayant touſiours acompagné les entrepriſes, chacun eſtant rempli de bonne eſperance voudroit s'efforcer de paruenir à la fin tant deſiree. Doncques auec plus grand courage, & les meſmes hõmes des autres annees, l'armee de terre ſe mettroit aux champs, & de meilleure heure que les autresfois. Deſia ſeroit arriué à Belgrade abondance de munitions pour l'Artillerie, & plus de deux mille cheuaux de ſurcroiſt pour parfournir ſon equipage, & non moins de trois cens chariots pour les viures: car au partir de là il faudroit abandõner les fleuues. Et en ceſte ſorte s'achemineroit-on, pour donner perfection à l'œuure, vers la ville de Sophia, qui eſt au commencement

cement de la Bulgarie: pource que les Cartes monstrent que c'est le plus droit pour aller à Constantinople, n'en estant pas esloignee de cent lieuës Françoises. Elle est en planure, & nullement fortifiee. Il y a aparence que les Turcs ne voudroyent faire là leur teste: mais ayant fait sortir les habitans d'icelle, & consumé & trasporté les viures, l'auroyent laissee vuide de toutes choses, pour aller à Philippopoli faire la grosse masse de leur camp. Ceste ville, qui est outre les montagnes de Thrace, est renommee pour la bataille que Cassius & Brutus y perdirent: & est assise en païs tresfertile, sur bonne mõtagnette, au pied de laquelle passe vne petite riuiere peu gueyable. Or, ce lieu seroit fort propre & bien choisi pour y faire grãde resistance, & y hazarder la bataille, à cause que ce n'est si pres du siege de leur Empire, que la perdant ils peussent estre preuenus, estãs en efroy, ne si loin qu'ils ne peussent y recueillir de bonnes reliques de leur armee, la fortune leur ayant esté contraire: & ay opinion que là ils combatroyent, voire que leur Empereur s'y trouueroit en personne. Et cõme pourroit-il souffrir qu'on l'allast attaquer iusques dedans sa cauerne, sans se defendre, comme font les bestes genereuses? encore que ceste nation soit pleine d'iniustice & de cruauté, elle ne laisse pourtãt d'estre furieuse & hardie, & auecques cela elle a sa reputation fort recommandee. Les Chrestiens auroyent aussi matiere d'accroistre leur espoir, en considerant qu'il n'y auroit plus ni grands fleuues, ni villes fortes iusques à Constantinople: ains qu'ils trouueroyent seulement vne armee puissante qui leur feroit resistãce, dequoy les hommes valeureux se resiouïssent: & n'y a rien qui les fasche, sinon quãd ils sont contraints de combatre cõtre la faim, la soif, les maladies, le grand chaud, ou le froid, dautant qu'il n'y a vertu qui ne soit accablee de telles incõmoditez. I'estime que vers la mi-Iuin l'armee Chrestienne pourroit arriuer à Philippopoli: auquel lieu si les Turcs s'estoyent retranchez & parquez en lieu auantageux il y auroit peine à les en tirer. Et pource qu'il ne leur est iamais auenu de le faire, mesmes quand leurs Empereurs y sont presens, ie veux plustost presumer qu'ils suyuroyent leurs anciennes coustumes, qui est de venir audacieusement au combat: comme fit Baiazeth premier contre Tamburlan, encor qu'il eust vn exercite tres-numereux. Les forces des Turcs seroyent, à mon auis, de deux cens vingt mille hommes, & celles des Chrestiẽs de quatre vingts mille: car quelques vns auroyent esté laissez aux dernieres garnisons, pour les escortes. Et n'y a doute que les vns & les autres ne fussent bien affectiõnez à vaincre, dautant que ceste bataille seroit cõme vn arrest definitif de toute la guerre. Ie ne parleray point de l'ordre: car si celui, dont i'ay fait mention par ci deuant, n'estoit bon, lon en establiroit vn autre plus propre, & remettroit-on l'euenement à Dieu, qui seroit (ainsi qu'on doit esperer) fauorable à ceux qui l'adorent, contre ceux qui le deshonnorent.

Combien est importante la guerre contre les Turcs, à cõparaison de toutes les autres guerres.

QVANT ie me represente ceste grosse guerre ici, & ces superbes armees, & que de l'autre part ie me mets deuant les yeux nos petites de pardeça, il me souuient de ce qu'Alexandre respondit à Antipater qu'il auoit laissé en Macedoine, lors qu'il alla à la cõqueste d'Asie. Antipater lui escriuit que quelques ennemis s'estoyent esleuez contre lui, & que desia ils auoyent dix ou douze mille hommes aux champs, & qu'il lui enuoyast secours. Il me semble, lui manda Alexandre, qu'à ceste heure que ie combats contre les puissantes armees de Darius, & que ie vay conquerant ce grand Empire d'Asie, que toute vostre petite guerre de Macedoine n'est autre chose qu'vne guerre de chats & de rats : parquoy resistez au mieux que pourrez. On dira qu'en nos debats ciuils on y remarque quelquefois de beaux exploits militaires, encores qu'ils ayent esté au petit pied, cõme les batailles de Dreux, sainct Denis, Montcontour, dõnees en Frãce, & les sieges de Rouan & de la Rochelle : & en Flandres sept ou huit grosses desfaites, & les sieges de Harlem, Maestrik, Tournay & Oudenarde. Ie le cõfesse : mais encores cela n'est-il point à comparer à la iournee de Lepanto, que gaigna le seigneur Dom Iuan. Ie croy aussi que le siege de Malte, où il fut tiré quatre vingts mille coups de canon, & dõné quatre ou cinq assauts, & celui de Nicosie en Cypre, qui en soustint quinze (ainsi qu'aucuns l'ont escrit) doyuent estre preferables à ceux que i'ay alleguez. Les guerres contre les infideles sont celles que les braues Capitaines & soldats deuroyent cercher de cent lieuës, & fuir les ciuiles de cinquante, qui par leurs cours cõtinuel vont deuorãt, & consumant, & auecques peu de memoire, la fleur des Royaumes & des Republiques.

De la principale bataille cõtre les Turcs.

IE ne descriray point qu'elle seroit ceste grande bataille : car il faut croire qu'aux autres combats precedens on n'auroit point veu vne telle animosité, ni de si furieuses charges. Somme qu'apres auoir combatu trois grosses heures, ie cuide qu'ils nous laisseroyẽt vne victoire sanglante : mais ce seroyent d'hõnorables ſepulchres que ceux qui ſe baſtiroyent là, & non ceux qui s'acquierent par querelles particulieres, où en la plus grand' part les ames font naufrage. Ici le deſir ſeroit iuſte, la cauſe iuſte : ce qu'eſtant adioint auec vne ſinguliere valeur, que pluſieurs auroyẽt ici monſtree, il en reuiendroit vne renommee perpetuelle qui couróneroit encor' la poſterité des hommes jlluſtres, qui y ſeroyent demourez. Eſtans donc les Turcs en route, & leur cãp pillé, on ſeroit contraint de ſeiourner huit ou dix iours à Philippopoli (qui ne feroit reſiſtance apres ceſte grand perte) pour ſe rafraiſchir, & faire racommoder les bleſſez, & de là faudroit hazarder pluſieurs Grecs ſeparément, pour aller iuſques à Saloniki les aduertir du bon ſucces, & le mander à l'armee de mer, à fin qu'elle s'auançaſt vers Conſtantinople: car ſans les deux forces coniointes il ſeroit dificile de l'aſſieger. La perte, que les Turcs auroyent faite en ceſte bataille, ne pourroit eſtre encor ſi grande qu'il ne ſe ſauuaſt encor cent trente mille hommes, deſquels aucuns ſe pourroyent eſpandre par le païs, pour pouruoir à la conſeruatiõ de leurs familles qu'ils y auroyẽt laiſſees : & le gros tireroit vers Conſtantinople, auecques leur Empereur pour y faire leur derniere reſiſtance, dautant qu'en la campagne ils n'oſeroyent plus ſe preſenter. Et pource que la ville n'eſt forte, on doit penſer qu'en extreme diligence ils dreſſeroyent des fortifications de terre, & feroyent leurs eſplanades, dreſſans cauailliers pour y accommder grand' quantité d'artillerie. Tous les viures des enuirõs retireroyẽt-ils auſſi en la ville, pour la defenſe de laquelle ils ne laiſſeroyent moins de quarante mille hommes. Et eſt à preſumer que le grand Seigneur, auec ſes threſors & concubi-

concubines, ensemble bon nõbre de cauallerie, passeroit en la Natolie (qui est l'Asie Mineur) pour y aprester vn nouueau secours.

Suite de la victoire.

NOSTRE armee de terre, à mesure qu'ils feroyẽt les preparation susdites, s'auanceroit aussi peu à peu, laissant dãs Philippopoli garnison sufisante, pour tenir les chemins. De là elle iroit à Adrianopoli, qui est vne grande cité qui, à cause de sa foiblesse, ne s'opiniastreroit: en laquelle il faudroit aussi poser quelques garnisons, & y resserrer tous les viures qu'on pourroit: dequoy on n'auroit faute, si en ce fait on estoit diligent. Cest ordre deuroit aussi estre obserué que les gẽs de guerre ne courussent sus, sinon à ceux de la nation Turquesque, & que tous les Chrestiẽs fussent exempts de pillage & de seruitude. Alors de cinquante lieuës à la ronde, ils viendroyent aporter viures. Aux grandes armees vne bonne police & seuere iustice se doit establir: autrement, pour la multitude des meschans & gens desbauchez qui s'y rangent, tout tomberoit en confusion, si leur malice n'estoit bridee, & punie par tels moyẽs. Pendãt le petit seiour qu'elle fera à Adrianopoli, de trois ou quatre iours, faisons auancer l'armee de mer, à quoy elle ne seroit restiue, ayant sçeu le succes de celle de terre, & tireroit vers les chasteaux qui gardent le destroit de l'Hellespont: & y à apparence que les Turcs, memoratifs de leurs pertes, & ne voulans rien hazarder temerairement, se seruiroyent de l'auantage du lieu, se plaçãs là pour y combatre, où ils seroyent flancquez de l'artillerie desdits chasteaux. Encores auroyent-ils ceste commodité qu'on ne les y pourroit attaquer, qu'auecques quatre vingts ou cent galeres de front.

Exploits de l'armee de mer.

Le premier iour que nostre armee se presenteroit en bel ordre, pour voir la contenance de l'armee ennemie, on lui tireroit force canõnades, & elle rẽdroit le mesme, puis se retireroit, considerant l'assiete forte où elle seroit placee. Le soir on consulteroit, & les sages Mariniers opineroyent qu'on ne tentast rien mal à propos. En fin les Capitaines resoudroyent de ietter gẽs en terre du costé de l'Europe, auec artillerie, pour batre & prendre l'vn des chasteaux, pour desloger les Turcs de cest auantage, veu qu'il n'y auroit que quatre ou cinq cens cheuaux, qui parussent de ce costé-là, & du costé d'Asie plus de deux mille. A l'aube du iour on sortiroit quatre mille corcelets, & six mille harquebusiers, & trẽte canons de galeres, tirez par les forçaires. En marchant, ceste cauallerie viendroit agacer les nostres, mais on lui donneroit tant de mousquetades, qu'elle s'escarteroit bien. La nuict suyuante on approcheroit de la forteresse, & ayant accommodé l'artillerie, le iour venu on battroit. Ce qui feroit proposer aux Turcs de ietter vingt mille hommes sur les bras des nostres, pour les tailler en pieces, ou donner auec cent cinquante galeres dedans nostre armee, pour faire le mesme, veu qu'elle seroit desfournie. Mais ce deuxieme conseil estant trouué meilleur les Turcs le mettroyent à execution: ce que nostre armee aperceuant, elle feroit la moitié du chemin auec les galeres equipees, qui pourroyẽt estre deux cens: & chacune armee estant en trois corps s'affronteroit audacieusement: mais apres auoir combatu plus d'vne grosse heure, la victoire demeureroit nostre, & se saueroit seulemẽt le tiers des galeres ennemies. Au mesme temps se prendroit aussi le chasteau qu'on auroit batu,

batu, ayant enduré vn furieux assaut. En ceste maniere viendrions-nous à estre maitres de ce superbe pas, où Xerxes fit construire vn admirable pont de vaisseaux, & les reschappez, qui pourroyent estre encor plus de cent galeres, iroyent porter à Constantinople la nouuelle de leur mesauanture. Les nostres ayans sejourné audit lieu cinq ou six iours, tant pour donner ordre aux blessez, que pour prendre l'autre chasteau, & mis bonne garnison en tous deux, prendroyent la volte vers Constantinople, & y arriueroyent deux ou trois iours apres l'armee de terre. Et sçachans de chacun costé la venue des forces, attendues & victorieuses, il ne faudroit demander quelles resiouïssances.

Du siege, des ass uts & de la prise de Cōstantinople.

MAIS si faut-il dire auecques verité que ce dernier acte seroit plus difficile que les autres : car vne bataille, bien qu'elle soit debatue, si n'est-ce que l'œuure d'vn iour, là où forcer vne grāde multitude d'hōmes, couuerts de rempars, & accommodez de toutes prouisions, c'est vn tesmoignage de grande experience des chefs, & hardiesse des soldats, quand en deux mois on y peut paruenir. L'armee de terre estant arriuee à deux lieuës de la ville, les meilleurs chefs, auec vingt mille cheuaux & sept ou huit mille harquebusiers, iroyent reconoistre le logis à demi-lieuë pres, & bien considerer ce qui le pourroit rendre mal seur & incōmode. Et ne faut douter que là ne s'attachast vne grosse escarmouche, par ce que les Turcs, estās si puissans en la ville, voudroyent mōstrer leur animosité & peu d'estonnement. Le lendemain on se viendroit loger là de fort bōne heure, & s'accommoderoit-on de quelques legeres tranchees, à la teste & à la moitié des flācs. Et à fin que l'armee nauale peust communiquer auecques celle de terre, & y enuoyer seurement prouision, seroit besoin de faire de mille en mille pas de petis forts, acompagnez de tranchees, pour la seureté des passages, iusques à la mer, ausquels ouurages, tant les pionniers, que la pluspart des soldats, besongneroyent sept ou huit iours. Ce qu'estant paracheué, on iroit reconoistre la ville de plus pres, où il ne faudroit moins demourer de quatre ou cinq iours : car i'ay ordinairement veu que des reconoissances hastiues & precipitees s'en ensuyuent des erreurs tres-lourds. Maintenant il faut voir comme il seroit meilleur d'assaillir. mon auis est que ce fust seulement par vn endroit : car separant l'armee la garde des tranchees se trouueroit trop foible, & ne pourroit soustenir les sorties. I'estime qu'il conuiendroit mettre dedans six mille corcelets, & autant d'harquebusiers au moins, & trois mille cheuaux aux flancs, en lieu couuert, le tout estant appuyé du corps de l'armee, qui n'en seroit esloigné que de la portee du canon. La premiere tranchee se feroit à mille pas du camp, & en forme defensiue, estant garnie de flancs à propos, & de deux ailes longues de cinq ou six cens pas, tirans vers le camp : & à fin qu'on ne fust si aisément enuironné par derriere par quelque soudaine sortie, on la feroit capable de dix mille hõmes. La seconde s'aprocheroit à cinq cens pas pres de la ville, en forme ofensiue : & de cent pas en cent pas vn petit circuit de gabions, pour y retirer les enseignes auec vne forte garde, où lon pourroit combatre vn quart d'heure. A vingt pas plus outre on placeroit vingt & cinq canõs en trois gabionnades pour tirer aux defenses, qui seroyent defendus de iour par l'harquebuserie de la tranchee, & de nuict par quelque

que petite trãchee defensiue des costez. Ie laisse à penser combien ils auroyent desmonté de pieces en cinq ou six iours, posees sur leurs nouuelles fortifications faites à la haste. En cest assiegement ici faudroit proceder auecques diligence & impetuosité : car quand on donne temps à vn grãd peuple, il bastit en vn mois vne autre ville, n'ayãt à besongner qu'en cinq cens pas de long. Et quand on se feroit asseuré de l'artillerie de dedans, on commẽceroit à dresser la grande batterie, aprochant les pieces à deux cens pas pres de la muraille, & les logeant auecques toute la seureté que faire se pourroit. Deux bresches se feroyent seulement, mais larges & raisonnables à quoy cinquante canons, fauorisez de dix longues coulevrines, ayant ouuré l'espace de six iours, il y a apparence que les cheuaux y pourroyent monter. Ie ne parleray point des sorties, escarmouches, & autres especes de combats, qui ordinairement se feroyent, dautant qu'on les peut mieux imaginer en general, que les preuoir en particulier. Alors les vieux conseilleroyent, & les ieunes se hazarderoyent, & ceux de moyen aage regarderoyent à conseruer : somme que chacun voudroit auoir part à bien faire. Du costé de la mer, autres entreprises se dresseroyent, tant en gros qu'en petit, pour s'entresurprendre : de sorte que ceste mortelle & sanglante tragedie se trouueroit embellie par la diuersité de tant de nouueaux actes. Mais celui que ie veux reciter maintenant seroit le principal : car estans les bresches tres-amples, il ne faudroit plus temporizer, ains se preparer pour l'assaut general. Il est à presumer que les Turcs auroyẽt remparé leurs murailles, & outre cela fait encor de grands retranchemens par derriere, en intention de

defendre l'vn & l'autre iusques à la mort. Et quant aux fortifications de dehors, pour auoir eu peu de temps à les bastir, se trouuans imparfaites, elles pourroyent estre gaignees auec peu de perte. L'æmulation, pour auoir le premier rang d'assaillir, seroit grande parmi tant de nations, (car de l'armee de mer seroyent venus quatre mille Espagnols, & autant d'Italiens) & chacune nation voudroit maintenir sa gloire ancienne : à quoy on remedieroit par le sort. Or vne chose qui nuist merueilleusement es assauts, est, d'assaillir auecques confusion & desordre : ce qui arriue aisément quand il faut rafraischir les hommes. Parquoy, à mon auis, il suffiroit de deux mille hômes, à chacune bresche, à la fois, lesquels estans rafraischis deux fois de pareil nombre, ne faudroit employer pour les trois assauts que douze mille hômes, sans côter deux mille Auanturiers, qui seroyent departis par lesdites troupes, lesquelles apres auoir combatu vne heure chacune, en oyant le son des trompettes se retireroyent de la bresche, pour donner lieu aux autres, ou lon leur tireroit canonades. A la defense de ceste premiere muraille, n'y auroit pas moins de huit mille Turcs, que tant la necessité que l'honneur deuroyent bien faire combatre. Nos assaillans aussi, estans à la veuë de toute l'armee, ne voudroyent monstrer aucun signe de lascheté. Donques ayant tiré en furieuse baterie, depuis l'aube du iour iusques à midi, alors le signal de marcher seroit donné. Il ne faut point descrire la forme de cest assaut, ains imaginer que si aucun fust onc obstiné, & furieux, que cestui-ci le seroit. Et pour n'en mêtir point, ie doute qu'on les peust emporter, & encores qu'on le fist, tousiours les Turcs, qui resteroyêt,
iroyent

iroyent se ietter, dans les fossez de leur retrachement, tout semé d'artillerie & d'harquebuserie, où lon ne les oseroit poursuyure. Il est à croire, que pendant la plus grand chaleur des assauts, eux feroyent vne saillie, de la ville, auec cinq ou six mille cheuaux & quelques harquebusiers, pour troubler & faire vn diuertissement. Ce que nos Chefs ayans bien preueu, les remeneroyent batant iusques dans les fossez. Et s'il auenoit qu'eussions esté repoussez du premier assaut, on continueroit encores de tirer cinq ou six mille coups de canō, pour aplanir les bresches: & puis en dōner vn autre, auquel on se pourroit rendre maistres du rempar. Alors se faudroit-il loger-là, & dedans le fossé, & estre vigilant. En apres on besongneroit en toute diligence, iour & nuict, pour accommoder place dans ledit rempar pour trente canons. A quoy faudroit employer trois iours, à cause des cōbats & alarmes continuelles, qu'on auroit, estans si proches les vns des autres. L'artillerie estant logee, on tireroit quatre iours en batterie pour fracasser ces nouuelles fortifications, & selon qu'elles seroyent bien ou mal entendues on auroit plus ou moins de peine. I'estime que les Turcs, nous voyans si auancez, voudroyent parauanture tenter vn parti d'hōmes reduits au dernier desespoir, qui seroit d'essayer de surprendre nostre armee de mer, pource qu'ils auroyent bien encores six vingts galleres, & ayans choisi l'occasion d'vne nuict sombre, ils sortiroyent en trois corps du port, & de plaine furie iroyent donner dans le milieu de nos vaisseaux, & venans ainsi inopinément cela les estonneroit & mettroit en quelque desordre: toutesfois par la valeur des Capitaines & soldats la victoire seroit nostre: mais auec grosse perte. Ce dernier remede leur ayant esté tres-dommageable, ils n'auroyent plus autre recours qu'à la simple defensiue: & les Chrestiẽs, ayãs le cœur engrossi pour ceste heureuse auanture, ne demanderoyent qu'à paracheuer par vn dernier effort leur glorieuse entreprise. Ainsi donc, quand l'artillerie auroit fait la voye aussi pleine qu'elle auroit peu, toute l'armee de terre se mettroit en bataille, & seroyent ordonnez vingt mille hommes pour donner aux breschés: & six mille pour presenter & donner des escalades, tant pour amuser que pour estonner les ennemis. L'armee de mer aussi s'achemineroit pour attaquer par le port. Il ne faudroit point d'aiguillons, pour piquer les nostres: car estans incitez à bien combatre, pour destruire cest empire, qui a tant vilipédé le nom de Christ, & oppressé ses disciples, pour l'honneur & pour vne si riche proye, chacun se transformeroit en vn Hercules. Et le signe estant donné, on verroit partir ces valeureuses troupes en bon ordre, & aller droit planter leurs enseignes sur les parapets des ennemis. Certes on n'auroit encores rien veu de si furieux ni de si sanglant, & l'ardeur des vns & le desespoir des autres produiroyent des actés pleins de merueilles. En fin, apres auoir combatu plus de deux grosses heures, les nostres ayans esté rafraischis vne fois, se feroyent maistres du retranchement, s'estans les plus braues Turcs fait hacher en pieces sur le lieu, en combatant, & les plus couards prendroyent la fuite, pour cercher les cachettes que la peur enseigne, & abandonneroyent vne honnorable sepulture pour vne infame. Du costé de la mer les nostres, apres auoir aussi combatu, entreroyent en la ville. Par ce moyen ceste tres-renommee

cité,

cité, apres auoir esté pres de cent quarante ans entre les mains de ces cruels Barbares, viendroit à estre restituee à ses antiques possesseurs. L'Empereur Mahumet la prit en cinquante quatre iours, & les Chrestiens n'auroyent employé gueres plus de deux mois à cest effect, combiẽ qu'elle auroit esté defendue d'vne bien plus grande puissance. Mais lui en sa victoire exerça toutes especes de cruautez, insolences & vilenies, dequoy il nous faudroit du tout esloigner: au contraire vser de mansuetude & moderation enuers le peuple, desirant plustost de le voir conuerti & dans les Temples loüer Iesus Christ, que de voir leurs corps sanglãs estendus morts dans les rues. Toutesfois en la furie, il est à presumer que beaucoup seroyent occis. Les soldats ne seroyẽt restifs apres à se ietter sur la proye qui seroit abondante: aussi auroyent-ils bien merité quelque recompense de tant de labeur. Mais les hommes magnanimes ne s'amuseroyẽt pas à cela, & se contenteroyent de l'honneur, & de quelque cimeterre, ou autre chose pareille, pour reporter en leurs maisons, & les pẽdre à vn cabinet, à fin que leurs enfans, voyans ces despouilles honorables, conquises par leurs péres, en lieu si digne, se souuinssent d'imiter leur vertu.

L'ES histoires racontẽt que Mahumet, trois iours apres l'expugnatiõ, alla au Temple de saincte Sophie, rendre graces solennelles à son faux dieu. A plus forte raison deuroyent les Chrestiens alors chãter des sainctes loüanges au vray Dieu qu'ils adorent, & les faire retentir, non seulement dedans les Temples, ains par les rues & campagnes, pour auoir obtenu, par sa faueur, vne si triomphante victoire, & desiree de si longue main. L'ordre ayant esté dõné à ce qu'il n'arriuast *Deportemens apres la prise.*

mutination entre les nations, pour le pillage, & apres leur auoir donné terme pour en ordonner, on renuoyeroit les gens de guerre loger en leurs quartiers, sinon ce qui seroit choisi pour la garde de la ville, & pourtuoyeroit on au peuplement d'icelle, & à la bonne police. Et dautant qu'il pourroit y auoir dans le fonds du païs plusieurs villes où nombre de Turcs se seroyent retirez, on enuoyeroit deux armees, chacune de quinze mille hommes, auec artillerie, pour nettoyer le tout. Pareillemēt iroyent cēt ou six vingts galeres, pour mettre sous l'obeissance Chrestienne les places maritimes. On retiēdroit les pionniers pour besongner aux fortifications de Constantinople, dans laquelle on logeroit cinq Regimēs d'jnfanterie pour la garde, & deux mille lances, auec cinquante galeres dans le port. Et si on estoit ia entré dedans l'automne, auquel temps il fait mauuais aller sur la mer, & sur la terre, on repartiroit les armees en garnison es lieux les plus commodes de la Grece, & de la Thrace, & autres prouinces. Et semble qu'il seroit necessaire que la Maiesté Imperiale passast là son hyuer, assistee du conseil des Princes confederez, à fin que leur dignité empeschast les desordres & insolences que les grandes prosperitez ameinent.

Partage des païs conquis.

TOVTES ces choses estans executees, il conuiendroit regarder (suyuant ce qui a esté dit au commencement) au partage des païs conquis, & selon que les Princes & Republiques auroyent despendu en la conqueste leur adiuger ce que iustement ils auroyent merité. Dauantage, faudroit reseruer plusieurs places, pour les braues Chefs & Capitaines, qui se seroyēt valeureusement portez, & auroyent fait choses segna-

lees

lees. Mais il me semble qu'il vaut mieux attendre à departir le gasteau, quand nous l'aurons entre mains, qu'en discourir en vain à present. Seulement on doit penser, que si on s'acordoit bien en la conqueste, il n'y auroit discord au partage. Quelqu'vn pourra dire, en se mocquant, que i'ay brauement discouru en papier, ce que ie lui confesseray estre vray. Il ne niera pas aussi, si la troupe, que i'ay ici proposee, estoit en campagne, qu'elle ne brauast encores plus: & suis bien marri que nous n'y sommes desia, à fin que fissions auec l'espee par effect, ce que ie ne fay ici que par ombre auec la plume. Mon but est seulement de piquer les Chrestiens à se resueiller & se ressentir. Que si en mes propos ie me suis fouruoyé en quelques poincts, par faute de conoistre les lieux, les façons des nations, la qualité des Potentats, & ce qui seroit le plus conuenable à cestui-ci qu'à cestui-là, i'aduoueray tousiours mon erreur, auquel ma bône affection m'a fait tôber.

C'est en somme ce qui me semble de l'issue de ceste tant iuste & necessaire entreprise. Et si les Princes Chrestiens eussent eu moins de dissensions entr'eux, & plus de compassion des miseres des peuples, qui reclament le nom de Iesus Christ, il ya long têps qu'eussions brisé la moitié des fleaux, qui maintenant nous frappent. En telle guerre on n'auroit la côscience agitee d'aucũ remord, & n'y verroit-on les maux & confusions dont les nostres sont pleines: ains tout se conduiroit suyuant les reigles militaires, & les peines & loyers seroyent distribuez par raison. Et ne faut douter qu'vn tel voyage ne fust aussi memorable que celui qu'entreprit Godefroy de Bouillon. Il ne tiendra qu'aux Rois & autres Potentats, qui ont souueraine

Conclusion de ce discours.

puissance sur leurs peuples, que la main ne soit mise à l'œuure. Ce qui leur seroit beaucoup plus profitable & honnorable que s'amuser à quereller auecques leurs voisins; ou sous l'ombre de pieté souffrir tant de sang se respandre entre leurs subiets, & rendre leurs guerres domestiques & perpetuelles. Ie sçay bien qu'il y a entre nous des disputes sur le fait de la Religion. Pour cela les Catholiques & Euangeliques ne laissent pas d'estre freres, entez sur vn mesme tronc, qui est Iesus Christ. Mais ces prophanes Mahumetistes, qui reuerent vn Dieu imaginaire, lequel (suyuant le dire de l'Escriture) est plustost vn diable, & qui souillent l'honnesteté & saccagent le monde, quelle conionction & societé pouuons-nous auoir auec eux? C'est contre tels ennemis, qui sont rauisseurs de nos biens, les bourreaux de nos corps, & empoisonneurs de nos ames, que nous deuons contester, auecques nos espees. Mais entre ceux qui portent vn mesme titre, les differens se doyuent terminer auec douceur & verité.

FIN.

DE LA PIERRE PHILOSOPHALE.

VINGTTROISIEME DISCOVRS.

Fruit de la conoissance des lettres.

APRES que par la conoissance des bonnes lettres (qui par vn singulier benefice de Dieu s'est respandue en plusieurs lieux en ce dernier siecle) les arts & les sciences ont recouuré leur ancien lustre, beaucoup de personnes ayans veu ceste clarté paroistre, qui auoit par si longues annees esté comme enseuelie, s'en sont aidez pour estre seurement guidez à la recerche des choses dificiles & cachees: & selon que chacun en a esté plus esclairé, plus a-il penetré auant dans la profondeur des admirables secrets qui sont semez par tout l'vniuers. Encores auiourd'hui, qui voudra ietter les yeux en quelque païs que ce soit, verra la mesme affection & diligence en plusieurs, telle que l'ont euë ceux qui les ont precedez, pour trouuer la perfection des choses, que ceux-là en leur temps auoyent aussi recerchees. Mais tout ainsi que d'vn grand nombre d'archers qui tirent, il y en a peu qui atteignent le blanc, aussi ne se rencontre-il gueres de personnes qui paruiennent au but qu'ils auoyent cõceu en leur imagination: & de ce defaut en doit-on plustost accuser la foiblesse de l'esprit humain que les arts & sciences, desquelles qui sçait bien vser, & les rapporter à leur vraye fin, obtient vne grande partie de ce qu'il desire.

De ceux qui se trauaillēt trop curieusement apres la recerche de l'or par le moyen de l'Alchymie.

OR entre ceux qui sont adōnez (mais trop curieusement) à la poursuite des diuers obiects, il n'y en a point qui ayent plus de besoin d'estre admonnestez, que ceux qui font professiō, par souffleries continuelles, de vouloir faire enfāter à leurs fourneaux de grāds thresors, qu'ils cuident que tant de longues espreuues produiront en euidence. Car on doit auoir compassion de voir quelqu'vn en erreur, aller faire perte de ses ans, & de sa peine, sans en rapporter fruict quelconque. C'est ce qui m'a esmeu de leur faire ce petit aduertissement, qu'ils prendront s'il leur plait en bonne part, par lequel ie pretens leur monstrer par raisons vulgaires, aisees à cōprendre, & selon ma portee, qu'ils s'abusent aux moyens qu'ils tienent pour paruenir à la fin où ils tendent. Puis apres, ie diray vn mot de quelques doctes Philosophes Alchymistes, qui poursuyuent le mesme obiect, & de ce qu'on peut iuger de leur fait si rare, & si inconu. Finalement, ayant confessé qu'il y a vne vraye pierre philosophale (mais plus spirituelle que materielle) ie declareray quelle elle est, & qu'estant soigneusement cerchee elle se peut trouuer, & estant trrouuee apporter richesse & contentement incomparable.

Sommaire de ce discours.

Trois sortes d'hommes qui se meslent de l'Alchymie.

I'ESTIME qu'il y a auiourd'hui de trois manieres d'hommes, qui se meslent de cercher l'or par les voyes de l'Alchymie. Les premiers, estans pauures, sont incitez par la necessité qui les presse, à recourir à cest art, par lequel ils esperent trouuer les remedes propres à leur indigence. Les seconds, sont gens qui ont de la doctrine, lesquels sont sollicitez par la curiosité de leur esprit, de sonder les plus belles œuures de Nade Nature : mais ce qui plus les pousse est la friandise du profit. Les troisiemes, sont Seigneurs, ayans des moyens, dont les persuasions d'autrui ont tellement remué la cupidité (qui aspire tousiours à grandeur & richesse) que pour obtenir l'vn & l'autre, ils se sont disposez à vser de cest art. Or par l'examen des causes, qui esmeuuent les vns & les autres, on pourra iuger lesquels ont meilleure intention. Cependant il y a grande presomption que tous visent & tirent à ce diable d'argent.

Leurs discours & pretextes.

OR voici comme i'ay ouï quelques vns d'eux discourir. Ils disoyent qu'il y a eu au passé de tres-doctes personnages, comme Mercure Trismegiste, Geber, & quelques Arabes, qui ont employé leur aage en la consideration des choses naturelles & supernaturelles, lesquels ont en leurs liures laissé par escrit plusieurs belles instructions touchant la pierre philosophale, ou poudre de proiection, qui est d'vne vertu si admirable. Que combien qu'ils ayẽt parlé fort obscurement, si est-ce que ç'a esté de telle façon qu'ils ont esté entendus depuis par quelques esprits excellẽs, qui ont donné claire interpretation de leurs hautes conceptions, en mettant en pratique (ce qui s'est fait en diuers siecles) ce que les premiers se contentoyent d'auoir conu par theorique : car l'vn & l'autre estãt conioint ensemble, lon a fait voir par tres-belles preuues aux sens ce qui n'estoit anciennement compris que par l'intelligence : & ainsi se sont descouuerts des secrets merueilleux. Vrayement ce propos à belle apparence, & est appuyé sur des authoritez de graues personnages. Ce que les soufleurs courans obseruent diligemment, pour mieux faire valoir la marchandise. Et ne sçay si i'oserois alleguer si tost ce que me dit vn iour d'eux vn docte Alchymiste : c'est qu'ils estoyent les heretiques de leur secte. Ie m'en rapporte à ce qui en est. Or si les considerations de l'antiquité ont comme petites flãmesches peu allumer en leurs cœurs ce desir dont on les void bruslans, les receptes & quelques liurets modernes, traitans de la mesme matiere, qui ont esté mis en lumiere, l'ont acreu dauantage, & encor plus l'experience : tellement qu'ils s'en trouue aucuns qui sont tous rauis, quand ils deuisent de l'excellence de cest art.

Suite de leurs discours.

Ie representeray la suite de leurs raisons, qui sont telles, à sçauoir, Que Dieu n'a point orné l'homme d'intelligence en vain, & que ç'a esté à fin qu'il considerast la grandeur & beauté de ses diuins ouurages, & qu'il en tirast fruict autant qu'il lui estoit permis, pour lui en rendre apres toutes loüanges. Qu'il auoit manifesté par le passé infinies choses singulieres & admirables : mais qu'il s'estoit tousiours reserué de temps en temps quelques nouueaux secrets à ~~discourir~~ descouurir, à fin que telle varieté incitast dauantage chacun à reconoistre que l'abondance de ses œuures est inespuisable. Que depuis cent ans seulement les Indes Occidentales auoyent esté descouuertes (au parauant inconues) où il semble que tous les thresors de la terre soyent enclos. Aussi qu'en ces derniers temps, l'art de transmuer les metaux imparfaits en parfaits, & de les multiplier en quantité, s'estoit comme ressuscité, lequel la barbarie & l'ignorance auoit tenu long temps enseueli. Pareillement auecques le feu lon auoit apris d'extraire les essences de plusieurs choses, dont se composoyent des medecines souueraines, tãt pour conseruer la santé, que té, que pour guerir les maladies. Par le propos de ceux ci, il appert que la pierre philoſophale conſiſte en ceſte tranſmutation & multiplication. Ce que tous les autres diſciples de l'art, & les liurets qui en traitent, afferment auſſi: choſe qui apporte admiration, & donne ſuiet tres-ample de diſputer.

MAIS premier il conuient declarer quelques maximes qu'ils tienent. Ils diſent (ſuyuant l'opinion de quelques anciens philoſophes) que la terre a dans ſes entrailles encloſe vne certaine matiere cõmune à tous metaux, apte à receuoir les formes qui lui peuuent conuenir, & qu'eſtant icelle matiere eſchauffee d'vne certaine chaleur, enfermee dans ladite terre, par vne longue ſucceſſion d'annees elle ſe purifie & liquefie: puis apres vient à ſe congeler & endurcir. Ainſi ayant perdu peu à peu en ceſte generation lente ſes qualitez imparfaites, en fin elle acquiert ceſte perfection, où nature tend d'amener chacune choſe. En ceſte maniere afferment-ils, que les metaux s'engendrent, & puis d'imparfaits vienẽt à ſe rendre parfaits: dont l'or tient le premier degré, & l'argent le ſecond. Ces fondemens ainſi poſez, aucuns eſprits ſpeculatifs ont imaginé que auecques l'art il eſtoit poſſible d'imiter la nature. & premierement que la matiere requiſe & neceſſaire ſe pouuoit trouuer. En apres qu'on pouuoit faire, voire en peu de temps, auecques vne chaleur artificielle, ce qu'en pluſieurs annees la terre faiſoit par ſa chaleur naturelle. Auecques ces belles perſuaſions, pluſieurs ont fait, tant par le paſſé que maintenãt, des experiences infinies, pour trouuer (comme on dit) la feue au gaſteau.

Leurs maximes.

CERTES on doit louër les perſonnes qui dediẽt

Examẽ de leur curioſité.

leurs labeurs pour recercher ce qui ſert d'aide à la vie humaine, & en quoy on void reluire des marques aparëtes de la ſageſſe de Dieu: mais auſſi eſt-il bien requis que ceux qui ſe ſentent auoir l'eſprit agile n'entreprenent pas d'entrer ſi auãt dans les deſerts de tant de ſecrets inconus, qu'ils n'ayent vn droit jugement & la diſcretion pour guides, de crainte de s'eſgarer & perdre, comme ont fait pluſieurs, qui par vn bouillãt deſir de trop ſçauoir, eſtãs portez ſur les aiſles de la temerité, & voulans s'eſleuer trop haut, ſont retombez en bas, ainſi que fit Icarus. L'experiẽce a monſtré qu'il y a eu des choſes qui ont eſté quaſi auſſi toſt inuentees que recerchees, comme l'Imprimerie, & l'inuention de l'Artillerie: & n'eſt point fait mention qu'on ait long temps trauaillé pour les trouuer. Il y en a eu auſſi d'autres, qu'on n'a depuis deux mille ans ſçeu bien entendre: comme la proportion du diametre à ſa circõference, la cauſe de la ſaleure & du reflus de la mer, & la raiſon de ce haut mouuement qui s'appelle de trepidation: ce qui doit ſeruir de reigle pour s'arreſter aux choſes poſſibles, & fuïr les impoſſibles. Les ſouffleurs reſpõdront que celle qu'ils cerchent ne l'eſt pas, combien que ce ſoit vn ſupreme ſecret. Vrayement i'aduouëray que c'eſt vn grand ſecret, veu que perſonne ne l'a encores peu deſcouurir: mais ie nieray que ce ſoit vne des plus belles fins, de la philoſophie, ainſi qu'ils ſe perſuadent. Et pour mieux le conoiſtre, ie la diuiſeray premieremierement en la morale & politique, puis en la ſupernaturelle: en apres en la naturelle qui regarde les choſes elementaires.

Des parties de la philoſophie, & ſçauior ſi

LA premiere & ſeconde partie, qui conſiderent les mœurs & les polices, & les mouuemens celeſtes, & les

les substances separees de toute matiere, ont vn beaucoup plus digne suiet que cestui-ci n'est: car les choses metalliques ne sont comparables à la beauté des cieux, ni à l'excellence des vertus. Ce qui est tout notoire: parquoy il conuient que ceste partie de philosophie, qui regarde les choses naturelles, marche en troisième lieu. Et toutesfois qui leur demãderoit, si le bien qu'ils poursuyuent n'est pas de ceux qui se doyuent mettre au rãg des souuerains, beaucoup diroyent qu'ouy. Et que signifie cela, sinon attacher la felicité de l'homme à la terre? qui est chose du tout repugnante à sa dignité. car l'or est creé pour lui seruir, non pas pour tenir en seruitude ses affections, comme il fait de tous ceux qui se le proposent pour le plus beau & profitable pris, où ils puissẽt atteindre. Par le passé la mesme cõuoitise qui se void auiourd'hui en a esmeu plusieurs à fouiller dans les cauernes obscures de la terre, & la fendre & trãspercer, pour en tirer ce metal, comme encor on continue en aucunes regions: mais ces inuentions nouuelles de l'engẽdrer par les fourneaux monstrent que l'ardeur de maintenant est plus desmesuree qu'elle ne fut onc, tant est engrauee es entendemens des hommes ceste persuasion que celui qui possede de l'or en abondance est heureux.

l'Alchymie se rapporte à quelqu'vne d'icelles.

C'EST pourtant vne opinion fausse, & que l'experience a tresbien confirmé: car si nous voulons regarder les Empires & les Republiques anciennes, nous verrons qu'aussi tost que l'or y est entré, à mesme heure y sont entrez les vices: & que lors qu'ils ne se seruoyent que de monnoye d'airain, la vertu y resplendissoit. C'est l'or qui fit quasi renuerser par guerres ciuiles l'empire Romain, & depuis ruïner par les disso-

Que l'abõdance & possessiõ de l'or a plus fait de mal que de bien au monde.

lutions & superfluitez qu'il y engẽdra. Ceux des Assyriens & des Medes furent changez & abolis, quand Sardanapalus & Darius, remplis d'or iusques à regorger, mesprisoyent ce qui estoit plus recommandable. Mais la republique Lacedæmonienne, quand a-elle vescu plus heureusement, sinon lors que la monnoye estoit de fer? & quand l'or y retourna en vsage & estime, ce fut le commencement de sa cheute. Ie ne sçay qui seroit celui qui voudroit plus priser vn Caligula, qui despẽdit, en deux ans de paix, soixãte sept milliõs, ou Fabricius, qui n'ayant or ni argent en sa petite maisõnette, estoit cependãt, à cause de sa justice & prouësse, le gardien de la Republique Romaine? Qui est-ce qui iouissoit de plus de contentement, ou le philosophe Platon, discourant en l'Academie, ou Denis le tyran au milieu de ses thresors? C'estoit celui qui rẽdoit par doctrine les hõmes bons, & non l'autre qui par ses richesses les corrõpoit. Certes on a quasi tousiours veu que l'or a plus fait de miserables que d'heureux: dautant que la sciẽce de le bien acquerir & d'en bien vser est donnee à peu. Ie n'allegue point ces exemples pour rendre l'or cõtemptible: mais c'est seulemẽt pour faire conoistre qu'à ceux qui sont destituez de prudence, il est nuisible, & qu'il a d'autres choses qui lui sont preferables. Car quand on aura veu qu'en la pluspart des siecles ç'a esté vn instrument fatal, qui a si terriblement remué toutes les cupiditez des hommes, & que tant de maux en sont procedez, on se gardera mieux de s'assuiettir à lui, veu qu'il est fait pour seruir, & non pas pour regner.

De l'vtilité & de l'vsage de l'or: item des

MAIS ie diray aussi en sa louãge que c'est vn metal excellẽt, doüé de belles qualitez, & fort necessaire, pour

pour aider à ce que la commutation de toutes choses se face auecques plus grande facilité, seruant de pris commun à ce qu'on veut eschanger, & d'ornement precieux à ceux qui sont es hautes dignitez. On le doit donc priser selon l'vtilité qu'on en reçoit, sans lui attribuer dauantage: mais quād la conuoitise s'enflamme si fort qu'on vient à le magnifier excessiuement, au lieu d'en bien vser, ainsi qu'on doit, alors il se conuertit en poison. Car il produit les meurtres, inimitiez, pompes, & impudicitez: & est occasion de guerres & pillages, & le plus souuent infecte les hommes d'vne tres-vilaine auarice. C'est pourquoy Lycurgus le bannit de Lacedæmone, & par mesme moyen en chassa les delices, mortelles pestes des Republiques. On pourroit encores repliquer en sa faueur, que quād les anciens ont voulu loüer le premier temps, ils l'ont appellé le siecle d'or: mais il faut entēdre que c'estoit pour representer l'integrité des hommes d'alors, en la comparāt à la pureté de l'or, comme les autres temps, qui ont suyui, ils les ont figurez par l'argent & l'airain. Car tout ainsi qu'il surpasse les autres metaux en perfection, aussi les premiers hommes ont esté plus excellens en bonté que leurs successeurs, qui sont tousiours allez degenerans. Toutesfois si on vouloit nommer le siecle où nous viuons, le siecle doré, on le pourroit faire auecques raison: parce que l'or est tellemēt cheri & adoré, qu'auec icelui toutes choses s'obtienent, & sans lui rien ne se fait. Qui a de l'or, on lui fait honneur, & qui n'en a est estimé vn belistre: & les grands ne veulent pas seulement en estre reuestus, ains que leurs maisons en reluisent. Mais si on vient à considerer les mœurs des hommes, on les verra si alte-

maux causez par l'abus d'icelui.

Du siecle d'or.

rees, qu'auec meilleure raiſon on les pourroit appeller mœurs de fer que d'or. Vn bon Eueſque ancien diſoit que du temps que les vaiſſeaux de l'egliſe eſtoyẽt de bois, les Eueſques eſtoyent d'or: mais que quand les vaiſſeaux furent faits d'or, les Eueſques deuindrent de bois. Ce qui rend teſmoignage de la mutation qu'il aporte en ceux qu'il poſſede, car en fin il maiſtriſe ſon poſſeſſeur, & le plonge en orgueil & intemperance, s'il n'eſt bien retenu par le frein de la bonne doctrine.

Combien l'abus de l'or eſt dangereux, & en quelle eſtime & vſage eſt l'or maintenant.

QVELQV'VN dira qu'on peut auſſi abuſer de pluſieurs autres choſes, comme de la juſtice, des femmes, & du vin, qui ſont encores plus neceſſaires à la vie humaine qu'il n'eſt, dont touteſfois l'vſage ne doit eſtre interdit pour les abus qui y ſuruienẽt. Ie ne veux pas auſſi concluſrre qu'il le faille interdire, comme fit Lycurgus, ains monſtrer que c'eſt vn chemin fort gliſſant, où aiſément on tombe, comme quand on marche ſur la glace: auſſi eſt l'or la vraye glace ſur laquelle nos cœurs trebuſchẽt, quãd ils laiſſent la bride ſi lõgue à leur cupidité que'lle ne ſe peut arreſter. Beaucoup de gens ont opinion, que la richeſſe eſt cõme nue & trop ſimple, ſi par quãtité d'or elle n'eſt rẽdue de plus grande ſplẽdeur. Certes on ne peut nier qu'il ne lui donne beau luſtre, mais auſſi ceſte apparẽce eſt cauſe de faire errer le jugemẽt, en ce qu'il aprouue tellemẽt les choſes ſuperflues, qu'il en meſpriſe les neceſſaires. Quelqu'vn pourroit auoir ſa maiſon remplie en abondance de tout ce qui eſt propre & conuenable pour l'entretenement des ſiens, pour recueillir ſes amis, & aider aux eſtrangers. Mais s'il n'a de precieux vaſes & meubles, & autres ſuperfluitez, on eſtimera qu'il eſt pauure: car la couſtume a tãt gaigné ſur les hommes, que la rila richesse est reputee par les choses dequoy on se pourroit bien passer, & non par celles de l'vsage desquelles on ne se peut priuer. Quoy qu'on en iuge, si est-ce que voici vne grande incommodité qu'apporte l'or, c'est qu'il donne moyen à vn homme de se ruiner soudainement : car si son esprit est malade des folies modernes, il aura consumé mille liures de rente en vne masquarade, en deux ou trois habillemẽs pour lui, ou en vn festin, ou au jeu, ou en presens à sa maistresse, sans quasi qu'il y ait pẽsé. Auãt que l'or fust en si grande abondance, & que l'vsage des toiles d'or, d'argẽt, & draps de soye, estoit cõme inconu, & les pierres precieuses tres-rares, mesmes vn prodigue en plusieurs annees ne pouuoit quasi despẽdre son bien. Auiourd'hui il y a mille vanitez, qui esmeuuent les hommes vains à s'apauurir en vn iour. Rabelais dit que Panurge en ses voyages d'Italie aprint plus de soixante & dixhuit inuentions pour recouurer argent : mais apres qu'il eut quelque temps hanté les François & les Espagnols, il sçauoit plus de cent magnifiques manieres pour le despendre : qui fut occasion que tousiours il mangeoit son bled en herbe, laquelle bonne coustume est encores bien pratiquee entre nous. Apres que les nations barbares eurent enuahi tant l'empire Occidental que l'Oriẽtal, & saccagé toutes les richesses qui y estoyẽt, l'or & l'argent demeurerẽt par quelques siecles moins communs : mais apres que les Espagnols & Portugais eurent descouuert tant de nouuelles terres, alors, comme vne pluye vehemente, ces richesses minerales & les pierreries vindrent à se descharger en toutes les prouinces de la Chrestienté : de sorte qu'elles y abondent auiourd'hui. Qu'est-il reus-

Des maux procedans de la vanité de ceux qui pensent estre riches, ayãt beaucoup d'or.

çi de tout cela autre chose, sinon vn embrasement de conuoitises en general, & vne extreme auarice en aucuns, & des prodigalitez desbordees en d'autres, auec des superfluitez en si grand nombre que la coustume a introduites, que mille Hercules auroyent bien à faire à tuer ces monstres. Somme que tout cest or & argent, pour dix hõmes qu'ils ont enrichis, en ont apauuri dix mille. Quel propos y a-il donques de leur attribuer le pouuoir de les rendre heureux? Quand Platon & Aristote traitent des biens & où ils doyuẽt tendre, ils ne les vont pas cercher dans les entrailles de la terre, comme il sera declaré ci apres. Pour ceste occasion les souffleurs doyuent estre repris de vouloir persuader que la fin de leur art est de si grande excellence: car c'est mettre en erreur plusieurs autres, qui ne sont desia que trop enclins à cercher es choses materielles leur contentement.

L'or a amené la barbarie des Sauuages en l'Europe, & a rendu les Sauuages finalement vrais sauuages.

Les pauures sauuages du Perou, auant que nostre conuoitise eust raui leur or, en auoyent en si grande quantité que tous les vtensilles de leurs maisons en estoyent, & n'en faisoyent non plus d'estime que nous faisons du fer: car fust à l'amasser, le garder, & en vser, ils n'en receuoyent ne peine ni passion. Mais depuis qu'on leur eut enseigné, & qu'ils virent paroistre tant d'imperfectiõs qu'on ~~descouuert~~ comet apres l'or, ils deuindrent miserables cõme nous, & ont fait (par maniere de dire) des Dieux de la mesme matiere qu'auparauant ils fouloyent aux pieds. Au commencement qu'on trafiqua auec eux, ils donnoyent pour vn cousteau, ou autre instrument à couper, le double, ou le triple pesant d'or, estimans l'vtilité de ce metal, que nous reputons tres-vil, plus grande que de l'autre que nous

nous estimõs si precieux. Et qui en voudra parler auecques la raison, faudra qu'il confesse que le fer est bien plus necessaire, pour la cõmodité de la vie humaine, que l'or, en le considerant comme instrument, sans lequel la pluspart des arts ne se peuuent exercer. Mais ce qui a si extremement fait admirer l'or (qui toutesfois n'est à mespriser, ainsi que i'ay dit) c'est l'orgueil, les superfluitez, les delices, & la curiosité des hommes

Response à ce que les Alchymistes alleguẽt touchant la matiere metallique.

OR maintenant il faut respõdre à leurs argumens, par lesquels ils veulẽt prouuer que les moyẽs de parachieuer leur œuure sont possibles & aisees. Ils disent qu'il y a vne matiere metallique, apte & idoine à se transformer es metaux parfaits, qui est la vraye semence dont l'or est produit: laquelle, comme le principal fondement sur quoy il faut bastir, il est besoin de bien conoistre. Que par le passé elle a esté conue de peu: mais qu'à present elle n'est ignoree de quelques excellens disciples de cest art, & qu'il est vray-semblable que ce ne doit pas estre vne chose si estrange & inconnue, veu que la matiere & semence des plantes, herbes, & oiseaux, sont notoires, mesmes aux hommes vulgaires. Et encor que la pluspart de ces belles operations de nature soyent cachees en la profondité de la terre, que pourtant l'esprit de l'homme atteint bien iusques à tels secrets, veu qu'il s'esleue sur la hauteur des cieux. Ie respondray à ceci que nul ne peut nier que la matiere qu'ils cerchẽt ne soit, pource que nous en voyons les effects: mais de dire qu'elle est conue, là est la difficulté. Car encores que plusieurs nous soyent notoires, comme celles qui ont esté alleguees, si est-ce qu'il ne s'ensuit pas de là que nous puissions comprendre l'autre, qui est si long temps demeuree cachee: sinon par le discours de l'entendement, iusques à ce que l'experience nous ait fait voir quelle est ceste matiere à la verité. Il y a eu des Alchymistes vulgaires, qui en leurs liurets ont voulu declarer quelle est ladite matiere. L'vn a asseuré q̃ c'estoit le vif argẽt, ou le soulphre: l'autre, les œufs ou le sang: & aucuns ont nõmé encor plusieurs autres especes, qui ont esté occasion de mille & mille espreuues, lesquelles en fin ont esté trouuees fausses. Aucuns d'entr'eux afferment qu'il faut que la vraye matiere ait en soy puissance vegetatiue, & quelque similitude auecques ceste substance, en quoy elle doit estre transformee. Il semble quant à la vegetation, qu'ils ne parlẽt pas sans quelque raison: car puis qu'il conuient que nature agisse & œuure en ce fait, la matiere doit auoir ceste proprieté, & n'estre pas comme vn caillou, ou vn morceau de bois. Quant à la similitude, il est bien vrai-semblable aussi que la matiere, qui doit produire l'or, a conuenance auecques icelui: pource que ce seroit mocquerie de pẽser que d'vn œuf s'engendrast vn arbre, & d'vn glãd vn oiseau. Ces deux proprietez sont fort necessaires à la matiere dõt nous parlons: cependant pour discourir de celles qui lui conuienent, elle n'est pas pour cela trouuee, non plus que le sage des Philosophes, encores qu'ils l'ayẽt par leurs discours qualifié & formé, n'est pas pour tant trouué.

A sçauoir s'ils peuuent donner forme à la matiere par eux imaginee.

MAIS quand ie leur accorderay qu'ils conoissent la vraye matiere (qui est toutesfois vn grand poinct) encores auront-ils à prouuer par quels moyens artificiels, c'est à dire, par quelle chaleur & regime ils lui peuuent donner la forme qu'ils desirent: ce qui n'est pas biẽ aisé à faire. Car encores que l'art soit imitateur de natude nature, & que mesmes en aucune chose il lui puisse aider, si est-ce que les vulgaires Alchymistes n'oseroyent affermer qu'il se peust esgaller à elle. Ils repliquent là dessus que l'experience monstre que la vertu de l'art estant deuëment apropriee auec la force de nature, elle lui aide tellement, que la production des especes s'en ensuit, ainsi que la nature estant seule les auroit produites: comme aux œufs (qui est la matiere dont les oiseaux sont procreez) on leur peut bailler vne chaleur artificielle, & si bien temperee, ou dans vn four ou par autres voyes, qu'on en verra sortir les propres oiseaux que nature eust engendrez. On void aussi aux salines que l'art auec l'eau de la mer, aidé de la chaleur naturelle du soleil, dõne forme au sel. Que si aux choses animees, voire inanimees, il y a tãt de pouuoir, pourquoi n'agira-il puissammẽt es substãces metalliques? Ie respondray que cest mal arguer de faire de quelques exẽples particuliers es choses conues vne reigle generale en celles qui sont encor comme inconues: & ce qui peut conuenir à vne ne peut conuenir à plusieurs. Il est aisé à voir qu'il y a de la difference en la maniere que tient nature à l'engendrement des metaux, & des autres especes qui ont esté notees. Car icelle nous ayant rendu si cõmunes les semences des plantes, arbres, & oiseaux, elle nous monstre aussi la facilité de leur generation. Mais c'est autre cas des metaux: car si la matiere d'iceux a demeuré iusques à ceste heure comme cachee, il ne faut pas s'esbahir si leur procreation est ignoree. Or qui voudra considerer, comme vn grain de bled produit vn beau & gros espic, ne remarquera en cela que biẽ peu d'aide de l'art, sinon quelque trauail ou labourage de la terre, & au ſemer. ce qui proprement ne doit point eſtre eſtimé principale cauſe de la generation. Car c'eſt nature ſeule, qui ayant receu la ſemence en la terre, cõme dans vne matrice, l'eſchauſe, la corrõpt, la fait germer, croiſtre, & prẽdre la forme qui lui eſt propre : auſſi le meſme effect ſe rencontre en la generation des metaux, laquelle s'acomplit par la ſeule vertu & puiſſance de nature, ſans que l'art y puiſſe gueres ſeruir. Et qui tireroit la matiere d'iceux hors de ſa matrice (où nature par moyens occultes beſongne en elle) pour pẽſer par le moyen de l'art parfaire leſdits metaux, il ſe tromperoit grandement : car alors elle perdroit toute ſa vigueur, & deuiendroit imbecille.

Dequoy l'experiẽce deuroit ſeruir aux Alchymiſtes.

LES Alchymiſtes Empiriques deuroyent bien auoir apris ceci par tant de fauſſes eſpreuues qu'ils ont faites depuis ſi lõg tẽps. Neãtmoins elles ne les ont pas diuertis de ſe promettre encor dauãtage : car ils affermẽt que ceſte poudre de proiection eſtãt paracheuee, on peut, en mettãt vne petite quantité d'icelle auec vne groſſe maſſe des metaux imparfaits, la reduire toute en or. Ils y procedẽt par degrez, diſans qu'vne once de ceſte poudre en peut cõuertir mille en or : celle qui eſt mieux purifiee peut multiplie iuſques à dix mille onces, & celle qui eſt en ſa perfection fait multiplication, cõme ils parlent, d'vn poids ur cent mille. Voila les beaux fruicts qu'ils ont fait porter aux arbres de leur jardin, dõt le moindre vaudroit plus de neuf mille eſcus, & le plus grand enuiron neuf cens mille. Certes ſi tels effects eſtoyent auſſi veritables, comme les diſcours en ſont magnifiques, on verroit beaucoup de jardiniers s'adonner à cultiuer vne terre ſi fertile.

Examen de la

LA commune opinion des hõmes tient ceci comme

me vne chose prodigieuse, mesmes plusieurs doctes s'esbahissent dequoy il s'en trouue tant qui se laissent emporter à telles persuasions, ausquels quand on demande comment vne si grande augmentation se peut faire, ils respondent qu'on ne le doit trouuer si estrange, veu que tous les iours on void des choses se faire en la mesme façon. Car, disent-ils, vne chandelle allumee peut cõmuniquer sa lumiere à cent mille autres, sans se diminuer, aussi la vertu de ceste poudre est si grande qu'elle communique sa propre substance aux autres metaux qui ont l'aptitude à la receuoir. Ceste similitude, à mon auis, ne sert pas de forte preuue en ce fait: pource que transmuer vne masse de plomb en vne masse d'or, qui est conuersion de substance, est chose differente à dõner au feu quelque matiere pour le nourrir & entretenir. Elle s'aperçoit encores mieux en ce que le feu ayant consumé ladite matiere l'vn & l'autre perit apres: là où par la transmutation alleguee vn metal parfait en doit resulter qui ait vn estre continuel. Il faudroit qu'ils amenassent de meilleures raisons, & exemples, pour verifier ceste multiplication. Et si ainsi estoit, il s'ensuyuroit que l'art surmonteroit nature, parce qu'il feroit en peu de iours ce qu'elle ne fait qu'en lõgues annees. Voila ce que i'ay bien voulu respondre aux plus cõmuns argumẽs qu'ils font ordinairement en leurs discours & deuis. on pourra juger par là le peu de fondement, qu'ils ont pour bastir vn si haut ouurage. Ceux qui voudrõt prẽdre le loisir de regarder dãs leurs liurets, & qui aurõt doctrine suffisante, pourront disputer plus au long & plus grauement aucques eux, à fin que la verité estãt descouuerte, plusieurs en sentent le benefice en se tirãt de leurs erreurs.

multiplication de leur poudre.

Ooo

Si entre les anciẽs quelqu'vn s'est trouvé qui ait descouuert ce secret.

QVANT à moy, ie croiray tousiours qu'ils errẽt, par les voyes qu'ils tienẽt, iusques à ce que l'experience ait manifesté ce dequoy on est maintenant en doute. Et c'est vne raison que nous leur representons souuent, disant, puis qu'il n'appert nullement qu'aucũ des anciẽs ait descouuert le secret par les fourneaux, pourquoy ils s'obstinent à le recercher. Ils respondent que par le passé plusieurs l'ont conu, comme Salomõ, sous le regne duquel l'or estoit en telle quantité, que tout son palais en estoit orné, & l'argent estoit commun comme le fer, & que l'abondance n'eust peu estre telle, s'il n'eust mis en pratique ceste philosophie occulte, en laquelle, à cause de sa sapience, il estoit tres-expert. Adioustent que le Roy Midas, qui conuertissoit en or tout ce qu'il touchoit (ainsi que lon recite) sçauoit aussi l'art: & que les poëtes anciens, parlans de la toison d'or, ont par là entẽdu la pierre philosophale, laquelle n'a aussi esté inconue lors que l'Empire Romain a esté en sa grandeur. Toutesfois que depuis cela a demeuré comme enseueli, comme beaucoup d'autres choses, iusques en ces derniers temps, où aucuns personnages, recerchãs dans les poudres de l'antiquité, ont retrouué de petis fragmẽs de ceste admirable richesse: & disent que les vns en ont fait demonstration, cõme le grand Cosme de Medicis, & vn Roy Edouard d'Angleterre qui reçeut ce benefice par Raimond Lule Catelan: & les autres l'ont cachee, comme Arnauld de Ville neufue & Theophraste Paracelse. Bref, appuyez sur vne semblable multitude d'exemples ils s'estiment imitateurs de ce qui a desia esté pratiqué, & non de choses imaginaires.

Examen des exemples que

VRAYEMENT ie ne m'esbahirois point de voir les

les nouices de l'art, peu versez aux histoires, se repaistre quelquesfois de ces belles vanitez : mais quand les maistres mesmes veulent persuader aux autres que ces imaginations sont veritables, c'est apprester à rire aux escoutans. Et pour leur respondre ie diray premierement que l'exemple de Salomon est allegué en leur desfaueur : car ce fut Dauid, qui lui amassa la pluspart de ses thresors, & n'est point escrit qu'il s'en soit iamais trouué de si grands. L'Escriture saincte tesmoigne, qu'il lui laissa pour le bastiment du Temple cent mille talens d'or, & vn million de talens d'argent : ce qui reuient à six vingts millions d'escus, selon la supputiō de Budee. Mais quasi toutes ces richesses estoyēt prouenues des ruïnes & despouilles des peuples Cananeens & Amorrheens, que Dauid acheua d'exterminer selon l'ordonnance de Dieu. Et quant à Salomon, ce fut vn Roy de parfaite sagesse, mais il ne s'en est point serui à l'effect qu'ils pretēdent : mesmes on void par ce qui est escrit en la Bible, d'où on lui apportoit l'or & l'argent. Il est dit que ses nauires alloyent auec ceux de Hiram Roy de Tyr en Ophir (qu'aucuns interpretent les Indes) en querir, & le poids de l'or qu'on lui apportoit estoit de six çens soixante & six talens d'or. Or le talēt d'or des Hebrieux (ainsi que quelques vns ont dit) valoit sept mille escus, dont toute ceste somme se monteroit pres de cinq millions d'or, qui estoit vne richesse mer ueilleuse alors. Aucuns d'eux y a qui estiment pourtant que l'or d'Ophir estoit celui qu'il tiroit des fourneaux, à laquelle impudente affirmation il ne faut nulle response. Mais ie me veux seruir de l'exemple de Salomon, pour monstrer que leur art est faux : car si lui qui a eu vne sapience incompa-

les Achymistes alleguent de l'antiquité.

rable, & a conu tout ce qui peut tomber en l'entendement humain, n'a point escrit auoir en soufflant troué ce secret, ains au contraire declaré aucuns moyens par lesquels richesse lui est venue, est-il pas à presumer que c'est vn manifeste abus de s'arrester à leurs experiences ? L'exemple de Midas ne fait non plus de foy que l'autre. car en sa personne, les anciens ont voulu representer vn Prince du tout auare, qui par son vice se rend ses propres richesses nuisibles. Et quant à la toison d'or, les poëtes ont entẽdu par là les veines metalliques d'or & d'argent, que les Princes Grecs allerent cercher en Colchos en la nef d'Argos. Venons à ceste heure aux Romains. On ne peut nier que l'empire Romain n'ait regorgé de richesses, mais cela venoit d'auoir saccagé toute la terre, & non d'autre : dequoy sont tesmoins les historiens. D'alleguer le grand Cosme de Medicis, c'est se chatouiller pour se faire rire. Ce fut vn personnage de famille tres-riche, & auec cela prudent, grãd negotiateur & trafiqueur, lequel augmenta beaucoup son biẽ, & en fit apres des liberalitez & despenses magnifiques, cõme fit vn Lucullus à Rome, & vn Cimon en Athenes. Quãt au Roy Edouard d'Angleterre, sous lequel tant de vieux nobles à la rose furẽt forgez, les histoires ne disent point que ce fust de l'or philosophal de Raimond Lule. Qui me fait plustost croire qu'il estoit mineral. Et quant à Theophraste Paracelse, & Arnaud de Villeneufue, on ne peut nier qu'ils n'ayent esté doctes en la philosophie, & qu'ils n'ayent descouuert de grands secrets : mais ie m'asseure qu'on ne trouuera point en leurs liures, que la matiere de l'or artificiel soit semblable à celle dont les vulgaires Alchymistes besongnẽt, & que sa forme se parse parface dans les fourneaux: & si on regarde à leurs vies, on y verra des marques de pauureté, & nõ d'abondance, estant vray-semblable qu'ils ont plustost trauaillé, pour cercher ce qui estoit necessaire pour la santé des hommes, que pour manifester ce qui n'eust serui qu'à accroistre leurs conuoitises. Et quand bien eux & autres auroyent conu ceste transmutation, ie cuide qu'ils l'auroyent celee tant pour leur seureté & tranquillité, que pour euiter les maux que tant d'or eust engendré, venant à tomber en mains cruelles ou ambitieuses.

Des malheurs où les Alchymistes se precipitent.

Ie prieray ceux qui sont si ardans à le cercher par ces voyes tortues, de considerer combien d'hommes riches depuis cent ans se sont ruïnez apres ces miserables experiences. Tant de naufrages ne deuroyent-ils pas les auoir arrestez, & toutesfois ils n'ont laissé de courir apres leurs fantaisies, & sont si acharnez à ceste besongne, qu'il y auroit quatre fois plus de difficulté à les en tirer qu'vn prestre de village de la tauerne: de maniere qu'on diroit que cest art a vne faculté cachee de charmer ceux qui l'exercent. Il y a apparence que ceux qui auecques vne si grande presse vont tracassant apres ces moyens extraordinaires, sont plus incitez d'affections desordonnees, que par mouuemens reiglez de l'esprit. Aussi void-on communément que, pour penitence de leurs erreurs, tous leurs labeurs s'en vont en fumee. Mais ce n'est pas encores le tout: car aucuns, se trouuans en telle extremité, vienent à faire la fausse monnoye: autres courent par ci & par là, pour tromper & affronter ceux qui sont trop legers à croire aux belles ouuertures qu'ils font, taschãs de les attraper aux mesmes pieges où eux-mesmes ont esté pris. Il semble que ce soit vn chastiment de Dieu, enuoyé à ceux qui mesprisans tāt d'exercices honnestes, & tant de vocatiōs legitimes, se vont fourrer dans les Labirynthes, desquels on ne peut eschapper qu'en se perdant. On pourra dire que tous ceux qui s'adonnent à ceste science ne se destruisent, ni mesmes s'endommagent: car on void des Princes & Seigneurs, qui n'ont pas vendu vn escu de leur bien à ceste occasion, ains veulent seulemēt aprendre (comme en se iouant) si la chose qu'ils imaginent est faisable. I'aduouë que ceux-là sont sages, au pris des autres, toutesfois le nōbre s'en trouuera biē petit: & des autres qui desployēt en ceste nauigation toutes leurs cupiditez, le nombre est tres-grand. Certes qui pourroit sçauoir les beaux discours que plusieurs font en eux-mesmes, de ce qu'ils feroyent, ayans obtenu ce qu'ils poursuyuent, on verroit monts & merueilles. L'vn se feroit Roy, l'autre Duc, l'vn feroit la guerre pour s'agrandir, l'autre bastiroit des villes & chasteaux, & la pluspart viuroyent en delices & superfluitez. Bref quelles sont les affections, tels seroyent les effects. Mais ie ne cuide pas qu'aucun secret puisse iamais estre reuelé à ceux qui ont de mauuaises intentions.

De l'vsage de la vraye alchymie.

OR quand on ne se seruiroit de cest art que pour conoistre plusieurs vertus & proprietez de nature, ce seroit loüange à ceux qui s'y employeroyent: mais il y en a fort peu qui se contienēt dans ces bornes, & cependant ceux-la seuls en recueillent le vray fruict qui s'en aident pour cercher des remedes à plusieurs inconueniens & maladies. Car (comme desia il a esté dit) par le feu on en a trouué de singuliers. Les dames & damoiselles peuuent s'occuper, estans en leurs mesnages, à ges, à la distillation des eaux & essences tirees de toutes sortes d'herbes, racines, & fleurs, pour s'en seruir apres tant pour l'vsage domestique, que pour donner à leurs pauures suiets, qui en auroyent besoin. Ne seroit-ce pas aussi vn honneste exercice aux Seigneurs & gentils-hommes (qui ont tãt d'heures perdues chez eux) de se recreer quelquesfois en telles extractions, & non seulemét en celle des herbes, mais des mineraux, & autres substances, dequoy on peut tirer huile & esprit, dont deux ou trois gouttes profitent plus qu'vne grosse masse des drogues des Apothicaires. Combien d'autres beaux secrets peut-on conoistre par l'vsage du feu, que les grãds Princes mesmes ne doyuent desdaigner de sçauoir? Il y a des liures imprimez, qui monstrent qu'on peut faire des choses qui donnent admiration, qui delectent, & qui apportent vtilité. Doncques qui voudra ainsi vser de cest art, ne sera point suiect à s'en repentir, comme sont tous ceux qui le veulent faire seruir à produire l'or par manieres estranges, qui est autant que si on vouloit à son appetit faire descendre la manne du ciel.

De la vanité de ceux qui n'aspirẽt qu'à auoir des monceaux d'or & d'argent.

MAIS quand ainsi seroit que quelqu'vn se fust trouué qui eust conuerti toutes les pierres de sa maison en or, qu'auroit-il fait? Certes il auroit parauanture basti vn somptueux sepulchre pour enterrer ses vertus, ou vn theatre superbe pour faire vne publique monstre de ses vices. Et c'est ce qui arriue souuent à ceux qui sont reuestus d'excessiue richesse. Sont-ce là les enseignemens que les Philosophes ont voulu laisser à la posterité? Il n'y a nulle apparence: veu qu'eux mesmes ayans estimé l'esprit de l'hõme auoir son origine du ciel, ils ne lui auroyent pas baillé vn obiect à contempler & pour s'arrester, qui fust indigne d'icelui : & ne se trouue point en leurs escrits qu'ils ayent logé auec les biens absolus & parfaits ce bien terrestre, apres lequel plusieurs vont courant & mourãt. Si nous voulons croire ce qu'Aristote à dit traitant de la felicité, on verra qu'il la constitue es biens de l'esprit premierement : puis en ceux du corps : en apres en ceux de fortune, sous lesquels les richesses sont comprises. Socrates & Platon vont aussi esleuans les hommes à la vertu, & aux choses spirituelles, & les retirent de la terre. Ce qui deuroit induire ces pauures abusez à suyure les traces de ceux qu'ils estiment leurs grands peres, qui pour auoir obserué les preceptes de bonne doctrine ne se sont point fouruoyez.

Qui est celui qui transmue vrayement les metaux.

QVOY qu'on sçache dire, il y en a de si aheurtez en leurs opiniõs, qu'on ne leur sçauroit dissuader, que la conuersion des metaux ne soit possible. Vrayement pour leur faire plaisir ie le croiray ; mais ce sera de la façon que me dit vne fois vn disciple de l'art à Paris, que le grãd Alchymiste y procedoit par ses fourneaux souterrains. Ce pauure aprẽtif estoit vn que ie conoissois, qui auoit soufflé en trois ans vne belle maison siene acompagnee de mille ou douze cens liures de rente, ne lui estant resté que la peau & les os, mesme le feu auoit tiré nõ seulement la quint'essence, ains quasi toute l'essence des habits qu'il auoit sur lui. Ie lui dis apres l'auoir consideré: & bien, mõ petit maistre, vous estes maintenant en bon estat pour aprendre à voler, car vous n'auez plus aucune chose qui vous charge, & qui empesche vostre legereté. Il faut auoir pitié (me respondit-il) de ceux qui ont fait naufrage sans y penser. Certes aussi ai-ie, puis que ie vous voy estre penitent,

tent, & l'aide de ma bourse ne vous sera desniee, pour vous renfourner en quelque legitime vocation. Mais dites moy sans feintise, quelle clarté & certitude y a-il en vos preceptes? Nos petis liurets, dit-il, sont pleins d'obscurité & d'ænigmes, nos labeurs tres-lõgs, & nos despenses cõtinues ne produisent en fin que des auortons & des phantosmes. N'auez vous donc, lui repliquay-ie, aucun exemple antique ou moderne, d'aucun qui ait trouué le secret? Ie n'en sçache qu'vn dit-il, qui y soit paruenu. Ie vous prie me dire qui il est. C'est, repliqua-il, cestui-là. mais qui? ie n'ay garde de le conoistre si vous ne me le nommez autrement. C'est cestui-là. Comment? vous voulez-vous mocquer de moy? Il faut donc, adiousta-il, que ie le vous declaire. C'est le sainct Pere, qui a fait conoistre à tous nos souffleurs que ce ne sont que des lãterniers, lesquels en plusieurs annees ne font autre cas que multiplier leur tout en rien: & lui tous les ans, seulement en France, transmue & multiplie quarante liures de plomb qu'il y enuoye (qui peuuent valoir deux escus) en quatre mille liures d'or (qui valent six cens mille escus) puis en fait vne attraction iusques à Rome. Vrayemẽt, lui dis-ie, ie vous donneray dix escus dauantage, dequoy vous m'auez si bien esclarci vostre cœur: mais ie vous conseille de ne tenir pas ce langage en ceste ville, car vous seriez incontinẽt (par Messieurs de Sorbõne) declaré heretique à dixsept carats & demi. Là dessus nous-nous departismes, lui estant bien aise d'auoir trouué vn peu de moyen pour se regraisser: car il estoit maigre comme vn harenc soret. Quant à moy, ie me mis à considerer la proprieté occulte de ceste caballe authentique, & apres auoir bien ruminé dessus, ie trouuay que mon petit souffleur auoit mieux rencontré en ce qu'il m'auoit dit qu'en ce qu'il auoit fait. Mais pource qu'il faisoit trop chaud alors pour reciter ce conte, ie le cachay en vn coin de ma memoire.

De quelques Alchymistes qui estiment pouuoir paruenir à leur pretente, par apparēce de pieté

Or apres auoir discouru de la fausseté qui est en cest art vulcaniste, quand il veut s'estendre à forger de l'or, ie veux dire vn mot de quelques Alchymistes ou plustost Philosophes, lesquels estās consommez en la philosophie conioignēt en leurs operatiōs la puissance de nature auec l'aide necessaire de l'art: & represēteray vn propos que me tint vne fois vn d'eux, sur le suiet à quoy il auoit trauaillé, dōt ie me suis ressouuenu. Il me disoit que toute l'estude & tout le labeur de l'homme en ceste recerche estoit vain si Dieu ne lui manifestoit ce qui estoit comme inconu: & que pour atteindre à la perfection de cest œuure, il conuenoit en premier lieu estre homme de bien. secondement, estre souuent en prieres demādant à Dieu clarté pour voir dans ces tenebres. tiercement, auoir la conoissance de l'art par les bons liures. finalement, ayant trouué le secret, le tenir secret, & ne mal vser de ceste richesse, ains l'employer pour aider aux indigens, ou à operations tres-iustes. Ie lui respondis, que ie trouuois vn peu estrange dequoy il semble qu'il vouloit faire violence à nature, & assuiettir l'ordre de Dieu aux volontez humaines: & qu'il n'y auoit pas aparence qu'il y voulust obtēperer, par ce que chacun laisseroit les arts & les sciences, pour oisiuemēt s'enrichir de ce qui est superflu & le moins necessaire à la vie. Il me repliqua qu'en ceste science operatiue on n'y remarquoit aucunement nature estre forcee, ains agissante auec facilité, ordre, & vigueur: ce qui rendoit d'autant plus admirable

mirable

mirable la puiſſance & la ſageſſe de Dieu, & qu'icelui ſçachant bien que ceſte conoiſſance ne pouuoit loger en vne ame enfangee en la terre, ains contemplatiue, peu auſſi en eſtoyent faits participans, la pluſpart deſquels, ſe contentans d'auoir frappé au but, faiſoyent ſcrupule de diuulguer ce que par meditatiõs eſleuees, plus que par pratique, ils auoyent compris, meſmes d'vſer des fruicts acquis, ſinon pour cauſes treſ-neceſſaires. A celui (diſoit-il) qui voudra ſçauoir l'art, il lui conuiẽt obſeruer ce que dit l'Eſcriture, Cerchez premierement le Royaume de Dieu, & toutes choſes vous ſeront adiouſtees. Il doit auſſi bien noter ce qui eſt eſcrit au Pſeaume XXV.

Dieu fait ſon ſecret paroiſtre
A ceux qui l'ont en honneur.

Ie lui repliquay, que ces paſſages s'entẽdoyẽt des choſet ſpirituelles, & non des metalliques. Il me reſpondit qu'il eſtoit vray: & que c'eſtoit leur propre interpretatiõ: mais qu'on ne laiſſoit pas d'en voir quelqueſfois des effects en ce qui eſtoit materiel, quand la premiere benediction auoit precedé: ce qui eſtoit aparu en Salomon, lequel ayant demandé ſapience à Dieu, elle lui fut ottroyee, & auec cela abondance de richeſſes. Vous croyez donc, lui dis-ie, que la tranſmutation des metaux eſt poſſible, & qu'il y a eu des perſonnes qui y ſont paruenues. L'vn & l'autre eſt veritable me reſpõdit-il, car i'en ay veu de treſ-certaines preuues, & y en a encor de viuans, qui (à mon jugement) ont entiere conoiſſance de l'art: & pour vous en donner quelque gouſt, ie vous prie de lire les bons liures, où vous aperceurez, non ſeulement des rayons, mais des lumieres, qui vous feront conoiſtre tant les erreurs de la ſoufflerie, que des veriſimilitudes de la philoſophie metallique. Apres ce propos, ie demouray coy, pource qu'ayant petite experience de ceſte doctrine ie ne vouloy reſpōdre auecques des impertinēces, & eſtant demi esblouï de tant de beaux langages : ie iugeay eſtre le meilleur d'attendre de voir par effect la verité de ce que tant il affermoit, auant que donner ſentence d'aprobation, ou de reprobation, ce que i'attens encores. Et ne ſuis pas ſi farouche que ie ne penſe que Dieu peut auſſi toſt eſlargir ceſte liberalité à vn homme de bien (encores que ce ſoit par voye extraordinaire) pour en vſer legitimement, qu'il a peu dōner à l'effeminé Sardanapalus quarāte milliōs d'or, & à ce monſtre Caligula ſoixante & ſept, par voye ordinaire, qu'ils ont employez en toutes ordures.

De la vraye pierre philoſophale enſeignee par Salomon.

VOILA ce que i'ay voulu dire touchant la pierre philoſophale materielle. Maintenāt ie diſcourray de celle que i'eſtime eſtre la vraye, pour la conoiſſance de laquelle à nul autheur ne pourroit-on auoir recours, qui mieux l'enſeignaſt que Salomō, qui (à mon auis) doit eſtre creu, pour auoir eſté orné d'vne parfaite ſageſſe, ayāt l'eſprit de verité guidé ſes conceptions & ſa langue en pluſieurs choſes. Pour ceſte occaſion faut-il adherer à ſes diuines ſentēces. Ie penſe auſſi que tous Alchymiſtes adiouſteront plus de foy à ſes teſmoignages, dautant qu'il eſt ſouuent repreſenté par eux, comme celui qui a veu & gouſté les myſteres que tant ils reuerent. En quelques vns des liures qu'il a eſcrits, il enſeigne encor q̃ l'hōme ſe ſoit aſſerui ici bas à beaucoup de miſeres par ſa deſobeiſſance, que toutesfois Dieu, qui eſt treſ-bon, ne la point voulu laiſſer tellement enueloppé de maux, qu'il n'ait auſſi preparé & mis

& mis deuant lui des biens innumerables, à fin qu'en les lui demandant, il les cerchast, & en les cerchant il en obtinst la iouïssance, pour en rapporter tel contentement qui se peut receuoir en ceste vie, & lui en rendre graces. Il en met de deux especes. Et au liure de l'Ecclesiaste, il parle de ceux qui sont terriens & corruptibles, affermant combien qu'ils ayent beau lustre, neantmoins tous ceux qui s'y arrestent y trouuent plus de vanité beaucoup que de vray plaisir. I'ay (dit-il) basti des maisons pour moy, & ay planté des vignes. I'ay fait des iardins: i'ay eu des seruiteurs & seruantes, & ay eu grande famille, & de grands troupeaux. I'ay assemblé pour moy or & argent, & les cheuances des Rois & des prouinces. I'ay ordonné pour moy des chãtres, & les delices des enfans des hommes, & ay surmonté en richesse tous ceux qui ont esté deuant moy en Ierusalem. Et n'ay point dénié à mon cœur qu'il ne se resiouïst es choses que i'auoye preparees: & quand ie me tournay à toutes les œuures que mes mains auoyēt faites, & aux labeurs esquels en vain i'auoy sué, i'ay veu en toutes choses vanité & affliction d'esprit, & que rien n'estoit permanent sous le soleil. Voici vne belle instruction pour tous ceux qui attachent leur felicité à ce qui est fragile & caduque, pour les admonnester d'en prendre seulemēt vn moderé vsage, & aller ficher les anchres de leur contentement aux biēs qui sont solides, & que les mutations de fortune (comme on dit) ne peuuent emporter. Eccle. 2.

TELS sont ceux de la secōde espece, qui sont proprement descrits au liure des Prouerbes, & meritent d'estre appellez biens: car ils sont spirituels, incorruptibles, pleins de fermeté, & dōnent vne ioye accom- *Que les vrais biens sont incorruptibles & spirituels & le moyē de les acquerir.*

plie. Or qui voudra ſuyure les preceptes de ce grand Roy, ne s'eſgarera point, comme on fait en imitant les reigles de nos Alchymiſtes vulgaires: moyennãt que les diſciples qui veulent aprendre ayent en eux docilité & humilité, qui eſt la premiere preparation à l'entree de ceſte eſtude. Car celui qui auec vne preſomption mõdaine, & enflé de quelque vaine ſciẽce, voudra aſſuiettir à ſes ſens ceſte matiere, qui eſt ſi digne & ſi pure, tãt s'en faut qu'il en rapporte quelque fruict, que meſmes il ne pourra apperceuoir la beauté qui eſt en elle. Il parle en ceſte maniere. Bien heureux eſt l'homme qui trouue ſapience, elle eſt plus precieuſe que toutes les richeſſes, & toutes les choſes que lõ deſire ne peuuent lui eſtre comparees. C'eſt ici la declaration de ce ſecret que tant de gens ne cerchent point, qu'aucuns cerchent obliquemẽt, & peu directement. Celui qui le peut conoiſtre, & le ſçait aproprier à ſoy, doit s'aſſeurer d'auoir trouué la vraye pierre philoſophale, c'eſt à dire vne abondance de toutes ſortes de biens, leſquels n'enrichiſſent & ne delectẽt pas moins l'ame que le corps.

Prou. ch. 3.

Reſpõſe à ceux qui ne regardent que la terre.

IE me doute bien que ſi quelque ſouffleur (deſpité d'auoir veu aller ſes preuues en fumee) vient à lire ceci, qu'il fera vne exclamatiõ, & dira, O que nous ſommes bien tombez de fieure en chaud mal, veu qu'on nous propoſe ici vn paradoxe auſſi grand qu'on dit qu'eſt le noſtre! Quelle raiſõ y a-il, veu que nous ſommes de terre, que nous habitons ſur la terre, & viuons de choſes terreſtres, de nous vouloir repaiſtre de ſubſtances incorporelles & inuiſibles? chaſſons premier ceſt effroyable monſtre de pauureté, qui continuellement nous tourmente, & puis nous aduiſerons au reſte. Ie ste. Ie ne respondray pour ceste heure autre chose à cestui-là sinon qu'il face r'habiller ses fourneaux rompus, chasse son courroux, & reprene son bon sens qu'il auoit parauanture oublié en quelque alambic, puis ie lui feray conoistre que les tesmoignages diuins, dont ie me sers en ceste preuue, sont aussi vrais que ses imaginations transsubstantielles sont fausses. Escoutons donc Salomon parler, qui represente la sapience, discourant ainsi. Le Seigneur m'a possedee des le cõmencement, deuant qu'il fist quelque chose. Ie suis ordonnee des l'eternité, deuant que la terre fust faite, auant que les abysmes, les montagnes & les fleuues fussent, i'estoy' desia conçeuë & enfantee. Quand il preparoit les cieux i'estois presente: quand il enuironnoit la mer de son bord, & qu'il posoit les fondemens de la terre, i'estois auec lui, composant toutes choses: & mes delices sont d'estre auec les fils des hommes. Qui-est-ce qui ne void ici que la sapience a son origine du ciel, voire du plus supreme qui est par dessus ceux que nous aperceuons? combien qu'à proprement parler elle soit sans origine: car puis que par elle doit estre entendu le Fils de Dieu, qui est la sagesse eternelle du Pere, il ne nous y faut imaginer commencement ni fin. C'est ceste parole par laquelle toutes choses ont esté faites, & qui illumine les hommes, dont sainct Iean fait mention. Les plus doctes Philosophes contemplatifs, comme les Platoniciens, qui ont esté esclairez de quelques petis rayons d'icelle, ont conu (sans toutesfois vrayement conoistre) & tesmoigné en leurs escrits que ceste sapience, par qui ce grand vniuers auoit esté creé & façonné, & qui estoit par vn si bel ordre gouuerné, estoit residẽte de toute eternité en l'essence

Prou, ch 8.

Iean, ch 1.

diuine. Somme, c'est Dieu, qui par le moyen de sa sagesse, s'est voulu manifester aux hõmes en plusieurs façõs, mais admirablement en l'œuure de la restauration, quand il a conuerti les imperfections mortelles, par eux acquises, en perfections, qu'il leur a liberalement imputees & donnees. Et nonobstant qu'ils eussent perdu la juste possession de la terre, il n'a laissé de leur ottroyer celle du ciel. Pour ceste occasion Salomon dit, Que la sapience est l'arbre de vie à ceux qui la prendront, & qui la tiendra il sera bien-heureux. Certes en cela reluit son excellence, qu'elle excelle abondamment toutes choses.

Prou. ch. 3.

Excellence de la sapience celeste.

MAIS dautant que la plus part des hommes sont si peu esleuez à ce qui est spirituel, pource qu'estãs enueloppez de la terre leurs sens les tienent rabaissez en ce qui est corporel, mõstrons leur ceste sapience comme visible par ses effects, & ses fruits, à fin qu'ils la puissent mieux comprẽdre. Salomon mesme fera cest office, qui a escrit vn liure entier à la louãge d'icelle. I'ay aimé (dit-il) la Sapiẽce, & l'ay cerchee des ma jeunesse: c'est elle qui m'a enseigné la discipline de Dieu, & celle qui eslit les œuures d'icelui. Ie l'ay preferee aux Royaumes, & aux sieges, & ay estimé que les richesses ne sont rien à cõparaison d'icelle, & n'ay point cõparé la pierre precieuse à elle: car tout or à comparaison d'icelle est cõme petit grauier, & l'argent sera estimé comme boue au regard d'icelle. Ie l'ay aimee par dessus santé & beauté, & ay proposé de l'auoir pour lumiere, pource que sa lueur ne peut estre esteinte, & tous biens me sont venus ensemble auec elle, & honnesteté innumerable par les mains d'icelle. Elle enseigne sobrieté, prudence, justice, & force, qui sont les

Sap. chap. 8.

choses

choses les plus profitables aux hommes en la vie. Et si aucun desire multitude de science, elle sçait les choses passees, & iuge des choses à venir: elle sçait les finesses des paroles, & les solutions des argumens, & les mutations des mœurs, les diuisions des tẽps, le cours de l'an, & la disposition des estoilles, les natures des animaux, la force des vents, & les pensees des hommes, les diferences des plantes, & les vertus des racines: & ay apris toutes les choses secrettes & nõ preueuës. car Sapience ouuriere de toutes choses m'a enseigné: pour l'amour d'elle ie seray admirable en la presence des puissans, & les faces des Princes s'esmerueilleront de moy. Quãd i'entreray en ma maison, ie reposeray auec elle, car sa cõuersatiõ n'a point d'amertume, & ennui n'est point en sa compagnie, mais liesse & ioye. Dauantage par icelle i'auray immortalité, & laisseray memoire eternelle à ceux qui sont à venir apres moy. Si i'eusse peu representer en sept ou huit versets ce qui est ici monstré par l'extrait d'vne bonne partie de deux chapitres, ie l'eusse fait: mais on ne se doit point (ce me semble) lasser de lire choses si hautes, & si veritables, qui n'est toutesfois qu'vne petite parcelle de ce que Salomon en recite. Les Alchymistes disent qu'vne once de poudre de proiectiõ peut cõuertir en or mille onces d'autre metal: que pense-lon que fera au pris vn grain de ceste poudre celeste? Entre l'or & le metal encor y a-il quelque affinité & ressemblance: mais entre le vice & la vertu, l'ignorance & le sçauoir, il y a vne contrarieté toute apparente. Cependant c'est où la Sapiẽce besongne, car elle trãsforme les mauuaises habitudes en bonnes, suyuant ce qui a esté dit, qu'elle enseigne les vertus principales, lesquelles Ciceron exalte merueilleusement en ses offices. Mais qui est l'hõme si grossier & despourueu d'entendement, qui voulust comparer vne tres-grosse masse d'or à la moindre partie de temperãce ou de iustice? Le philosophe Platon disoit que si des yeux corporels on pouuoit apperceuoir la beauté de vertu, qu'on seroit raui de parfaite amour enuers elle. Mais ce qui nous empesche de la voir, c'est le bandeau de volupté & d'ignorance, qui nous tient comme aueuglez. Ie trouue beau aussi le iugement que fit Solon quãd il prefera l'heur d'vn pauure citoyen, nommé Tellus, orné de sagesse & de vertu, à celui du Roy Crœsus, qui regorgeoit de puissance & richesse. Ici se faut-il retenir n'estãt point besoin d'vser d'amplification au dire de Salomõ, veu qu'il n'exprime que trop les biens qui vienent de la Sapience: & puis qu'elle apporte conoissance des choses Diuines, des actions humaines, & des effects de nature, & outre cela confere honneur, richesse, vertu, louange, santé, ioye & renommee, que peut-on dire dauantage?

De la liberale communicatiõ que Dieu fait de cest excellent thresor à tous hommes: & de l'vsage & abus d'icelui.

OR Dieu ne restraint pas tels benefices seulement aux grands: car, les plus petis mesmes y participent, les vns plus, & les autres moins, selon qu'il lui plait de les doüer de ceste souueraine cause, estant certain que le sçauoir des arts mechaniques, l'industrie des marchans, & l'experiẽce des laboureurs, ne sont autre chose que des petis effects d'icelle, lesquels aparoissent aussi en l'ordre du gouuernemẽt des moindres familles, & en la temperature des mœurs des plus pauures. Mais qui peut mieux faire monstre de la splendeur de ceste lumiere que les propres discours des Alchymistes? Car tantost ils vont dãs la profondeur de la terre, puis considerẽt les operations de nature: & quelquesfois

fois s'esleuent iusques aux substances incorporees, en voulát magnifier leur art: qui est-ce qui leur a ouuert les yeux, pour conoistre choses si dificiles, sinon la Sapiéce qui luit d'vne façon excellête en leurs entendemens? Cependant au lieu de se laisser guider par icelle, ils la traitent comme esclaue, la voulant continuellemét asseruir à besongnes terrestres, comme lon faisoit anciennement les criminels à fouiller dans les minieres. C'est la recompenser, mal & mal conoistre sa nature, qui tend plustost en haut qu'en bas. Ceux-là pareillemét font erreur, qui estiment vn hôme mal-heureux, quand ils le voyêt aucunemêt destitué des biens qu'on appelle de fortune. Et toutesfois le pauure qui souffre la pauureté patiemmêt, l'est sans comparaison moins que le riche qui brusle de cupidité. Il n'y a en somme aucune condition qui puisse rendre miserable celui qui a quelque portion de ceste Sapience, qui peut estre nommee vne droite crainte de Dieu, ou la vraye possession de vertu. C'est donques à lui, à qu'il faut auoir recours: lequel en distribue autant qu'il est expedient à ceux qui par priere, humilité, & perseuerance lui en demandent quelque rayon, lequel suffit pour augmenter leur contentement. I'estime que ce bien là est beaucoup plus precieux que sçauoir multiplier quelque quâtité d'or & d'argêt: ce que les auares & rauisseurs, par art inique sçauêt aussi biê faire. Doncques il est meilleur s'arrester à cercher & poursuyure la vraye pierre philosophale de Sapience, qui instruit, console, enrichit, contête, & sauue ceux qui l'ont trouuee, que tracasser apres la fausse des souffleurs, en la recerche de laquelle on s'attriste, on s'apauurit, & on s'empire, sans qu'on la puisse iamais rencontrer.

FIN.

CONTRE CEUX QUI PENSENT QUE LA PIETÉ PRIUE L'HOMME DE TOUS PLAISIRS.

VINGTQVATRIEME DISCOVRS.

Asture des Epicuriens.

Le nombre n'est pas petit auiourd'hui de ceux qui sont abreuuez de ceste fausse opinion, & qui la publient accortement es lieux où ils frequentent. Ce sont (à mon auis) certaines gens, qu'on ne peut mieux appeller qu'Epicuriens & Libertins, lesquels, establissans leur souuerain bien en la volupté, ne taschent qu'à vilipender la vie Chrestienne, lui imposant qu'elle n'apporte auecques soy que tristesse continuelle, à fin de rendre mal affectionnez à la suyure ceux qui leur veulẽt prester l'aureille. Leurs argumens sont merueilleusement plausibles à ceux en qui la sensualité est vigoureuse, qui est cause que beaucoup de simples, voire quelques vns bien entendus, se laissent aisément aller à fauoriser aucunement la susdite opinion: & ainsi auec leurs malicieux langages ils en destournent beaucoup de cheminer selon que le deuoir du nom qu'ils portent le requiert.

Cõbien ils sont dangereux: & du moyen de s'en dõner garde.

Il y a vn vieil prouerbe, qui dit, Que les mauuais propos corrompent les bonnes mœurs, qui se trouue ordinairemẽt veritable: toutesfois si quelqu'vn en vouloit douter, & en desiroit voir vne plus euidente preuue, il ne faudroit que l'enuoyer à l'escole de ces docteurs,

docteurs, & on verroit qu'il en reuiendroit beaucoup pire qu'il n'y seroit allé. Car tout ainsi que les gouttes d'ẽcre, iettees dedãs l'eau claire, si elles sont cõtinuees, vienent non seulement à la troubler, ains à la noircir: aussi quãd les ames tẽdres escoutent telles instructiõs elles s'impriment vne mauuaise disposition, & apres en font vne habitude. Or au temps où nous sommes, qui est si fertile à produire le mal, il est mal-aisé, hantant parmi les hommes, qu'on n'oye souuent resonner pareils langages. Pour ceste occasiõ, il faut estre garni de bons preseruatifs, cõme lors que la peste regne, pour repousser le mauuais air. Ils sont aisez à recouurer, & si ne coustent gueres: car la philosophie Chrestienne & humaine les donne pour neant à ceux qui veulent prendre seulement autãt de peine de les trier, comme ils feroyent en vn beau pré les fleurs qu'ils auroyent pour agreables. Mais parce que tous ne veulent prendre le loisir, ce petit labeur mien supplera au defaut des paresseux: dans lequel ils trouueront les fleurs toutes cueillies, & de si bonne odeur qu'elles empescheront que les puanteurs ne les offensent.

Commẽt on les pourra conoistre.

IE pense qu'il ne sera point besoin de dõner quelque marque particuliere pour reconoistre ceux de qui nous parlõs: car aux paroles on les conoit, ainsi qu'on fait l'arbre par le fruict: ni aussi de noter les lieux où ils se retrouuent. On sera seulement auerti qu'encor qu'ils soyent semez par tout, toutesfois les trois principaux champs où ils fructifiẽt le plus, c'est aux Cours, aux Armees, & aux Villes. Du temps que la vertu y estoit beaucoup reueree, le nõbre en estoit petit: mais à ceste heure qu'elle y a peu de credit, ils y abondent. Dequoy il ne se faut esbahir: car comme les espines croissent parmi les roses, & l'yuroye auecques le bled, aussi les vices se vont fourrer là où les vertus reluisent ou doyuent reluire, pour tascher de les offusquer. En ces trois sortes d'hommes qui demeurent es lieux susdits, on pourra bien trouuer quelque differéce en leurs discours & manieres de proceder: cependant tous ne laissent de viser à vn mesme blác, comme si vn archer, vn arbalestier & vn harquebusier tiroyent ensemble à vne mesme butte, les instrumens seroyent differens, mais l'intention seroit semblable.

Des Epicuriẽs de Cour.

CEVX des Cours sont merueilleusement delicats en paroles, & en plaisantes rencontres, faisans couler si doucement leurs raisons, & auec telle facilité, qu'on se trouue surpris auát qu'y auoir pensé. Leurs contenances & courtoisies ne sont pas moins agreables, choses qui aident à la persuasion. Et ainsi auec ces belles apparences, ils couurent ce qu'il y a d'imparfait en leurs opinions, non pas qu'ils les tienent pour imparfaites: car ils les suyuent, & les veulent faire embrasser aux autres. La vie qu'on meine ordinairement aux Cours qui ont degeneré de la vertu est en partie cause d'accroistre la corruption de ceux-ci: car quád ils voyent que les delices sont là en si grande recommandation, ils s'enflamment dauantage pour en auoir la iouissance, &, par vne longue coustume à les desirer & se plonger en icelles, ils ne celebrent autre chose, & rapportent toutes leurs actions à ceste fin-là. En ceste sorte, peu à peu, de disciples ils deuienent maistres, en vn art qui traine en perdition ceux qui l'exercent. Ie n'enten pas mettre en ce rang les vertueux Courtisans, que i'estime leur estre aussi dissemblables que l'or & l'argent sont du plomb. Mais ie desire seulement les admonnester mester que la pureté qu'ils peuuent auoir ne soit souillee par les saletez d'autrui. On ne doit pas pourtant estimer que la volupté soit vn mal exterieur qui s'attache à nous, quand nous en approchons: car nous en auons les semences dans nous-mesmes, qui aisement germent & fructifient selon qu'elles sont eschauffees par les obiets qui se presentent aux sens, si d'auanture auec la force de la raison elles ne sont retenues. Quand vn ieune homme va es lieux sus-mentionnez, pour y aprendre quelque chose, ceux qui l'y enuoyét ou conseillent d'y aller, deuroyent auparauāt l'aduertir qu'il y trouuera peu de bōs & beaucoup de mauuais, & que les premiers l'induiront à ce qui est honneste froidement, & les autres l'aiguillonneront aux choses deshonnestes continuellement: à fin que de bonne heure il preueust les dangers, & se preparast pour y resister. Car ces docteurs subtils ne demādent pas mieux, que de rencontrer de tel gibier, estans asseurez que c'est vne proye acquise s'ils sont escoutez. Or comme ainsi soit qu'ils haissent la vraye vertu, si est-ce qu'ils ne laissent de la louer quelquesfois, à fin de n'esfaroucher personne: mais par leurs faits ils monstrent bien qu'ils ne s'en soucient gueres, ne regardans sinon qu'à se donner du bon temps.

Leurs propos à ceux qu'ils veulent seduire.

Les propos qu'ils tienent ordinairement à ceux qu'ils veulent atirer à leur opinion, sont, Que la vie de l'homme estant brieue, & acompagnee de plusieurs accidens fascheux, on ne se donne garde qu'on est paruenu à la fin d'icelle, auant qu'on sçache comme on se doit conduire pour y trouuer quelque cōtentement. Car les vns suyuās l'erreur commun, les autres l'ignorance, se vont enuelopans dans plusieurs miseres qu'ils pourroyent bien euiter, laissans derriere eux abondance de plaisirs qu'ils n'aperçoyuēt quasi point: sans lesquels la vie de l'hōme se rend d'vn tres-grief poids à celui qui la possede, & que c'est contre l'intention de nature qui par ses mouuemens secrets fait que toutes choses animees se plaisent en leur estre, & recerchent ce qui les delecte. Et dautant qu'entre toutes, l'homme est de la plus grande excellēce, aussi a-il plus de priuileges, dōt l'vn des premiers gist à se recreer en la beauté & varieté de ce qui est espandu par l'vniuers. Qu'il a vn esprit capable d'apprendre & comprendre: mais qu'il auient que tous ne sont pas esgalement fortunez, pour rencontrer les bonnes escholes. Qu'elles se trouuent es cours des Princes & es villes, qui sont les sieges principaux de la conuersation, & où les esprits plus polis veulēt habiter: mais qu'encor les cours emportent là pris, car là non seulemēt les bonnes instructions se reçoyuent, ains toutes sortes d'obiects, qui peuuent plaire, y resident. Que l'homme champestre, qui ne bouge de sa maison, passe sa vie à chasser vne beste, & à mãger les choux de son jardin, ne sçachant trouuer de plus grãd plaisir: là où ceux qui sont au milieu de tant d'abondance voyent continuellement choses belles, n'oyent que melodies, sentent des bonnes odeurs, & s'il y a quelques douces saueurs au monde, là se retrouuent-elles. Mais que ce qui sert d'exercice à l'esprit, & ce qui le contēte, y abōde encores plus, comme les compagnies agreables, les belles amitiez, les courtoisies, honneurs, faueurs, richesses, presens, charges, dignitez, louãges, triomphes & magnificences. Somme, de quelque costé qu'on se tourne, tout rit & resiouït, qui est-ce que nous deuons cercher en ce-

ste vie

ſte vie pour enſeuelir les amertumes qui ſuruienent en icelle par tant d'accidẽs inopinez, & qui en vſe autrement, il lui en prend comme à l'auare, lequel ayant (par maniere de dire) la felicité en ſes coffres, n'en ſçait ni n'en peut iouïr: ains va accroiſſant de iour en iour ſes ſollicitudes, & miſeres, tant il a l'entendement renuerſé. Que c'eſt vne grande folie de vouloir mettre à la vie (cõme pluſieurs fõt) des bornes ſi eſtroites, pour la tenir enſerree, comme on feroit vn priſonnier: car c'eſt la rendre ſemblable à vne mort, ce qui eſt contre ſa nature, & que la deuotion & la ſuperſtition la mettent en tel eſtat. Car on void quelques Huguenots qui font conſcience de rire. De l'autre coſté les Chartreux n'oſent parler, & les Religieuſes ne font que pleurer. Que ſi on n'acquiert place es chambres & ſalles magnifiques de Paradis ſinon par ces moyens, ils veulent bien leur laiſſer iouïr de telles preeminences: & quant à eux, ils ſe contentent d'auoir place en vn petit coin de la baſſe cour. Que ceux-là ſont trop ſpeculatifs, qui pour regarder les choſes à venir, ſe mettẽt aux ceps en ce monde, & reiettent tãt de biens preſens, qui ne ſont creez que pour en vſer. Voila ſommairement les petis ſermons que ces bons courtiſans font en bons termes & bien fardez aux nouices qu'ils veulent attraire; & ne faut douter qu'ils ne ſoyent tirez d'vne doctrine Epicurienne, qui eſt en ce dernier temps agreable à beaucoup de gens. Toutes ces paroles, & pluſieurs autres, dites auec grace & dexterité, dãs le milieu de ces theatres de plaiſir, aux ames qui ſont ſimples & qui cheminent encor par les ſentiers de l'innocence de la ieuneſſe, ont vne merueilleuſe force pour les reculer de toutes bõnes apprehenſions. Il eſt certain que la pluſpart en sont esbrassees & infectees. Pour ceste occasió est-il necessaire, en la saison où nous sommes, de remplir les vaisseaux de l'ame de bonnes liqueurs, à fin que celles qui sont empoisonnees, & qui fluent continuellement en plusieurs endroits, n'y puissent entrer. Ie respondrois à ceste heure à la proposition du faux courtisan, n'estoit qu'il faut laisser parler ses compagnons, le jargő desquels n'est gueres differět du sien, & tend à vne mesme fin: puis on leur respődra à tous ensemble.

Des Epicuriés & Libertins qui demeurent es villes.

METTONS dőc sur le theatre ceux qui habitent aux villes. Ie ne parle pas d'vne certaine sorte, qui s'appellent les enfans sans souci: (car ce sont gens, qui ne passent point le gigot de mouton, le flascon de vin, & le jeu de quilles) mais les autres dőt ie veux faire mention ne manquent de doctrine, d'eloquence, & de ciuilité: & seroyent dignes de cőtinuelle conuersation, si leur esprit n'estoit contaminé de ceste vaine philosophie, qui attache la felicité aux choses sensibles & corporelles. Ils sont vn peu differés du courtisan qui a parlé, car lui ne reiette pas les labeurs, & se plait en diuersité d'actions, estant aucunement esleué aux choses hautes: où ceux-ci aimět la vie oisiue, qu'ils appellent tranquille, taschans d'euiter tout ce qui peut apporter douleur, qui est vn des principaux buts de la doctrine Epicurienne: & le precepte sorti de la mesme eschole, qui dit, Cache ta vie, est soigneusement obserué par eux. Or comme aucuns d'eux sont doctes, facilement attirent-ils à eux, par la subtilité de leurs argumens, plusieurs disciples. Toutesfois le plus fort qu'ils ayent, est la pratique de la delicieuse vie qu'ils meinent. Et quand quelcun a commencé de taster des morceaux friands qu'elle administre, c'est grande aduanture s'il ne poursuit de s'en saouler, & pour l'y induire dauantage ils lui tienent les propos qui s'ensuyuent. Que de tout temps la pluspart des hommes ont esté enuelopez d'ignorance, qui est l'vne des principales maladies de l'ame: dont s'est ensuyui que souuent ils ont pris le faux pour le vray. Mesmement en l'election de la vie, qui leur estoit la meilleure, ils y ont grandemét erré: mais que ceux ausquels les enseignemens de la philosophie ont ouuert les yeux de l'entendement, ont aperçeu ce qui estoit le plus conuenable de choisir. Qu'ils ont apris par iceux qu'entre les choses temporelles (qui sont suiettes à plusieurs heurtemēs de fortune) les plus seures sont les mediocres. Et qu'ainsi ne soit, on void que les plus hautes tours & les plus hauts arbres sont ordinairement battus des foudres: que les basses prairies aussi sont souuēt inondees des grands fleuues: mais que les lieux moyennement esleuez sont preseruez de tels inconueniens. Ainsi en arriue-il en la vie humaine; car ceux qui courent apres les grandeurs d'icelle sont agitez de mille passions, & souuent de ruines inopinees. Le vulgaire d'autre costé est exposé à beaucoup d'oppression & d'iniures. Mais ceux qui tienent le milieu, sans se faire enuier des vns ni mespriser des autres, se conseruent mieux, & auec cela iouissent d'vn doux repos corporel & spirituel, qui consiste en l'vsage des choses delectables, & en la priuation de celles qui sont fascheuses. Qu'encores qu'ils habitent es grandes villes, où lon void vn vehement flux & reflux de la folie du monde, cependant il n'agite point ce coin de mer escarté, où ils fōt leur nauigation, où la bonace est quasi tousiours, & que de là ils contemplent les mouuemēs de tous, & se rient des vaines esperances & desirs desreiglez des vns, & plaignent aussi la simplicité circonuenue des autres, laissans cependant couler le temps, lequel, cheminant selon sa hastiue lentitude accoustumee, va fauchãt tout ce qui a pris naissance : & que le meilleur cõseil qu'on sçauroit prendre, est de se posseder soy-mesme, sans s'asseruir trop à plusieurs choses qui nous arrachent, sans propos, ce peu de liberté que nous auõs, qui nous doit estre si chere. Que ce n'est pas en vain que lon a tant recommandé ce beau mot, qui dit, Rien trop, lequel retranche les exces des actions humaines, & non seulement ceux qui sont mauuais, mais aussi ceux qui sous titre de bonté tendent à des transformations contre nature, comme sont celles que plusieurs se veulent persuader, lesquels considerans tres-mal la fragilité & impuissance des hommes, imaginent qu'ils peuuent ici bas viure cõme Anges, & pour y paruenir les veulent astreindre à des reigles & obseruations impossibles, combien qu'ils ayent des corps elementaires, suiets aux alterations qui suyuent la matiere: mais que se pensans trop auancer, ils reculent, cõme fait le marteau, quand on en donne vn coup trop violent sur vne enclume. Car que sont-ce autres choses (disent-ils) tant de superstitieuses coustumes, tant d'austeritez, de deuotions, & de craintes proposees, sinõ rauissemens de la ioye & recreation, à quoy les affectiõs de l'homme tendent? adioustans qu'en le voulant rendre parfait on le rend comme insensible, à la façon des Stoïques, qui est destruire sa figure. Parquoy, que le meilleur chemin est de suyure les preceptes qui s'accordent à nature, laquelle doit estre regie sans violence, & laissee libre, & que qui en vse autrement se va enseuelissant

lissant auãt qu'il soit mort, qui est vne punition qu'ont bien meritee ceux qui ont sçeu si mal vser des beaux priuileges de la vie. Ce sont ici les premiers propos qu'ils semẽt, & apres qu'on s'est plus domestiqué auec eux, ils descouurẽt dauantage les secrets qu'ils n'osent pas si tost mettre en euidence. Car (comme dit Plutarque, parlant de tels Epicuriens) ils craignent le peuple, & pour ceste cause ils embrassent par beau semblant la religion qu'il approuue, à fin qu'ils soyent soufferts, combien qu'en cachettes ils s'en mocquent.

MAINTENANT faut-il ouir ceux qui sont nourris aux guerres: car c'est leur rãg de parler. Mais ie veux bien dire premier, que ie n'entens condamner les legitimes professions à quoy les hommes s'adonnent, ains seulemẽt le corruptions qui suruienent. Les grãds labeurs que soustienent ces guerriers ici, & les perils où ils s'exposent, leur font ardãment desirer tous plaisirs, comme vne tres-douce medecine de leurs peines, & fuir les choses tristes, n'estans que trop atristez des images de la mort qu'ils voyent si souuent. Et quand ils ont attrappé quelque riche butin, il ne faut point demander s'ils s'estudient à faire bonne chere: car les iours & les nuicts leur sont trop courtes. Ordinairement ils ont ce prouerbe en la bouche, que l'Escriture saincte attribue aux hommes profanes, qui dit, Mangeons, beuuons, & prenons toute resiouissance; car, peut estre, demain nous mourrons: qui est vne tacite approbatiõ du perissemẽt de l'ame auecques le corps, lequel ils veulent à plein rassasier de biens terrestres, pource qu'ils ignorẽt les celestes. Quand quelque ieune gentil-homme va pour se façonner aux armes, ils lui façonnent l'ame de terrible façon, s'il adhere trop

Des Epicuriens & Libertins nourris es guerres.

Leurs propos. à eux. Leur langage n'est pas si fardé que celui des precedens : ains est entrecoupé, & plein de gaudisserie. Ils disent que le soldat doit viser à la proye & à la ioye, & fuir toute melancholie laquelle ils renuoyẽt aux auaricieux, & aux hermites, disans que l'auarice & la deuotion ne se peuuẽt accõmoder auecques les gens de guerre : dautãt que l'vne les fait hair, & l'autre les rend craintifs : & qu'ils ne doyuẽt point se repaistre de choses molles, pource que cela ne fait qu'attiedir leurs courages. Bref que ceux qui veulent amener sur les theatres, où Mars iouë ses sanglantes tragedies, les iusnes, les breuiaires & contemplations, s'exposent en risee, veu que là on ne poursuit que trophees, recompenses & loüanges, qui s'acquierent par voyes toutes differentes. Voila les petis rudimens de leur eschole, par où lon peut conoistre comme les vns & les autres s'accordent fort bien à reietter toute pieté, qui est le plus digne & precieux ornement que nostre ame puisse auoir.

Pourquoy les propos des Epicuriens sont ici representez: & le moyẽ de n'en estre infecté.

Ie sçay biẽ que tels mauuais propos meriteroyent d'estre ensevelis, & que la bouche des hommes ne les deuroit prononcer, ni le papier souffrir : mais d'autres encores pires sont maintenant si vulgaires, qu'on ne doit point faire de scrupule de les manifester, moyennant que ce soit pour aduertir les autres de s'en donner garde, & leur dire comment. Car tout ainsi qu'on met des marques apparentes en certains endroits des grands fleuues, où il y a des rochers sous l'eau, à fin que les nauigeans les euitent : aussi apres auoir marqué les lieux où ces dangereux escueils se rencontrent, i'ay bien voulu faire vne petite description de leur forme. Il y en a plusieurs, qui ignorans ces dangers donnent tout

tout à trauers, & ceux-là sont à plaindre, cõme sont à blasmer ceux qui les apperçoyuent, & nonobstant il semble qu'ils se plaisent d'y aller faire naufrage, lequel ils estiment doux du commencement, mais la fin en est bien rude. Le meilleur moyen pour passer seurement sans dommage, c'est de porter auec soy le quadran, qui est la prudence, & la carte, qui sont les beaux preceptes qui descouurent le vray & le faux : car apres que le voile est osté, qui tenoit couuerte ceste fausse vie, & que sa laideur apparoit, vn homme est de nature quasi brutale qui incontinent ne s'en esloigne, de peur de se souiller en vne si orde fange. Nous auons veu par ci deuãt quel est le beau lustre de ce voile qui resplendit es paroles fardees & emmiellees de ces docteurs, & principalement en celles qu'ils font couler si doux du commencement, car on penseroit qu'ils nous veulent mener au ciel : mais quand ils vienent à tomber sur leurs conclusions, alors tournent-ils bride tout court, prenans le chemin non pas de quelques plaisans lieux de la terre, ains des plus tenebreuses cauernes qui soyent en icelle. Cependant cest entremeslement qu'ils font du beau auec le laid, & du bon auec le mauuais, esblouit les yeux des simples, & offusque leur jugement, en telle sorte qu'ils ne peuuent du premier coup aperceuoir leur intention : aussi la veulent-ils couurir, parce qu'ils ne pourroyent attraper les oiseaux, s'ils ne feignoyent de si douces pipees.

Or à fin de n'estre circõuenus, il est bon de monstrer la fallace de leurs argumens enuelopez, en les reduisant en vne forme plus brefue & plus claire. *Dispositiõ plus brieue des discours de ces diuerses sortes de Libertins.*

Celui du courtisan est tel.

¶ *Les instructions des Cours & les exemples des plus gentils esprits enseignent l'hōme à suyure les choses qui sont plaisantes & qui donnent contentement, comme vn bien tres-desirable en ceste vie: & au contraire à fuir celles qui sont fascheuses & tristes, & qui la rendent miserable.*

Or est-il ainsi que les deuotions, & les reigles religieuses si estroites, le plongent en mille amertumes, le rendent melancholique, & l'empeschent de paruenir à vne telle fin.

Il s'ensuit donc qu'il les doit mettre en arriere, pour suyure ce qui lui apporte plus de resiouissance.

Le second argument tiré des propos de l'Epicurien est tel.

¶ *La meilleure reigle de la vie sont les mouuemens naturels de l'ame, aidez quelque peu des preceptes de la Philosophie.*

Or les superstitions qui transportent l'homme à des perfectiōs imaginees, estranges à la raison humaine, le destournent de ceste voye.

Doncques doit-on plustost suyure ce qui est selon nature & qui se rend conforme à icelle.

Voici maintenant celui du soldat.

¶ *Les choses qui amollissent les ames, & les courages des gens de guerre, & les priuent de l'alaigresse ordinaire qu'ils doyuent auoir, ne conuienent nullement à leur profession.*

Or est-il que les reigles de Religion, qui recommandent l'humilité, l'oubliance des iniures, & vne meditation craintiue de la mort, causent tous ces effects.

Dont il s'ensuit qu'elles leur sont disconuenables.

Examē des argumens ou sophismes precedens.

PAR ceste abbreuiation de lágage, on comprend mieux, à mon auis, l'intention de ceux qui ont parlé, entant qu'on la void nue & despouillee de ce qui la tenoit masquee. Et croy que personne n'oseroit nier que tous ces argumens-là sont fondez en impieté & intempe-

intemperance: car aussi le but de telles gens ne tend qu'à lascher la bride aux affections corporelles, pour se veautrer à cœur saoul (comme on dit) dans la volupté, & reietter les loix & admonitions qui les veulent contenir dans les bornes de vertu. Or si on regarde de pres leurs argumẽs, on verra que toutes leurs conclusions sont fausses, & la pluspart des propositions aussi: ce qu'on ne doit trouuer estrange, dautant qu'en l'approbation de la meschãceté, on ne peut proceder que par fausseté & mẽsonge. La principale chose qu'ils mettent en auant, pour esblouïr les yeux d'vn chacun, est que toutes creatures animees appetent ce qui les resiouït, & fuyẽt ce qui les attriste. I'accorde auec eux que ceci est vray, & que nature enseigne aussi aux raisonnables vne telle leçon: toutesfois c'est auec ceste cõdition, que chacun en vse ainsi qu'il lui est cõuenable. Aux bestes cest appetit est reiglé par les instincts qu'elle leur a donné, selon lesquels elles se gouuernẽt, & ordinairemẽt on void qu'elles n'alterẽt gueres cest ordre. Mais l'hõme a la raison, pour guider la sienne: à quoy l'obeissance qu'il porte est tres-petite. Et quãd bien elle seroit plus grande qu'elle n'est, tousiours ne pourroit-il euiter qu'il ne bronchast & trebuschast en ce qui est vicieux, veu que la raison propre ayãt quasi esté aueuglee par le peché originel a besoin elle mesme de cõduite, tãt s'en faut qu'elle soit entieremẽt capable de conduire les affectiõs. Mais où seroit-il possible de trouuer vn hõme qui les eust si bien reiglees, qui ne se resiouist q̃ de ce qui est bõ? Il le faudroit aller cercher en vn autre mõde: car en cestui-ci le mal, la vanité, & les delices, plaisent plus sans cõparaison que le biẽ: de sorte q̃ ce desir vniuersel (qui est reglé aux animaux, ſelon leur eſtre) eſt grandement imparfait en ceux qui ont l'vſage de raiſon, iuſques à ce qu'il ſoit en quelque maniere reſtauré par l'illumination diuine.

Refutation du ſophiſme des Libertins touchãt le plaiſir.

C'EST-là le beau fondement qu'ils prenent, qui eſt pluſtoſt mauuais que bon. Toutesfois ils ne laiſſent pas de baſtir vn grand edifice deſſus: car ils diſent que le delectable doit eſtre vn ſouuerain bien à l'homme, puis que ſes deſirs plus vigoureux ſont ſi viuement tendus à vn telle fin. Là deſſus, ſi ie leur demande, Quel eſt le delectable de l'intemperant? ils ne l'oſeroyent confeſſer: car ils auroyent honte de dire que c'eſt l'impudicité & la gourmandiſe. En quoy on void reluire leur belle philoſophie, qui fait le ſouuerain bien de l'homme ſemblable à celui d'vn bouc ou d'vn pourceau. Il ne leur ſeruira de riẽ de repliquer qu'ils ſe donnent bien garde de tomber en ces vilains exces: car l'experiẽce ne monſtre que trop que quand l'homme attache ſon bien aux plaiſirs corporels, il eſt extremement exceſſif en l'vſage d'iceux. Et c'eſt là où giſt le vice, quand on ſort des termes de mediocrité, ſoit à deſirer, ou à iouïr: mais ce qui de ſoy eſt mauuais, iamais nous ne le deuõs deſirer ni pourſuyure. La doctrine des philoſophes enſeigne qu'il y a de trois ſortes de biens, les delectables, les vtiles, & les honneſtes. Et comme les vtiles ſont à preferer aux delectables, auſſi les hõneſtes ſont preferables à tous les deux, les ſurpaſſans de beaucoup en excellence, & ceux-ci proprement apartienent à l'homme, qui eſt entre toutes les creatures ſeul capable de vertu. Quand donc il veut mettre le plaiſir en premier degré & laiſſer la vertu derriere, qui eſt le vray bien honneſte, alors il fait vn erreur treſ-lourd, & ſe met au rang des beſtes brutes, qui ne regardent qu'à satisfaire à leurs appetis. Ie ne veux point oublier à dire que le plaisir suit aussi les biens vtiles, mais celui qui acompagne les honnestes est sans comparaison plus parfait, & n'y a nulle fausseté cachee, comme aux autres, qui le plus souuent apportent douleur & satieté : là où ceux qui consistēt en la iouissance de vertu sont purs & nets, sans alteration, & qui donnent tousiours contentemēt. Ceci monstre que nos Libertins ont mal parlé quand ils ont dit que les plaisirs sont desirables entre toutes choses, entendās des inferieurs : car ils deuoyent adiouster les honnestes pour rendre leur proposition plus receuable.

Seconde partie de la refutatiō, touchant la douleur condānee par les Libertins.

PARLONS à ceste heure de l'autre partie d'icelle, qui recommande si fort de fuir ce qui apporte fascherie & douleur : car ils estiment qu'en cela consiste la plus grāde partie de leur felicité. Nous pouuons dire là dessus que le principe de telle affection n'est pas mauuais, veu qu'il ne tend qu'à euiter ce qui altere la temperature du corps, & donne incommodité à l'esprit, pource qu'il semble que ce soit là vn troublemēt de l'ordre de nature : mais eux ont d'autres considerations. Car comme ils rapportent quasi tout au corps, ils cuident que ce soit vn tres-grād mal, quand il souffre, & de là s'en ensuit vn autre qu'ils n'estiment pas moindre, qui est vn empeschement de iouïr des voluptez : lesquelles fausses opinions leur donnēt vn double tourmēt. Ie ne veux pas nier que celui qui fait profession de prudence, ne doyue fuir, si faire se peut, les douleurs. Neantmoins quand elles lui aduiendront, il ne fera pas l'accident plus grād qu'il est, ains taschera, auec la vigueur de l'esprit, de le rendre encores plus petit. Ceux-ci au contraire pour vne once de mal en imaginent dix, tant ils se sont forgez vne felicité delicate. Ils se monstrẽt aussi auoir bien peu de iugement en ce qu'ils veulent tant fuir les douleurs & fascheries, veu qu'ils se vont veautrer dans les voluptez, qui les entrainent apres elles à douzaines. C'est tout ainsi que si quelqu'vn vouloit euiter de se mouiller, & s'alloit ietter dedans l'eau iusqu'à la gorge, ne diroit-on pas qu'il auroit perdu l'entendement? Sur ceci Erasme a dit bien à propos, que lors que les voluptez vienent, elles nous flatent, & quand elles s'en vont elles nous laissent pleins de tristesse, & de douleur.

Pusillanimité des Libertins qui sont es villes.

LES Libertins des villes, sans cõparaison plus que les autres, craignent ces incommoditez-ici: pource qu'ayãs choisi la vie la plus molle ils sõt deuenus eux-mesmes par telle acoustumance si tendres, que la cire qui se fond au Soleil ne l'est pas dauantage: qui est vn grand signe de pusillanimité à eux, de redouter si fort ce que tant de viles & basses personnes supportẽt auec facilité. Mesmes des enfans & femmelettes se voyent quelquesfois mespriser de telle sorte la douleur qui les poinct, qu'vne seule voix plaintiue ne sortira de leur bouche: qui sont de tresbeaux fruicts de la constance. Mais qui doit mieux conoistre ceci qu'eux, qui s'estiment en bonté d'entendement & en science surpasser les autres? pour ceste occasion deuroyent-ils auoir des opiniõs plus saines & plus vrayes que le vulgaire en la conduite de leur vie. Ils pensent auoir ietté vn grand fondemẽt, en ce qu'ils ont dit qu'il faut suyure les mouuemens de nature, à laquelle toutesfois ils adioignẽt l'aide des preceptes, en quoy ils font paroistre qu'ils la tienẽt imparfaite, mais il vaudroit mieux qu'ils confessassent franchement sa grande foiblesse & im-

Respõse à leur sophisme touchant les mouuemens de nature: & si c'est biẽ fait de cacher sa vie.

& imbecillité, qu'en voulāt l'esleuer trop haut l'exposer à vne plus lourde cheute. Ils n'experimentent eux-mesmes que trop souuent combien elle est plus encline au mal qu'au bien. Toutesfois encores qu'elle fust beaucoup plus pure & entiere qu'elle n'est, ils la rendroyent corrompue du tout par la mauuaise nourriture qu'ils lui donnent. Et quelle sorte de philosophie est-ce que la leur, de vouloir redresser les choses tortues par ce qui est encores plus tortu? C'est l'occasion pourquoy, à mon auis, ils aiment tāt à cacher leur vie, à fin qu'on n'apperçoyue leurs mœurs si disproportiōnees. Ie veux reciter l'admonition que Plutarque fait à telles gens: car elle suffit. Il est deshōneste, dit-il, de viure en sorte que personne ne sçache comme tu as vescu: car si tu as de la vertu, tu la dois faire paroistre. Si tu as des vices, tu les dois faire pēser. A qui profitera donc ce precepte, Cache ta vie? sera-ce aux ignorans? aux meschans? ou aux fols? nullement. C'est autant comme si tu leur disois, Cache ta fieure, & ta phrenesie, garde que le medecin ne le sçache. Va te ietter en quelque lieu tenebreux, où personne ne voye ni toy, ni tes passiōs aussi: va te cacher auec la maladie incurable & mortelle des vices: couure tes enuies, tes paillardises & dissolutions, comme vn poulx hasté & esleué, craignant de te bailler & monstrer à ceux qui auroyent moyen de t'admonnester, corriger, & guerir. Voyons aussi l'vtilité qu'apporte aux gens de biē de se cacher, & ne se faire point conoistre. C'est autāt (dit le mesme Plutarque) comme qui diroit à Epaminōdas, Ne pren point charge d'armee: ou à Lycurgus, Ne t'amuse point à faire des loix: ou à Thrasybulus, Ne tue point les tyrans: & à Pythagoras, N'enseigne point: & à So-

Au traité, si ce mot commun est bien dit, Cache ta vie.

crates, Ne discour point. On peut facilement cõprendre de ceci que ceux qui veulent persuader les autres de viure en ces petites cachettes n'ont nulle enuie qu'on amẽde ses imperfections, ni qu'on serue au public, ains qu'on cerche de se rassasier de tous plaisirs. Or quãt à celui qui est ainsi disposé, & qu'õ void estre incorrigible, on lui peut bien dire ce que le mesme philosophe disoit au frere d'Epicurus: Va te cacher auec ta putain Hedia, & auecques tes bouffons, puis que mesprisant toute honnesteté, tu veux colloquer tout ton bien es chatouillemens de la chair. Ces fins-là certainement ont besoin d'estre enseuelies de l'obscurité de la nuict, à fin que le mauuais exemple n'incite les autres à vne si sale imitation.

Responce aux erreurs du Libertin Courtisans.

Le Libertin Courtisan est different de ceux-ci, en ce qu'il desire viure en plus de lumiere, & qu'on le conoisse: toutesfois est si accort, qu'il n'oublie aucun artifice pour couurir ce qu'il sçait bien que plusieurs reprouuent. Mais il lui en prend cõme à vne femme qui veut cacher sa nudité en iettant sur elle vn voile de crespe blanc, clair & delié. On ne laisse pas de voir le iour à trauers: aussi apperçoit-on aisément la bourbe qui est au fond de l'eau. C'est grãd dommage dequoy tant de gentillesses & dexteritez qu'il a, il ne les rend seruantes à vertu, comme il fait à volupté. Mais il est mal-aisé, quand on s'est laissé charmer à ceste enchanteresse, de la pouuoir abandonner, tant elle a de crochets pour retenir ceux qui la suyuẽt. Nous auons veu par ci deuant comme il a allegué l'exemple des cours & des meilleurs esprits, feignant que celles-ci & ceux-la tendent à ce but. Mais ie lui nie cela: car encor que les choses plaisantes soyent là recerchees, si n'est-ce

pas

pas comme principale, ains comme inferieure à icelle, & ainsi qu'vn doux rafraischissement de nostre vie trop souuent eschauffee de l'ardeur de tant d'ennuis. Car i'estime que peu se trouuent (si ce ne sont de ses sẽblables) qui vueillent preferer le plaisir d'vne melodieuse musique aux beaux accords de plusieurs louables amitiez qui sont là pratiquees, ni se saouler en vn grand festin plustost que sauuer son intime ami d'vn grand peril. Certes il leur chaut bien peu de donner contentement à l'ame, & moyennant que le corps en reçoyue ils sont satisfaits, mesmement ils la rendent serue (comme dit Plutarque) en contraignant la partie contemplatiue d'icelle à ne penser à autre chose qu'au corps, qui est la tirer contre bas auec les cupiditez sensuelles, ne plus ne moins que les filez des pescheurs sont tirez au fond de l'eau par les petis morceaux de plomb qui y sont attachez. Et d'autant qu'il a elegamment discouru contre plusieurs autres opinions Epicuriẽnes en ses opuscules, i'y renuoyeray les lecteurs pour se satisfaire dauantage.

Refutation des erreurs du guerrier Libertin.

A ceste heure nous faut-il dire quelque petit mot de nostre Epicurien guerrier, lequel, comme la nature de la guerre est de desordonner toutes choses, aussi voudroit-il mettre vne telle confusion aux plus profitables sentimens qui restent dans son ame, qu'ils ne le pressassent point, & le laissassent suyure ses furieux appetis, qui se sont si mal acoustumez en ces escholes corrompues, que rien ne lui peut plaire que l'assouuissement d'iceux. Il fait vne belle parade, de vouloir comme fouler aux pieds tout ce qu'il estime seruir à induire à crainte & à delicatesse: & cependant il ne s'auise pas que la pluspart de ses passe-temps sont de pareille nature. Car quand il a vn peu pati, quel est son soulas, sinon de se veautrer dans les salles de Bacchus, & dans les cabinets de Venus, iusques à ce que la douleur, l'impuissance, ou la pauureté, l'arrachēt de leans? Voila vn beau moyen pour maintenir vigoureuse la vertu de Fortitude, q̃ de la nourrir des voluptez deshõnestes! Ie veux faire vn argumēt tout cōtraire au siē & cōclurre (pour tēperer la rudesse de la vie militaire) que l'vsage de ce qui la peut adoucir & amolir est souuent necessaire: mais auec quelles drogues se fera cela? auec la pieté, l'humanité, & la temperāce, qui n'affoiblissēt nullemēt les courages: là où la viāde qui nourrit son ame la rend stupide & sauuage tout ensemble.

Asçauoir si la profession Chrestienne chasse la ioye des cœurs.

NOS Libertins susdits, qui ne discordent gueres en particulier, s'accordent tres bien entr'eux en general à mespriser & reietter la sainte profession de la vie Chrestienne, se persuadans qu'elle chasse la ioye des cœurs, & qu'elle entretient l'homme tout le long de sa vie auec vne contenance aussi morne que celle que vne espousee contrefait seulement pour vn jour. Et pource qu'ils ne sçauroyent la blasonner en public, ils s'en reuenchent, en detractant d'elle en secret entre ceux qui sont de leur confrairie. Ceste mōstruosité de ces derniers siecles deuroit estre trouuee bien estrange: mais quand ie vien à considerer que la vieillesse Iudaïque a engendré les Saduceens, qui nioyent la resurrection des corps & l'immortalité des ames, ie ne m'estonne plus si fort de l'imperfection de la nostre. Car si nous sommes le peuple de Dieu, aussi l'estoyēt les Iuifs alors: neātmoins on void que les vns & les autres se sont desvoyez merueilleusement. Du temps de Plutarque, il y auoit foison de telles gēs: mais c'estoyēt pauures Payẽs aueuglez d'ignorance, & picquez de cupiditez, ausquels il parle si pertinẽment sur ce poinct ici, qu'il m'a sẽblé que cela seul suffisoit, pour resueiller & corriger ceux qui viuent maintenant Les Epicuriẽs (dit-il) se mocquẽt des sacrifices & ceremonies dõt on vse enuers les dieux, & disent que ceux qui y assistent ne le font pas pour plaisir qu'ils y prenent, ains pour crainte qu'ils ont d'iceux: ce qui est notoiremẽt faux. Car la verité est qu'il n'y a esbatement qui plus recree les gens de bien, que ceux qu'ils prenent aux temples, ni temps plus ioyeux que les festes, & ne font ni ne voyent chose qui plus les esgaye que quand ils chãtent ou assistẽt aux sacrifices qui se font aux dieux: car leur ame n'est point alors triste ni melancholique, comme si elle auoit affaire à quelque tyran, ains là où plus qu'elle estime que Dieu soit, c'est là où plus elle dechasse arriere de soy toutes craintes & tous soucis, & se donne à toute resiouissance. Il adiouste apres. Or, comme disoit Diogenes, tout est aux dieux, & toutes choses sont cõmunes entre amis, & les bons sont amis des dieux: aussi est-il impossible que ceux qui sont deuots & amis des dieux ne soyent quand & quand bienheureux, ni qu'vn homme qui est vertueux, comme tẽperant & juste, ne soit aussi deuot & religieux. N'est-ce pas là trop biẽ parlé pour vn Payen, qui iamais n'a-uoit eu que fausses instrctuions? de conclurre que celui qui a en soy vne viue impression de religion ne peut estre sans felicité & sans ioye. Que nos Libertins modernes, qui font les aueugles au milieu de la lumiere diuine, reçoyuent au moins l'enseignement de ce Philosophe (eux qui prisent tant les escrits prophanes) qui a veu plus clair es tenebres passees, qu'eux ne

Au traité, Que lon ne sçauroit viure ioyeusement selon la doctrine d'Epicure.

veulent faire en la clarté presente. I'estime que si quelqu'vn vouloit lire tout du long cest excellent traité qu'il a fait, duquel i'ay couppé ces petites pieces, il supprimeroit grande partie de ces fausses opinions, en les voyant si suffisamment confondues comme elles y sont, ce qui m'excusera d'en faire ici aucune redite, renuoyãt les lecteurs à l'original. Il ne faut, à mõ auis, point d'autres docteurs que les philosophes, pour refuter telles gens, qui falsifient & souillent ainsi les plus belles maximes de la vie humaine : car de s'aider des reigles diuines contr'eux ce seroit trop les honnorer. Toutesfois puis qu'ils osent bien, en leurs cachettes, en faire leurs risees, il conuiendra fort bien de descouurir auec icelles la turpitude de leurs desreiglemens, & retorquer sur eux la mocquerie.

Refutation de ce que les Libertins alleguent contre la frayeur des enfers.

ILS pensent auoir gaigné vn grand auantage sur les autres hommes, quãd ils disent qu'ils ne sont point espouuantez, cõme eux, des imaginations fantastiques des tourmens des enfers, & que ce sont fictions controuuees pour contenir ceux qui se desbordẽt à viure contre nature. Mais ie leur voudrois demander (encores que leur propositiõ fausse fust veritable) à quelles gens ils pensent que conuienẽt mieux ces frayeurs proposees qu'à eux, qui viuent autant contre la nature des hommes, que conformément à celle des bestes. Certes eux-mesmes se couppent la gorge de leur propre cousteau : cependant quelque belle mine qu'ils facent de ne s'effrayer de rien, si void-on qu'il n'y a gens qui redoutent plus les punitions temporelles & la mort, qu'ils font. Et d'où leur vient cela sinon d'vn sentimẽt naturel qu'ils ont imprimé en leur conscience, qui leur represente sous les chastimẽs & maux temporels

porels les peines eternelles, preparees pour ceux qui ſe reculent & ſe reuoltent de Dieu? Et c'eſt ce que Salomon dit, Que les meſchãs fuyẽt ſans qu'on les pourchaſſe, & que la mort leur eſt eſpouuantable. Les Philoſophes ont-ils pas dit auſſi que la plus grieue & certaine punition de la meſchanceté eſt le remords continuel de celui qui l'a perpetree, qui ne le laiſſe à repos? Les choſes ſuſdites (que ceux-là meſmes de qui nous parlons experimentẽt) ſont comme demonſtrations & approbations ſenſibles des jugemens de Dieu apres ceſte vie. Aucuns taſchent, le plus qu'ils peuuẽt, d'eſtouffer ces ſentimens en eux (car cela eſt ordinairement leur rabat-ioye) mais il eſt impoſſible.

Conſolatiõ aux gens de bien cõtre l'apprehenſion des enfers: & cõbien les afflictions gehennent les Libertins.

Ils s'abuſent bien fort de penſer que les gens de bien ſoyent tant eſpouuantez de la recordatiõ de l'enfer: car encor qu'ils en ayent horreur, ils s'aſſeurent en ceci, Qu'il n'y a aucune condamnation à ceux qui ſont en Ieſus Chriſt, qui ne cheminent point ſelon la chair, c'eſt à dire, qui ne viuent pas comme les Epicuriẽs. Outreplus ils ſçauẽt que l'enfer & toutes ſes puiſſances ont eſté menees captiues en triõphe à la reſurrection du Redempteur, & qu'elles ne peuuẽt engloutir ceux qui participent au benefice de ceſte victoire. dont n'õt-ils point de peur pour eux, ains compaſſion des autres, qu'ils voyent prẽdre le chemin de ce gouffre qu'ils ne peuuent voir. Conſiderons vn peu, quand quelque aduerſité arriue aux Epicuriens & Libertins (dequoy ils ne ſont pas exempts) comment ils la portent, & de quelles conſolations ils vſent. On peut dire qu'ils la reçoyuent auſſi à contre-cœur que les enfans font les verges: car puis qu'ils font de la priuation de de douleur vn biẽ ſi ſouhaitable, il s'enſuit que la preſence d'icelle leur eſt vn mal fort odieux. Si ne laiſſent ils de ſe reconforter les vns les autres, diſans, ſi elle eſt violente, qu'en bref ils en ſeront deliurez : & qu'eſtans aneantis ils ne ſentiront plus rien. Et ſi la douleur n'eſt pas grande, ils cercherõt de reietter la coulpe de leurs maux ſur les hommes, puis ſur les elemens, comme ſi toutes creatures deuoyent contribuer pour la conſeruation de leur felicité corporelle. Toutes ces conſolations-ici ſont merueilleuſement differentes de celles des vrais Catholiques, qui ſont inſtruits en la verité : car lors qu'ils tombent en tribulation pour cela leur ame n'eſt point troublee, ſçachans certainement que c'eſt Dieu qui les viſite d'vne façõ paternelle pour leur bien & amendement : ne voulãt point qu'ils periſſent, s'aſſeurans qu'apres qu'ils ſe seront humiliez, & qu'ils auront inuoqué ſa tres-fauorable bonté ils trouueront tel remede qu'il leur ſera conuenable. Et quand bien la grandeur du peril ou la vehemence du mal viendroit à les emporter, ils ne ſe contriſtent point outre meſure de quitter vne vie caduque & tranſitoire pour vne parfaitement accomplie de tous biens eternels. Aux choſes proſperes ils ne ſe gouuernẽt pas mieux qu'aux aduerſes, les meſurant ſelon le plaiſir qu'elles apportẽt au corps, comme ils ont auſſi meſuré les autres à l'aulne de la douleur corporelle. Mais les philoſophes Stoïques, deſquels ils ſe mocquent, ſont aſſez ſuffiſans pour les redarguer : car ils diſent qu'à parler proprement le vice ſeul ſe doit appeller mal, dautant qu'il transfigure l'homme en mauuais dæmon, ou en beſte : ce que la douleur ne fait pas, ains bien ſouuent le rend meilleur : & que le vray bien qui donne contẽtement parfait eſt celui de l'ame, qui conſiſte es belles actions de

Conſolatiõ des vrais Catholiques en leurs afflictions & proſperitez.

de vertu,& es hautes recerches de la verité.

Or parce que cela est assez notoire ie n'y insisteray pas dauantage, ains reprẽdray le propos laissé, pretendant de monstrer les abus que commettent les Libertins en l'vsage des choses qu'ils poursuyuẽt, & qui les delectẽt. Posons le cas qu'il soit escheu à quelqu'vn vne bonne successiõ, ou qu'il ait reçeu de grãds bienfaits. La premiere chose qu'il deuroit faire alors, s'il estoit tel qu'il doit estre, seroit d'en rendre graces à Dieu, comme à celui qui est autheur de tous biens. Secondement, se resiouïr d'estre desassiegé de la pauureté, & d'auoir plus de moyen qu'au parauant d'exercer les actions de vertu, comme la charité & la liberalité. Tiercement, vser de ceste richesse cõuenablement & honnestement, tant au benefice d'autrui, que pour sa propre vtilité & recreation. Là dessus que fait-il? c'est de rapporter tout à soy-mesmes, laissant la reconoissance enuers Dieu (duquel il ne se soucie gueres) & les autres offices en arriere: puis il dit tant à soy qu'à ses coadiuteurs, Or ça, preparons-nous à toutes sortes de delices, puis que le moyen nous est venu d'en pouuoir iouir, & chassons la melancholie: car les plaisirs reçeus ne se perdent iamais, & tousiours en est la souuenance ioyeuse.

Abus commis par les Libertins en l'vsage des choses que ils poursuyuent, & où ils fondent leur felicité.

Le plaisir du vray Chrestien est bien autre: car incontinent qu'il a reçeu quelque bien il s'esleue vers Dieu, & reconoit qu'il a esté exaucé de lui, voire qu'il l'a preuenu par sa liberale bonté: & que combien qu'il meritast d'estre chastié pour ses ingratitudes, qu'il ne laisse neantmoins d'estre fauorisé de ce qui lui fait besoin pour passer ceste vie, & en meditant ces choses en son ame il vient à se resiouir, & à chanter cõme Dauid, au pseau. 23.

Le plaisir du Chrestien.

Mon Dieu me paist sous sa puissance haute.
C'est mon berger: de rien ie n'auray faute.
En tect bien seur, ioignant les beaux herbages,
Coucher me fait, me meine aux clairs riuages:
Traite ma vie en douceur tres-humaine,
Et pour son Nom par droits sentiers me meine.

Nous en verrons plusieurs en vne cour, quand ils ont reçeu quelque beau present de leur Prince, ne cesser de le magnifier, disans : O que nous auõs vn bon maistre, qui nous guerdonne de si belles recompenses! Ne le deuons-nous pas aimer ardamment, & seruir auec toute fidelité? Si donc on se plait tant aux reconoissances humaines, que doit-on faire aux diuines? Il ne faut douter que les bien-instruits ne s'y delectẽt beaucoup plus : car ils sçauent qu'vn Prince aime auiourd'hui & demain hait : mais que Dieu ne hait iamais ceux qu'il a enroollez pour siẽs au liure de vie, & dauãtage qu'il a vne amour tres-parfaite. Vn autre plaisir qui suit cestui-ci, est, quand lon vse de ce qu'on a obtenu selon les reigles de vertu. Car si ie suis en Magistrature, & que i'aye sauué de la violence des iniques plusieurs innocens : ou si ie suis fauorisé, & que i'aye dit la verité à mon Prince : ou ayant eu richesse, que i'aye substanté ceux-là que pauureté alloit ietter au cercueil : ne me sera-ce pas matiere de plus grãde resiouissance, que si ie me fusse serui de telles cõmoditez pour nuire à mes ennemis, ou pour manger de plus friands morceaux, ou pour me faire, estãt tout diapré, regarder en public, comme on fait vn bœuf couronné qu'on pourmeine par les rues d'vne ville? I'en laisse à juger à ceux qui ont du jugement. Le Chrestien trouue encor occasion de se resiouir, quãd par les biens externes, son esprit &

son

ſon corps ſont deliurez de quelques ennuis & ſouffrãces que la priuation deſdits biens apporte: mais c'eſt d'vne ioye moderee, qui a cõtinuation, & eſt ſemblable à quelque doux coulant fleuue, là où celle des Libertins reſſemble pluſtoſt aux desbordemens d'vn torrent.

I'OSEROIS affermer que meſmes les plaiſirs corporels pour leſquels ils ſe tempeſtẽt, ne leur ſont point ſi delectables, qu'à ceux qu'ils penſent eſtre enuelop-pez de triſteſſe. Ie mettray premier en ieu ceux qu'ils reçoyuent du gouſt & de l'attouchement, qui ſont les deux ſens qu'ils taſchẽt le plus à raſſaſier, combien que nature les ait plus eſloignez du ſiege de l'entẽdement que les autres, comme plus contraires à icelui. En ceſte carriere i'apperçois deſia quelques vns, non ſeulement courans, mais mourans apres vne Laïs, ou vne Flora. Or en telles pourſuites & iouïſſances malaiſémẽt me perſuaderõt-ils que leurs plaiſirs ſurmontent leurs faſcheries: car on peut dire que s'il y a quelque Purgatoire au monde, il ſe retrouue là. L'vn dit qu'il bruſle, l'autre qu'il gele: l'vn ſe veut pendre, l'autre bannir: de maniere qu'ils achetent cherement vne telle marchandiſe. Telles amours, dira quelqu'vn, ne donnent pas de ſi violẽtes poinctures: mais ie di que ſi. car les flãmes impudiques ſont bruſlantes, là où les pudiques eſchauffẽt ſeulemẽt. Mais apres qu'ils ſont paruenus à la iouïſſance, que s'enſuit-il? deux effects bien cõtraires, ſelõ la diuerſité des humeurs. Car on en verra, qui ne ſemble pas qu'ils aimẽt des fẽmes, ains qu'ils adorẽt des deeſſes, & ſe ſoumettãs à ſi laſche ſeruitude ils ſe vont chacun iour auiliſſans à choſes indignes. Ne voila pas vn grand plaiſir qui rend l'ame inſenſee, &

Que les plaiſirs corporels dont iouïſſent les Chreſtiens ſont plus delectables & ſolides que ceux eſquels ſe plõgent les Libertins.

puis ſtupide? Autres au contraire, apres s'eſtre repus de la viande: non pour n'en retaſter, mais pour en redeſirer de diuerſe. En quoy ils font aſſez paroiſtre la vanité & brieueté des delices corporelles. Ce n'eſt pas ici encor la fin de la Tragedie, de laquelle on peut dire que en la Cataſtrophe giſt le malheur: car la pluſpart de ceux qui ont mieux ioué leur perſonnage, ſe voyent remunerez ſelon leurs œuures, à ſçauoir de debilitations de membres, gouttes, veroles, douleurs d'eſtomach, &, qui plus eſt, leur vie s'en abrege, & le cœur & l'entendement s'en affoibliſſent. Ce ſont-là les fruicts de ce beau jardin de volupté, que Meſſieurs celebrent tant, où du commencement on cueille quelques roſes, & apres s'y eſtre vn peu eſgayé, ſans y pẽſer on va s'enfourner dans vn labyrinthe d'eſpines picquantes, dõt la ſortie eſt perilleuſe, & le tourment perdurable. Apparions maintenant à ceux-ci les perſonnes qui deſirent les plaiſirs hõneſtes pour mieux voir la difference qu'il y a entr'eux. Quand donc en leur ieuneſſe les brandons des belles amitiez leur ont vn peu eſchauffé l'ame, ils recerchent les obiects agreables, ayans pour eſtoille du pole l'honneſteté & pour quadran les reliques de leur raiſon. Guidez en ceſte maniere, ils euitẽt les naufrages, & ſouuẽt font vne trãquille nauigation. Ie veux dire que ceux qui pourſuyuent legitimement choſes legitimes, ont vn plaiſir non plein de grands eſlancemẽs, ains aſſaiſonné de douceur, rempli de fermeté, & qui ne laiſſe ni remords, ni repentance, comme ceux des autres. On peut auſſi appeller ces amitiez, les pepinieres qui produiſent les belles & groſſes familles, deſquelles la fin eſt ordinairement couronnee de contentement. La maniere comme ſe gouuernent ceux

ceux qui sont espris des fureurs de Bacchus n'est pas meilleure que celle des disciples de Venus. Car aucuns y a qu'on ne diroit pas estre nais pour viure, ains qu'ils viuent pour boire & pour mãger: autres aussi se trouuent qui ne sont pas si plongez es gourmandises, ains aux friandises & delicatesses. Les premiers sont tellement disposez qu'il semble que leur ventre soit vne marmite, & leur estomach vn tõneau: car ils sont tousiours clouez & attachez à la table, où ils vont remplissans l'vn & l'autre, iusques à ce que la charge soit si pesante qu'elle fait verser son homme, ou l'emporter à quatre. Mais si quelqu'vn pensoit qu'ils reputassent cela à honte, il se tromperoit fort, parce qu'ils tienent à gloire apres auoir longuement contesté en vn combat si doux d'estre portez en triomphe en vn lict, où en moins de douze heures ils reprenẽt nouuelles forces. Et puis ils sçauent bien que ces deux grands capitaines, Blanc & Clairet, sont inuincibles, & qu'il faut que les plus braues leur cedent, comme vn Pigmee feroit à Hercules. Ils sont de l'opinion de ce bon gros Abbé de iadis, auquel ses amis remonstroyent que tel exercice lui abbregeroit ses iours: mais il leur respondit, Mes enfans ne soyez point en peine pour moy, car comme l'hõneur d'vn bon cheualier gist à mourir en vne bataille, aussi l'hõneur d'vn vray Abbé est de creuer à la table. Ie ne reciteray point les plaisirs qu'ils prenent en ces cõtinuels & reiterez repas, pource que cela n'est que trop notoire, mesmemẽt à ceux qui ont voyagé en quelques endroits des païs Septentrionnaux, où ces exercices sont encor plus communs qu'es nostres. Mais il seroit bien seant à ceux qui ont de la pieté, & qui la pratiquẽt, d'en laisser l'vsage aux Libertins, de qui nous parlons. Les secōds ne sont pas si desbordez que ceux-ci, ains se traitēt auec beaucoup plus de ciuilité & delicatesse, & au lieu d'engloutir ce qu'ils boyuent & mangent, ils le veulent gouster & sauourer, pour en receuoir plus long plaisir tāt qu'ils soyent saoulez. Ils sont aucunement soigneux de cacher les turpitudes de l'yurongnerie, mais tres-diligens à cercher les manieres pour diuersifier toutes viandes, à fin que par ceste varieté leur appetit trouue plus de delectation. Si vn excellēt cuisinier se rencontre, il est plus prisé parmi eux que n'estoyent Platon & Aristote en l'Academie d'Athenes. Toutes leurs meditations gisent à inuenter friandises & à se ressouuenir des bonnes cheres qu'ils ont faites, & ainsi visans à mesme but que les premiers, ils se vont souiller en vn bourbier semblable. Mais ils le font auec plus de dexterité, sçachās mieux iouïr des plaisirs corporels que les autres, & couurir leur laideur. Quant aux remunerations Bacchanales, les vns & les autres y participēt, & est difficile d'auoir cōtinué ce train ici quelque temps, qu'on ne sente desia les auant-coureurs des maladies, & puis elles vienēt apres, & aussi malignes que celles qu'auons alleguees. Ainsi void-on l'acquest qu'il y a de seruir vn maistre si liberal de toutes especes de douleurs enuers ceux qui veulent plustost adherer à leur ventre qu'à leur entēdement. Le plaisir de ceux qui vsent bien des dons de Dieu, qu'il nous ottroye pour nostre nourriture, est bien autre: car les prenans auec temperance, l'ame n'en est troublee en l'vsage, & demourant libre en la conduite de la sensualité, tātost elle lui lasche vn peu la bride, tā tost elle la lui retient, ne plus ne moins qu'on fait à vn ieune cheual, qu'on meine pourmener

en vne

en vne campagne. En ce faisant il aduient que l'ame mesme se resiouït auecques le corps, en la iouïssance des biẽs desquels lui seul a la fruition, quand elle void qu'il demeure rangé dans les bornes quelle lui a prescriptes. Mais quel plus beau & gracieux conuiue y a-il, que celui auquel on rassasie aussi biẽ l'vn comme l'autre? comme il se pratique entre ceux qui sont ornez de pieté & de vertu. Ils ne desdaignent point pourtant les viandes exquises, ni les vins delicieux, ains les prisent comme plusieurs autres choses necessaires, & quand ils en sont priuez, n'ayans ce qui est commun au vulgaire, ils ne tempestẽt & ne languissent point, sçachans que peu de chose suffit à Nature. Mais vne des principales considerations quils ont, c'est de faire seruir ces moyens-ici pour iouïr de la conuersatiõ de leurs semblables, & pour estreindre tousiours les amitiez dauantage, & ouir plusieurs bons & ioyeux propos qui instruisent & delectẽt: car, comme dit Plutarque, l'œuure proprement de Bacchus n'est pas l'yuresse, ni boire le vin, ni gouster les viandes delicieuses, mais bien la resiouissance, l'affection, la familiarité qu'il nous engendre des vns auec les autres. Car à plusieurs qui au parauant ne s'entreconoissoyent quasi pas, ayãs amolli & humecté (par maniere de dire) la dureté de leurs cœurs es banquets, ne plus ne moins que le fer s'amollit dans le feu, il leur a dõné vn cõmencement de commixtion & incorporation des vns auec les autres. I'estime que ceux qui se gouuernent ainsi ont beaucoup plus de plaisir que les Libertins, voire que ceux qui n'en peuuent gueres auoir sinon quãd ils sont conuiez à quelque magnifique festin, où ils oyent vn retentissemẽt de haubois dans vne salle, & bruire vn murmu-

Plutarque au banquet des sept Sages.

re de la tourbe qui la rẽplit, & qu'ils voyent aussi tout reluire de riches paremens, auec diuersité de danses & masquarades, Certes cela esblouït & endort plustost les sens qu'il ne resiouït l'ame, mesmement de ceux qui l'ont bien disposee. Toutesfois plusieurs ne laissent de se repaistre de telle pasture.

Du contentemẽt des Chrestiens en l'vsage des autres biens temporels.

Or en l'vsage des autres biens temporels, on peut dire que l'homme professeur de la vie Chrestienne s'esgaye comme aux precedẽs : car puis qu'il en est reconoissant enuers Dieu, autheur d'iceux, il lui en donne vne ioyeuse fruition. Et commẽt ne se resiouiroit-il pas des biens, veu que les maux mesmes ne l'espouuantent beaucoup? ainsi qu'il est escrit au Pseau. CXII.

Il ne craint mauuaise nouuelle,
Car son cœur iamais ne chancelle,
Ayant au Seigneur sa fiance.

Et quand ils lui sont aduenus, il les reçoit pour corrections tres-douces, & s'estudie de les rẽdre vtiles. Il sera mal-aisé de persuader ceci aux gens ausquels nous auons à faire, iusques à ce qu'ils en ayẽt reçeu quelque goust par experiẽce. Aussi nos propos ne tendent qu'à leur aiguiser l'appetit, pour en vouloir gouster : car si ces petites delices (qui perissent quasi aussi tost qu'elles sont nees) leur ont sçeu enchanter les sens, quels effects feront en leurs ames tant de diuerses douceurs que la pieté & la tẽperance produisent, sinon la mondifier & esclarcir des souilleures & erreurs qui en tenoyent sa splendeur demi offusquee? Qu'ils laissent donc ceste vie qui n'a que trop d'affinité auec la brutale, pour embrasser celle qu'ils reiettent par faute de la bien conoistre : car desia ils peuuent auoir veu par ce qui a esté dit, qu'il y a autant de difference de l'vne

à l'au-

à l'autre, qu'entre vne poignee de fange & vne poignee de tref-belles perles. Et quant au poinct dequoy ils font le plus de doute, qui eft, laquelle des deux eft plus plaifante, il eft affez verifié que c'eft la Chreftienne. S'ils difent que dedans les voyes par où elle chemine on trouue fouuent des efpines qui picquent, & des petites pierres qui font broncher: ie leur refpondray que c'eft peu de chofe que cela, dautant que les remedes fe trouuent fur le lieu. Mais par leurs chemins, tant couuerts que defcouuerts, qu'ils confidèrent combien d'afpics il y a cachez, qui mordent: & combien de profondes foffes fe trouuent où les cheutes font tref-dangereufes, voire mortelles. Et ce qui eft encor le plus horrible, c'eft ce qu'on rencontre à la fin, à fçauoir vne tref-fale & orde renommee, dont fouuent on s'entend blafonner en fa vie: & apres vne precipitation es gouffres eternels, où il n'y a nulle redemption. Au contraire ceux qui ont fuyui la pieté & vertu, eftans en bonne odeur à leurs femblables, font affeurez apres auoir paracheué leur voyage terrien d'eftre dignement recueillis es habitations celeftes.

FIN.

QUE TOUTE PERSONNE, selon sa capacité & vocation, peut vser de la contemplation.

VINGTCINQVIEME DISCOVRS.

Contre ceux qui ont priué la plusspart des hommes du benefice de la vie contemplatiue.

ANCIENNEMENT, plusieurs ont eu ceste opinion, que le contempler estoit seulement propre aux Philosophes, dont le nombre ne pouuoit estre alors que trespetit. Et eux aussi ont merueilleusemẽt loué vne telle action de l'esprit, voire la vie qui y estoit du tout destinee. Auiourd'hui aucuns attribuent le mesme à ceux qui s'estans retirez du mõde viuent dedans les Monasteres & Hermitages, s'estans ainsi escartez pour mieux vaquer à cest exercice spirituel: lesquels surpassent de beaucoup les autres en quãtité. Et ce qui les induit en partie d'ainsi juger, c'est qu'ils imaginent que le vulgaire ne sçait quasi que c'est de la contemplation. Aussi qu'ils en voyent plusieurs, qui ont de l'entendement, la desdaigner: comme si c'estoit quelque mystere mal plaisant, ou fort difficile. Dauantage, ils oyent continuellement les Moines (qui se vantent de l'auoir embrassee) dire qu'à eux seuls elle appartiẽt. Qui a esté occasion qu'ils ont conioint, comme inseparablement, vne telle action aux vies qui semblent du tout desliees des sollicitudes terriennes. Ceste matiere, qui est si belle & si haute, meriteroit bien qu'on eust

eust commencé à en discourir plus grauement: mais ie ne l'ay voulu faire, (& parauenture aussi que ie ne l'eusse peu) ayant mieux aimé qu'es liures des doctes, où elle est si parfaitement examinee, les autres aillent s'y instruire comme i'ay fait. Mon intention est d'en parler bassemẽt, selon ma portee: pour aider à ceux qui ne volẽt pas plus haut que moy. Et c'est ce qui m'a fait representer premierement les opinions communes: à fin de monter apres, auec plus de facilité, à celles qui sont plus vrayes. Or tout ainsi qu'on peut nõmer spoliateur celui qui s'atribue vne chose en propre, laquelle doit estre commune: aussi est-ce vne maniere d'vsurpation, quand par vn jugement trop libre plusieurs sont rendus indignes des biens ausquels ils peuuent auoir part, pour les adiuger à vn petit nõbre de Moines, sous l'ombre qu'ils disent qu'ils apartienent à eux seuls. Il ne faut faire ni l'vn ni l'autre: mais plustost s'efforcer de rendre les personnes capables de posseder quelque portion de ce benefice spirituel.

L'EXPERIENCE monstre que les dons qu'on appelle de nature, sont distribuez auecques vne merueilleuse difference: voire aussi grande qu'entre les metaux. Cependant quand par bonne doctrine on est enseigné de se preualoir de ce qu'on a en soy, il s'en tire de l'vtilité propre à la condition d'vn chacun. Car, à parler par similitudes, ceux qui ont l'esprit comme d'or, ou d'argent, le peuuent bien plus haut esleuer que ceux qui ne l'ont que de cuyure, ou de fer: si est-ce que quãd les plus viles matieres sont repolies, elles ne laissent de donner quelque lustre. On confessera qu'entre les hommes, le moins estimé, & le plus abject, est le populaire chãpestre. Et toutesfois à la plus-

Que tous sont capables de cõtemplation.

part d'iceux on fait peu à peu comprendre (quand on veut s'y estudier) qu'il y a vne diuinité eternelle qui a creé le mõde, qu'ils ont des ames immortelles, & qu'apres ceste vie il y en aura vne autre bien-heureuse pour ceux qui aurõt creu en Christ le fils de Dieu. Eux apres venans à penser & repēser à telles choses, qu'est-ce cela, sinon entrer dans les sentiers des plus hautes contemplations? Nul ne s'en doit donc tenir du tout indigne: car c'est se rendre comme beste brute, d'estimer n'y auoir aucune participation.

Misere de plusieurs qui quittent leur part de ce priuilege, & le blasment.

MAIS que doit-on dire de ceux qui sont doüez de bon entendement (comme les Nobles, & plusieurs autres) dont le plus grand nombre, au lieu de hausser quelques fois l'esprit le rabaissent tousiours, & le captiuent en la fange de la terre: plustost que de le faire pourmener libre dedans le ciel, pour y aperceuoir les diuerses beautez qui y sont, qui resiouissent l'ame, prisonniere en ce corps mortel? Vrayement on doit lamenter pour eux, dequoy ils ignorēt ce beau priuilege: ou ne l'ignorās, de ce qu'ils n'en font cõte. Mesmes il s'en trouue qui disent que la contemplation est vne haute folie, & le masque de l'oisiueté monachale: & se mocquent d'icelle, cõme ils ont accoustumé de plusieurs bõnes choses qu'ils reiettent, ainsi qu'vn homme dégousté fait les bonnes viandes. On ne leur doit souhaiter autre punition, que celle qu'ils se donnent eux-mesmes, en se priuant de la iouissance d'vn bien qu'ils ne veulēt conoistre, lequel toutesfois ils mesprisent cõme vn mal ia conu. Par ce que i'ay dit, on aperceura que l'vsage de la contēplation n'est pas attaché à la vie, qui y semble estre du tout dediee. Car il y a plusieurs moines qui gourmandent, & plusieurs artisans qui contemplent, & ſans ce benefice ici, duquel peu s'efforcent de iouïr, les miſeres humaines, & les ſollicitudes continuelles, nous rauiroyent la plus grand' part de l'heur que nous pourſuyuõs. Ceci ſeruira pour vn commencement de reſponſe aux opinions prealleguees: car il me ſemble qu'il profitera dauantage de declarer quelle eſt ceſte puiſſance contemplatiue, & ſes vrais obiects: à fin qu'on puiſſe mieux conoiſtre comme on s'en doit aider, & le beſoin qu'on en a.

L'AME raiſonnable (pour parler familierement) a en elle deux parties: l'vne qui s'exerce aux choſes de ce bas monde, leſquelles, eſtans comme innumerables, peuuent arriuer en pluſieurs diuerſes façõs, à cauſe de la mutabilité de la matiere, & de la varieté des appetis, affections & operations des hommes. Et ceux qui ſe comportent bien en ces choſes, ſont apellez prudens & gens de bon eſprit. Mais l'autre partie (qui eſt celle dequoy i'entens parler) va plus haut recercher ce que l'œil corporel ne peut aperceuoir. Car elle comprend les ſubſtances, encor qu'elles ſoyent deſpouillees de toute matiere: puis, s'eſgayant en la meditation de ce qui auient touſiours neceſſairement, va s'arreſter ſur ce qui eſt diuin & eternel. Ceux-la ſont nommez perſonnages doctes, & de grande ſcience: pource que par icelle (cõme par vne ſeure guide) ceſte treſ-noble partie de leur ame, qui eſt doüee de plus parfaite intelligence, eſt cõduite aux lieux où elle peut aucunement comprendre les choſes, auec leſquelles elle a conuenãce & ſimilitude. Car ce qui eſt ſpirituel ſe plait auec ce qui eſt ſpirituel. En ceci giſt l'excellence des creatures participantes de raiſon, par deſſus toutes les autres mortelles & terreſtres, de pouuoir de loin impar-

De la puiſſance contemplatiue & de ses vrais obiects.

faitement aperceuoir ce qui est immortel & celeste. Ce qui les deuroit bie͂ solliciter de ne laisser pas comme estouffer en elles ceste puissance naturelle, qui leur est donnee pour la bien employer. Qua͂t à ses obiects, celui qui est le souuerain, c'est Dieu, outre lequel on ne peut regarder, dautant qu'il est la fin de toutes fins, & la cause de toutes causes, & qu'en icelui toute plenitude de perfection reside. Mais il y en a plusieurs autres inferieurs, comme la nature Angelique, les mouuemens celestes, & ce qui est immuable en l'ordre de nature. En quoy il y a bien ample subiect pour exercer icelle faculté, qui se rend d'auta͂t plus parfaite, que l'vsage en est continuel.

Des personnes qui y peuuent vaquer.

ET pour voir comme͂t ceci se peut mettre en pratique, il faut considerer de quelles personnes est composé tout le corps politique. Ie le mettray en trois ordres. Au premier seront les grands & la Noblesse: au second tous ceux qui s'employent aux lettres diuines & humaines: & au tiers, tout le reste du peuple, ta͂t des villes que des champs. Quant aux premiers, il semble qu'ils naissent auecques des inclinations plus viues & ployables que les autres: dauta͂t que leurs peres estans paruenus à grandeur & honneur, par les voyes de vertu, tant intellectuelle que morale, il est à presumer qu'ils leur ont laissé des petites semences d'icelles (entant que nature les peut former) aptes à la renouueller en eux, quand la nourriture n'y repugne. Pour confirmation dequoy, on void souuent quelques enfans de Princes, seigneurs, ou gentils-ho͂mes, lesquels en l'aage de six ou sept ans monstrent desia de petis miracles de l'ame. Elle les produit plustost, où elle trouue les organes (dont elle se sert) mieux disposez: ainsi qu'on void

La Noblesse.

void auenir à vne lanterne : car plus sa vitre est claire, plus sa lumiere interieure s'apperçoit:& si elle est sombre, peu de clarté se demonstre. Ayãs doncques ceux-ci de si bõs principes, il ne leur faut qu'vne bonne instruction, pour les amener à la conoissance de la dignité de l'homme, qui consiste à esleuer son entendement vers l'autheur de ses biens. A quoy leur condition noble les doit aussi exhorter. Et comme ainsi soit, qu'en la vie actiue qu'ils meinent ils le tienent ordinairement occupé en plusieurs choses honnestes & vtiles, si doyuent-ils passer plus auant, & monter apres aux spirituelles : car celui qui est despouillé de telles apprehensions rend sa condition tres-mauuaise.

Respõse à vne obiection commune touchant la contemplation.

Si aucuns disent, N'assistons-nous pas aux ceremonies religieuses? l'excuse sera froide, dautãt que la plus excellente partie de la Religion gist en l'interieur. Ce que l'Escriture nous enseigne, quand elle nous dit que Dieu est esprit, & veut estre adoré en esprit & verité. Et comment seroit-il possible de gouster les mysteres diuins, si ceste puissance speculatiue ne se bandoit ainsi qu'vn arc à la recerche de si hautes veritez, plus necessaires pour la nourriture de l'ame, que le pain n'est pour celle du corps? Toutesfois peu se trouuent de ce rang qui y soyent fort eschauffez, dont aduient que plusieurs ignorent ce qu'ils deuroyent principalemẽt sçauoir: & sont sauãs en ce qu'ils deuroyent plustost ignorer. I'allegueray pour preuue de ceci seulement vn exemple d'vn gentil-homme mien voisin, lequel deuisant en compagnie d'vn poinct de la Religion, disoit, Ces huguenots font les grands docteurs : mais ils ne sçauent rien. Quand vous entrez en dispute auec eux, d'abordee ils vous nient le Purgatoire:

mais sur le champ, niez leur la Trinité: & vous ne vistes iamais gens plus estonnez. I'estime qu'il disoit cela ne pensant pas mal dire: cependant c'estoit chose deplorable, de voir cestui-là, qui eust deu enseigner les autres, auoir besoin d'aller à l'eschole pour s'instruire aux premiers preceptes de la pieté, & estre en ce qui concernoit la ciuilité tres-suffisammēt instruit. Les exercices corporels, qui tendent à hōnesteté, sont bien conuenables aux nobles: mais ils declinent vers la terre, s'ils ne sont soustenus par ceux de l'ame, qui, deuote, s'esloigne par interualles de cest element. Le quatrieme commandement de la Loy nous admoneste de ceci, auquel Dieu declare qu'il veut qu'au septieme iour on se repose, c'est à dire, qu'on oublie les sollicitudes mōdaines, pour appliquer du tout son entendement à mediter en ses ouurages admirables, tant de la creation & conseruation, que de la redemption. Par où lon void que le cōtempler est vn deuoir commun, auquel on peut dire que sont plus obligez ceux qui ont plus receu de toutes especes de biens.

De la contemplation bien seante aux gēs d'estude, de Iustice, & d'Eglise.

Il faut maintenant parler de ceux du second ordre, qui sortent des deux autres corps de la Noblesse & du peuple. On peut dire que beaucoup d'iceux sont poussez de bōne volonté à aprendre les sciences, tant pour vn desir de sçauoir, que de profiter à autrui. Mais il y en a aussi voire la plus grand' part, que le gain & la necessité excitent. Et entre ceux-ci s'en trouue aucuns, qui ordinairement ne contemplent que dās leurs coffres. Ce que les premiers ne font pas, à cause qu'ils visent à fins meilleures. Et principalement le vray office du Philosophe est d'aiguiser son esprit à la recerche des beautez de l'vniuers. A quoy le contentement est

d'autant

d'autant plus grand, que le vol de l'esprit est plus haut. Quant à la sciẽce diuine, de laquelle ceux qui tienẽt les charges Ecclesiastiques font vne particuliere profession, elle requiert vne ame desliee des ceps & liens mondains, dautant qu'en vn si haut subiect elle doit desployer toute son agilité. Et c'est proprement à eux, plus qu'à nuls autres, que la contemplation apartient. Nõ que i'entende, pour demeurer tousiours là occupez, comme vn quadran à regarder le Soleil: car en vain seroyent-ils en office, s'ils ne s'en acquitoyent au benefice de ceux qui doyuent receuoir d'eux l'vsure des talens spirituels que Dieu leur a communiquez, c'est à dire saine doctrine. Voila comment la vie contemplatiue ne doit point estre desiointe, ni pour tousiours, ni pour long temps de l'actiue. Ce que mesme les meilleurs Philosophes ont bien conu. Et ce grand Theologiẽ, S. Augustin, a approuué du tout ceste bien ordonnee composition de l'vne & de l'autre. Car encores que les actiõs spirituelles soyent plus dignes que les corporelles, toutesfois on ne les doit pas separer.

Respõse à l'obiection de ceux qui estiment que la vie contemplatiue est toute à eux.

IE sçay bien que les Moines, & specialement les Mendians & Chartreux (car ceux de S. Benoist & de S. Bernard sont encores meilleurs compagnons) contrediront à ceci, disans que la continuelle contemplation qu'ils ont esleuë, non interrompue de soucis mõdains, rend l'ame plus parfaite, & le corps aussi. Vrayement c'est vne belle chose de tascher d'atteindre à quelque petite perfectiõ, selon que la foiblesse humaine le peut porter. Mais puis que S. Paul (qui est paruenu à si grãde sainctеté) auec ses hautes & profondes speculations n'a point laissé d'estre en action perpetuelle pour l'edification de l'Eglise, cela me contraint de dire qu'il vaut mieux s'arrester à son exemple, qu'à celui des autres. Et à fin d'esclarcir encore mieux ce fait, ie representeray la vie des anciens Moines, qui viuoyẽt quatre cens ans apres Iesus Christ, selõ qu'vn personnage tres-docte l'a recueillie des escrits de S. Augustin. Mesprisans (dit-il) les delices & plaisirs mondains, ils meinent ensemble vne vie tres-saincte & tres-chaste, viuans en oraisons & lectures, & en conferences, sans enfleure d'orgueil, sans rebellion ni noise, & sans enuie. Nul ne possede riẽ de propre, & nul n'est en charge à ses prochains. Ils trauaillẽt de leurs mains au labeur qui peut entretenir leurs corps, sans empescher leur esprit qu'il ne soit attentif à Dieu. Puis mettẽt leurs ouurages entre les mains de ceux qui s'appellent Doyens, & iceux ayans retiré argent de celà en rendẽt conte à celui qui est nommé Pere entr'eux. Or les Peres sont personnages non seulement saincts quant à leur vie, mais excellens en la doctrine de Dieu : & ayans preeminence en vertu, aussi bien qu'en puissance, ils gouuernent leurs fils, sans aucun orgueil : & comme ils ont authorité de leur commander, aussi leurs fils sont fort volõtaires à leur obeir. Or sur le vespre, chacun sort de sa celle & s'assemblent tous en vn, estans encores à ieun, à fin d'ouir leur pere : & apres prenent leur refection corporelle, entant qu'il est requis pour la santé : & chacun restreint sa concupiscence, à fin de n'vser, sinon sobrement, mesmes des viandes qui leur sont mises au deuant, lesquelles ne sont point en grande quantité, ne gueres friãdes. Le surplus qui leur demeure outre leur nourriture, (car il leur en demeure beaucoup, tant pource qu'ils trauaillent diligemment, qu'à cause de leur sobrieté) ils le distribuent aux pauures qui ne sont

soigneux

soigneux de le gaigner. Car il ne leur chaut d'auoir abondance: mais toute leur solicitude est de ne rien reseruer de ce qui leur abonde. En telle rigueur de vie (dit-il) nul n'est contraint à porter vn fardeau plus pesant qu'il ne peut, ou qu'il refuse porter. Et celui qui est plus debile que les autres, n'est point pourtant condamné d'eux: sçachans bien tous, combien la charité est recommandable. Ils sçauent bien aussi que toutes viandes sont nettes à ceux qui sont nets. Pourtant toute leur industrie est, non pas de reietter aucunes viandes, comme pollues: mais de dompter leur concupiscence, & s'entretenir en bonne dilection. Quant à l'exercice du corps, ils sçauent bien qu'il profite pour vn peu de temps seulemẽt. La charité est principalement gardee: à icelle on accommode les viures, les paroles, les accoustremens, & les contenances. Chacun conspire là en vne charité, & a lon horreur de la violer. Si quelqu'vn resiste à icelle, il est ietté hors: & si quelqu'vn cõtreuiẽt à icelle, on ne l'endure pas vn seul iour.

IVSQVES ici sont les paroles de S. Augustin, qui fait là vn beau pourtrait de l'ancienne Moinerie, laquelle seruoit alors aux moines d'vne preparation à vn estat plus excellent. Car leurs Colleges, ou assemblees, estoyent cõme vne pepiniere, pour fournir l'Eglise de bons ministres: & de là ont esté appellez Gregoire Nazianzene, Basile & Chrysostome, pour estre Euesques: & plusieurs autres notables personnages aussi. Parquoy il appert que leur vie n'estoit pas plus contemplatiue qu'actiue. Car encor que la pluspart vescussent en lieux escartez, à fin d'estre moins diuertis en leurs estudes & en leur discipline morale: neantmoins, vn de leurs principaux buts estoit de se rendre

De quoy seruoyẽt les moineries anciennes.

idoines pour seruir au corps dont ils n'estoyent que tres-petis membres. Et estans reçeus aux charges Ecclesiastiques, il leur estoit loisible de se marier: car le mariage n'estoit pas defendu. Et combien que ceste ancienne maniere de viure Monastique ait eu vn beau lustre, quand ceste simplicité de reigles & de cœurs regnoit: si peut-on dire(& auecques verité)qu'elle est plustost fondee sur les inuentiōs des hommes, que sur exemples tirez des Escritures. Mais peu à peu toutes ces choses se sont alterees & corrompues: comme il est aisé de conoistre, en comparant le temps passé à cestui-ci. Car si on obserue biē, qu'elle a esté l'estude d'vne grande partie des Moines, depuis soixante ans, ç'a esté de crier qu'on pende & qu'on brusle. & qui? ceux qui les admonnestoyent fraternellemēt de ne croupir plus en tant de corruptions suruenues & qui n'aprouuoyent pas leurs sainctetez nouuelles. Ainsi leurs principales contemplations se sont tournees en feu & en sang. Ce qui a encor auiourd'hui grand cours: mais plus de volonté, que d'effect. Rabelais, qui a en ses escrits fait mention de quelques braues Moines de son temps, nous les depeint beaucoup plus moderez & sociables: car tāt s'en faut qu'ils calomniassent ou mal fissent, qu'au contraire ils ne demandoyent qu'à rire & faire bonne chere auecques tous. Entre autres il parle de frere Bernard Lardon, residant en la bonne ville de Amiens, qui estoit tel, qu'en trente six Moineries on n'en eust pas trouué vn semblable. Il disoit que ses contemplations superieures estoyent aux rostisseries authentiques de ladite ville, & ses inferieures dedans les plus profondes caues de Laon en Laonnois & les mieux garnies de bon vin. Au demeurant, ce bon frere

Des Moines modernes, & de leurs contemplations.

frere estoit tousiours ioyeux & brusque comme vn petit asne debasté, & docte autant que son breuiaire se pouuoit estendre.

C'est ici le fruict que les derniers siecles ont aporté, d'auoir changé l'integrité de iadis en des impuretez modernes. Les premiers Moines dont i'ay parlé, estans remplis de charité, faisoyent bien à tous. La pluspart de ceux qui leur ont succedé quelques siecles apres, plus affectionnez au ventre qu'à l'Escriture saincte, ayans peu de souci d'autrui, ne regardoyent qu'à eux-mesmes. Mais beaucoup de nos modernes, s'abandonnans trop à la haine & à la vengeance, font mal à plusieurs. Ie ne veux pas dire pourtant, que parmi ceste multitude qui fourmille par le monde, il n'y en ait bon nombre, qui gemissans sous le fardeau de tant de traditiõs, desirent de voir redressees les obseruations antiques, estans douez de grande moderation: & moy-mesmes en ay conu aucuns en ma prison qui estoyent fort humains. Ie prie Dieu pour eux, qu'il les vueille fortifier, en sorte qu'ils puissent chanter de bouche, & pratiquer en effect ce beau Pseaume 122. de Dauid, qui dit, *Conference des vieux & nouueaux Moines.*

Incontinent que i'eus ouï,
Sus, allons le lieu visiter
Où le Seigneur veut habiter:
O que mon cœur s'est resioui!
Or en tes porches entreront
Nos pieds, & seiour y feront,
Ierusalem la bien dressee:
Ierusalem qui t'entretiens
Unie auecques tous les tiens,
Comme cité bien policee.

Or laissans ces abus en arriere, il faut cõfesser que ceux qui se dedient aux choses diuines eslisent vne chose excellente, ainsi que dit S. Paul : moyennant qu'ils s'en acquitent bien. Et ceux-là pourront croire que leurs contemplations sont fructueuses & vrayes, quand ils sentiront leurs ames plus deuotes enuers Dieu, & leurs cœurs plus secourables enuers leurs prochains. Mais quãt à celles-la qui ne se plaisent qu'es solitudes des deserts : peu y en a qui ne soyẽt falsifiees d'hypocrisie.

De la contemplatiõ de ceux qui estudient aux sciẽces humaines.

IE retourneray à dire encor quelque mot des sciẽces humaines, dequoy i'ay trop peu parlé. Certes ceux qui s'y adonnent ont aussi vne spatieuse campagne, pour y pourmener leurs esprits : non toutesfois si digne que l'autre. Car la diuine est la maistresse, & celles-ci les petites chambrieres, les professeurs desquelles ont grandement honnoré la contemplation, qu'ils ont affermé estre la mere de sagesse. En quoy ils n'ont pas erré, pource qu'il est difficile de penetrer dans les choses hautes & profondes, que par assiduelles meditations. Les Platoniques ont beaucoup magnifié ceste faculté contemplatiue de l'ame : les operations de laquelle ils ont estimé estre tres-dignes, pour le regard d'elles-mesmes, dautant qu'elles procedoyent d'vne cause parfaite, qui alloit embrassant des obiects tres-parfaits, dont le plus haut estoit Dieu. Et Platon, parlant du souuerain bien, a dit, qu'il consistoit en vne similitude & conionction de l'ame auec icelui : à quoy elle paruenoit aucunement, lors que se rauissant hors des choses corporelles elle s'arrestoit à la consideration des supremes beautez, qui la rendoyẽt apres toute rauie en vne si grande fœlicité. Mais ceste matiere ici nous est Theologique, plustost que Philosophique

que : qui me gardera d'en dire dauantage, ſinon pour louër ces pauures gens, qui auoyent vn ſi grand zele à cercher vn bien qu'ils ne pouuoyent trouuer par les voyes de nature : & accuſer noſtre ſtupidité, de ce que l'ayant deuant nos yeux ſpirituels nous ne le daignons quaſi regarder. Maintenant l'eſtude de Philoſophie tend à choſes plus baſſes. Et me plait la diuiſion qu'aucuns en ont faite: à ſçauoir en la rationnelle, qui enſeigne à bien parler & argumenter : en la morale qui enſeigne à bien viure, ſous laquelle la politique eſt compriſe : & en la naturelle, qui nous donne conoiſſance de la nature, & de tout ce qui a eſtre. En toutes leſquelles doctrines, ceux qui veulent y profiter ont beſoin de frequentes meditations, pour mieux apperceuoir les perfections d'icelles. Car à quoy que ce ſoit, quand l'eſprit n'y paſſe que legerement, ce n'eſt toucher que l'eſcorce : mais quand il s'y arreſte, il va penetrant à trauers l'eſpeſſeur du bois, & iuſques à la moëlle. Celui qui conſiderera le parler, qui eſt ſeulement propre à l'homme, penſera qu'il n'y a rien qui ſoit ſi commun & familier : mais s'il monte iuſques à la parole interieure, qui eſt la conception de l'entendement, auquel receptacle mille images parfaites & imparfaites, fauſſes & vrayes reſident, paſſent & repaſſent, qui ſe manifeſtent apres par la parole ſenſible, il admirera vn ſi haut ouurage de Dieu. Et en ceſte maniere deuons nous des choſes corporelles monter aux incorporelles : & des plus hautes retourner apres aux baſſes. Car qu'eſt-ce autre choſe que la compoſition de l'homme, ſinon le celeſte, & le terreſtre, qui par vn artifice treſ-excellent & inimitable ſont conioints enſemble? Dequoy on peut tirer ceſte inſtructiō, que la vie contemplatiue & l'actiue conuienēt tres-bien l'vne auecques l'autre: & les vouloir du tout separer, c'est comme vouloir faire force à nature.

A sçauoir si la contemplation conuient aux Princes, aux gens de guerre, de iustice, & à ceux qui ont soin de la santé du corps.

QVELQV'VN dira, encores que le Philosophe doiue contempler, que pourtant il ne semble pas que le Prince, le Capitaine, le Iuge & le Medecin ayent grand besoin de s'y trauailler: pource qu'on ne requiert d'eux seulement que de bons effects. Ie respondray qu'iceux effects procedent des bonnes consultations, & les consultations de la prudēce, à laquelle on paruient premierement par experience: puis par meditation. Quād celui qui possede la dignité royale repensera souuuent en luy-mesmes, que Misericorde & verité gardent le Roy, & que son throsne est soustenu par clemence (ainsi que dit Salomō) ne sera-il pas plus diligent à son deuoir, que celui qui cuide estre assis dessus comme vne image diapree sur vn autel, à fin qu'on l'admire & magnifie? Ceux aussi qui ont l'administration de Iustice, & la cure de la santé, au lieu de mettre tout leur esprit à rēplir leurs bourses, feroyent-ils pas mieux de s'ocuper quelquesfois la semaine, les Iuges à mediter ceste belle & tres-belle sentence du Roy Iosaphat, qui disoit, parlant à ceux de son temps, Regardez que vous ferez: car vous n'exercez point le iugement d'homme: mais du Seigneur, & tout ce que vous iugerez redondera sur vous? Et les Medecins, ce qui est escrit en l'Ecclesiastique, que le Souuerain a donné la science aux hommes, pour estre honnoré en ses merueilles? Car en considerant souuent telles admonitions, ils deuiendront plus officieux enuers les hommes, & plus reconoissans enuers Dieu, duquel ils sont petis instrumens pour faire resplendir ici bas les vertus

Prou. ch. 20.

2. Chr. ch. 14.

vertus qu'il leur donne liberalement, lesquelles encor vendent-ils cherement. Mais l'ambition qui est proprement nommee vn tourment honnorable, & l'auarice, qui est vne gehenne honteuse, distrait & les vns, & les autres, de si hautes pensees : dont s'ensuit confusion en l'ordre Politique.

De la contemplation conuenable au peuple, tant des champs que des villes.

QVANT au troisiéme ordre, qu'on appelle le tiers Estat, ie le diuise en deux parties, dont la moins digne est du peuple champestre, qui semble se conduire autant par les affections que par la raison, & est si grossier, qu'encores qu'il soit enseigné, on diroit, ou qu'il mesprise, ou qu'il ignore les exercices superieurs de l'ame, & qu'il ne lui conuient non plus que Magnificat à Matines. Mais la charité nous doit faire iuger que Dieu ne fait rien en vain, & que leur ayant donné vne mesme forme substantielle qu'aux plus eminens, il ne leur a pas interdict l'vsage, en quelque maniere, de ce qui les peut rendre participās des biens qui sont offerts à tous, lesquels consistent à le conoistre. Et si nous regardons ce qui est dit en l'Escriture, nous verrons qu'il se reuele aux petis, & se cache aux sages entendus. Ce qui nous doit rēdre modestes au jugement de ceste matiere, puis que la foy, qui est vne supreme contemplation, n'est pas desniee à ceux qui sont les plus rustiques. En quoy on apperçoit les merueilles de Dieu, de ce qu'il rend plusieurs d'iceux doctes à salut, en vne science qui semble du tout indocte. Le peuple des villes est plus capable d'institution : & outre les choses deuotieuses il ne laisse aussi d'appliquer son esprit aux arts, dont par fois resulte vne telle perfection d'ouurages, que plusieurs sont contraints de confesser, que la main lourde ne les eust onc paracheuez , si la promptitude de l'entendement ne l'eust guidee. Et comme ainsi soit que l'ame se rabaisse es matieres que nous touchons (qui sont beaucoup moins dignes que ce qui est immateriel) ce n'est pourtant sans l'auoir premier tenuë longuement arrestee à la considera-tion des formes, dōt on la veut reuestir, & aux moyens pour paruenir à vne telle fin, mesmes pour inuenter les instrumens à ce necessaires.

Conclusiō conioint à vn notable aduertissement fait à ceux qui ne s'adonnēt qu'à vices & souillures.

En somme, par la deduction que i'ay faite, on peut conoistre en premier lieu, qu'à toutes personnes conuient de contempler, qui plus, qui moins, aux choses diuines. Secondement, qu'on la peut aussi aucunement acommoder aux choses inferieures. Tiercement, qu'il ne faut point se desmembrer de la societé ciuile, & faire vn estable & vie à part pour mieux y vaquer: car en toutes vocations legitimes, tant priuees, que publiques, qui a le loisir & la volonté, en a aussi l'vsage. Mais auant que finir ce discours, il m'a semblé bon de faire vne petite admonition à ceux qui se soucient si peu de vilipender & asseruir ces nobles parties de leur ame, non à des ouurages de peu d'estime, ains à des vices enormes: & leur mettre deuant les yeux ce que dit Dauid. Quand l'homme estoit en honneur il ne l'a point entendu: il a esté comparé aux bestes sans entendement, & a esté fait semblable à icelles. Car quand ils desdaignent de iouïr des beaux priuileges spirituels qui leur sont ottroyez, aimans mieux enseuelir ceste lumiere dedans les voluptez corporelles, comme on feroit vn diamant precieux dans la fange, alors ils se transforment (par maniere de dire) en bestes, qui est vne iuste punition deue à leur ingratitude & stupidité. I'aduertiray aussi

Psalm. 49.

aussi aucuns qu'il y a, qui sont du tout contraires à ceux-ci, à cause de l'agilité de leurs entendemens, de ne s'esleuer pas d'vn vol trop hautain, outre les bornes defendues: mais se souuenir de ce que Dieu dit à Adam, touchant l'arbre de science de bien & de mal, Tu n'en mangeras point: car des le jour que tu mangeras d'icelui, tu mourras de mort. Ce qui leur doit aprendre de se contenter de la sagesse telle qu'il l'a voulu donner à l'homme, tant aux choses diuines qu'humaines: (qui est, à la bien prendre, tres-admirable) de peur qu'en mesprisant la personne d'vn excellent Apostre S. Pierre, on ne se trãsforme en celle d'vn Simon Magicien: ou en dédaignant vn Aristote, on ne deuiene vn fantastique Stoïcien. Gen.ch.2.

C'ET assez dit de la contemplation, à moy, qui n'ay point esté à l'eschole des Moines. Et qui en voudra sçauoir dauantage, y aille si bon lui semble.

FIN.

OBSERVATIONS SVR PLVSIEVRS CHOSES ADVENVES AVX trois premiers troubles auecques la vraye declaration de la pluspart d'icelles.

VINGTSIXIEME DISCOVRS.

Premiers Troubles.

QVE CEVX DE LA RELIgion eussent esté preuenus au commencement de la premiere guerre ciuile, sans l'accident de Vassy.

Commencement des premiers troubles.

APRES que l'Edict de Ianuier eut esté resolu & acordé en la presence du Roy, par l'aduis d'vne tres-notable compagnie des plus sages Politiques de ce Royaume, pour donner quelque remede à tant de diuers & vniuersels mouuemens, & les reigler sous les loix publiques, la France ne fut pas pourtant du tout rimise en tranquillité: tāt à cause de l'ardeur qui estoit en ceux de la Religion pour s'establir & confermer en la liberté qu'ils auoyent obtenue, que pour la crainte generale des Catholiques, qui ne pouuoyent souffrir vne telle nouueauté. Vne partie des Princes & Seigneurs tenans ce parti, estans grandemēt indignez de voir tels accroissemēs, firent ligue secrette ensemble, en intētion de les reprimer. Et cōme aucuns d'eux s'acheminoyent pour se venir ioindre en corps à Paris, suruint

suruint le desordre de Vassy, où beaucoup de personnes qui estoyent au presche furent occises. Et pource que le fait a esté descrit par les historiens, ie n'en feray point dauantage de mētion. Mon intention est seulement de noter, non tāt la tristesse qu'il apporta à ceux de la Religion, cōme l'instruction qu'ils en prindrēt, & le fruict qui en reuint. Monsieur le Prince de Condé estoit à Paris pour l'establissemēt de l'exercice public, suyuant l'edict du Roy, quand il entendit ceste nouuelle: ce qui le fit entrer en consultatiō auecques les plus sages Seigneurs & gentils-hommes qui lors l'accompagnoyent, lesquels iugerēt que ce petit orage estoit vn presage certain d'vn plus grand, & qu'il conuenoit penser plus loin qu'aux choses presentes. Incontinent il donna auis à quelques grāds de la Cour de ce qui estoit aduenu, qui en prindrent l'alarme, & lui conseillerent qu'il cerchast des preseruatifs & remedes pour lui & pour l'Estat. Il aduertit aussi toutes les Eglises de France d'estre sur leurs gardes: la plus-part desquelles imaginans desia auoir quelque repos asseuré estoyent plus ententiues à faire bastir des temples qu'à penser aux prouisions militaires pour se defendre. La Noblesse de la Religion des Prouinces fut par ce bruit merueilleusement resueillee & prompte à se pouruoir d'armes & de cheuaux, attendant quel pli prendroyent les affaires de la Cour & les mouuemens de Paris.

Retraite de M. le Prince hors de Paris.

BIEN tost apres arriuerent en ladite ville Messieurs de Guise, Connestable, & Mareschal de S. André, puis le Roy de Nauarre, qu'ils auoyēt attiré à leur ligue, lesquels contraignirent M. le Prince de Condé de se retirer en la ville de de Meaux, auecques vne bonne suite de Noblesse. Estant là il enuoya en diligence vers Messieurs l'Admiral & d'Andelot, & leur manda que faute de courage ne l'auoit contraint d'abandonner Paris, ains faute de force, & qu'ils marchassent en diligence vers lui: car Cæsar n'auoit pas seulement passé le Rubicon, mais desia auoit saisi Rome, & ses estendards commençoyent à bransler par les campagnes. Ce qu'ils firent incontinent, auecques tous leurs amis & equipage, sans toutesfois descouurir les armes que ceux de la ligue auoyent ia descouuertes. Là falut-il seiourner cinq ou six iours, tāt pour deliberer de ce que lon feroit, que pour la Cene, qui se celebroit le iour de Pasques. M. l'Admiral, qui n'estoit pas nouice es affaires d'estat, preuoyant que le jeu s'alloit eschauffer, remōstra qu'il conuenoit se renforcer d'hommes diligemment, ou se preparer à la fuite: & encores craignoit-il qu'on eust beaucoup tardé. Mais comme lon estoit en tels termes, gentils-hommes arriuoyent inopinément de tous costez, sans auoir esté mandez: de maniere qu'en quatre iours il s'en trouua là plus de cinq cens. Ce renfort les fit resoudre de desloger, & à deux fins, l'vne pour essayer de gaigner la Cour, & s'installer aupres du Roy & de la Roine, & ne le pouuant faire se saisir d'Orleans, pour là dresser vne grosse teste, si on venoit aux armes. Ayans doncques recueilli en six iours, ce qu'ils n'esperoyent pas auoir en vn mois, ils s'acheminerent vers sainct Cloud, où la troupe se renforça de trois cens bons cheuaux: & là ils eurent aduertissement que M. de Guise & ses associez s'estoyent emparez de la Cour: laquelle diligēce, bien à propos pour eux, rompit le premier dessein de M. le Prince de Cōdé, qui y vouloit faire le mesme, & s'authoriser

thoriser de la faueur du Roy, pour la conseruation de lui, & de ceux de la Religion. De sainct Cloud ils marcherent vers Chartres & Angeruile, & par le chemin rencontrerent cinq ou six troupes de Noblesse. Ce qui apporta de l'esbahissemēt, quād on consideroit le soudain rengrossissement de nostre corps, qui n'estoit moindre de mille gētils-hommes, qui faisoyent bien quinze cens cheuaux de combat, plus armez de courage que de corcelets. Apres on tira vers Orleans qui fut pris de la façon que les historiens l'ont descrit. Il faut entēdre que si M. le Prince de Condé se fust troué alors auec peu de forces qu'il eust esté accablé ou assiegé. Mais quand on vid qu'il estoit puissant pour tenir la campagne en suiettion, & qu'il parloit vn langage aussi braue à ses aduersaires que doux au Roy, on ne le pressa pas beaucoup: & par ce moyen il eut temps de se preualoir de plusieurs choses. Voila le profit qui lui reuint de s'estre trouué fort au commencement.

AVCVNS ont pensé qu'on auoit premedité ceci de long temps, ou qu'il estoit auenu par la diligence des Chefs: mais ie puis affermer que non, pour auoir esté present, & curieux d'en recercher les causes. Il est certain que la pluspart de la Noblesse ayant entendu l'execution de Vassy, poussee d'vne bonne volonté, & partie de crainte, se delibera de venir pres Paris: imaginant, comme à l'auanture, que ses protecteurs pourroyent auoir besoin d'elle. Et en ceste maniere partoyent des Prouinces ceux qui estoyent plus renommez, auec dix, vingt, ou trente de leurs amis, portans armes couuertes, & logeans par les hostelleries, ou par les champs en bien payant, iusques à ce qu'ils rencontrerent le corps & l'occasion tout ensemble. Plusieurs *Occasiō de l'assemblee de ses troupes.*

d'entr'eux m'ont asseuré que rien ne les fit mouuoir que cela : & mesmes i'ay ouï confesser plusieurs fois à Messieurs les Princes & Admiral, que sans ce benefice ils eussent esté en hazard de prendre vn mauuais parti.

Consideration notable sur les discours precedens.

PAR ceci il appert combien de fruict on tire quelquesfois des choses dommageables, lesquelles de prime face apparoissans ruineuses font neantmoins conoistre apres l'euenement qu'elles ont apporté bonne instruction. On peut encor apprendre d'ici, voire les plus grands Chefs, de ne trop attribuer à leur prudence en la conduite des affaires, tant publiques que particulieres. Car encores qu'elle soit vn instrument tresnecessaire, si est-ce que quelquesfois elle est comme voilee, ne pouuant parmi plusieurs voyes & procedures conoistre celle qui est la meilleure, pour se soustenir quand ces tempestes inopinees suruienent. Et cela arriue à fin qu'elle s'humilie, & aille cercher hors de elle-mesme la cause des bons succes. Sylla, auquel nul de ce siecle ne s'oseroit comparer en science militaire, publioit lui-mesmes que par le benefice de la fortune il s'estoit garanti & esleué. Et toutesfois on verra auiourd'hui des gens qui diront que la fortune des anciens Payens (qui estoit vaine) & l'ordre que Dieu tient en la conduite des choses inferieures (qui est certain) sont des couuertures qu'on prend, pour cacher son ignorance, & que c'est l'homme qui en se guidant mal ou bien attire son mal-heur ou son bon-heur: combien que plusieurs experiences y contrarient. On doit repurger son entendement de telles opinions, & se persuader, encores que l'homme pense & delibere, que c'est à Dieu de donner accomplissement à l'œuure qu'il entreprend.

ASSAVOIR SI MONSIEUR le Prince de Condé fit vn si grand erreur aux premiers Troubles, comme plusieurs on dit, de ne s'estre point saisi de la Cour, ou de Paris.

Intention de M. le Prince à ces commencement.

IE ne veux point nier que beaucoup d'habiles hommes n'ayēt eu ceste opinion, & parauanture l'ont encor, laquelle i'ay aussi tenue quelque temps. Mais apres auoir bien repensé & cōsideré ce qui auint lors que ceste tragedie se cōmença, & ce qui est suruenu depuis, i'ay esté ramené à la conoissance de choses plus vrayes qui aparoistrōt par la suite de mon propos. Mōsieur le Prince de Cōdé, ayāt veu cōme sō frere le Roy de Nauarre s'estoit laissé peu à peu glisser en vne vie delicieuse, & abuser par les vaines & riches promesses & honneurs apparens de ceux qui se mocquoyent de lui, si bien qu'il estoit venu à ce poinct de changer de parti, dont s'estoit ensuyui vn merueilleux refroidissement de plusieurs qui ouuertement & couuertement sembloyent le fauoriser, & dauantage d'audace aux liguez de s'y opposer : iugea qu'il ne falloit pas s'appuyer sur vn fondement ruiné, & qu'il estoit expedient d'en ietter d'autres ailleurs. Et d'autant que la Cour & Paris sont les deux grands Luminaires de la France, l'vn representāt le Soleil, & l'autre la Lune (suiets toutesfois à s'eclipser) il estima qu'estant peu esclairé de l'vn, la clairté de l'autre deuoit estre recerchee. Et à ceste fin tascha-il de planter dans Paris la predication de l'Euangile : à fin qu'icelle venant à eschauffer tant de semences cachees, & comme enseuelies dans ceste innumerable multitude de peuple, elles vinssent à produire abondance de fruits: ce qui apparut bien tost apres. Car aux assemblees qui se faisoyent, il se trouua telle fois iusques à trente mille personnes. Tels beaux commencemens inuitoyent ceux de la Religion de cercher les moyens de s'y establir, à quoy toutesfois ils furẽt vn peu negligés. Mais quand les effects de la ligue se manifesterent, alors apperceurent-ils clairement qu'il conuenoit faire ce qui, pour auoir trop tardé, n'estoit plus faisable: cependant ils ne laisserent de s'y employer auecques tres-petite esperance.

Pourquoy il lui fut malaisé & finalement impossible de se saisir de Paris.

SVR ce fait ici ie viens maintenant à dire, apres l'auoir examiné, qu'il n'estoit pas facile du commencement, & tres-difficile à la fin, de biẽ executer ce dessein en telle façõ qu'il eust profité. Ie parleray premier de Paris, & monstreray les empeschemens qui s'y fussent trouuez. Chacun sçait que là est le siege de la Iustice, qui a vne merueilleuse authorité. Et comme la faueur d'icelle eust beaucoup serui à ceux de la Religion, aussi la desfaueur leur apportoit grãde nuisance. Cependãt tout ce Senat & sa suite se monstra tousiours ennemi capital d'iceux, excepté tres-peu. Le Clergé, qui en ceste Cité est tres-puissant & reueré, enrageoit de voir en public choses qui le touchoyent si au vif, & sous main brassoit mille pratiques à l'encontre. Le corps de la maison de ville, craignant les alterations, qu'il estimoit prouenir de la diuersité de religiõ, s'efforçoit aussi de la bannir ou reculer. A ceste mesme fin tẽdoit aussi la pluspart de l'vniuersité, & quasi tout le bas & menu peuple, auec les partisans & seruiteurs des Princes & Seigneurs Catholiques. Et en ce que dessus ie ne compren point ceux qui d'ailleurs pou-

 uoyent

uoyent suruenir en ladite ville, sinõ ceux qui y estoyẽt alors. Quant à la force nerueuse & asseuree dequoy ceux de la Religion faisoyent estat, elle consistoit en trois cens gentils-hommes & autãt de soldats experimentez aux armes. Plus en quatre cens escholiers, & quelques Bourgeois volontaires, sans experience. Et qu'estoit-ce que cela contre vn peuple comme infini, sinon vne petite mousche contre vn grand Elephant? Ie cuide que si les nouices des conuents, & les chambrieres des prestres seulement, se fussent presentez à l'impourueuë auec des bastons de cotterets es mains, que cela leur eust fait tenir bride. Neantmoins auecques leur foiblesse ils firent bonne mine, iusques à ce que la force descouuerte des Princes & Seigneurs liguez les contraignit de quitter la partie. Et quãd bien on fust venu aux armes dans la ville (comme il estoit difficile qu'en brief on n'y eust esté contraint, veu les menees secrettes qui se tramoyẽt) ceux de la Religion eussent-ils combatu trois iours, ainsi que firẽt ceux de Thoulouse? Certes non pas trois heures cõme ie pense: & n'y auoit moyẽ de les maintenir, que la presence du Roy fauorisãt son edict. Aucũs ont voulu dire que M. le Prince de Cõdé fit le mesme erreur de Pompee, quand il abandonna Paris. Mais si on regarde bien, on verra que celui de Pompee fut sans comparaison plus grand. Car à Rome tout estoit quasi à sa deuotion, où le Prince n'auoit à Paris qu'vne poignee de gens. Auant qu'approprier les exemples anciens aux faits modernes, on doit premier iuger de la similitude que il y a entr'eux. Toutes les difficultez susdites me font croire que c'estoit vn haut & genereux dessein, que de voir establir à Paris l'exercice de la Religion: mais de lui donner fermeté sans le moyen susdit, il estoit comme impossible. Et mesmes ce qui s'est passé depuis l'a bien conferme.

Pourquoy il lui fut impossible de se rendre le plus fort pres du Roy & de la Cour.

A ceste heure voyons la disposition de la Cour. Il est notoire qu'au temps du Colloque de Poissi la doctrine Euangelique y fut proposee en liberté: ce qui causa que plusieurs, tant grands que petis, prindrent goust à icelle. Mais tout ainsi qu'vn feu de paille fait grand' flamme, & puis s'esteint incontinent, dautant que la matiere defaut: aussi apres que ce qu'ils auoyēt receu comme vne nouueauté se fut vn peu enuieilli en leur cœur, les affections s'amortirent, & la pluspart retourna à l'ancienne caballe de la Cour, qui est bien plus propre pour faire rire & piaffer, & pour s'enrichir. Mesmes il y eut des huguenots qui se deffroquerent, pour resuyure ceste trace. Il faut estimer que la Cour en general est la vraye image du Prince: car tel qu'il est, telle aussi est sa suite. S'il est sage, elle le sera: & s'il aime à folastrer, elle l'imitera aussi. Et si vn chef de famille, par l'vsage, fait que ses enfans & seruiteurs forment leurs mœurs au patron des siēnes, qu'est-ce dōcques que fera en sa maison vn Roy, en la main duquel est l'exaltation & la ruine? Voila pourquoy les courtisans, voyans que le Roy, Messieurs ses freres, & la Roine leur mere, estoyent plus enclinez à la religion Catholique, & le Roy de Nauarre s'estoit reuolté, taschoyēt aussi de se cōformer à eux: ce qui tournoit à la deffaueur du Prince de Condé, & de ceux qu'il maintenoit. Outreplus, quand bien il fust-là arriué premier que les autres, peu de seiour y eust-il fait sans se rendre odieux. Car proposez à vne Cour la reformation, ostez lui ses plaisirs, & l'embrouillez en afaires, elle vous

vous hait à mort. En fin ayant beaucoup d'ennemis en icelle, & encores plus dehors, il eut esté mal asseuré. Ce qui me fait croire que le fondement de la Cour n'estoit pas plus certain que celui de Paris.

Mais vn autre dessein fut tenté par lui (qui ne fut non plus executé) auquel y auoit, ce me semble, plus d'apparence: c'estoit d'induire la Roine d'aller à Orleans, & y mener le Roy. Et quelques historiens disent que cela lui fut proposé lors qu'elle craignoit les mouuemens de la ligue, & qu'elle y presta l'oreille. Neantmoins tout cela s'en alla en fumee: mais si les effects s'en fussent ensuyuis, ie cuide que les armes se fussent remises au fourreau. Car estant la Cour en vn lieu où elle ne pouuoit estre surprise, à cause des forces qu'on y eust fait venir, & où elle ne pouuoit estre forcee, pource que nul n'eust osé alors entreprendre de faire tirer les canons contre les murailles qui enuironnoyent le Roy: on eust là parlé & negotié à cheual, iusques à ce que les affaires eussent esté aucunement restablies selon les edicts de pacification. Mais de penser que ce remede eust amorti les guerres, ie m'en donneray bien garde. Il suffit s'il les eust dilayees pour quelque peu de temps.

DE TROIS CHOSES QUE I'AY remarquees qui arriuerent auant que les armees se missent en campagne. Dont l'vne fut plaisante, l'autre artificieuse, & la tierce lamentable.

Cevx qui descriuent les grosses histoires, ayans à representer tant de faits, qui sont en plus grand nombre que ne sont les fueilles en vn chesne toufu, ne peuuent pas tousiours le faire, *Qu'il est impossible que les historiens marquent toutes les particularitez.*

en notant toutes les particularitez qui les accompagnent. Car s'ils s'y vouloyent assuiettir, pour vn volume qu'ils mettent en lumiere, ils seroyent contrains d'en mettre quatre. Mais ils se contentent seulement de divulguer ce qui est plus memorable. Et comme en lisant les choses passees, si i'en rencontre quelqu'vne soit petite ou grande, sur laquelle on pourroit dire quelque mot pour la faire mieux gouster, & en tirer vn peu de fruict, ie me delecte de le faire, mesmemēt en celles que i'ay veues. Ce qui pourra parauanture aucunement seruir à l'intelligence de l'histoire, qui est la tres-riche boutique, où ceux qui affectent les beaux ornemens doyuent auoir recours: n'estant ce que ie mets ici en monstre qu'vne petite balle de mercier, en laquelle les marchandises sont de basse valeur: neantmoins ie me suis trompé moy-mesme, ou elles ne sont point falsifiees.

Comment la ville d'Orleãs fut saisie par M. le Prince.

Le premier poinct dequoy ie parleray, sera de la maniere qu'arriua M. le Prince de Condé & sa suite à Orleans. Il auoit enuoyé le iour precedent M. d'Andelot, pour se saisir de la ville, où estant arriué, comme inconu, il apperçeut qu'il y auroit de l'empeschement: ce qui le fit enuoyer vers ledit Seigneur, lui mandant qu'il s'auançast diligemment pour le soustenir, & qu'il y auoit apparence de venir aux armes. Or tous ne voulans perdre vn si bon morceau qu'estoit celui-là, de mandoyent non seulement à trotter, mais à courir: & ce qui fut dit fut aussi tost fait. Car à six lieues de là l'esbranslement commença, ayant monsieur le Prince alors tant en maistres qu'en valets enuiron deux mille cheuaux: & s'estant lui-mesme mis à la teste, & prins le grand galop, tout ce corps fit le sem-

ſemblable, iuſques à ce qu'on fut à la porte. Innumerables gens ſe trouuoyent par les chemins, tant eſtrangers qu'autres, qui alloyent à Paris, qui voyans le myſtere de ceſte courſe, ſans que nul leur demandaſt aucune choſe, la pluſpart iugeoit du commencement que c'eſtoyent tous les fols de France, qui s'eſtoyent aſſemblez, ou que ce fuſt quelque gageure: car il n'eſtoit encores nouuelle de guerre. Mais apres y auoir dauantage penſé, & conſideré le nombre, & la Nobleſſe qui là eſtoit, ils entrerent en admiration, mais en telle ſorte qu'ils ne ſe pouuoyent garder de rire d'vn mouuemẽt ſi impetueux qui n'abatoit pas les arbres, cõme les vents de Lãguedoc, mais qui pluſtoſt s'abatoit ſoy-meſmes. Car par le chemin on voyoit ordinairement valets portez par terre, cheuaux esboitez & recreus, malles reuerſees: ce qui cauſoit meſmes à ceux qui couroyent des riſees continuelles. Mais ceux qui furẽt mis ce iour là hors de la ville plorerent Catholiquement, pour auoir eſté deſpoſſedez de l'eſtape des plus delicieux vins de la France.

Des eſcrits publiez pour la prinſe des armes es premiers troubles.

QVANT au ſecond poinct, la matiere en eſt plus graue, dautant qu'elle cõſiſte en accuſatiõs generales & priuees, defenſes, raiſons, & autres artifices pour perſuader, auec leſquelles armes tant de grãds Chefs, par l'eſpace de deux mois, ne ceſſerent de s'entrecombatre: pareillement de conforter & animer leurs confederez & partiſans. Il eſtoit treſ-neceſſaire alors en ces alterations d'eſtat, ſi nouuelles & extraordinaires, de leuer les mauuaiſes impreſſiõs qui ſe pouuoyent prendre par ceux qui ignoroyent les intentions des entrepreneurs: & s'il y eut bien aſſailli, il y eut auſſi bien defendu. Dequoy chacũ pourra juger, en liſant les actes, tant d'vn parti que d'autre, qui sont inserez es annales. Il y en a qui estiment quand ils ont bonne cause que d'elle mesme elle se manifestera à vn chacun : ce qui les rend negligens à publier ce qui en est. En quoy ils faillent. Car encor que les choses justes & veritables auecques le temps monstrent tousiours leur lumiere ; toutesfois en plusieurs occurrences il est necessaire de l'anticiper, & que tost on conoisse ce qui ne laisseroit d'estre conu plus tard, mais il n'en arriueroit tant de fruict. Et tout ainsi que les mauuaises herbes suffoquẽt les bonnes, si on ne les arrache, aussi qui ne rembarre les calomnies, qu'ordinairement les aduersaires obiectent à lencõtre de ce qui est bon, sans doute il se verroit souuẽt supprimé. Outreplus on acquiert bien dauãtage de support, apres auoir au vray declaré en quelque affaire que ce soit, qu'on y marche de pied droit, & qu'on y besongne de main equitable. Somme, en ce siecle ici les hommes sont si paresseux aux deuoirs publics, que si on ne les excite de parole sur parole ils demeurent immobiles. Ceux desquels la cause n'est gueres bonne plus de besoin ont-ils d'artificieux langage pour pallier ce qui estant descouuert la rendroit desfauorisee. Ie cuide aussi qu'ils n'ont pas la langue engourdie. Par où lon peut voir que l'eloquence est comme vn cousteau à deux tranchans : mais, quoy qu'on die, si est-il bien difficile de desguiser le faux & d'obscurcir le vray.

Du pourparler entre la Roine & M. le Prince.

Le troisieme poinct est de l'abouchement qui fut fait aupres de Toury en Beausse, par la Roine, le Roy de Nauarre, & le Prince de Condé, pour auiser aux moyens d'appaiser les differens suruenus. Plusieurs pensoyẽt que la presence & cõmunication des grands auroit

auroit plus d'efficace, que les ambassades si souuent enuoyez de part & d'autre. Et encor qu'il y ait quelquesfois du peril aux entreueues, nonobstant elle ne laissa d'estre accordee, veu les instances qu'en faisoit la Roine, auecques les limitatiōs qui s'ensuyuent. Que de chacun costé on ne pourroit amener que cent gentils-hommes auec armes & lances. Que nulles troupes n'approcheroyent plus pres du lieu ordonné que de deux lieues: &, Que trente cheuaux legers de part & d'autre, six heures deuant que s'aboucher descouuriroyent la campagne laquelle est en cest endroit raze cōme la mer. A l'heure dite, la Roine se trouua à cheual en la place assignee, auecques le Roy de Nauarre, où M. le Prince & M. l'Admiral, aussi à cheual, la furent trouuer, & la traiterent des choses publiques par ensemble. Cependant les deux troupes, qui estoyent composees d'vne eslite d'hommes, & la pluspart Seigneurs, firent alte à huit cens pas les vns des autres. Le Mareschal d'Anuille commandoit à l'vne, & le Conte de la Rochefoucaut à l'autre. Or apres qu'elles se furēt contemplees demi heure, chacū desireux de voir, l'vn son frere, l'autre son oncle, son cousin, son ami, ou ses anciens compagnons, demandoit licence aux Superieurs: ce qu'on obtenoit auec peine, pource qu'il auoit esté defendu qu'on ne s'acostast, de crainte de venir aux injures, & apres aux mains. Mais tāt s'en faut q̄ querelles s'en ensuyuissent, qu'au cōtraire ce ne furent que salutations & embrassades de ceux qui ne se pouuoyent garder de monstrer signes d'amitié à ceux que la parenté ou l'honnesteté auoit auparauant liez ensemble: nonobstant les marques contraires que chacun portoit. Car la troupe qui acompagnoit le Roy de Nauarre estoit vestue de casaques de velours cramoisi, & banderolles rouges: & celle du Prince de Condé de casaques & banderolles blãches. Les Catholiques, qui imaginoyent que ceux de la Religion fussent perdus, les exhortoyent de pẽser à eux, & ne s'obstiner pas à donner entree à ceste miserable guerre: en laquelle il faudroit que les propres parens s'entretuassent. Eux respondoyent l'auoir en detestation: mais qu'ils estoyent asseurez, s'ils n'auoyent recours à la defense, qu'on les traitteroit de la mesme façon de plusieurs autres de la Religion, qui auoyent esté cruellement occis en plusieurs endroits de la Frãce. Bref chacun s'incitoit à paix, & à persuader les grãds d'y entendre. Aucuns, qui vn peu à l'escart consideroyent ces choses plus profondemẽt, deploroyent le discord public, source des maux futurs. Et quand ils venoyent encores à repenser en eux-mesmes que toutes les caresses qu'on s'entre-faisoit seroyẽt conuerties en meurtres sanglans, si les Superieurs donnoyent vn petit signe de combattre, & que les visieres estans abatues, & la prõpte fureur ayant bandé les yeux, le frere quasi ne pardonneroit à son frere, les larmes leur sortoyent des yeux. Ie me trouuay là du costé de ceux de la Religiõ, & puis dire que i'auois de l'autre part vne douzaine d'amis, que ie tenois chers comme mes propres freres, & qui me portoyent vne affection semblable. Cependant la conscience & l'honneur obligeoyent vn chacun de ne mãquer ni à l'vn ni à l'autre. Les amitiez particulieres estoyent encor viues alors: mais depuis que les grands maux vindrẽt à auoir cours, & les conuersations à se discontinuer, elles s'allerent amortissant en plusieurs. La Roine & le Prince de Cõdé, apres auoir

auoir conferé deux heures ensemble, ne se pouuans accorder, se retirerent: chacun bien marri que meilleur effect ne s'en estoit ensuyui.

DE LA PROMESSE QUE fit Monsieur le Prince de Condé à la Roine, vn peu legerement, de sortir hors du Royaume de France: & de ce qui empescha qu'elle ne fut accomplie.

APRES que de toutes parts bon nombre de gens de guerre des ordonnances furent arriuez à Paris, & partie de la vieille Infanterie, le Roy de Nauarre, Messieurs de Guise & Connestable qui mesprisoyent les forces de ceux de la Religion, comme tumultuaires, s'estimerent assez puissans pour leur faire peur, & en corps d'armee s'acheminerent vers Chasteaudun. Ce qu'entendant M. le Prince, il demanda auis aux Chefs de guerre, qui l'acompagnoyent, de ce qu'on deuoit faire. Tous vnanimement dirét, puis qu'on auoit mostré iusques alors vne si braue contenance de paroles & de fait, & apres sur le principe de la guerre qu'on se laissast enclorre & assieger dedans vne ville, ce seroit vn acte qui porteroit quelque tesmoignage de lascheté, & qui dessauoriseroit grãdement les affaires de ceux de la Religion, tãt enuers les natiõs estrãgeres, qu'enuers ceux de la France qui tenoyent le mesme parti. Veu mesmement que les forces qu'on auoit desia ramassees approchoyent de six mille soldats à pied, & deux mille cheuaux: & que, par le rapport des espies, les ennemis n'auoyẽt encores que quatre mille hommes de pied & trois mille lances: lesquels combiẽ qu'ils fussent mieux equip-

Approches des deux armees contraires.

pez d'armes, cependant les autres ne leur estoyent inferieurs en courage. Docques, que rien ne deuoit empescher qu'on ne se mist promptement aux champs, &, si l'occasiõ s'offroit, combattre les ennemis: car on n'en auroit iamais meilleur marché, dautant que le temps alloit accroissant leurs forces.

Negotiations de paix.

Cela arresté, on s'alla camper à vne lieuë & demie d'Orleans, où nouueaux ambassadeurs vindrent de la part de la Roine, pour commẽcer les parlemens. Car tant d'vn costé que d'autre on redoutoit merueilleusement les desolations vniuerselles qui suruiendroyent la guerre s'attachant vne fois. Aux deux premiers qui se firent, on disputa assez, sans en tirer grãde resolution: sinõ qu'il fut arresté que les Princes & Seigneurs catholiques liguez se retireroyẽt en leurs maisons: & puis le Prince de Condé obeiroit à ce qui lui seroit commandé de la part du Roy, pour le bien du Royaume. Tost apres ils s'acheminerent iusques à Chasteaudun seulemẽt & ne passerent outre, & presumoyent ceux de la Religiõ que ce fust vne feinte. Aucuns ont voulu dire qu'ausdits Parlemẽs le Prince de Condé s'exposoit trop au peril. Mais il y fut tousiours plus fort que les autres, & les siens tres-vigilans pour n'estre trompez. Neant-moins ils ne se peurent exempter de l'estre en vn poinct, & trop à la bonne foy, en ce qu'ils consignerent la ville de Boisgency (qui pourtant ne valoit rien) au Roy de Nauarre pour sa seureté venant parlementer, laquelle ne leur fut restituee. Ce qui les anima merueilleusement, & conurent qu'il faloit negotier de là en auant la bride en la main. Or cõme il venoit chacun iour quelqu'vn vers M. le Prince de Condé de la part de la Roine, pour le disposer à la

paix

paix, dequoy elle se mõstroit aussi tres-desireuse, auint que l'Euesque de Valence y fut aussi employé, lequel estoit vn personnage excellẽt en doctrine & eloquence, quãd il vouloit faire paroistre l'vne & l'autre. Il l'amadoua si bien de beau langage, qu'il lui redoubla le desir d'entrer en vn bon accord: & finalement lui dit, dautant que lui estoit calomnié de plusieurs, comme autheur de ceste guerre, qu'il deuoit faire reluire sa justificatiõ par toutes belles offres & beaux effects, à fin qu'à lui, ni à la cause qu'il maintenoit, on n'imputast la coulpe des miseres futures. Et que s'il offroit à la Roine, au premier pourparler, (plustost que de voir ce Royaume exposé au feu & au sãg) de sortir hors d'icelui auecques ses amis, qu'elle ne sçauroit que respondre, ni moins encor ses ennemis, qui auoyent promis de se retirer en leurs maisons, & que de ceste ouuerture il se pourroit ensuyure quelque bonne resolution, qui feroit cesser les armes: lesquelles posees, toutes choses apres se pourroyẽt restablir auec facilité. Ayãt parlé il se retira, laissant audit Prince (qui se faschoit d'estre contraint d'entrer en guerre contre sa propre nation) quelque impression de suyure ce conseil. Il le communiqua à quelques vns qui aimoyent la pacification, qui ne le reprouuoyent.

De l'offre que M. le Prince fit à la Roine.

DEVX iours apres il fut accordé qu'il iroit trouuer la Roine à vne lieuë & demie de là, pour essayer encores si on pourroit effectuer quelque chose: ce qui fut fait. Et apres plusieurs longs propos, en fin M. le Prince lui fit l'offre ci deuant recitee (qui estoit de sortir hors du Royaume) pour lui rendre tesmoignage du zele qu'il auoit à le voir tranquille. Mais sa derniere parole ne fut pas si tost acheuee qu'elle le prit incontinent au mot: lui disant que c'estoit le vray moyẽ pour remedier aux maux qu'on craignoit, dõt toute la Frãce lui en seroit redeuable: & que la maiorité du Roy estant venue, il remettroit toutes choses en bon estat, tellement que chacũ auroit occasion de s'en contenter. Et combien que ce Prince ne fust pas aisé à estonner, ni sans replique, si fut-il estonné à ce coup, ne pensant pas qu'on le deust prendre au pied leué, comme lon dit. Et dautant qu'il commençoit à se faire tard, elle lui dit qu'elle renuoyeroit le lendemain vers lui, pour sçauoir les conditions qu'il demanderoit. Elle se departit auec bonne esperance, & le Prince se retira en son camp, riant (mais entre les dents) auec les principaux de sa Noblesse, qui auoyẽt entẽdu les discours. Les vns se grattoyent la teste, qui ne leur demangeoit pas: les autres la bransloyent. Cestui-ci estoit pensif, & les ieunes gẽs se mocquoyẽt les vns des autres, s'attribuans chacun vn mestier à quoy ils seroyẽt contrains de vaquer, pour auoir moyen de viure en païs estrange. On arresta au soir que le lendemain on assembleroit les chefs, pour prẽdre auis sur ce fait si important.

Conseil & auis sur cest offre.

Le matin venu on entre au conseil, où M. l'Admiral dit, pource que le fait touchoit à tous qu'il lui sembloit qu'on le deuoit communiquer à tous. Ce qu'on fit. Et enuoya-lon les Colõnels & Capitaines pour tirer les auis tãt de la Noblesse que de l'Infanterie. Mais incontinent tous respondirent que la terre de France les auoit engendrez, & qu'elle leur seruiroit de sepulture: & tant qu'ils auroyent vne goutte de sang qu'ils ne l'espargneroyent pour la defense de leur religion. Au reste, que M. le Prince se souuint de la promesse generale qu'il leur auoit faite de ne les abãdonner. Ceci estant ci estant rapporté au Conseil hasta la conclusion de ceux qui y deliberoyent, qui voyãs la disposition publique furent encor plus fortifiez en leurs opinions, qui se conformerent à icelle. Mesmes il n'y en eut que trois ou quatre, qui parlerent, veu que le fait estoit si clair. Et me ressouuient encor aucunemẽt de quelques particularitez qui furẽt dites. Monsieur l'Admiral remõstra à M. le Prince, encor qu'il pensast que la Roine en l'acceptatiõ de sõ offre n'y procedoit point de mauuaise intention, ains que le desir qu'elle auoit de tirer l'Estat de misere la faisoit recercher tous expediens, toutesfois qu'il estimoit que ceux qui auoyent les armes en la main la circonuenoyent pour le circonuenir: qu'il ne deuoit ni ne pouuoit effectuer ce qu'on lui auoit proposé, & qu'il auoit promis de faire: car il s'estoit lié auparauant par plus estroites obligations: & que s'il s'absentoit il perdroit entierement sa reputation, & cõdamneroit la cause qu'il auoit embrassée, laquelle, outre sa justice, estant auctorisee par edict du Roy, deuoit estre maintenue, & n'y faloit espargner la vie. Monsieur d'Andelot parla ainsi: Mõsieur, l'armee des ennemis n'est qu'à cinq petites lieues d'ici. Si elle void peur, desmembrement, ou autre alteration entre nous, elle nous menera iusques dedans la mer Oceane à coups de lance, & à coups d'espee. Si vous nous abãdonnez maintenant, on dira que c'est par crainte, laquelle (cõme ie sçay) ne logea iamais dãs vostre cœur. Nous sommes vos seruiteurs, & vous nostre Chef: ne nous separons donc point, veu que nous combatons pour la Religion, & pour nos vies. Tant de parlemens qui se sont faits ne sont que piperies, veu les effects qui apparoissent ailleurs. Le meilleur remede pour estre bien tost d'accord, est, qu'il vous plaise nous mener à demi lieuë de ceux qui desirẽt que nous sortions hors du Royaume: & parauanture qu'vne heure apres on en verra sortir quelque bonne resolution, car nous ne serons iamais bons amis que nous n'ayons vn peu escrimé ensemble. Le sieur de Boucard s'auança apres, qui estoit vn des plus braues gentils-hommes de ce Royaume, & qui auoit du feu & du plomb en la teste. Monsieur, dit-il, qui laisse la partie la perd, & qui la remet: laquelle reigle est encores plus vraye au faict que nous manions qu'au jeu de la paume. I'ay desia cinquante ans sur la teste, qui est pour auoir acquis vn peu de prudence; voila pourquoy il me fascheroit fort de me voir en païs estrange me proumener auec vn curedent en la bouche, & que cependant quelque petit affetté mien voisin fist le maistre dãs ma maison, & s'engraissast du reuenu. Qui voudra s'en aller s'en aille. quant à moy, ie mourray en ma patrie, pour la defense des autels & des foyers. Parquoy, Monsieur, ie vous supplie & conseille de n'abandonner tant de gens de biẽ qui vous ont esleu, & de faire vos excuses à la Roine, & nous employer bien tost, cependant que nous auons enuie de mordre. Il y eut apres cela peu de langage, sinon vne aprobation de tous. Mais M. le Prince prit la parole, & pour la justification de son offre dit qu'il l'auoit faite, voyant qu'on le vouloit tacitement taxer d'estre cause de la guerre, & que si son absence pouuoit apporter la paix, qu'il l'estimeroit bien-heuse: car il n'auoit point son particulier en recommandation. Toutesfois qu'il apperceuoit bien, voyant les forces ennemies si prochaines, & la resolution qu'ils auoyent prise, que son humilité seroit prise & reputee

d'eux

d'eux à lascheté, & qu'elle n'apporteroit aucun repos ains plustost ruine à la cause qu'il maintenoit. Et qu'il estoit deliberé de suyure leur conseil, & de viure & mourir auecques eux. Cela dit, chacun se toucha en la main pour confirmation. Au sortir du conseil, Theodore de Beze & quelques vns de ses compagnons lui firent vne tres-sage & belle remonstrãce, pour le conforter en sa resolution, lui alleguans les inconueniens qui s'ensuyuroyent de se separer: & le supplierent de ne laisser point l'œuure encommẽcee à laquelle Dieu donneroit perfection, puis qu'il y alloit de son honneur. Au mesme temps arriua au camp de la part de la Roine Monsieur de Fresne, Robertet, Secrettaire des commandemens, pour remporter les conditions que ledit sieur Prince demanderoit pour son issue. Auquel il respondit que l'affaire estoit de poids, & qu'il n'estoit encores resolu, dautant que plusieurs murmuroyent, & la conclusion prise, on la feroit sçauoir à la Roine, ou lui-mesmes la lui porteroit. Robertet conut au langage de quelques particuliers, qu'il y auoit du changement: & s'en retourna retrouuer la Roine, pour l'aduertir qu'il faloit autre chose que du papier pour le mettre dehors: laquelle se retira apres.

De ce fait ici les Princes & les grãds doyuent tirer instruction de ne s'obliger de promesse en affaires qui sont de poids, sans auoir premier bien consulté auec les sages. Car encor qu'on soit poussé de bonne intention, cela n'empesche pas qu'on ne choppe en quelque maniere, en ce que la soudaineté fait negliger plusieurs circonstances qui se doyuent cõsiderer. Et quãd biẽ vn obserueroit tout ce qui est requis, si est ce que plusieurs le peuuẽt encores mieux faire. La dignité de *Obseruation sur ce fait.*

la cause qui s'agit est aussi quelquesfois telle, & la quãtité des associez si grande, qu'il faut mesmes que les superieurs deferent à l'vn & à l'autre. Ils doyuent aussi imaginer que ceux à qui on promet, biẽ que ce soyent choses desraisonnables, ne laissent de se tenir offensez, & de se plaindre, s'ils voyent qu'on manque à l'accomplissement d'icelles.

PAR QUELLE ACTION LA guerre commença à s'ouurir manifestement entre les deux armees.

Resolution de M. le Prince de charger ses ennemis.

PENDANT que les pourparlez, dont il a esté fait mention, se continuoyent, il y eut quasi tousiours des suspensions d'armes d'vne part & d'autre, qui causa qu'on n'entreprint riẽ es enuirons de Paris & d'Orleãs. Mais ayant le Prince de Condé & les siẽs conu que les paroles estoyẽt trop foibles pour remedier aux alterations presentes, il determina d'y adiouster les effects. Parquoy incontinẽt apres que la resolution fut prise sur l'offre faite à la Roine, il retira à part sept ou huit des principaux Capitaines pour auiser aux moyens plus propres pour venir aux mains auec les ennemis: car les trefues estoyẽt faillies le iour precedent. Tous opinerẽt qu'il les falloit preuenir par diligence, veu que deux choses fauorisoyent grandement: l'vne, que Messieurs de Guise, Connestable, & Mareschal S. André estoyent alors absens de l'armee, & n'y auoit que le Roy de Nauarre qui y fust: l'autre, que les cõpagnies des gens-d'armes logeoyẽt fort escartees du corps d'icelle. Que de marcher le iour vers eux, leurs cheuaux legers ou leurs fourrageurs leur don-

donneroyent aduertissement : mais faire vne grande diligence la nuict, & arriuer à la diane, indubitablement on les surprendroit. Et combien qu'ordinairement on ne vist gueres donner de camisades aux armees, d'autant plus faciles à executer estoyent-elles pource qu'on s'en gardoit moins. Et quant au chemin, qu'il estoit tres-facile, n'y ayãt que campagne raze iusques à eux.

Efforts pour l'execution de ceste resolutiõ.

VNE heure apres le camp partit, & arriua à la Ferté de bonne heure, où les Chefs dirent aux Capitaines leur intention, à fin qu'ils fissent vestir leurs soldats de chemises, & les disposassent à se bien porter en ceste magnanime entreprise. Sur les huit heures du soir les troupes estoyent ia aux champs, lesquelles apres auoir fait les prieres publiques (selon la coustume d'alors de ceux de la Religion) se mirent à marcher auec vne ardeur de courage, que ie puis affermer auec verité n'en auoir iamais veu en gẽs de guerre de plus grãde. Auant le deslogement se commit vn acte tres-vilain d'vn forcement de fille par vn gentil-hõme, dont la qualité & la brieueté du temps empescherẽt de faire le chastimẽt. Ce qui fit que beaucoup de gẽs de bien prindrẽt de là vn mauuais presage de l'entreprise. L'ordre qui fut dõné pour combatre estoit tel : car on presumoit surprendre les ennemis dans le logis. Premierement Monsieur l'Admiral marchoit à la teste auec huit cens lances, & deuoit renuerser toute la caualle-rie qu'il rencontreroit en armes. Apres suyuoyẽt douze cens harquebusiers en quatre troupes, ayãs charge d'attacher les corps de garde de l'infanterie ennemie, puis donner dans leur quartier. Apres marchoyent huit cens harquebusiers pour se saisir de l'artillerie,

Notez.

ſuiuis de deux gros bataillons de picques. Puis Monſieur le Prince de Condé venoit auec plus de mille cheuaux en quatre eſquadrons auec le reſte de l'harquebuſerie. Il faut entẽdre que partant à l'heure qu'on fit, par raiſon on deuoit arriuer au logis des ennemis à trois heures du matin. Car il n'y auoit que belle campagne, & nuls paſſages eſtroits, & en vne heure & demie les gens de pied pouuoyent faire vne lieuë. Mais apres en auoir marché deux, les guides reconurent qu'ils s'eſtoyent eſcartez du chemin, & en penſant ſe redreſſer, ils ſe fouruoyerẽt dauãtage, demeurãs comme eſperdus, ſans ſçauoir où ils eſtoyent, au grand deſplaiſir des Chefs. Somme, qu'ayans cheminé iuſques à vne grand' heure du jour, on trouua qu'on eſtoit encor à vne lieuë du camp des ennemis, duquel les batteurs d'eſtrade ayans apperçeu la teſte de l'armee du Prince, retournerent en toute diligence y donner vne chaude alarme. On prit conſeil de ce qu'il conuenoit faire. Mais en ces entrefaites, on entendit les canonnades redoublees qui ſe tiroyẽt dudit camp, pour ſignal à leur cauallerie de s'y venir ioindre. Ce qui fit rompre le deſſein de paſſer outre, veu qu'on eſtoit deſcouuert, & qu'il y auoit encores loin à marcher : mais s'il n'y euſt eu que demi lieuë, on auoit deliberé de paſſer outre, & combatre. Voila comment vne entrepriſe, qui en apparence eſtoit bien certaine fut toute rompue.

Quel ſucces ceſte entrepriſe pouuoit auoir: & ce qui auint le lendemain.

IE me ſuis enquis à quelques ſuffiſans Capitaines qui eſtoyent en l'armee contraire, ce qu'ils penſoyent qui euſt deu ſucceder, ſi ceux de la Religion fuſſent arriuez à temps. Ils m'ont confeſſé qu'ils euſſent cõbatu: cependant qu'ils eſtoyent preuenus, eſtans ſeparez de leurs Chefs plus affectionnez, & de la pluſpart de leur cauallerie.

cauallerie. Monsieur le Mareschal d'Anuille estoit loge à la teste de l'armee Catholique, auecques la cauallerie legere, qui est vn tres-vigilant & entẽdu Chef de guerre, lequel m'a dit aussi auoir esté en armes & en ceruelle bõne partie de la nuict: neantmoins si tout le gros eust dõné à tẽps, que leur armee estoit en hazard. Dequoy il ne faut faire aucune doute. Car encor que les euenemens militaires soyent fort incertains, si est-ce que le desauantage d'estre surpris monstroit vne apparẽte perte de celui qui se laissoit surprendre. Toute la coulpe fut iettee sur les guides, lesquels pour s'excuser disoyẽt que M. d'Andelot, ayant des le partir du logis mis son infanterie en bataillons, cela l'auoit rendue plus tardiue à marcher. Mais i'estime que telle excuse estoit plus subtile que veritable, veu qu'il n'y auoit ni haye ni buisson qui donnast empeschement. Toutesfois elle auroit eu poids si le païs eust esté plus serré. Les deux armees demeurerẽt en ordre, combien qu'elles fussent vn peu esloignees l'vne de l'autre, iusques à deux heures apres midi. Apres Mõsieur le Prince de Condé s'alla loger à Lorges, distant d'vne petite lieuë d'eux. Et le Roy de Nauarre manda en toute diligẽce à Messieurs de Guise & Cõnesteble, qui estoyẽt à Chasteaudun, ce qui estoit suruenu. Lesquels le vindrent trouuer incontinent. Or eux craignãs d'estre assaillis de nuict, à cause que l'armee du Prince de Condé estoit forte de gens de pied, & que leur logis estoit mal propre pour cauallerie, ils firent mettre à la teste de leur place de bataille, sur l'auenue, cinq ou six gros monceaux de fagots auec force paille dessous, pour y faire mettre le feu, si on les alloit attaquer, à fin qu'à la clarté de ceste lumiere lon peust tirer trois ou quatre volees d'artillerie:ce qui eust grandement endommagé les assaillans. Aucuns y a qui desdaignent telles inuentions. Neantmoins elles peuuent seruir quelquesfois. Le lendemain, ils se mirent encor en bataille sans se voir, & n'y eut que les cheuaux legers qui escarmoucherent. Mais les Chefs des deux costez voyans qu'il estoit bien mal-aisé de s'entre-surprendre, & leurs logis estre fort incommodes, attirez aussi par vne espece de necessité de prendre quelques villes, qui leur seruoyent grandement pour la continuation de la guerre, comme Blois & Boisgency, chacun enuoya son bagage & artillerie vers icelles des le matin : & apres le midi les armees s'y acheminerent, se separans en ceste sorte sans combat ni perte.

Accident fauorable aux ennemis de M. le Prince.

IE veux racôter vn accident, qui suruint deux heures apres ce depart, que s'il fust auenu lors qu'elles estoyent plus voisines, parauanture que le Prince de Condé eust esté en danger d'estre deffait. Ce fut vne pluye & vn orage, qui dura pres d'vne heure, si horrible que ie sçay qu'en quatre mille harquebusiers, qu'il y auoit, dix n'eussent peu tirer : & si la plus part se retirerent pour cercher le couuert, qui estoit vne occasion à souhait, qui presentoit la victoire aux Catholiques, tant pource que le vent & la pluye donnoyent si viuement au visage de leurs contraires, que les plus mordans d'eux estoyent bien empeschez de resister à ceste fureur du temps. C'est ici au vray ce qui se passa du costé de ceux de la Religion, en ceste expedition. Mais les particularitez qui suruindrent en l'armee du Roy de Nauarre, il apartient proprement à ceux qui estoyent en icelle, & les peuuent auoir sçeuës, de les descrire.

DE

DE LA BONNE DISCIPLINE qui fut obseruee parmi les bandes, tant de cheual que de pied, de Monsieur le Prince de Condé, seulement l'espace de deux mois. Puis de la naissance de la Picoree.

ALORS que ceste guerre cõmença, les Chefs & Capitaines se resouuenoyent encores du bel ordre militaire, qui auoit esté practiqué en celles qui s'estoyent faites sous le Roy Frãçois, & Henri son fils, & plusieurs soldats en estoyẽt aussi memoratifs: pour laquelle occasiõ il semble que ceux qui prindrent les armes se contenoyent aucunemẽt en leur deuoir. Mais ce qui eut plus de force à cest effect furent les cõtinuelles remõstrances es predications, où ils estoyẽt admonnestez de ne les employer à l'oppression du pauure peuple: & puis le zele de religion, dont la plus grand' part estoyent menez, auoit alors beaucoup de vigueur. De maniere que sans aucune contrainte chacũ se bridoit volõtairement pour ne commettre point ce que souuentesfois l'horreur des supplices ne peut empescher: & principalement la Noblesse se monstra, à ce commencement, tres-digne du nom qu'elle portoit: car marchãt par la campagne (où la licẽce de viure est sans comparaison plus grande que dans les villes) elle ne pilloit point ni ne battoit ses hostes, & se contẽtoit de fort peu. Et les Chefs, & la pluspart d'icelle, qui de leurs maisons auoyẽt apporté quelques moyens, payoyent honnestement. On ne voyoit point fuir persõne des villages, ni n'oyoit-on ne cris ne plaintes. Sõme, c'estoit vn desordre tres-bien ordonné. Quand il se commettoit vn crime en quelque troupe, on bannissoit celui qui l'auoit cõmis, *Causes de ceste bonne discipline.*

ou on le liuroit es mains de la Iustice, & les propres compagnõs n'osoyent pas mesmes ouurir la bouche pour excuser le criminel, tant on auoit en detestation les meschancetez, & estoit-on amateur de vertu. Au cãp de Vaussoudun pres Orleãs, où le Prince de Condé seiourna pres de quinze iours, l'Infanterie fit voir qu'elle estoit touchee du mesme sentiment. Elle estoit logee en campagne, & le nombre des enseignes ne passoit trentesix.

Particularitez notables d'icelle.

IE remarquay alors quatre ou cinq choses notables. La premiere est, qu'entre ceste grande troupe on n'eust pas entẽdu vn blaspheme du nom de Dieu. Car lors que quelqu'vn, plus encor par coustume que par malice, s'y abandõnoit; on se courrouçoit aspremẽt cõtre lui: ce qui en reprimoit beaucoup. La secõde, on n'eust pas trouué vne paire de dez ni vn jeu de cartes en tous les quartiers: qui sõt des sources de tãt de querelles & de larcins. Tiercemẽt, les femmes en estoyent bannies, lesquelles ordinairement ne hantent en tels lieux sinon pour seruir à la dissolution. En quatrieme lieu, nul ne s'escartoit des enseignes, pour aller fourrager: ains tous estoyent satisfaits des viures qui leur estoyent distribuez, ou du peu de solde qu'ils auoyent reçeu. Finalemẽt, au soir & au matin, à l'assiete & leuement des gardes, les prieres publiques se faisoyent, & le chant des Psalmes retentissoit en l'air. Esquelles actions on remarquoit de la pieté en ceux qui n'ont pas accoustumé d'en auoir beaucoup es guerres. Et combien que la justice fust alors seueremẽt executee, si est-ce que peu en sentirẽt la rigueur, pource que peu de desbordemẽs parurent. Certainemẽt plusieurs s'esbahissoyent de voir vne si belle disposition: & mesmement mẽt vne fois feu mõ frere le Sieur de Teligni, & moy, en discourãt auec M. l'Admiral, la prisions beaucoup. Sur cela il nous dit, C'est voirement vne belle chose, moyennant qu'elle dure: mais ie crains que ces gens-ici ne iettent toute leur bonté à la fois, & que d'ici à deux mois il ne leur sera demeuré que la malice. I'ay commandé à l'infanterie long temps, & la conois: elle accomplit souuent le prouerbe qui dit, De ieune Hermite, vieux Diable: si celle-ci y faut, nous ferons la croix à la cheminee. Nous-nous mismes à rire, sans y prendre garde dauãtage, iusques à ce que l'experience nous fit conoistre qu'il auoit esté prophete en ceci.

Le premier desordre qui arriua, fut à la prise de Boisgency, qui fut emportee des Prouẽçaux, par deux trous qu'ils firẽt à la muraille, à la sappe: là où ils exercerent plus de cruauté & de pillerie sur ceux de la Religion habitans d'icelle, qui n'auoyent peu sortir, que contre les soldats Catholiques qui la defendoyent: mesmement il y eut des forcemens de femmes. C'est exemple seruit de planche aux Gascons, qui monstrerent quelque temps apres qu'ils ne vouloyẽt pas estre surmontez à iouër des mains. Mais le Regimen de M. d'Yuoy, qui estoit tout de François, s'escrima encor mieux que les deux autres: comme s'il y eust eu prix proposé à celui qui pis feroit. Ainsi perdit nostre Infanterie son pucellage, & de ceste conionction illegitime s'ensuiuit la procreation de Madamoiselle la Picoree, qui depuis est si bien acreuë en dignité qu'on l'appelle maintenant Madame. Et si la guerre ciuile continue encor, ie ne doute point qu'elle ne deuiene Princesse. Ceste peruerse coustume s'alla incontinent ietter au milieu de la Noblesse: vne partie de laquelle *Commẽcement des desordres.*

ayant gousté des premieres friandises qu'elle administre, ne voulut plus se repaistre d'autre viande. Et en ceste maniere le mal de particulier deuint general, & alla tousiours de plus en plus infectãt le corps vniuersel. I'ay souuentesfois veu adiouster des remedes pour penser corriger la malignité de ceste humeur. Mais combien qu'ils profitassent aucunemẽt, si n'auoyent-ils la force de la forcer. Entre autres, M. l'Admiral ne s'y est point espargné, qui estoit vn fort propre medecin pour guerir ceste maladie. Car il estoit impiteux, & ne falloit point par excuses friuoles penser eschapper estant coulpable: car elles n'estoyent point vallables deuant lui. Au voyage qu'il fit en Normandie, il fut auerti qu'vn Capitaine d'Argoulets auoit saccagé vn village, où il enuoya incontinent, & ne peut-on attraper que le Chef & quatre ou cinq soldats qui receurent leur condemnation incontinent, & les fit attacher bottez & esperonnez, & la casaque sur le dos, auec le drapeau pour enseigne. Et puis pour enrichir le trophee il leur fit mettre aux pieds les despouilles cõquises, comme robbes de femme, linceux, nappes, entremeslez de poulle & jambõs: ce qui seruit d'aduertissement & d'escrit en grosse lettre à tous ceux qui se mesloyẽt de mesme mestier de ne se gouuerner comme ceux-la. On ne vid iamais gens plus sages qu'on fut apres, tant qu'vn mois dura. Mais on retourna depuis à l'exercice des bonnes coustumes, que sans seuerité on ne sçauroit faire oublier. Ie diray aussi en faueur des bandes Catholiques qu'elles estoyent aussi à ce commencemẽt bien policees, & peu mal-faisantes au peuple: entre lesquelles la Noblesse reluisoit. Mais de dire combien de temps elles perseuererent, ie ne

Remedes qui y furẽt apliquez.

sçay

sçay pas bonnement: toutesfois i'ay entendu qu'elles mirent tout incontinent les voiles au vent, & prindrent la mesme route des autres. Encores que quelquesfois nos desordres nous aprestent à rire, si est-ce qu'il y a bien plus d'occasion d'en plorer, voyant vn si grand nombre de ceux qui manient les armes meriter par leurs mauuais comportemens de porter plustost le nom de brigands que de soldats.

POURQUELLES RAISONS l'armee de Monsieur le Prince de Condé se dissipa apres la prise de Boisgency. Et comme il tourna ceste necessité en vtilité, & du dessein de celle du Roy de Nauarre.

LEs principaux Capitaines du parti de ceux de la Religiõ, qui auoyent conoissance des afaires du monde, preuoyoyent bien que leur armee ne demeureroit pas long temps en corps, pource qu'vne partie des fondemens necessaires defailloit, & craignoyent ceste dissipatiõ, comme on craint qu'vn grand chesne, qui est esbranslé des vents, ne face sa cheute sur quelque muraille pour la briser, ou accabler sous soy quantité d'autres petis arbrisseaux portans fruict. Pour ceste occasion auoyent-ils tousiours conseillé qu'on tentast le combat, lors qu'on estoit en vigueur. à quoy on faillit. Or apres la prise de Boisgency, qu'on vid que l'armee contraire s'estoit placee à Blois, qui est situee sur le beau fleuue de Loire, & que la guerre s'en alloit tirer à la longue, l'ardeur premiere commença à s'atiedir. Aussi vindrent lors à faillir les moyens pour soudoyer les gens de guerre, lesquels auoyent desia consumé tous ceux qu'on auoit peu ra- *Mescontentemens en l'armee de M. le Prince.*

masser, tant à Orleans qu'autres endroits. Ceste necessité ouurit la porte à plusieurs mescontentemens, la pluspart desquels auoyent des fondemens fort legers: combien que le principal mouuement procedast de l'impatience naturelle de la nation Françoise, laquelle ne voyant promptement les effects de ce qu'elle a imaginé se desgouste & murmure. Ie ne veux point celer qu'aucuns mesmes des principaux de la Noblesse, trop amateurs de leurs biens, ou ayans des esperances vn peu ambitieuses, ou pour estre trop delicats, voulans cacher ces defauts, mirent en doute la iustice de la guerre. Ce qu'ayant esté conu, on les pria de se retirer, de peur que leurs propos n'alterassent la volonté des autres. Et quãt au gros de la Noblesse, qu'on ne pouuoit entretenir ni placer es garnisons voisines, & qui pouuoyent seruir ailleurs, on auisa de les employer en leurs Prouinces, où les affaires balançoyent entre ceux de la Religion & les Catholiques, & principalement en Poictou, Xaintonge, & Angoulmois. Là enuoya-on le Conte de la Rochefoucaut, à Lion le sieur de Soubize, & à Bourges le sieur d'Yuoy auec son regimen. Et dautant que c'estoit vne chose notoire que les Allemans, Suysses & Espagnols entroyent ia en Frãce pour le secours des Catholiques, M. d'Andelot fut aussi enuoyé en Allemaigne, & le sieur de Briquemaut en Angleterre, pour tirer de là ce qu'on pourroit de faueur & d'aide. Par ce moyen la ville de Orleãs demeura asseuree & deschargee de ce qui l'eust trop greuee: & les negociatiõs estrãgeres furent bien establies, & remedia on à la cõseruation des Prouinces, desquelles on receuoit faueur. Ainsi furẽt desmeslees les difficultez qui suruindrent lors du costé du Prince.

Prince. De façon que l'esperance du succes de la guer-n'en diminua pas beaucoup. Dequoy ie ne m'estonne pas. Car puis qu'es affaires extremes les hõmes prudẽs & magnanimes trouuẽt des remedes, pourquoy deses-pereroit-on en celles qui ne sõt encor paruenues à ce degré-là? Cependant, en matiere de guerre faute d'ar-gent est vn inconuenient qui n'est pas petit. Cestui-là n'est pas moindre d'auoir à manier gens volontaires: car c'est vn fardeau sur soy tres-mal-aisé à porter, & par lequel on est aucunesfois accablé, & nul ne le sçait qui ne l'a esprouué.

De la prise de Bourges, & du conseil tenu pour assieger Orleans.

Le Roy de Nauarre, & les Chefs ioints auec lui, considerans qu'il ne faloit perdre le temps qui doit estre cher à ceux qui ont les forces en la main, rengrossirent leur camp, tant de François que d'estrangers: & supplierent la Roine de faire venir le Roy en l'armee, à fin que les Huguenois qui disoyent que c'estoit celle du Roy de Nauarre, ou de M. de Guise, fussent contrains de l'appeler celle du Roy. Aussi pour authoriser la guerre dauãtage, qui se faisoit sous son nom. ce que elle fit. Et se trouuerent à Chartres, où fut prise resolution d'aller attaquer Bourges, auant qu'on l'eust fortifiee. Car vne si puissante cité, qui n'est qu'à vingt lieuës d'Orleãs, accommodoit trop (comme ils disoyent) les afaires du Prince de Condé. Ils s'y acheminerent, & l'ayant attaquee, elle ne fit tant de resistance qu'on esperoit, dõt elle tomba entre leurs mains. Apres, estans enflez & ioyeux de ceste soudaine victoire, qui estoit (disoyẽt-ils) vn bras coupé à ceux de la Religion, ils entrerent en deliberatiõ de ce qu'ils deuoyent faire: car plusieurs pressoyent fort d'aller attaquer Orleans. Et voici qu'elles estoyẽt leurs raisons. Que les deux Chefs qui faisoyẽt mouuoir tout le corps cõtraire, à sçauoir le Prince de Condé & l'Admiral, estoyent dedans, & que les prenant, il seroit apres facile de le rendre immobile. Que les estrangers qui ouuroyent les yeux, & fretilloyent pour entrer en France, oyans seulement dire qu'elle seroit assiegee, perdroyent la volonté d'y venir. Qu'ils auoyent assez de gens pour commencer le siege. Car mettans deux mille hommes bien fortifiez dedans le portereau, pour brider la ville de ce costé-là, il leur restoit encores dix mille hõmes de pied, & trois mille cheuaux, qui suffisoyent, attendant les autres forces, qu'on faisoit acheminer. Finalemẽt que la ville n'estoit forte, d'autãt qu'il n'y auoit nuls flancs qui valussent ni bon fossé, ni aucune cõtr'escarpe: seulement y auoit vn rempar, dans lequel auec trente canons en six iours on pourroit faire deux cens pas de bresche. Mais si vous donnez temps, disoyent-ils, à ces Huguenots de paracheuer leurs fortifications, où ia ils trauaillent, il nous sera impossible de l'emporter. Qu'on se souuinst que ladite ville n'estoit pas seulement vne petite espine dedans le pied de la France, ains plustost vne tres-grosse sagette, qui lui perçoit les entrailles, & l'empeschoit de respirer.

Raisõs de ceux qui ne furent pas d'auis qu'õ assiegeast si tost Orleans: ains d'aller à Roüan.

Les autres qui estoyẽt d'opiniõ cõtraire repliquoyẽt en ceste sorte, q̃ par les intelligẽces qu'ils auoyẽt à Orleãs ils sçauoyẽt de certain que les deux Regimẽs Gascons & Prouuençaux estoyent demourez dedans, qui passoyẽt trois mille soldats. Plus cinq ou six cẽs autres soldats qui s'y estoyent retirez de ceux qui estoyent dans Bourges. Et outre cela il y auoit quatre cens gentils-hommes, puis les gens de la ville qui portoyent les armes, qui n'estoyẽt pas moins de trois mille. Tout lequel

lequel nombre faisoit plus de sept mille hommes, sans y comprendre encor, disoyent-ils, ceux qui se viendroyent ietter dedãs, s'ils oyoyẽt quelque bruit qu'on la vinst assieger. Qu'vne ville n'estoit pas prenable où il auoit tel nombre de gens & grosse prouision de viures. Donques qu'il n'y auoit nul propos, auec douze mille soldats, de s'aller planter deuant, veu le grand nombre des camps separez qu'il cõuenoit auoir pour la bien fermer. Dauantage, que ce seroit s'embarquer sans biscuit d'entreprendre tel ouurage, sans estre acompagné de deux cẽs milliers de poudre, douze mille balles, & deux mille pionniers, & que toute la puissance du Roy ne pourroit ramasser cela d'vn mois. Mais qu'il y auoit d'autre besongne ailleurs plus facile à tailler, à quoy il estoit besoin de pouruoir: qui estoit d'oster la ville de Rouan aux ennemis, pendant qu'elle estoit encor foible, en laquelle les Anglois attirez par eux pourroyent faire vne grosse masse d'armee, pour se ietter apres où ils voudroyent, & qu'il faloit promptemẽt aller couper cest autre bras. Et quãt aux forces que pouuoit amener le sieur d'Andelot, qu'enuoyãt à l'encõtre d'eux quinze cens cheuaux, & quatre mille harquebusiers, qui seroyẽt fauorisez des païs, villes, & riuieres, ils suffiroyent pour les repousser, ou tailler en pieces. Et auenant qu'on en fust venu à bout, alors ce seroit le vray tẽps d'aller, & sans crainte d'estre molestez, planter vn memorable siege deuant Orleans, pour l'auoir promptemẽt par viue force, ou plus tard par la mine & la sappe, ou à la lõgue en faisãt des forts à l'entour. Ce dernier auis le gaigna & fut suyui: & pour dire ce qu'il m'en semble ie trouue qu'il estoit le meilleur. Car dans la ville y auoit pour la defense plus de cinq mille estrangers, sans les habitans, & abondance de munitions, & les rauelins commencez, & les fortifications des isles estoyēt quasi parfaites. Vray est que M. le Connestable, qui estoit vn grād Capitaine, disoit qu'il ne vouloit que des pommes cuites pour les abatre: mais quād on l'eut amené là pour les voir, il cōfessa qu'il auoit esté mal informé. Souuentesfois nos chefs deuisoyent entr'eux du siege. Mais M. l'Admiral s'en mocquoit, disant que d'vne ville, qui peut ietter trois mille soldats en vne sortie, lon ne s'en peut accoster pres qu'auec peril, ni moins en approcher l'artillerie. Et que l'exēple de Mets & de Padoue, où deux grands Empereurs receurent honte, pour auoir attaqué des corps trop puissans, estoit vn beau miroir pour ceux qui veulent assaillir places qui sont bien pourueuës.

QVE SANS LE SECOVRS estranger qu'amena Monsieur d'Andelot, les affaires de ceux de la Religion estoyent en tres-mauuais estat, & les courages de plusieurs fort abatus, tant pour la prise de Bourges & Rouan, que pour la desfaite de Monsieur de Duras.

De la prise de Rouan. IL desplaisoit merueilleusement au Prince de Condé, entendant d'heure à autre le progres de l'armee deuant Rouan, dequoy il n'auoit moyen de secourir vne cité si principale, & dont il voyoit vne perdition apparente. Ce qu'il estimoit lui deuoir diminuer de sa reputation. Et tout son recours estoit de māder souuent à M. d'Andelot qu'il diligentast son retour, & gardast de se laisser surprendre aux forces qui l'attendoyent. Mais comme toutes negotiations tiatiõs en Allemagne sont lõgues, beaucoup de temps s'escoula, qui dõna moyen à ses aduersaires de s'auantager sur lui, mesmemẽt par la prise de ladite ville : laquelle fut assaillie courageusement, & defendue auec grande obstination. Ces grands Chefs de guerre, qui auoyent par le passé pris des villes si fortes, cõme Danuilliers, Mariebourg, Calais, & Thionuille, iugeoyent qu'vne si mauuaise place, si fort dominee, & sans aucune fortification qui valust, au premier bruit de canon s'estonneroit. Mais par la resistãce que fit le fort de saincte Catherine, qui defendoit la montagne, ils conurẽt qu'il y auroit de l'affaire à chasser les pigeons de ce colombier. Il y auoit dedans auec le Conte de Montgommery sept ou huit cens soldats des vieilles bandes, & deux enseignes Angloises, commandees par le Seigneur Kilgré, qui firẽt tous merueilleux deuoir, combiẽ que l'artillerie qui battoit en courtine les endommageast fort. Car le jour du grand assaut ceux de dedãs perdirent par icelle plus de quatre cens soldats, qui est vn tres-grand nombre. Il fut donné encor vn autre faux assaut sans ordre. Mais au troisieme, elle fut emportee. I'ay entendu que M. de Guise commanda à ceux qui auoyent la teste, s'ils forçoyent le rẽpar, qu'apres ils ne courussent pas desbandez par ci & par là, comme le butin d'vne si riche ville y attiroit chacun: mais qu'ils marchassent par plusieurs corps de deux & de trois cens hõmes droit à la place: & que s'ils la trouuoyẽt abãdonnee, alors le soldat pouuoit cercher son auanture. Car il craignoit que gẽs qui auoyent si courageusement combatu fissent là encor quelque dernier effort : ce qui toutesfois n'aduint pas. Neatmoins si fut-ce vne sage preuoyance. Car on a veu en d'autres villes que les assaillãs ayans penetré iusques à la place, auoyent esté repoussez par delà le repar, auecques vn grãd meurtre de ceux qui s'estoyent escartez pour piller. On dit aussi que le sac ne dura que trois iours, ordre qu'on doit tenir aux villes qu'on veut conseruer, à sçauoir, vn iour entier pour butiner, vn autre pour emporter, & l'autre pour composer. Mais en ces affaires-là, les superieurs abregent ou alongent le terme, selon qu'ils veulent, & qu'ils conoissent qu'ils se pourront faire obeir. Laquelle obeissance se monstre bien plustost es petites places pauures, qu'es grandes villes opulentes. Ce fut là l'vn des principaux actes de nos premieres tragœdies, d'autãt plus remarquable qu'vn Roy y fut tué, quatre mille hommes, tant d'vne part que d'autre, morts ou blessez: & la seconde ville de la France en richesse toute saccagee. La nouuelle en fut bien triste au Prince de Condé, mesmement pour son frere. Il lui despleut beaucoup aussi de ce qu'on fit pendre trois personnages excellens en armes, en Loix, & en Theologie: à sçauoir, Decroze, Mandreuille, & Marlorat. Aussi ceux de la Religion estãs irritez d'vne telle ignominie, tascherẽt de s'en reuancher sur d'autres prisõniers, qui auoyẽt esté pris, dõt l'vn estoit cõseiller de la Cour de Parlement de Paris, & l'autre Abbé. Les Catholiques disoyent que le Roy pouuoit faire pendre ses suiets rebelles. Les Huguenots respondoyent que les haines d'autrui estoyent couuertes de son nom, & qu'ils feroyent de tel pain souppe, comme dit le prouerbe. On doit cependant auoir desplaisir voire honte d'vser de si rigoureuses reuanches. Mais plus honteux est-il beaucoup pour vouloir rassasier son courroux dõner commencement à vne nouuelle cruauté.

cruauté. Ce ne seroyent pas guerres ciuiles que les nostres, si elles ne produisoyent de tels fruicts.

De la route des troupes du sieur de Duras.

PEV de temps apres Monsieur le Prince de Condé entendit la route d'vne petite armee de Gascons que le sieur de Duras lui amenoit, où il n'y auoit pas moins de cinq mille hommes, qui fut desfaite par le sieur de Monluc. ce qui redoubla encores son ennui. Mais il ne perdoit pas ni le courage, ni la cōtenance es aduersitez. Le malheur auint au sieur de Duras, pour deux raisons principales, à ce que i'ay ouï dire. L'vne que pour vouloir trainer deux canons quand & ses troupes il marcha pesamment. L'autre, que pour la commodité de ceste artillerie, il s'amusa à battre par le chemin quelques chasteaux, où il y auoit grand butin. Ce qui donna temps à ses ennemis de le ratteindre: lesquels estans puissans en cauallerie, & lui foible, le renuerserent incontinent. Ceux qui ont à mener vn secours se doyuent deliurer de gros bagage, & rendre leur expedition couronnee auecques la diligence.

Desseins de M. le Prince de Condé, nō executez à cause du secours amené par le sieur d'Andelot.

EN ces entrefaites, i'ay souuenance, oyant deuiser de ces choses, que M. l'Admiral dit à M. le Prince de Condé qu'vn mal-heur estoit tousiours suyui d'vn autre, mais qu'il faloit attendre la troisiéme auanture. entendāt du passage de son frere, & qu'elle les releueroit ou abatroit du tout. Aussi eux s'atendoyent, si mal lui fust auenu, d'auoir le siege, & en tel cas ils auoyent pris vne resolution fort secrette, que l'vn d'eux s'en iroit en Allmagne, pour s'efforcer d'y releuer encore quelque secours: & auiserēt que M. le Prince de Condé, pour la grandeur de sa maison, auroit beaucoup plus d'efficace pour persuader les Princes protestans de la Germanie, de lui assister en vne cause où eux-mesmes auoyẽt quelque participation. La difficulté estoit du moyen de l'y conduire seuremẽt. Mais aucuns gentils-hõmes se trouuerent qui mõstrerent euidemmẽt. qu'allãt de maison en maison de ceux qui fauorisoyẽt son parti, & marchãt la nuict & reposant le iour, il estoit facile de passer, ayãt vingt cheuaux & nõ plus. Mais il ne fut besoin de tenter ce hazard, pource qu'à dix ou douze iours de là ils eurent nouuelles que M. d'Andelot, ayãt passé les principales difficultez de son voyage, estoit à trente lieuës d'Orleans. Elle fut seconde d'vne autre: à sçauoir que le Conte de la Rochefoucaut, suyui de trois cens gentils-hommes, & des reliques de l'armee du sieur de Duras, seroit bien tost ioint à lui. Le Prince de Condé dit alors, Nos ennemis nous ont donné deux mauuais eschecs, ayans pris nos rocs (entendant Rouan & Bourges) i'espere qu'à ce coup nous aurons leurs cheualiers, s'ils sortẽt en campagne. Il ne faut point demander si chacun sautoit & rioit à Orleans: car c'est la coustume des gens de guerre de se resiouir plus ils ont de moyen de faire du rauage & du mal à ceux qui leur en font, tant l'ire est puissante en leur endroit. Et comment n'auroyent-ils quelquesfois les affections tachettees de sang, veu que plusieurs gens d'Eglise les ont si rouges de la teinture de vengeance, au cœur desquels ne deuroit resider que charité.

DV

DU DESSEIN QUE PRIT Monsieur le Prince de Condé voyant ses forces estrangeres approcher, & comme il s'alla presenter deuant Paris où ayant seiourné onze iours, sans faire nul effect, il s'achemina vers la Normandie.

POVRCE que les bons cõseils sont les sources d'où deriuent les belles executions, & les accroissemens des forces sont les instrumens qui seruent pour y paruenir: cela fit que Messieurs le Prince & Admiral sentans les leurs estre proches, penserent en eux-mesmes à eslire quelque bon dessein. En fin, auecques leurs plus confidens, ils delibererent de marcher diligemment vers Paris, non en intention de la forcer (car ils se doutoyent bien que les ennemis ietteroyent incontinent leur armee dedans) ains pour faire crier les Parisiens qu'ils estimoyent les soufflets de la guerre & la cuisine dont elle se nourrissoit: car eux voyans leurs maisons champestres fourragees & bruslees, & dans leur propre ville logez tant de milliers de soldats insolens, ou ils presseroyent le Roy & la Roine d'entendre à la paix, ou diroyent tant d'iniures à ceux qui seroyent renclos dans leurs murailles qu'ils les forceroyent de sortir en campagne, où ils auroyent moyen de les combatre & regaigner l'auantage qu'ils auoyẽt perdu à la camisade de Talsy. Que cependant ils enuoyeroyent en Normãdie, pour preparer les cent cinquãte mille escus qu'on auoit empruntez de quelques marchãds d'Angleterre (ce disoit-on) & sur bons gages: dautant que c'estoit toute l'esperance de soudoyer l'armee estrangere. Ioint aussi que la necessité cõtraignoit de la faire viure hors de son païs,

Acheminemẽt de l'armee de M. le Prince vers Paris.

& sur celui de son ennemi, où le soldat trouue tousiours quelque chose à butiner. Deux ou trois iours apres, le Prince de Condé partit d'Orleans, auec toutes ses forces Françoises, & huit pieces d'artillerie, tant grosses que petites, & alla rencõtrer ses Reitres à Pluuiers, où il y auoit garnison ennemie qui fut forcee biẽ tost. Les ayãt gracieusemẽt recueillis, on leur donna vn mois de gages, qu'on auoit amassé par ci & par là, dequoy il falut qu'ils se contentassent: car c'est vn mal necessaire aux armees huguenotes d'estre tousiours sans argẽt. On les pria apres de ne tẽporiser, à fin de gaigner la ville d'Estampes. A quoy ceste diligence seruit, pource que ia les Catholiques s'y vouloyent accõmoder, encor que ce soit la pire ville du monde: mais en Frãce on combat tout. Ceste prise estãt sçeuë à Paris il y eut bien du remuemẽt de mesnage des faux bourgs en la ville, & qui se fust auãcé sur cest estonnement, on les eust forcez, ce disoyẽt beaucoup de gens, lesquels crioyent qu'on les allast attaquer. Au contraire, les plus braues Chefs respõdirent que quãd bien on forceroit les faux-bourgs, on ne gaigneroit pour cela la ville, qui estoit pleine de gẽs de guerre: & qu'il y auroit dãger qu'en les pillãt nostre Infãterie, qui estoit en petit nombre, ne fut en ce desordre taillee en pieces: & qu'il estoit plus profitable d'aller prẽdre Corbeil, qui estoit tres-foible, pour brider la riuiere de ce costé-là. Les plus grãds inclinerent à ceste opinion. Mais comme les Catholiques virent qu'on prenoit ceste route, ils y enuoyerent toute la nuict le maistre de cãp Caussens, auec son vieil Regimen, & apres le Mareschal de S. André: qui firẽt bien conoistre aux Huguenots que la meilleure defense des places sont les bons hommes en nomen nombre suffisant. Car ce n'estoyent que grosses escarmouches tous les jours. Ce qu'ayans bien considéré Messieurs le Prince & Admiral, dirent, N'auanturons point nos deux Canons & deux Couleurines deuant vne si mauuaise beste qui mord si fort, car elles seroyent en danger de s'aller pourmener à Paris. Alors il me souuient que quelqu'vn dit à M. l'Admiral, que c'estoit vne grande vergongne de n'oser attaquer vne telle bicoque. Auquel il respondit, qu'il aimoit mieux que les siens se mocquassent de lui sans raison, que ses ennemis auec raison.

Acheminemẽt de l'armee vers Paris: & ce qu'elle fit les premiers iours.

ON descampa apres pour s'acheminer vers Paris: & le jour qu'on arriua deuant, on voulut taster les ennemis, pour sonder ce qu'ils auoyent dans le ventre, & pour essayer aussi de les attirer. Ils mirent hors de leurs tranchees douze cẽs harquebusiers, & cinq ou six cens lances, & là s'attaqua vne tres-grosse escarmouche. En fin M. le Prince commanda de faire vne charge generale, ce qui fut fait, où les Catholiques furent menez partie au trot, partie au galop, iusques dedans leurs tranchees, & non sans effroy: lequel passa aussi iusques parmi le peuple Parisien. Le sieur Strosse alors, auec cinq cens harquebusiers choisis, demoura engagé, assez loin dans les murailles, qui seruoyent d'enclos à vn moulin à vent, où il fit vne si braue cõtenance qu'encores qu'il fust outrepassé, & assailli des nostres, neantmoins on ne le peut forcer. La retraite faite, on s'alla camper aux trois villages fort prochains les vns des autres: assauoir Gentilly, Arcueil, & Montrouge. L'espace de sept ou huit iours ce ne furent que parlemens. Mais en fin on conut que ce n'estoyent qu'amusemẽs: car les Chefs Catholiques ayans desia obtenu de si grands auãtages tendoyent plustost à la victoire qu'à la paix. Ie diray vne chose qui arriua, pendãt que nous estiõs en ces termes, par où on conoistra encor mieux le naturel de nostre natiõ. C'est que le iour que la tresue duroit, on eust veu dans la cãpagne entre les corps de garde sept ou huit cens gentils-hommes de costé & d'autre deuiser ensemble, aucuns s'entre-saluer, autres s'entr'embrasser : de telle façon que les Reitres du Prince de Condé, qui ignoroyent nos coustumes, entroyent en soupçon d'estre trompez & trahis par ceux qui s'entre-faisoyent tant de belles demonstrations, & s'en plaignirent aux Superieurs. Depuis ayans veu, les tresues rõpues, que ceux mesmes qui plus s'entre-caressoyent estoyent les plus aspres à s'entre-donner des coups de lances & de pistolle, qui rapportoyent quelquesfois de ceste tragedie de grieues blesseures, ils s'asseurerent vn peu, & disoyent entr'eux, Quels fols sont ce-ci, qui s'entr'aiment auiourd'hui & s'entre-tuẽt demain? Certes il est mal-aisé de voir ses parens & amis, & ne s'esmouuoir point. Mais quand on auoit remis les armes sur le dos, & ouy le sifflement des harquebusades, toutes courtoisies estoyent rompues. Encor les Catholiques se mocquoyẽt de nous, disans, Messieurs les Huguenots, ne prenez pas Paris pour Corbeil. Ces parlemens d'entre la Noblesse deuindrent à la fin fort suspects aux Chefs Catholiques, comme ceux de la paix (qui n'estoyent qu'apparences) le furent encore plus aux Chefs de la Religion, lesquels se faschans d'auoir si peu effectué au seiour qu'ils auoyẽt fait deuant Paris, delibererent de donner vne camisade aux fauxbourgs, pour tailler en pieces la pluspart de l'armee ennemie, qui estoit là logee, & toute dispersee à la gar-

de

de des trãchees, qui auoyẽt biẽ deux lieuës de lõgueur.

En ceste maniere, le despit & la hõte leur fit prendre vne resolution pour attenter vne chose difficile, qu'auparauant par vn meur iugement (lors qu'elle eust esté plus facile) il auoyent estimé n'y auoir nul profit de l'entreprendre. Et souuent i'ay veu arriuer le semblable à plusieurs bons hommes de guerre. Quand donques la nuict fut venue, l'ordre estant ia donné, chacun s'arma, & puis marcha-on par les chemins vn peu escartez vers le costé du faux-bourg S. Germain, où l'on auoit auis que les retranchemens estoyent petis, & la garde foible. ce qui estoit vray. Monsieur de Guise eut quelque auis de ceste entreprise, & qu'à minuict on deuoit donner. Pour ceste occasion fit-il tenir des le soir sa cauallerie & infanterie en armes tout le long de la tranchee, selon le quartier assigné à vn chacun. Mais quand les quatre heures du matin furent sonnees, & que les Catholiques virent qu'il n'y auoit nulle rumeur du costé de nostre camp, quasi tous dirent que c'estoit vn faux aduertissemẽt, & que les Huguenots n'auoyẽt pas le courage de les venir attaquer, & qu'il n'y auoit nul propos (veu que le froid estoit si extreme) de les faire geler tous, l'espace d'vne longue nuict, à l'appetit d'vn soupçon, peut estre, mal fondé. Bref les vns apres les autres se retirerent chacun à son logis, & ne demeura que la garde ordinaire. Ceux de la Religion cependant en faisant leur grand circuit, pour n'estre descouuerts, se perdirent, & ne peurent arriuer que le iour ne fust desia tout clair pres du lieu par où ils deuoyent assaillir, & se voyans descouuerts & l'alarme grãde, ils se retirerent. Mais s'ils fussent arriuez trois quarts d'heure plustost, il y a apparence

Entreprise d'vne camisade sur les faux bourgs de Paris: & la retraite de l'armee de M. le Prince.

qu'ils eussent en cest endroit forcé la trãchee. En ceste entreprise, on void comme l'impatience des vns cuida estre cause de leur faire receuoir vne grand' honte, & le peu de preuoyãce des autres à la cõduite de leurs gens de guerre leur fit faillir l'occasion qu'ils auoyent embrassee, & estre en mocquerie à leurs ennemis. I'ay entendu que M. de Guise & M. le Connestable craignoyent plus que le faux-bourg fust forcé pour la vergongne que pour le dommage, & qu'ils affermoyent que ce seroit vne ruïne de ceux de la Religion, s'ils y entroyent. Car estans escartez dedãs au pillage, ils faisoyent estat de ietter par diuerses portes & autres endroits quatre ou cinq mille harquebusiers & deux mille corcelets sur eux, lesquels, les surprenãs, en eussent tué vne bonne partie, & mis l'autre en fuite. Nous fusmes si mal-auisez que de vouloir trois iours apres retenter le mesme dessein, & croy que nous eussions esté bien batus. Mais au changement de nos gardes, auint qu'vn de nos principaux Capitaines se retira vers les Catholiques: ce qui rompit l'execution. Le premier jour on lui fit de tres-grandes caresses. Le second, on se mocquoit de lui. Le troisieme, il se repentit d'auoir abandonné ses amis. Monsieur le Prince de Condé, craignãt qu'il ne dõnast auis des defauts de son armee, deslogea le lendemain, qui fut vn conseil qui lui profita, pource que M. de Guise auoit resolu (d'autant que les Espagnols & Gascons estoyent arriuez) d'attaquer son camp auec toutes ses forces à la diane, s'il eust encores seiourné vn jour. Et veu la façon, dõt il vouloit proceder, qu'on m'a racontee, ie cuide qu'il nous eust mis en mauuais termes, à cause que nous estions logez trop escartez, pour estre si prochains d'eux:

d'eux: qui est vne mauuaise coustume que la guerre ciuile a engendree. Ainsi dõc M. le Prince, estant deslogé, dressa sa teste vers la Normandie pour l'effect ci deuant dit. & deux iours apres, le camp du Roy se mit à le suiure le costoyant tousiours, iusques à ce qu'es plaines de Dreux les deux armees se rencontrerent.

DE SIX CHOSES REMARquables auenues à la bataille de Dreux.

ENTRE toutes les batailles qui se sont donnees en France pendant les guerres ciuiles, il n'y en a aucune plus memorable que la bataille de Dreux, tant pour les Chefs experimentez qui s'y trouuerent, que pour l'obstination qu'il y eut au cõbat. Toutesfois, pour en parler à la verité, ce fut vn accident digne de lamentation, à cause du sang que verserent dans le sein de leur mere plus de cinq cens gentils-hommes François, tãt d'vne part que d'autre: & pour la perte qui se fit de Princes, Seigneurs, & suffisans Capitaines. mais puis que les choses sont aduenues, il n'est pas defendu d'en tirer instruction: combien que la meilleure seroit de ne retourner iamais à vne telle folie, qui couste si cher. Or plusieurs choses y arriuerẽt que parauãture tous n'ont pas bien notees: & c'est ce qui m'a donné enuie de les representer, à fin que ceux qui passent trop legerement par dessus les hauts faits d'armes, sans considerer ce qui peut profiter, soyent plus diligens de le faire: car cela est aprendre à estre Capitaine. *Memorable bataille.*

LA premiere chose qui arriua, encor qu'elle ne soit de fort grand poids si la peut-on noter, comme non *1. La cõtenance des deux armees.*

ordinaire. C'est qu'encor que les deux armees fussent plus de deux grosses heures à vne canonnade l'vne de l'autre, tant pour se ranger que pour se contempler, si est-ce qu'il ne s'attaqua aucune escarmouche petite ni grande sinon le gros combat. Et toutesfois à plusieurs autres batailles, qui se sont dõnees, elles ont tousiours precedé, comme à celles de Cerisolles, Sienne, & Grauelines. Ce n'est pas pourtant à dire qu'il faille commencer les batailles par telle action : mais le plus souuent on y est induit par la qualité des lieux, ou quand on se sent fort d'harquebuserie, ou pour taster les ennemis, ou pour autre consideration. Chacun alors se tenoit ferme, repensant en soy-mesme que les hommes qu'il voyoit venir vers soy, n'estoyẽt Espagnols, Anglois, ni Italiẽs, ains Frãçois, voire des plus braues: entre lesquels y en auoit qui estoyẽt ses propres compagnõs, parẽs & amis, & que dãs vne heure il faudroit se tuer les vns les autres. Ce qui donnoit quelque horreur du fait. Neantmoins, sans diminuer de courage, on fut en ceste maniere retenu, iusques à ce que les armees s'esbranslerent pour s'entre-heurter.

2. Generosité des Suysses.

La seconde chose tres-remarquable, fut la generosité des Suysses, qu'on peut dire qu'ils firent vne digne preuue de leur hardiesse. Car ayant esté le gros corps de bataille où ils estoyẽt renuersé à la premiere charge, & leur bataillõ mesmes fort endommagé par l'esquadron de M. le Prince de Condé, pour cela ils ne laisserẽt de demeurer fermes en la place où ils auoyẽt esté rãgez, bien qu'ils fussent seuls, abãdonnez de leur cauallerie. Et assez loin de l'auantgarde, trois ou quatre cens harquebusiers Huguenots les attaquerent, les voyans si à propos, & en tuerent beaucoup, mais ils ne

les

les firent desplacer. Puis vn bataillon de Lansquenets les alla attaquer, qu'ils renuerserent tout aussi tost, & le menerent batant plus de deux cens pas. On leur fit apres vne recharge de deux cornettes de Reitres, qu'ils soustindrent brauement: puis vne autre de Reitres & Frãçois ensemble, qui les fit retirer, & auec peu de desordre, vers leurs gens, qui auoyent esté spectateurs de leur valeur. Et combien que leur Colonnel & quasi tous leurs Capitaines demeurassent morts sur la place, si rapporterent ils vne grande gloire d'vne telle resistance.

3. *La patience de M. de Guise, occasion de sa victoire.*

Le troisieme acte fut la longue patience de M. de Guise, par le moyen de laquelle il paruint à la victoire. Car apres que le corps de la bataille que M. le Connestable cõduisoit eut esté mis à vau de route, fors les Suysses, lui ayant esté pris en combatãt, ledit sieur demeura ferme, attendant si on iroit l'attaquer: car les gens de M. le Prince de Cõdé n'auoyent point encore combatu, aupres desquels partie de sa cauallerie se venoit tousiours rallier, outre celle qui faisoit encor alte. Mais comme ceste auantgarde faisoit bonne mine, ceux de la Religiõ ne l'osoyent aller mordre. Cependant les vns s'amusoyẽt à charger les Suysses (comme il a esté dit) les autres à poursuyure les fuyards, & beaucoup à piller le bagage, lesquelles actions durerent plus d'vne heure & demie. Plusieurs du parti mesmes de M. de Guise le voyant si long tẽps se tenir coy, pendant qu'on executoit ceux qui auoyent esté rompus, ne sçauoyent que penser de lui, comme s'il eust perdu le iugement: & croy qu'aucuns l'accusoyent ia de timidité, ainsi que Fabius Maximus le fut des Romains, quasi en pareil fait: mesmement entre ceux qui lui

de pied

estoyent cõtraires, il y en auoit qui desia crioyent que la victoire estoit acquise pour eux. Mais il me souuiẽt que i'ouïs feu M. l'admiral qui respondit, Nous-nous trompons, car bien tost nous verrõs ceste grosse nuee fondre sur nous. Ce qui auint quelque peu apres, dont s'ensuiuit le chãgemẽt de fortune. Par là ledit sieur de Guise fit biẽ conoistre qu'il attẽdoit le poinct de l'occasiõ: car il eut patiẽce de voir desordõner par les petites actiõs que i'ay recitees le gros des forces de M. le Prince, qui l'eussent mis en peine, si du commencemẽt toutes reiointes elles le fussent allé attaquer. Mais apres qu'il vit qu'elles estoyent fort esparses, il s'esbransla auec si belle audace & contenance, qu'il trouua peu de resistance. On ne doit pas estre soudain à iuger les intentions de ces grands Chefs: car ils ont des considerations que l'effect descouure par apres estre autres que beaucoup n'eussent cuidé.

4. La longue duree du combat.

LA quatrieme chose digne d'estre notee est la longue duree du combat: pource qu'on void ordinairement es batailles qu'en vne heure tout est gaigné ou perdu. Et celle de Montcontour dura encores moins. Mais ceste-ci commẽça enuiron vne heure apres midi, & l'issue fut apres cinq heures. Il ne faut pas pour tant imaginer que pendant ledit temps on fust tousiours combatant, car il y eut plusieurs interualles: & puis on se rattaquoit par petites charges, & tantost par grosses, qui emportoyent les meilleurs hommes, ce qui cõtinua jusques à la noire nuict. Certes il y eut vne merueilleuse animosité des deux costez, dõt le nombre des morts en rẽd suffisant tesmoignage, qui passoit sept mille hommes, à ce que beaucoup disent: la pluspart desquels furent tuez au combat, plustost qu'à la

fuite.

fuite. Or ce qui me sembla auoir esté principalement cause de ceste longueur, fut que l'armee du Roy estoit forte d'Infanterie, & celle de M. le Prince de Condé puissante de cauallerie. Car les vns ne pouuoyent forcer les gros bataillõs, ni les autres chasser loin les cheuaux. Si on veut biẽ regarder à toutes les batailles, qui se sont dõnees depuis celle des Suysses, en laquelle on combatit encores le lendemain, nulle ne se pourra aparier à ceste-ci, mesmes la iournee de S. Laurent s'acheua en moins de demie heure.

Le cinquieme accidẽt, fut la prise des deux Chefs des armees, chose qui auient rarement, parce qu'ordinairement ils ne combatent qu'au dernier & à l'extremité. Et souuent vne bataille est quasi gaignee auant qu'ils soyent venus à ce poinct. Mais ceux-ci n'attendirent pas si tard: car à l'abordee chacũ voulut monstrer aux siens l'exemple de ne s'espargner. Monsieur le Connestable fut pris le premier & fort blessé, ayant tousiours reçeu blesseures en sept batailles où il s'est troué, qui fait foy de la hardiesse qui estoit en lui: & M. le Prince fut pris sur la fin, & blessé aussi. D'ici peut naistre vne question, à sçauoir si vn Chef se doit tant auanturer? à quoy on peut respondre, qu'on n'appelle pas se hazarder, quand le corps de l'armee où il est s'esbransle pour combatre, & qu'il ne sort de son rang. Et puis ceux-ci ayans de bons seconds cela leur faisoit moins craindre le danger de leurs personnes: car l'vn auoit M. de Guise, & l'autre M. l'Admiral, qui se trouuerent aussi bien auant en la meslee. *5. La prise des deux Chefs d'armees.*

La sixieme, fut la maniere comment les deux armees se desattaquerent. Ce qui arriue souuent d'vne autre façon qu'il n'auint lors. On void, quand vne ba- *6. La retraite des deux armees.*

taille se donne, que l'issue est communément telle que le vaincu est mis en fuite, & est auec cela chassé deux ou trois lieuës, & quelquesfois dauantage. Ici on peut dire qu'il n'y eut nulle chasse, ains que la retraite de ceux de la Religiō fut faite au pas, & auec ordre, ayans deux corps de Reitres, & vn de cauallerie Françoise, le tout d'enuiron douze cens cheuaux. Mais M. de Guise, qui estoit foible de cheuaux, ne voulant esloigner ses bataillons d'infanterie, ayant marché cinq ou six cens pas apres se contenta, & les vns & les autres estans lassez & plusieurs blessez, la nuict suruint qui en fit la separation. Il logea sur le champ de bataille, & M. l'Admiral alla loger en vn village, à vne grosse lieuë de là, où le reste de son infanterie & son bagage s'estoit retiré. Aucuns ont eu ceste opinion qu'il n'y auoit eu perte de bataille alors, parce que les perdans n'auoyent esté mis à vau de route. Mais c'est se tromper: car celui qui gaigne le champ du combat, qui prend l'artillerie, & les enseignes d'infanterie, a assez de marques de la victoire. Toutesfois on peut bien dire qu'elle n'est pas pleniere, comme quand la fuite s'ensuit. Si on replique qu'on a veu assez de fois deux armees se retirer l'vne deuant l'autre en bel ordre, comme à la Rochelabelle, & le vendredi de deuant la bataille de Montcontour: cela est vray, mais elles n'auoyent pas combatu en gros comme ici: seulement s'estoyent fait des grosses escarmouches, chacune gardant son auantage du lieu où elle estoit. Il y a encor auiourd'hui beaucoup de gentils-hommes & Capitaines viuans, qui peuuent se ressouuenir de ce qui s'y passa, & faire encor sur ce fait d'autres obseruations.

Du traitement

FINALEMENT, i'ay bien encor voulu representer

ter vne autre chose qui sera supernumeraire, pource qu'aussi elle arriua apres la bataille. C'est la courtoisie & honnesteté dont vsa M. de Guise victorieux enuers M. le Prince de Condé prisonnier. Ce que la pluspart des hommes, tant d'vn costé que d'autre, n'estimoit nullement qu'il eust voulu faire. Car on sçait comme aux guerres ciuiles les Chefs de part sont odieux, & quelles imputatiōs on leur met sus: en sorte que quād ils tōbent au pouuoir de leurs ennemis, souuent apres plusieurs vergōgnes qu'on leur fait souffrir leur vie est en danger de se perdre. Neantmoins tout le contraire arriua. Car estant amené vers lui, il lui parla auec reuerence, & grande douceur de propos, où il ne pouuoit pretēdre qu'on le voulust picquer ni blasmer. Et pendant qu'il seiourna dans le camp, il mangea souuent auec ledit Prince: & dautant que ceste iournee de la bataille il y auoit peu de licts arriuez, parce que le bagage fut demi saccagé & escarté, il lui offrit son lict, ce que M. le Prince ne voulut accepter que pour le regard de la moitié. Et ainsi ces deux grands Princes, qui estoyent comme ennemis capitaux, se voyoyent en vn mesme lict, l'vn triomphant, & l'autre captif, prenans leur repos ensemble. On pourra dire que M. le mareschal d'Anuille, le tenant entre ses mains (car ce fut à lui qu'il se rendit) n'eust permis qu'on lui eust fait tort, veu que son pere estoit prisonnier. Ie cōfesse qu'il eust fait ce qu'il eust peu, mais il est certain que si M. de Guise lui eust voulu nuire, sa reputatiō & sa creance estoit ia lors si grande que nul ne l'en eust peu empescher. Il m'a semblé que si beaux actes ne deuoyent estre enseuelis en oubliāce, à fin que ceux qui fōt profession des armes s'estudient de les imiter, & s'esloi-

fait par M. de Guise à M. le Prince.

gnent des cruautez & choses indignes, où tant se laissent aller en ces guerres ciuiles, pour ne sçauoir ou ne vouloir donner vn frein à leurs haines. A l'ennemi qui resiste faut se monstrer superbe, & apres qu'il est vaincu il est honneste d'vser d'humanité. Quelqu'vn pourra encor venir à la trauerse, disant, qu'il pouuoit bien vser de ceste courtoisie, veu ce qu'auparauant il auoit procuré à Orleans contre ledit sieur Prince. Ie respondray à cestui-là, que mon intention est ici de louër les beaux actes de vertu, quand ie les rencontre en mon chemin, & ne parler des autres, qui ne vienent pas à propos: & quand ie la verray reluire en quelque personne que ce soit, là ie l'honnoreray.

DU SIEGE MIS PAR MONsieur de Guise deuant Orleans, & du voyage que fit Monsieur l'Admiral en Normandie.

Fondemens de l'esperance de M. de Guise.

L'ESPERANCE fut grande que M. de Guise conçeut de mener biẽ tost à fin ceste guerre voyant la belle victoire qu'il auoit obtenue, bien qu'elle lui eust cousté cher: le Chef du parti contraire pris, & lui demouré seul sans compagnon, auecques tout le commandement. Il ne fut pas paresseux de la faire publier par tout, & se voyant contraint de raffraischir son armee, il y donna bon ordre. Ce pendant, ses pensemens estoyent tournez à preparer toutes sortes d'instrumens & prouisions, pour assaillir la ville d'Orleãs, & disoit, que le terrier estant pris, où les renards se retiroyent, apres on les courroit à force par toute la France. Monsieur l'Admiral aussi n'auoit pas moins besoin de repos pour ses gẽs, qui se faschans d'auoir d'auoir esté batus prenoyent souuent des occasions de murmurer. Il passa la riuiere de Loire, tant pour les faire reposer, que les racommoder, aux despens de plusieurs petites villes ennemies, mal gardees, & d'vn bon quartier de pays, où la bride fut vn peu laschee au sodat, pour se refaire de ses pertes. Cela leur redonna courage & esperance, voyans leur liberté acreue. A quoy il s'estoit laissé aller, partie par conseil, partie par necessité, pour euiter vne mutination, mesmement des Reitres, qui sous main estoyent sollicitez de la part des Catholiques de se retirer, auec grandes promesses. Il craignoit aussi la retraite de quelques soldats François, qui aux aduersitez sont assez prompts de retourner leur robbe.

Resolution de M. l'Admiral, l'assiegement d'Orleans, & les notables particularitez d'icelui.

APRES il se vint plãter à Iargeau, ville sur la riuiere de Loire, où il y a vn pont, pour auoir ce passage libre: & là resolut de s'acheminer en Normandie, pour recueillir l'argent d'Angleterre qui ia y estoit: dautant que les Reitres le menaçoyent de le faire prendre prisonnier. Leurs chariots furent mis dãs Orleans (afin que la diligence fust plus grande) où M. d'Andelot son frere demoura pour y commander. Monsieur de Guise apperceuant ce deslogement se vint camper deuant la ville, & son premier dessein fut de vouloir gaigner le faux-bourg, qui est au bout du pont, qui s'appelle le portereau, pour empescher les issues de ceste part. Il auoit esté retranché par le sieur de Feuquieres, en intention d'y loger à seureté les Allemans & François à pied, reschappez de la bataille de Dreux, iusques à ce qu'ils fussent pressez: & se pouuoit garder quatre ou cinq iours cõtre les cõbats de main, moyennant qu'on n'y amenast l'artillerie. Il arriua cependant vn tel accident quãd il fut attaqué, que la ville en cuida eſtre priſe (tant les euenemens de la guerre ſont pleins de merueille) & principalement par la laſcheté des Lanſquenets. L'opinion de M. de Guiſe n'eſtoit pas de le forcer ce iour-là, ains pluſtoſt faire cognoiſtre quelle contenance tiendroyent ceux qui eſtoyent dedans. Neantmoins, comme Chef auiſé, il alla garni de fil & d'eſguille, (comme on dit) non ſeulement pour eſtre preparé pour l'occaſion: mais pour former l'occaſion, & puis s'en preualoir. Parquoy il donna à M. de Sipierre, excellent Capitaine, douze cens harquebuſiers François, deux legeres couleurines, & ſix cornettes de cheuaux, & lui marcha apres auec autre petite troupe. A l'abordee, qui fut du coſté des Gaſcons, ils les trouuerent hors à l'eſcarmouche, & leur tranchees & barriquades bien garnies. Mais cependant qu'on s'entretenoit-là, quelques ſoldats eſcartez rapporterent que vers le quartier des Lanſquenets, on n'y faiſoit pas trop bonne mine. Ce qui fut cauſe qu'on enuoya quatre ou cinq cẽs harquebuſiers ſuyuis de quelque cauallerie, pour ſonder ce coſté là. Et au meſme temps M. de Sipierre fit retirer l'artillerie dans les barriquades des François. Les Lanſquenets à ce bruit & mouuemẽt s'eſtonnerent, &, abandonnans leurs gardes, ſe mirent en fuite. A l'inſtant entrerent les ſoldats Catholiques dans le faux-bourg. Puis ils allerent donner par le derriere des François, qui combatoyent brauement à leurs defenſes, & par ce moyen tout s'en alla à vau de route. On ne ſçauroit imaginer vn plus grand deſordre qu'il y eut là. Car le pont eſtant embaraſſé du bagage qu'on faiſoit retirer dans la ville, les fuyans ne ſe pouuoyẽt ſauuer. Meſmes on ne pouuoit fermer

fermer la Porte des Tourelles, ni hausser le pont leuis. Cela fut cause que la plus part se ietterent dans la riuiere à nage. Et en ceste façõ, par le fer, le feu, & l'eau, plus de huit cens hommes perirent. Mais l'effroy qui fut porté dans la ville, fut encor plus grand que le dommage, & se disoit tout haut, que les Isles qu'on auoit fortifiees estoyent ia gaignees, mesme qu'on combatoit à la porte principale: ce qui estonna les plus asseurez. Alors M. d'Andelot (qui estoit vn Cheualier sans peur) voyant tant de confusion & d'effroy, dit, Que la Noblesse me suyue, car il faut rechasser les ennemis, ou mourir. Ils ne peuuẽt venir à nous q̃ par vne voye, & non plus que dix hommes de front. Auec cent des nostres, nous en combatrõs mille des leurs. Courage, & allons. Comme il s'acheminoit, il voyoit la crainte, la fuite & le desordre, il oyoit mille voix lamentables, & quasi autãt d'auis qu'on lui donnoit. Lui cependant, sans aucunemẽt s'estonner, passa tous les ponts, & paruint iusques aux Tourelles, bien aise dequoi il n'auoit trouué les ennemis plus auancez. Mais aussi estoit-il temps qu'il y arriuast. Car desia ils estoyent pres du pont leuis, pour donner en gros, lequel neantmoins fut haussé, & la porte serree, auecques peu de perte. Or il faut noter que depuis l'entiere prise du faux-bourg, iusques à l'arriuee de M. d'Andelot audit lieu, il se passa plus d'vne grosse demie heure que ceste porte demoura tousiours ouuerte, sans qu'il y eust aucun qui y fist teste. Cependant les Catholiques n'enfoncerent point, soit qu'ils s'amusassent à piller ou à tuer, ou que ils se trouuassent là trop peu, ou qu'il n'y eust Capitaine d'importance pour guider & commander. Mais c'est chose asseuree, que si à l'abordee ils eussent en gros dressé leur teste vers la ville, qu'ils l'eussent emportee, tant l'effroy estoit grand, & les remedes petis. Pour le moins, se fussent-ils faits maistres des isles, qui estoit auoir la ville quinze iours apres. Ie me suis enquis à de bons Capitaines Catholiques, pourquoy ils ne ne s'auisoyent plustost de nostre estonnement? Ils m'ont dit qu'eux-mesmes estoyent estõnez de se voir si soudain victorieux de tant de gens. Mais qu'ils pensoyent que ce qui les auoit retenus estoit vn bruit, qui couroit parmi eux, qu'on auoit quitté les Tourelles exprés, les ayant rempli de poudre pour les faire sauter, lors que beaucoup de gens les auroyent outrepassees. Ainsi perdirent les Catholiques vne belle occasion, & ceux de la Religion eschaperent vn grand peril. Ces faits extraordinaires doyuent resueiller la preuoyance de ceux qui defendent, & inciter à diligence ceux qui assaillent, à fin que les premiers n'attendent pas à faire demain ce qui se doit faire auiourd'hui, & que les autres se souuienent d'acompagner les troupes, qui affrontent, de Capitaines qui sçachent promptement conoistre & prendre le parti quand il s'offre. Vne tres-grande esperance prindrent d'vn si bon succes, non seulement M. de Guise, mais aussi tous ceux de son armee, qui passoit en nõbre vingt mille hommes. Au contraire plusieurs de ceux de dedans furent esbranslez d'vne si dure atteinte, & eussent bien desiré que M. l'Admiral fust reuolé vers eux. Mais peu à peu M. d'Andelot remedia à la foiblesse de telles apprehensions par paroles puissantes & persuasiues.

La blessure & mort de M. de Guise, dont s'ensuyuit la pacification

BEAVCOVP de temps se passa apres qu'on employa à attaquer les Tourelles (qui furent surprises par la negligence d'aucuns de ceux de dedãs) & à tirer aux defenses

defenſes des iſles. Monſieur de Guiſe auoit deliberé de les battre deux iours auecques vingt canons, puis y donner vn furieux aſſaut. Et comme elles n'eſtoyent gueres fortes à mon auis qu'il les euſt emportees. Mais en ces entrefaites ſuruint vn accident inopiné, non moins eſtrãge & plus rare que le premier, qui troubla toute la feſte : qui fut la bleſſeure dudit ſieur de Guiſe par vn gentil-homme nommé Poltrot, & ſa mort peu de iours apres. Cela rabatit toute la gaillardiſe & l'eſpoir des gens de guerre de l'armee, ſe voyans priuez d'vn ſi grãd Chef. En ſorte que la Roine, laſſee de tant de miſeres & de morts ſignalees, embraſſa la negotiation de la paix. Et ne fit-on depuis que parlementer d'vn coſté & d'autre, juſques à ce qu'elle fut concluë, eſtans monſieur le Prince de Condé & M. le Conneſtable, les principaux inſtrumens qui la traiterent. Parlons maintenãt de l'expedition de mõſieur l'Admiral, lequel craignant qu'Orleans ne fuſt forcé ſe propoſa pour but la diligence. Auſſi en ſix iours fit-il plus de cinquante lieuës auecques ſon armee de caualler ie. Elle eſtoit de deux mille Reitres, cinq cens cheuaux Frãçois, & mille harquebuſiers à cheual. Et pour porter le bagage n'y auoit aucune charrette ſinon douze cens cheuaux. En ceſt equipage, nous faiſions telle diligence que ſouuent nous preuenions la renommee de nous-meſmes en pluſieurs lieux où nous arriuions. Eſtant ledit ſieur Admiral paruenu à Caen, il l'attaqua par le moyen de l'artillerie, & de deux mille Anglois qui lui furẽt enuoyez du Haure de grace par Meſſieurs le Conte de Vvaruich & Beauuais la Nocle, qui eſtoyent dedans. Ayant furieuſement batu le chaſteau il ſe rendit par compoſition, où M. le Marquis d'El-

des premiers troubles : & ce que fit M. l'Admiral en Normandie.

beuf estoit, à qui on ne fit que toute courtoisie. Nos Reitres reçeurent aussi argent qu'ils trouuerent beaucoup meilleur que les Citres de Normandie. Et cōme nous-nous preparios pour retourner secourir Orleās, M. le Prince de Condé escriuit que la paix estoit arrestee. Ce qui cōuertit le desir de cōbatre en vn desir de revoir sa maison. Ainsi prit fin ceste premiere guerre ciuile, apres auoir duré vn an entier. Terme, qui sembloit plus long que brief à l'impatience naturelle de nostre natiō, laquelle en aucuns endroits se desborda en des cruautez, plus propres à des Barbares qu'à des François. Ceux de la Religiō en souffroyent tousiours la plus grande partie. Et c'est ce qui fit trouuer à beaucoup de gens de bien ceste paix meilleure: dautant qu'elle mettoit fin à toutes ces inhumanitez.

SECONDS TROVBLES.

DES CAVSES DE LA PRISE des armes aux seconds Troubles: & comme les desseins, sur quoy ceux de la Religion s'estoyent appuyez, se trouuerent vains.

Causes de la prise des armes aux deuxiémes troubles.

PLVSIEVRS escrits ont esté publiez pour iustifier le leuemēt des armes de l'ā M.D.LXVII. & autres au contraire pour le condamner: dont les historiens, qui traitent des choses passees, ont amplement discouru. A quoy doyuent auoir recours ceux qui veulent exactement faire recerche de toutes les particularitez des actiōs publiques. Ie me contenteray d'en dire succinctement quelques vnes sur ce poinct, qui sont autant vrayes que celles qui ont esté manifestees, les ayant aprises de ceux qui d'vn costé ont

ont aidé à cōduire les affaires. L'Edict de pacification fait deuant Orleans auoit donné quasi à l'vniuersel de la France beaucoup de contentement, tāt en apparence qu'en effect: en ce que toutes miseres cessantes chacun viuoit en repos, seureté du corps & liberté de l'esprit. Toutesfois les haines & enuies aux vns, & les desfiances aux autres, ne furent pas dutout amorties, ains demeurerēt cachees, sans se monstrer. Mais comme le temps a accoustumé de meurir toutes choses, aussi ces semences ici & beaucoup d'autres encores pires vindrent à produire des fruicts, qui nous remirent en nos premieres discordes. Les principaux de la Religion, qui ouuroyent les yeux pour la cōseruation tant d'eux que d'autrui, ayans fait vn gros ramas de ce qui s'estoit fait contr'eux, & de ce qui se brassoit encore, disoyent qu'indubitablement on les vouloit miner peu à peu, & puis tout à vn coup leur donner le coup de la mort. Des causes qu'ils alleguoyent, les vnes estoyent manifestes, & les autres secrettes. Quant aux premieres, elles consistoyent es desmantellemens d'aucunes villes & constructions de citadelles es lieux où ils auoyent l'exercice public. Plus es massacres, qui en plusieurs endroits se commettoyent, & en assassinats de gentils-hommes signalez, dequoy on n'auoit peu obtenir aucune iustice. Aux menaces ordinaires qu'en bref ils ne leueroyent pas la teste si haut. Et singulierement en la venue des Suysses (combien que le Duc d'Albe fust desia passé en Flandres) lesquels n'auoyent esté leuez que pour la crainte simulee de son passage. Quant aux secrettes, ils mettoyent en auant aucunes lettres interceptes, venātes de Rome & d'Espagne, où les desseins qu'on vouloit executer se descouurirent fort à plain. La resolution prise à Bayonne auecques le Duc d'Albe d'exterminer les Huguenots de France, & les Gueux de Flandres, dequoy on auoit esté auerti par ceux de qui on ne se doutoit pas. Toutes ces choses & plusieurs autres dont ie me tais resueilloyent fort ceux qui n'auoyent pas enuie qu'on les prist endormis. Et me recorde que les Chefs de la Religion firent en peu de temps trois assemblees, tant à Valeri qu'à Chastillon, où se trouuerent dix ou douze des plus signalez gentils-hommes, pour deliberer sur les occurrences presentes, & cercher des expediens legitimes & honnestes, pour s'asseurer entre tant de frayeurs, sans venir aux derniers remedes. Aux deux premieres les opinions furent diuerses. Neantmoins, plus par le conseil de M. l'Admiral que de nul autre, chacun fut prié d'auoir encores patiẽce, & qu'en afaires si graues, comme celles-ci, qui amenoyent beaucoup de maux, on deuoit plustost s'y laisser entrainer par la necessité, qu'y courir par la promptitude de la volonté, & qu'en bref on verroit plus clair. Mais à la troisiéme qui s'y fit auant qu'vn mois fust escoulé les cerueaux s'eschaufferent dauantage, tant pour les considerations passees, que pour nouueaux auis qu'on eut, & nõmément pour vn que Messieurs le Prince & Admiral affermerent venir d'vn personnage de la Cour, tres-affectionné à ceux de la Religion, lequel asseuroit qu'il s'estoit là tenu vn conseil secret, où deliberation auoit esté faite de se saisir d'eux, puis faire mourir l'vn, & garder l'autre prisonnier. Mettre au mesme temps deux mille Suysses à Paris, deux mille à Orleans, & le reste l'enuoyer à Poictiers. Puis casser l'Edict de Pacificatiõ, & en refaire vn autre du tout cõtraire: & qu'on n'en n'en doutast point. Or cela ne fut pas mal-aisé à croire, veu qu'on voyoit desia les Suysses s'acheminer vers Paris, qu'on auoit tant de fois promis de renuoyer. Et y eut quelques vns qui estoyent là, plus sensitifs & impatiens que les autres, qui tindrent ce langage. Comment? veut-on attédre qu'on nous vienne lier les pieds & les mains, & puis qu'on nous traine sur les eschaffaux de Paris, pour assouuir par nos morts honteuses la cruauté d'autrui? Quels auis faut-il plus attendre? Voyons-nous pas desia l'ennemi estranger, qui marche armé vers nous, & nous menace de vengeâce, tant pour les offenses qu'ils reçeurent de nous à Dreux, que pour les iniures que nous auons faites aux Catholiques en nous defendant? Auons-nous mis en oubli que plus de trois mille personnes de nostre Religiõ sont peries par morts violétes depuis la Paix, pour lesquelles toutes nos plaintes n'ont iamais peu obtenir autre raison que des responses friuoles ou des dilations trompeuses? si c'estoit le vouloir de nostre Roy que nous fussions ainsi outragez & vilipendez, parauanture le supporterions-nous plus doucement. Mais puis que nous sçauons que cela se fait par ceux qui se couurãs de son nom, & qui nous veulent oster l'acces enuers lui, & sa biẽ-vueillance, à fin qu'estãs destituez de tout support & aide, nous demeuriõs leurs esclaues ou leur proye: supporterons-nous telles insolẽces? Nos Peres ont eu patience plus de quarante ans qu'on leur a fait esprouuer toutes sortes de supplices pour la confession du Nom de Iesus Christ, laquelle cause nous maintenons aussi. Et à ceste heure que non seulement les familles & bourgades, mais les villes toutes entieres, sous l'authorité & benefice de deux Edits Royaux ont fait vne declaration de foy si notoire, nous serions indignes de porter ces deux beaux titres de Chrestien & de Gentil-homme, que nous estimons estre l'honneur de nos ornemens, si par nostre negligēce ou lascheté, en nous perdant, nous laissions perir vne si grande multitude de gens. Parquoy nous vous supplions, Messieurs, qui auez embrassé la defense commune, de prendre promptement vne bonne resolution, car l'affaire ne requiert plus qu'on temporise. Les autres qui estoyent en ce conseil, furent esmeus, non tant pour la vehemence des paroles que pour la verité d'icelles. Mais comme il y en a tousiours qui sont fort consideratifs, ceux-là repliquerēt qu'ils apperceuoyent bien le danger apparent, neantmoins que la saluation leur estoit cachee. Car si nous voulons, disoyent-ils, auoir refuge aux plaintes & doleances, il est tout clair qu'elles seruent plus à irriter ceux à qui on les fait, que de remedes. Si aussi nous leuons les armes, de combien de vituperes, calomnies & maledictions serons-nous couuerts par ceux qui nous imputans la coulpe des miseres qui s'ensuyuront, ne pouuans descharger leur colere sur nous, la deschargeront sur nos pauures familles demourees esparses en diuers lieux. Mais puis que de plusieurs maux on doit tousiours choisir les moindres, il semble qu'il y ait encor moins de mal d'endurer les premieres violences de nos ennemis, que les commencer sur eux, & nous rendre coulpables d'vne aggression publique & generale. Monsieur d'Andelot prit la parole apres, & dit: Vostre opinion, Messieurs, qui venez de parler, est fondee sur quelque prudence & equité apparente. Mais les principales drogues medecinales (propres pour purger l'humeur peccante qui abonde

abonde auiourd'hui au corps vniuersel de la France) lui defaillent, qui est la fortitude & la magnanimité. Ie vous demande, si vous attendez que soyons bannis es païs estranges, liez dans les prisons, fugitifs par les forests, courus à force du peuple, mesprisez des gens de guerre, & condamnez par l'authorité des grands (comme nous n'en sommes pas loin) que nous aura serui nostre patience & humilité passee? que nous profitera alors nostre innocence? à qui nous plaindrons-nous? Mais qui est-ce qui nous voudra seulemēt ouïr? Il est temps de nous des-abuser, & de recourir à la defense, qui n'est pas moins iuste que necessaire, & ne nous soucier point si on dit que nous auons esté autheurs de la guerre: car ce sont ceux-là qui par tant de manieres ont rompu les conuentions & pactions publiques, & qui ont ietté iusques dans nos entrailles six mille soldats estrangers, qui par effect nous l'ont desia declaree. Que si nous leur donnons encor cest auantage de frapper les premiers coups nostre mal sera sans remede.

Resolution de prendre les armes: & des difficultez sur le commencement.

PEV de discours y eut-il apres, sinon vne approbation de tous d'embrasser la force, pour se garentir d'vne ruine prochaine. Mais s'il y eut des difficultez à se resoudre sur ceci, il n'y en eut pas moins, pour sçauoir comme on deuoit proceder en ceste nouuelle entreprise. Aucuns vouloyent que les Chefs & principaux de la Religion se saisissent doucement d'Orleans, ville confederee, & apres enuoyassent remonstrer à leurs Majestez, que sentās aprocher les Suysses ils s'estoyēt là retirez, auecques leurs amis, pour leur seureté, & qu'en les licenti nt chacun retourneroit à sa maison. A ceux-là fut respondu qu'ils auoyēt oublié qu'à Orleans y auoit vn grand portail fortifié, gardé par suffisante garnison de Catholiques, par lequel ils pourroyent tousiours faire entrer gens en la ville, & que le temps n'estoit plus de plaider, ni se defendre auec les paroles & le papier, ains auecques le fer. Autres trouuoyent bon de prendre par toutes les Prouinces, tant de villes qu'on pourroit, puis se mettre sur la defensiue: lequel auis ne fut non plus reçeu, pource dit-on, qu'aux premiers troubles, de cent que ceux de la Religion tenoyent, au bout de huit mois il ne leur en demoura pas douze entre les mains: dautant qu'ils n'auoyent armees suffisantes pour les secourir. En fin on conclud de prendre les armes: & à ce cõmencemẽt de guerre obseruer quatre choses. La premiere, de s'emparer de peu de villes, mais d'importance. La seconde, de cõposer vne armee gaillarde. La tierce de tailler en pieces les Suysses, par la faueur desquels les Catholiques seroyent tousiours maistres de la campagne. La quatrieme d'essayer de chasser M. le Cardinal de Lorraine de la Cour, que plusieurs imaginoyent solliciter continuellemẽt le Roy à ruiner tous ceux de la Religion. De grandes difficultez furent encor proposees sur les deux derniers poincts. Car on dit que le Cardinal & les Suysses marchoyẽt tousiours auec le Roy, & que attaquant les vns, & voulant intimider l'autre, on diroit que l'entreprise auroit esté faite contre la Majesté Royale, & non contre autrui. Toutesfois elles furent vuidees par ceste replique. C'est que l'euenement descouuriroit quelles seroyẽt leurs intentions, cõme elles rendirent tesmoignage de celles du Roy Charles Septiéme, estant encores Daulphin, qu'il n'auoit leué les armes, ni contre son pere, ni contre le Royaume.

Dauanta-

Dauãtage, qu'on sçauoit bien que les Frãçois en corps n'auoyent iamais attenté contre la personne de leur Prince.Finalement, si ce premier succes estoit fauorable, qu'il pourroit retrancher le cours d'vne longue & ruineuse guerre, entant qu'on auroit le moyen de faire entendre au Roy la verité des affaires qu'on lui desguisoit. Dont se pourroit ensuyure la reconfirmation des Edits, mesmement quãd ceux qui vouloyent preuenir se sentiroyent preuenus. Voila quelle fut la resolution que prindrent lors tous ces personnages, qui se trouuerent ensemble. Lesquels combien qu'ils fussent douez de grande experience, sçauoir, valeur, & prudence, si est-ce que ce qu'ils auoyent si diligemment examiné, & tãt bien proietté, se trouua, quand on vint aux effects, merueilleusement esloigné de leur attente: & d'autres choses, à quoy ils n'auoyent quasi point pensé, pour les tenir trop seures ou difficiles, se tournerent en leur benefice: dont bien leur print. Par ceci se peut cognoistre, que les bonnes deliberations ne sont pas tousiours suyuies de bons succes. Ce que i'ay dit n'est pas pour taxer ceux de qui i'ay parlé, la vertu desquels i'ay tousiours grandement admiree, ni pour faire negliger la prudence & la diligence aux affaires: ains seulement pour aduertir que l'accomplissement de nos œuures ne gist pas tant en l'humaine proposition, qu'en la Diuine disposition.

Du succes des entreprises de M. le Prince & des siens.

VOYONS quel fut le succes de l'entreprise. Quãt au premier poinct, qui concernoit les villes, on delibera d'en surprendre seulement trois, à sçauoir Lyon Thoulouze & Troyes, pour l'vtilité qu'elles eussent apporté, pour diuers respects. Mais les desseins que firent sur icelles ceux qui prirent la charge de s'en saisir reuscirent vains. Pour le regard d'estre forts en campagne, ceux de la Religion le furent au commencement plus que les Catholiques : mais vn mois & demi apres la prise des armes, ils se trouuerent plus puissans qu'eux : tellement qu'ils les contraignirent d'aller à refuge aux estrangers qu'ils auoyent appellez pour les venir secourir. L'execution des Suysses succeda aussi tres-mal, pource que le dessein fut descouuert, & que les forces qui y deuoyent estre manquerent. Et n'y eut que le quatrieme poinct, de moindre importance que les autres, qui s'effectua : qui estoit de separer M. le Cardinal de Lorraine de la Cour. Il ne laissa pourtãt d'y auoir autãt d'authorité & de credit qu'auparauant. Mais voici vn inconuenient qui ne fut pas petit, où tomberent ceux de la Religion. C'est qu'ils exciterent l'indignation & haine du Roy contr'eux, pource qu'à leur occasion il fut contraint de se retirer à Paris auec frayeur & vistesse, si biẽ que depuis il leur garda tousiours vne arriere-pensee. Ceste entree de guerre eust esté peu heureuse pour eux, si d'autres effects n'eussent recompensé les premiers defauts. Lesquels cependant auindrent plus par les mouuemens de quelques gentils-hommes particuliers, & disposition d'aucuns habitans de villes, que par grandes deliberations precedentes. Dont s'ensuyuit qu'on s'empara de plusieurs tant bonnes que mauuaises. Et des plus prochaines furent Orleans, Auxerre & Soissons. Bien est vray qu'on fut secrettement auerti de se remuer à mesme jour. Mais on ne fit point grand estat, sinon sur les choses que i'ay recitees.

QVE

QUE TROIS CHOSES QUE le Prince de Condé attenta rendirent le commencement de son entreprise fort superbe ; dont les Catholiques furent d'abordee estonnez.

QVAND les hommes sont picquez de la necessité leurs courages se redoublent, & leurs apprehensions precedentes n'estans plus si viues, ils craignent moins de se hazarder à choses difficiles & perilleuses. Ce qui auint à ceux de la Religion alors. Car apperceuans le glaiue ia desgainé les menacer, ils resolurent de se sauuer plustost auec les bras qu'auec les iambes, & fermans les yeux à beaucoup de respects, estimerẽt qu'il conuenoit magnanimement commencer. Leur premier & principal acte, fut l'vniuerselle prise des armes par toute la France en vn mesme jour. Ce qui apporta esbahissement mesmes à plusieurs de leur parti, qui ne sçauoyent l'affaire, & beaucoup de frayeur aux Catholiques, qui se fussent parauanture portez auec plus de rigueur qu'eux, s'ils eussent commencé les premiers la feste. Cependant ils receurent vn grand desplaisir de voir tant de villes saisies. ce qu'ils dissimulerent: & aucuns d'eux dirent, Les freres nous ont pris sans verd à ce coup, mais nous aurons quelque jour nostre reuãche. En quoy ils se monstrerent gens de parole : car auant qu'vn an fust passé ils leur firent conoistre qu'ils auoyent dit vray. Quelques vns auoyent opinion que tant d'aduertissemens qui se donnerent aux Prouinces descouuriroyent l'entreprise. Toutesfois cela arriua en peu d'endroits combien que ce fussent les importãs. Beaucoup moins à ceste heure pourroit-on proceder de mesme : à cau-

La premiere fut l'vniuerselle prise des armes en vn mesme iour.

se de l'indiscretion des hommes qui est telle qu'ils ne peuuent rien celer. Au temps ancien on remarque des exemples semblables en quelque maniere à cestui-ci (excepté que les vns furent pour offendre, & l'autre pour se defendre) comme quand Mithridates fit en vn pareil jour tuer dans tous ses pais plus de quarãte mille Romains. Aussi quand soixante villes de Grece furent saisies & saccagees en vn jour que le Consul Romain auoit assigné à ses legions, sans que les vnes ni les autres en pressentissent rien qu'au temps de l'execution. Tels faits n'arriuent pas souuent : parce que ceux qui ont vne fois esté pris à la pippee, & qui sont reschappez, deuienent apres si vigilans & soupçonneux, que le seul branslement des fueilles les resueille, & l'ombre les fait tressaillir.

La seconde, fut la hardiesse d'assaillir six mille Suysses.

LE second acte renomé, fut d'oser assaillir six mille Suysses, & les faire retirer auecques moins de cinq cens cheuaux. Vray est que selon le dessein qui auoit esté fait, il y en deuoit auoir dauantage, nommément quelque nombre de harquebusiers à cheual: toutesfois on manqua, non d'estre en campagne, mais de se trouuer à poinct nommé au Rendez-vous: & à cause du peu de forces, les Chefs de la Religion se retindrent, & n'oserent s'auanturer à vne charge generale dans ce gros corps, qui sembloit vne forest. Et outre cela, les cheuaux estoyent demi recreus de la grande couruee qu'ils auoyent faite. Ie leur ay pourtant oui affermer que si la troupe de Picardie fust arriuee (qui estoit de cent cinquante cheuaux) ils eussent essayé le combat faisant mettre pied à terre à leurs harquebusiers, & chargeant auecques les esquadrons par trois costez. Mais quand ils eussent ainsi fait tousiours l'euenement estoit fort douteux. Tout se passa en escarmouches, où il y en eut de morts & de blessez de part & d'autre. I'ay entendu que ce gros bataillon fit vne contenance digne des Suysses: car, sans iamais s'estonner, il demeurerent fermes pour vn temps, puis apres se retirerent serrez, tournans tousiours la teste, comme a accoustumé de faire vn furieux sanglier que les abbayeurs poursuyuent, iusques à ce qu'on les abandonna, voyant qu'il n'y auoit apparence de les forcer.

La troisiéme fut l'occupation de la ville de S. Denis.

Le troisiéme acte, fut l'occupation de la ville S. Denis, où le Prince de Condé s'alla placer auec toutes ses forces, & en deux villages prochains qu'il fit retrancher, pour assieger Paris de ce costé-là. Tous ces effects venans à estre considerez voire des meilleurs Chefs Catholiques, ils en estoyẽt esbahis, & cuidoyẽt que ledit Prince attendist encor promptement de grandes forces, & eust de bonnes intelligences, & dans Paris & dans la Cour: car autrement (disoyent-ils) n'eust-il osé, estant si foible, venir si audacieusement se loger si pres de nous. Et l'Admiral (qui est tres-auisé & bon guerrier) n'auroit iamais conseillé cela, sans autres fondemens cachez. C'est ce qui les fit temporiser iusques à ce qu'ils eussent ramassé leurs forces. Plusieus autres trouuoyent merueilleusement dur (veu que desia ils en auoyẽt de bonnes, qui approchoyent de dix mille hommes) qu'on souffrist ceste petite poignee de gens les brauer chacun iour par continuelles escarmouches, iusques dedans leurs portes: & que c'estoit grand' vergongne de voir vne formy assieger vn Elephant. Mais i'estime que les considerations des autres estoyent plus sages, lesquels maintenoyent que c'estoit vne imprudence toute notoire de vouloir par vn combat, qui est incertain (cõtre des fols, disoyent-ils, qui n'ont maintenãt pour conseil que le desespoir, & pour richesses, que leurs armes & cheuaux) hazarder tout le corps de l'Estat, qui est comme enclos dans les murailles de Paris : & qu'ayant chose si sacree entre mains que la personne du Roy, il conuenoit faire toutes choses seurement : & qu'en brief ils verroyent sortir de cest auis d'honnorables fruicts. En ceste maniere y eut-il entre la sagesse des vns & la temerité des autres, cõme vn discordãt accord par quelques iours, iusques à ce que le gros jeu se ioua, qui fut si rude que les Huguenots furent contrains de quitter leur giste. Sur cest exemple-ici, si quelqu'vn vouloit bastir de grands & auantureux desseins, il feroit parauanture vn erreur irremediable. Car les choses qu'on veut comparer ne se ressemblent pas tousiours en toutes leurs parties : & puis ces accidens sont tels, que c'est beaucoup quand vn siecle en produit deux ou trois.

DE CE QUI AUINT AU deslogement de S. Denis, qui est plus digne d'estre remarqué.

Premiere intention de M. le Prince, de contraindre ses parties d'entendre à accord.

ENCORES qu'vn grand Chef de guerre ne puisse atteindre aux fins qu'il s'est proposees, si est-ce que aucunesfois il aduient qu'en ses procedures il demonstre tãt de valeur qu'on ne laisse de lui donner de la louange, comme plusieurs firent à M. le Prince de Condé, pour les beaux exploits qui apparurent pendant qu'il seiourna à S. Denis. Vne de ses intentions estoit de mettre les Parisiens en telle necessité de viures, & les molester tant par autres voyes, qu'eux qu'eux & ceux qui y estoyent retirez seroyent contrains d'entendre à vne Paix. Et c'est ce qui fit faire les entreprises du Pont Charenton, S. Cloud, & Poissi, pour brider la riuiere, lesquelles toutesfois ne seruirent de gueres, & cuiderent causer la ruine de ceux de la Religion. Quelqu'vn se pourra esmerueiller, comme de si excellens Capitaines embrassoyent vn tel dessein, lesquels ne deuoyent pas ignorer combien de grandes armees auoyent par le passé perdu leur peine, en le pensant effectuer, ainsi que fit celle du Duc Charles de Bourgongne, & cuide aussi qu'ils en estoyent memoratifs aucunement. Mais se voyans portez sur les lieux l'occasion les conuioit de tenter ce que la commune voix crioit qu'on fist. Dauantage, s'ils fussent demeurez sans rien entreprendre, il leur sembloit qu'ils diminueroyent beaucoup de leur reputation: & puis, ils voyoyent leurs gens si bien disposez, que les choses difficiles leur apparoissoyent faisables.

LA seconde intention qu'auoit le Prince de Condé, estoit d'attirer l'armee enclose dans Paris à la bataille, ayãt grãd espoir que s'ils la gaignoyent la guerre prendroit fin: laquelle intentiõ ne revscit non plus que l'autre. Quant à la tierce, il faisoit estat, qu'encor' qu'on lui fist abandonner S. Denis, les villes qu'il esperoit qui seroyent saisies, tant sur la riuiere de Marne, que sur celle de Seine, lui seruiroyent de faueur & d'espaule, pour y placer toutes ses forces, attendant la venue des Allemans, qu'il auoit mandez pour le secourir. Mais pource qu'on n'en peut surprendre que deux, à sçauoir Lagny & Montereau, ce dessein s'en alla aussi en fumee, cõme les autres. Ceux de M. le Connestable furent mieux effectuez. Son premier but

Deuxiéme & troisiéme intention.

Desseins de M. le Connestable.

estoit, apres s'estre renforcé de cõtraindre les Huguenots à combatre, & estimoit les deuoir desfaire, pour les auantages qu'il auoit sur eux: à quoy il aprocha de bien pres. Il faisoit aussi estat de les desloger d'où ils estoyent, & les esloigner des Parisiens, qui ne prenoyent pas plaisir d'auoir de tels mesnagers en leurs censes, qui estoyent fort diligens à les rendre vuides. Mais il ne peut iouir de ce benefice, à cause de sa mort. Et pour n'en mentir point, s'il eust esté viuant, & en santé, il les eust biẽ fait haster le pas d'autre sorte, qu'ils ne firent. Certes les vns & les autres se gouuernerent en grands Capitaines. Mais ayãs differentes fins, comme de conseruer & d'assaillir, aussi leurs actions furent en quelques parties differẽtes. Il estoit bien-seant aux Huguenots d'estre souuent à cheual, d'entreprendre tantost à propos, & quelquesfois audacieusement, & prescher tousiours le combatre. Mais les Catholiques faisoyent bien aussi de ne sortir en gros qu'aux occasions apparentes: de ne rien hazarder, & se preparer pour vn coup. Ie ne reciteray point les petis combats & entreprises, qui là se firent, pource qu'aux histoires ils se verront.

De la bataille de S. Denis.

Ie diray seulement quelque mot de la bataille S. Denis, qui fut à la verité memorable, en ce que si peu d'hommes oserent se presenter deuant vne armee si puissante qu'estoit celle qui sortit de Paris & la soustenir. Car elle n'auoit pas moins de quinze ou seize mille hommes de pied, & plus de deux mille lances: là où en celle du Prince de Condé, ainsi separee comme lors elle se trouua, toute sa cauallerie n'arriuoit à mille cheuaux, & quasi autant d'harquebusiers. L'occasion de ce grand combat vint d'vn erreur que les Hu-

guenots

guenots firent, dont monsieur le Connestable se sceut dextrement prevaloir. L'erreur fut, en ce que monsieur d'Andelot, qui estoit actif, alla pour surprendre Poissi, & tira de l'armee cinq cens cheuaux, & huit cens harquebusiers, qui n'estoyent pas des pires. I'ay oui dire que quand on proposa ceste entreprise au conseil, aucuns remonstroyent qu'il ne la falloit faire : car grandes forces estoyent arriuees à Paris : & puis on auoit obserué qu'aux escarmouches dernieres les gentils-hommes Catholiques n'auoyent fait que crier, Huguenots, attendez encore trois ou quatre iours, & nous verrons si vous estes si mauuais qu'en faites la mine. Et que c'estoyent aduertissemens de bataille par ceux qui estoyent exhortez par leurs Chefs de s'y preparer, & qu'on ne deuoit negliger cela. Mais comme on est quelquesfois rempli de trop de confiance, on ne laissa de passer outre. Monsieur le Connestable, estant aduerti de ceci par ses espies, iugea qu'il ne faloit laisser passer ceste feste sans danser. Et comme c'estoit vn vieux routier de guerre, il ne se contenta pas d'estre asseuré par les aureilles, il voulut l'estre aussi pas les yeux. Parquoy il fit sortir le iour-mesme sept ou huit cens lances, fauorisees es retraites d'vn nombre d'harquebusiers, pour se presenter en ordonnance à la veuë des logis de ceux de la Religion, pour sçauoir leurs forces à la verité, & de ce corps se desbanderent deux cens lances, qui leur allerent donner vne tres-chaude alarme. Eux ne faillirent de la prendre & pensans qu'on les venoit attaquer à bon esciant, tous sortirent auec leurs Chefs en bonne deliberation. Mais les Catholiques ayans reconu ce qu'ils vouloyent, se retirerent : & les Capitaines en allerent faire le rapport à M. le Connestable, l'asseurant que toute leur force de pied & de cheual ne passoit deux mille hommes: mais (comme on dit) prompte à l'esperon. C'est respondit-il, le temps de les atrapper, & qu'vn chacun se prepare à la bataille qui se donnera demain. A l'aube du iour, il fit sortir toute son armee aux champs, sa deliberation estant s'ils ne vouloyent venir au combat, de leur faire quitter à coups de canon Auberuilliers & S. Ouyn, où M. l'Admiral & le sieur de Genlis estoyent logez, esperant apres gaigner les bateaux de passage, pour trancher chemin à M. d'Andelot. Et à ce que i'ay entendu, ledit sieur Connestable estimoit qu'ils ne se hazarderoyent pas de combatre, n'ayans toutes leurs forces entieres: & qu'ils se retireroyent tous dans la ville de S. Denis. Ce qui arriua autremēt. Car il n'y eut pas moins d'ardeur de venir aux mains d'vn costé que d'autre, nonobstant la grande inegalité. Les Catholiques auoyent quatre auantages sur leurs ennemis: à sçauoir l'artillerie, le nombre d'hommes, les bataillons de picques, & la place haute & releuee. Tout cela n'empescha point que ceux de la Religion ne les allassent assaillir, lesquels se rangerent en trois corps de cauallerie, mais tous simples, c'est à dire en haye, qui est vn ordre tres-mauuais, encores que nostre gendarmerie l'ait long tēps pratiqué. Mais l'experience nous a enseignez de venir à l'vsage des esquadrons. Le combat s'ensuyuit apres, qui fut fort furieux, & dura pres de trois quarts d'heure: & ceux qui y ont ensanglanté leur espee, soit d'vn costé ou d'autre, se peuuent vanter de n'auoir pas faute de courage, l'ayant esprouué en vn lieu si perilleux. M. l'Admiral m'a quelquesfois dit que l'harquebuserie à pied, qu'il

Auantage des aduersaires de M. le Prince.

qu'il auoit rangee à ses flancs, lui seruit grandement. Car tirant de cinquante pas, elle fit beaucoup d'offense en la cauallerie des Catholiques, qu'il chargea. Voila où nos discords nous ont conduits de nous baigner dans le sang les vns des autres. L'issue fut telle que ceux de la Religion furent chassez de dessus la place, & suyuis plus d'vn demi quart de lieuë: & parauanture que pis leur fut arriué, sans la nuict, laquelle les fauorisa à leur retraite, qui ne fut sans quelque desordre. Il y eut aussi de l'autre costé des gēs qui se retirerēt non moins diligemment que de bonne heure, & specialement l'Infanterie Parisienne. En somme, les Catholiques eurent l'honneur de la bataille, en ce que le champ & la possession des morts leur demoura. Monsieur le Prince de Condé auoit ia mandé à M. d'Andelot, de retourner en diligence. Il lui redepescha encore pour le haster, craignant que le lendemain on ne le vinst r'attaquer. Mais à minuict il retourna, tres-marri de n'auoir esté à la feste. Et apres que chacun se fut reposé, les Chefs dirent qu'il estoit necessaire de rabatre vn peu de la gloire que leurs ennemis pensoyent auoir acquise, en leur monstrant qu'on n'auoit pas perdu le cœur, ni l'esperance: & mettans leur petite armee aux champs, bien deliberee, ils s'allerent presenter deuant les fauxbourgs de Paris, bruslās vn village & des moulins à vent à la veuë de la ville, pour les acertener que tous les Huguenots n'estoyent pas morts, & qu'il y auoit encor de l'exercice preparé. Mais personne ne sortit, à cause (comme il est bien à presumer) de la perte de M. le Connestable. Ceste demonstration que firent les Huguenots conserua leur reputation. Toutesfois voyans que le seiourner là estoit leur ruine, ils descamperent le lendemain, & s'acheminerent vers Montereau, où ils manderent le reste de leurs forces, qui estoyent tant à Estampes qu'à Orleans, les venir trouuer. Ce qui rengrossit fort leur armee.

DV VOYAGE QVI SE FIT vers la Lorraine par les deux armees à diuerses fins.

Moyens suyuis pour desfaire M. le Prince & son armee.

TOVTES les forces Françoises qu'attendoit M. le Prince de Condé ne furent pas plustost iointes à lui, que l'armee contraire ne se mist à sa queuë, qui s'alloit de iour en iour renforçant, en laquelle Monseigneur le Duc d'Anjou, qui est auiourd'hui Roy, commandoit. Aucuns miens amis Catholiques m'ont asseuré, que son intention estoit de combatre, s'il en rencontroit vne belle occasion. Car les vieux Capitaines qui le conseilloyent, preuoyans bien que si ceux de la Religion ioignoyent leurs Reitres (qui ia bransloyent) c'estoit pour faire durer la guerre long tẽps, ou rẽdre vne bataille incertaine, estoyent par ceste consideration viuement piquez. Mais quand ils regardoyent apres l'importance de la personne de leur Chef, qui reposoit sous leurs armes, & le desespoir de leurs cõtraires, cela les retenoit vn peu. Ils vserent de deux gentiles ruses, tant pour les arrester que pour les surprendre: car en guerre telles finesses sont approuuees, au moins on les pratique. La premiere fut la negotiation de la Paix, où les plus signalez personnages de ceux de la Religion (comme le Cardinal de Chastillon) furent employez: ce qui attiedissoit tousiours leur premiere ardeur de combatre. L'autre furent

rent deux suspensions d'armes, faites pour deux ou trois iours chacune: à fin de mieux conferer (disoit-on) des poincts mis en auant. L'vne fut pres de Montereau, & l'autre pres de Chaalõs: mais la derniere leur cuida estre tres-dommageable: dautant que le Prince de Condé s'arresta en vn tres-mauuais logis fort escarté, pendãt que l'armee des Catholiques s'approchoit. Et sans l'entreprise que fit le Conte de Brissac sur quelques cornettes d'harquebusiers à cheual, qu'il deffit, ledit Prince eust seiourné encores deux iours où il estoit, où sans doute il eust esté combatu, & parauanture surpris par ses contraires, qui estoyent alors tres-puissans, à cause de quinze cens lances Bourguignonnes, qui s'estoyent iointes à eux, que cõduisoit le Conte d'Arembergue, l'vn des plus renommez Capitaines des païs bas. Mais quand il vid vne telle execution s'estre faite pendãt la suspẽsion, il pensa qu'il n'estoit pas seur de croire en paroles. Parquoi en trois iours il chemina plus de vingt grãdes lieuës, par pluyes & si mauuais passages, que c'est merueille comme le bagage & l'artillerie peurẽt suiure: & ne se perdit rien de l'vn ni de l'autre, tant l'ordre fut bon, & la diligence grande. L'armee de Monseigneur, voyant cest esloignement, desista de la poursuite. Et aucuns se glorifioyent de ce qu'on auoit chassé les Huguenots hors du Royaume. Autres plus clair-voyans, s'apperçeuans bien qu'on ne les pouuoit plus empescher de ioindre leurs forces Allemandes, furent d'auis de les laisser courre, & auiser aux moyens de les garder de rentrer. Mais il y en eut aussi, & non petite quantité, qui ietterent vn grand blasme sur aucuns Conseilliers de Monseigneur, dequoy on les auoit laissé eschapper sans les combatre, &

disoyent que l'Admiral s'entẽdoit secrettement auec eux. Ce qui estoit vne imagination du tout fausse, & dequoy lui-mesme se rioit: m'ayant dit plusieurs fois n'en auoir nulle, mais qu'il tascheroit cependant à les entretenir en ce soupçon.

Deportemens de l'armee de M. le Prince en Lorraine.

Ie veux raconter quelques mouuemens & legeretez de ceux de la Religion, pendãt le petit seiour qu'ils firent en Lorraine: aussi la liberalité volontaire qu'ils monstrerent au milieu de tant de pauureté qui les enuirõnoit: action que i'estime impratiquable au temps où nous sommes. Plusieurs s'estoyent persuadez (& le bruit en couroit aussi) qu'on n'auroit pas mis le pied dãs la Lorraine, que les coqs des Reitres ne s'entẽdissent chanter: mais apres y auoir seiourné quatre & cinq iours, on n'en sçauoit non plus de nouuelles, que lors qu'on estoit deuãt Paris. Ce qui engendra du murmure parmi aucuns mesmes de la Noblesse, qui donnoyent des attaques assez rudes à leurs Chefs en leurs deuis ordinaires, tant l'impatience est grande parmi nostre nation. Eux l'ayans entendu, s'efforçoyent d'y remedier. Et comme les hommes dificilement s'esloignent de leurs inclinatiõs, aussi les dissuasions dont vserent ces Chefs furent differentes. Car le Prince de Condé, qui estoit d'vne nature ioyeuse, se mocquoit si à propos de ces gens si choleres & apprehensifs, qu'il faisoit rire ceux-mesmes qui excedoyent le plus en l'vn & en l'autre. De l'autre costé monsieur l'Admiral auec ses paroles graues leur faisoit tãt de honte, qu'en fin ils furent contrains de se radoucir & rapaiser. Ie lui demanday lors si l'armee de Monseigneur nous suyuoit, quel conseil il prendroit? Nous acheminer, dit-il, vers Bacchara, où les Reitres doyuent auoir fait leur assemblee,

assemblee, & qu'il ne faloit combatre sans eux, & que l'ardeur premiere ne fust vn peu reschauffee. Mais s'ils ne s'y fussent trouuez, repliquera quelqu'vn, qu'eussent fait les Huguenots? Ie pense qu'ils eussent soufflé en leurs doigts, car il faisoit grãd' froid. Or toute ceste fascherie fut biẽ tost cõuertie en resiouïssance, quand ils entendirent au vray que le Duc Cazimir (Prince doué de vertus Chrestiennes, & auquel ceux de la Religion sont fort obligez) marchoit & qu'il estoit prochain. Ce n'estoyent que chansons & gambades, & ceux qui auoyent le plus crié sautoyent le plus haut. Ces comportemens verifierent tres-bien le dire de Tite Liue: Que les Gaulois sont prompts à entrer en cholere, & par consequent prompts à se resiouir. lesquelles passions excedent aisément, si, à l'imitation des sages, on ne les modere par l'vsage de la raison.

MONSIEVR le Prince de Cõdé ayãt sçeu par ses negociateurs d'Alemagne que les Reitres s'attẽdoyẽt de toucher pour le moins cent mille escus estãs ioints auec lui, il fut bien en plus grand' peine qu'il n'auoit esté au parauant pour les mouuemens des siens, dautant qu'il n'en auoit pas deux mille. Là conuint-il faire de necessité vertu, & tant lui que monsieur l'Admiral, qui auoyent vne merueilleuse creance entre ceux de la Religion, desployerent tout leur art, credit & eloquence, pour persuader vn chacun de departir des moyens qu'il auoit pour ceste contribution si necessaire: dont dependoit le contentement de ceux qu'on auoit si deuotieusement attendus. Eux-mesmes monstrerent exemple les premiers, donnans leur propre vaisselle d'argent. Les ministres en leurs predications exhorterẽt à cest effect, & les plus affectionnez *Notable histoire.*

Capitaines y preparerent aussi leurs gens. Car en vn affaire si extraordinaire, il estoit besoin de s'aider de toutes sortes d'instrumẽs. On vid vne disposition tresgrande en plusieurs de la Noblesse de s'en acquitter loyaument. Mais quand il fut question de presser les disciples de la Picoree, qui ont ceste proprieté de sçauoir vaillamment prendre, & laschement donner, là fut l'effort du combat: toutesfois moitié par amour, moitié par crainte, ils s'en acquiterẽt beaucoup mieux qu'on ne cuidoit. Et ceste liberalité fut si generale, que jusques aux goujats des soldats chacun bailla: de maniere qu'à la fin on reputoit à deshonneur d'auoir peu contribué. Il y en eut de ceux-ci, qui firent honte à des gentils-hommes, en offrant plus volontairement de l'or, qu'eux n'auoyent fait de l'argent. Somme, que le tout ramassé, on trouua, tant en ce qui estoit mõnoyé qu'en vaisselle & chaines d'or, plus de quatre vingts mille liures. Qui vindrẽt si à poinct, que sans cela difficilement eut-on appaisé les Reitres. Ie sçay bien qu'il y en eut beaucoup qui furent aiguillonnez à donner, y estans pressez par l'exemple, la hõte, & les persuasions: toutesfois c'est chose certaine que bonne partie y furent poussez de zele & d'affection, qui se monstra en ce qu'ils offrirent plus qu'on ne leur auoit demandé. N'est-ce pas là vn acte digne d'esbahissement de voir vne armee point payee, & despourueuë de moyens, qui estoit comme vn prodige de se desaisir des petites commoditez qu'elle auoit, pour subuenir à ses necessitez, ne les espargner pour en accõmoder d'autres, qui parauanture ne leur en sçauoyent gueres de gré? Il seroit impossible maintenant de faire le semblable, parce que les choses genereuses sont quasi hors d'vsage.

DV

DV RETOVR DES DEVX armees vers Orleans & Paris, & la maniere que tenoit le Prince de Códé, pour faire viure, marcher, & loger la sienne.

IL ne falut point de longue cósultation, apres que les Reitres furent ioints, pour sçauoir ce qu'il conuenoit faire. Car la voix vniuerselle estoit qu'on allast porter la guerre aupres de Paris. Ce qu'aucuns parauanture desiroyent, pour l'enuie de reuoir leurs maisons: mais la plusspart sçauoyent bien qu'il n'y auoit point de meilleur chemin que celui-là, pour rauoir la paix. Les Chefs aussi n'ignoroyent pas que, pour continuer la guerre, les armees ne se pouuoyent passer d'artillerie, poudres, argent, & autres commoditez, qui se tirent des marchans & artisans, & que s'ils ne s'approchoyent d'Orleans (qui estoit leur mere nourrice) ils en seroyent priuez. Ce qui les fit aisément consentir au desir commun. Ainsi auec ceste bonne volóté ceux de la Religion rebrousserent chemin, ayans opinion que l'armee ennemie les costoyeroit, tant pour les empescher de brásquetter plusieurs petites villes foibles, que pour espier vne occasió d'attraper quelqu'vne de leurs troupes. Alors la France regorgeoit de toutes sortes de viures: ce neantmoins tousiours faloit-il grand art & diligence pour nourrir vne armee de plus de vingt mille hómes, point payee, qui n'estoit fauorisee du païs comme l'autre, & qui n'auoit qu'vn tres-petit equipage pour les munitions. Monsieur l'Admiral estoit sur toutes choses, soigneux d'auoir de tres-habiles Commissaires & de leur faire auoir voicture selon la necessité Huguenotte, & souloit dire, quand il estoit question de dresser corps

Expediét pour auoir la paix.

Soin de Monsieur l'Admiral pour l'entretenement de l'armee.

d'armee, Commençons à former ce monstre par le ventre. Or pource que nostre coustume estoit, que la cauallerie logeoit escartee dans les bons villages, lesdits Cõmissaires, outre les chariots qu'ils auoyẽt auec eux, tenoyent encor en chacune cornette vn boulangier & deux cheuaux de charge, qui n'estoyent plustost arriuez au quartier, qu'ils se mettoyent à faire du pain, & apres l'enuoyoyent au corps de l'infanterie. Et quand ces petites cõmoditez estoyent toutes rassemblees, qui sortoyent de quarante cornettes que pouuions auoir alors, cela se montoit beaucoup: & de là aussi souuent s'enuoyoyent chairs & vins, estans les gentils-hommes si affectiõnez qu'ils n'espargnoyent au seiour leurs charrois, pour conduire ce qu'il conuenoit. Les petites villettes prises, on les reseruoit pour les munitionnaires, & menaçoit-on les autres où il n'y auoit point de garnison, de brusler vne lieuë à la ronde d'elles, si elles n'enuoyoyent quelques munitions. De maniere que nostre infanterie, qui logeoit serree, estoit ordinairement accommodee. Ie ne mets point ici en conte les butins, qui se faisoyent tant par les gens de pied que de cheual sur ceux de contraire parti, & ne faut point douter que ce grand animal deuoratif, passant parmi tant de Prouinces, n'y trouuast tousiours de la pasture, & souuent la robbe du pauure peuple y estoit meslee, & quelquesfois des amis, tant la necessité & cupidité de prendre incitoit ceux qui ne manquoyent iamais d'excuses pour coulourer leurs proyes. De ces fruicts-ici plusieurs s'entretenoyent, en ce qu'il faut que le soldat achette outre la nourriture: comme pour l'habillement & les armes, qui sont choses necessaires.

Du logement de l'armee.

MAINTENANT ie parleray du logement de l'armee, laquelle on estoit contraint d'espandre en diuers lieux, pour deux raisons principales. L'vne pour la commodité du viure : l'autre à fin qu'elle fust à couuert, pour la garantir de l'iniure de l'hyuer, & sans ce soulagement, elle n'eust peu consister. Ie sçay bien que c'est vne mauuaise façon de loger, & qu'aux guerres Imperiales & Royales on n'eust eu garde de commettre ces erreurs, pource qu'on eust esté incontinent surpris. Mais es ciuiles les deux partis contraires ont esté contrains, & ont accoustumé d'en vser ainsi : au moins en nostre France. L'infanterie on la logeoit en deux corps, à sçauoir en celui de la bataille, & de l'auãtgarde: & les gens de cheual, aux villages plus prochains. Quand il suruenoit alarme à bon escient ladite cauallerie s'alloit rendre où les deux Chefs estoyent. Et si vn logis escarté estoit attaqué, on l'alloit secourir incontinent. Parmi les Cornettes y auoit bon nombre d'harquebusiers à cheual, & quand on estoit arriué au quartier, on fortifioit tres-biẽ les auenues, & s'accommodoit-on souuent dans les temples & chasteaux : à fin de pouuoir tenir deux heures, attendant le secours. I'ay quelquesfois veu l'vn des Chefs marcher auec cinq ou six mille hommes, & rechasser les ennemis, qui auoyent assailli vn logis. Mais quelque vigilance qu'il y ait euë de toutes parts, si s'est-il fait beaucoup de surprises, quoi qu'õ battist les chemins le jour & la nuict. Les meilleurs auis que souuẽt on auoit estoyent par les picoreurs : lesquels s'espandans par tout, cõme mousches, rencontroyent ordinairemẽt les ennemis, & quelqu'vn en venoit dire des nouuelles : car ces gens-là courent comme lieures quãd il faut fuir : mais quand ils vont croquer quelque proye ils volent. La teste qui se faisoit vers les ennemis qu'auoyēt les cheuaux legers, estoit de cinq ou six cens bons cheuaux, & autant d'harquebusiers à cheual auec peu de bagage, sinon cheuaux de charge, & c'estoit pour faire estre lesdits ennemis en ceruelle, les garder d'entreprendre, & tenir l'armee aduertie.

Comment l'armee marchoit.

QVANT à la maniere de marcher, on donnoit le Rendez-vous à toutes les troupes à vne telle heure, au lieu le plus commode, pour la distribution des logis: & de là on s'acheminoit es quartiers: & allant ainsi par diuers chemins, la diligence estoit grande, quand on vouloit la faire. Vn mal y auoit-il marchant escartez en ceste sorte: c'est que souuent se donnoyent de fausses alarmes. Si est-ce qu'on ne remarque point qu'il soit auenu de notable surprinse au Prince de Condé. Ie ne serois pas d'auis qu'on bastit des reigles sur ces exemples ici que la necessité a produits, sinon qu'il y eust la mesme raison, qui regnoit lors. On s'en peut seruir, en les accommodant aux temps, aux lieux, & aux personnes. Le plus certain est, de redresser nos coustumes par les anciennes reigles militaires, où il y a plus de perfection qu'en ce que nous prattiquons. Ce n'est pas à dire pourtāt que ces magnanimes Chefs eussent deu faire autrement, qu'ils ne firent: car à tout ce qui se deuoit & pouuoit alors, ils n'y ont manqué. Aussi la pluspart des grandes & signalees actions se sont esuanouïes depuis leur mort.

DES

DES NOUVELLES FORCES de diuerses Prouinces qui se trouuerent à Orleans : ce qui conuia Monsieur le Prince de Condé d'entreprendre le voyage de Chartres.

Difficultez où se sont trouuez reduits ceux de la Religiõ durant les guerres ciuiles.

AVx premieres guerres ciuiles, la plus part de ceux de la Religion tenoyent pour maxime (& nommément leurs Chefs) qu'il estoit tres-difficile de faire la guerre auec reputatiõ, & la paix auec dignité, si lon n'auoit tousiours vne armee en campagne. Et pour ceste occasion, ils exhortoyẽt leurs partisans d'aider à en composer vne qui fut gaillarde, d'autant que tout le corps en sentoit le benefice. Et c'est ce qui rendoit tãt de gens prompts à s'y venir ranger. Mais quand pour cest effect on a abandonné les bonnes places, qu'on tenoit aux Prouinces, on s'en est mal trouué : parce qu'apres on demeuroit sans retraites. Quand aussi on a voulu en garder trop, on a mãqué à l'autre poinct. Ce qui nous doit enseigner à euiter les extremitez. La guerre n'a pourtant laissé de se faire esdites Prouinces, tant aux premiers troubles qu'en ceux-ci. Et qui voudra bien cõsiderer les mouuemẽs du Baron des Adrets, & les autres beaux exploits de plusieurs Capitaines, tant Catholiques qu'Huguenots, lesquels sont notez aux Histoires, il verra des choses miserables auoir esté valeureusement & prudemment executees. Mais pource que ie me suis voulu assuiettir de ne parler que de ce que i'ay veu, ou entendu de bon lieu, i'ay diferé de me donner la carriere par païs inconus, craignant de broncher. Estant donques M. le Prince de Condé informé que forces de Gascongne & Daulphiné lui estoyent arriuees à Orleans, qui approchoyent de six mille hommes, il voulut les employer, & leur manda qu'elles se tinssent prestes, & qu'on preparast aussi poudres & balles, & trois ou quatre chetiues pieces d'artillerie qui restoyẽt. Car encor que les Catholiques estiment les Huguenots estre gẽs à feu, si sont-ils tousiours mal pourueus de tels instrumens : aussi n'ont-ils point, comme eux, de S. Antoine, lequel ils disent presider sur cest element. Son intention estoit, auant que donner à conoistre son dessein à ses ennemis d'auoir enuirõné la ville qu'il pretendoit d'assieger, & nulle ne lui sembla plus cõmode pour ses afaires que Chartres: laquelle ayant prise, il vouloit faire fortifier, pour tenir tousiours vne espine au pied des Parisiens, & à sa faueur cõseruer en quelque maniere son païs qu'il auoit derriere. Il enuoya pour cest effect de plus de vingt lieuës loin trois mille cheuaux, pour la fermer. Laquelle diligence ne profita pas de beaucoup : pource qu'vn Regimen d'Infanterie qui estoit logé à quatre lieuës de là ne laissa d'y entrer, qui fut la saluation de la ville. Le seigneur de Linieres y commãdoit, qui auoit en tout vingt & deux cõpagnies. Et nul ne s'espargna à vser de tous les remedes de fortification, dequoy lon se sert aux mauuaises places, qui sont preuenues. Les assaillans regarderent aussi de leur part aux endroits, qui leur sembloyent les plus attaquables. Et de tous costez y en auoit de si mauuais, qu'on ne pouuoit quasi discerner le pire. Et ayant reconu vne montagne, qui dominoit par le flãc d'vne courtine, sans entrer en autre consideration, ils choisirent cest endroit-là, qui d'arriuee promettoit beaucoup, cependant les remedes s'y pouuoyẽt aisément trouuer. Car n'ayant M. le

Commẽcement du siege de Chartres.

Prince

Prince que cinq pieces de batterie, & quatre legeres couleurines, que pouuoit faire cela contre tãt de gens de defense & de trauail, qui là estoyent? Aussi en deux iours & deux nuicts ils bastirent des trauerses & des retranchemens tels qu'on n'osa les enfoncer. Le François est si soudain, qu'il veut incontinẽt auoir descouuert ce qui ne se peut trouuer qu'apres auoir long tẽps cerché. Et par ceste promptitude, i'ay tant veu faire d'erreurs aux reconoissances des places, que ie tiens pour reigle tres-vtile, de voir & revoir deux fois, voire trois, vne chose, auant que prendre resolution de s'y arrester. On conut, apres que la bresche fut faite, que c'estoit perdre des hommes à credit, que d'attaquer par là. Et comme on estoit apres, pour preparer vne nouuelle batterie par vn plus foible endroit, la paix fut conclue. ce qui renuersa toutes actions militaires. Le prouerbe qui dit qu'il n'est muraille que de bons hommes est biẽ veritable: car il faut qu'vne place soit bien mauuaise s'ils ne trouuent moyen de s'y accommoder. En tels lieux ne se doit-on pas obstiner à lõg siege: mais pour arrester vne armee trois semaines ou vn mois, cela se peut entreprendre, pendãt que vne autre se prepare pour fauoriser les assiegez.

Cõtr'entreprise de M. l'Admiral durãt le siege de Chartres.

Av sejour que nous fismes deuant ceste place, M. l'Admiral fit vne belle cõtr'entreprise, qui se démesla en la maniere que ie diray. L'armee contraire estoit au delà de la riuiere de Seine, qui n'osoit aprocher en corps de celle du Prince, & ne sçay les causes pourquoy. Elle ne voulut pourtant perdre l'occasion de porter quelque faueur à ceux de dedans. Et pour cest effect fut enuoyé M. de la Vallette, qui estoit vn Capitaine renommé, auec dixhuit cornettes de caualllerie, pour tascher de surprendre quelqu'vne de nos troupes au logis, endommager nos fourrageurs, rompre nos viures, & nous tenir souuent en alarmes. Il s'approcha à quatre lieuës pres du camp, logeant assez serré: d'où il cõmençoit à nous molester grandement. Dequoy M. l'Admiral estant auerti, il prit la charge d'y pouruoir. Et cõme il auoit acoustumé d'aller en gros, de peur, disoit-il, de faillir le gibier: aussi prit-il trois mille cinq cens cheuaux, & partit de si bonne heure qu'à soleil leué il se trouua dans le milieu des quartiers de ceste cauallerie: qui, nonobstant les bonnes gardes qu'elle tenoit en campagne, ne se peut garantir que plusieurs ne fussẽt enuelopez, & y eut quatre drapeaux pris, mais peu de gens tuez. Monsieur de la Valette qui estoit logé dãs Oudan, rallia quatre ou cinq cens cheuaux: & estant suyui de plus de mille des nostres, il se retira neantmoins auec vne belle façon, tournant souuent teste: aussi auoit-il art & experience. On void par ceci, qu'il ne fait pas seur seiourner gueres (si on n'est en lieu fort) deuant vne grosse puissance de cauallerie. Car sans qu'on y pense, on se trouue surpris, comme d'vn orage, qui arriue à l'impourueuë: & quasi aussi tost que vos sentinelles, Vedetes, ou batteurs destrade, elle vous est sur les bras. Car elle marche en asseurance: ne craignant rien, & dit tousiours aux premiers, Attaque, Charge, & sui tout ce que tu trouueras. En tels affaires, les plus fins, & qui ouurent bien les yeux, ne laissent quelquefois d'y estre attrappez.

DE

DE LA SECONDE PAIX, QUI fut faite à Lonjumeau.

EN tous les Troubles de la France, on a tousiours veu ceci auenir, c'est qu'en faisāt la guerre, on n'a pas laissé de traiter de la paix, tant chacũ a voulu demonstrer auoir agreable chose si salutaire: aussi s'en est-il fait beaucoup, entre lesquelles ceste-ci a esté la pire pour ceux de la Religion. La negotiation s'en remmancha, estant ia le Prince de Condé deuant Chartres: & fut enuoyé le Cardinal de Chastillon de sa part auec autres gentils-hommes, pour s'assembler auec les deputez du Roy à Lonjumeau, où ils besongnerent si bien que tous les articles furent accordez, les vns enuoyans à Paris, les autres à Chartres, pour vuider les difficultez qui suruenoyent. Or comme vne bonne paix estoit fort desiree, & n'estoit aussi pas moins necessaire, cependant il y en eut peu qui s'amusassent à bien considerer quelle pouuoit estre ceste-ci: ains, comme si le nom eust apporté auec soy le vray effect, la pluspart de ceux de la Religion demeuroyēt là attachez qu'il la faloit embrasser. Et pour parler rondement, c'est ce qui força Messieurs le Prince & Admiral à y condescendre, voyans vne si grande disposition (& mesmement en la Noblesse) de l'accepter. Ce fut vn tourbillon qui les emporta, à quoy ils ne peurent resister. Vray est que M. le Prince y auoit quelque inclination: mais M. l'Admiral se douta tousiours de l'inobseruation d'icelle, pource qu'il apperceuoit à peu pres qu'on vouloit prendre vne reuanche sur les Huguenots, de l'iniure receuë à la iournee de Meaux. Mesmes des lors aucuns Catholiques (qui

Seconde paix cause de plus grands maux que la guerre mesme.

estoyent de ceux qui ne peuuent rien celer) disoyent tout haut qu'ils s'en vengeroyent bien tost. Et vn de nos negociateurs de paix manda auoir ouï plusieurs fois tels langages, & apperçeu vne grande indignation cachee es poictrines d'aucuns de ceux auec lesquels ils conferoyent, & qu'on y prist garde: pource que cela denotoit quelque sinistre euenement. Dauantage, il y en eut de la Cour propre, tant hommes que femmes, qui quelquesfois desrobẽt des paroles du cabinet, qui manderent à leurs parens & amis, qu'indubitablement ils seroyent trompez s'ils ne besongnoyent seuremẽt: qui estoit bien pour resueiller ceux qui se vouloyent endormir sur ce doux oreiller de paix. Mais quelque auis que lon eust, on ne peut retenir le torrent qui ia estoit desbordé. On se pourra esmerueiller dequoy ces grands Chefs, qui auoyent tant de credit sur leurs partisans, n'ayent sçeu leur persuader ce qui leur estoit vtile. Mais si on considere bien quelles gens ce sont que les volontaires, & la vehemence du desir de voir sa maison, lon verra que quand l'anchre de la necessité apparente est rompue, le nauire poussé de vents si violens ne se peut arrester.

Vne partie de ceux de la Religion cause de leur mal.

DESIA auant le leuement du siege de Chartres il s'en estoit allé des Cornettes entieres & plusieurs particuliers (sans demãder congé aux Superieurs) vers les quartiers de Xaintonge & Poictou. Et ceste humeur passa parmi l'jnfanterie, mesmemẽt en celle qui estoit des païs esloignez. Et plusieurs disoyent, puis que le Roy offroit l'Edict de pacification derniere, qu'on ne le pouuoit refuser. Autres de la Noblesse, qu'ils vouloyent aller prendre des retraites en leurs prouinces, pour la conseruation de leurs familles, qui estoyent

souuent

ſouuent meurtries par la cruauté de leurs ennemis: les gens de pied ſe plaignoyent auſſi de n'eſtre payez, & qu'ordinairement ils manquoyent de viures. Ainſi donc les Chefs de la Religion ne peurent adherer aux aduertiſſemens qu'ils eurent, & reietter ceſte paix, pource qu'ils fuſſent demourez trop foibles. Sur ceci ils diſcouroyent quelqueſfois en ceſte maniere, Que le gros de leurs forces Françoiſes les abandonnant, ils ſeroyent contrains de ſe mettre ſur la defenſiue: mais que cela les deſfauoriſeroit grandement, veu qu'on eſtoit en la ſaiſon en laquelle les armees ſe mettent en campagne. Que de ſeparer les Reitres, pour les diſtribuer dans les villes, ils ne le vouloyent faire, pource que c'eſtoit ſe deuorer ſoy-meſmes: de les placer auſſi en camp fortifié, le remede n'eſtoit que pour peu de temps. Somme qu'il faloit eſprouuer le hazard de la paix. Alors on euſt bien deſiré d'auoir des villes pour ſeureté d'icelle: mais quand on demãdoit d'autres ſeuretez que les Edicts, les ſermens, & les promeſſes, on eſtoit renuoyé bien loin, comme ſi on euſt vilipendé & meſpriſé l'authorité Royale: qui fut occaſion qu'on reçeut ce qui eſtoit accouſtumé d'eſtre offert. Ainſi ceux de la Religion licencierent leurs eſtrangers, ſe retirerent en leurs maiſons, puis poſerent les armes chacun en particulier: ayans opinion (au moins le vulgaire) que les Catholiques feroyent le ſemblable. Ils ſe contenterent ſeulement de le promettre: mais en effect ils n'en firent du tout rien, & demourans touſiours armez garderent les villes, & les paſſages des riuieres, ſi bien qu'à deux mois de là les Huguenots ſe trouuerẽt cõme à leur diſcretion. Aucuns meſmes de ceux qui auoyent inſiſté pour la paix furent contraints de dire, Nous auons fait la folie, ne trouuons donc estrange si nous la beuuons. Toutesfois il y a apparence que le breuuage sera bien amer.

TROISIEMES TROVBLES.

DE LA DILIGENTE RETRAITE de ceux de la Religion aux troisiémes Troubles: & de la belle résolution de Monsieur de Martigues quand il vint à Saumur.

Reuolutiõ notable de ces guerres: & de la retraite de M. le Prince.

LES affaires humaines sont suietes à beaucoup de mutations: &, pour en representer l'inconstance, les Ethniques ont figuré vne roue tournante, où tantost vne chose est en haut, & tantost en bas: aussi qui voudra bien noter la dissimilitude du principe de ceste guerre d'auec la precedente il y apperceura le mesme. Car en la passée, les Huguenots preuindrent, & assaillirent superbement, & en ceste-ci ils furent preuenus & se retirerent par vne necessité honteuse, abandonnans les Prouinces & villes qui auparauant auoyent serui pour leur conseruation. Quand ils virent qu'on auoit mis dix compagnies d'Infanterie dans Orleans, ils conurent bien que leurs affaires alloyent mal: mais ce qui les esmeut de desloger des Prouinces voisines de Paris, fut que M. le Prince cuida estre enueloppé en sa maison par des compagnies de gens d'armes, & de gens de pied, qui tout doucement s'en approchoyent. Lui ayant auerti M. l'Admiral, & ses plus proches voisins, tous ensemble auec leurs familles se retirerent à la Rochelle, passans à gué la riuiere de Loyre en vn lieu inaccoustumé.

mé. Il donna aussi aduertissement à ceux de la Religion les plus esloignez, de prendre les armes, & se sauuer le mieux qu'ils pourroyent vers lui, cerchans de passer la mesme riuiere à gué ou par batteaux. Les Catholiques en se mocquant disoyent qu'il auoit tort de prendre l'alarme si chaude, & qu'on n'auoit fait aucune entreprise sur lui. Il respondoit, qu'il aimoit beaucoup mieux leur auoir laissé les nids que s'ils eussent attrapé les oiseaux: & que s'il se fust bien ressouuenu de la promesse qu'ils auoyent faite de prendre leur reuanche de Meaux, & de faire courir les freres à leur tour, qu'il fust parti de meilleure heure, à fin de n'aller que le pas. Ce sont ici les propos cõmuns que ie recite: car les causes graues, de part & d'autre, sont escrites es histoires. Ie sçay bien qu'vne guerre est miserable, & qu'elle apporte auec soy beaucoup de maux: mais ceste meschante petite paix, qui ne dura que six mois, fut beaucoup pire pour ceux de la Religion, qu'on assassinoit en leurs maisons, & ne s'osoyent encores defendre. Cela & autres choses les animerent & disposerent de cercher seureté en se ralliant ensemble.

La belle resolution de monsieur de Martigue pous se rendre à Saumur.

MONSIEVR d'Andelot estant en Bretaigne reçeut auis de ramasser tout ce qu'il pourroit, & s'acheminer en Poictou. Il mãda qu'on le vint trouuer vers l'Anjou, ce qu'on fit: & quand tout fut ioint, la troupe n'estoit moindre de mille bons cheuaux, & de deux mille harquebusiers, auec laquelle il dressa la teste vers la riuiere de Loire, pour y cercher vn passage commode. Mais le propre iour qu'il arriua au long d'icelle, vne inopinee auanture succeda, dont les Catholiques se desmeslerent auec grand honneur. Il s'estoit logé fort escarté à cause qu'il n'auoit grãde alarme d'ennemis, ayãt donné charge aux Chefs des troupes, estans arriuez en leurs quartiers, de sonder s'il y auoit point quelque endroit gueable. Mais deux heures apres s'estre logez, M. de Martigues, qui vouloit aller à Saumur, trouuer le Duc de Mõtpensier, fut auerti que force Huguenots (sans nommer qui) s'estoyent venus loger sur son chemin. Lui qui auoit passé vne petite riuiere par barques, qui s'appelle Sorgue, iugea qu'il n'y auoit plus d'ordre de se retirer, & qu'il conuenoit se faire passage auec le fer, quoy qu'on rencontrast. Il n'auoit aucun bagage, l'ayant enuoyé de l'autre part de Loire, estant sa troupe de trois cens lances, & cinq cens braues harquebusiers. Et dautant qu'il estoit cõtraint de marcher tousiours par vne leuee de terre, qui borde la riuiere, où lon ne peut aller que dix hommes de front, ou six cheuaux, il mit à sa teste cent harquebusiers Gascõs de sa garde auec deux cens autres, & sa cauallerie au milieu, puis le reste de l'infanterie derriere, & cinquante lances pour coureurs. Cela fait, il leur dit, Mes compagnons les Huguenots sont sur nostre chemin. Il nous faut leur passer sur le ventre, ou estre perdus: car nous ne pouuons nous retirer. que donc chacun se prepare de bien combatre auec les bras, & marcher gaillardement auec les iambes, pour gaigner Saumur: il n'y a que huit petites lieuës, & ne pouuons trouuer seureté que n'y soyons arriuez. Tous lui promirent de ne manquer à leur deuoir: & en ceste resolution s'acheminerent. Les deux premieres troupes qu'il rencontra, furent deux compagnies de cauallerie, qui se logeoyent, qu'il escarta aisément: & en combatant fut tué le Capitaine Bois-verd. Là sçeut-il que M. d'Andelot estoit prochain: ce qui lui fit hafter haster le pas, à fin de le preuenir: mais quelque diligence qu'il fist, si le trouua-il à cheual auec peu de gens, ayant eu l'alarme par quelques fuyards. Il se fit vne braue charge, où le Lieutenant de M. de Martigues fut tué, & M. d'Andelot contraint lui laisser le passage libre. Il ne permit à ses soldats de saccager le bagage, qui estoit dans les ruës, ains les fit tirer outre. A vne lieuë de là il rencontra la compagnie des gens de cheual du Capitaine Coignee, qui marchoit, & la fit retourner bien viste, auec bõnes harquebusades: puis à vn quart de lieuë du village des Rosiers, se presenterent deuant lui deux cés harquebusiers que le seigneur de la Nouë enuoyoit vers l'alarme, pour le secours des autres: mais comme l'jnfanterie de M. de Martigues estoit de soldats vieux, & l'autre de nouueaux, ceux-ci furent mis en route, & falut abandonner le village, & lui laisser le passage. En fin, à deux lieuës de Saumur il trouua encor vne compagnie d'jnfanterie, accõmodee dans vn temple, laquelle il força, & prit le drapeau, & arriua à nuict fermante à seureté lui & ses gens, fort trauaillez de marcher & de combatre, ayant fait perte de vingt hommes, & en ayãt tué quatre fois autant, mais mis en effroy pres de mille. I'ay bien voulu raconter cest exploit, pource qu'il m'a semblé plein d'vne braue determination: toutesfois on ne se doit estonner si les troupes de M. d'Andelot ne l'enfoncerent, car elles furent surprises estans toutes escartees: mesmement la cauallerie estoit en vn lieu trop estroit pour biẽ combatre, & quand elles se furent reconuës & rassemblees, les ennemis estoyent desia à sauueté. Ainsi void-on combien il sert d'estre en corps, cheminer en ordre, & auoir pris vne bonne determination: & c'est ce qui ordinairement fait vaincre les petites troupes, en ce qu'elles veulent suppleer à leur foiblesse par valeur.

Comment M. d'Andelot passa la riuiere: & quelle estoit sa resolution.

POVR ceste escorne M. d'Andelot ne perdit esperance de passer la riuiere: & ayant fait resserrer ses gens en deux corps, il la fit taster par tout. En fin fut trouué vn gué, comme miraculeusement, où il n'y auoit memoire d'homme que iamais aucun eust là passé: & le lendemain, ioyeux au possible, & tous les siés, d'auoir rencontré ce qu'ils n'esperoyēt, il passa de l'autre part. Lors que nous estions en ces incertitudes, ie lui dis qu'il estoit besoin d'auiser à ce que nous ferions, si le passage nous estoit fermé. Il me respondit, Que pouuons-nous faire sinon prendre vn parti extreme, pour mourir comme soldats, ou nous sauuer comme soldats? Mon auis est, dit-il, de nous ioindre tous, & nous retirer à sept ou huit lieuës d'ici vers le païs large, & faire donner des aduertissemēs à Messieurs de Montpensier & de Martigues, que nous-nous en allōs comme fuyans, & tous dissipez, chacun taschant à eschapper le peril: ce qu'ils croiront fort aisément. Cependant animons & preparons nos gens à vaincre: & s'ils s'approchent de nous (comme il n'y a doute qu'ils n'y vienent incontinēt, plus pour butiner que pour combatre) alors donnons valeureusement sur eux, car nous les romprōs, & apres n'y aura-il troupe qui d'vn mois nous ose affronter, & nous sera aisé de gaigner l'Alemagne, ou le haut des riuieres. Il m'a semblé que le prompt & braue conseil de ce gentil cheualier ne deuoit non plus estre celé que la belle determination du Seigneur de Martigues, deux personnages certes dignes de grandes charges militaires. Le dernier acquit beaucoup d'hōneur en son passage, & le premier plus de prode profit au sien, ayant mis lui & toute sa troupe à seureté, laquelle au bout de huit iours se ioignit à M. le Prince de Condé: ce qui le renforça beaucoup. Ceste entree de guerre si mal commencee de ceux de la Religion, par des retraites precipitees, estoit vn presage qu'ils s'aideroyent de ces remedes en la continuation d'icelle, ce qui aduint aussi: combien qu'il leur fust peu auenu aux precedentes. & si on veut sçauoir les causes, ie les diray. Ce fut pour le mespris de la discipline, & pour la multiplication des vices, qui amenerent les desordres, & engendrerent audace en plusieurs (non en tous) lesquels sous l'ombre de la necessité prenoyẽt trop de licence.

QUE LE TEMPS QU'ON DONNA à Monsieur le Prince de Condé, apres s'estre retiré à la Rochelle, sans lui ietter aucune armee sur les bras, lui seruit de moyen de se preualoir d'vne grande Prouince, sans le soustien de laquelle il n'eust peu continuer la guerre.

TOVT le refuge qu'eurent ceux de la Religion pour se sauuer en ces dernieres tempestes, fut de se retirer à la Rochelle, qui ia leur estoit deuotieuse, ayant embrassé l'Euangile, & reietté la doctrine du Pape. La ville est assez grande & bien situee sur le bord de la mer, en vn païs abondant en viures, & pleine d'assez riches marchãs, & bons artisans: ce qui profita beaucoup pour la conseruation de plusieurs familles, & pour en tirer les commoditez qui estoyent necessaires, tãt pour les gẽs de guerre qu'aux armees de mer & de terre. Or apres l'arriuee de M. d'Andelot, les Chefs auiserent qu'il ne faloit pas per-

Cõbien la ville de la Rochelle aida à M. le Prince & aux siens, qui se rẽdirent maistres d'vn grãd païs.

dre temps. Et ayant fait sortir de l'artillerie de la Rochelle, ils attaquerent les villes de Poictou & Xaintonge, qui alors estoyent foibles & assez mal pourueuës de garnisons, se faisans maistres de celles qu'ils peurent, cõme de Niort, Fontenay, S. Maixant, Saintes, S. Iean, Ponts & Coignac. Depuis, Blaye & Angoulesme furent prises, estans les vnes gaignees aisément, & les autres auec batterie & assaut. Sõme qu'en moins de deux mois, de pauures vagabonds qu'ils estoyent, ils se trouuerent es mains des moyens suffisans pour la continuation d'vne longue guerre. En toutes ces places on y logea enuiron trente compagnies d'Infanterie, & sept ou huit cornettes de cauallerie: qui fut vne grande descharge pour la campagne, & se dressa vn bel ordre politique & militaire, tant pour les François que pour la conduite de l'armee. Ie considere en ceci comme la necessité estant suiuie de l'occasion, les Huguenots se sceurent preualoir de toutes deux. Estans pressez de la premiere, ils desployerent toutes les inuentions de leur esprit & les forces de leur corps pour n'en estre accablez. Apres suruenant la seconde, ils se trouuerẽt bien disposez de l'embrasser. I'ay quelquesfois ouï M. l'Admiral aproprier le beau dire de Themistocles, à la cõdition des affaires d'alors, à sçauoir, Nous estions perdus si nous n'eussions esté perdus. Par cela il entendoit que sans nostre fuite, nous n'eussions pas acquis ceste bõne ressource, voire beaucoup meilleure que celle-là que nous auions auparauant. Ie ne sçay pourquoy les Catholiques ne coururent plustost que ceux qu'ils auoyent chassez d'aupres d'eux s'establissoyent au loin, à fin d'y enuoyer des remedes plus promptement: car il n'y a doute que cela eust empesché

ché la moitié de leurs conquestes. I'ay opinion que l'aise qu'on eut à Paris de voir les Prouinces & villes estre abandonnees, qui auparauant leur auoyent fait si forte guerre, enfla le cœur à plusieurs, qui desdaignerent apres les effects des Huguenots, estimans que la Rochelle seule pouuoit resister, où dans trois mois on les renfermeroit. Ce sont là les proiets qu'on fait apres vn accident fauorable.

Arriuee de la Roine de Nauarre & de ses enfans en l'armee : item des troupes de Daulphiné.

LA Roine de Nauarre sentant les remuemens venir fut diligéte de se retirer vers ces quartiers-là, amenant auec elle ses enfans, & d'assez bonnes forces. ce qui seruit tant pour authoriser la cause que pour fortifier l'armee. Elle craignoit que demourant en ses païs, on la contraignist, tant par les mouuemens de ses suiets, que par autres forces, de laisser aller son fils à la Cour, où indubitablement on l'eust fait changer (au moins exterieurement) de Religion. Parquoy elle ne fit difficulté d'abãdonner son pais en proye, pour conseruer les consciences pures. Exemple tres-rare en ce siecle-ci, auquel la richesse & la grandeur sont en si grande recommandation, qu'elles sont à plusieurs vn Dieu domestique, auquel ils s'asseruissent. Or ce qui donna vn merueilleux accroissemẽt à l'armee de ceux de la Religion, furent les troupes que M. d'Acier tira de Daulphiné, Prouence & Languedoc. Auparauant M. le Prince auoit escrit, tant à lui qu'aux plus signalez desdites Prouinces, de mander de bonnes forces à son secours pour faire teste à l'armee Royale, qui lui venoit sur les bras : à fin que tant de Princes & excellens Chefs ne reçeussent ce desauantage, que de se voir assiegez dans des villes. A quoy tãt s'en faut qu'ils manquassent, qu'il semble qu'ils despeuplerent les lieux d'où ils partirent, tant ils amenerent d'hommes: car il n'en y auoit pas moins de dixhuit mille, portans armes, qui sous la conduite du seigneur d'Acier s'acheminerent. Mais comme d'vn costé ce fut tout le soustenement de l'armee, aussi de l'autre ce fut la perte de plusieurs places, dont les Catholiques s'emparerent apres leur departement. Et souuent i'ay ouï aucuns des Colonnels se repentir d'estre sortis en si grand nombre, comme s'ils eussent voulu aller cercher quelque nouuelle habitation. Quand la moitié seulement fust venue ce n'eust esté que trop.

La desfaite des Colonnels Mouuans & Pierre gourde.

ILS ne peurent pourtant ioindre M. le Prince de Condé, qu'vn grand inconuenient ne leur auint: car deux Regimens des leurs furent desfaits par M. de Montpensier. La cause fut, à ce que i'ay entendu, par ce que les sieurs de Mouuans & de Pierre Gourde, se sentans incommodez de loger si serré cõme ils auoyent fait iusques-là, voulurent s'escarter, estimans qu'ayans deux mille harquebusiers, il ne suffisoit qu'à vne armee de les desfaire. C'estoit vn braue soldat que ledit de Mouuans, autant qu'il y en eut en toute la France: mais sa grande valeur & experience lui fit entreprendre ce qui lui tourna à ruine. Qui est ce qui quelquesfois fait perir des Capitaines & des troupes. Il ne laissa de tres-bien combatre, & lui & son compagnon mourutẽt sur le chãp, auec mille de leurs soldats. Les Catholiques m'ont raconté vn trait qu'ils firẽt lors, que i'ay trouué beau. C'est que sentans M. d'Acier logé à deux petites lieuës de là, auec seize mille hommes, ils craignirent qu'il ne vinst au secours. Parquoy au mesme temps qu'ils donnerent au quartier dudit Mouuans, auec le gros de leur infanterie, ils enuoyerent à celui

du seidu seigneur d'Acier huit ou neuf cens lances, & force harquebusiers à cheual, faisans de grandes fanfares de trompettes, & crians Bataille. C'estoit à fin de lui faire penser, que c'estoit à lui qu'on en vouloit. En ceste sorte l'amuserent-ils pendant que leur entreprise s'executa, de laquelle ils rapporterent dixsept drapeaux. Ceste perte despleut beaucoup à M. le Prince & aux siens: mais l'arriuee de tant d'autres Regimens effaça ce regret bien tost. Car l'homme de guerre (lors mesmement qu'il est en action contre ses ennemis) s'efforce de ietter hors de sa memoire toutes choses tristes : à fin qu'elles n'aillẽt affoiblissant ceste premiere fureur qui est en lui, qui souuẽt le rend redoutable.

DES PREMIERS PROGRES des deux armees, lors qu'estans en leur fleur elles cerchoyent auec pareil desir de s'entre-combatre.

APRES la desfaite de Mouuans l'armee Catholique se retira à Chastelleraud, craignãt que celle des Huguenots, qui s'estoit faite si puissante, ne la vinst affronter en mauuais lieu. Monseigneur le Duc d'Anjou se trouua là, qui amena encores d'autres forces bien deliberees, ayans pour Chef vn tel Prince à qui elles portoyent beaucoup d'amour & d'obeissance. Et croy que de long temps on n'a point veu tant de François en deux armees. Le Prince de Condé, ses places fournies, auoit en la sienne plus de dixhuit mille harquebusiers, & trois mille bõs cheuaux. I'estime qu'en celle de Monseigneur n'y auoit moins de dix mille soldats, & quatre mille lances, sans conter les Suysses. De maniere

De la puissance des deux armees, qui n'eurent moyen de venir aux mains, encores qu'elles le desirassent.

que des deux parts se fussent trouuez trẽte cinq mille Frãçois, tous accoustumez à manier les armes, & possible aussi hardis soldats qu'il y en eust en la Chrestiẽté. L'armee des Huguenots se voyant forte voulut tascher de venir aux mains, & s'approcha à deux lieuës pres de Chastelleraud. Mais ayant le Prince de Condé eu auis, que l'autre cãp estoit placé en lieu auantageux, quasi enuirõné d'vn petit marescage, à quoy on auoit adiousté vn leger retranchemẽt en quelques endroits, il ne voulut rien attenter temerairement, & cercha les voyes pour attirer ses ennemis à combatre. Ce qui le conuioit à cela estoit l'ardeur qu'il voyoit en ses soldats. Secondement, le grand nombre qu'il en auoit. car il se doutoit biẽ que les armees, ausquelles la paye defaut, ne se peuuent tenir grosses que bien peu de temps. Aussi que la rigueur de l'hyuer l'auroit bien tost diminuee. En l'armee Catholique parauenture qu'aucune de ces considerations auoyent quelque poids. Mais il y eut bonne vniformité en ceci que les deux Chefs estoyent touchez d'vn pareil desir de venir aux mains: & eurent vn pareil dessein d'aller viure chacun sur le païs de son ennemi, pour conseruer le sien des rauages extremes que font les armees.

Belle occasion perdue par l'armee de M. le Duc d'Aniou de desfairẽ M. l'Admiral & d'Andelot.

AINSI toutes les deux descamperent, & prirent la route de Lusignan, pres d'où il y a vn petit quartier de païs bon en perfection, où chacune estoit intentionnee de se venir loger. Et combien qu'elles fussent assez proches, si est-ce que l'vne ne sçauoit nouuelles de l'autre, ce qu'il ne faut trouuer trop estrange, pource qu'on le void auenir quelquesfois. Ayant doncques, de toutes les deux parts, esté donné le Rẽdez-vous en vn gros bourg, nommé Pamprou, plein de victuailles,

les

les Mareschaux des deux camps s'y trouuerent quasi en mesme temps auec leurs troupes, d'où ils se chasserent & rechasserent par deux ou trois fois, tant chacun desiroit attraper cest os pour le róger, qui fut à la parfin quitté. Mais dautant que les vns & les autres sçauoyent bien qu'ils seroyent soustenus, nul ne prit la fuite : ains se retirerent à vn quart de lieuë de là, où ils se mirent en bataille. apres arriuerent pour le soustien des vns Messieurs l'Admiral & d'Andelot, auec seulement cinq cornettes de cauallerie : & du costé des Catholiques se presenterent sept ou huit cens lances. Il n'est plus question, dit alors M. l'Admiral, de loger, ains de combatre : & tout soudain auertit M. le Prince lequel estoit à plus d'vne grosse lieuë de là, qu'il s'auançast, & que cependāt il feroit bonne mine. Il commanda qu'on se mist en ordre sur vn petit haut, pour oster aux ennemis la veuë d'vn vallon, à fin qu'ils ne le reconussent, & c'estoit pour leur faire penser que nous auions grosse cauallerie & infanterie cachee dedans. Estans doncques rangez à vne canonnade les vns des autres, il dit à vn Capitaine d'harquebusiers à cheual qu'il s'auançast cinq cens pas, & qu'il se tinst pres d'vne haye. ce qu'il fit. Mais comme ces gens-là, encor qu'ils sçachent tirer & courre, ne sont pas pourtant soldats entendus, ils n'y eurent pas esté six patenostres que la moitié s'esbransla pour aller escarmoucher : & apres leur cornette marcha pour les soustenir. Les ennemis voyans cela, iugerent qu'on vouloit aller à eux : ce qui les fit serrer, & auec trois ou quatre grosses troupes de lances, commencerent à s'auancer. Certes, ie vi alors ces deux Chefs bien faschez de n'auoir preuenu l'indiscretion de ce fol, & encores plus pour ne sçauoir quelle resolution prendre, voyans leurs ennemis beaucoup plus forts qu'eux: mais quand ce vint à conclurre, chacun conclud autrement que son naturel & sa coustume ne portoit. Monsieur d'Andelot, qui ne trouuoit iamais rien trop chaud, dit qu'il se faloit retirer au pas: & que les ennemis, estans plus forts, nous feroyent receuoir vne escorne, & qu'on ne deuoit regarder à la honte: dautant que celui qui euite le peril, auec le profit qu'il en reçoit iouït aussi de l'honneur. Monsieur l'Admiral, qui estoit homme de grande consideration, s'opiniastra à vouloir demourer, disant estre necessaire, auec la bonne contenance, de cacher sa foiblesse: & enuoya incontinent querir & rapeller ces harquebusiers, ce qui fit arrester les ennemis.

Auis sur l'accident susmentionné.

OR combien que ce conseil profita, si est-ce que celui de M. d'Andelot estoit plus seur, & à preferer, au moins à mon opinion. Ayant bien voulu reciter ce petit fait assez au long, à fin que ceux qui veulent s'instruire aux armes en tirent ce fruict, c'est que quand il est question d'acte qui importe on doit oster ces Argollets de la teste, & au lieu y mettre vn tres-auisé Capitaine, acompagné de bonnes lances: car celui qui a ceste place est la guide du reste, & sur son auis tout le reste se meut, & faisant autrement on erre: comme on feroit si en marchant par païs inconu, on mettoit deuant vne guide ignorant le chemin. On peut remarquer aussi, qu'encores qu'il n'y ait nulle ialousie entre des Capitaines, toutesfois, voire en vn fait bien clair, on void arriuer de la contrarieté en leurs opinions. Et ce qui me fait plus esbahir de celle-ci, est que chacun contrarioit à sa disposition naturelle & coustume de proceder. Car l'vn estant actif, comme vn Marcellus, delibera

delibera tressagement: & l'autre lent & consideratif, comme vn Fabius, opina hazardeusement. De dire la cause de cela, ie ne sçaurois, sinon qu'aux prompts mouuemens on ne garde pas tousiours l'ordre accoustumé en ses actions. On void aussi comme l'audace sert quelquesfois: mais comme on dit, ces coups sont bons à faire vne fois, & n'y retourner pas souuēt, pour le hazard qu'il y a. Ie demanday depuis à M. de Martigues, qui commandoit en ceste troupe de lances, s'ils sçauoyent que Messieurs l'Admiral & d'Andelot fussent en ces cinq cornettes? Il me dit que non, & que s'il l'eust sçeu qu'il eust cousté la vie à tous, ou ils les auroyent eus vifs ou mors: & qu'ils cuidoyēt que c'estoyent les troupes des mareschaux de camp, qu'ils eussent chargees, sans vn doute qu'ils eurent que elles estoyent soustenues par vne grosse harquebuserie, qui leur sembloit qui paroissoit en vn village derriere, encores que ce ne fussent que valets, & qu'ils attendoyēt leurs gens de pied.

Occasion perdue par l'armee de M. le Prince de desfaire l'aduantgarde de l'armee contraire.

MAIS au bout d'vne heure, les vns & les autres pēserent bien qu'il y auroit vn plus gros ieu: car on apperçeut de tous costez marcher les enseignes d'infanterie, & les esquadrons de cauallerie, & estoit sur le tard quād tout fut arriué, & n'y eut autre chose qu'vne grosse escarmouche, que la nuict fit cesser. Là n'y auoit il que l'auantgarde Catholique: & ses Chefs, voyans la partie mal-faite d'elle contre le camp Huguenot, s'aiderent d'vne gētile ruse, pour nous fare croire que tout leur gros y estoit. car les tambours de leurs regimens François, ils les firent sonner à la Suysse: ce qui nous confirma que tout leur corps estoit-là, & ne parloit-on que de bataille pour le lēdemain. Ils defendirent aussi que nul des leurs ne se desbandast, & qu'on n'attaquast rien qu'en se defendant, de peur qu'on ne prist quelque prisonnier qui eust descouuert la verité: & si nous eussions sçeu ceci, on les eust assaillis des le soir mesme. Ils firent batre les gardes, & faire de grãds feux: mais apres qu'ils eurent repeu, ils deslogerent auec peu de bruit, & se retirerent les vns à Iasnueil, où Monseigneur estoit logé auecques la bataille, & les autres au bourg de Sanssay, qui n'en est qu'à vne lieuë. Le Prince de Condé fut auerti à trois heures apres minuict de leur deslogement, & à cinq il se mit à leur queuë, auecques toute son armee, se doutant bien que la leur n'estoit venuë là. Voila comment en vn mesme iour deux belles occasions se perdirent: la premiere, par les Catholiques: la seconde, par ceux de la Religion. Toutesfois si ne doit-on donner gueres de coulpe ni aux vns ni aux autres: car elles furent mal-aisees à reconoistre sur le champ, & en deux ou trois heures elles se passerent. Vray est qu'vn petit auis les eut à plain descouuertes: mais cela est vn benefice de l'heur, qui ne depend de la suffisance des Capitaines.

De la iournee de Iasnueil.

CE que i'ay recité de la iournee precedente, est encores peu de cas au pris de ce qui suruint le lendemain à Iasnueil, & semble que celui qui dispose de tout se voulut mocquer pour quelques iours de tant d'excellens Chefs, qui estoyent là: dautant que plusieurs choses qui se firent alors, & qui arriuerent, fut plus par hazard, & inopinément quasi, que par conseil. La deliberation des Huguenots estoit, de suyure les ennemis iusques dedans le corps de leur armee, & au lieu où ils la trouueroyent la combatre. Parquoy M. l'Admiral se mit sur leurs brisees qui estoyent assez apparentes,

& Mon-

& Monsieur le Prince marchoit apres. Et comme il y auoit deux routes, l'vne qui alloit au bourg de Sanssay, & l'autr eà Iasnueil, M. le Prince se fouruoya, & prit ceste-ci : dequoy fut occasion vne bruine, qui s'esleua auãt le poinct du iour. La teste que M. l'Admiral auoit mise deuãt lui, qui estoit forte, donna sur les huit heures du matin au bourg de Sanssay, où cinq ou six cens cheuaux estoyent logez, qui furent contrains de se retirer plus viste que le pas, & y perdirent tout leur bagage, & si les suyuit-on fort loin. Cependãt M. le Prince, continuant le chemin qu'il auoit pris, ayant marché plus de deux lieuës, se trouua au front de l'armee de Monseigneur, ne sçachant aucune nouuelle de son auant-garde. Lui, se voyant engagé, pensa qu'il faloit faire bonne mine: & pource que le païs estoit fort, il fit mettre ses harquebusiers deuant, qui passoyent douze mille, & fit attacher vne escarmouché, & manda à M. l'Admiral, ne sçachãt où il estoit, qu'il auoit esté contraint de monstrer semblant qu'il vouloit combatre, se trouuant si prochain de l'armee de Monseigneur, & qu'il rebroussast vers lui en toute diligence. Auãt que le messagier fut à mi-chemin, M. l'Admiral entendit tirer les canõnades, ce qui le fit douter de ce qui estoit auenu, & s'achemina vers le bruit, auec ce qu'il peut ramasser: mais quand il arriua sur le lieu le soleil s'en alloit ia couché, qui garda qu'on ne peut auoir temps pour deliberer, reconoistre, ni entreprendre rien en gros. Tout se passa en grosses escarmouches, qui furent les plus belles qu'on ait veu il y a long temps, qui mirent l'armee de Monseigneur en quelque espouuantemẽt, à cause qu'elle estoit placee en vn lieu merueilleusement incommode, & toutesfois elle ne laissa de tenir tousiours bonne contenance. L'vne ni l'autre ne se voyoyent point, estãs cachees dans des hayes & petis vallons, & n'y auoit que l'harquebuserie desbandee qui s'apperçeut. Ie remarquay bien que la nostre estoit pleine de courage, autant qu'il se peut, mais la cõduite ne fut pareille: car elle tiroit comme en salue, & se tenoit trop serree ensemble, & tout vn Regimen attaquoit à la fois: au contraire celle de Monseigneur estoit esparse, tirant assez lentement, & alloit par petites troupes: de maniere que deux cens harquebuziers arrestoyent vn Regimen Huguenot. Ils ne sçeurent pourtant empescher qu'aucuns des nostres ne donnassent iusques dedans les premieres tentes, laquelle ardeur leur cousta cher: car M. de la Vallette leur fit deux charges fort à propos, auec trois cens lances, & en tua bien cent cinquante. On demãdera à ceste heure, si toute l'armee du Prince fust arriuee iointe auecques lui, ce qui se fust ensuyui. I'ay opinion que l'autre eust esté fort esbranslee: car sa place de bataille estoit si estroite, qu'elle ne suffisoit pas à la ranger en ordre, venant au combat. Nous lui eussiõs ietté par les flancs (qui estoit tout païs fort) dix mille harquebusiers, fauorisez de mille cheuaux. Puis auec tout le reste de l'jnfanterie, & plus de quinze cens cheuaux, Monsieur le Prince eust donné par la teste, ce qui estoit difficile à soustenir. Les Capitaines Catholiques qui y estoyẽt, & qui en voudront parler sainement, ne contrediront gueres à ceci: car onc ne furent si embarrassez qu'ils furent lors, comme ie l'ay apris des plus grands, qui ne me l'ont celé. La nuict estant suruenue Monsieur le Prince de Condé s'alla loger à Sanssay, qui n'est qu'à vne lieuë & demie de là.

Ie ne veux taire vne chose pour rire qui arriua alors. C'est que pendant qu'on fit alte, tout le bagage de nostre infanterie se vint arrester au long d'vn bois, assez pres de la queuë de nos gens de guerre, & là s'accommoderent, pensans qu'on y deust camper, y faisans plus de quatre mille feux, & n'apperçeurent l'armee se retirer, à cause de la nuict : de maniere que plusieurs maistres furent ce iour-là mal soupez. Aucuns Catholiques, qui estoyent en garde, m'out conté que voyans tant de feux, & oyans tant de cris, ils tenoyent pour certain que c'estoit nostre armee, & s'attẽdoyent d'auoir le lendemain bataille. ce qui les rendit plus diligens à fortifier leurs auenues. Le feu Capitaine Garies m'a aussi dit qu'il s'ofroit d'aller reconoistre ce que c'estoit: mais on ne voulut rien hazarder cõtre ces braues soldats qui là estoyent. Sur la minuict M. le Prince reçeut auis comme tout le bagage estoit engagé, & le tenoit comme perdu : neantmoins il ne laissa d'y enuoyer quatre ou cinq cornettes pour le retirer, & commanda qu'vne heure apres mille cheuaux & deux mille harquebusiers s'y acheminassent pour le fauoriser, si on sortoit apres. Les premiers qui y arriuerent trouuerent messieurs les valets & goujats campez en mout belle ordonnance, se chaufans, chantans, & faisans bonne chere : & eust-on jugé de loin que là y auoit plus de dix mille hommes, & eux n'auoyent non plus d'apprehensiõ que s'ils eussent esté dans vne ville forte. Ils se prindrent à rire de la stupidité de toute ceste forfanterie, laquelle ordinairement est coüarde comme vn lieure, mesmes, où la seureté est : & là non seulement au milieu d'vn tres grand peril, ains de la mort, elle ne faisoit bruire que cris d'allegresse, à

Plaisant accident qui mit plusieurs en peine.

cause qu'ils auoyẽt tref-bien foupé des viures de leurs maistres. Il furẽt à la teste de ce beau camp, où les plus vaillans goujats auoyent posé leurs gardes & sentinelles, & de tant loin qu'il aperceuoyent quelqu'vn, encor qu'il dist cent fois Amis, ils tiroyent de bonnes harquebusades apres lui, & puis crioyent comme des enragez. A la fin ils se reconurent, & ayant sçeu où ils estoyent leur asseurance se conuertit en peur, & deslogerent tous sans trompette. Apres que d'vne part & d'autre on eust seiourné vn iour, le Prince de Condé s'achemina à Mirebeau, qu'il prit, & Monseigneur alla à Poictiers : & chacun se logea vn peu au large, pour reposer les troupes, qui estoyent harassees.

Succes de l'entreprise de M. l'Admiral sur le regimen du Conte de Brissac.

HVIT ou dix iours s'estans passez, M. l'Admiral fit vne entreprise pour tailler en pieces le Regimen du Comte de Brissac, qui estoit assez fortement logé au village d'Aussences, prochain d'vne lieuë de Poictiers. Or pensoit-il que toute l'auant-garde de Monseigneur fust encor logee à ce faux-bourg de la ville, qui estoit de nostre costé: mais plus de la moitié estoit passee dela l'eau le iour precedent, & seulement les Suysses & quelque cauallerie y estoyent demeurez. Nous menasmes bien six mille harquebusiers, & quinze cens cheuaux, qui arriuerent à la diane au village, lequel ils forcerent apres quelque resistance. Cependant le Regimen, qui y estoit, se retira, auec perte de cinquante hommes, & non plus, par vn vallon droit à leur camp, & quelques cheuaux desbandez des nostres se mirent à le suyure: mais le iour estãt grand, on apperceut sur vn haut vers ledit Poictiers nombre de cauallerie qui se rangeoit en ordre, & ouït-on les tambours sonner, mesme on vid paroistre vn bataillon de picques.

ques. Les Chefs dirent alors, C'est l'armee, & si nostre gros passe le ruisseau, pour desfaire ce Regimen qui se va esloignant, elle nous viendra sur les bras, & y a danger que soyons nous-mesmes desfaits. Parquoy ils resolurent de se retirer. Quasi tous le meilleurs Capitaines opinerent de mesme: & pour dire vray, il sembloit en apparence qu'il y eust raison de ce faire. Neantmoins qui eust passé outre, non seulement on eust rompu ce Regimẽ, mais aussi toute ceste demie auantgarde, qui en effect estoit foible. Aucuns Capitaines Catholiques, qui là estoyent, ayans ouï l'alarme, & voyans qu'il n'y auoit plus là logé que dix enseignes de Suysses, & enuiron trois cens lances, firent mettre sur ce haut maistres & valets, armez & desarmez, de tous ceux qu'ils peurent ramasser, tant de la ville que dehors. Cela faisoit vne tres-belle monstre, par laquelle nous fusmes circonuenus: & quelques vns m'ont asseuré, que si nous eussions marché droit à eux, qu'ils eussent pris parti; mais par cest artifice ils euiterent le peril, & acquirent louange: verifians ce viel prouerbe François, Qu'engin vaut mieux que force.

QUE LES DEUX ARMEES, en s'entre-voulant vaincre, ne peurent pas seulement se combatre, & comme la rigueur du temps les separa, ruinant quasi l'vne & l'autre armee en cinq iours.

GVICHARDIN en quelque endroit de son histoire dit, que raremẽt il auient qu'vn mesme conseil plaise en mesme temps à deux exercites. Mais ces deux ici perseuererent tousiours en vne mesme resolution de combatre. Quand ils se fu- *Resolution pareille de deux armees cõtraires: sans effect toutesfois.*

rent vn peu reposez, Monseigneur se mit aux champs & en passant reprit la ville de Mirebeau. Puis voulant s'approcher plus pres du Prince de Condé, qui s'estoit allé loger es enuirons des villes de Monstreuil-Bellay & Touars pour la commodité des viures, il auisa qu'il lui conuenoit surprendre ou forcer la ville de Loudun, qui estoit sur son chemin, où il y auoit vn Regimẽ Huguenot. Là vouloit-il placer son armee, & puis selon les occurrences se gouuerner, & en l'occupant il ostoit à ses ennemis vn petit quartier de païs tresabondant, & qui pouuoit nourrir son armee vn mois. Messieurs les Princes de Nauarre & de Condé, ayans apperçeu son dessein, resolurent (pour ne receuoir ceste vergongne de voir à leur barbe tailler en pieces vn de leurs Regimens, ou pour ne monstrer signe de crainte & de foiblesse, en quittãt vne ville, qui se pouuoit defendre) de marcher iour & nuict, vers Loudun, où estans arriuez logerent toute leur jnfanterie dans les faux-bourgs, & cinq ou six cens cheuaux dãs la ville, & le demourant es villages prochains. Le soir precedent, Monseigneur s'estoit venu camper à vne petite lieuë Françoise de là, & auoit quelque opinion que ses ennemis ne s'opiniastreroyent à hazarder leur armee, pour la conseruation d'vne si mauuaise place. mais il la perdit bien tost: car le iour suyuant il vid apres soleil leué toute l'armee des Princes, qui se mettoit en bataille, au long des faux-bourgs. Il commanda aussi que la siene s'y mit, & l'artillerie de part & d'autre, estãt placee, commença à tirer dans les esquadrons, où quelquesfois elle faisoit du dommage. Là voyoit-on plus de quarante mille hommes, & la plus-part tous François, en ordonnance, & assez prochains

les

les vns des autres, auec les courages aussi fiers que la contenance estoit braue, & plusieurs n'attendoyent que le signe du combat.

Il faut entẽdre qu'entre les deux armees n'y auoit que campagne rase, & sans auantage : ce qui pourroit faire trouuer estrange, pourquoy on ne s'attaqua. Mais de l'autre costé on doit sçauoir que vingt ans au parauant on n'auoit senti vn si dur hyuer que celui qu'il faisoit lors, & non seulemẽt la gelee estoit forte, ains continuellement tomboit vn verglas si terrible que quasi les gens de pied ne pouuoyẽt marcher sans tomber, & beaucoup moins les cheuaux : de sorte qu'vn petit fossé releué seulement de trois ou quatre pieds ne se pouuoit passer à cheual, tant il estoit glissant : & comme il y en auoit plusieurs entre les deux armees faits pour la separation des heritages, c'estoyent comme autant de tranchees : & celle qui eust voulu aller assaillir se fust entierement desordonnee. Pour ceste cause chacune se tenoit ferme, pour voir celle qui voudroit entreprendre ce hazard, ou plustost ceste folie. Nulle ne voulut tenter le gué, seulement y eut quelque legere escarmouche, & vne heure auant la nuict on se retira en ses quartiers. Le lendemain l'vne & l'autre se mirent encor en bataille tirant l'artillerie, cõme au iour precedent : & aucuns, qui vouloyẽt aller aux escarmouches, se rompoyent ou desnouoyent les bras ou les iambes : & y en eut plus d'offensez par cest inconuenient que d'harquebusades. Le troisiéme iour la contenance fut pareille, sans qu'on sçeust trouuer les moyẽs de venir aux mains, qu'on ne cheust en vn tresgrand desauantage. Mais le quatrieme, Monseigneur, qui auoit la pluspart de ses gens logez à descouuert, se

La grande rigueur du froid empesche les deux armees d'executer ce qu'elles pretendoyent.

retira à vne lieuë de là, non pour rafraischir ses gens (cõme on parle ordinairement) ains pour les reschauffer à couuert contre l'iniure du temps: car ils ne pouuoyẽt plus supporter le froid, la vehemẽce duquel en fit mourir plusieurs, tant d'vne part que d'autre. C'est vn abus euident, quand on veut cõme s'obstiner à surmonter la rigueur du temps. Car puis que les choses plus dures en sont brisees, beaucoup plustost faut-il que l'homme, qui est si sensible, y cede. Aussi ce qui s'ensuyuit de ceci fit bien conoistre qu'on ne doit, sans vne grãde necessité, faire souffrir les soldats outre leurs forces. Car les maladies se mirent peu de iours apres entre iceux, tant violentes que langoureuses, qu'en vn mois ie suis bien asseuré qu'il en mourut plus de trois mille de nostre costé, sans ceux qui se retirerent, & ay ouï dire qu'en l'autre armee autant, ou plus, prindrent le mesme chemin. L'ardeur que tous auoyent de combatre, & la presence de leurs Chefs, les faisoit endurer jusques à l'extremité. Mais pour n'en mentir point, ceux de Monseigneur endurerent encores dauantage, pour n'auoir tant de couuert, ni tant de viures que nous. Quelques cornettes de caualerie des deux camps estoyent logees à demi lieuë, & à trois quarts les vns des autres: mais estans au soir retournees à leur logis, tous estoyent si transis, qu'ils ne se soucioyent de molester leur ennemi, ni mesmes lui donner vne seule alarme, comme s'il y eust eu trefues entr'eux.

Entreprise de M. l'Admiral: sans effect tel qu'il pretẽdoit.

LE iour d'apres le deslogemẽt de l'armee de Monseigneur, il se presenta vne belle occasion, qui fut bien preueuë par M. l'Admiral, & assez chaudement executee: laquelle toutesfois ne succeda. Il se douta que les Catholi-

Catholiques, qui auoyent es iours precedens logé demi à la haye, voudroyent, estans vn petit esloignez, s'escarter es bons villages : ce qu'ils firét, & ne demoura au corps de l'armee que la personne de Mõseigneur, l'artillerie, les Suysses, trois ou quatre cens cheuaux, & enuiron douze cens harquebusiers François. Le reste estoit à vne ou à deux lieuës de là. Or sur les neuf heures du matin, que la cauallerie des Princes fut arriuee, ils firent sortir douze ou quatorze mille harquebusiers, & quatre pieces legeres, en deliberation de donner droit au corps de l'armee ennemie, qui n'estoit qu'à vne petite lieuë & demie de là. Ils sçauoyent bien qu'il y auoit vn ruisseau & certains passages dessus, qu'ils n'estimoyent pas fort mal-aisez, suyuant le rapport des guides. Et ayant la nuict precedente fait reconoistre & taster les gardes qui là estoyét, les trouuerent forçables. Ainsi ils s'acheminerent faisans leur teste gaillarde: & quand on arriua à ce passage qui n'estoit qu'à vn quart de lieuë de leur camp, on le trouua defendu de quelque infanterie, qui ne se doutoit pas de cela. Elle fut viuement attaquee: mais on ne la peut forcer, & là s'arresta-on à escarmoucher. Leur camp ayant pris l'alarme treschaude commença à tirer canonnades sur canonnades, pour r'appeller leurs gens escartez, & est certain qu'il y eut là de l'estonnement beaucoup à ce commencement. Apres, leurs Chefs pourueurent au renforcement de la garde de ce passage: toutesfois vn grand quart d'heure apres, Monsieur l'Admiral au mesme temps fit donner à vn autre passage, qui fut aussi bien defendu: mais qui les eust peu gaigner, il y a apparence que leur armee estoit preuenuë. Car auãt que mille hommes de renfort leur fussent arriuez, nous leur eussions mis en teste, d'abordee, quinze cens cheuaux, & six mille harquebusiers, qui les eussent bien esbrâslez. Au bout de deux heures qu'ils se furent rengrossis, ils amenerent des pieces sur vn haut, & apres plusieurs coups, tirez de part & d'autre, le froid fit retirer chacun.

Retraite des deux armees à cause de l'extreme rigueur du froid.

Des deux costez, tant la Noblesse que les soldats murmuroyent fort contre les Chefs, dequoy, sans aucun fruict, on les iettoit en proye de la froidure & des glaces, se plaignans aussi d'estre assaillis par la faim, & que si on ne les accômodoit en lieux asseurez & munis, ils iroyent eux-mesmes s'y placer, ne pouuans plus resister à tant d'extremitez. Il n'y eut en ceci contradiction aucune : car l'intention des Chefs s'accordoit bien à leur desir. Les Catholiques s'allerent loger delà la riuiere de Loire, es enuirons de Saumur. Les Huguenots retournerêt à Môstreuil-Bellay & à Touars. Par ce dernier faict, ie viens à considerer, que souuent se rencontrent de belles occasions, quand les armees logent escartees. Ce qui doit disposer ceux qui les conduisent à vne grande vigilâce, de crainte d'experimêter vne heure infortunee. Au moins deuroyêt-ils trauailler de pouuoir dire comme Alexandre, I'ay dormi seurement: car Antipater à veillé pour moy. Il y en a qui pensent que les lecteurs reçoyuent peu d'instruction quand on leur represente des choses qui n'ont pas esté acheuees, qu'eux appellent œuures imparfaites : mais ie ne suis pas de leur auis. Car quand quelque fait est descrit à la verité, & auec ses circonstances, encor qu'il ne soit paruenu qu'à mi chemin, si peut-on tousiours en tirer du fruict. Tout ainsi que de ceux qui ne paruienêt que iusques au tiers ou au quart du cours du cours commun de la vie, on ne laisse pas d'en tirer de bons exemples. Car la vertu en toutes les parties de l'aage, ou d'vne action, se fait aucunement paroistre. Et c'est ce qui me fera encores mettre ici vne audacieuse entreprise, laquelle n'ayant eu aucun effect, est digne pourtant d'estre sçeuë.

Hardie entreprise de M. le Comte de Brissac : & ce qui en auint.

Le Conte de Brissac la mania & voulut l'attenter, pendant le seiour que firent les deux armees. Il estoit hardi & auisé au possible pour son aage: mais le desir de gloire, qui estoit excessif en lui, le rauissoit à choses hautes & difficiles. Messieurs l'Admiral & d'Andelot estoyent logez dedans la ville de Monstreuil-Bellay, auec leurs cornettes, qui estoyent grosses. En vn petit faux-bourg tout proche y auoit deux compagnies d'Infanterie, pour faire quelques simples gardes, tant deuant leurs logis qu'aux portes. Les gentils-hommes faisoyent seulement des rondes toutes les heures à l'entour de la muraille, & sembloit que cela deuoit suffire. Car y ayant à l'auenue de Saumur six ou sept regimens d'Infanterie dans vn grand faux-bourg, qui estoit outre la riuiere, la ville demouroit couuerte de ceste part: de l'autre il y auoit de grands marescages à vne lieuë aux enuirons, qui ne se pouuoyent passer qu'en certains endroits: & neuf ou dix cornettes de cauallerie logees par les villages au deça, qui battoyēt les chemins & de iour & de nuict. Ce qui la rendoit asseuree: de sorte qu'il y auoit peu d'apparence qu'elle peust tomber en aucun danger. Or comme en ces guerres ciuiles on a tousiours de bons auertissemens, parce que les ennemis couuerts sont ordinairement cachez dans les entrailles des partis, ledit Comte eut auis premierement de la petite garde qu'on faisoit à ladite ville. Secondemēt qu'on y pouuoit arriuer sans donner dedans le fort, des gardes de nostre caualerie, en faisant deux lieuës dauantage que par le droit chemin. Mais il ne se voulut arrester à cela, & pour estre certifié de tout, il pria vn Capitaine Frāçois, & vn Italien, d'aller de nuict, reconoistre ce qui en estoit. L'vn d'eux m'a asseuré qu'ils vindrent iusques au pied de la muraille, & auecques vne longue picque, & vne chorde, ayant vne agraffe de fer, ils y monterent (car elle estoit assez basse) puis furent iusques au logis de Monsieur l'Admiral enuiron les neuf heures du soir. Cela fait s'en retournerent, sans iamais estre descouuerts. Lui entendant ceste facilité fut fort resioui, & bastit son dessein là dessus, qui estoit tel. Il vouloit auec mille harquebusiers choisis & bien dispos, & cinq cens cheuaux, partir à telle heure qu'il peust arriuer à Monstreuil-Bellay à trois heures apres minuict: à fin d'auoir deux heures de nuict, pour le moins, pour fauoriser sa retraite s'il failloit son entreprise: mais auenant qu'il l'executast, il deuoit faire de grands feux es tours du chasteau pour aduertir l'armee Catholique qui estoit à Saumur, à fin de marcher en toute diligence pour le secourir, s'asseurant qu'on ne le forceroit pas sans le battre d'artillerie, & n'y a doute qu'en six heures elle n'eust esté là. En ce faisant, il prenoit deux tressignalez Chefs au milieu de leur seureté, & cent gentils-hommes de nom. Dauantage il mettoit à vau de route ceste auantgarde, qui estoit là logee, qui n'eust attendu la venue des Catholiques de renfort, tant leur estonnement eust esté grand, & s'en fussent parauanture ensuyuis d'autres inconueniens. Ie pense, quant à moy qui estoye là alors, & qui ay biē remarqué le dedans

dans & le dehors & comme les affaires alloyent, que l'execution de ceci n'estoit pas impossible. Mais comme il est besoin que Dieu veille pour ceux qui dorment, & pour la conseruation des citez, aussi quand le Comte alla pour paracheuer son entreprise, il lui suruint vn desastre inopiné, qui renuersa son dessein. Car estant parti pour cest effect, auec vne douzaine d'eschelles, & ses gẽs bien deliberez, estans ia à deux bonnes lieuës de la ville, il rencôntra par cas d'auanture deux cens cheuaux Huguenots qui alloyent courir, lesquels, voyans ceste grosse cauallerie & jnfanterie aux champs, se retirerent soudain, donnans l'alarme tant à la ville qu'aux autres quartiers des gens de cheual, & ainsi fut cõtraint le Comte de se retirer. Depuis M. l'Admiral fit ietter des gardes plus grosses de nuict aux passages, & rebattre les champs plus souuẽt: combien qu'il ne descouurit rien de l'entreprise, ni moymesmes n'en sçeu rien qu'apres la paix faite. Certes ie prise beaucoup ce haut exploit que ce ieune homme genereux entreprenoit, auquel il y auoit de l'honneur à l'oser seulement entreprendre. Cependant ie ne trouue estrange que monsieur l'Admiral ne se douta iamais qu'vne telle chose se peust faire: car il eut, par maniere de dire, falu le preuoir par diuination. Il est bon toutesfois, quand on est pres d'vne grosse force, & de Capitaines determinez, de redoubler son soin, & penser que le desir d'honneur leur administre des ailes.

DE LA MORT DE MONsieur le Prince de Condé à Bassac.

Ce qui auint auant la iournee de Bassac.

LES Huguenots ayans beaucoup souffert es iours precedens, trouuerent le seiour fort doux dãs le païs de Poictou, où ils s'estoyent retirez: quãd on vint rapporter que l'armee de Monseigneur estoit aux champs & s'acheminoit vers les costez d'Angoulesme. Il lui estoit venu deux mille Reitres de renfort: & croy que son but estoit, pour acheuer bien tost la guerre, de forcer ses ennemis à combatre, ou les contraindre de se renfermer dans les villes. En l'vn il auoit l'auantage, & en l'autre il diminuoit leur reputation. Messieurs le Prince de Condé & Admiral sur cest auis firent resserrer leurs gens, & delibererent de se tenir au long de la riuiere de Charente, pour voir leur contenance, sans rien hazarder. Aussi pour fauoriser leurs places, pour lesquelles fournir d'hommes ils afoiblirent leur armee. Il ne se fit rien de memorable iusques à ce que les Catholiques arriuerent à Chasteauneuf, qui est sur la riuiere susdite, où d'abordee ils prindrent le chasteau, qui estoit es mains d'vn mauuais gardien. Et dautant que le pont auoit esté rompu en deux endroits, Monsieur l'Admiral voulut lui-mesmes, pour mieux reconoistre leur mine & le passage, venir iusques là auec sept ou huit cens cheuaux, & autant d'harquebusiers: la riuiere entredeux toutesfois, où il s'atacha vne escarmouche, auec quelques gens qu'ils auoyent fait passer, ou par barque, ou sur quelque planchage soudainement mis, laquelle ne dura pas beaucoup. Cependant il fut aisé de iuger qu'ils vouloyent s'efforcer de passer là.

MONSIEVR

Passage mal gardé & trop peu de diligẽce à se ioindre, cause de la desfaite qui s'ensuyuit tost apres.

MONSIEVR l'Admiral desirãt conseruer sa reputation, tant qu'il se pouuoit, & faire paroistre à ses ennemis qu'il ne vouloit leur quitter la terre, que pied à pied, proposa de leur empescher le passage encor pour le lendemain. Et sur le lieu mesmes ordonna que deux regimens d'jnfanterie logeroyent à vn quart de lieuë du pont, & huit cens cheuaux quelque peu derriere, dont le tiers seroit en garde assez pres du passage, tant pour auertir, que pour faire quelque legere contestation. Cela fait il se retira à Bassac, distant d'vne lieuë auec le reste de l'auantgarde: & M. le Prince s'approcha à Iarnac, qui est vne lieuë plus outre. Mais ce qu'il commanda ne fut pas fait. Car tant la cauallerie que l'jnfanterie ayãt reconu qu'aux lieux designez y auoit peu de maisons & nuls viures ni fourrages, ayant oublié du tout la coustume de camper, & d'estre sans commodité au logis, alla prẽdre quartier ailleurs. Ainsi la pluspart de ceste troupe s'esloigna pour loger, & ne demeura sur le lieu que peu de gẽs, qui s'accommoderent à demi lieuë du passage. De ceci s'ensuyuit que la garde fut tres-foible, laquelle ne peut s'approcher assez pres pour ouïr ni donner alarme d'heure en heure aux gardes ennemies, ainsi qu'il auoit esté auisé, pour faire croire que toute nostre auantgarde estoit là logee. Les Catholiques qui auoyent resolu de se saisir de ce passage, quand bien tout nostre camp l'eust voulu empescher, firent, par la diligence de M. de Biron, non seulement refaire le vieux pont, mais aussi en dresserent vn nouueau des barques, qui se portent aux armees royales, & auãt la minuict le tout fut paracheué: puis commencerent à passer sans grand bruit, cauallerie & jnfanterie. Ceux de la Religiõ, qui estoyent en garde auec cinquante cheuaux à vn petit quart de lieuë du passage, n'apperçeurent quasi point qu'ils passoyent sinon sur l'aube du iour, & incontinent en aduertirent M. d'Admiral : lequel ayant sçeu comme la pluspart de ses gens auoit logé fort escartez, mesme du costé que venoyent les ennemis, leur mãda qu'ils passoyent, & qu'ils s'acheminassent diligemmẽt vers lui, à fin de se retirer tous ensemble, & qu'il feroit alte cependant à Bassac. Il commanda aussi à l'heure mesme, que tout le bagage & l'infanterie se retirast : ce qui fut fait. Et si alors, voire vne heure apres, toutes ses troupes essent esté rassemblees, tres-facilement il se fust retiré mesme au petit pas. Mais ceste longueur de temps qui se passa (qui ne fut moins de trois heures) à les attendre, fut la principale occasion de nostre desastre. Il ne vouloit laisser perdre telles troupes, où il y auoit huit ou neuf cornettes de cauallerie, & quelques enseignes de gens de pied, dont les Chefs estoyent le Comte de Montgommery, Monsieur d'Acier, & le Colonnel Puuiaut.

Iournee de Bassac : prinse & cause de la mort de M. le Prince de Condé.

En fin quand ils furent reioints à lui (sauf M. d'Acier, qui prit la route d'Angoulesme) les ennemis, qui estoyent tousiours passez à la file, estoyent si engrossis, si prochains de nous, & l'escarmouche si chaudement attachee, qu'on conut bien qu'il cõuenoit combatre. C'est ce qui fit retourner M. le Prince de Condé, qui ia estoit à demi grosse lieuë de là se retirant : car ayant entendu qu'on seroit contraint de mener les mains, lui, qui auoit vn cœur de Lion, voulut estre de la partie. Quand donc nous commençasmes à abandonner vn petit ruisseau, pour nous retirer (qu'on ne pouuoit passer qu'en deux ou trois lieux) alors les Catholi-

Catholiques firent auancer la fleur de leur cauallerie conduite par Messieurs de Guise, de Martigues, & le Comte de Brissac, & renuerserent quatre cornettes Huguenottes, qui faisoyent la retraite, où ie fus pris prisonnier: puis donnerent à M. d'Andelot dans vn village, qui les soustint assez bien. Eux l'ayans outrepassé aperçeurent deux gros bataillons de cauallerie, où M. le Prince & M. l'Admiral estoyent, lesquels se voyans engagez, se preparerent pour aller à la charge. Monsieur l'Admiral fit la premiere, & M. le Prince la secōde, qui fut encor plus rude que l'autre: & du commencement fit tourner les espaules à ce qui se presenta deuant lui, & certes il fut là bien combatu de part & d'autre. Mais dautant que toute l'armee Catholique s'auançoit tousiours, les Huguenots furent contrains de prendre la fuite, ayans perdu sur le champ enuiron cent gentils-hommes, & principalement la personne de M. le Prince, lequel estant porté par terre, ne peut estre secouru des siens, & s'estant rendu à M. d'Argences, suruint vn gentil-homme Gascon nommé Montesquiou, qui lui donna vne pistolletade dans la teste, dont il mourut. Sa mort apporta vn merueilleux regret à ceux de la Religion, & beaucoup de resiouissance à plusieurs de ses contraires, lesquels estimoyent deuoir bien tost dissiper le corps duquel ils auoyent tranché vn si digne Chef. Si est-ce que parmi le blasme qu'aucuns d'eux lui dōnoyent, autres ne laissoyent de louër sa valeur.

Loüange de M. le Prince de Condé: & ce qui suruint apres sa mort.

AVSSI lui peut-on donner ceste loüange qu'en hardiesse aucun de son siecle ne la surmonté, ni en courtoisie. Il parloit fort disertement, plus de nature que d'art, estoit liberal & tres-affable à toutes personnes, & auec cela excellent Chef de guerre, neantmoins amateur de paix. Il se portoit encores mieux en aduersité qu'en prosperité. Mais ce qui le rendoit plus recommandable c'estoit sa fermeté en la Religion. Il vaut mieux que ie me taise de peur d'en dire trop peu: ayant aussi bien voulu dire quelque chose, craignant d'estre estimé ingrat à la memoire d'vn si magnanime Prince. Tant de dignes personnages Catholiques & Huguenots, que nos tempestes ciuiles ont emportez, doyuent estre regrettez: car ils honnoroyent nostre Frãce, & eussent aidé à l'accroistre, si la discorde n'eust excité la valeur des vns pour destruire la valeur des autres. Apres ce coup l'estonnement fut grand au possible en l'armee Huguenotte, & bien lui seruit le païs enuelopé d'eaux, où elle se retira: car cela retint les Catholiques, & lui donna temps de se reordonner. Ils imaginerent, ayans acquis vne telle victoire, que nos villes s'estonneroyent, qui n'estoyent pas gueres fortes. Mais M. l'Admiral auoit ietté dedans la pluspart de son Infanterie, pour rompre ceste premiere impetuosité: de façon que quand ils s'auãcerent pour attaquer Coignac, ils conurent bien que tels chats ne se prenoyent pas (comme lon dit) sans mittaines. Car il y auoit dedans quatre Regimens d'jnfanterie, & comme ils eurent enuoyé trois ou quatre cens harquebusiers du costé du parc, pour reconoistre cest endroit, ceux de dedans en firent sortir mille ou douze cens, qui les rechasserẽt si viste qu'ils n'y retournerent plus: car aussi il n'y auoit en leur armee que quatre canons & quatre couleurines. Monseigneur se contentant de sa victoire, & voyant qu'il ne pouuoit gueres exploiter, se retira, pour rafraischir ses gens, ayant triomphé

en sa

en sa plus tendre ieunesse de tres-excellens Chefs: aussi fut-il bien conseillé & assisté d'autres dignes Capitaines qui l'acompagnerent. De ce fait-ici on peut recueillir, que quand il est question d'vne chose importante & hazardeuse, on ne la doit point entreprendre à demi: car, ou il la faut laisser, ou s'y employer auec tout son sens, & auec toute sa force. En apres, il faut noter que quãd les armees logent escartees, elles tombent en des inconueniens que la suffisance des meilleurs Chefs ne peuuent destourner.

DU MEMORABLE PASSAge du Duc de Deux-ponts, depuis les bords du Rhin iusques en Aquitaine.

PLVSIVRS qui verront ici escrit, comme pour merueille, qu'vne armee estrãgere, ennemie, ait penetré bien auant dans le Royaume de France, ne le trouueront peut-estre si estrange: pource que se mettant deuant les yeux autres exemples semblables (& mesmement celui de l'Empereur Charles, quant il vint assaillir sainct Disier) ils penseront que telles expeditions ne sont pas si extraordinaires qu'on les voudroit faire croire. Toutesfois s'ils veulent bien considerer la longueur du chemin que ceste-ci fit, & les grands & continuels empeschemens qu'elle eut, ie me doute bien qu'ils changeront d'opinion. Ie confesseray pourtant que les guerres ciuiles ont beaucoup facilité l'entree aux nations voisines, qui n'eussent osé l'entreprendre sans l'appui d'vne des deux parties. Mais quand la faueur se trouue petite d'vn costé, & la resistance grãde de l'autre: alors

Conference de l'entreprise de l'Empereur Charles V. & du Duc de Deux-ponts.

admire-on dauantage les actes de ceux qui se sont ainsi auanturez. Ie respondray en vn mot sur ce qui a esté allegué de l'Empereur Charles, & diray de sa personne, que c'estoit le plus grand Capitaine de la Chrestiété. En apres que son camp estoit de cinquante mille hommes. Finalement, qu'au temps qu'il assailloit, le Roy d'Angleterre auoit ia pris Boulogne. ce qui contraignit le Roy François à lui laisser le passage plus libre, pource qu'il ne vouloit rien hazarder temerairement. Autre chose est-ce du fait du Duc de Deux-pōts: car encores que ce fust vn genereux Prince, si n'atteignoit-il point à la suffisance militaire de l'autre. Et ce lui fut vne grande aide & soulagement d'auoir auec lui le Prince d'Orenge, le Comte Ludouic, & le Comte Vvolrad de Mansfeld: & outre cela de tresbraues Capitaines François, auec deux mille hommes tant à pied qu'à cheual de la mesme nation, qui se ioignirent à lui. Le nombre de ses Allemans, estoit de cinq mille Lansquenets & de six mille Reitres. Et auec ceste petite armee se mit-il en chemin, en intention d'aller ioindre celle des Princes.

Empeschemens donnez à l'armee du Duc de Deux-ponts pour la garder de se ioindre à celle des Princes.

Le Roy ayant entēdu, comme il se preparoit pour aller à leur secours, ordonna incontinent vne petite armee pour lui faire teste, conduite par M. d'Aumale: & doutant de sa foiblesse, y en fit encores ioindre vne autre, à qui commandoit M. de Nemours. Ces deux corps assēblez estoyent superieurs de beaucoup en infanterie au Duc de Deux-ponts, & en cauallerie inferieurs. Ils auiserent de n'attendre pas qu'il entrast dans le Royaume pour le molester: ains s'auancerent iusques aux confins de l'Allemagne, & vers Sauerne desfirent le Regimen d'vn nommé la Coche, composé de piede pieces ramassees, qui se vouloit ioindre à lui. Si est-ce qu'il ne laissa d'entrer en France par la Bourgonghe, là où ils le vindrent accoster: & iusques à ce qu'il fust paruenu sur le fleuue de Loire (où il n'y a pas gueres moins de quatre vingts lieuës) iamais ne l'abandonnerent, estans ordinairement à ses flancs, ou à sa queuë: & plusieurs fois les deux armees s'entrevirent, & s'attaquerent par grosses escarmouches. I'ay souuent oui dire à M. le Prince d'Orange qu'il s'esbahissoit comme en vn si long & difficile chemin les Catholiques n'auoyent sceu choisir vne occasion fauorable pour eux, & que quelquesfois on leur en auoit offert de belles, à cause de l'embarrassement du grand bagage. Ie ne veux omettre aussi qu'outre les belles forces de l'armee du Roy, elle auoit d'autres auătages, qui ne sont pas petis: comme la faueur des villes, du païs, & des riuieres, & encor' vn autre poinct, qui est à noter, c'est qu'elle sçauoit le dessein de son ennemi, qui consistoit à auancer chemin, & à gaigner par force, ou par surprise, vn passage sur Loire. Et combien que les Duc de Nemours & d'Aumale fussent de tresbraues Chefs de guerre, si est-ce que nonobstant leurs ruses & efforts ceste armee paruint iusques audit fleuue. Aucũs Catholiques disoyẽt que le discord qui suruint entr'eux leur fit faillir de belles entreprises, qu'ils eussent peu executer s'ils fussent demourez en bonne vniõ. Ie ne sçay ce qui en est. Mais si leur dire est veritable, il ne se faut esbahir s'ils ne battirent point, plustost de quoy ils ne furent battus. toutesfois i'ay apris que leurs ennemis eurent peu de conoissance de leurs picques. Ceste grãd' barriere de Loire deuoit estre encor vne seconde & tres-grãde difficulté, pour arrester tout court ceste armee Allemande, dautant qu'elle ne se gueoit point si bas, & que toutes les villes situees dessus lui estoyent ennemies : mais le passage d'icelle lui estoit si necessaire que cela redoubla la diligence, la temerité, & les inuentions des Huguenots François, si bien qu'ils allerent attaquer la ville de la Charité, où il y a vn beau pont, & la trouuât assez mal pourueuë d'hommes, la presserent tellement, & l'estonnerent par tant de mines & menaces, qu'auant qu'on lui eust enuoyé du secours, ils l'eurent emportee : ce qui leur fut vne ioye incomparable. Car sans cela ils estoyent en tres-mauuais termes, & eussent esté contrains d'aller cercher la source de la riuiere, qui estoit vn alongement de plus de soixante lieuës : & qui pis est, prenant ce chemin-là, ils s'embarrassoyent en vn païs montagneux & boscageux, où la cauallerie eust peu profité.

De la conionction de l'armee Allemande auec celle des Princes.

I'AY ouï quelquesfois Monsieur l'Admiral discourir de ce fait ici entre ses plus priuez : mais il estimoit ce passage des estrangers comme impossible. Car (disoit-il) nous ne les pouuons aider, à cause que l'armee de Monseigneur nous est au deuant : & quant à eux, qui en ont vne autre sur les bras, & vn si difficile fleuue en chemin à passer, il est à craindre qu'ils ne desmesleront ceste fusee sans honte & dommage. Et quand mesme ils l'auroyent passé, tousiours les deux armees iointes ensemble les auront plustost deffaits, que nous ne serons à vingt lieuës d'eux pour les secourir : mais quand il entendit le succes de la Charité, & qu'eux estoyent deliberez de tenter tous perils pour se ioindre il reprit esperance, & dit, Voila vn bon presage, rendons-le acompli par diligence & resolution. Et c'est

ce qui

ce qui fit acheminer Messieurs les Princes de Nauarre & de Conde le fils, qui auoyent esté aprouuez & receus Chefs de ceux de la Religion, vers les marches du Limosin, pour s'approcher de l'armee de Monseigneur, & la tenir en ceruelle. Et pour n'en mētir point chacun iour on estoit cōme en fieure, attendant l'heure qu'on vinst rapporter que deux si grosses puissances auroyent accablé nos Reitres: mais il en auint autrement. Car ils sçeurent prendre l'occasion si à propos, & auec telle promptitude, qu'ils les outrepasserent: estans guidez par les troupes Françoises, où Monsieur de Mouy se porta valeureusement, & tirerent vers le lieu où M. l'Admiral leur auoit mandé qu'il se viendroit rendre auec dix mille harquebusiers, & deux mille cinq cens cheuaux. En ceste maniere se fit la conionction des deux armees, auec abondance d'allegresse. Ie ne veux point taxer les braues Chefs & Capitaines qui estoyent en l'armee Catholique, pour les auoir laissé passer: car ie ne sçay les causes qui les en diuertirent. Ie ne louëray point aussi desmesurément ceux qui passerent, ains i'estimeray que ce fut vn heur singulier pour eux, qui se mōstre quelquesfois es actions militaires. Ce qui doit aprendre aux Capitaines qui font la guerre, de ne perdre pas l'espoir, encores qu'ils se trouuent en des difficultez grandes. car il ne faut qu'vn accident fauorable pour les desmesler, lequel suit ceux qui s'esuertuēt, & fuit ceux qui s'aparessent. Les deux armees qui estoyent alors tres-puissantes (car en celle du Roy y auoit plus de trente mille hommes, & en celle des Princes, bien vingt & cinq mille) furent contraintes de s'esloigner, pour trouuer commodité de viures, pource que le païs de Limosin est infertile, mais elles se rapprocherẽt vers sainct Yriés la Perche.

De ce qui auint entre les deux armees à la Rochelabelle.

MONSIEVR l'Admiral voyant que la sterilité du païs cõtraignoit de loger escarté, & que, pour estre montueux & plein de bois, les places d'armees estoyẽt souuent fort incommodes, delibera de preuenir, plustost que d'estre preuenu. Parquoi il cõseilla les Princes d'aller surprendre l'armee Catholique, qui estoit non trop loin de là: en vn lieu appellé la Rochelabelle. Ils partirent auant le poinct du iour, en determination de donner la bataille, & arriuerent si à propos, qu'ils furent à vn quart de lieuë de la teste du camp ennemi deuant qu'on prinst l'alarme d'eux. Ils estoyent logez toutesfois fortement, & estant Monsieur de Strosse acouru au bruit auec cinq cens harquebusiers, pour en renforcer trois cens des siens, qui estoyent en garde à la principale auenue, il trouua desia l'escarmouche viuement attachee. On peut dire qu'il se porta valeureusement: car il soustint quatre mille harquebusiers Huguenots l'espace d'vne heure, lequel temps seruit beaucoup à l'armee Catholique, pour se mettre en bon ordre. Monsieur l'Admiral s'estonnant dequoy on ne pouuoit forcer le pas, enuoya le capitaine Brueil iusques là, qui estoit tres-auisé. Il conut incontinent que nostre harquebuserie vouloit emporter l'autre par furie & multitude, sans vser d'aucun art. Pour abbreger l'affaire, il parla aux capitaines, & ayant disposé des troupes, pour attaquer par flanc, & fait esbransler quatre cornettes de cheuaux pour donner estonnement, il fit commencer vne viue charge, en laquelle les nostres ayans rompu quelques pallissades, qui couuroyent les ennemis, ils les desordonnerent en telle sorte que peu apres ils se mirent à vau de route,

laissans

laissans plusieurs des leurs morts auecques vingt & deux officiers, & leur Colonnel prisonnier, lequel fit ce iour-là vn bon seruice à Monseigneur : car sans sa resistãce les Huguenots fussent paruenus à l'artillerie sans empeschement. Mais comme toute la iournee il plut, & que l'armee Catholique s'estoit placee auantageusement, ils ne peurent plus faire grand effect, & se retirerent s'estans monstrez trop rigoureux à l'execution qu'ils firent, où ils ne prindrent à merci que tres-peu de prisonniers. Les Catholiques en furent beaucoup irritez & s'en reuancherent en temps & lieu. C'est chose loüable de bien combatre, mais on merite aussi loüange d'estre humain & courtois enuers ceux à qui la premiere fureur des armes a pardonné, & es mains desquels on peut quelquesfois tomber, lors qu'il n'y a point de cause de faire au contraire. Quant aux escarmouches, il me semble que l'art & l'astuce y est autant necessaire que l'impetuosité : ce que l'experience conferme assez souuent. Car si le païs est vn peu couuert, on se peut preualoir de beaucoup d'auantages : ce que les Espagnols & Italiens sçauent bien pratiquer, estans nations ingenieuses : mais tousiours il profite beaucoup d'ordonner ses gens par petites troupes, assaillir par flanc à l'impourueüe, bien placer la troupe qui soustient : & en fin venir determinément à coups d'espee.

DU SIEGE DE POICTIERS.

BEAVCOVP d'entreprises se tẽtent à la guerre qu'on n'auoit nullement premeditees, & d'autres aussi qu'on auoit de lõgue main proiectees, se delaissent: ce qui auient par les changemens

Desseins de l'armee des Princes auant qu'assieger Poictiers : & la prise de Lusignen.

que le temps apporte. Et tout ainsi que c'est signe de vaillance de bien executer, aussi est-ce signe de prudence de bien deliberer : lesquelles deux parties sont necessaires aux Chefs de guerre. Il n'y en a pourtant nuls si parfaits en cest art qui quelquesfois ne se desuoyent & ne bronchent, mesmement es guerres ciuiles. Ce qui excusera dauantage l'erreur que lon dit que les Huguenots firent d'assaillir Poictiers. Les choses passerent en telle sorte. Apres le depart de la Rochelabelle, les deux armees n'auoyent pas moins de besoin & d'enuie l'vne que l'autre de s'aller refraischir en vn bon païs, plus gras que le Limosin : à laquelle disposition vniuerselle les Chefs furent contraints d'obtemperer (car aux guerres ciuiles quelquesfois la charrue meine les bœufs) ce qui causa qu'elles se reculerent, tirans vers les quartiers moins mangez. Messieurs les Prince & Admiral, ayans veu que le Comte de Lude estoit venu pendant leur absence assaillir Nyort (qui auoit esté secourue par la diligence du sieur de Teligny qui y mena des forces) & se faschans qu'on leur vinst molester la Prouince, d'où ils tiroyent toutes leurs commoditez, qui estoit autant que tarir leur vache à laict, delibererent de la nettoyer, & de prendre S. Maixant, Lusignen, & Mirebeau, qu'ils esperoyent emporter en peu de iours (sans faire alors aucune mẽtion de Poictiers) à fin que ladite Prouince leur peust rendre soixante mille liures tous les mois, les garnisons payees, sans les profits de la mer, qui montoyent aussi beaucoup, & c'estoit pour contenter les estrangers qui crioyent incessamment à l'argent. Cela executé, leur but estoit d'aller inuestir la ville de Saumur, qui est sur la riuiere de Loire, laquelle ne vaut rien, &

la faila faire accommoder, pour auoir tousiours là vn asseuré passage, puis porter la guerre le reste de l'Esté & Automne vers la ville de Paris, qu'ils pensoyent n'estre iamais inclinee à la paix qu'elle ne sentist le fleau à ses portes. Estans donques de retour dans leur païs, il leur sembla que Lusignen, qui n'estoit qu'vn chasteau, feroit moins de resistãce que sainct Maixant, où il y auoit vn vieil regimen, commandé par Onoux: & puis le desir d'auoir six canons, que le Comte de Lude auoit laissez audit Chasteau, les conuia encores dauantage de l'attaquer: ce qu'ayant fait, en peu de iours ils l'emporterent. La ville de Poictiers cependant oyant tonner l'artillerie si pres d'elle se munissoit de gens. Mesmes Messieurs de Guise & du Maine s'y vindrent ietter auec cinq ou six cens cheuaux, plus (ce disoit-on) pour trauailler l'armee Huguenotte, que pour penser y deuoir estre assiegez.

Occasions du siege de Poictiers.

En ce mesme temps auint que la ville de Chastelleraud fut surprinse par ceux de la Religion: ce qui leur haussa le cœur, & fut en partie cause de faire incliner beaucoup de gens à l'assiegement de Poictiers, pource qu'elle couuroit du plus dangereux costé ceux qui l'eussẽt assiegee. On s'assembla par deux fois pour en resoudre, & y en eut quelques vns qui ne trouuoyẽt pas bon qu'on l'attaquast, mesmes M. l'Admiral, ains qu'on suyuist son premier dessein: remonstrans qu'elle estoit trop fournie d'hommes de qualité, & qu'ordinairement ces grandes citez sont les sepultures des armees, & qu'il faloit retourner à S. Maixant, que lon auroit forcé dans huit iours. Mais les principaux Seigneurs & Gentils-hommes de Poictou insisterent fort & ferme, tant es conseils qu'ailleurs, qu'on ne perdist vne si belle occasion : & que la ville ne valoit du tout rien. Que plus de gens y auroit dedans, que ce seroit plus de proye : qu'on ne manqueroit d'artillerie, & que la prenant c'estoit acquerir entierement toute ceste riche Prouince, & priuer de retraite la Noblesse Catholique, qui par courses continuelles troubloit ce que nous possedions. A ceste opinion condescendirent les principaux du cõseil, qui (peut estre) n'auoyent pas assez consideré que chacun n'est pas seulement affectionné ains passionné à rendre libre son païs. Et fut adiousté aussi que ce seroit vne belle prise de M. de Guise & son frere, qui estoyent deux grãds Princes, & les plus prompts à nous venir picquer. Somme qu'en ceste deliberation les fruicts qui preuenoyent d'vne telle conqueste furent tres-bien representez : mais des inconueniens où nous tombions en y faillant, il en fut fait peu de mention, comme aussi on touche legerement ceste chorde, quand on ne veut pas estre diuerti d'vn dessein. Apres on enuoya en diligence à la Rochelle, pour auoir balles & poudres : & partit-on pour serrer Poictiers. Ce siege est amplement descrit par les historiẽs, qui me gardera d'en faire vn nouueau recit.

Particularitez remarquables en ce siege de Poictiers.

SEVLEMENT ay-je voulu noter quelques particularitez, qui ne seront parauanture superflues. La premiere gist en la situation, où l'on void vne chose qui desaccommode merueilleusement la ville, & l'autre qui l'acommode. Ce qui apporte l'incommodité, sont les montagnes qui l'enuironnent en plusieurs endroits, & sont si prochaines, qu'on ne sçauroit quasi où se mettre à couuert, qu'on ne soit veu & offensé & par teste & par courtine, non seulement de l'artillerie, mais aussi des harquebusades : car en tels lieux il n'y a

pas

pas plus de quatre cens pas de distance. Ce qui apporte commodité, sont autres montagnes qui sont par dedans, qui seruent de grandes plates formes, & les riuieres qui enuironnent les murailles : de maniere que lon a tousiours ce grand fossé à passer, qui est vn embarrassement tres-fascheux, & sans cela i'aimeroy mieux estre auec quatre mille hommes dehors pour assaillir qu'auec quatre mille dedans pour defendre. Somme, c'est vne tres-meschãte place & digne d'honnorer vn defendeur. Ce qui ruina les Huguenots fut leur petit attirail d'artillerie, de munitions, & de pionniers : car quand ils auoyent attaché par vn lieu, ils ne pouuoyent poursuyure viuement la batterie ni les autres ouurages, & donnans temps aux Catholiques de deux ou trois iours, ils auoyent preparé de tres-bons remedes: & puis apres il faloit recõmencer autre part batteries nouuelles, où le mesme auenoit. Il me sẽble qu'il appartient au Prince de Parme d'attaquer les places, & aux Huguenots de les defendre : car ils s'en acquittẽt quelquesfois tres-valeureusement. Ie ne sçay si ie seray creu en disant vne maniere d'assaillir & defendre, qui auoit esté proposee par les assiegeans & assiegez, quand on battit du costé du pré l'Abesse. Les Huguenots auoyent gaigné la bresche de la muraille, & les Catholiques auoyent vn retranchement tres-petit à trois cens pas de là, & derriere eux vn grand espace vuide de mille pas de long, & cinq cens pas de large, le tout estant commandé de la montagne. Nos Chefs vouloyent, ayant fait quitter ceste tranchee ausdits Catholiques, par quatre cens gentils-hommes & huit cens harquebusiers, qui eussent aisément forcé la garde ordinaire, faire marcher apres deux cens cheuaux conduits par M. de Mouy, pour se rendre maistres de ceste campagnette, par laquelle il faloit passer auant qu'arriuer aux maisons: puis le gros eut suyui, que M. de Briquemaud, nostre Mareschal de camp, menoit. Ce conseil fut pris pour vn auis qu'ils eurent que M. de Guise auoit ordonné deux cens lances, pour s'y placer & combatre: & desia aux allarmes precedentes auoit-on veu quelques lanciers s'y venir presenter. Mais ceste camisade ne s'executa, à cause que le iour nous surprit, & fusmes descouuerts. Et en quelque façon que l'affaire eust succedé, n'eust-ce pas esté vne merueille de voir à vn assaut de la cauallerie combatre de part & d'autre, entremeslee parmi les gens de pied? Il arriua aussi là vne chose au contraire de ce qui auient ordinairement aux villes non forcees: c'est que ceux de dedans perdirent plus de gens que ceux de dehors. Toutesfois ce qui se perdit fut auec grãd' loüange dautant que tout à descouuert on voyoit les hommes se presenter asseurez aux traicts de canonnades & harquebusades.

Pour quelles occasiõs le siege fut leué de deuant Poictiers.

En fin l'armee de Mõseigneur fit beaucoup d'hõneur aux Huguenots, quand elle vint assaillir Chastelleraud: car ce leur fut vne legitime occasion de leuer le siege, qu'aussi bien eussent-ils leué, pource qu'ils ne sçauoyent plus de quel bois faire flesches, & croy que ceux de dedans n'estoyent pas moins empeschez. Sur l'assiegement de ceste ville, ie diray que les meilleurs Chefs se laissent aisément aller à hauts desseins, dautant qu'ayans le cœur grand ils regardent aux obiets de mesme nature: toutesfois le plus seur est de croire le prouerbe qui dit, Qui trop embrasse mal estraint. M. de Guise & son frere acquirent grand renom d'auoir

gar-

gardé vne ſi mauuaiſe place, eſtans encore ſi ieunes comme ils eſtoyent. Et aucuns ne priſoyent moins ceſt acte que celui de Mets. Autres auſſi imputoyent à M. l'Admiral de s'eſtre là arreſté, pour attraper ces deux Princes, qu'on preſumoit qui lui eſtoyent ennemis particuliers: mais il m'a dit pluſieurs fois que ſi la ville ſe fuſt priſe, que tant s'en faut qu'il euſt permis qu'on leur euſt fait deſplaiſir, qu'au contraire il les euſt fait traiter honnorablemẽt ſelon leur dignité ainſi qu'il auoit fait leur oncle M. le Marquis d'Elbeuf, lors qu'il tomba entre ſes mains, à la priſe du chaſteau de Caen. Il me ſouuient qu'à la capitulation il m'enuoya dans ledit chaſteau pour l'aſſeurer (dautant que ie le conoiſſoye) qu'on ne lui feroit aucun deſplaiſir: ce qui fut obſerué. Monſeigneur voyant noſtre armee, pleine de deſpit, ſe leuer pour s'en aller vers lui, ſe retira apres auoir tenté en vain vn aſſaut à Chaſtelleraud, où les Italiens du Pape (qui ne firent pas mal leur deuoir) furent reçeus ſelon l'affection que les Huguenots portent à leur maiſtre. Nous le ſuyuiſmes penſans le contraindre à venir aux mains: mais il bailla touſiours vne riuiere en teſte pour appaiſer noſtre cholere. Quand vn acte qui tend à diuerſion ſe faut en l'acceſſoire, & s'execute au principal, on ne ſe doit plaindre: car le grand fruict de l'vn recompenſe aſſez le petit dommage de l'autre. On doit auſſi noter qu'il faut repenſer trois & quatre fois deuant qu'entreprendre le ſiege d'vne grande ville.

DE LA BATAILLE DE *Montcontour.*

Diuerses causes de la desfaite de l'armee des Princes à Môtcontour.

AVCVNS ont voulu dire que ceste bataille fut vne consequence du siege de Poictiers, dautant que l'armee de ceux de la Religion s'affoiblit fort deuant: ce qui auint plus par maladies & retraite de gentils-hommes & soldats, que par morts violentes. De vray ceci fut vne des premieres causes de nostre malheur, mais il y en eut bien d'autres: comme nostre retardemẽt & seiour au bourg de Faye la Vineuse, pendãt que l'armee de Mõseigneur se renforçoit à Chinon. Nous y fusmes contrains: parce que tous les cheuaux de l'artillerie qu'auions, furẽt enuoyez pour remener à Lusignan partie de celle qui auoit serui à battre Poictiers, qui estoit demouree en vn chasteau, & retournerent si à poinct, que s'ils eussent encor demouré vn iour nous eussiõs esté contrains d'abandonner la nostre, dautant que l'armee de Monseigneur s'approcha à Loudun, qui n'estoit qu'à trois lieuës de nous. Et pource que nous estions en lieu mangé, & de mauuaise assiette, Monsieur l'Admiral auisa de s'aller loger à Montcontour, où le logis estoit auantageux, & la commodité de viure bonne: & croy que tant lui que beaucoup d'autres furent deçeus, en ce que nul ne cuidoit que ceux ausquels on auoit fait faire vne longue retraite, & de nuict, de deuant Chastelleraud, fussent si tost prests à nous cercher. Ansi donc par vn vendredi il deslogea, faisant aller son bagage par vn costé, & lui marcha auec l'armee par l'autre.

Charges & es-

OR aupres d'vn village, nommé Sainct Cler, sans qu'on

qu'on sçeut que peu de nouuelles les vns des autres, la teste de l'armee Catholique, où estoit M. de Biron, vint rencontrer quasi par flãc la nostre qui marchoit. Lui voyant l'occasion fit vne charge auec mille lances à M. de Mouy, qui faisoit la retraite auec trois cens cheuaux, & deux cens harquebusiers à pied, & le renuersa, le mettant à vau de route, & là perdismes la plus-part de ceste harquebuserie, & enuiron quarante ou cinquante cheuaux. Cela venant tout à coup & soudain, auec le son de quatre canonnades qui furent tirees, il s'en engendra vn tel estonnement parmi les nostres, que sans dire qui a gaigné ne perdu, chacun se retiroit demi d'effroy, à ce seul bruit qui s'entendit derriere. I'affermeray vne chose, (non que ie le die à nostre vitupere, ains pour monstrer qu'estre preuenu cause de grãds desordres, & que les accidẽs de la guerre sont estranges) c'est que sans vn passage, qui de bon heur se trouua, qui retint les Catholiques, où ne pouuoyent passer plus de vingt cheuaux de front, toute nostre armee estoit cõme en route par ceste premiere rencontre. M. l'Admiral voyant ceci se monstra aux siens & rallia les troupes: de sorte qu'à ce passage se firẽt deux ou trois grosses charges & recharges de quinze cens ou deux mille cheuaux à la fois: & celui qui passoit estoit bien vistement rechassé par l'autre: & là le Comte Ludouic & le Comte Vvolrad de Mansfeld se porterent bien. Les deux armees se mirent en bataille l'vne deça, l'autre delà, à vne bonne portee de mosquet seulement, où la nostre estoit aucunement à couuert, & n'en ay iamais veu estre si pres, & s'y arrester sans combatre en gros. De passer le passage, personne ne l'osoit plus entreprendre, pour le peril qu'il

Escarmouches pres de S. Cler.

y auoit, dautant que plusieurs esquadrons eussent accablé celui qui s'y fust auanturé. Mais comme les Catholiques auoyent leur artillerie là, & la nostre estoit desia à Montcontour, ils s'en aiderent, & nous tuerent plus de cent hommes dans nos esquadrons, qui ne laisserent pourtant de faire bonne contenance, & sans la nuict, qui suruint, nous eussions plus souffert, & à sa faueur chacun se retira. Celle de sainct Denis, & cesteci, nous vindrent bien à poinct. Le lendemain au matin, Monseigneur voulut faire reconoistre le logis de Montcontour, & taster les Huguenots: mais il les trouua aux faux-bourgs tres-bien fortifiez, n'y ayant autre auenue que celle-là, & s'attacha vne escarmouche à pied & à cheual.

Aduertissemēt notable donné auant la bataille, nō suyui.

IL auint lors que deux gentils-hommes, du costé des Catholiques, estans escartez, vindrēt à parler à aucuns de la Religion, y ayāt quelques fossez entredeux. Messieurs (leur dirent-ils) nous portons marques d'ennemis, mais nous ne vous haissons nullement, ni vostre parti. Aduertissez Monsieur l'Admiral qu'il se donne bien garde de combatre: car nostre armee est merueilleusement puissante, pour les renforts qui y sont suruenus, & est auecques cela bien deliberee: mais qu'il temporise vn mois seulement. Car toute la Noblesse à iuré & dit à Monseigneur qu'elle ne demourera dauantage, & qu'il les employe dans ce temps-là, & qu'ils feront leur deuoir. Qu'il se souuiene qu'il est perilleux de heurter contre la fureur Françoise, laquelle pourtant s'escoulera soudain: & s'ils n'ont promptement victoire, ils seront contrains de venir à la paix, pour plusieurs raisons, & la vous donneront auantageuse. Dites lui, que nous sçauons ceci de bon lieu,

lieu, & desirions grandement l'en auertir. Apres ils se retirerẽt. Les autres allerent incontinẽt vers Monsieur l'Admiral, lui en faire le rapport : ce qu'il gousta. Ils le conterent aussi à d'autres des principaux, & aucuns y en eut qui ne reietterent cela, & desiroyent qu'on y obtemperast : mais la pluspart estimerent que c'estoit vn artifice pour estonner, & dirent encor que cest auis eust apparence d'estre bon, que pourtant il venoit de personnes suspectes, qui auoyent accoustumé d'vser de fraudes & de tromperies, & qu'il n'en faloit faire estat. Voila vne autre cause de nostre meschef, d'auoir trop negligé ce qui deuoit estre bien noté.

Cõseils & difficultez en l'armee des Princes, dont s'ensuyuit le moyẽ à l'armee aduersaire de les assaillir.

ON s'assembla pour sçauoir ce qu'il conuenoit faire : & aucuns proposerent d'aller gaigner Eruaux, & mettre la riuiere qui y passe entre les ennemis & nous, & partir des les neuf heures du soir, & cheminer toute la nuict, pour y paruenir seurement, dautant qu'estions proches d'eux. Autres y eut qui repliquerent que ces retraites nocturnes impriment peur à ceux qui les font, & amoindrissent la reputation, donnant audace aux ennemis, & qu'il faloit partir seulement à l'aube du iour : & cest auis fut suyui. Monsieur l'Admiral estoit alors en grand' peine, craignant que les Reitres ne se mutinassent par faute de payement, & que trois ou quatre Regimens des siens, des païs esloignez, ne l'abandonnassent, qui ia lui auoyent demandé congé. Il sçauoit aussi que plusieurs gentils-hommes des païs que possedions s'estoyent retirez en leurs maisons : & pour contenir l'armee en deuoir & la renforcer, il auoit supplié Messieurs les Princes (qui estoyent à Partenay) d'y venir. Ce qu'ils firent, & amenerent quand & eux enuiron cent cinquãte bons cheuaux. Le iour suyuant, nous fusmes à cheual au poinct du iour, pour aller droit à Eruaux, ayans tous chemises blanches, pour nous mieux reconoistre, s'il faloit combatre. Alors nos Lãsquenets dirent qu'ils ne vouloyent marcher, si on ne leur bailloit argent. Vn quart d'heure, apres cinq cornettes de Reitres en dirent autant, & auant que le tumulte fust appaisé, il se passa plus d'vne heure & demie, dont s'ensuyuit que nous ne peusmes gaigner vn lieu auantageux, qui auoit esté reconu pres dudit Eruaux, où nous eussions vendu plus cher nostre peau. Et ceste-ci ne fut pas des moindres causes qui aiderent à nous perdre. Or apres auoir fait vn quart de lieuë, nous apperçeusmes l'armee ennemie qui venoit vers nous, & tout le loisir qu'on eut, fut de se ranger en ordre, & se mettre en vn petit fond à couuert des canonnades.

Bataille donnee & gaignee par l'armee de Monseigneur.

VOICI encor vn grand inconuenient qui nous arriua. C'est que lors que Monsieur l'Admiral vid bransler l'auãtgarde Catholique droit à lui, qui estoit si puissante (car il y auoit dixneuf cornettes de Reitres en deux esquadrons (il manda au Comte Ludouic (qui commandoit à nostre bataille) qu'il le renforçast de trois cornettes, ce qu'il fit: mais lui mesmes les amena & au mesme temps se commença le combat, où il demoura obligé. De ceci s'ensuyuit que ledit corps fut sans conducteur, ne sçachant comme se gouuerner, & estime-lon que s'il y eut esté, qu'il eust bien fait vn plus grand effort, veu qu'estant sans chef & sans ordre, il cuida bien esbransler celui de Monseigneur. Le combat dura vn peu plus de demi heure, & fut toute l'armee Huguenotte mise à vau de route, s'estans Messieurs les Princes encor ieunes retirez quelque peu au parauant

parauant. Quasi toute nostre infanterie fut taillee en pieces. L'artillerie & les enseignes prises, & le Comte Ludouic suyui enuiron vne lieuë, lequel fit vne tres-belle retraite auec trois mille cheuaux en vn corps, & n'y estoit M. l'Admiral, pource qu'il auoit esté blessé au commencement. Le meurtre fut grand, pource que les Catholiques estoyent fort animez, pour les cruautez (disoyent-ils) de la Rochelabelle, & principalemẽt pour la mort de Sainacte Colombe, & autres tuez en Bearn. Et à plusieurs de nos prisonniers on fit alors passer le pas, pour en prendre satisfaction. Ie cuiday aussi suyure le mesme chemin à la chaude, sans l'humanité de Monseigneur, qui fut instrument de la benediction de Dieu pour la conseruation de ma vie: ce qui m'a semblé que ie ne deuois celer. Pour conclusion, on peut voir par ce grand exploit, que l'armee Royale que nous fismes retirer si viste de deuant Chastelleraud, & toute la nuict, ne laissa pas, trois semaines apres, de nous vaincre, pource que nous faisions quasi difficulté de nous retirer de iour: & pour nous arrester à maintenir la reputation en apparẽce nous la perdismes en effect. qui est vn poinct à quoi les ieunes & les vieux soldats doyuent quelquesfois penser.

QUE LE SIEGE DE SAINCT Iean d'Angely fut la ressource de ceux de la Religion.

COMME l'assiegement de Poictiers fut le cõmencement du mal-heur des Huguenots: aussi fut celui de sainct Ieã l'arrest de la bonne fortune des Catholiques. Et s'ils ne se fussent amu- *Faute commise par l'armee de Monseigneur apres sa victoire.*

ſez là, & euſſent pourſuyui les reliques de l'armee rõpue, elles euſſent eſté du tout aneanties, veu l'eſtonnement qui ſe mit parmi, & les difficultez qui ſe preſenterent. Meſſieurs les Princes & Admiral ſe retirerent auec ce qu'ils peurent recueillir, outre la riuiere de Charente, & donnerent cependant ordre à la haſte, pour conſeruer les villes de Poictou, qui eſtoyent les premieres à la batterie. Mais d'arbordee cinq furent abandonnees : à ſçauoir Parthenay, Nyort, Fonte nay, Sainct Maixant, & Chaſtelleraud, & la ſixieme ayant veu le canon ſe rendit, qui fut Luſignan. Cela enfla tellement d'eſperance les victorieux, qu'ils penſoyent deſpouiller en bref temps toutes ces Prouinces, ſans y laiſſer que la ville capitale, qu'ils eſtimoyent eſtre la Rochelle. Parquoy ils marcherent touſiours en auant, penſans que les autres villes, à l'exemple de celles-ci, viendroyent à obeiſſance. Ils s'adreſſerent à ſanct Iean d'Angeli, qui n'eſtoit gueres plus forte que Nyort, & l'ayant ſommee elle ne ſe voulut rẽdre, pource que le ſeigneur de Pilles qui y eſtoit entré, auec partie de ſon regimen, deſiroit de combatre.

Remarquable conſultation entre les principaux Capitaines d'icelle armee: & quelle fut leur reſolution.

I'ay entendu par quelques vns qu'alors les principaux Capitaines qui eſtoyẽt auecques Monſeigneur furent aſſemblez pour ſçauoir ce qu'ils deuoyent faire. Aucuns diſoyent, puis que toute l'jnfanterie des Princes auoit eſté taillee en pieces, & qu'eux n'auoyẽt plus que gens de cheual, & la pluſpart Reitres, qui eſtoyent fort mal cõtens, & demi enragez d'auoir perdu leur bagage, que leur auis eſtoit de les pourſuyure chaudement, & qu'il en auiendroit l'vn de ces deux effects, ou qu'on les deſſeroit, ou qu'on les contraindroit de capituler pour leur retraite en Alemagne. ce qu'on qu'on obtiendroit facilement en leur accordant deux mois de gages. Nous conoissõs aussi (disoyẽt-ils) l'Admiral, qui est vn des plus rusez Capitaines de la terre, & qui se sçait le mieux desmesler d'vne aduersité si on lui donne le loisir. Il racommodera les forces qu'il a, & y en adioindra encores d'autres de la Gascongne & du Languedoc, tellement qu'au printemps nous le reverrons paroistre auec vne nouuelle armee, auec laquelle il rauagera nos Prouinces, voire viẽdra molester & brusler iusques aux portes de Paris. Dauantage les Princes de Nauarre & de Condé estans au milieu de ceste troupe vaincue: leur presence peu à peu les r'animera, & resueilleront encor beaucoup de courages abatus en d'autres lieux, si auec la diligence on ne leur oste le moyen de se prevaloir du temps. Ils concluoyent que Monseigneur auec les deux tiers de l'armee les deuoit suyure: ce que faisant il n'y auoit doute qu'en bref on ne forçast les Chefs de se renfermer pour refuge en quelque mauuaise place, qui seroit l'acheuement de la guerre. Autres apres opinerent en ceste sorte: disans que l'vn des principaux fruicts de la victoire obtenue, ils le moissonnoyẽt à presẽt par la cõqueste des villes, en ayãt ia gagné six en dix iours. que c'estoit là où il faloit s'attacher & essayer d'auoir les autres, veu le grãd estõnement qui estoit en icelles, & que les Huguenots ne se contiendroyent iamais tant qu'ils auroyent des retraites, & que les en priuant ils perdroyent la volonté de se remuer. Qu'il ne restoit plus que quelques villes de Xaintõge & Angoulmois en ce quartier là, qui ne pouuoyẽt resister plus de deux mois aux efforts de l'armee victorieuse, & au bon heur de Monseigneur: & qu'apres, la Rochelle, se voyant desnuee de couuerture, trembleroit. Quant aux restes de l'armee desfaite, où les Princes & l'Admiral s'estoyent iettez à sauueté, tout cela s'en alloit fuyant & se dissiperoit de soy-mesmes : & que pour en haster l'execution, on pourroit enuoyer apres eux mille cheuaux, & deux mille harquebusiers, & faire esleuer toutes les forces des prouinces où ils s'arresteroyent, & cependant mander querir promptement artillerie & munitions pour paracheuer leur dessein, lequel estant biẽ executé seroit vne playe mortelle aux Huguenots qui ne battoyent plus que d'vne aisle. De ces deux opinions, ceste-ci qui estoit la moins bonne (comme l'experience le monstra depuis) fut suyuie.

Deuis entre M. le Cardinal de Lorraine & le sieur de la Noüe sur le fait precedent.

Ie me recorde qu'estant prisonnier, ainsi qu'on me menoit vers le Roy Charles à Tours, en passant par Loudun, feu M. le Cardinal de Lorraine, qui y estoit, me fit dire qu'il desiroit parler à moy. L'estant allé trouuer il m'vsa de fort honnestes langages: puis venãt à discourir des affaires militaires (comme c'estoit vn Prince qui ne les ignoroit) il me dit que la cause de la perte de l'Admiral, & de ceux de son parti, auoit esté le siegé de Poictiers, & qu'il auoit oüi dire à son frere qu'on ne se deuoit attaquer à vne grande place bien fournie, quand lon poursuyuoit vn plus grand bien. Ce que nous faisions alors, d'autãt que l'armee du Roy estoit sans vigueur & demi dissipee, & que nous eussions peu aller iusques à Paris sans trouuer resistance. Mais que nous lui auions donné temps de se refaire, & nous prendre quand nous estions demi desfaits. Ie lui respondis, Mõseigneur ie croy que nostre erreur vous admonnestera de n'en faire vn pareil. Nous-nous en donnerons bien garde, repliqua-il. Certes ni l'vn ni l'autre l'autre ne pensoit à ce qui suruint depuis, & quand les effects en apparurent, ie conu bien que nostre exemple leur auoit bien peu profité, & qu'ils n'auoyent laissé de broncher à la mesme pierre.

Succes du siege de S. Iean d'Angeli.

OR eux pensans espouuanter Sainct Iean, firent d'abordee vne batterie auec sept ou huit pieces : à quoy ils employerent toutes leurs munitions, sans faire bresche qui valust, & cependant qu'ils en attendoyent d'autres, les assiegez se renforçoyent de courage & de rempars. Ainsi battãt piece à piece deux mois s'escoulerent, & apres auoir perdu beaucoup d'hommes, mesmemẽt par la rigueur de l'hyuer, en fin la ville se rẽdit par cõposition, qu'ils estimoyẽt deuoir emporter en huit iours. La resistance qu'elle fit releua les affaires de ceux de la Religion : ce qui acquit grande renommee au Seigneur de Pilles, pour le remarquable seruice qu'il leur fit. Mõsieur l'Admiral m'a autresfois dit, que si on eust viuement poursuyui Messieurs les Princes, & lui, quand ils s'acheminerent en Gascongne auec le reste de leur armee, qu'ils estoyent en danger de se perdre, veu mesmes qu'en passant par le païs de Perigort, & d'autres endroits difficiles, les païsans & les petites garnisons leur auoyẽt fait beaucoup de dommage, pource qu'ils n'auoyent que cauallerie, non moins harassee qu'estonnee. Mais que le temps qu'ils eurent de se rafraischir, fortifier d'infanterie, & de butiner dans le bon païs où ils allerent, restaura les courages & l'espoir de tous. Voila comment Sainct Iean aida à reparer en quelque sorte les ruïnes que Poictiers & Montcontour auoyent faites. Et assez ordinairement void-on auenir que ceux qu'on pense qui doyuent verser par terre rencontrent quelque appuy inopiné, qui leur aide à se redresser : ce qui sert pour moderer la fierté du vainqueur, & enseigner aux vaincus, qu'il y a quelque remede, voire aux choses desesperees, lequel ne se trouuant en la vertu humaine se trouue en la bonté diuine.

QVE LA VILLE DE LA Rochelle ne seruit pas moins à ceux de la Religion, qu'auoit fait Orleans aux troubles passez.

Cõbien les villes sont necessaires aux armees & guerres.

LES villes qui sont cõme les apuis, non seulemẽt des armees, mais aussi des guerres, doyuent estre puissantes & abondantes, à fin que, comme de grosses sources, dont decoulent de gros ruisseaux, elles puissent fournir les commoditez necessaires (& à elles possibles) à ceux qui ne les peuuent auoir d'ailleurs. Ceci a fait dire à quelques Catholiques qu'ils n'estimoyent pas les Huguenots trop lourdauts, dautant qu'ils auoyent tousiours esté soigneux & diligens de s'aproprier de tres-bõnes retraites. Nous leur auions osté, disoyent-ils, Orleans, pource que nous ne vouliõs pas que de si pres ils vinssent muguetter nostre bonne ville de Paris : mais les galans n'ont pas laissé d'attrapper la ville de la Rochelle, qui ne leur seruira pas moins. Ceste-ci n'est pas si grande ne si plaisante que l'autre : elle a pourtant d'autres choses, qui recompensent bien ces defauts, dont la principale est sa situation maritime, qui est vne voye & vne porte qui ne se peut fermer qu'auec vne despense incomparable, & par où toutes prouisions lui vienent en abondance. A deux lieuës dans la mer y a des Isles fertiles, qui branslẽt sous sa faueur. Le peuple de la ville est

Commodité de la Rochelle.

autant

autant belliqueux que trafiqueur: les Magistrats prudens, & tous bien affectionez à la Religion reformee. Quant à la fortification on a conu par espreuue quelle elle est, qui me gardera d'en parler dauãtage: ie confesseray bien qu'Orleans, quand on est fort en campagne, est en lieu plus propre pour assaillir, mais estãt question de se defẽdre, la Rochelle est beaucoup plus vtile. Il en y a qui disent que le peuple qui y habite est rude quoy qu'il en soit, si peut-on affermer qu'il est loyal: & le mesme se dit du Namurois, qu'il est rude & loyal. Quand les deffauts qui se retrouuent en vne cité, ou en vn persõnage sont beaucoup moindres que les bonnes qualitez, on doit passer cela legerement.

Quel aide la Rochelle a fait aux Princes & aux affaires de la guerre.

Le secours que Messieurs les Princes reçeurent de elle en ceste troisiéme guerre a fait conoistre que c'est vne bõne boutique & biẽ fournie. Ce que ie n'allegue pas pour donner matiere aux grãdes villes de se glorifier, ains plustost pour les inciter à louër Dieu de leur auoir eslargi abondãce de commoditez. Car quiconque s'esleue est rabaissé tost ou tard. Entre celles qui s'en tirerẽt ceste-ci est à remarquer, c'est qu'elle equipa & arma quantité de vaisseaux, qui firent plusieurs riches prises, dont il reuint de grands deniers à la cause generale: car encor' qu'on ne prist alors que le dixieme pour le droit d'Admirauté, on ne laissa d'en tirer de profit plus de trois cens mille liures. Depuis, aux guerres qui se recõmencerent l'an CIↃ IↃ LXXIIII, la necessité contraignit de prendre le cinquiéme: & pensoit-on que cela rebuteroit les gens de mer d'aller cercher auec tant de hazards leurs auantures: toutesfois cest exercice leur estoit si friand qu'ils ne desisterent pour l'excessiueté de ce tribut, encores que souuent il aduint qu'aux proyes, que leurs griffes auoyent atrapees, les ongles de la picoree terrestre donnassent de terribles pinçades. Par ceci peut-on voir combien de richesses vienent en vn païs par la guerre de la mer. Or si celle de terre est juste, aussi doit estre celle-ci. Toutesfois, quād on vient à examiner plusieurs actiōs particulieres d'icelle, on trouue qu'il s'y commet des abus merueilleux (au moins parmi nous) car la pluspart de ces auanturiers mettent peu de diference entre les amis & ennemis: & plusieurs fois s'est veu l'ennemi pauure receuoir misericorde, & l'ami riche estre desvalisé & ietté dedans les ondes, eux presumans par le vice de cruauté cacher celui d'auarice. Mais le ciel, qui a des yeux & vne bouche, ne laisse pas apres auoir veu ces inhumanitez secrettes d'en faire des manifestatiōs publiques, & dauantage d'en precipiter iustument aucuns dans les propres abysmes où ils auoyent enseueli iniustement le trafiqueur innocent. Ceci soit dit sans faire iniure à ceux qui legitimement s'employent en leur vocation: c'est à ceux qui ont vne affection desordonnee de piller le mōde à qui mon propos s'adresse. I'ay entendu par les Espagnols qui estoyent à la deffaite de M. de Strosse, que la moitié de son armee estoit composee de coureurs ou pilleurs de mer, lesquels l'abandonnerent au besoin, le laissant perir à leur veuë, auec la plus part des braues hommes qui le suyuirent au combat: & s'esbahissoyent que de quarante nauires qui l'acompagnoyent, n'y en auoit que six ou sept qui eussent combatu. Mais comme ils prisoyent beaucoup la valeur de ceux-ci, aussi blasmoyēt-ils de mesme la lascheté des autres: encor qu'elle leur fust profitable. Ceci nous mōstre que les affections de butiner

Commoditez des guerres qui se font par mer: & des abus qui s'y commettent.

tiner & les affections de combatre produisent de differens effects. Quant à moy, ie regretteray tousiours ce magnanime Capitaine, qui estoit mõ tres-bon ami: lequel viuant & mourant a honnoré nostre France.

QU'EN NEUF MOIS L'ARmee de Messieurs les Princes fit pres de trois cens lieuës tournoyant quasi le Royaume de France: & de ce qui lui succeda en ce vayage.

IL estoit force que Messieurs les Princes & Admiral apres leur route s'esloignassent de l'armee victorieuse, tãt pour leur seureté que pour autres raisons, qui ont esté touchees, comme en passant, qui fut vn conseil qui leur profita à cause de l'imprudẽce des Catholiques, lesquels laissans rouler, sans nul empeschement, ceste petite pelote de neige, en peu de temps elle se fit grosse comme vne maison. Car l'authorité de Messieurs les Princes attiroit & esmouuoit beaucoup de gens: la preuoyãce & les inuentions de M. l'Admiral faisoyent executer choses vtiles: & le corps des Reitres, qui estoit encores de trois mille cheuaux, dõnoit reputatiõ à l'armee. Ils souffrirẽt beaucoup, iusques à ce qu'ils fussent en la Gascongne, où ils se renforcerent d'harquebusiers, dont ils auoyent tresgrand besoin: mesmement pour garantir la cauallerie des surprises de nuict, qui sont fort communes en ces quartiers-là, pour la voisinãce des villes & chasteaux. On les entremesloit parmi les cornettes de Reitres, & autres troupes Françoises: de maniere que tant es païs larges que couuerts ils estoyent tousiours preparez pour se defendre. Quand on donne à

Par quels moyens l'armee des Princes se redressa.

vn grand Chef de guerre du tẽps pour enfanter ce que son entendement a conçeu, non seulement il reconsolide les vieilles blessures, ains il redonne force aux membres qui auoyent langui. Pour ceste occasion le doit-on diuertir & embarrasser tousiours, pour rompre le cours de ses desseins. Le plus long seiour que ceste demi armee fit fut vers les quartiers d'Agenois & de Montauban, où elle passa quasi tout l'hyuer, & par le bon traitement qu'elle y reçeut se refirent comme de nouueaux corps aux hommes. A ceci doyuent regarder ceux qui ont les charges militaires, & ne faire pas cõme les auares laboureurs, lesquels pour ne donner iamais relasche à leurs terres les rendent steriles: aussi quand pour accroistre leur gloire ils harassent leurs soldats sans les rafraischir, ils les accablent. Car si le seul vent de Bize & l'humidité de la Lune vse les pierres, combien plus seront vsez par ces rigueurs & tant de trauaux les corps delicats des hõmes? La meilleure reigle est de bien s'employer au beau temps, & au fascheux prendre vn peu de repos: n'estoit qu'vne forte necessité contraignist au contraire. En ce voyage, la reigle de Hãnibal en Italie fut tresbiẽ pratiquee, qui estoit de ietter en proye le païs ennemi aux siens, quand l'occasion requeroit qu'ils fussent contentez: car qui voulut se hazarder, il ne manqua de moyens, tant l'abondance regnoit en ces Prouinces.

Des forces qui se ioignirent à celles des Princes.

LES premieres forces qui se ioignirẽt ausdits Princes furent celles du Comte de Mongommeri, reuenãs victorieuses de Bearn, qui fut certes vn braue exploit, qui est amplement descrit par les historiẽs: car par diligence il preuint l'armee de M. de Terride, qui assiegeoit Nauarrins, ia harassee par le long temps qu'elle auoit

auoit là seiourné, & ne faut pas demander s'il fut bien caressé à son retour. Sur la fin de l'hyuer ils s'acheminerent vers Thoulouse, où il se commença vne façon de guerre tres-violente pour les bruslemens qui furẽt permis, & seulemẽt sur les maisons des gens de la cour de Parlement. La cause estoit (disoit-on) pource qu'ils auoyẽt tousiours esté tres-aspres à faire brusler les Lutheriens & Huguenots. Aussi pour auoir fait trancher la teste au Capitaine Rapin, gentilhomme de la Religion, qui leur portoit l'Edict de la paix de la part du Roy. Ils trouuerent ceste reuanche bien dure: neantmoins on dit qu'elle leur seruit d'instruction pour estre plus moderez à l'auenir, comme aussi ils se sont monstrez tels. Ceste compagnie est des plus notables de ce Royaume, & pleine de gens doctes: mais elle auroit besoin de plus de mansuetude. Monsieur le Mareschal d'Anuille estoit alors dans ladite ville auec de bonnes forces, & estoit mordu des calomniateurs qui l'accusoyent d'auoir intelligẽce auec son cousin l'Admiral: cependant en tout le voyage nul ne fit si viuement la guerre à l'armee des Princes que lui, & leur desfit quatre ou cinq compagnies de cheuaux. C'est chose asseuree que ce bruit estoit faux, & le sçay bien, quoy qu'on ait veu depuis arriuer.

Voyage de l'armee des Princes.

L'armee donna iusques à la Comté de Roussillon, où il fut fait du saccagement, encor qu'elle appartinst aux Espagnols. De là elle tira tout au long du Languedoc, & estant approchee du Rhosne, M. le Comte Ludouic le passa auec partie des forces de l'armee, pour assaillir quelques places. Mais la principale intẽtion des Chefs estoit pour tirer infanterie du Dauphiné, pour rengrossir le corps, comme aussi ils auoyẽt pensé faire de

Gascōgne & de Lāguedoc, lequel desir ne se peut bien effectuer : car quand les soldats venoyent à entendre que c'estoit pour s'acheminer vers Paris, & au cœur de la France, & qu'apres ils se representoyent les miseres qu'eux & leurs compagnons, qui estoyent demourez, auoyent souffertes l'hyuer passé, chacun fuyoit cela comme vn mortel precipice, & aimoyent sans comparaisō mieux demourer à faire la guerre en leur païs. Toutesfois encore ramasserent-ils plus de trois mille harquebusiers deliberez d'aller par tout, qui se disposerent par regimens : mais tous estoyent à cheual. La necessité les contraignit à ce faire pour la longueur du chemin, & la rigueur de l'hyuer : & combien que ceci causast quelquesfois de l'embarrassement, si en vint-il de l'vtilité, en ce que suruenans les occasions, on auoit tousiours son infanterie gaillarde & fraische, n'y ayāt gueres de maladies parmi elle, d'autant qu'elle estoit tousiours bien logee & bien traitee. M. l'Admiral, qui estoit fort experimenté aux affaires, voyoit bien, encores que la paix se negotiast, qu'il estoit bien mal-aisé d'en obtenir vne bonne, qu'on ne s'approchast de Paris : & sçachant aussi que delà la riuiere de Loire il trouueroit faueur & aide, il hastoit le voyage : mais la difficulté de passer les mōtagnes des Seuenes & du Viuarets donna quelque retardement : & encor plus sa maladie qui lui suruint à S. Estienne de Forest, qui le cuida emporter. Cela auenant parauenture que changement de conseil s'en fust ensuiui : parce qu'ayāt perdu le gond, sur lequel la porte se tournoit, malaisémēt en eust-on peu trouuer vn semblable. Il est vray que M. le Comte Ludouic estoit vn braue Chef, & biē estimé des François : mais pourtant n'auoit-il pas acquis l'authorité l'authorité de l'autre, ne ſon experience:& ne ſçaurois affermer, s'il fut mort, ſi on euſt continué la carriere, ou non. En fin Dieu lui enuoya gueriſon, au grand contentement de tous: apres laquelle l'armee marcha ſi legeremẽt, qu'en peu de temps elle arriua en Bourgongne à René le Duc.

Rencontre des deux armees à René le Duc.

LA ſe cuida donner vne terrible ſentence pour la paix, qui ne fut toutesfois que bonne pour l'auãcer. M. le Mareſchal de Coſſé, qui commandoit à l'armee du Roy, auoit eu charge expreſſe de lui d'empeſcher que celle des Princes n'approchaſt de Paris, meſme de la combatre, s'il voyoit le ieu beau: ce qui le fit accoſter d'elle en deliberatiõ de ce faire. L'ayant trouué placee en aſſez forte aſſiete, il la voulut oſter de ſes auãtages, auec ſon artillerie, dequoy les autres eſtoyẽt deſpourueus, & par attaques d'harquebuſerie leur faire quitter certains paſſages qu'ils tenoyent. Vn ſeulement fut abandonné du commencement, & là ſe firent de groſſes charges & recharges de cauallerie, où les vns & les autres furẽt à leur tour pourſuyuis. Les Capitaines qui attaquerent les premiers du coſté des Catholiques furent Meſſieurs de la Vallete, de Stroſſe, & de la Chaſtre, qui ſe porterent bien. Ceux qui ſouſtindrent de la part des Huguenots, furent M. de Briquemaut Mareſchal de camp, le Comte de Montgommeri, & Genlis. Et en ceſte actiõ Meſſieurs les Princes, encor tres-ieunes, firẽt voir par leur contenãce le deſir qu'ils auoyẽt de combatre, dont pluſieurs iugerẽt que quelque iour ce ſeroyent d'excellens Capitaines. En fin, les Catholiques voyans la difficulté de forcer leurs ennemis, ſe retirerent à leur logis, comme auſſi firent les Princes, qui apres auoir conſideré que le ſeiour leur eſtoit nuiſible, aussi qu'ils manquoyent de poudres, s'acheminerent à grandes iournees vers la Charité & autres villes qui tenoyent leur parti, pour se remunir des commoditez necessaires.

De la troisieme paix.

PEV apres la tresue se fit entre les deux armees, à laquelle succeda la paix, qui fut occasion que chacun mit les armes bas. Ce fut vne grande fatigue d'auoir esté si long temps en campagne par chaud, par froid, & chemins difficiles, & quasi tousiours en terres ennemies, où les propres paisans faisoyent autant la guerre que les soldats, qui sont inconueniens où se trouua plusieurs fois ce grand Chef Annibal, quand il fut en Italie. Alors est-ce vne belle eschole de voir cõment on accõmode les conseils à la necessité. Du commencement tels labeurs sont si odieux, qu'ils font murmurer les soldats contre leurs propres Chefs: puis quand ils se sont vn peu accoustumez & endurcis à ces penibles exercices, ils vienent à entrer en bonne opinion d'eux-mesmes, voyans qu'ils ont comme surmõté ce qui espouuante tant de gens, & principalement les delicats. Voila quelles sont les belles galleries & les beaux promenoirs des gens de guerre, & puis leur lict d'honneur est vn fossé où vne harquebusade les aura renuersez. Mais tout cela à la verité est digne de remuneration & de loüange, mesmement quand ceux qui marchent par ces sentiers, & souffrent ces trauaux, maintienent vne cause honneste, & en leurs procedures se monstrent pleins de valeur & modestie.

Des deportemens de M. l'Admiral durãt les trois premieres guerres ciuiles.

OR si quelqu'vn en ces lamẽtables guerres a grandement trauaillé & du corps & de l'esprit, on peut dire que ç'a esté M. l'Admiral: car la plus pesante partie du fardeau des afaires & des peines militaires, il les a soustenues

ſtenues auec beaucoup de conſtance & de facilité, & s'eſt auſſi reueremment comporté auecques les Princes ſes ſuperieurs, comme modeſtement auecques ſes inferieurs. Il a touſiours eu la pieté en ſinguliere recommandation, & vn amour de iuſtice, ce qui l'a fait priſer & honorer de ceux du parti qu'il auoit embraſſé. Il n'a point cerché ambitieuſement les commandemens & honneurs: ains en les fuyant on l'a forcé de les prẽdre pour ſa ſuffiſance & preud'hommie. Quand il a manié les armes, il a fait conoiſtre qu'il eſtoit treſentẽdu, autant que Capitaine de ſon tẽps, & s'eſt touſiours expoſé courageuſement aux perils. Aux aduerſitez on l'a remarqué plein de magnanimité & d'inuention pour en ſortir, s'eſtãt touſiours monſtré ſans fard & parade. Somme, c'eſtoit vn perſonnage digne de reſtituer vn Eſtat affoibli & corrompu. I'ay bien voulu dire ce petit mot de lui en paſſant, car l'ayant conu & hanté, & profité en ſon eſchole, i'auroye tort ſi ie n'en faiſois vne veritable & honneſte mention.

DES CAUSES DE LA TROIſiéme paix: la comparaiſon d'icelle auec les precedentes: & ſi elles ont eſté neceſſaires.

NULLE des trois guerres ciuiles n'a eſté de ſi longue duree que ceſte-ci, qui continua deux ans entiers, là où la premiere fut d'vn an, la ſeconde de ſix mois, & beaucoup ont opiniõ que ſi ceux de la Religion ne ſe fuſſent raprochez de Paris, qu'elle n'euſt eſté ſi toſt paracheuee. De laquelle experience ils ont tiré ceſte regle que pour obtenir la paix il faut apporter la guerre pres de ceſte puiſſante cité. I'eſtime que ceſte cauſe fut vne des principales pour l'auancer,

Diuerſes cauſes de ceſte troiſiéme paix: tant au regard d'vn parti que de l'autre.

pource que les coups qui menacent la teste donnent grande aprehension. Les estrangers des Catholiques ayans aussi cōsumé innumerables deniers, en auoyent laissé telle disette, qu'on ne sçauoit comme fournir à leurs soldes. Ruïnes & pilleries aussi se faisoyēt de toutes parts. Dauantage il sembloit que le bon-heur voulust releuer ceux qui auoyēt esté atterrez. Car l'armee des Princes auoit fait vne braue teste à celle du Roy à René le Duc. La Gascongne, le Languedoc, & le Dauphiné menoyent la guerre plus forte qu'auparauant. Le païs de Bearn auoit esté reconquis, & en Poictou & Xaintonge ceux de la Religion eurent de tres-bonnes auantures, en ce que les deux vieux Regimens furent deffaits, & plusieurs villes prises. Tout cela ramassé auecques d'autres accasions secrettes & particulieres disposerent le Roy & la Roine à cōdescendre à la paix, laquelle fut publiee au mois d'Aoust. Ceux de la Religion, la desiroyent aussi grandement, & en auoyent besoin: pource que n'ayās vn escu pour contēter leurs Reitres, la necessité en quoy ils estoyēt, les eust contrains d'abandōner Messieurs les Princes: ce qu'ils leur firēt entēdre par le Comte de Mans-feld. Et se voyans approchez de leur païs, il estoit à craindre qu'ils ne s'y resolussent. Cela auenāt, c'estoit la ruïne de leurs affaires. Plusieurs autres incōmoditez que ie n'allegue pressoyent, à ce poinct: & entre autres les desreiglemēs de nos gens de guerre estoyent tels que on n'y pouuoit remedier. De sorte que M. l'Admiral (qui aimoit la police & haïssoit le vice) a dit plusieurs fois depuis qu'il desireroit plustost mourir que de retomber en ces confusions, & voir deuāt ses yeux commettre tant de maux. Somme que la paix fut acceptee sous

sous des conditions tolerables, & adiousta lon pour la seureté d'icelle, ce qu'on n'auoit osé demander ne sçeu obtenir aux autres, à sçauoir quatre villes.

Le commencement de la negotiation fut apres le siege de Sainct Iean-d'Angely, où furent employez les Seigneurs de Thelligny & Beauuais la Nocle, gentils-hommes ornez de plusieurs vertus, qui s'en acquitterent fidelement : & si auparauant les Catholiques eussent offert à ceux de la Religiõ (lors qu'ils estoyent en mauuais termes) des conditions moindres, ie cuide qu'ils les eussent acceptees. Mais quand ils virent que ils ne vouloyent leur permettre nul exercice de la Religiõ, ains seulement vne simple liberté de conscience, cela les mit au desespoir, & leur fit faire de necessité vertu. Et comme le temps apporte des mutatiõs, celles qui suruindrent se tournerent en leur faueur, si bien que leurs courages en furent releuez, & leurs esperances fortifiees. Le meilleur tẽps, pour traiter vne paix, est quand on a l'auãtage de la guerre. Mais ordinairement cela enfle de telle sorte qu'on n'en veut point ouïr parler : si est-ce que tost ou tard le Roy fit sagement de l'accorder, car la continuation de la guerre lui ostoit ses plaisirs, ruïnoit l'obeissance & amour qui lui estoit deuë, fourrageoit son païs, espuisoit ses finances, & cõsumoit ses forces. Mais le Roy d'Espagne n'a pas fait ainsi en Flandres, dira quelcun. Vrayemẽt, respondra vn autre, il n'y a pas beaucoup gaigné : & parauanture qu'en fin, pour donner quelque surseance à ces fascheuses tragedies, il suyura le mesme conseil qu'ont pris ses voisins.

En quel temps lon commença à traiter la paix: & ce que on peut remarquer sur cela.

Or comme ainsi soit que la paix ait esté necessaire à ceux de la Religiõ, toutesfois ce mal-heur est qua-

Considerations de ces premieres pacificatiõs

des guerres ciuiles.

si tousiours auenu qu'elles n'ont pas beaucoup duré, mesmes n'ont pas esté establies selon les conuentions faites. Ie parleray de la premiere, bastie deuant Orleans, qui dura quatre ans & demi, laquelle n'estoit pas si auantageuse pour eux, à beaucoup pres, qu'estoit l'Edict de Ianuier. Mais il ne s'ensuit pas pourtant qu'elle ne fut acceptable alors : car leurs affaires n'estoyent en tel estat qu'ils l'eussent deu refuser, & le temps fit conoistre depuis le fruict qu'elle apporta. La concorde, les bonnes mœurs, & l'obeissance aux loix, auoyent desia pris vn si bon cours parmi l'vniuersel de la France, qu'elle en estoit toute reparee : mais la discorde, ayant ietté ses menees secrettes, la troubla. Quant à la seconde, ce fut paix, & non paix: & n'en eut que le nom seulement, mais en effect ce fut vne guerre couuerte. On la peut appeller le salaire de l'imprudence des Huguenots, en ce qu'apres auoir esté suffisamment aduertis qu'elle seroit tres-mauuaise, ils ne laisserent de la receuoir. La troisiéme fut fort desiree, à cause des ruïnes suruenues, des necessitez presentes, & que chacun estoit las de trauailler & souffrir. Or cõme le François est impatiẽt, il accommode les guerres à son humeur. Et dautant que les conditions estoyent esgales ou plus grandes que les precedentes, à mon auis elle deuoit estre suportable à ceux de la Religion, veu aussi qu'il n'y auoit moyen d'en auoir de meilleures. Et pour les deux annees qu'elle dura, peu s'en peuuent plaindre, sauf quand la rupture d'icelle arriua : car ce fut vn acte horrible, qui merite d'estre enseueli. Maintenant, qui considerera ces paix en leur droite obseruatiõ, ie pense qu'il iugera que ce remede estoit vtile & necessaire à tous : mais qui voudra regarder à leurs fins, il ne se

pourra

pourra garder de les nommer Paix masquees. Et ceci en a rendu aucuns si farouches qu'ils croyent qu'il y a tousiours du poison caché sous le beau lustre de cest or. Il s'en est desia fait en France six generales, cõme il se fit aux guerres ciuiles de la maison de Bourgõgne & d'Orleans: & tant les vnes que les autres ont esté enfreintes. Mais la septiéme qui s'accorda à Arras fut durable, & aida à redresser la France. On pourroit par cest exemple inferer que nostre septiéme deura aussi estre bonne: combien qu'il seroit à desirer qu'on ne vinst à ces termes, parce que le souhait semble impertinẽt de vouloir tomber en maladie, pour iouïr apres d'vne parfaite santé. Dieu y vueille pouruoir ainsi qu'il lui plaira. Certes vn chacun se doit mettre deuant les yeux (quand il void le Royaume embrasé de guerres) son ire & son courroux, & plustost à l'encontre de soy, que contre ses ennemis: car les vns disent, ce sont les Huguenots, qui par leurs heresies excitent ces vengeances sur eux. Les autres repliquent: ce sont les Catholiques, qui par leurs idolatries les attirent. Et en tels discours nul ne s'accuse. Cependant la premiere chose qu'on doit faire, c'est d'examiner & accuser en ces calamitez vniuerselles ses propres imperfections, à fin de les amender, & puis regarder la coulpe d'autrui. Et quand nous voyons vne fausse & courte paix, nous deuons dire que nous ne meritons pas d'en auoir vne meilleure, pource que (comme dit le prouerbe) quand le pont est passé on se mocque du Sainct, & la pluspart retournent à leurs vanitez & ingratitudes acoustumees.

C'est pourtant vne affection loüable de desirer la paix, i'entens vne bonne (car les mauuaises sont de *Affections diuerses de ceux qui desiroyent la guerre : & comment on y a pourueu.*

vrais coupe-gorges) d'autant que par icelle, il semble que la pieté & la vertu reprenent vie : comme au contraire, les guerres ciuiles sont les boutiques de toutes meschancetez, qui font horreur aux gens de bien. Autresfois il s'en est trouué de tous les deux partis qui ne prenoyent gueres de plaisir à en ouir parler: car les vns disoyent, Que c'estoit chose indigne & iniuste de faire paix auec des rebelles, heretiques, qui meriteroyēt d'estre grieuement punis, & persistoyent en leur dire, iusques à ce que lon les guerist de ceste maladie en ceste sorte. Si c'estoyent gens d'espee, on leur enioignoit d'aller les premiers à vn assaut, ou à vne rencōtre, pour occire ces meschans Huguenots: dequoy ils n'auoyēt pas tasté vne couple de fois, qu'ils ne changeassent vistement d'opinion. Quant aux autres qui estoyēt d'Eglise, ou de robbe longue, en leur remonstrant qu'il estoit necessaire qu'ils baillassēt la moitié de leurs rentes pour payer les gens de guerre, ils concluoyent à la paix. Bref, quelque couuerture qu'ils prissent, fust de pieté ou de iustice, leurs passions estoyent inhumaines. Autres aussi y a eu parmi ceux de la Religion, qui ne reiettoyent pas moins la paix qu'eux, disans que ce n'estoyent que trahisons: mais quand elles eussent esté tres-bonnes, ils en eussent dit autant, pource que la guerre estoit leur mere nourrice, & leur esleuement. Vn bon moyen pour les ramener à raison estoit de proposer pour la necessité d'icelle de retrancher leurs gages, ou faire quelques emprunts sur eux. Alors en desiroyent-ils vne prompte fin. Ostez à beaucoup de gens les profits & honneurs, alors iugeront-ils des choses plus sincerement. Et pour prendre conseil, en affaires de si grand poids, ceux qui plus craignent

Dieu,

Dieu, & qui sont plus reuestus de prudence, doyuent estre choisis, dautant qu'ils preferent tousiours l'vtilité publique à leurs commoditez & affections particulieres.

Contre ceux qui trouuoyent toutes paix bõnes & toutes guerres mauuaises.

Ie representeray aussi vne autre maniere de gens qui indifferemment trouuoyent toutes paix bonnes, & toutes guerres mauuaises: & quand on les asseuroit de les laisser en patience manger les choux de leur jardin & serrer leurs gerbes, ils couloyent aisément l'vn & l'autre temps: deussent-ils encores aux quatre festes annuelles receuoir quelque demie douzaine de coups de baston. Ils auoyent, à mon auis, empacquetté & caché leur honneur & leur conscience au fond d'vn coffre. Le bon citoyen doit auoir zele aux choses publiques & regarder plus loin qu'à viuotter en des seruitudes honteuses. Pour conclusion, en ces affaires ici, la raison nous doit seruir de guide, laquelle nous admonneste de ne venir iamais aux armes, si vne iuste cause & grande necessité n'y contraint. Car la guerre est vn remede tres-violent & extraordinaire, lequel en guerissant vne playe en refait d'autres: pour ceste occasion n'en doit-on vser qu'extraordinairement. Au contraire, doit-on tousiours desirer la paix: ie di celle qui a presumption de fermeté, & qui n'est inique: car les fausses ne meritent pas de porter ce titre, ains plustost de pieges & de pippees, comme fut celle des seconds troubles. Les autres n'ont gueres moins valu, dira quelqu'vn, dautant qu'elles ont eu peu de duree. Mon opinion n'est pas telle: car i'estime que iusques au temps qu'on les a rompues elles ont esté tres-vtiles. Ce que l'experience a fait conoistre, & cest argument ne vaut non plus que si on disoit, Cestui-là a

eſté meſchant, pource qu'il n'a veſcu que quinze ans. Mais ie veux argumenter au contraire, & dire qu'elles ont eſté bonnes, dautãt qu'on ne les a ſouffertes auoir longue continuation: car ſi elles euſſent eſté nuiſibles à ceux de la Religion, on les euſt laiſſé auoir leur cours. Dieu vueille en donner vne ſi bonne en France, tant deſchiree de ruïnes, & deſtituee de bonnes mœurs, qu'elle puiſſe ſe renouueller en beauté: à fin qu'elle ne ſoit
plus la fable des nations,
ains vn exemplai-
re de Ver-
tu.

F. I N.

51. François le grand.
102. Le reuenu du grand Duc de Florence, ou de Saxe ne se monte a plus de cent mille escus.
225. Francs-archers, ou Francs-taupins.
233. L'arriereban peut estre de 2500 cheuaux.
268. L'infanterie Espagnole la meilleure de la Chrestienté.
357. Le clergé de France possede plus de vint millions de liures de rente.
359. Henry II. leuoit tous les ans quinze millions de liures.
Le Pape ne possede que quinze cens mille escus de rente.
382. Villamont.
669. Bataillons de caualerie.

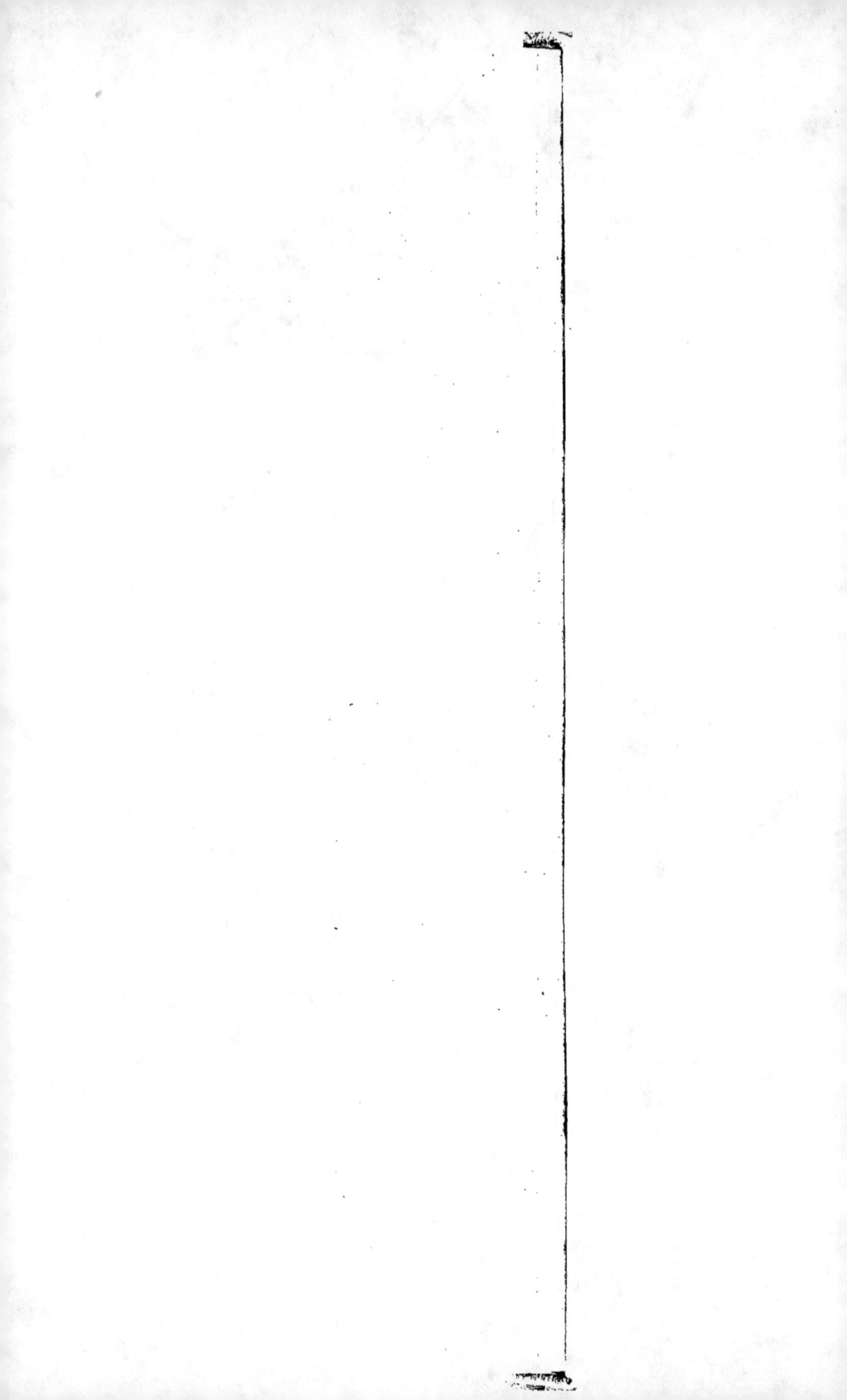